Princípios da Astrologia Védica

AUTO CONHECIMENTO ATRAVÉS DAS ESTRELAS

Shakti Karahe

Capa: Shakti Karahe
Ilustrações: Das Goravani, Copyright © Das Goravani

Primeira Edição, 2015

Publicado por:
The Goravani Foundation

Software recomendado: Goravani Jyotish Studio 3.9
Para adquirir o programa de Astrologia Védica, por favor, visite o site: www.Goravani.com

Para qualquer informação adicional desta obra ou do Software, por favor entre em contato com Shakti Karahe pelo e-mail: shakti@astroshakti.com.

Para consultas e aulas de Astrologia Védica, por favor visite o site: www.astroshakti.com.

☉☽☿♀♂♃♄☊♆⛢♆♇   3

Prefácio

Quando a competente astróloga Shakti Karahe me contou sobre sua intenção em escrever um livro em português sobre a astrologia indiana (*Jyotisha*), popularmente conhecida como "Astrologia Védica" eu fiquei maravilhado com a ideia, pois até então seria uma obra única em nosso idioma escrita por uma autora que tem suas raízes na Índia e ela mais do que ninguém seria a pessoa mais indicada para esse trabalho nos países de língua portuguesa, eu logo me ofereci para prefaciar tal obra e com tamanha emoção recebi sua resposta: "o prefácio é seu"!

Quando recebi os originais nas mãos, com surpresa não encontrei apenas um livro sobre *Jyotisha*, mas como a própria autora diz em sua introdução eu me deparei com "um oceano de informações", uma das obras mais completas sobre o tema, um verdadeiro curso de Astrologia Indiana, um presente para os brasileiros e leitores que tem como idioma o português, nos presenteando com quase 700 páginas de conhecimento e informação.

Nosso idioma carece totalmente de livros sobre essa tão fantástica ciência e possa esse livro ser a porta de entrada para motivar outros escritores a investirem seu tempo e gentileza para ensinar esta arte ao nosso povo, que até então só tinham acesso a Astrologia Indiana através de blogs com artigos introdutórios em português ou livros em inglês.

Eu não pretendo me prolongar demasiadamente no prefácio para não cansar o amigo (a) leitor e estudante, mas não posso me furtar a comentários interessantes sobre tão minucioso trabalho, fruto de uma larga experiência da autora, esse conhecimento que ela adquiriu na própria Índia, pois Shakti é de uma família tradicional indiana, sua mãe, uma famosa cantora de Mantras, a indiana Meeta Ravindra e seu pai um astrólogo indiano, Ravindra Karahe, que aprendeu na Índia a astrologia desde a infância, além dessa bagagem ela é discípula do famoso Guru Das Goravani. Por esse motivo eu afirmo que a autora desta grande obra que o leitor tem em mãos é mais do que competente para vos ensinar a astrologia praticada na Índia com maestria que envolve vivência astrológica, grande teoria e prática e tenho a certeza que a gentileza dela em nos ofertar este livro fará de você amigo leitor e estudante um profundo conhecedor da astrologia e lhe capacitará a interpretar seu mapa astral, de seus amigos e clientes.

Os primeiros 5 capítulos é de grande importância para os leigos em *Jyotisha* pois trata desde o princípio do *Jyotisha*, sua origem, as diferenças entre a astrologia ocidental e a indiana e adentrando nas descrições dos Signos, Planetas e Casas astrológicas, esses primeiros capítulos introduzirão o estudante na base do *Jyotisha* de uma forma simples mas também abrangente, dando todas informações necessárias de cada Casa, cada Planeta e cada Signo de forma que possamos entender cada elemento usado na astrologia e que cada um representa.

Apesar de eu ser um astrólogo *Jyotishi* (praticante da astrologia indiana) tradicional, que por opção não uso os Planetas trans-saturninos (Urano, Netuno e Plutão), a autora menciona tais Planetas e ensina a interpretá-los no mapa, como eu disse não os uso por opção, mas na própria Índia já existem diversos astrólogos que prestam atenção a tais Planetas e fazem uso deles nas interpretações, por isso acho mais que válido divulgá-los, cabendo tão somente ao estudante usá-los ou não, tudo é uma questão de opção, com a prática que leitor irá adquirir através deste livro certamente saberá se irá querer optar por usá-los na interpretação ou não. Mesmo que o leitor opte por não fazer uso de tais Planetas em suas interpretações, nada modificará na grandeza deste livro, pois por ser um livro tão completo sobre o tema a autora não poderia se furtar de mencioná-los, para que possa satisfazer a 'gregos e troianos" ou melhor a "brasileiros e indianos".

Nos capítulos posteriores ela deixa apto o leitor a interpretar o próprio mapa, pois descreve minuciosamente os efeitos de cada Planeta em cada Signo e Casa, assim como o regente de cada Casa nas diversas outras Casas astrológicas, essas descrições são importantíssimas para os iniciantes pois os capacita a entender o efeito de cada Planeta em diversas posições, tanto por Signo quanto por Casa, além de mostrar os efeitos naturais de cada posição a autora cita determinadas mudanças dessas posições quando o Planeta está exaltado e em Signos "amigos". O leitor menos familiarizado com tema entenderá melhor o que digo após ler o livro e entender sobre exaltação, amizades e inimizades planetárias e tudo isso é muito bem explicado de forma que qualquer um possa compreender aqui os ensinamentos.

O que diferencia a autora deste livro de muitos outros professores e astrólogos é sua forma clara e simples de escrever, para compreender basta saber ler, ao contrário de muitos autores que exageram em termos hindus, Shakti Karahe usa tais termos, necessários quando usados de forma coerente, deixa o leitor a vontade com a leitura e isso vindo de uma autêntica indiana nos remete a um ditado que diz: "a simplicidade ao ensinar é que trará o aprendizado ao estudante".

Conforme vamos avançando no livro, mais e mais ganhamos informações e conhecimentos, pois a autora não deixa nada de fora, transmite todo seu conhecimento e o livro trata das conjunções, oposições, *Nakshatras*, *Ayurveda* e etc.

Quando o leitor pensar que já tem todas as informações necessárias para interpretar um mapa, irá se surpreender com novos ensinamentos, que ensinam como sintetizar um mapa, como prever eventos na vida de um nativo, o uso dos trânsitos planetários e o uso do tão importante "*Dasha*" (períodos planetários) para não estar apto apenas para interpretar um mapa, mas também fazer previsões futuras com o uso de diversas outras ferramentas que a astrologia indiana dispõe. Inclusive a autora trata minuciosamente de cada trânsito planetário pelas casas, como disse inicialmente é um oceano de informações nunca visto, não deixando nada a desejar de obras similares escritas na Índia e isso tudo em português faz desta obra algo singular, pioneiro e sem dúvida este livro é o marco inicial da literatura astrológica indiana no Brasil, será a fonte de consultas até mesmo de astrólogos já formados, chego a pensar que não seja apenas um livro, mas um presente de Deus transmitido através das mãos de uma grande escritora e astróloga.

O livro é tão completo que se eu fosse fazer um prefácio jus ao seu conteúdo teria que escrever um livreto anexo só para o prefácio, mas como o objetivo de um prefácio não é cansar o leitor e sim apresentar a obra deixo livre o leitor para adentrar-se nesse oceano de informação e conhecimento e que navegue por suas páginas como um verdadeiro navegante em busca do tesouro e se ler esse livro até o fim, com dedicação aprenderá facilmente esta arte astrológica, conseguirá por as mãos no "tesouro" prometido pela obra e no final da leitura ainda poderá relaxar e se divertir um pouquinhos com as bens humoradas piadinhas zodiacais, algumas inclusive da autoria da autora.

Amigo(a) leitor, aproveite essa oportunidade sem igual para aprender *Jyotisha* (Astrologia Indiana), erga as velas de seu barco e adentre-se neste imenso mar de conhecimento aqui transmitido e que Deus abençoe esta obra, a generosidade de Shakti Karahe e todos vocês de boa vontade que colocarem em prática os ensinamentos aqui transmitidos, por experiência própria existe dois marcos na vida de uma pessoa, um é o corriqueiro comum a todos, aqueles que nunca estudaram *Jyotisha* e o outro marco é após aprender *Jyotisha*, você nunca mais será a mesma pessoa, verá o mundo e as pessoas com outros olhos, será um novo nascimento que te guiará para ser uma pessoa melhor no mundo e capacitará a ajudar nossos semelhantes, pois quem conhece e sabe usar *Jyotisha* com amor e sabedoria se transformará em uma ferramenta de Deus, para fazer do mundo e das pessoas algo melhor, além do que o *Jyotisha* é um estudo sem fim, cada dia aprendemos mais e mais.

Que todos tenham uma boa leitura e que Deus ilumine vossas mentes para que compreendam os segredos nunca revelados em língua portuguesa que esse livro se propôs a revelar.

RJ - Duque de Caxias, 10/01/2016
Tony Bhava

Dedicação

Este livro é dedicado ao meu pai, Ravindra Karahe, quem me ensinou a Astrologia desde a minha infância. Ao meu *Guru*, Das Goravani, quem me ensinou na prática o que meu pai me ensinou na teoria. À minha mãe por ter me ensinado desde criança a ter a persistência e a integridade, o qual me ajudou a concretizar este livro. À minha irmã de alma, Sonia Manzo, por ter me dado todo o suporte que precisei durante esta fase da minha vida. E, finalmente, à minha filha, Neha, por estar ao meu lado nessa incrível jornada.

Agradeço também à você, leitor, por dar-me essa chance de lhe servir através do meu conhecimento desta Ciência antiga e divina. Desejo de coração que esta obra ajude à todos que escolhem em melhorar e evoluir a alma através dos ensinamentos dos Shastras (Escrituras), a construir um mundo melhor, guiando-se através da Luz dos Astros.

Conteúdo

Capítulo 1 - Introdução

Nesta obra você vai encontrar um oceano de informações que vão lhe ensinar como ler um mapa natal. Eu sugiro que comece com o seu próprio para treinar sua mente e se acostumar com as nomenclaturas, glifos e conceitos. Depois de ler os capítulos básicos (do 1 ao 5) eu sugiro para você adquirir um software de Astrologia Védica. O restante dos capítulos, tem as informações para a confecção e análise de um mapa, porém eu não descrevi os cálculos para obter tais informações. Isso porque o programa já deve calcular para você. Fazer tais cálculos é um processo muito tedioso e desnecessário nos tempos de hoje. Um programa bom de Astrologia Védica, *Jyotish*, deve lhe dar todas as informações contidas nesta obra, já calculados. O que vou lhe ensinar é como interpretar esses dados.

Eu uso o *Goravani Jyotish Studio*, versão 3.9. Este é um programa completo. Ele inclusive dá leituras, mas em Inglês, que você pode copiar e colar no *Google Translate* e adquirir uma boa idéia da leitura. Para mais informações sobre o programa, entre em contato comigo através do e-mail: shakti@astroshakti.com. Para adquirir o programa, você pode baixar o demo no: www.goravani.com. Uma vez que você baixar você vai poder "brincar" com o programa, mas não poderá inserir um novo mapa antes de ativá-lo. Siga as instruções no programa para ativar.

Para informações sobre consultas e aulas de Jyotish, visite o meu site: www.astroshakti.com. Caso tenha mais perguntas ou dúvidas, não hesite em entrar em contato comigo.

Uma outra observação que gostaria de fazer. Esta obra foi escrita e editada inteiramente por mim. Eu peço que me perdoe pelos erros ortográficos que possam existir. O leitor tem a liberdade de me corrigir entrando em contato comigo. Conforme eu for recebendo correções, eu vou corrigindo. Assim a 2ª edição estará mais correta. Eu também estou aberta às críticas desde que tenham o intuito de melhorar esta obra. Eu não sou mestra no Jyotish, mas sei o suficiente para passar o conhecimento.

Agora vamos começar essa linda jornada dentro do mundo do Jyotish.

Princípios da Astrologia Védica

A Astrologia é a ciência que estuda os efeitos dos movimentos dos Planetas nas vidas de todos os seres. A Astrologia está baseada na Astronomia, onde os astrólogos necessitam saber a posição correta dos Planetas juntamente com a posição correta das estrelas que compõe os Signos do Zodíaco, em um determinado momento. Uma vez que se sabe a posição exata dos Planetas, o astrólogo então constrói o mapa representando essas posições, e usando a ciência astrológica, estuda estes mapas que permite realizar uma variedade de conclusões sobre o momento em que o mapa foi criado.

Os mapas mostram o posicionamento exato dos Planetas e das estrelas do Zodíaco em um determinado momento, em um lugar específico do Planeta Terra. Por esta razão, o mapa astrológico de uma determinada pessoa é criado no momento e no lugar em que uma pessoa nasce. Esse mapa se chama "Mapa Natal". Interpretando ou "lendo" este mapa pode-se saber muito sobre essa pessoa. É nisto que os astrólogos trabalham. A Astrologia pode ser usada em outros aspectos também como, um mapa sobre uma questão (*Prashna*), ou para planejar um evento ou uma ação futura (*Muhurta*).

Em outras palavras, a Astrologia Védica é um sistema de análise e previsão baseada em dados astronômicos que permite o astrólogo a acessar cuidadosamente e entender comportamentos para medir os efeitos passados, a influência do presente e a tendência dos eventos que ocorrerão no futuro.

Além disso, a Astrologia Védica é baseada na ciência da reencarnação, ou na transmigração da alma. De acordo com as nossas ações em vidas passadas, nós colhemos os frutos destas ações. Para cada ação há uma reação indiretamente proporcional. Esta é a lei do *Karma*. Estas reações são mostradas pelas posições das estrelas e dos Planetas no momento do nascimento. Nós podemos compreender o nível da capacidade intelectual que uma pessoa possui, assim como seus talentos, potenciais, e os desafios e obstáculos. Sabendo disso, nós podemos não só desfrutar das oportunidades, mas como também nos prepararmos para possíveis dificuldades. Isto não só materialmente, mas também em um nível astral e espiritual.

ORIGEM

A interpretação de um mapa astrológico Védico é baseada num sistema de conhecimento muito antigo da Índia. Este sistema é chamado de *Vedas*, que significa "Conhecimento", e são os pilares da cultura Hindu. O conhecimento da antiga Índia esta arquivada em escrituras ou *Shastras*. O conhecimento Védico está dividido em 6 partes básicas que são chamadas de *Vedangas*. A Astrologia Védica é um desses Vedangas e é chamada de *Jyotish*. *Jyotish* representa os "olhos" dos *Vedas*. *Jyoti* = luz ou visão, *Ish* – *Ishwar* = Deus ou Natureza. O conhecimento dos *Vedas* está disponível a qualquer um que esteja propenso a absorvê-lo.

PROPÓSITO DO ESTUDO DA ASTROLOGIA

Basicamente, a Astrologia é usada para podermos entender melhor a si mesmo, e também ao nosso *Karma* que carregamos conosco. A Astrologia Védica é uma antiga análise da psique e do sistema de previsão. Ela consiste em um diagrama das posições dos Planetas em relação à Terra e ao Céu, baseado no horário e local de nascimento da pessoa. Na Índia, as pessoas procuram astrólogos porque as análises de seus mapas astrológicos as ajudam procurar opções e chegar a uma decisão certa sobre um determinado assunto. Fazendo decisões erradas frequentemente, uma pessoa acaba se reservando do mundo e perde muitas outras oportunidades na vida com medo de fazer mais uma decisão errada. Esta pessoa tem uma visão diferente do mundo e consequentemente cria uma expectativa baixa em todos os aspectos da vida, quando poderia ter tido sucesso em muitas outras oportunidades que deixou passar com medo de tomar a decisão errada novamente. Com isso, arriscando-se pouco, obtendo resultados minúsculos de baixa recompensa e, portanto, criando uma vida não tão feliz como poderia ter. O astrólogo nesse caso vai poder dizer se existe uma fase favorável ou desfavorável na vida da pessoa e poder também prever a duração desta fase. Agindo como um conselheiro, o astrólogo quer ajudar seus clientes a obter sucesso e diminuir o impacto das dificuldades, alertando-os sobre o que esta à frente.

É importante notar que o propósito da Astrologia não é substituir a responsabilidade individual de decisão para qualquer assunto, e sim dizer somente a presença ou a falta de certas tendências. Podemos, desta forma, usar essas informações como ferramentas para formar nossas próprias decisões e agir com as próprias ações.

A Astrologia Védica é ligada também aos outros sistemas Védicos, como o *Ayurveda* que é o sistema de Medicina Holística da Índia, *Vastu* que é a ciência que estuda a engenharia e a arquitetura, *Chakras* que são os centros eletromagnéticos do nosso corpo sutil, entre outras filosofias. A Astrologia Védica é parte de um sistema de conhecimento holístico e integrado e seus efeitos são tão fortes quando interligadas com suas ciências gêmeas. Na Astrologia, não só é mostrado as tendências do futuro, mas também são apresentados a profilaxia dos efeitos maléficos. Estes métodos remediais, ou ações corretivas elevam o nível da consciência da pessoa que por sua vez diminuem ou até eliminam problemas. Vamos falar sobre isso em mais detalhes mais para frente.

COMO FUNCIONA A ASTROLOGIA VÉDICA

No momento do nascimento de uma pessoa, existe uma disposição cósmica no espaço. Este modelo espacial é gravado a partir de um ponto geográfico na Terra. Os astrólogos documentam esse modelo Planeta-Terra-Espaço e chamam-no de Mapa Astrológico. Neste mapa, marcam-se fatores significantes como os seguintes:

    a. O local no espaço – faz-se uma lista de onde os Planetas estão e em que constelação ou Signo do Zodíaco.

    b. O local na Terra – calcula-se usando a latitude e a longitude do local em consideração. O cálculo resulta o local exato das Casas no Zodíaco.

c. Qual é o Signo que está nascendo no horizonte no exato momento do nascimento. Este ponto é chamado de Ascendente.

Com a rotação da Terra, os Signos movem-se pelas Casas por todo o dia, seguindo o sentido horário. O diagrama do nascimento é chamado de Horóscopo (do Grego, *horo*= hora; e *scopo*= exame, olhar de perto). Na Índia o mapa astrológico é chamado de *Janam Kundali* ou *Patrika*.

DIFERENÇAS ENTRE ASTROLOGIA VÉDICA E OCIDENTAL

Todos os meus clientes me perguntam sobre essa diferença. Isso porque na maioria dos casos o Signo da pessoa muda. Como assim? Não sou mais de Virgem?

Essa parte é um pouco mais técnica, porém entender esses conceitos esclarecerá como as duas Astrologias se diferem.

O sistema Védico é uma representação astronômica da posição do Sol em relação ao Céu. O sistema ocidental enfatiza o relacionamento do Sol com a Terra. A Astrologia ocidental é também chamada de "Astrologia Tropical" e a Astrologia Védica, neste caso, refere-se como "Astrologia Sideral". A Astrologia sideral simplesmente significa que os movimentos planetários são examinados com a posição das estrelas e por isso favorece a posição astral. Por outro lado, a Astrologia tropical beneficia nosso ponto de vista da Terra, examinando os Planetas em referência aos equinócios.

No início, as duas Astrologias se coincidiam e o Signo de Áries começava quando o Sol realmente entrava em Áries. Durante centenas de anos, essa diferença entre as Astrologias causou sua separação por 24°, onde o início do ano astrológico é marcado. Essa separação é causada pelo movimento de precessão da Terra.

♈♉♊♋♌♍ ♎♏♐♑♒♓

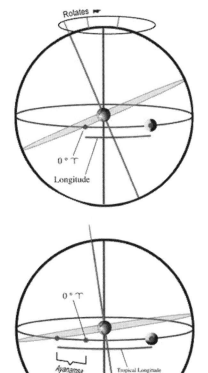

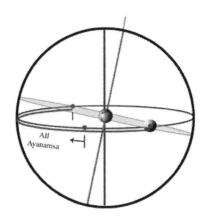

Fonte: Goravani Jyotish Studio

Porque a Astrologia Védica e Ocidental se diferem?

Porque há dois Zodíacos?

As figuras à esquerda mostram a distância que aumenta gradualmente entre o Planeta P e os pontos onde a eclíptica e a linha do Equador da Terra se encontram. Este encontro de linhas quando também se encontram com o Sol, causa um Equinócio.

Notamos que existe um círculo no primeiro desenho. Isso se dá porque o eixo da Terra faz esse movimento como se fosse um pião que gira no chão, onde seu movimento traça aquele círculo durante milhares de anos. O plano da linha do Equador da Terra é inclinado contra a eclíptica. Isto é que causa as estações do ano e este movimento giratório como um pião causa os equinócios a preceder para trás no Zodíaco.

Lembramos que existem 3 movimentos que levam a essa diferença. O movimento de rotação da Terra sobre o próprio eixo (rotação: +/-24 horas), o movimento ao redor do Sol (revolução: +/- 365 dias) e o giro sobre o próprio eixo (precessão: +/-25,765 anos). Todos esses movimentos causam a diferença de 24° e contando.

COMPARAÇÕES ENTRE A ASTROLOGIA VÉDICA E OCIDENTAL

A tabela abaixo mostra como as Astrologias das duas culturas se diferem a respeito das datas de início de cada Signo.

Signos (Nome Ocidental)	Rashi (Nome Védico)	Nirayana (Calendário Astrológico Védico)	Sayana (Calendário Astrológico Ocidental)
Áries	Mesha	13 Abr – 14 Mai*	21 Mar – 21 Abr*
Touro	Vrishabha	15 Mai- 14 Jun	22 Abr – 20 Mai
Gêmeos	Mithuna	15 Jun – 14 Jul	21 Mai – 21 Jun
Câncer	Kataka	15 Jul – 14 Ago	22 Jun – 22 Jul
Leão	Simha	15 Ago – 15 Set	23 Jul – 23 Ago
Virgem	Kannya	16 – Set – 15 Out	24 Ago – 22 Set
Libra	Tula	16 Out – 14 Nov	24 Set – 23 Out
Escorpião	Vrishika	15 Nov – 14 Dez	24 Out – 22 Nov
Sagitário	Dhanush	15 Dez – 13 Jan	23 Nov – 21 Dez
Capricórnio	Makar	14 Jan – 12 Fev	22 Dez – 21 Jan
Aquário	Kumbha	13 Fev – 12 Mar	22 Jan – 19 Fev
Peixes	Meena	13 Mar – 12 Abr	20 Fev – 20 Mar

Tabela 1 – Datas dos Signos * Signo *iniciando no novo ano astrológico*

A Astrologia Védica, tradicionalmente, usa o sistema de "Casas", chamado sistema *Equal House* onde cada Casa tem 30° cada. Existe um outro sistema chamado *Bhava Chalita*, onde o tamanho das Casas se ajusta de acordo com a latitude do local de nascimento. Na Astrologia ocidental, existem vários métodos de divisão da latitude e longitude da Terra e assim formando o terreno astrológico e divisões do horário que se chamam Casas.

♈♉♊♋♌♍ ♎♏♐♑♒♓

A Astrologia Védica também incorpora Signos estelares baseado no movimento da Lua – por volta de 1 Signo Solar por dia. Os 27 Signos ou mansões lunares são chamados de *Nakshatra*. A Astrologia Védica também divide os eclipses ou o "caminho Solar", em mais 15 divisões. Portanto, nós temos não somente a divisão de 30° em cada Signo Solar, mas também divisões adicionais em até 150 segmentos. Essas divisões adicionais são chamadas *Shodashavargas*. É como se um mapa astrológico tivesse mais 15 mapas embutidos em si.

A Astrologia Védica também se distingue na parte de previsões. A diferença mais importante é o sistema de previsões que constitui um ciclo de 120 anos e que se chama *Vimshottari Dasha*, onde cada Planeta tem seu período específico de influência no mapa e é usado para fazer previsões mais profundas na natureza do futuro de uma pessoa.

Na sociedade indiana a Astrologia Védica na raiz da cultura e até hoje faz parte da religião sendo utilizada na maior parte do cotidiano. É muito comum observar grandes nomes políticos utilizando e falando sobre a Astrologia no dia a dia. Empresários costumam consultar astrólogos antes de tomarem decisões importantes. Até nos Estados Unidos podemos ver indianos usando anéis de pedras preciosas correspondente a um Planeta para nulificar os efeitos negativos deste. A crença na Astrologia na Índia é muito forte e se não funcionasse, com certeza não teríamos uma população tão grande comentando o uso desta ciência.

Juntamente com a Astrologia Védica, trabalha também o *Ayurveda* que é o sistema da saúde que mais se acredita na Índia. De fato, os *Vaidyas*, ou médicos Ayurvédicos, consultam frequentemente o mapa astrológico de seus clientes para ajudar na precisão de um diagnóstico.

Outra ciência muito utilizada é o *Vastu*, a ciência da locação e medidas arquiteturais. O *Vastu* é ligado às tendências astrológicas do mapa.

Na verdade, o que devemos considerar é que a Astrologia Védica tem suas raízes na consciência. Uma forma de eliminar energias negativas são os *pujas* e *yagyas*. A cerimônia religiosa mais utilizada na Astrologia é o *Graha Shanti*. Além das cerimônias, utilizam-se pedras preciosas, mantras, doações, *Gandharvaveda* (onde se aprende a se render a música como forma de nulificar as energias negativas dos Planetas), *Stotras*, *Vratas*, ervas e misturas minerais (*Basma*). Todos esses métodos "corretivos" são utilizados contra as impressões negativas de ações passadas de um indivíduo (*Karma*). Usando essas medidas corretivas, a pessoa pode não só saber o que precisa ser corrigido, mas também como usar técnicas restaurativas de acordo com as indicações do mapa.

Toda essa ciência faz parte de um sistema holístico onde todas as ciências são ligadas uma as outras, mas também podem ser estudadas e postas em práticas individualmente. Mas para obter o benefício total dos *Vedas*, é clara a necessidade de aprender tudo o que ela ensina, e mesmo que levem vidas para poder absorver todos os ensinamentos dos *Vedas*, tudo começa com o primeiro passo.

Capítulo 2 - Fundamentos da Astrologia Védica

Formato dos Mapas

Aqui veremos que os mapas na Astrologia Védica são chamados de *Chakras* ou *Kundali*. Esses diferem da forma em que os mapas são desenhados na Astrologia ocidental. Existem 2 formatos de mapa na Astrologia Védica. No propósito de facilitar a visão do ensinamento neste livro, usaremos o estilo ocidental para trabalhar a Astrologia Védica. A simplicidade deste estilo facilita na compreensão da localidade dos Planetas e das Casas.

Norte Indiano

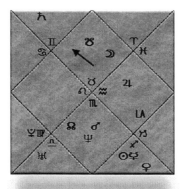

Muitos astrólogos do norte da Índia usam o esse estilo que é um quadrado e cada Signo é um triÂngulo. Neste estilo o mapa é lido da direita para esquerda em sentido anti-horário. Todos os Ângulos de cada Casa apontam para o centro e são bem visíveis. Neste estilo, as Casas são fixas nesta posição e os Signos numerados de 1 a 12 e "rodam" de acordo com o Signo em que está o ascendente. O nome dos Signos não fica escrito no mapa, somente os glifos. Muitos astrólogos que usam este estilo fazem um mapa separado, marcando a Lua como o ponto Ascendente.

Sul Indiano

Astrólogos do sul da Índia usam este estilo. É um quadrado onde cada Signo é uma "caixa" e é lido no sentido horário da esquerda para direita. Aqui os Signos estão fixos e as Casas rodam com os Signos na mesma posição fixa.

Ocidental

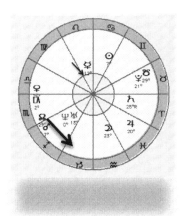

No formato ocidental, a visibilidade da posição dos Planetas fica fácil. Quer dizer, neste estilo dá para se dizer se o Planeta esta quase entrando ou quase saindo de uma Casa e assim também podendo ver qual a sua potência dentro desta Casa. Além disso, é fácil visualizar os aspectos diretos de cada Planeta, como veremos à frente.

♈♉♊♋♌♍ ♎♏♐♑♒♓

PLANETAS

Graha não é o sinônimo direto de Planetas. Em Sânscrito, não existe uma tradução literária da palavra Planeta. A palavra *Graha* refere-se a uma entidade que tem o poder de apreensão, segurar, influenciar. Portanto, *Graha* significa a influência daquela massa no universo regida por um específico Planeta. Este significado está intimamente ligado a reação dos *Nakshatras* (Signos ou mansões lunares) em nós além somente dos Planetas em si.

É interessante notar que, de acordo com os estudos astronômicos presentes na formação planetária, existem somente certos pontos no sistema solar onde a matéria agrega-se suficientemente para formar Planetas. Esses pontos de junção de matéria representam a interseção onde a gravidade solar existe com mais força contra a força giratória do conteúdo estelar, como pó, gases e outras pequenas matérias. Assim, existe uma força puxando para fora e outra para dentro. Em algum lugar no meio desse puxa-puxa intercelestial, formam-se os Planetas. E como se o centro dessas "coleções" astronômicas agarra essas matérias galácticas para formar Planetas. A consideração astrológica não é tanta nessas matérias físicas, mas mais na energia reagida por esses Planetas do ponto de vista matemático e astronômico.

A Astrologia Védica reconhece somente os Planetas que são visíveis ao olho nu (do Sol ao Saturno). Os nodos lunares, Rahu e Ketu são a sombra da Lua onde o eclipse acontece e também são considerados Planetas.

Os Planetas externos, Urano, Netuno e Plutão não são reconhecidos nesta Astrologia, mas na literatura Védica há indícios de que os sábios tinham o conhecimento desses Planetas. Até o autor da literatura clássica *Mahabharata* menciona rapidamente a existência destes.

Eu incluo os Planetas externos nas minhas leituras. Na minha opinião, os efeitos destes Planetas são tão evidentes quanto os outros. Por isso, irei inclui-los neste livro.

Para cada Planeta é dada uma soberania sobre um ou dois Signos do Zodíaco. Esta soberania irá transferir uma grande parte da sua influência no significado e característica do Signo que domina. Esta é uma influência muito importante na interpretação do mapa astrológico. Por exemplo, Marte, um Planeta "Fogoso", irá transferir essa energia incendiária para os Signos de Áries e Escorpião. Iremos ver este vigor traduzido em energia, entusiasmo e até mesmo em Fogo, como a raiva ou a vingança, por exemplo, num mapa onde Áries ou Escorpião são dominantes.

Antes de introduzir os Planetas, devo primeiro explicar certas palavras que são usadas para descrever certos atributos dos Planetas.

EXALTAÇÃO E DEBILITAÇÃO

Cada Planeta tem um pedaço do céu onde ele se exalta, ou seja, é onde ele se sente o mais forte e poderoso. Por outro lado, debilitação é o local de uma certa constelação onde o Planeta se sente fraco.

MULATRIKONA E SWAKSHETRA

Mulatrikona é o termo usado para descrever o local em que o Planeta é mais forte e sempre favorável no mapa. O *Mulatrikona* do *Graha* é o setor de uma constelação onde o Planeta é excepcionalmente forte e favorável.

Swakshetra é o Signo de regência planetária. É a parte da constelação em que o Planeta domina, mas não é tão forte e favorável quanto o *Mulatrikona*.

Por exemplo: Cada Planeta tem uma Casa por onde passa, seja sua própria Casa ou a Casa de um outro Planeta, onde ele se sente muito bem. Este é o seu *Swakshetra*. Mas sempre terá uma parte da Casa onde é a mais favorita dele seja a sala ou a cozinha. Este é o seu *Mulatrikona*. A Lua por exemplo, exalta-se em Touro, mas seu *Mulatrikona* está nos primeiros 5° de Touro. O resto de Touro é seu *Swakshetra*.

Planeta	Soberania	Signo Próprio (Swakshetra)	Signo de Exaltação (Ucha)	Signo de Debilitação (Neecha)	Mulatrikona
SOL	Leão	Leão 20°-30°	Áries 10°	Libra 10°	Leão 0°-20°
LUA	Câncer	Câncer	Touro 3°	Escorpião 3°	Touro 3°-30°
MERCÚRIO	Virgem & Gêmeos	Gêmeos & Virgem 20°-30ª	Virgem 15°	Peixes 15°	Virgem 15°-30°
VÊNUS	Touro & Libra	Touro & Libra 15ª-30°	Peixes 27°	Virgem 27°	Libra 0°-15°
MARTE	Áries & Escorpião	Áries 12°-30° & Escorpião	Capricórnio 28°	Câncer 28°	Áries 0°-12°
JÚPITER	Sagitário & Peixes	Sagitário 10°-30° & Peixes	Câncer 5°	Capricórnio 5°	Sagitário 0°-10°
SATURNO	Capricórnio & Aquário	Capricórnio & Aquário 20°-30°	Libra 20°	Áries 20°	Aquário 0°-20°
RAHU	Touro	Touro	Touro	Escorpião	Não tem
KETU	Escorpião	Escorpião	Escorpião	Touro	Não tem

Tabela 2 – Exaltação e Debilitação dos Planetas

AMIGOS E INIMIGOS

Cada Planeta tem uma afinidade ou falta de afinidade com outro Planeta e esta afinidade pertence aos Signos que cada Planeta domina. Explicarei melhor quando chegarmos aos Signos.

A tabela abaixo mostra a amizade e inimizade natural entre os Planetas. Estas relações são permanentes entre os Planetas e são muito úteis quando analisamos um mapa na Astrologia Védica. Porém, os relacionamentos tendem a mudar um pouco dependendo do ascendente, como veremos mais à frente. Em relação ao Rahu e Ketu, algumas das escrituras contam como Júpiter, Vênus e Saturno como amigo deles.

	AMIGOS	INIMIGOS	NEUTRO
SOL	Lua, Marte, Júpiter	Saturno e Vênus	Mercúrio
LUA	Sol e Mercúrio	-	Todos os outros
MERCÚRIO	Sol e Vênus	Lua	Marte, Júpiter e Saturno
VÊNUS	Mercúrio e Saturno	Sol, Lua	Marte, Júpiter
MARTE	Sol, Lua e Júpiter	Mercúrio	Vênus, Saturno
JÚPITER	Sol, Lua e Marte	Mercúrio	Saturno
SATURNO	Mercúrio e Vênus	Sol, Lua e Marte	Júpiter

Tabela 3 – Amigos e Inimigos dos Planetas

PLANETAS

GRAHAS

☉ ☽ ☿ ♀ ♂ ♃ ♄ ♌ ♋ ♅ ♆ ♇

SOL - *SURYA* - ☉

Energia da alma (*Atma*), Ego, confiança, consistência, força, crescimento e desenvolvimento individual, aparência, grandiosidade, individualidade, autoestima, posição social, determinação, pai, governo, chefes, rei, a base sustentadora, resistência a doenças, sistema circulatório ou coração, olhos, calor, febre, seco, estômago, digestão, *Pitta* (*Ayurveda*).

O Sol é o Rei do Reino Solar. É chamado também de "Pai das Estrelas". Sendo o centro de toda a força e energia da vida, é o fornecedor do *Prana* (energia, força da vida), o Sol é adorado como um Deus. Representa o criador, o *Brahma*, com suas quatro caras para ter uma visão de todos os quatro sentidos que causam as quatro estações e os quatro elementos físicos; o Fogo, a Terra, o Ar e a Água. No mundo ocidental o Sol é conhecido como "Apollo". A Terra leva exatamente um ano para dar a volta em torno do Sol. Ele se movimenta somente para frente, como a Lua. Nunca para trás como outros Planetas (movimento retrógrado). De acordo com a Astrologia Védica, o Sol é a alma de *Kalpurush* (o Senhor do Tudo) a Lua é a sua mente, Mercúrio, a sua fala, Marte, a sua força, Júpiter, seu conhecimento e felicidade, Vênus, seu desejo ou luxuria e o Saturno, o seu sofrimento. O Sol é construtivo e criativo, a Lua e preservadora e formativa. O Sol é o Pai, Lua é a Mãe. O Sol e a Lua são considerados o Rei e a Rainha. Júpiter e Vênus são os Ministros. O Mercúrio é o Príncipe. Marte é o Comandante-chefe e Saturno é o Empregado. O Sol e a Lua são considerados também como a Luz. O Sol rege a direção Leste e o *Grishma Rithu* (verão). No mapa natal o Sol pode representar o Pai da pessoa. No mapa de uma mulher o Sol pode indicar seu marido (existem outras opiniões onde o Júpiter representa o marido no mapa natal da mulher). O Sol também representa o chefe de um governo, o presidente por exemplo. O Sol oferece-nos o poder da resistência e da vitalidade. Rege a fonte da vida. Rege a nossa consciência e denota a individualidade. Dá a força de vontade e faz a pessoa determinada e decisiva. O Sol por natureza é quente, seco, masculino e tem a dádiva da vida. Possui o poder da absorção da natureza e da influência de qualquer Planeta dentro da orbita de 5° de sua conjunção.

O Sol representa a saúde, o princípio vital, a prosperidade geral e um cargo elevado, posições de alta categoria, assuntos do governo, novos empreendimentos, publicidade, popularidade, pessoas orgulhosas e arrogantes. No corpo humano o Sol rege o coração, a coluna, o olho direito do homem e esquerdo da mulher. Se não estiver em uma disposição desfavorável, em um aspecto ruim ou numa associação maléfica e estiver numa posição dignificada no horóscopo, o Sol possui uma natureza ambiciosa, orgulhosa, magnífica, franca, generosa, humana, firme e honorável. Os homens governados pelo Sol aspiram às posições de liderança por sua natureza dada, eles inspiram outros com um respeito para suas habilidades. Assim eles geralmente alcançam posições de confiança, de responsabilidade e de honra onde se sente perfeitamente em Casa e desta forma são capazes de executar seu trabalho de forma bem satisfatória.

Por outro lado, se o Sol na hora do nascimento estiver desfavorável, a pessoa fica inclinada a ser ter uma natureza ditatória, dominadora, arrogante, extravagante, suscetível também às doenças, a problemas dos olhos, febres, e problemas do coração.

Signo: O Sol rege o Signo de Leão.

Exaltação e Debilitação: O Sol fica exaltado no Signo de Áries e debilitado em Libra. O ponto o mais elevado de exaltação é aos 10° de Áries e de debilitação aos 10° de Libra.

Mulatrikona e Swakshetra: O Sol está em *Mulatrikona* nos primeiros 20° de Leão e em *Swakshetra* nos 10° restantes.

Amigos e Inimigos: Os amigos do Sol são a Lua, Marte e Júpiter. Vênus e Saturno são seus inimigos. O Mercúrio é neutro a ele.

Metal: Ouro.

Gemologia: Rubi.

Dia da Semana: Domingo

Cor: Laranja

LUA - *CHANDRA* - ☽

Emoções, mente, mãe, compreensão, favores, afluência, intuição, intuito, sublime, memória, imaginação, fertilidade, feminismo, líquido e coisas que fluem, sensitividade, doçura, cheio e vazio (como as marés), desejo de mudança, novas experiências, ações rápidas, receptividade, sentimentos, casa, origem, bom sono, *Kapha* ou *Vata* (*Ayurveda*).

A Lua é o Planeta o mais próximo à Terra. Como sabemos, a Lua é o único Planeta, astrologicamente falando, no sistema solar que revolve em volta da Terra. O Sol é o gerador do poder onde a Lua é condutora do poder emprestado pelo Sol. A Lua brilha somente pela luz refletida do Sol. O Sol dá o espírito e a vida a todos os Planetas e Lua rege as vidas dos seres na Terra. O Sol representa a individualidade e a Lua mostra a personalidade. A Lua é feminina. Portanto, a pessoa sob a influência da Lua torna-se tímida, receptiva e conversível. A Lua rege a concepção, a gravidez, o nascimento da criança, o instinto animal, a união e o embrião. Rege também o estágio infantil de uma pessoa e nesta fase tem a influência poderosa em suas vidas. Quando esta afligida na hora do nascimento causa doenças frequentemente e não permite um crescimento e desenvolvimento apropriado. A pessoa com uma Lua forte tem geralmente pele clara e olhos muito bonitos. A influência da Lua é dita ser fria, úmida, mucosa e feminina. Sua proximidade à Terra e a velocidade do seu movimento fazem dela o Planeta mais poderoso na mente humana em todas as áreas da Astrologia. Ela faz um trânsito completo do Zodíaco a cada 27 dias, 7 horas e 43 minutos. Rege os líquidos, a Água fresca e o leite. A Lua influência o crescimento de toda a vida vegetal. Rege o estômago, sistema digestivo, órgãos femininos, sistema linfático, o sangue, e o olho esquerdo do olho masculino e direito da mulher. As pessoas regidas pela Lua são geralmente sensíveis, emocionais e domésticas, possuindo um amor muito grande pela casa. Têm uma memória boa. Tendo uma imaginação fértil e sendo também muito preocupados, encontram-se com muitos altos e baixos na vida. São completamente receptivos e mediúnicos e possuem frequentemente um talento

♈♉♊♋♌♍ ♎♏♐♑♒♓

musical; gostam da água e da beleza natural. Se a Lua não for favorável, a pessoa pode ser facilmente maleável e comer, beber como uma forma de gratificação. A influência negativa da Lua também pode deixar a pessoa pessimista, incerta e sempre mudando de opinião. As pessoas regidas pela Lua, geralmente são, enfermeiras, cozinheiros, jardineiros, tem negócios relacionados com líquido, garçons, companheiros ou em outras ocupações de natureza comum, pública ou flutuante. A Lua crescente é considerada benéfica e a minguante, maléfica.

Signo: A Lua possui o Signo de Câncer.

Exaltação e Debilitação: Exaltada no Signo de Touro e debilitada no Signo de Escorpião. Seu ponto mais elevado de exaltação é 3° de Touro e o ponto o mais baixo de debilitação é 3° de Escorpião.

Mulatrikona* e *Swakshetra: Os primeiros 3° de Touro constituem o ponto de exaltação da Lua e os 27° restantes do Signo são seu *Mulatrikona*. O Signo de Câncer todo é seu *Swakshetra*.

Metal: Prata

Gemologia: Perola e outras pedras brancas.

Dia da Semana: Segunda-Feira.

Cor: Branco.

MERCÚRIO - *BUDDHA* - ☿

Jovem, mente (pensamento), aprendizagem rápida, capacidade de aprendizado, educação, escrita, discriminação, leitura, lógica habilidade racional, ações, fala, audição, comunicação, atividade intelectual, amigos, parentes, a vontade de pensar em tudo, pensamento critico, ciências, matemática, contabilidade, Astrologia, comédia, doenças mentais, paralisias ou problemas do sistema nervoso. Natureza *Vata* (*Ayurveda*).

Dentre todos os Planetas o Mercúrio é o mais próximo do Sol. O Mercúrio foi conhecido mitologicamente como Thoth, Hermes e "o mensageiro dos Deuses". Caracterizado como um jovem, voando com as asas em seus pés, carregando um caduceu feito da madeira verde-oliva com serpentes entrelaçadas, com uma haste com um par das asas. Este símbolo representa as qualidades essenciais do Planeta, da dualidade, da velocidade e da sabedoria. De acordo com a mitologia Hindu o Mercúrio é dito ser o filho da Lua. As pessoas com um Mercúrio forte têm, geralmente, uma aparência jovem. A influência do Planeta Mercúrio é neutra, dualística, fria, úmida, sem sexo e flutuante. Dá resultados favoráveis quando está em boa associação e recebe aspectos benéficos. O Mercúrio pode raramente ser visto com olho nu porque nunca esta acima de 28° do Sol. Quando está dentro de 5° do Sol, ele fica combusto ou queimado e perde grande parte da sua habilidade. Sua influência é a melhor quando está longe do Sol. O Mercúrio rege a parte do intelecto que é mais suscetível a cultivação através do estudo, da observação e da imitação. O Mercúrio influência o sistema nervoso, os intestinos, os braços, a boca, a língua, o ouvido, a vista, a percepção, a compreensão, a interpretação e a expressão e também o cérebro, glândula tireoide, cinco sentidos, e as mãos. Mercúrio significa viagens, ensinamentos, fala, escrita, impressão, publicação, literatura, artigos de papelaria, secretárias, bibliotecas, correspondência. Se o Mercúrio for bem colocado no horóscopo, a pessoa acaba sendo um bom orador, escritor, repórter, professor, secretário, contabilistas, etc., sendo inteiramente capazes de manter toda a posição onde a adaptação, a percepção, a habilidade, a agilidade, a imaginação e a memória boa são requeridas. Conduzem geralmente seu trabalho em ordem, metódico, de maneira sistemática e acessível e são muito bons em simplificar o trabalho. O Mercúrio mostra que o tipo de mentalidade a pessoa tem, porque rege a reação. Sendo um Planeta intelectual, a pessoa de Mercúrio é altamente inteligente, engenhosa e analítica. Capta os assuntos rapidamente. Dá o poder de retenção e a habilidade de reprodução a pessoa. Um Mercúrio bem colocado e com um bom aspecto, ele representa uma mente política e intelectual, uma lógica com a aprendizagem e discrição. Uma pessoa influenciada por Mercúrio terá a curiosidade para dominar também ciências ocultas. É versátil, bom nos cálculos, na engenharia, etc. Se o Mercúrio está afetado maleficamente, a pessoa será inteligente, astuta e malandra. Esta pessoa poderá se tornar uma pessoa que gosta de se arriscar, mentirosa, um charlatão. Ele mostrara que sabe tudo quando realmente não sabe nada. O Mercúrio afligido causará também a atividade nervosa excessiva do corpo e da mente. Há também um efeito consequente na saúde sobre os órgãos dominados por este Planeta.

Signo: O Mercúrio possui Gêmeos e Virgem.

Exaltação e Debilitação: Exaltado em Virgem e o ponto o mais elevado da exaltação é 15° de Virgem. É debilitado em Peixes, o ponto o mais baixo da debilitação é 15° de Peixes.

Mulatrikona e *Swakshetra*: Os primeiros 15° de Virgem e o ponto de exaltação do Mercúrio. De 16° a 20° e o seu *Mulatrikona* e o restante é *Swakshetra*. O Signo de Gêmeos inteiro também é seu *Swakshetra*.

Amigos e Inimigos: O Sol e Vênus são amigos do Mercúrio, a Lua é sua inimiga e Marte, Júpiter e Saturno são neutros a ele.

Metal: mercúrio líquido ou prata rápida.

Gemologia: Esmeralda.

Dia da Semana: Quarta-Feira.

Cor: Verde.

MARTE - *MANGAL* - ♂

Coragem, iniciativa, energia, rapidez, espírito pioneiro, desejo, guerra e guerreiros, irmãos e irmãs, musculatura, estatura baixa, empréstimos, edifícios, feridas, operações, acidentes, cortes, queimas, engenharia e construção, imoralidade, vivendo o momento, olhos, cabelos e pele vermelha, *Pita* (*Ayurveda*).

De acordo com a opinião mitológica Marte é a deidade dos budistas e do Deus dos Romanos. É o Deus da guerra e também da caça. De acordo com a opinião Hindu Marte é o filho da Terra e chamado *Bhumi-putra*. É o Deus da disputa e da guerra. Marte é um Planeta seco, impetuoso, masculino por natureza. Marte tem muito haver com a ambição e o desejo. Comanda os sentidos e o instinto animal do homem. Marte é tratado geralmente como um Planeta maléfico. Se Marte não estiver afligido, dá a autoconfiança, resistência, impulso para todos os riscos e as ações heroicas, força, coragem, combate, disposição de discutir, espírito enfrentador, etc. Marte possui uma natureza com atividade mental rápida e a força muscular extraordinária, grande habilidade de organização, poder para a execução prática, espírito independente, força de caráter, determinação forte, ambição de sair bem-sucedido no campo material apesar de toda a oposição, e, sobretudo, liderança em todas as perseguições. Se Marte for fraco em um horóscopo, o individuo fica cruel, perde a temperamento rapidamente e está sempre na ofensiva. Usará a força bruta para estabelecer suas idéias e pode transformar-se um viciado em drogas. Toda sua energia pode ser usada para o lado negativo e dependendo do caso pode usar o sexo para satisfazer seus impulsos de uma maneira não saudável. As pessoas regidas por Marte geralmente têm o a pele clara com um tom avermelhado. Este individuo tem estatura alta e seus olhos são redondos. Marte rege irmãos e a propriedade imobiliária. Marte rege os órgãos reprodutores, a bexiga, o sistema muscular, a cabeça, glândulas adrenais, a orelha esquerda e o sentido do olfato e paladar; também os cortes e queimaduras. Rege a cirurgia, materiais químicos, guerras militares, polícia, cirurgiões e dentistas. Marte não gosta de ser subordinado a não ser pelo próprio Sol, por isso estes indivíduos tem a habilidade de ser empreendedores, sendo donos do seu próprio negócio. Ou estão em posições onde podem mandar ou dirigir os negócios dos outros. São muito engenhosos, são bons desenhistas, construtores e gerentes e fazem geralmente o que vem à mente.

Signo: Marte possui o Áries e o Escorpião.

Exaltação e Debilitação: Exaltado em Capricórnio, e o ponto mais elevado de exaltação é de 28° de Capricórnio. É debilitado em Câncer, o ponto mais baixo da debilitação é 28° de Câncer.

Mulatrikona e *Swakshetra*: Os primeiros 12° de Áries são seu *Mulatrikona* e o restante é seu *Swakshetra*. A Casa de Escorpião inteira é também seu *Swakshetra*.

Amigos e Inimigos: O Sol, a Lua e Júpiter são amigos de Marte. O Mercúrio é seu inimigo. Vênus e Saturno são neutros a ele.

Metal: Cobre, ouro, ferro e aço.

Gemologia: Coral e Rubi e outras pedras vermelhas.

Dia da semana: Terça-feira.

Cor: Vermelha.

VÊNUS - SHUKRA - ♀

Relacionamento, habilidade de se relacionar, amor, artigos do amor, riqueza, prazer, conforto, beleza, perfumes, pedras preciosas, jóias, prazer sexual, preguiça, luxo, divertimento, criatividade, artes, música, dança, poesia, diplomacia, cordialidade, receptividade, feminidade, objetos e artigos relacionados à mulher, ciúmes, casamento, festas. Para o homem significa a esposa. *Vata* e *Kapha* (*Ayurveda*).

Na mitologia Vênus é considerada a Deusa do amor, da união, da beleza e dos confortos. É chamada de *MahaLakshmi*, esposa de *Vishnu*. Na Grécia, Vênus e chamada de Afrodite. Vênus é também chamada de Kama, porque a paixão de uma pessoa depende de sua força. O individuo de Vênus tem altura média, corpo gordo, rosto redondo, os olhos amáveis e agradáveis, voz agradável, sorriso doce e cabelo encaracolado. Vênus é denominada como um Planeta feminino. Vênus rege o sentido do toque e na maior parte das vezes da disposição. Vênus tem a inclinação em tudo que pertence aos atributos mais elevados da mente, música, poesia, pintura, canto, drama, ópera, ação e todos os divertimentos refinados e elegantes. A influência de Vênus é expressa como generosa, amável e bem-humorada. Vênus é considerada benéfica, morna, úmida e frutífera. Vênus rege a garganta, os rins, as veias e os ovários. Os homens e as mulheres regidos por Vênus são visivelmente amáveis e sociais. Quando bem colocado Vênus dota ao regido uma aparência agradável e considerável, uma formula simétrica e uma maneira graciosa. Vênus gera harmonia e como este Planeta rege o sentido de toque, favorece a arte, a música e a decoração. Por sua personalidade agradável os assuntos de Vênus são promotores da paz natural; sua natureza refinada amacia os sentimentos brutos e a raiva dos amigos e converte-os ao prazer. Vênus é a promotora do prazer, e por isso estas pessoas são anfitriões esplêndidos. Quando mal colocado, Vênus produz circunstâncias domésticas insatisfatórias, ansiedade no amor, dificuldade com os amigos e nas finanças. Vênus rege a pele, garganta, veias, ovários e os órgãos reprodutivos internos e estes são afetados diretamente pelo efeito adverso de Vênus, comendo e bebendo excessivamente. Vênus é chamada *Kalathra Karaka*, aquele que rege principalmente a união. Vênus indica também o sócio no negócio. Vênus é o Planeta principal conectado com os veículos (*Vahana*). Para aqueles regidos por Vênus e nasceram durante dia, Vênus significa a mãe.

Signos: Vênus possui o Touro e a Libra. Vênus exalta-se em Peixes e o ponto mais elevado da exaltação é 27° de Peixes. Vênus é debilitada em Virgem. O ponto mais baixo de debilitação é 27° de Virgem.

Mulatrikona e ***Swakshetra***: Os primeiros 20° de Libra são seu *Mulatrikona* e o restante é seu *Swakshetra*. O Signo de Touro inteiro é também seu *Swakshetra*.

Amigos e Inimigos: Amigos de Vênus são o Mercúrio e Saturno. O Sol e a Lua são seus inimigos. Marte e Júpiter são neutros a ele.

Metal: Prata.

Gemologia: Diamante.

Dia da Semana: Sexta-Feira.

Cor: Rosa.

JÚPITER – GURU - ♃

Conhecimento, riquezas, expansão, escrituras, mente elevada, sabedoria, otimismo, muita confiança, desejo de conhecer e melhorar as coisas, conhecimento espiritual, boas ações, adoração, caridade, destino (*bhagya*), filhos, educação, religião, filosofia, dinheiro, graça, fígado, gordura, óleos, acumulação de fluidos, esposo, pai, professor (*Guru*). *Kapha* (*Ayurveda*).

Júpiter o Planeta poderoso é chamado um gigante do sistema Solar. Júpiter leva um pouco menos de doze anos para uma volta ao redor do Sol. Mitologicamente, Júpiter é o professor, conselheiro, o *Guru* dos Deuses. Os gregos antigos consideravam Júpiter como o pai dos Deuses - Zeus. Júpiter possui e oferece o *Sathwaguna* (a qualidade de pureza e bondade). Nossas fortunas são governadas por Júpiter que é o regulador principal do dinheiro. Júpiter é denominado como "uma fortuna maior" e suas qualidades são humildade, paciência, sociável, expansivo, masculino e moderado. Rege o fígado e as coxas. Rege a instrução mais elevada e significam juízes, conselheiros, banqueiros, corretores, teólogos, filantropistas e, também a ciência, a lei, a razão e a comparação. Rege transações financeiras, especulação, negócios, viagens e artigos estrangeiros. Jupterianos, tipicamente são joviais devido ao fato que Júpiter dá características como a sociabilidade, a esperança, a benevolência da adoração, a compaixão, a justiça, a honestidade e a espiritualidade. O Jupteriano é geralmente rápido em "atirar no alvo" porque seu símbolo é o arqueiro. No mundo do negócio, os indivíduos governados por Júpiter tornam-se interessados em empresas populares grandes e negociam muito nas matérias relacionadas aos advogados, aos juízes, aos banqueiros, aos corretores e aos médicos. A ciência e a medicina também estão relacionadas com Júpiter. Se ele não estiver mal situado no horóscopo, ele produz uma quantidade considerável de boa sorte especialmente a aqueles que servem em posições de dignidade e de confiança como *Gurus*, professores e todos que procuram uma educação elevada na espiritualidade. Os jupterianos têm uma mente lógica, uma possessão considerável de si mesmo e uma determinação, que geralmente, inspiram a confiança e alcançam posições responsáveis. Júpiter é Planeta impetuoso, nobre, benevolente, frutífero, jovial, otimista, positivo e digno. É o Planeta mais benéfico de todos. Entretanto, muitos outros Planetas podem estar mal posicionados ameaçam com dificuldades a uma pessoa. Mas se Júpiter for forte e bem colocado em um horóscopo, a pessoa desfrutara a ajuda dele mesmo que for naquele último momento em que a pessoa sente que não há mais nada que possa o ajudar. Ele vem como a última salvação numa situação difícil. Júpiter indica também o quanto a pessoa irá respeitar as pessoas idosas, os *Gurus* e as escrituras religiosas. Júpiter promove uma lei que é justa, verdadeira, honesta, sincera. Se Júpiter estiver mal colocado no horóscopo, a pessoa será um extremista, um fanático. Será extravagante e esbaldara de suas próprias qualidades. Os outros efeitos ruins seriam otimismo excessivo, esperanças falsas, descuidado, débitos, disputas, falha nas especulações, se perderá em jogos e apostas, preocupação através das crianças, falso prestigio, perda da reputação, erros em julgamento e em cálculos, etc. Terão um bom crescimento na juventude, uma boa estrutura muscular e assim adquirem respeito só pela compostura física. Júpiter é considerado também como o significador para crianças (*Santan Karaka*). Júpiter rege o fígado, coxas, o crescimento e a glândula pituitária.

Signos: Júpiter possui o Sagitário e Peixes.

Exaltação e Debilitação: Exaltado em Câncer, e o ponto mais elevado de exaltação é de 5° de Câncer. É debilitado em Capricórnio, e o ponto de debilitação mais baixo é 5° de Capricórnio.

Mulatrikona e *Swakshetra*: Os primeiros 5° de Sagitário são seu *Mulatrikona* e o restante *Swakshetra*. O Signo de Peixes todo é também seu *Swakshetra*.

Amigos e Inimigos: O Sol, a Lua e Marte são amigos de Júpiter. O Mercúrio e Vênus são seus inimigos e Saturno é neutro a ele.

Metal: Ouro

Gemologia: Safira amarela e Topázio

Dia da semana: Quinta-feira

Cor: Amarelo

SATURNO - SHANI - ♄

Tempo e durabilidade, concentração, lições, justiça, o homem comum, idoso, trabalho firme e confiável, a procura da iluminação através da isolação, causa da morte, adversidade e prosperidade, limitações, atrasos, furtos, perdas, introspecção, meditação. *Vata (Ayurveda)*.

Saturno é chamado *Sanaischaraya* e se move ao longo do Zodíaco passeando bem lentamente em comparação com os outros Planetas. É o Planeta mais distante dentre os Planetas reconhecidos pela Astrologia Védica. Saturno leva 29 ½ para dar a volta completa em torno do Sol. Por isso Saturno leva em média aproximadamente 2 ½ anos em cada Casa do Zodíaco. Saturno é chamado *Yama* porque é o regulador principal da longevidade. Saturno é dito ser pobre, um plebeu e é o filho do Sol. Saturno é simbolizado às vezes como o pai do Tempo. No antigo ocidente Saturno era conhecido como Satér ou Satã e significava o diabo, a escuridão, os segredos, a perda e o infortúnio. Sua natureza é fria, seca, flegmática, melancólica e masculina. Quando Saturno é bem colocado ou em bom aspecto, a pessoa é séria, profunda, prudente, cautelosa e com uma excelente habilidade de organizar. Se Saturno for mal colocado, a pessoa tem uma natureza irritada, descontente e sempre a queixar-se. Saturno rege os dentes, ossos, joelhos, orelha direita e o sentido da audição. Relacionam-se as pedras, cerâmica, lapidação, encanamento e os outros trabalhos que requerem trabalho manual. Denota pessoas envelhecidas, fazendeiros, pessoas nervosas, escuras, das reclusas e também, mineiros, negociantes de carvão e de sucata, proprietários de imóveis, etc. Rege a Terra, a propriedade, as minas, a ligação e as transações de propriedade real. A influência de Saturno geralmente considerada ruim, mas esta opinião não é justa nem verdadeira. Na realidade as dificuldades impostas por Saturno são ao final para um bem maior. Saturno age como um impedimento e traz a negação e a necessidade em tudo na vida. É considerado um opressor. Saturno traz a pessoa aos seus joelhos, a humildade por meio das limitações, adversidades e faz com que o indivíduo reflita, estude e faz procurar a fonte daquela miséria que no futuro pode ser superada. Assim como o Saturno e um destruidor (de ideais falsos), é também um salvador. Nesta viagem, ele traz a pessoa à um estado de introspecção e estimula o esforço para a perfeição e a vitória. Saturninos são extremamente sensíveis, mas escondem seus sentimentos e emoções sob uma máscara. Se censurados ou criticados frequentemente, retiram-se da sociedade e seu progresso e desenvolvimento acabam ficando muito atrasados. Saturno é considerado ser favorável para as pessoas nascidas em um Signo de Vênus visto que Saturno não é bom para os nascidos em Signos de Mercúrio. É também benéfico quando está em seu próprio Signo, ou quando ocupa os Signos de Júpiter ou quando exaltado. Saturno quando benéfico faz uma pessoa ser verdadeira, de confiança, honesta, sincera, fiel e digna. Ajuda à concentração, as preces, na meditação, etc. Saturno é o regulador principal da longevidade (é chamado *Ayush Karaka*). Se ocupar a Casa da longevidade, a 8ª Casa do horóscopo, a pessoa tem uma vida extensiva. Se for maléfico, Saturno promove a depressão.

Signos: Saturno possui o Capricórnio e o Aquários.

Exaltação e Debilitação: Exaltado em Libra, e o ponto mais elevado de exaltação é 20° de Libra. É debilitado em Áries, e o ponto mais baixo de debilitação que é 20° de Áries.

Mulatrikona e Swakshetra: Para Saturno os primeiros 20° da parcela de Aquário são seu *Mulatrikona* e o restante é seu *Swakshetra*. Todo o Capricórnio é também seu *Swakshetra*.

Amigos e Inimigos: O Mercúrio e Vênus são amigos de Saturno. O Sol, a Lua e Marte são seus inimigos. Júpiter é neutro a ele.

Metal: Ferro e aço.

Gemologia: Safira azul ou negra.

Dia da Semana: Sábado.

Cor: Negra.

SADE-SATI (Sete anos e meio)

Saturno tem uma fase em que todos que passam por ela. Esta fase é chamada de *Sade-Sati*. É uma fase de 7 ½ anos onde o Saturno testa até a última gota de paciência, determinação, humildade e outras qualidades que fazem um homem digno. Até o final desta fase, Saturno consegue trazer a pessoa aos seus joelhos e dependendo da sua força, conforme o horóscopo natal, destrói todas as ilusões e preconceitos falsos.

Poucas referências ferem tanto nos corações com terror e ansiedade como aquelas que se relacionam à Saturno; termos aterrorizantes como; *sade-sati*, *ashtamshani*, *panoti* e *dhaiyaa*. Os ensinamentos astrológicos orientais e ocidentais geralmente trataram Saturno com o terror e o medo. Descrito como feio, defeituoso (particularmente membros inferiores), velho, imperdoável, sem coração e severo, Saturno caracteriza geralmente a punição e a repreensão kármica, o perdão que é difícil de obter. E, contudo, outros vivem sob a imagem de admiração das forças de Saturno e como a influência representada por ele pode dar forma e estrutura às nossas vidas e destinos com as limitações impostas e com os limites ajustados às vezes por si próprios. Saturno é considerado o ladrão que rouba de tudo o que é bonito, de conforto, da paz, saúde e vida, mas ele também é visto como um *Yoga* do *Mahapurusha*, conhecido como o *Yoga* de *Sasha*, quando o Planeta está colocado em um Ângulo do Ascendente (e alguns consideram também, da Lua), em *Mulatrikona* ou em exaltação, ou seja, em Capricórnio, Aquário ou Libra, respectivamente. O fenômeno do *Sade-Sati*, começa num

♈♉♊♋♌♍ ♎♏♐♑♒♓

período quando trânsito de Saturno entra na 12ª Casa do horóscopo natal e acaba quando ele sai da 2ª Casa. O trânsito de Saturno em cada Casa é de 2 ½ anos e o seu trânsito nestas 3 Casas de significância levam o total de 7 ½ anos. Conforme iremos estudar as Casas, entenderemos melhor a significância do Saturno sob estas 3 Casas e o porquê dele ser considerado tão terrível quando transita por elas.

RAHU E KETU

Na mitologia Hindu há uma história maravilhosa que descreve como uma vez, os Deuses e os demônios fizeram uma forma de aliança para produzir um néctar que poderia lhes dar a imortalidade. Esta é a história da mistura do leite do oceano e da descida do Senhor *Vishnu* como o *Avatar* de *Kurma*, a Tartaruga Divina. Quando o néctar (*amrit*) que se formou deste oceano foi servido aos Deuses, um demônio, disfarçado como um dos Deuses sentou-se entre o Sol e a Lua em uma tentativa de obter o néctar. Quando foi detectado pelo Sol e pela Lua, o Regente *Vishnu* atirou seu disco divino (*Sudarshan*) imediatamente e cortou sua cabeça de seu corpo. Infelizmente, a tentativa de deter esse desastre não foi suficiente, porque o demônio havia provado uma quantidade pequena do néctar e já tinha se tornado imortal, mas cortado em dois pedaços. Desde então, é dito que este demônio é a vingança constante sobre o Sol e a Lua sempre que chega próximo a eles (estes são os Eclipses Solar e Lunar). A cabeça deste demônio grande é conhecida como Rahu, enquanto sua cauda, como Ketu. Na Astrologia Védica, Rahu e Ketu são conhecidos como dois Planetas invisíveis. São inimigos do Sol e da Lua, que em certos eventos durante o ano (durante a conjunção ou a oposição) eles engolem o Sol ou a Lua que causam o eclipse solar ou lunar. Em Sânscrito isto é conhecido como o *Grahanam* (apreensão).

O que talvez soa como uma história infantil é uma metáfora poderosa para o que acontece realmente quando um eclipse ocorre. Rahu e Ketu são os pontos astronômicos no céu chamado respectivamente de nódulo lunar do Norte e nódulo lunar do Sul. Observando-se da Terra, os trajetos do Sol e da Lua parecem ser dois círculos grandes projetados na esfera celestial (veja o diagrama abaixo). O trajeto do Sol, a eclíptica Solar, faz uma volta completa em um ano. Ao mesmo tempo, o trajeto circular da Lua é completado em aproximadamente um mês. Cada mês a Lua alcançará o Sol que se move mais lentamente. Isto é chamado de Lua Nova ou em Sânscrito, *Amavasya*. Geralmente as passagens do trajeto da Lua ocorrem acima ou abaixo do Sol e nenhum eclipse acontece. Mas, periodicamente a

Lua alcança o Sol no lugar onde seus trajetos se cruzam. Isto causa o Sol ou a Lua a se esconderem da vista da Terra e é chamado assim um eclipse solar ou lunar. Estes lugares da interseção são os nódulos lunares do Norte e Sul, ou como são conhecidos na mitologia Hindu, Rahu e Ketu. Consequentemente, na linguagem simbólica da mitologia, Rahu e Ketu engolem o Sol e a Lua. Os antigos observadores do céu estavam cientes da causa dos eclipses solares e lunares e assim que descreviam o processo numa metáfora.

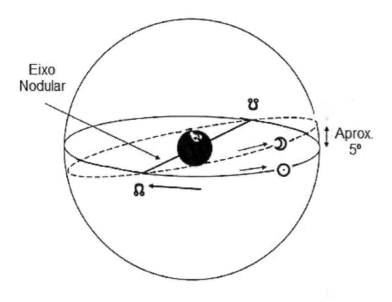

Rahu ☊

O próprio destino material, *Karma* material, toxicidade, condições crônicas, qualidades que irão se desenvolver durante a vida, ligações, influência estrangeiras, decepções, desilusões, epilepsia, loucura, roubos, Terra, prosperidade, diplomacia. *Vata* (*Ayurveda*).

Rahu é a cabeça da serpente. Tudo que entra em contato com ele, virá obsessão, como uma pessoa com um apetite insaciável. Rahu representa o desejo da matéria, mas como ele não é um Planeta físico, como Ketu também, ele atua no nível do subconsciente. Ele altera as nossas percepções e colore o mundo de acordo com os próprios desejos. Ele destrói a essência das coisas e se concentra somente na substância material. Ele é a nossa subconsciência mais profunda do desejo material. Rahu tem a obsessão sobre as coisas que precisamos aprender para que um dia possamos nos libertar delas. Neste mundo existem lições que somente podemos aprender através do corpo físico, no mundo físico. O Rahu significa essas lições. Todos os seres humanos têm um pouco de loucura dentro de si e Rahu mostra essas áreas onde somos desbalanceados e obcecados. Ele nos deixa enfatuado até aprendermos a se desligar dele. Ele representa esta "delegação". Nós nos perdemos nesta ganância da vida e essa é a causa principal dos nossos sofrimentos. Estas obsessões trazem muitos sofrimentos enquanto estivermos com este desejo material. No momento que começarmos a desejar a libertação, o sofrimento acaba. Rahu é um Planeta extremamente espiritual.

Signo: Aquário.

Exaltação e Debilitação: Exaltado em Touro e debilitado em Escorpião.

KETU ☊

Envolvimento místico, sem limites, perverso, desvinculação, separação, pobreza, hipersensibilidade, surpresas, mudanças, acidentes, reorganização, qualidades desenvolvidas na ultima vida.

Ketu é a outra metade da serpente. Um corpo sem cabeça. Enquanto Rahu se obceca com a vida material, Ketu procura a libertação. Ele é o oposto do Rahu. Ele vê a essência das coisas, mas está insatisfeito com tudo o que é substantivo no mundo. Enquanto Rahu quer crescer e viver novas experiências, Ketu quer se retrair no mundo familiar, criando um receio em cima da estagnação e acaba odiando a si mesmo por não crescer por causa desta estagnação. Ketu traz dúvidas e muitas críticas nas áreas da vida em que vai vivendo. Ele é eternamente insatisfeito e somente vê o que esta faltando em todas as áreas que influencia. Ele preside sobre o aspecto absoluto de Deus. Ele é muito exigente e destrói toda a felicidade material em tudo que toca, inclusive nas áreas onde Rahu está no horóscopo. É este empurra-puxa das obsessões de Rahu e dúvidas de Ketu que permite as nossas almas a aprender lições que somente levam a elevação da alma.

Signo: Escorpião.

Exaltação e Debilitação: Exaltação em Escorpião e debilitação em Touro.

URANO ♅

Relâmpago, inovação, descobrimento, progressão, objetividade, novidade, ingenuidade, rebelde sem causa, irresponsabilidade.

A energia de Urano é elétrica e cheia de mudanças. Urano é um Planeta que sempre está procurando novidades. Não gosta de tradições e festeja com originalidade e individualidade. Está sempre associado com tecnologia e inovações. Sempre procurando descobrir novas coisas e sempre no caminho da progressão. Objetividade, ingenuidade e iluminação são as qualidades de Urano. Por outro lado, se mal colocado ele vira completamente um rebelde sem causa nas áreas onde influencia e age com irresponsabilidade. Quando Urano não está desenvolvido, ele somente reage, mas quando a pessoa está verdadeiramente em sintonia com suas energias, Urano é muito intuitivo. Observamos este flash quando Urano trabalha com os estudos e investigações. As pessoas influenciadas fortemente por Urano, sempre procuram sair da monotonia, põe uma pitada de pimenta nas situações e geralmente vão contra as regras estabelecidas. Dependo onde Urano faz aspecto, ele colore essas outras áreas com determinação, excentricidade e originalidade. Onde Urano estiver, ele se recusa a se misturar como os outros e às vezes acaba promovendo erros nos caminhos da vida. Ele vê as situações de maneira diferente e isto gera uma expansão na consciência. A nova visão na ciência e tecnologia é sadia, mas quando muito forte, provoca rebeliões, revoluções, ditadura, que se usados com consciência levam ao progresso. Urano não é nada sutil. Quando mal colocado leva a comportamentos bizarros. Contudo, Urano faz um bom astrólogo também porque não é uma ciência comum. Urano também é responsável por terremotos ou desastres naturais. Ele é um Planeta que tem efeito direto em um nível coletivo, influenciando gerações sucessivas. Urano leva 84 anos para completar sua órbita em torno do Sol por isso ele leva 7 anos em cada Casa do Zodíaco.

Signo: Aquário.

Exaltação e Debilitação: Exaltado em Escorpião e debilitado em Touro.

♈♉♊♋♌♍ ♎♏♐♑♒♓

NETUNO Ψ

Espiritualidade, misticismo, novos ideais, ilusão, desilusão, pensamento abstrato, mediunidade.

Netuno é o Planeta da decepção e iluminação espiritual. Rege os oprimidos e abandonados da sociedade. Contudo em outro nível, rege visionários e aqueles que procuram a iluminação elevada da alma. Mas no horóscopo de uma pessoa, o posicionamento de Netuno junto com os aspectos de outros Planetas, descreve espiritualidade, pensamento abstrato, ilusões, desilusões e áreas da vida onde as coisas não são do jeito que são vistas. Netuno rege a culpa, persecução e descreve o potencial para experiências relacionadas com o confinamento, abandono e vícios ou a tolerância às drogas e ao álcool. Na mitologia, Netuno é filho de Saturno e irmão de Júpiter e Plutão. Conhecido como Poseidon, da Grécia antiga, ele é o Senhor dos mares e o Deus dos cavalos. Depois da derrota de Saturno, Júpiter pegou o trono de Deus dos Céus, Netuno, o Deus dos mares e Plutão, o Deus do submundo. Mesmo com esta descrição, astrólogos modernos dizem que Netuno tem uma influência feminina e é a 8ª acima de Vênus. O papel de Netuno na sociedade é geralmente nublar as coisas, dando-lhe aparências que na verdade não são reais. Netuno é o mestre da fantasia e do disfarce. Ele rege os óleos, líquido, solventes e até a maquiagem. Esta força sempre age abaixo da superfície, seus efeitos são muito sutis, mas pode ser trazida para frente da consciência quando afetada significantemente pelos trânsitos dos Planetas visíveis. Um exemplo disso é a crise do óleo, as inundações, furacões e tempestades que afetam fortemente todas as partes do mundo. Netuno, um dos Planetas externos, é um Planeta trans-pessoal. Ele leva mais ou menos 13 anos em cada Casa, levando por volta de 164 anos para se mover por todo o Zodíaco. Assim 164 anos separam as pessoas nascidas durante seu trânsito em um Signo daquelas nascidas quando ele retorna naquele Signo, a significância de Netuno em qualquer Signo descreve gerações ou mesmo a história. O símbolo de Netuno é uma cruz material perfurada na meia Lua da personalidade, libertando-a para um nível mais elevado do que o Ego pessoal. A cruz representa a vida na Terra e a oposição da vontade, os desejos que levam o destino evolutivo. O desejo, a vontade individual ligada com a consciência da humanidade. Na Era de Aquário, em que estamos, essa união vem como uma evolução pessoal e a masterização da personalidade ao invés da crucificação da personalidade como veio a ser nos últimos 2000 anos. Netuno tem a compaixão divina e é, como mencionei, a 8^a do amor individual, Vênus. Onde Vênus diz "Eu te amarei se você me amara", Netuno diz, " Eu o amarei porque amar e minha natureza, você e digno do meu amor porque você existe". Ele rege o mistério, tudo o que não tem uma forma exata, a sensitividade, o sofrimento, a compaixão, a dança, a música, o teatro, os filmes, os sonhos, as nuvens, a neblina, drogas, álcool, anestesia, a ilusão, obrigação, as ações mediúnicas, os instintos e o místico. Ele rege a glândula pineal e os pés. Seu moto e "Sirva ou sofra".

Signo: Peixes

Exaltação: Exaltado em Câncer e debilitado em Capricórnio.

PLUTÃO ♇

Transformação.

Plutão e o último Planeta do sistema solar e o fim do processo da divisão da estrutura da realidade da consciência normal que começou com Urano. Plutão supre a energia para o processo evolucionário por onde as entidades disfuncionais são transformadas através da morte e renascimento em uma vida de um nível mais elevado que passa escalando o caminho evolucionário. Essas entidades disfuncionais são geralmente parte do nosso Ego onde nós nos identificamos e sem ele não podemos sobreviver. Se nos tentarmos resistir ao Plutão e nos entregarmos ao Ego, a morte e a transformação mental ou doenças podem ocorrer na vida desta pessoa ou desta sociedade. Plutão causa desintegração dos blocos psicológicos que obstrui nosso crescimento. Sua energia vem de dentro de todas as coisas e uma das mais intensas e potentes energias: Atômica, nuclear, sexual, *kundalini*. Se deixarmos o medo da morte bloquear este processo, o resultado pode ser catastrófico. Em um horóscopo, ele simboliza a morte, o renascimento, sexo, evolução, degeneração e regeneração. Ele é a 8ª acima de Marte, onde ele representa o conhecimento consciente e auto- aprendizado, o mágico, o alquimista que se estende acima da força brutal e da habilidade física. Ele também e representado pelo pássaro mais fabuloso que existe: o Phoenix. Plutão rege o Signo de Escorpião que inicialmente ele simboliza o domínio das emoções usando a força de vontade e ao mesmo tempo ele representa a transigência através da consciência do próprio Ego. Essa é a verdadeira morte, é a morte que libera a alma para alcançar o conhecimento elevado. Em algum ponto do nosso passado, nossos pais ou a sociedade desaprovou e bloqueou a energia de Marte, o desejo. Aceitando a vontade dos adultos, nós não tivemos outra opção além de aceitar essa desaprovação e reprimir estes eventos. Plutão, a 8ª de Marte, mostra, dependendo da Casa onde está no horóscopo, onde essas energias estão reprimidas no subconsciente e que tipo de experiência ou atividades são necessárias para liberar essas energias e trazê-las para o consciente. Este Deus do submundo representa o que está soterrado profundamente dentro de nós e o que é necessário para trazê-los para fora, ou como levar a luz lá para dentro. Por isso, mineiros, geólogos, arqueólogos, empregados do metrô, psicoterapeutas, lideres religiosos, detetives são alguns dos exemplos dos trabalhos que estão sob a energia positiva de Plutão. Por outro lado, o crime organizado, a máfia, espiões, terroristas, políticos com forças históricas também servem Plutão. Os três níveis esotéricos de manifestação de Plutão são, o Escorpião, a Águia e a Pomba, representando respectivamente a força de vontade, a força da transigência e a transformação através do autoconhecimento e redenção. No corpo físico, Plutão rege os órgãos regenerativos e reprodutivos. O símbolo de Plutão é representado por um círculo do espírito em cima da meia Lua da personalidade, perfurada pela cruz da matéria. Isto significa que o espírito guardado dentro da sombra da personalidade pode ser libertado para brilhar através da evolução e transformação da personalidade própria. O período em que Plutão fica em cada Signo varia de 12 anos a 32 anos devido à excentricidade da sua órbita. Plutão marca gerações.

Signo: Escorpião

Exaltação e Debilitação: Exaltado em Aquário e Debilitado em Leão.

OUTRAS CARACTERÍSTICAS DOS PLANETAS

Além das características descritas até agora para cada Planeta, existem outros atributos que são tão importantes também. Estes atributos são dados pelos elementos da natureza e ajudam muito na interpretação da natureza da pessoa também. Abaixo está uma tabela onde mostra cada elemento de acordo com o Planeta e também a natureza que reflete essas características. Também é importante denotar que esta informação foi extraída do *Brihat Parasara Hora Shastra*.

Planeta	Elemento (*Tattva*)	Natureza
Sol	Fogo	Maléfico
Lua	Água	Benéfico
Marte	Fogo	Maléfico
Mercúrio	Terra	Benéfico
Júpiter	Éter	Benéfico
Vênus	Água	Benéfico
Saturno	Ar	Maléfico
Rahu	Ar	Maléfico
Ketu	Fogo	Maléfico

Tabela 4 – Elementos e Natureza dos Planetas

✓ **Éter:** representa criatividade, ingenuidade e a agilidade mental. Pessoas com a predominância do elemento éter formam-se bons diplomatas, agentes e representantes. São bons oradores e conseguem aprender uma imensa quantidade de dados relacionados ao assunto que capta sua atenção. Estas pessoas têm uma excelente habilidade de planejar.

✓ **Fogo:** representa agressão, habilidade executiva, confiança, orgulho e insolência. Pessoas com esta predominância agem rapidamente e precisamente. Eles gostam de liderar e estar em controle.

✓ **Terra:** representa concentração, dedicação e devoção. Estas pessoas são estáveis e práticas, mas também curtem um luxo como boas roupas e vivência confortável.

✓   **Ar:** representa mobilidade e orientação mental. Pessoas com predominância de um Planeta de Ar no seu horóscopo são intelectuais e as atividades relacionadas com números, letras e outras atividades mentais lhe chamam a atenção. São bons analistas e críticos.

✓   **Água:** representa emoções e a flexibilidade mental. Pessoas com esta natureza predominante são intuitivas e responsivas. São bons conselheiros e tem uma grande natureza maternal.

BENÉFICOS E MALÉFICOS

Pela definição, cada Planeta e naturalmente capaz de emanar energias positivas (benéficos) ou negativas (maléficos) resultando ações positivas ou negativas. E importante lembrar que mesmo se um Planeta tem a natureza maléfica, pode ser que as energias negativas de que emana sejam para um futuro bom. Por exemplo, Saturno restringe as coisas, os eventos, mas esta restrição pode ser porque o evento necessita um controle para não fugir do controle. Porém, na Astrologia Védica, para cada Ascendente existe certos benéficos por natureza que se tornam maléficos. Por isso, muitas vezes uma conjunção da Lua com Júpiter não é sempre benéfico, dependendo do Ascendente.

Por exemplo: Em um mapa com Ascendente em Câncer, dependendo em que Casa Júpiter estiver, ele será um Planeta maléfico, juntamente com Saturno, Rahu e Ketu. Quando a Lua entra em conjunção com Júpiter na 6ª, 8ª ou 12ª Casa, seus efeitos serão adversos porque Júpiter rege a 6ª Casa, neste caso, que é a Casa de doenças.

Eu já vi casos onde a pessoa tinha Júpiter em conjunção com a Lua 12ª Casa com Ascendente em Câncer e isto era a causa de problemas mentais na pessoa. Além disto, essa conjunção estava localizada no *Nakshatra* de Rahu para piorar as coisas.

Bom, não vamos colocar a carroça na frente dos bois ainda. Neste momento vamos somente entender que se um Planeta é maléfico ou benéfico dependerá do Ascendente e as outras colocações planetárias no horóscopo da pessoa. Porém Marte e Saturno, são considerados naturalmente maléficos e Vênus e Júpiter, naturalmente benéficos. Conforme iremos seguindo, entenderemos melhor a qualidade dos Planetas na prática.

A lista abaixo descreve os maléficos e benéficos dependendo do Ascendente:

Maléficos para Ascendente em:

Áries	Mercúrio	Rahu	Ketu		
Touro	Vênus	Júpiter	Marte	Rahu	Ketu
Gêmeos	Rahu	Ketu			
Câncer	Júpiter	Saturno	Rahu	Ketu	
Leão	Lua	Rahu	Ketu		
Virgem	Sol	Marte	Saturno	Rahu	Ketu
Libra	Mercúrio	Rahu	Ketu		
Escorpião	Marte	Vênus	Rahu	Ketu	
Sagitário	Lua	Rahu	Ketu		
Capricórnio	Sol	Júpiter	Rahu	Ketu	
Aquário	Lua	Mercúrio	Rahu	Ketu	
Peixes	Sol	Vênus	Rahu	Ketu	

Tabela 5 – Maléficos para cada Ascendente

Benéficos para Ascendente em:

Áries	Sol	Lua	Marte	Júpiter	Vênus	Saturno
Touro	Sol	Lua	Mercúrio	Saturno		
Gêmeos	Sol	Lua	Marte	Mercúrio	Saturno	Júpiter
Câncer	Sol	Lua	Marte	Mercúrio	Vênus	
Leão	Sol	Marte	Mercúrio	Vênus	Júpiter	Saturno
Virgem	Lua	Mercúrio	Júpiter	Vênus		
Libra	Sol	Lua	Marte	Vênus	Júpiter	Saturno
Escorpião	Sol	Lua	Mercúrio	Júpiter	Saturno	
Sagitário	Sol	Marte	Mercúrio	Júpiter	Vênus	Saturno
Capricórnio	Lua	Mercúrio	Marte	Vênus	Saturno	
Aquário	Sol	Marte	Júpiter	Vênus	Saturno	
Peixes	Lua	Marte	Mercúrio	Júpiter		

Tabela 6 – Benéficos para cada Ascendente

SOBERANIA

Cada Planeta rege ou é o "Senhor" de um Signo ou Signos. O Planeta que ocupa o mesmo Signo que rege, quer dizer que ele esta no próprio Signo ou "em Casa", irá desfrutar os benefícios como qualquer um que estiver em Casa, como nós ficamos confortáveis em Casa. Podemos fazer o que quisermos, pois, a Casa é nossa. Mas você não vai destruir sua própria Casa. Você sempre irá tratar bem e se sentir bem em Casa. Da mesma forma são os Planetas. Eles são o donos de uma ou duas Casas do Zodíaco.

❖ O SOL, o Rei, é o dono do Signo de LEÃO.
❖ A LUA, a Rainha, é a dona do Signo de CÂNCER
❖ MERCÚRIO, o Príncipe, é dono dos Signos de GÊMEOS e VIRGEM.
❖ VÊNUS, a Princesa, é dona dos Signos de TOURO e LIBRA.
❖ JÚPITER, o Conselheiro, é dono dos Signos de SAGITÁRIO e PEIXES.
❖ SATURNO, o Servo, é dono dos Signos de CAPRICÓRNIO e AQUÁRIO.
❖ URANO, a 8ª de Mercúrio, compartilha o Signo de AQUÁRIO.
❖ NETUNO, a 8ª de Vênus, compartilha o Signo de PEIXE.
❖ PLUTÃO, a 8ª de Marte, compartilha o Signo de ESCORPIÃO.

♈♉♊♋♌♍ ♎♏♐♑♒♓

PLANETAS RETRÓGRADOS ℞

Os Planetas podem parecer estar se movendo para trás no céu por um determinado período e por isso esse movimento é chamado de retrógrado. "Parecer" é a palavra chave aqui, porque, tecnicamente falando, nenhum Planeta realmente se move para trás em suas órbitas em torno do Sol. Na verdade, eles nem sequer desaceleram. Os ciclos direto-estacionário-retrógrado são essencialmente ilusões que resultam do nosso ponto de vista da Terra, simplesmente porque a Terra também está orbitando o Sol a uma velocidade diferente dos outros Planetas.

Mercúrio torna-se retrógrado com mais frequência do que qualquer outro Planeta, mas Planetas externos (Urano, Netuno e Plutão) entram em movimento retrógrado com mais frequência do que Mercúrio. Mercúrio nunca se distancia mais de 28° do Sol e quando ele atinge a sua maior distância do Sol, ele muda de direção. Vênus e Marte entram em movimento retrógrado aproximadamente de 7 a 10% do tempo. Do Júpiter até Plutão os períodos retrógrados são maiores durante o ano.

Quando um Planeta está em movimento retrógrado no mapa natal, suas energias estão voltadas para dentro. Estas energias são sentidas mais fortemente, mas existe algo sobre as energias do Planeta que a pessoa mantém oculta ou disfarçada. Existe uma timidez, desconforto ou constrangimento em expressar a energia do Planeta diretamente ou abertamente.

Às vezes existe um indeferimento, falta alguma coisa, ou algo que falta na infância e há atrasos associados com as energias do Planeta retrógrado. Talvez para uma pessoa com um Saturno retrógrado, haja uma falta de disciplina ou estrutura, ou, possivelmente, uma figura de autoridade na infância e a pessoa se sente estranha em uma situação que exige regras ou protocolo específico, como resultado. Por outro lado, pode ter havido influências excessivamente rigorosas na juventude e o resultado final é semelhante – a pessoa muitas vezes se sente culpada e se preocupa excessivamente sobre as responsabilidades, como os outros pensam delas e como seguir às regras. Isso é um exemplo. Outro exemplo poderia ser com Urano retrógrado, onde na infância pode ter havido uma falta de liberdade e possivelmente, muitas regras, ou falta de incentivo na singularidade e excentricidades, de modo que a expressão da pessoa na vida adulta é inibida, agitada e basicamente, não sai naturalmente nela.

Nem o Sol ou a Lua fazem o movimento retrógrado. Mas os nódulos da Lua, Rahu e Ketu sempre estão retrógrados, às vezes mudando de direção para a frente.

Os *Panchangas* (almanaque planetário sideral ou efemérides), lista o sentido verdadeiro dos movimentos dos Planetas durante os anos listados neste almanaque.

Mercúrio Retrógrado ☿℞

Neste caso, indivíduos com Mercúrio retrógrado, pensam numa forma mais intuitiva. O pensamento é formado pela parte direita do cérebro. Neste lado direito, o pensamento e mais abstrato, a compreensão e feita por reconhecimento de padrões e chega a conclusões sem aparentemente passar por observações lógicas e racionais. Mas isto não significa que eles estão errados. Na verdade, a probabilidade de estarem corretos é maior do que se fossem analisar os fatos baseados na lógica. Se eles estiverem numa situação cheia de dados e cheia de pessoas analíticas, eles se destacam por não pensar igualmente aos outros. Eles irão absorver os mesmos fatos, mas o processamento destes dados chega a uma conclusão totalmente fora do normal. Ao invés de pensar em números e fórmulas, eles pensam em símbolos e metáforas, por exemplo. Eles podem levar as pessoas mais analíticas à loucura pela forma que pensam, pela forma que o Mercúrio retrógrado pensa. Estes não têm um pensamento linear em qualquer forma.

Marte Retrógrado ♂℞

Marte é normalmente o Planeta do Fogo, dos guerreiros, da ação e da iniciativa. Quando entra em movimento retrógrado, Marte não tem aquela força para tomar ações. A pessoa precisa que alguém ou algo acenda aquele Fogo dentro deles. Às vezes a pessoa acaba esperando a situação chegar até a um ponto crítico para tomar uma ação, consciente ou inconscientemente. Estes tipos de pessoas podem ser bem frustrantes, porque geralmente elas esperam até o último minuto para fazer o que é necessário. Isso não é um hábito, mas é a natureza da pessoa. A pressão de ser forçada é usada para suplementar a fraqueza deste Marte retrógrado.

Quando Marte esta em movimento retrógrado em trânsito (presente), nos devemos considerar este momento como não favorável para tomar ações que necessitam do apoio de Marte. Não é um período auspicioso para começar novos projetos, ou compras, casamentos, contratos de negócios, processos legais, começo de um negócio, cirurgias ou outras ações do gênero.

Vênus Retrógrado ♀℞

Vênus retrógrado (da mesma forma como se estivessem em conjunção com Rahu ou Ketu) pode indicar um interesse no amor de forma anormal. Estas pessoas fazem parte da minoria. Geralmente, estas pessoas entram em celibato ou mesmo até o oposto extremo, festejam o sexo de toda e qualquer forma. Eles têm um idealismo sobre o amor onde estas expectativas são tão altas que ninguém pode obter. O resultado é que eles não se sentem amados. Muitos se tornam à religião por que é mais fácil amar a Deus e Deus tem muito amor para dar.

Às vezes, quando este Vênus está mal colocado, a pessoa pode ter sofrido ou irá sofrer maus tratos no amor ou até ter experiências traumáticas com aqueles que amam. Estas não tem sucesso no casamento. É muito difícil conseguir o amor e compreensão delas. Mas muitos destes Vênus preferem a companhia de outros do mesmo sexo, amizade ou homossexualismo.

Júpiter Retrógrado ♃ ℞

O Júpiter retrógrado forma pessoas "mão-de-vaca". Eles sempre estarão pensando em conseguir o melhor negócio, sempre procurando pechinchas. O Júpiter é o Planeta da expansão, então quando retrógrado, sempre pensa em conseguir de volta o que foi perdido. Procurando e muitas vezes conseguindo bons negócios, eles sempre estão comprando produtos em desconto. O dinheiro, principalmente, não sai tão fácil desses bolsos. Contudo, isto pode gerar problemas num relacionamento, porque este tipo de pessoas sempre estão considerando algo melhor, além do que eles têm no relacionamento presente. Não é a inveja em si, mas eles sempre acham que tem coisa melhor no mercado e ficam insatisfeitos (cronicamente) no relacionamento atual. Estas pessoas são o estopim numa situação desastrosa. Eles não prestam atenção no que pode dar errado. Eles somente continuam a agir do jeito que são, sem pensar em evitar um futuro problema por causa deste pensamento.

Por outro lado, eles também têm um faro muito bom em relação a boas ofertas. Podem sentir o cheirinho de uma oferta de longe. Principalmente, numa situação de crise. Quando outros estão preocupados em arrumar uma situação num momento de crise, estes Júpiter retrógrados conseguem fazer lucro quando todos estão perdendo dinheiro, por causa deste pensamento "mesquinho". E também, muitas vezes, eles saem fora destas situações de crise muito antes do que os outros, porque seu faro vai longe e conseguem ver um desastre antes que ele aconteça. Mas um Júpiter retrógrado pode também levar a pessoa a ter muito otimismo e preguiça, fazendo-as perder oportunidades que não precisavam ter perdido.

Este Júpiter retrógrado é interessado em projetos que fracassaram ou de pouco interesse aos outros. Eles ainda podem ver o valor desses projetos e procuram fazer de tudo para repará-los. A mesma atitude vai também às pessoas. Eles procuram reabilitar pessoas que foram marginalizados pela sociedade. Este Júpiter ainda são inspirados naturalmente como qualquer outro Júpiter em movimento normal, mas neste caso eles estão

♈♉♊♋♌♍ ♎♏♐♑♒♓

consciente do próprio valor e expandem este sentimento ajudando outros que são abandonados, ou projetos que foram descartados, sempre vendo que ainda pode ser feito algo para melhorar tais pessoas ou projetos.

Saturno Retrógrado ♄℞

Saturno é o Planeta da reclusão e renúncia. Geralmente, pessoas com Saturno retrógrado acabam ficando mais isoladas e antissociais. Eles se sentem só, como ninguém os entendem. Na verdade, eles estão com medo da rejeição e agem como se não estão nem aí com os outros e rejeitam os outros antes que sejam rejeitados. Fatalismo e pessimismo são as duas nuvens que perseguem estas pessoas. Elas são mais isoladas, carrancudas e mais depressivas. Nesta isolação elas ficam mais paranoicas.

O lado positivo deste Saturno é que ele sai do caminho quando a pessoa amadurece e ganha mais experiência de vida. Se elas conseguirem aguentar o começo de suas vidas, ou o começo destes tipos de eventos na vida, eles já estarão com a maioria das dificuldades no passado.

Urano Retrógrado ♅℞

Urano retrógrado pode levar à um medo de mudanças ou a uma desconfiança latente sobre novas tecnologias ou melhorias. Essas pessoas podem esconder as suas excentricidades, enquanto que as pessoas com Urano direto são mais inclinadas a ostentá-las, ou pelo menos se quer orgulhar destas excentricidades. Em alguns aspectos, tendo Urano retrógrado é como ter Saturno forte no mapa. Pode haver uma energia reprimida com esta posição, de modo que, embora possam estar seguindo às regras, chega um certo ponto onde eles se revoltam devido à essa energia reprimida, mas depois voltam às vidas normais. Mas sempre existirá esse tipo de explosão cada vez que se sentirem reprimidos de uma forma ou outra.

Netuno Retrógrado ♆℞

Os que nascem com Netuno retrógrado em seus mapa pode tendem a esconder as suas vulnerabilidades, seu lado espiritual ou a sua compaixão, porque eles se sentem um pouco desconfortável em expressá-los. Essas coisas podem muito bem existir e são profundas, mas tais pessoas preferem manter esses pensamentos para si mesmos. Estas pessoas são naturalmente desconfiadas e tem dificuldades na vida devido à essa desconfiança pertinente. Quando puderem, sempre vão esperar o pior. Netuno retrógrado dá o medo de sonhar grande porque existe o medo de cair de cara no chão.

Plutão Retrógrado ♇℞

As pessoas com Plutão retrógrado em seus mapas natais estarão mais propensos a temer que estão sendo controlados, manipulados ou traídos pelos outros do que aqueles com Plutão direto. Pode haver uma tendência a esconder esses medos porque expondo-os fazem os sentir mais vulneráveis. Eles escondem o seu desejo de poder e controle e ao contrário dos que tem Plutão direto, estes nem têm o desejo de poder ou controle. Este atributo de Plutão pode ficar nulo na condição retrógrada.

Planetas *Sandhi*

Os Planetas ficam fracos quando estão localizados dentro de 1° ou mais de 29° em um Signo, ou melhor, quando estão na cúspide de uma Casa. Esta posição tira uma quantidade significante da força do Planeta. Se um mapa tiver dois ou três Planetas nestas posições, o mapa em geral fica muito fraco. *Sandhi* significa "o ponto de junção" em Sânscrito. E como quando estamos de mudança. A vida fica encaixotada. Não estamos nem na Casa velha e nem entramos na Casa nova ainda. Tudo ainda esta no caminhão de mudanças.

Em outras palavras, o meio do Signo é considerado a colocação mais forte para manifestar a energia deste Signo. Da mesma forma o início ou o final do Signo é considerado o ponto mais fraco. Um Planeta localizado na junção de dois Signos tem um pé em dois mundos diferentes e sua pura expressão é negada. O Planeta está literalmente em transição e, portanto, em desvantagem.

Como a Astrologia Védica utiliza o sistema de "Casa Inteiras", onde as fronteiras do Signo correspondem às fronteiras da Casa, o Planeta *Sandhi* também se torna um problema do ponto de vista da análise da Casa (área da vida) em que o Planeta está operando. Uma vez que o Planeta não é distintamente contido numa Casa em particular, cria-se ema confusão na determinação da natureza funcional das suas energias. Esta confusão é então se espalha para as outras Casas no mapa que tal Planeta controla em virtude da sua regência dos Signos, bem como a determinação que se abriga em aspecto.

Existem métodos avançados utilizados para determinar mais exatamente qual parte da vida de um Planeta irá inclinar-se quando está literalmente "em cima do muro". O método mais óbvio é o de analisar a sua experiência de vida. Por exemplo, se Saturno fica entre o sua 10ª e 11ª Casas, você tem mais problemas com a sua carreira (10ª Casa) ou seus amigos (11ª Casa)? Se Marte fica entre a sua 3ª e 4ª Casa, você briga mais com o seu irmão ou vizinho (3ª Casa) ou sua mãe (4ª Casa)? A resposta vai mostrar que Casa o Planeta tem mais influência.

Se você tem um Planeta *Sandhi* no seu mapa Védico, você tem que prestar mais atenção nas fraquezas do tal Planeta. Um Planeta fraco não é capaz de trabalhar seus atributos de forma plena. Geralmente, você terá que trabalhar mais para entender e trazer para fora o seu potencial. Tal Planeta poderá trabalhar de maneira misteriosa, não é confiável e pode se tornar uma fonte de problemas. Esta confusão das energias planetárias pode ser amenizado através da meditação apropriada, reforçando assim a capacidade do Planeta de se manifestar através da sua consciência.

Da mesma forma, quando os Planetas nos céus estão mudando de Signos no trânsito (presente), também é considerado desfavorável para atividades que exigem energias daquele Planeta. Por exemplo, não se Casa quando Vênus está mudando de Signo; não comece alguma construção quando Saturno está mudando Signo. Para os Planetas mais rápidos (Marte, Mercúrio e Vênus) este período dura apenas um ou dois dias. Para Planetas mais lentos (Júpiter e Saturno) a transição pode levar de 1 a 2 semanas. Geralmente, não é um bom momento para iniciar novos projetos quando qualquer Planeta é *Sandhi*, porque o mapa de tal evento terá uma fraqueza que irá afligir o evento por toda a sua duração ou vida.

A natureza de um limite como uma transição entre dois mundos implica transcendência. As escrituras antigas não recomendam nenhum trabalho importante a ser feito quando os Planetas estão em *Sandhi*, por outro lado, deve-se passar esse tempo em meditação.

COMBUSTÃO PLANETÁRIA

Como sabemos todos esses processos que vimos até agora são baseados somente em visões astrológicas, e alguns dos conceitos astrológicos não estão acontecendo no céu como descrevemos no mapa. Por exemplo, Planetas retrógrados, como observamos, não estão realmente se movimentando para trás. Nós somente percebemos tal movimento devido a perspectiva da Terra. O mesmo se aplica na combustão dos Planetas.

A combustão ocorre quando os Planetas estão muito perto do Sol. Existe uma distância segura para cada Planeta, mas quando qualquer Planeta entra dentro de 3° à 5° do Sol, as coisas começam a esquentar para qualquer um. Combustão não é considerado algo bom, mas também não e tão maléfico quanto é dito por alguns astrólogos. É importante dizer que, muitos dos bons *Yoga*s (conjuntos de posições planetárias) são formados por Planetas em conjunção com o Sol. Estes Planetas estão tecnicamente combustos, mas se dão bem em combinação com o Sol.

Quando um ou mais Planetas entram em combustão, eles perdem muito das suas energias naturais, as suas "personalidades" são afetadas, ficam mais fracas e são mais coloridas com a personalidade do Sol.

SIGNOS

RASHIS

♈♉♊♋♌♍ ♎♏♐♑♒♓

A seguir, iremos discutir cada Signo do Zodíaco. Em Sânscrito, estes Signos são chamados de *Rashi*. A descrição de cada Signo irá ajudar a entender, basicamente, como cada um destes Signos funcionam. Estas características descrevem a forma pura do Signo. Contudo, a natureza primordial destes Signos será modificada pelos Planetas. Estas modificações podem ser favoráveis ou não dependendo da colocação dos Planetas sobre eles. Raramente iremos encontrar um Signo completamente típico a ele mesmo, seja devido ao Planeta mesmo ou o seu aspecto (iremos discutir mais à frente).

Se for ocupado ou tiver um aspecto (ou seja, modificados pela influência de um Planeta) favorável, como Júpiter, Vênus, Lua ou Mercúrio, então as energias mais positivas do Signo irão ser expressadas. Se um Planeta tiver um número alto em *Shadbala* (cálculo da força de um Planeta) e o Signo tiver altos pontos no *Sarvashtakavarga* (outro cálculo de força planetária que iremos discutir mais à frente também), então resultados positivos vão prevalecer para o determinado horóscopo. Estes pontos benéficos, fortes e altos dos "*Balas*", irão ajudar a repelir qualquer forças negativas que vierem sob estas Casas. Uma ação inversa será observada caso a Casa tiver um aspecto ou influências maléficas.

Além das características únicas de cada Signo, nós temos algumas características em comum entre eles:

SIGNO CARDINAL

Os Signos Cardinais são Áries, Câncer, Libra e Capricórnio. Signos Cardinais são os que marcam o início das estações. Dependendo do hemisfério, Áries é o início da primavera/outono; Câncer, verão/inverno; Libra, outono/primavera; e Capricórnio, inverno/verão. Os Signos Cardinais exibem qualidades forte de liderança, iniciativa e um desejo intrínseco para iniciar um projeto. Entusiasmado e confiante os Cardinais não tem medo de testar suas habilidades e tentar coisas novas, mesmo que no início não tenham êxito. Falar é fácil, mas enquanto o resto dos Signos estão ainda tagarelando sobre quando ou como vão abordar as coisas ou a situação os Cardinais já montaram uma legião eficiente e já está bem a caminho do seu projeto.

Cardinais gostam de trabalhar em grupos e vêm com grandes idéias e o ímpeto para fazer as coisas acontecerem. Você não espera por oportunidades cair no colo. Eles começam sem pedir e criam sua própria fortuna.

São criativos, no sentido artístico e prático, e adoram ver os resultados do seu trabalho. Nada lhe enriquece mais como uma boa missão e a oportunidade de colocar suas habilidades motivacionais em trabalho. Signos Cardinais são abençoados com habilidades sociais, promovendo um círculo bem conectado de amigos, associados e aliados que voluntariamente ajudam.

Signos Cardinais trabalham bem em equipe, desde que estiverem na direção, com a sua imensa visão, competência e carisma normalmente garantem o seu lugar no topo. Eles não gostam muito da supervisão constante e preferem ter autonomia.

SIGNO FIXOS

Signos Fixos são constantes. São mantenedores. Eles são, Touro, Leão, Escorpião e Aquário. São Signos onde *Kundalini* se manifesta como vontade. Estes são os 4 Signos mais consistentes e persistentes, eles simbolizam "a ação motivada por princípios." Eles são latentes, estáveis, reservados, planejadores e "reservatórios" de energia.

Eles são bons na tomada de decisões e delegam ao longo de uma linha sistemática. Os Signos Fixos não estão tão interessados na manipulação de seu ambiente como os Signos Cardinais. Eles estão felizes de se concentrar em assuntos pessoais e resistem a tentativas externas que tentam de mudar suas vidas. Eles tendem a ficar com o passado, que é a sua maior fraqueza, mas eles são fortes em sua estabilidade.

SIGNOS MUTÁVEIS

Os Signos Mutáveis são os comunicadores do Zodíaco, juntando e fazendo de consciente todas as facetas da experiência humana ou a vida. Os Signos Mutáveis são: Gêmeos, Virgem, Sagitário e Peixes.

Os Signos Mutáveis têm a vibração mais rápida e representam consciência. Eles pegam o que foi criado e tentam alterar ou adaptá-lo. Conhecidos pela sua natureza camaleônica Mutável, eles se adaptam a quase qualquer situação, seja a carreira, a casa ou os relacionamentos. Além de ser flexível, são otimista e sabem que quando uma porta se fecha, outra se abre inevitavelmente. É por isso mesmo que eles amam a mudança e lidam com mudanças como uma oportunidade para explorar e ganhar novas experiências. São engraçados, gentis e amigáveis, os Signos Mutáveis são mansinhos e acessíveis e têm a capacidade de iniciar relações muito rapidamente.

Não são tão oportunistas quanto os Signos Cardinais e raramente são obrigados a usar a influência de suas conexões. São rápidos no processamento de informações e assimilações de idéias e tem um dom para a análise de todas as facetas de uma situação. Isso os fazem jogadores valiosos na equipe que não são apenas aprendizes rápidos, mas de baixa manutenção. O amor pela mudança e versatilidade frequente cultiva os mais amplos e variados dos interesses. No entanto, este desejo também pode entediá-los facilmente.

Os Signos Mutáveis tem o dom de não estarem preso a percepções ou ideais definidas e mudam de acordo com suas necessidades e à situação em que estão. Imparciais, por natureza, eles tem a capacidade de ver todos os lados da história. Tem a mente aberta, tolerante e versátil onde os outros podem considerar como falta de confiabilidade, inconsistência e indecisão. Algumas qualidades de ser Mutável pode se manifestar como desorganização e instabilidade, fazendo com que eles percam o foco e os objetivos de seus objetivos.

ELEMENTOS DOS SIGNOS

Fogo

Os Signos de Fogo são: Áries, Leão e Sagitário. São Signos entusiasmados e amigáveis. Os Signos de Fogo têm uma abundância de energia e espontaneidade. Eles podem ser criativos e dramáticos, explosíveis e voláteis.

São reis do drama. São inquietos. Neste caso é só dar um projeto novo para eles. Eles amam nada mais do que derramar o seu entusiasmo em uma missão através do qual podem expressar a sua personalidade dinâmica e criativa.

Terra

São sólidos, estáveis, confiáveis e práticos, os Signos de Terra são os sensualistas do horóscopo. Estes são: Touro, Virgem e Capricórnio. Os Signos de Terra têm cautela e sempre tem um plano. Os Signos de Fogo são atraídos por eles por sua estabilidade, mas podem achar que falta espontaneidade. Da mesma forma Terra é atraída para a paixão do Fogo, mas pode vê-los como irresponsáveis. Eles geralmente têm uma ética de trabalho tremendo e amam nada mais do que colocar as mãos na massa. Profundamente metódicos, eles precisam de ordem.

Ar

Estes são: Gêmeos, Libra e Aquário. Os Signos de Ar são lógicos, curiosos, se arriscam e são comunicativos. Anseiam grandes quantidades de estímulo intelectual. Eles geralmente têm uma abundância de energia nervosa que é criada a partir de mais de mentes ativas. "Eu penso, logo existo" resume-los perfeitamente. Eles racionalizam a maioria das coisas, mas quando se trata de assuntos do coração podem ser um pouco desconectados simplesmente porque a área é bastante estranha para eles.

Água

Câncer, Escorpião e Peixes, são sensíveis, intensos e carinhosos, os Signos de Água passaram duas vezes pela fila da intuição quando foram criados e, consequentemente, há pouco o que pode se esconder deles. Eles sentem ao invés de pensar sobre as situações e podem ser extremamente emocionais e temperamentais. Portanto, tenha cuidado para não ferir seus sentimentos. Se é um Câncer, eles vão chocar, Peixes vai explodir em lágrimas e um Escorpião ... bem, vamos dizer que sapos irão criar asas antes que eles se esqueçam da dor que você causou neles! Os Signos de Água também são criativos e têm uma propensão natural para a cura.

ÁRIES – MESHA ☉

Áries é o primeiro dos Signos do Zodíaco. É um Signo Cardinal, de Fogo e Móvel. As pessoas nascidas sob este Signo projetam fortemente suas personalidades em cima dos outros e pode ser muito auto-orientado. Áries tende a se aventurar no mundo e deixa impressões sobre os outros que veem eles como emocionantes, vibrantes e faladores. Áries tende a viver aventuras e gosta de ser o centro das atenções, mas com razão, uma vez que são líderes naturais e confiantes. Áries estão entusiasmados com suas metas e desfrutam da emoção da busca, "querer é sempre melhor do que adquirir" é uma boa maneira de resumir a personalidade de Áries. São muito impulsivos e normalmente não pensam antes de agir ou falar. Na maioria das vezes Áries vai dizer o que vem à sua cabeça e geralmente acabam lamentando mais tarde.

Áries é ambicioso e cheio de energia. É pioneiro no pensamento e na ação e um amante da liberdade. Saúdam os desafios e não serão desviados de sua finalidade exceto por sua própria impaciência, que virá à tona se não obter resultados rápidos. Áries são líderes corajosos com uma verdadeira preocupação para aqueles que comandam, sendo responsáveis, é raro que eles usarão seus subordinados para obter seus próprios objetivos como líderes, mas ocasionalmente acontece. Eles não fazem muito bons seguidores porque eles são muito de "tomar conta".

Eles podem não estar dispostos a obedecer ou submeter-se às ordens de alguém sem razão nenhuma, ou com os quais eles discordam. Eles estão muito preocupados com o Eu, tanto positiva quanto negativamente. São autossuficientes, mas também autocentrados (às vezes) e preocupados com seu próprio avanço pessoal e satisfação física. Sua imensa energia tornam os agressivos e inquietos, argumentativos, ocasionalmente, obstinados, humor que muda rápido, podem ofender facilmente e é capaz de guardar rancor se eles próprios se sentirem ofendidos.

Áries está ciente do seu espírito pioneiro e não o ignora. Desta forma ele aproveita mais a vida e não deixa ser empurrado pelos outros. Sua natureza é geralmente empurrar ou ser empurrado, 8 ou 80. Isso às vezes pode ser desagradável para os outros, mas Áries deve ter a liberdade de agir, ao invés de só de pensar nisso, ficando reprimido no processo. Áries evita emoções negativas como ressentimento, arrependimento e auto-piedade, porque tais emoções nega o que é essencial para a sua natureza: a simplicidade.

Mentalmente Áries é intelectual e objetivo, mas em raras situações pode gerar fanáticos e extremistas na religião e na política. Eles são bons campeões de causas perdidas e tem uma resistência de último recurso. Eles são de raciocínio rápido, mas às vezes imprudentes e mais otimistas, falta rigor e a capacidade de avaliar dificuldades em que eles muitas vezes se apressam impulsivamente. A grande necessidade de Áries é exercer um autocontrole de ferro, para disciplinar as qualidades e tendências do seu caráter à vantagem, não em detrimento, da sociedade e comunidade onde estão.

Áries gosta de um desafio que o agite para a ação. Este desafio pode dar-lhe apenas frustrações; ou quando tiver um nível mais controlado, pode-se obter uma direção mais clara e saber com o que ou com quem ele está lhe dando. Se o seu sentido não é claro, então deve-se perguntar a si mesmo e ouvir a sua voz interior. Áries sempre chega à uma resposta. Um Áries sem uma direção na qual ir, ou um sem uma causa pela qual lutar, seria contra a sua natureza e ele se torna mais uma "ovelha", ao invés de um carneiro, que é por natureza.

Áries não tem medo de ser forte, pois esta é a essência de sua natureza. Fazem bons atletas, alpinistas, doutores, exploradores (de novas idéias, bem como território desconhecido...podem ser até astronautas, por isso), soldados, marinheiros e aviadores, líderes na indústria e na política.

Possíveis problemas de saúde ... Áries rege a cabeça e o cérebro, e arianos tem a predisposição à dores de cabeça, enxaquecas em particular, neuralgia e depressão. Indigestão e distúrbios nervosos também são problemas para Áries. A temeridade, impetuosidade e comprometimento físico pode torná-lo responsável por acidentes e lesões físicas, caso esteja atacado.

Áries gosta de extremos. Físico, emocional e mental e beneficia-se profundamente por ao máximo, mas se o seu extremismo vai muito além da aceitabilidade social, ele pode ser marginalizado.

Áries gosta de ação, chegar primeiro, desafios, defesa de causas e espontaneidade. Ele não gosta de fica esperando, oposições, tirania e conselhos alheios.

Sendo o primeiro Signo, Áries carrega todas as qualidades da agilidade da energia da juventude. E governado por Marte, por isso tem as qualidades de agressão e de força. Por ser um Signo de Fogo ele é ocupado melhor por Marte, Júpiter e pelo Sol, que são os três Planetas que governam os três Signos do Fogo. O Sol esta exaltado em Áries, porque o Rei é adorado pelo exército ali. Um Rei sente se realmente bem entre seu exército porque primeiramente fazem o que ele pede; em segundo protegem-no; e em terceiro lugar, porque destroem seus inimigos. Assim, o Áries é o Signo onde o Sol é o mais forte. Por ser um Signo com paixão pela vida, rápido, agressivo, feliz e jovem, o Saturno odeia o Áries e é debilitado nele. Saturno é devagar. A rapidez de Áries é uma dor para Saturno. Saturno é velho, idoso, a juventude do Áries é a outra agonia. Áries acaba com toda e qualquer força que resta em Saturno. As pessoas que têm a Lua em Áries, por exemplo, são ágeis no pensamento e na ação, fazem decisões repentinas, e deixam coisas rapidamente, porque o Áries não tem nenhuma resistência, somente habilidade de pular de um ponto ao outro rapidamente.

TOURO – *VISHABHA* ♉

As características de Touro são solidez, praticabilidade, determinação e força de vontade extrema. Ninguém manda neles, mas eles estão dispostos seguir lealmente um líder em quem confiam. É um Signo Fixo de Terra.

O Touro é governado pela amorosa, luxuosa, Vênus. Touro é o Signo da beleza, do luxo, da felicidade, do conforto e de todas as coisas agradáveis. Touro é simbolizado pelo próprio animal touro, que está completamente satisfeito ao se sentar em seu pasto verde agradável comendo grama. A cena de um touro feliz em um campo é uma cena agradável e o mais agradável é ver aquele touro estabelecido e feliz. Não é fácil mover um touro, e se tentar, somente faremos um touro irritado e perigoso. Assim, Touro rege a residência, casa estabelecida e os taurinos gostam das coisas firmes e estabelecidas e gostam de manter as coisas desta forma. Touro é um dos três Signos governados pelo elemento Terra. Os Signos dominados por Terra governam matérias com aspecto sólido, estabelecidos, coisas imóveis. Touro é o primeiro dos três Signos de Terra por isso ele é um líder. Com a beleza e a graça de Vênus atrás dele, o Touro vai à procura ou arranja as circunstâncias sólidas que não flutuam no progresso, é um progresso sólido e as coisas que o Touro cria são também contínuas e duráveis, nada flutuante, como as coisas criadas pelos Signos do Ar (que são susceptíveis a serem "levadas pelo vento"). O Touro simboliza a praticidade e a segurança.

A Lua é exaltada em Touro. Isto combinado com a influência de Vênus promove o sucesso com o público. Ele tem uma natureza cheia de paixão e denotada por um grande senso de fidelidade. Essas pessoas são muito fiéis e emanam um grande senso de confiabilidade.

Touro rege a garganta e da o poder de encantar as pessoas com sua voz. A influência de Vênus abre as portas para o talento musical, inclusive a apreciação por esta arte. São excelentes músicos e também por sua natureza prática, podem ser bons empreendedores na arte musical.

Touro tem um sentido de valores materiais e por isto tem o respeito a propriedades e tem horror à débitos, eles vão fazer de tudo para manter a segurança do *status quo* e acabam sendo um tanto hostis a mudanças.

Mentalmente, as características dos Touro são mais frequentemente de espírito penetrante e prático do que intelectual, mas tende a se fixar em suas opiniões por meio de sua preferência para seguir os padrões aceitos e confiáveis da sua própria experiência. O caráter de Touro é geralmente confiável, constante, prudente, justo, firme e inabalável mesmo em face de dificuldades. Seus vícios surgem de suas virtudes, indo a extremos em algumas ocasiões, como, às vezes, serem escravos do que acreditam.

Em raras ocasiões, Touro pode ser obstinadamente e irritantemente hipócrita, sem originalidade, rígidos, ultraconservadores, argumentativos, presos em um barranco egocêntrico.

Eles são amigos fiéis e generosos com uma grande capacidade de afeto, mas raramente fazem amizade com alguém fora da sua posição social. Em geral, eles são gentis, moderados, de boa índole, modestos e difíceis de irritar, não gostam de brigas e evitam mal-estar. Mas se são provocados, no entanto, eles podem explodir em violentas explosões de raiva, ferozes, em que parecem perder todo o autocontrole. Igualmente inesperado deles são senso de humor e o senso de diversão. Diversão para eles pode ser ler um livro, ficar sentado, sem se mover. Coisa muito difícil para um Gêmeos por exemplo.

O seu sentido espiritual interno almeja a harmonia material e sanidade mental. Quando o Touro plenamente compreende isso e trabalha em direção a esse fim, ele não precisa mais depender dos bens e confortos materiais. A realização do encontro da paz interior fará com que todas as coisas positivas acima mencionadas irão tomá-lo e ficará bem satisfeito com a vida.

O Touro precisa descobrir o seu mais verdadeiro, mais profundo e mais altos valores. Quando eles descobrem o que é verdadeiramente valioso, eles já não ficam mais acorrentados às pessoas e às coisas que não têm tanto valor como antes pensavam.

GÊMEOS – *MITHUNA* ♀

O Signo dos Gêmeos, é de natureza dupla, evasiva, complexa e contraditória. Por um lado, essa natureza produz a virtude da versatilidade, e por outro os vícios do cara dupla e leviandade. O Signo de Gêmeos é um Signo de Ar e Mutável e é regido por Mercúrio, o Planeta da infância e da juventude e seus temas tendem a ter as graças e as falhas dos jovens. Quando eles são bons, eles são muito atraentes; quando ruins, são piores por causa do seu ser encantador que são. Como crianças são vívidos e felizes, mas isso se as circunstâncias estiverem a favor, senão são egocêntricos, imaginativos demais e agitados. Eles se ocupam com novas atividades com entusiasmo, mas existe a tremenda falta de atenção, precisando constantemente de interesses novos, "voando" de um projeto para outro como aparentemente sem propósito, como a dança da borboleta de flor em flor. Para eles a vida é um jogo que deve ser sempre cheia de novidades e de entretenimento contínuo, livre do trabalho e da rotina. Mudar de idéia no meio das coisas é um outro capricho pequeno na personalidade de Gêmeos onde aderir a uma decisão é particularmente difícil para eles.

Uma vez que eles não têm a qualidade da consciência, eles estão dispostos a lutar por causas perdidas em todas as oportunidades que tiverem somente para ser moral (no sentido mais amplo da palavra). Suas boas qualidades são atraentes e tais qualidades vem fácil para eles. Eles são afetuosos, cortês, amáveis, generosos e atenciosos para com os pobres e oprimidos. Eles rapidamente aprendem a usar a sua atratividade para sua própria vantagem e quando se esforçam para isto, irão usar qualquer arma em seu arsenal como mentiras sem escrúpulos, sair de fininho de situações constrangedoras, astúcia, botam a culpa em outras pessoas para sair dos apuros, usando todo o charme que puderem. Em seus melhores momentos, eles se esforçam para serem honestos e direto ao assunto, mas o auto-interesse é quase sempre a motivação. Se as coisas correrem contra, eles agem como crianças.

♈♉♊♋♌♍ ♎♏♐♑♒♓

Como Mercúrio, eles vivem no Ar e vivendo no Ar é o que define Mercúrio, ele não tem os pés no chão como um Signo de Terra. Mercúrio quer dizer pensar, falar, se comunicar. Gêmeos é o primeiro Signo de Ar. Assim, Gêmeos tem um dom especial com mensagens que "viajam no Ar", como por exemplo, fofocas. Gêmeos simboliza propagandas de TV, rádio e assim por diante. O Mercúrio é uma entidade não comprometida, assim também é Gêmeos, tem a tendência de estar aberto a todas as idéias e é consequentemente muito bom para o estudo, aprendizado, instrução, ensino, repetindo as coisas que aprendeu e publicações de livros. Gêmeos e Mercúrio gostam muito de conversas, das mensagens e das negociações, mas não tanto sobre o que está sendo compartilhado. Gêmeos gosta de passar a comunicação, levar as mensagens e a informação, mas não gostam de se comprometer ao conteúdo destas mensagens. Há muitas coisas que carregam mensagens sem se levar em conta o conteúdo da mensagem, tal como hard drives de computadores, bibliotecas, linhas de telefone, faculdades, espelhos, etc., e estas coisas têm um toque do Mercúrio ou de Gêmeos, ou de ambos, dentro deles. Onde quer que Gêmeos estiver no mapa, lá encontraremos o intelectualismo. Se Gêmeos estiver na 1ª Casa, nós encontraremos pessoas interessantes, mas mais importante um negociante. Se Gêmeos estiver na 7ª Casa, a pessoa terá uma tendência fazer negócios com os outros.

Gyan é uma palavra em Sânscrito que significa Conhecimento. Mas significa o conhecimento adquirido pelos livros não o conhecimento adquirido pela experiência, a Sabedoria que é o *Vigyan*. Gêmeos e o Mercúrio são mais *Gyan* do que *Vigyan*. Um *gyani* é aquele que sabe muitas coisas. Isto não quer dizer necessariamente a profundidade do caráter, ou a profundidade da sabedoria, que requer a ajuda positiva de Júpiter e de Saturno. Um Soldado tem o seu conhecimento sobre as armas e como guerrear, mas na hora de lutar no campo de guerra pode ser um covarde, ou temer em lutar contra o inimigo na hora H, dependendo das colocações planetárias no mapa.

Também como crianças, eles exigem atenção, admiração, e tempo e energia e às vezes até o dinheiro dos outros, e fazendo birras se não conseguir o que querem. Eles refletem todas as mudanças em seus arredores, como camaleões, e pode tornar-se pessimista, mal-humorado, rabugento e materialisticamente egocêntricos se as circunstâncias os forçar a afrontar de forma alguma. Se as condições de vida se tornam realmente adversas, sua força de vontade pode abandoná-los inteiramente. Eles podem se tornar incertos de si mesmos, descontentes com a vida, ofensivos e irritáveis. Por outro lado, sua versatilidade pode torná-los muito adaptável, ajustando-se a controlar o mundo ao seu redor através de sua ingenuidade inerente e esperteza.

Na minha experiência, a maioria dos Gêmeos têm uma inteligência intuitiva e às vezes brilhante e aguçada e eles adoram desafios cerebrais. Mas sua concentração, embora intensa por um tempo, não dura muito. Sua energia e agilidade mental lhes dá um apetite voraz por conhecimento a partir da juventude em diante, embora eles não gostam do trabalho que dá na hora de aprender. Eles facilmente entendem quase tudo que exige inteligência e destreza mental e muitas vezes são capazes de unir suas habilidades manuais com suas qualidades mentais. Seu intelecto é fortemente analítico e por vezes lhe dá uma capacidade tão grande de ver ambos os lados de uma questão que eles vacilam e acham difícil tomar decisões. Mas sua inteligência pode muito bem ser usada para controlar e unificar a dualidade de sua natureza em uma unidade mais eficiente. Se confrontado com dificuldades, eles têm pouca determinação de se preocupar com um problema até que encontrem uma solução. Em suas atividades intelectuais, como em outros departamentos das suas vidas, eles correm o risco de se tornar superficiais, perdendo-se em muitos projetos que seguem até que eles se tornem difíceis.

CÂNCER – *KARKATA* ♋

Câncer é um dos Signos que mais varia entre dois extremos de todos os outros Signos do Zodíaco. É um Signo Cardinal e Móvel. Ele pode variar entre os mais tímidos, tediosos e retraídos ao mais brilhante e famosos Cancerianos. Fundamentalmente, Câncer é conservador e caseiro por natureza, apreciando seu ninho como a qualidade de uma base segura para o qual o homem pode se aposentar quando ele precisa de uma pausa do stress da vida, e na qual a mulher de Câncer possa exercer seus fortes instintos maternais. A mulher de Câncer, em particular, tende a gostar e ter uma família grande. Porém, para o Câncer, existe uma hora para a vida social e uma hora para ficar sozinho.

O Câncer é chamado *Karkata* em Sânscrito, que significa caranguejo. O exemplo do caranguejo é significativo porque os caranguejos vivem perto da Água, e o Câncer é um Signo da Água. Os caranguejos são particulares na proteção. Isto é porque se movem um tanto lentamente e seus corpos são muito macios. Assim, empregam escudos e garras duras para ajudar a se protegerem. Tendem a se esconder nos furos de rochas para uma proteção adicional quando não estão procurando comida. O Câncer é um dos Signos mais sensíveis. Todos os Signos de Água são sensíveis, mas este é o líder em sensitividade. A Água flui em torno de seus dedos. Na simbologia, nos não nos importamos com a Água fluindo dentre os dedos, mas se houver Fogo, ele queima e a Terra não se move. A Água se molda conforme as formas. A Água não se importa em passar sobre obstáculos. Ela adquire o molde do que estiver na frente e continua fluindo. O mesmo acontece com uma pessoa de Câncer. Ela não se importa com os obstáculos. Ela se ajusta com a situação e vai em frente. Assim, o Câncer é um Signo que se ajusta, e macio, sensível, geralmente esta na necessidade de uma proteção. Ele é um servidor nato daquelas pessoas ou nos lugares onde tem o abrigo. O Câncer é governado pela Lua e como a Lua reflete a luz do Sol, assim mesmo Câncer procura sempre por essa grande luz para se refletir ou se para se glorificar ou servir. O Câncer sente dependente e sempre precisando de atenção e amor e assim tem uma tendência natural de depender nos outros. Se tudo estiver seguro, é um Signo muito bom, mas se as coisas não emitirem uma segurança, irá beliscar com suas garras todos aqueles ou situações que lhe ameaçam. Câncer é o único Signo governado pela Lua, e Leão o único Signo governado pelo Sol, muitos dos princípios da natureza feminina e masculina vem destes dois Planetas e de seus dois Signos. O princípio masculino é a independência e controle e o do feminino são dependência e submissão. O masculino é forte no mundo material, mas as qualidades femininas são mais úteis para a emancipação deste mundo, porque o que é realmente necessário na vida espiritual é, antes de tudo, uma atitude humilde e submissa para a evolução.

Cancerianos têm uma memória retentiva, especialmente para eventos emocionalmente carregados. Podem recordar um fato em detalhe mesmo depois de muitos anos. Eles são fortemente regidos por memórias da infância e assim vivem intensamente na memória do passado e na imaginação do futuro.

Como eles estão interessados no que as pessoas estão pensando e são capazes de julgar o que podem dizer com segurança e confiança, eles podem ser bons jornalistas, escritores. Eles podem servir em outros departamentos de relações públicas, especialmente aquelas que envolvem cuidar dos outros, por exemplo, em qualquer tipo de serviço social, de enfermagem. Seu amor pelo conforto e boa vida faz com que o Câncer seja um excelente chef. Eles às vezes têm uma propensão para o comércio ou negócio e são frequentemente bem-sucedidos como um chefe de uma companhia. Isso é porque eles são excelentes organizadores com um bom senso de valor e economia onde podem combinar com um toque de criatividade e originalidade. Câncer é um bom colecionador, por exemplo, de selos, etc. E serão muito felizes se eles podem fazer isso profissionalmente como um negociante de artigos de segunda mão ou especialista em antiguidades. Corretores imobiliários jardineiros e marinheiros, são uma ocupação frequente dos Cancerianos.

Leão – *Simha* ☽

O Leão é o único Signo governado pelo Sol. Leão é orgulhoso, como seu Signo da estrela, o Sol. O Sol na Astrologia existe para nossa natureza essencial, o selo verdadeiro do nosso caráter. Este 5º Signo do Zodíaco é governado pelo Sol, Regente de nosso sistema Solar. Um Signo forte e contínuo, Fixo, Leão rege a autoridade. É um Signo do Fogo, o que significa que as pessoas de Leão são grandes, confiáveis e generosas, embora tenha um caráter egocêntrico e possa ser um tanto arrogante. Leão é o Signo mais bem colocado para a dominância masculina. O Sol, o Regente de nossa natureza interna, esta embutido em Leão, no Signo de sua própria Casa. Esta energia é completamente Real (como um rei), o leão que é o Rei das selvas, orgulhoso e considera-se como o centro natural da atenção e espera que os outros abram o caminho para "Sua Real Alteza" passar. Nós encontramos frequentemente esta característica em líderes políticos. Eles têm a Lua em ou o Sol ou o Ascendente em Leão. Isto é muito comum. Dentre as pessoas que tem estas colocações proeminentes de Leão, eles têm sempre uma dificuldade em submeter-se a outra e consequentemente chegam às posições de liderança porque ser um seguidor, um empregado ou qualquer outro cargo em submissão a outra pessoa, não é aceitável para ele. Se você precisa alguém bruto e forte, que nunca se submete à oposição, então o Leão é o seu homem! Ou mulher!

Leão realmente aprecia uma vida glamorosa e tem um amor pela vida continua, além de amar todos seus prazeres. Como o Sol emana a luz e a vida, ele é o bem-feitor de cada coisa viva nesta Terra, assim o Leão, anfitrião perfeito e anfitrião natural, tem muito prazer em ajudar aos outros em apreciar a vida tanto quanto ele. O entusiasmo, a generosidade e sua disposição ensolarada inspiram a afeição de muitos amigos e admiradores e mata de inveja aqueles que não tem tanta popularidade mas querem tanta fama quanto ele.

Por mais que tenha esta ambição e entusiasmo, o Leão tem alguns pontos negativos. Ele é preguiçoso e se tiver a oportunidade, sairá de fininho, especialmente naquelas situações que não oferece nenhuma gloria. O Leão pode ser muito insistente e resistente às mudanças impostas a ele. Este fato pode ser até uma vantagem para ele porque é isso que lhe da a motivação e a força para realizar as coisas na vida, devido a sua persistência. Leão persiste na finalização de projetos enquanto outras pessoas são facilmente distraídas e perdem a concentração ou se desinteressam. Esta insistência, ou como o Leão prefere pensar, esta consistência e determinação vêm não por causa do trabalho, mas por cause de seu Ego. É fácil para Leão tornar-se "viciado" em alimentos ricos, e assim o felino vai crescendo e no futuro o seu peso acaba sendo um problema. Mas sua imagem é importante e fará de tudo para ter um corpo esbelto e com realeza. Leão ama ser o centro das atenções e além de ser bom nos esportes que requerem um grande esforço físico ele também ama as artes como o teatro. Não se importa em atuar, desde que tenha o papel principal ou pelo menos um papel que chame a atenção do público.

O Leão rege as costas e o coração, por isso ele tem a tendência em exagerar no esforço físico. Eles levam tudo muito a sério também e isso gera problemas com o estresse nas costas e problemas do coração. A constituição física dele e forte e pode geralmente superar seus problemas, sendo que muitos desses problemas são causados por ele mesmo, devido ao exagero.

Em suas relações com os outros, Leão é aberto, sincero, genuíno e leal. Aventureiro, espontaneamente enérgico e fala simples, mas nunca falta em bondade, Leão fica seriamente desiludido com a traição de quem ele confia. Eles não julgam caráteres muito bem e são inclinados ao favoritismo e uma fé exagerada em seus "seguidores" que também muitas vezes termina em decepção. Eles têm um forte impulso sexual e são tão atraídos pelo sexo oposto que no lado negativo, eles não conseguem ficar em um relacionamento fiel. Eles são muito inclinados a enganar. Eles exigem serviço, mas são incapazes de servir. São muito bons professores, diretores, gerentes, empreendedores (dependendo de outras colocações planetárias), atores e músicos.

Leão é generoso, muitas vezes tem o tipo de presença régia que impõe respeito. Sim, todos gostam do

Leão e são admirados por quase todos que entram em contato com eles. No entanto, o Leão também pode ser vaidoso, arrogante, manipulador. Felizmente, estes traços menos atraentes são encobertos pelo seu charme, lealdade e cordialidade. Como um dos Signos mais artísticos do Zodíaco, toda sua paixão é melhor canalizados para atividades criativas. Muitos têm um talento inato para atuar, dançar, cantar e, por isso, não é de admirar que as indústrias de cinema e música são dominados por Leões. Cada Felino tem uma estrela ou diva interna, o que explica seu amor pela opulência e incapacidade de se contentar com o segundo lugar. São essas qualidades que fazem eles detestarem imitações baratas e mesquinharia.

Quando se trata de amor o Leão é apaixonado e dramático, caindo de cabeça para baixo em velocidade recorde. A maioria dos felinos também são crentes em amor à primeira vista, e infelizmente por isso muitos deles se casam depois de conhecer o seu parceiro para depois de um tempo muito curto se separarem porque não deu certo. Leões são possessivos e de alta manutenção, mas, por sua vez, seus amantes recebem pura adoração e que faz nos sentir como uma realeza.

VIRGEM – *KANNYA* ♂

Virgem é chamado *Kannya* em Sânscrito. *Kannya* significa filha ou virgem. Virgem é um Signo Feminino de Terra e Mutável. É o único Signo representado por uma fêmea. Virgem rege a riqueza da natureza quando está no auge da juventude. Na Índia, as filhas virgens são consideradas também como a própria Terra, cheia de possibilidade de produzir as necessidades futuras de todos. Virgem é inocente, bonita, terrena e sendo regida por Mercúrio, tem conexões com a aprendizagem. Na verdade, Virgem é o Signo dos escritores e dos editores. As pessoas com colocações planetárias significantes (Lagna - Ascendente, Lua, Sol ou Mercúrio) em Virgem tendem a ser escritores, editores, comunicadores, palestrantes, etc. O símbolo de Virgem é uma menina nova sentada em um barco, carregando livros e grãos frescos do campo. Isto simboliza a natureza de Virgem. Virgem rege a agricultura por causa do fato que a agricultura é a primeira e a mais importante base na preparação do solo. Quando o ambiente e o solo são verdadeiramente saudáveis, somente coisas boas crescem deste solo, efetuando uma boa colheita. A menina nova no barco é saudável, feliz e íntegra. É nova e está ainda aprendendo, mas também já tem um bom aprendizado para estar onde está. Virgem rege esse estágio de aprendizado onde a pessoa sente uma abundância de conhecimento e está orgulhosa deste conhecimento, deste estágio. Isto que é bom para escritores e editores. Gostam de usar seu conhecimento exigente. Isto leva a ser detalhista. Virgem como um Signo é conhecido por "produzir" pessoas muito seletivas, detalhistas (como devem ser os editores por exemplo). A "limpeza" requer encontrar a sujeira e livrar-se dela. Editar requer encontrar erros e livrar-se deles e cultivar bem requer encontrar as coisas que afetam o processo e livrar-se delas. Uma menina nova bonita é algo que pode ser facilmente poluído. Uma virgem já não é mais uma virgem depois de um encontro sexual, assim mesmo, Virgem como um Signo é muito particular sobre coisas que para nós, parecem mesquinhas, pequenas, coisas que nós, em geral, não damos tanta atenção.

♈♉♊♋♌♍ ♎♏♐♑♒♓

Virgem é geralmente observador, judicioso, crítico inclinado, paciente, gostam do *status quo* (Signo de Terra) e por isso tende ao conservadorismo em todos os departamentos da vida. Na superfície são emocionalmente frios e às vezes isso essa frieza pode ser mais profunda, porque sua bondade pode comprometer o status quo. Ser emocionalmente distante em certas áreas, é justificado para o Virgem.

Ambos os sexos têm um considerável encanto e dignidade que fazem Virgem do sexo masculino parecer efeminado quando não são. No casamento podem ser genuinamente carinhosos, fazendo bons esposos e pais, mas sua imagem do amor tem mais haver com a perfeição da técnica (de amar) do que a expressão do desejo e eles tem cuidado por não se envolverem com pessoas cujo o relacionamento requer uma paixão que não combina com eles.

Eles são intelectualmente metódicos e lógicos, estudiosos e dóceis. Eles combinam a capacidade mental com a capacidade de produzir uma análise clara dos problemas mais complicados. Eles têm um excelente olho para o detalhe mas podem ser tão meticulosos que negligenciam edições maiores. Também, embora sejam realistas, podem retardar projetos devido à necessidade da exatidão.

São práticos com suas mãos, bons técnicos e têm talentos inventivos, genuínos. O trabalho duro e consciência são as suas características e eles são tão perfeccionistas que, se as coisas correrem mal, eles são facilmente desencorajados. Devido à sua capacidade para ver cada Ângulo de uma pergunta ou projeto de muitos lados, ficam descontentes com a teorização abstrata. Apreciando os muitos pontos de vista diferentes como fazem, encontram conceitos filosóficos difíceis e eles vacilam e não têm confiança em quaisquer conclusões a que chegam. Com estas qualidades, são melhores como funcionários do que líderes. Responsabilidade os irrita e muitas vezes não têm a amplitude da visão estratégica que um líder precisa. Virginianos são essencialmente táticos, admiráveis na realização de objetivos limitados. Sua desconfiança de si mesmo é algo que se projeta sobre a outras pessoas e tende a fazer destes empregadores exigentes, porém moderam esta atitude com justiça. Eles têm capacidades potenciais nas artes, nas ciências e línguas. Língua especialmente, eles usam corretamente, claramente, consciente e formalmente, como gramáticos e etimologistas e não para interesses literários, contudo são conhecidos por ter uma boa memória.

Suas mentes são tais que precisam o estímulo de problemas práticos a serem resolvidos, ao invés da mera rotina ou o trabalho, porque a rotina não requer pensar. São cuidadosos com dinheiro e seu interesse nas estatísticas fazem deles excelentes contadores. Eles também fazem bons editores, físicos e químicos analíticos. Eles também podem encontrar o sucesso como cuidar dos outros, providenciando àqueles menos afortunados. Eles podem ser médicos, enfermeiros, psicólogos, professores, secretários, tecnólogos, inspetores, músicos, críticos, oradores públicos e escritores especialmente nos trabalhos de referência como dicionários e enciclopédias. Ambos os sexos têm um interesse profundo na história, uma característica reconhecida por autoridades astrológicas por pelo menos duzentos anos. Em qualquer profissão que escolherem Virgem assimila prontamente novas idéias, mas sempre com cautela, conservando o que consideram pensando antes de falar ou agir. Amam a vida no campo, mas não fazem bons fazendeiros, devido o seu sentido de higiene e limpeza.

Libra é chamado de *Thula* em Sânscrito, que significa balança. *Thula* é usado em versos em Sânscrito para significar "o quanto que você pesa" ou "qual a sua posição". É um pouco mais profundo do que apenas "balança". Libra é o único Signo Móvel de Ar. Libra é regido por Vênus e é a exaltação de Saturno, e a debilitação do Sol. Todas estas coisas nos dizem muito sobre Libra. Que lugar é esse onde o Rei se sente inseguro e fraco e o servo se sente como um rei? Este lugar é o mercado aberto na rua. Libra está lá nesse mercado. Lá nós temos as balanças do comércio, trabalhadores que mostram seus bens, coletando o dinheiro, se divertindo conversando um com outro. De repente vem o Rei. Cercado por aqueles a quem ele cobra os impostos. Ele não esta cercado pelo seu exército, mas por trabalhadores. A única solução é ele sair correndo de medo de lá. Em Libra, todos somos iguais, não tem rei nem servos, são todos da mesma raça.

Libra rege panos e tecidos, os bens e a fala. Ser amigável é um caráter de Libra, não toma lados e de uma forma ou outra de bem com a vida, vivendo um dia após outro. Libra é muito prático e real. Ninguém pode mover-se como o Libra. Como um Signo Móvel de Ar, ele esta presente em qualquer lugar, se não em todos os lugares, constantemente. Não tente "prender" um Libriano. Como é a exaltação de Saturno e a debilitação do Sol, ele não se importa quem é forte, responsável, conservador e estável. Ele não da atenção à estas qualidades. Libra é um mercado completamente dos hippies, que se ajustam em um canto um dia e em outro canto diferente no dia seguinte. É uma disposição confusa de cores, panos, decorações, caras pintadas, sorrindo, palhaços, música, balões, os ladrõezinhos de bolsos e todas as coisas que uma multidão feliz descontrolada de seres humanos bonitos vivos e respirando livre e abertamente pode oferecer. Não há decisões pesadas, nenhuma organização pesada, vamos só fazer algo, vamos ganhar um dinheirinho, vamos nos divertir e no final, vamos embora.

Libra é o único sinal inanimado do Zodíaco, todos os outros que representam seres humanos ou animais. Muitos astrólogos modernos consideram como o mais desejável dos tipo zodiacal porque representa o zênite do ano, o ponto alto das estações do ano, quando a colheita de todo o trabalho duro da primavera é colhida. Isso no hemisfério Norte. Já no hemisfério Sul é o fim do inverno quando tudo começa a brotar novamente. O início de um novo ciclo.

Há uma suavidade e sensação de relaxamento no Ar como a humanidade aprecia o início de um novo período. Librianos também estão entre os mais civilizados dos doze personagens zodiacais e muitas vezes são bem parecido. Têm a elegância, charme e bom gosto, são naturalmente amáveis, muito delicados e são amantes da beleza, harmonia (ambos na música e na vida social) e dos prazeres que estes trazem.

Eles têm boa faculdade crítica e são capazes de ficar de longe e olhar imparcialmente às questões que exigem um julgamento neutro a ser feito. Mas eles não toleram o argumento de alguém que desafia as suas opiniões, porque uma vez que eles chegam a uma conclusão, sua verdade parece-lhes auto-evidente e entre os seus defeitos estão uma impaciência da crítica e uma avidez para aprovação.

Os Librianos são sensíveis às necessidades dos outros e têm o dom de compreender as necessidades emocionais de seus companheiros e encontrá-los com seu próprio optimismo inato. Eles são seres humanos muito sociais. Eles abominam a crueldade, a depravação e a vulgaridade e detestam o conflito entre as pessoas.

Seu elenco mental é artístico em vez de intelectual, embora são geralmente bem moderados e bem equilibrados em todo o esforço artístico. Eles têm uma boa percepção e observação e sua capacidade crítica, com o qual eles são capazes de ver seus próprios esforços, bem como as dos outros, dá a sua integridade ao trabalho.

Em suas relações pessoais mostram a compreensão do ponto de vista da outra pessoa, tentando resolver quaisquer diferenças por compromisso e frequentemente estão dispostas a deixar aos outros que estejam certos somente para manter a paz no relacionamento.

O caráter negativo de Libra, são a frivolidade, promiscuidade e superficialidade. Ele pode ser variável e indeciso, impaciente sobre a rotina, convencional, tímido, descontraído ao ponto de inércia, raramente irritado quando as circunstâncias exigem uma preocupação mais acentuada. E ainda os Librianos podem chocar todos com as tempestades repentinas de sua raiva. Seu amor pelo prazer pode levá-los à extravagância. Ambos os sexos podem se tornar grandes fofoqueiros. Uma característica do tipo é uma curiosidade insaciável que os tenta a investigar cada escândalo social no seu círculo.

Os Librianos podem ser surpreendentemente enérgicos, embora seja verdade que eles não gostam do trabalho sujo e grosso. Embora alguns sejam modestos, outros são extremamente ambicioso. Devido ao seu desagrado com os extremos, eles são bons diplomatas, mas são políticos de partidos populares, pois eles são moderados em suas opiniões e capaz de ver outros pontos de vista. Eles podem ter sucesso como administradores, advogados (que têm um forte senso de justiça, funcionários públicos e banqueiros, porque são dignos de confiança em lidar com o dinheiro de outras pessoas. Alguns Librianos são dotados em design de moda ou na concepção de novos produtos cosméticos; outros podem encontrar o sucesso como artistas, compositores, críticos, escritores, decoradores, assistentes sociais ou avaliadores e eles têm uma habilidade na gestão de todos os tipos de entretenimento público. Alguns trabalham na filantropia para a humanidade com grande autodisciplina e resultados significativos. Os que trabalham em finanças, são bons especuladores, pois eles têm o otimismo e capacidade de recuperação nas falhas financeiras.

ESCORPIÃO – *VRISHCHIKA* ♏

O Escorpião é um Signo de Água regido por Marte. Um grande paradoxo em si e ainda por cima e um Signo Fixo. Então como e a natureza deste ser, que tem componentes tão diferentes um do outro? Um exemplo são aqueles grandes tanques subterrâneos de gasolina. São aquosos, porém, completamente carregados com o potencial de Marte (explosão e Fogo), mas estão fixos na Terra. Perfeito. O Escorpião é perigoso, isto é um fato. Por isso ele é o ponto de debilitação da sensível Lua. A Lua sensível sente-se muito ameaçada e amedrontada em Escorpião. Em Sânscrito o Escorpião é chamado *Vrishchika*, por razões óbvias, significa "Escorpião". O Escorpião é misterioso e ameaçador a nós todos. Todas as coisas que são reguladas pelo Escorpião são todas as coisas que nós tememos como aranhas, serpentes, escorpiões, buracos no chão, cavernas, fendas, rachaduras e lugares escuros. Quando pegamos uma força mortal e a escondemos, acabamos fazendo-a uma força misteriosa e assim se cria um "Escorpião". O escorpião é um inseto que pica mortalmente suas vitimas. Estas vitimas são vistas de longe por ele. Ele não se preocupa com ameaças pequenas, ele só mata quem ameaça sua vida. O Escorpião não se envolve realmente baseando-se no amor e no prazer, mas no controle e compreensão do controle das emoções e do papel que eles tem no misterioso processo de vida e morte. Por mais que ele não passe a vida inteira martelando nesses assuntos, ele vaga pelas perguntas e pensamentos nessa área e se fascina vendo como as pessoas agem. A capacidade de recuperação mental é extraordinária. Estes são mesmo almas evoluídas e podem aprender mais ainda consigo mesmo e podem ajudar e inspirar aos outros.

Escorpianos são insistentes e teimosos e não gostam de mudanças (Signo Fixo). Muitas vezes isso é uma vantagem porque da oportunidade de terminar o que começou na vida. São também manipuladores e fazem com que a situação favoreça à sua vontade. São vingativos. Não esquecem fácil. Para eles a vingança é como um vinho, quanto mais velho mais saboroso fica.

Mas por outro lado, são fiéis e amam com toda alma quem merece o seu amor. São devotados a aqueles mais evoluídos e sempre procuram andar por caminhos nobres, quando não influenciados por Planetas aspectos maléficos ou negativos.

Escorpião é o Signo mais profundamente intensos e poderosos do Zodíaco. Mesmo quando eles aparecem no controle e calmos há uma intensidade da energia emocional ardendo por dentro sob o exterior calmo. São como o vulcão sob a superfície de um mar calmo, eles podem estourar em erupção a qualquer momento. Mas aqueles que estão consciente deste poder nato, utilizam essa força para buscar uma elevação espiritual.

Em seu comportamento diário dão a aparência de ser retraídos, mas aqueles que os conhecem reconhecerá a vigilância é parte de seu caráter. Eles gostam de trabalhar atrás das cortinas. Eles precisam de uma grande autodisciplina, porque eles são capazes de reconhecer as qualidades em si mesmos que os tornam diferentes dos outros seres humanos e sabendo sua natureza, eles podem usá-la para um grande bem ou um grande mal. Sua tenacidade e força de vontade são imensas, sua profundidade do caráter e convicção é esmagadora, principalmente na paixão, mas eles são profundamente sensíveis e facilmente comovidos por suas emoções. Sua sensibilidade, juntamente com uma propensão para gostos e desgostos extremos os ferem facilmente. São rápidos para detectar insulto ou ofensas dos outros (mesmo quando sem querer) despertando facilmente sua raiva feroz. Isto pode expressar-se em discussões ou ações destrutivas que fazem inimigos ao longo da vida pela sua franqueza, pois eles acham que é difícil não ser excessivamente crítico de algo ou alguém a quem eles tomam uma antipatia.

Eles podem aproveitar a sua energia abundante construtiva, contendo sua autoconfiança com astúcia e sua ambição com magnanimidade para com os outros de quem eles gostam. Relacionam-se com colegas de trabalho apenas como líderes e podem ser mais discretos com aqueles que eles não se dão bem ao ponto de ignorá-los. Na verdade, eles não estão expressando uma vingança na crueldade deliberada. Eles são muito exigente, muito implacável sobre os defeitos nos outros, talvez porque eles estão cientes das deficiências de si mesmos e extravagantemente expressam seu desgosto no ressentimento ilógico contra seus companheiros. Eles, no entanto, são excelentes amigos, desde que os seus companheiros não fazem nada para questionar a honra deles. Os Escorpiões são muito ciumentos. Parte do lado negativo da natureza do Escorpião é uma tendência a rejeitar amigos uma vez que deixam de ser útil, mas aqueles que estão cientes desta natureza, lutam contra essa tendência.

Seus fortes poderes de raciocínio são temperados com imaginação e intuição e estes talentos, junto com a percepção crítica e a capacidade analítica, podem permitir que os Escorpianos penetrem nas profundezas além do normal. Eles têm uma melhor chance de se tornar gênios do que qualquer outro Signo. Mas infelizmente por mais carismáticos personagens que podem ser, eles podem afundar em extremos da depravação se eles tomam o caminho errado, e a intensidade de sua natureza exagera suas tendências negativas em vícios mais intensos que o normal.

Sendo tão talentosos, podem encontrar a realização em muitos empregos. Sua intensidade interna pode resultar num autocontrole frio e desapego que ajuda em certas profissões como cirurgiões, a concentração do cientista na pesquisa, e o heroísmo do soldado. Qualquer profissão em que a análise, investigação, pesquisa, aspectos práticos e da resolução dos mistérios forem relevantes, nós podemos recorrer ao Escorpião. Escorpião vai nas profundezas da Terra para trazer à superfície o que encontrou lá embaixo. Escorpião fazem bons detetives, espiões, também são bons na física, na psicologia e eles podem se tornar mestres da palavra escrita e falada.

Escorpião é o símbolo do sexo e Escorpiões são amantes apaixonados, o mais sensualmente energético de todos os Signos. Para eles, a união com o amado é um sacramento, "um sinal externo e visível de uma graça interna e espiritual.". Sua vontade imperiosa de amar é usar seu poder de penetrar além de si mesmos e de perder-se sexualmente em seus parceiros numa êxtase quase mística, descobrindo assim o significado dessa união que é maior do que a individualidade, e é uma união do espírito assim como de carne.

SAGITÁRIO – *DHANUSH* ♐

Em *Dhanush* nós temos um Signo de Fogo e Mutável. *Dhanush* significa o arco, do arco e flecha. Então aqui nós temos um Signo de Fogo governado por um "Padre", ou uma figura religiosa, Júpiter. Muitas guerras foram lutadas por razões religiosas. Guerras existem por causa do dinheiro e da fé. Júpiter rege a fé e o dinheiro. Assim, em Sagitário nós encontramos os braços de Júpiter, prontos para colocar justiça e lutar por ela. Sagitário é idealístico. *Dhanush* pensa "Vamos atribuir objetivos e alcançá-los", "Vamos apontar nossos arcos o mais alto possível e atirar nossas flechas para o além". "Vamos nos transformar do que somos para o que queremos ser". Estes sentimentos e emoções são os que são encontrados em igrejas, *ashrams* e às vezes até em empresas. Onde quer que nós encontremos um líder de natureza religiosa ou não, mas dos tipos que parecem que estão no controle, e mandam ricas mensagens com objetivos elevados, e do outro lado estão os fiéis prontos para seguir com aquele Fogo, mas com cuidado, lá nós temos a influência do Sagitário.

Numa outra simbologia os símbolos do Sagitário são o arqueiro e o centauro, mitologicamente, meio homem, meio cavalo. Estes significam a busca pela verdade e o conhecimento, como também a perseguição constante da aventura e de idéias novas. A curiosidade intelectual tem uma importância grande nos assuntos, mas fica entediado e agitado se estiver ao redor de assuntos e pessoas monótonas. Eles gostam de aprender com suas experiência em vez de sentar na sala de aula e receber um ensinamento estruturado. Entretanto, quando consegue expandir seu conhecimento e ter experiência da suas aventuras, eles muitas vezes voltam a ensinar o que aprenderam, naquela mesma sala de aula que um dia achavam uma prisão. Sagitário adapta-se prontamente à mudança. Esta é uma vantagem, porque é um mecanismo de sobrevivência, é uma fraqueza porque o faz vulnerável às demandas e à influência do mundo. O Sagitário é franco, não hesita em dar uma opinião honesta, que possa até parecer sem tática, às vezes, embora, ser cruel, é raramente a sua intenção. Ele tem uma pronta sagacidade e aprecia o humor mesmo em situações bem sérias. Com muita energia e entusiasmo, o Sagitário gosta de se sobressair em todas as situações e deve constantemente prestar atenção na sua língua para que não haja um evento infeliz por conta de falar mais que a boca ou falar o que não deve. Antes que de avaliar o valor do que está fazendo, antes de peneirar suas emoções verdadeiras e antes de analisar uma situação racionalmente, o Sagitário tem uma tendência atirar primeiro e depois fazer perguntas. Sagitarianos borbulham com energia e entusiasmo. Independente e duro fazer ficar num lugar só por muito tempo, são Signos de uma vida de solteiro, mas mesmo casados, os Sagitarianos procuram manter algum aspecto da independência pessoal. Júpiter, o Planeta benéfico da fortuna e da sorte boa, dota uma natureza generosa com uma disposição amigável, otimista. Um político natural, ele gosta de saber de tudo e ir por todos os lugares, porque a vida é para ser apreciada diariamente. Viciado em todas as coisas boas, ele sabe apreciar cada coisa até a última fibra do ser, mas o exagero pode gerar problema, e esta prudência é difícil para que a maioria dos Sagitarianos adquirirem. Virar espiritualmente ou filosoficamente fanático, por exemplo, deixa-o totalmente fora do mundo real. Apesar dos esforços heróicos de ser prudente em uma área, acabar em falência devido ao exagero, em outras áreas. Deste jeito, a tentativa de ser prudente acaba sendo tão exagerada que a pessoa virá um miserável.

Eles gostam de viajar e explorar, ainda mais porque suas mentes estão constantemente abertas a novas dimensões do pensamento. São basicamente ambiciosos e otimistas e continuam a ser assim mesmo quando suas esperanças são frustradas. Suas naturezas é fortemente idealistas podem igualmente sofrer muitas decepções sem serem afetados. Eles são honestos, confiáveis, verdadeiros, generosos e sinceros, com uma paixão pela justiça. Eles equilibram a lealdade com independência.

Os Sagitarianos são geralmente modestos e são muitas vezes religiosos, com um forte senso de moralidade. Isto significa que, negativamente, consideram rígida, a adesão intolerantes aos códigos e rituais convencionais como mais importante do que as verdades que simbolizam ou encarnam.

Eles gostam de dar início a novos projetos (eles fazem excelentes pesquisadores) e tem um desejo de compreender as concepções que são novas para eles. Eles pensam rapidamente, são intuitivos e frequentemente originais, mas são melhores na adaptação do que invenção. Eles são de temperamento forte e bons na organização, uma combinação que lhes dá a capacidade de trazer qualquer projeto que eles se comprometem à uma conclusão bem-sucedida.

São professores e filósofos naturais com um talento para expor os princípios e leis morais que parecem explicar o universo. Este presente permite-os de ser servidores da religião ou espiritualidade bem-sucedidos de um lado e cientistas sobre o outro. O direito e a política também os cai bem, como também o serviço público, gestão social, relações públicas e publicidade.

CAPRICÓRNIO – *MAKARA* ♑

Capricórnio é pragmático e real. Regido por Saturno e sendo um Signo de Terra, ele tem haver com o que está realmente acontecendo aqui e agora, ou pelo menos como aparece o aqui e agora. Quando Planetas importantes que dão personalidade estão neste Signo em um horóscopo (Sol, Lua ou Ascendente), eles são pragmáticos, bons trabalhadores, trabalham duro, tem muita tolerância e são sérios. Capricórnio é onde Marte se exalta e Júpiter se debilita. Marte exalta-se aqui porque é aqui que estão as pessoas simples que moram em florestas, trabalham duro e não tem um rei para seguir. Marte gosta de ir e lutar aqui. Nestas florestas repletas de folhagem e madeira Marte está muito feliz porque tem tudo o que o Fogo gosta de consumir. Aqui ambos, o soldado (General) e o Fogo podem ir à loucura nesta floresta e viver todos os seus desejos marcianos.

Júpiter está debilitado aqui porque nesta floresta existem pessoas simples que não tem nenhum interesse nos papos elevados e espirituais dele. Ninguém tem interesse em como evoluir deste mundo material. Eles só ficam olhando para a cara do Júpiter e vão embora. Júpiter odeia passar por aqui, ninguém o escuta aqui.

O Capricórnio não necessita muito. Esta é a natureza do Saturno. Nós conseguimos conquistar o mundo, mas é difícil conquistar a selva, a floresta. Da mesma forma, se uma multidão é grande o suficiente, não há governo que a controle. E nem vão conseguir se a população é contra. Saturno é muito poderoso na sua humildade, tamanho e principalmente odeia o controle do Trio do Fogo (Sol, Marte e Júpiter).

A desvantagem de Capricórnio é que ele pode ser grosso e sem vida. Este Signo não promove a inteligência ou coisas finas de qualquer forma. Ele é uma forca bruta, força dos mais pobres e de casta baixa, da plebe, do arroz feijão básico, do trabalho duro. Faz o que é necessário sem ser orgulhoso ou chamando atenção.

A iniciativa e a voluntariedade de aceitar responsabilidades são chaves do seu sucesso, mas um orgulho falso dificulta a admitir quando está errado, ou pedir ajuda para outros. Embora o Capricorniano luta para o que quer, ele abriga uma falta de autoconfiança que pode lhe fazer muito defensivo. Vendo a insegurança e o medo como sua fraqueza, ele tenta esconder tais sentimentos, dificultando a aproximação dos outros. O Capricórnio é um cabeça-dura, avalia até o ultimo centavo de um trabalho para ver se vale a pena. A cabra, outro símbolo do Capricórnio, é um escalador que mede seus passos é metódico. Ele se dirige para o alto da montanha, e trabalhará contente mesmo que leve um longo tempo, mas conseguirá o que quer no final. A cabra sempre quer aquela última folha da árvore mais alta do pico mais alto do monte mais alto. A energia e a persistência da cabra são lindas de se ver, mas ela pode ser muito preguiçosa e o mesmo acontece com o Capricorniano, se ele não ver nenhum sentido em trabalhar, ou se conseguir os mesmos objetivos de uma maneira mais fácil. Seu senso de humor são muito bons desde que ele não seja o sujeito da piada. É rancoroso e vingativo. O antigo símbolo do Capricórnio era a cabra do mar, metade cabra, metade peixe. Isto simboliza a morte da mente mais baixa, ou menos evoluída e o nascimento da mente mais espiritual. A cabra era um animal que os povos antigos sacrificavam para os Deuses. Saturno, sendo estrutura e realidade, ensina uma compreensão dos limites em todas as áreas da vida. Ele responde aos valores tradicionais, às regras e aos regulamentos, pensamentos e comportamento apropriados de uma idade avançada, mesmo se vier a rejeitar estas coisas mais tarde. Sem uma estrutura coerente para guiá-lo aos seus objetivos, ele pode perder seu caminho. A ambição e o entusiasmo morrem se ele não tiver esta estrutura como seu suporte. Uma vez que a realidade de alguma coisa é compreendida, é muito mais fácil de segurar e manipular. Ele pode ser um bom construtor, um coordenador, um político, um advogado, ou um executivo.

O Signo de Capricórnio é um dos mais estáveis do Zodíaco. São independentes e têm muitas qualidades esterlinas. Eles são normalmente confiantes, obstinados e calmos. Este é um trabalhador, sem emoção, astuto, prático, responsável, perseverante, e cauteloso às pessoas extremas, são capazes de persistir durante o tempo que é necessário para realizar um objetivo que eles criaram para si mesmos. Capricórnio são trabalhadores de confiança em quase todas as profissões que eles desempenham. Eles são os grandes finalistas da maioria dos projetos iniciados pelos Signos Cardinais ou pioneiros. Eles tornam-se a espinha dorsal de qualquer empresa em que trabalham.

Capricórnio são engenhosos gestores, determinados. Tem padrões elevados para si e para os outros. Eles se esforçam sempre para a honestidade em sua crítica de si mesmo, que respeitem a disciplina de cima e exige daqueles abaixo deles. Em sua maneira metódica, resistente, teimosa, inflexível, persistem contra a dificuldade pessoal, colocando suas famílias e/ou seu trabalho antes de suas próprias necessidades e bem-estar para atingir os seus objetivos após outros desistirem e caírem no esquecimento. Na verdade, quando a capacidade prática aliada com a unidade de ambição são necessários funcionários para fazer um projeto bem-sucedido, Capricórnio são as pessoas para contratar. Eles planejam cuidadosamente para cumprir suas ambições (que muitas vezes incluem tornar-se ricos), eles são econômicos, sem maldade e capaz de atingir grandes resultados com esforço e despesa mínima. Devido à sua capacidade de organização, são capazes de trabalhar em vários projetos simultaneamente.

Eles têm um grande respeito pela autoridade, mas não estão dispostos a ouvir outras opiniões sobre coisas que eles são diretamente responsáveis. Como a figura de autoridade de classificação em uma dada situação que eles esperam que seus subordinados sejam disciplinados como eles mesmos são para executar cada tarefa realizada ao mais alto nível.

Eles são, no entanto, justos, bem como exigentes. Há também uma tendência ao pessimismo, melancolia e até mesmo a infelicidade. No extremo, este traço pode torná-los indivíduos muito deprimidos. Por esta razão, Capricórnio deve passar muitas horas em meditação, reunindo forças para controlar essas emoções internas.

As oscilações de humor não são a única razão pela qual alguns capricornianos merecem o adjetivo com base em seu nome - Caprichosos.

AQUÁRIO – KUMBHA ♒

O Aquário é um Signo Fixo de Ar, regido por Saturno. Não é nem o ponto de exaltação nem de debilitação de nenhum dos Planetas. Os Signos de Ar promovem o pensamento porque o Ar pode se mover rapidamente e livremente, como a mente. Saturno rege coisas velhas e por Aquário ser um Signo Fixo de Ar, a combinação destes dois serve bem para as coisas velhas, as coisas que não mudam e as coisas que são baseadas em idéias. A revelação das Escrituras é muito antiga, sem nenhuma mudança, e vinda do céu, ou do Ar, como era, consequentemente o Aquário é associado a estas coisas. A cada doze anos quando Júpiter entra em Aquário, que em Sânscrito se chama *Kumbha*, existe um lugar no norte da Índia onde o *Kumbha Mela* acontece. Este é o maior dos acontecimentos que acontecem com o maior número de pessoas em um lugar em qualquer tempo e local no mundo. É um grande evento onde os Hindus encontram se no local onde os 3 rios sagrados se reúnem – *Yamuna, Saraswati* e *Ganga*. É chamado de *Kumbha Mela* porque aquele é o lugar aonde o néctar caiu do céu há muito tempo atrás. *Kumbha* significa "jarro". Ocasionalmente, coisas boas derramam de cima (do céu) para baixo, e por causa deste acontecimento que uma vez ocorreu há muito tempo atrás, o *Kumbha Mela* acontecem ainda há cada doze anos. Se quisermos ver os yogis, esta e a oportunidade certa. Eles descem dos seus esconderijos e se juntam neste ponto por alguns dias. O Aquário é um Signo bom para ciências, coisas elétricas e assim por diante. Muitos investigadores e cientistas têm a Lua ou o Mercúrio em Aquário. Este Signo é sábio causando a reclusão e a depressão. Fixo no Ar e governado por Saturno, é intocável, ninguém pode se chegar à ele. Quando a Lua está neste Signo a pessoa é sempre universal e desapegada. Os Aquarianos não são bons amigos ou amantes em algumas maneiras porque são assim bem desapegados. Se amarem, amam a todos. Parecem sempre distantes.

Aquário também é regido por Urano. Este Signo é inteligente, extraordinário e inventor. A energia errática de Urano, Planeta totalmente fora do ortodoxo e eclético, faz a pessoa ser totalmente imprevisível e sujeita à desvios profundos e inesperados, fora do normal. Por outro lado, a influência restritiva de Saturno faz o Aquariano exibir uma personalidade estável e que trabalha bem num ambiente estruturado. Estas influências contraditórias trabalham juntas estranhamente bem na personalidade de Aquário. Quando os amigos observam mudanças bruscas na pessoa ou ele faz algo imprevisível, estes amigos provavelmente não entendem que este Aquário está somente agindo praticamente no curso da determinada ação. O símbolo do homem derramando a Água do vaso também significa a consciência coletiva da sociedade. Como um idealista, o Aquário tem os princípios mais altos possíveis e nas mesmas linhas pensa independentemente. Ele pode ser bem teimoso e não gosta de mudanças impostas à ele. Ele aceita alterações grandes na vida como desafios, mas odeia pequenas mudanças que desviam todo o raciocínio dele. Não gosta de receber ordens, mas é muito cooperativo se estas ordem vierem como pedidos e de uma forma educada.

Aquário duvida das coisas e gosta de testá-las por si mesmo para ver se funciona. Mas uma vez que é convencido ele é determinado em aceitar estas idéias até o fim. Qualquer um que queira ajudar o Aquário precisa aproximar-se e compartilhar o trabalho sem precisar falar.

Aquário ama as ciências ocultas e bons astrólogos tem grande influência de Aquário. Gostam de visualizar as coisas subjetivamente, fora do comum. Vão além das palavras, além do óbvio e conseguem ler dentre as linhas. A paixão de Aquário em qualquer área é muito forte e servem muito como inspiração para outros.

Os Aquarianos possuem basicamente personalidades fortes e atrativas. Eles se dividem em dois tipos principais: um tímido, sensível, delicado e paciente; o outro exuberante, vivo e exibicionista, escondendo às vezes as profundidades consideráveis de seu caráter sob um casaco de frivolidade. Ambos os tipos são obstinados e vigorosos em suas maneiras diferentes e têm convicções fortes, embora sempre estão em busca da verdade sobre todas as coisas. Eles são honestos e podem mudar de idéia se verem senso na nova informação. Eles têm uma amplitude de visão que traz fatores diversos em um todo e pode ver ambos os lados de um argumento sem hesitações a respeito de qual lado tomar. Consequentemente, eles são sem preconceitos e tolerante de outros pontos de vista. Isso ocorre porque eles podem ver a validade do argumento, mesmo se eles não aceitarem tais argumentos eles mesmos.

Ambos os tipos são humanas, francos, de mente séria, genial, refinados, às vezes etéreos e idealistas, embora esta última qualidade é temperada com uma praticidade sensata. Eles são rápidos, ativos e perseveram sem ser auto-assertivos e expressam-se com razão, moderação e às vezes, com um humor seco.

Eles são inteligente, concisos, claros e lógicos. Muitos são fortemente imaginativos e psiquicamente intuitivos. A inclinação filosófica e espiritual de Aquário pode ser perigosa na medida em que pode conduzir os assuntos em uma existência da torre de marfim onde meditar sobre abstrações que têm pouca relevância para a vida. Por outro lado, pode ajudar quem tem inclinações científicas para combinar estes com o anseio do Aquariano para o reconhecimento universal da fraternidade entre os homens e para embarcar em investigação científica para cumprir seus ideais filantrópicas que beneficiam a humanidade. Quando alguma causa ou trabalho desta natureza os inspira, são capazes de tal devoção à ela que eles podem dirigir-se ao ponto de exaustão e até mesmo arriscar sua saúde.

A Física Quântica é Aquariana.

Eles apreciam oportunidades para a meditação ou se são religiosos, de retiros. Mesmo na empresa são ferozmente independente, recusando-se a seguir a multidão. Eles não gostam de interferência por outras pessoas, porém se ajuda for solicitada, eles aceitam apenas em seus próprios termos. Normalmente eles têm bom gosto na drama, música e arte e também são dotados nas artes, especialmente drama.

Apesar da personalidade, muitas vezes intensamente magnética, próxima e aberta do tipo mais extrovertido do Aquariano e de seu desejo de ajudar a humanidade, nenhum tipo faz amigos facilmente. Eles não se dão facilmente. Mas uma vez que eles decidem que alguém é digno de sua amizade ou amor, eles podem exercer uma atração mental, quase hipnótica e irresistível e eles mesmos se tornarão amigos ou amantes perseverantes, pronto a sacrificar tudo para seus, eles são fiéis por toda a vida. No entanto, eles ficam, por vezes decepcionados emocionalmente porque seus próprios elevados ideais pessoais levá-los a exigir mais dos outros do que é razoável. E se eles são enganados, sua raiva é terrível. Se desiludidos, eles não perdoam.

Os Aquarianos trabalham melhor em projetos em grupos, desde que sejam reconhecidos como tendo um papel de liderança. Eles têm um sentimento de unidade com a natureza e um desejo de conhecimento é de verdade tanto que lhes tornam em cientistas admiráveis, especialmente astrónomos e historiadores naturais. Eles podem se destacar em fotografia, radiografia, eletrônica - qualquer coisa conectada com as indústrias elétricas e de rádio - aviação e tudo técnico. Nas artes e humanidades suas tendências progressivas colaterais podem ser expressas por escrito, especialmente poesia. São muito bons professores.

PEIXES – *MEENA* ♓

O Signo final do Zodíaco, Peixes rege o fim de todas as coisas. Não há nada mais a fazer, exceto a Paz. O Peixes é chamado de *Meena* em Sânscrito, que significa peixes, porque este símbolo representa fundir-se ao oceano da verdade ou do Fim. Este é um Signo de Água, governado por Júpiter. Imagine os campos internos calmo e quieto de um monastério e verá o Peixes. Imagine os monges que andando serenamente onde há fontes de Água, e jardins, mas tudo é quieto, muito controlado, muito equilibrado, rendido a divindade e ali está Peixes. Quando Peixes afetam uma pessoa extremamente, ou porque Lua esta lá ou o Ascendente esta nele, estas pessoas tem uma qualidade de paz e da igualdade em sua personalidade. As pessoas de Peixes são amáveis, sensível, passivas. Não é um Signo ideal para ser um líder, porque a Água é muito responsiva aos outros. É um Signo bom para servir, para aconselhar. É chamado às vezes um Signo "fraco" porque tem assim pouco desejo material. Peixes são o ponto de exaltação de Vênus e a debilitação de Mercúrio. Vênus, o Planeta da felicidade e do prazer se da bem em Peixes porque seu luxo se enfatiza ali onde ninguém se importa com ela. Júpiter, dono de Peixes e Vênus, são inimigos porque eles pregam em sentidos opostos. Assim quando Vênus está em Peixes, nós encontramos na pessoa que mostra que tem algo o restringindo, o segurando ou interrompendo sua meditação. Vênus rege a 3ª e 8ª Casa a partir de Peixes e veremos que estes Ângulos são maléficos a partir de qualquer ponto no horóscopo. Assim, nós sabemos que Peixes não quer que Vênus entre. É como Marte em Capricórnio, é uma exaltação produzida mais por insolência (para irritar o outro) e não porque é bem-vinda, como a Lua em Touro.

Quanto à debilitação de Mercúrio em Peixes, isto acontece porque no capítulo final da verdade, que Peixes rege e carrega, não há nenhum lugar para vívido *Gyan* ou para o conhecimento. O conhecimento, especulação mental, pensamentos alheios, incertezas, mudanças de lados, negociações, todas estas coisas não são necessárias uma vez que "chegamos ao destino". Peixes representa o destino final. Ele é final e espiritual.

Os piscianos possuem uma natureza paciente, maleável e gentil. Eles têm muitas qualidades generosas e são simpáticos, bem-humorados e compassivos. Sensível aos sentimentos dos outros, responder com a maior simpatia e tato para qualquer sofrimento que encontram. São merecidamente populares com todos os tipos de pessoas, em parte porque seus descontraídos, carinhosos, natureza submissa e não oferecem nenhuma ameaça ou desafio para personagens mais fortes e mais exuberantes. Eles aceitam as pessoas ao seu redor e as circunstâncias em que se encontram ao invés de tentar adaptá-las às si mesmos e eles esperam pacientemente para os problemas se resolverem por si mesmo, em vez de tomar a iniciativa em resolvê-los. Eles são mais facilmente preocupado com os problemas dos outros do que com o seu próprio.

Eles anseiam para ser reconhecidos como muito criativos. Eles também não gostam de disciplina e confinamento. A vida das nove às cinco não é para eles. Qualquer rebelião que eles fazem contra a convenção é pessoal, no entanto, eles muitas vezes não têm a energia ou motivação para uma batalha contra outros.

Os piscianos tendem a retirar-se para um mundo de sonho, onde suas qualidades possam trazer a satisfação mental e às vezes, a fama e recompensa financeira porque são extremamente talentoso artisticamente. Eles também são versáteis e intuitivos, têm a compreensão rápida, observam e escutam bem e são receptivos a novas idéias e atmosferas. Todos estes fatores podem combinar e produzir criatividade notável na literatura, música e arte. Mesmo quando não podem se expressar criativamente eles têm um instinto maior que o normal no amor, na beleza, na arte e natureza, uma apreciação semelhante aos felinos do luxo e do prazer, e um anseio por novas sensações e viajar para, lugares remotos e exóticos.

Eles nunca são egoístas em suas relações pessoais e dão mais do que pedem de seus amigos. Eles são sexualmente delicados, no extremo, são quase assexuados, e a maioria dos piscianos gostaria de ter um relacionamento no qual a mente e o espírito do parceiro,

ⵟⵁⵚⵔⵇⵍⵎ ⵜⵎⵅⵗⵤⵄ

em vez dos corpos. Eles são, no entanto, intensamente leais e caseiros e permanecerão fiéis.

Sua simpatia equipa-os para o trabalho em instituições de caridade, cuidando dos necessitados, como enfermeiras que cuidam dos doentes e como os veterinários que cuidam de animais. Como bibliotecários ou os astrónomos eles podem satisfazer sua vontade mental e seu apreço para "lugares distantes com nomes estranhos" podem transformá-los em marinheiros e viajantes. Muitos arquitetos e advogados são Piscianos e quando as capacidades criativas são combinadas com o dom da imitação e da capacidade de celebrar os sentimentos dos outros, os Piscianos encontram sua realização no palco. Suas qualidades psíquicas e espirituais podem conduzi-los em carreiras na igreja ou como médiuns e místicos. Eles podem encontrar uma saída para a sua criatividade como a alimentação, e são ditos fazer bons detetives porque podem se imaginar no lugar dos criminosos e compreender como suas mentes agiriam. Em ocupações técnicas são empregados bem ao lidar com anestésicos, líquidos, gases e plásticos. Por causa de sua versatilidade animada e incapacidade de se concentrar em todo o projeto, Peixes segue frequentemente simultaneamente mais de uma ocupação.

CASAS

BHAVAS

A palavra *Bhava* na Astrologia Védica, significa "campo da ação". Há 12 Casas em um mapa astrológico. Cada Casa define as áreas diferentes da vida. Uma compreensão do que cada Casa significa dará a nossa análise, uma profundidade e maior exatidão. As qualidades das Casas são explicadas nos termos dos Ângulos, dos Trígonos (Casas 1, 5, 9), dos *Upachayas* (Casas benéficas, Casas 3, 10, 11), dos *Dushtanas* (Casas maléficas, 6, 8 e 12), e dos *Marakas* (Casas destruidoras, Casas 2 e 7). E também os quatro alvos da vida, do *Dharma* (Propósito, Casas 1, 5 e 9), do *Artha* (Vida material Casas 2, 6, 10), do *Kama* (Desejos, Casas 3, 7 e 11) e do *Moksha* (Desapego/Liberação, Casas 4, 8 e 12), dão às Casas um significado mais profundo.

Cada Casa tem 30°. O grau do Ascendente, Lagna, será contido dentro da 1ª Casa. Desde que cada Signo tem um Planeta governando, o Planeta que rege o Signo contido na Casa será o Regente (Regente) dessa Casa. Os Planetas possuem determinadas qualidades das Casas relativa às Casas que governam. O Regente de uma Casa e o da Casa em que reside determina como as indicações para essa Casa se manifestarão na vida. O Regente de uma boa Casa, Trígono (1, 5, e 9) trará sempre benção à Casa que ocupa. O Regente das Casas *dushtanas* (6, 8 e 12) trarão problema às Casas que ocupam. Os Planetas maléficos que governam as Casas boas podem operar-se como benéficos funcionais e o benéficos que regem Casas difíceis podem transformar-se em maléficos funcionais.

A Casa que o Planeta está regendo se ligará as características destas Casas. O Planeta Regente carregará sempre com ele o significado da Casa/Casas que rege. Um exemplo seria o Regente da 5ª Casa na 9ª daria as tendências espirituais (9ª Casa) da mente/inteligência (5ª Casa). O que complica a situação aqui é os Planetas, excluindo o Sol e a Lua, regem 2 Casas e carregam consequentemente o significado das características de ambas as Casa. Se o Regente da 5ª Casa regesse também a 12ª Casa como com os do Ascendente em Gêmeos e de Sagitários e fosse colocada ainda na 9ª Casa haveria um resultado misturado. A 9ª Casa tem as qualidades das 5ª e da 12ª Casa. Como a 9ª Casa pode significar ao pai, esta implica a perda (12ª Casa) e a inteligência (5ª Casa) como algumas das características do pai desta pessoa.

Após estar mais confiante nos significados de cada Casa, eu peço que você reveja à explicação acima para entender melhor o que foi dito sobre as Casas.

Os 12 *Bhavas* (Casas) são classificados em vários grupos:

Dharma

Casas 1, 5 e 9 são as Casas do *Dharma*.

Essas Casas estão relacionadas com o sentido do dever, missão na vida, a forma como a alma progride na evolução espiritual, a filosofia de vida, religião, espiritualidade, tipo de adoração, professores espirituais e aprendizagem, honestidade e valores morais.

Estas são consideradas as Casas mais auspiciosas, pois promovem o *Dharma* ou dever, traz "boa sorte" devido ao bom *Karma*.

Estas Casas mostram o bom *Karma* do passado e como ela afeta a vida presente. Planetas nessas Casas, bem como as Casas que regem tendem a prosperar e ser favorável à pessoa e também indica a forma como a pessoa progride espiritualmente na vida e cria um bom *Karma* para o futuro.

Artha

Casas 2, 6 e 10 são as Casas do *Artha*.

Artha relaciona-se com a vida material e física. São a respeito da prosperidade, riqueza, trabalho, sucesso e reconhecimento material.

A Casa 2ª refere-se principalmente com a riqueza, a riqueza da família em geral ou a riqueza que vem com um esforço.

A 6 ª Casa representa a capacidade de fazer um esforço e trabalhar duro para conseguir o que você precisa e os possíveis obstáculos na vida e capacidade de superá-los.

A 10ª Casa representa o sucesso na carreira, status ou posição na sociedade, nome e fama.

ⵜⵁⵉⵉⵚⵏⵡ ⵍⵎ𐤕𐤉ⵌⵡ𐤇

Kama

Casas 3, 7 e 11 são as Casas do *Kama*, relacionadas com os desejos e a possibilidade de realização de tais desejos.

A 3ª Casa relaciona principalmente com as ambições e motivações pessoais.

A 7ª Casa representa principalmente o desejo sexual e atração para o sexo oposto e o desejo do compromisso com tais relações e parcerias.

A 11ª Casa refere-se mais com o desejo de financeiro e material, ganhos e posse dos objetos desejados. Também se relaciona com o desejo de desfrutar da amizade e das relações sociais.

Moksha

Casas 4, 8 e 12 são as Casas do Moksha. Essas Casas se relacionam com a liberação do mundo material, e da criação de *Karma* e do apego. *Moksha* é a meta mais elevada da vida, o retorno para a fonte de onde a alma veio, para atingir a iluminação absoluta e liberdade. Isso exige o desapego do mundo e pensamentos materiais que leva à imersão total na consciência espiritual.

A 4ª Casa relaciona com o caminho da devoção ou *Bhakti*, a rendição do coração (abertura do *Chakra* do coração) e sublimação das emoções para com Deus e da experiência do amor cósmico.

A 8ª Casa relaciona-se com a destruição da ignorância espiritual e purificação dos *Karmas* e um despertar da energia de *Kundalini*, o poder espiritual que traz a capacidade de controlar e ter domínio sobre a mente e "conquistar" a morte.

A 12ª Casa representa a rendição completa do Ego e do senso de individualidade à Deus, desapego dos bens materiais; é o caminho da renúncia, afastamento e rendição.

Kendra

Casas 1, 4, 7 e 10 são as Casas em Kendra ou Casas "angulares". Elas representam a força do mapa e da vida como um todo e dá a capacidade de atingir os objetivos desejados. Planetas nessas Casas são fortes e têm uma capacidade de expressar a sua energia totalmente. Planetas benéficos aqui são muito favoráveis e aumentam a longevidade e o sucesso na vida, enquanto maléficos pode causar uma grande quantidade de dificuldades.

A 10ª Casa é considerada a mais forte e Planetas aqui tendem a dominar o mapa inteiro e às vezes pode ser ainda mais predominante do que o Ascendente sobre o seu efeito na vida e na personalidade.

Trikona

Casas 1, 5 e 9 são as *Trikona* ou Casas do Trígono. Eles correspondem às Casas do *Dharma* e são as Casas da boa sorte, sucesso, sabedoria e conhecimento. Planetas nestas Casas prosperam e benéficos aqui trazem boa sorte e boas oportunidades na vida devido às boas ações e caráter moral do passado e do presente.

Upachaya

Casas 3, 6, 11 e 10 são as Casas *Upachayas* ou "Casas do crescimento". Planetas nessas Casas tendem a crescer e melhorar com o tempo. Os Planetas maléficos aqui (especialmente em 3,6 e 11) adquirem uma grande ajuda para superar todo tipo de dificuldades na vida.

Dushtana

Casas 6, 8 e 12 são as Casas *Dushtanas* ou Casas de sofrimento e dificuldades. A 3ª é também considerada como uma Casa *Dushtana*, mas com um efeito mais suave (a 3ª Casa representa a 8ª da 8ª). Essas Casas são adversas para a prosperidade material e bem-estar e Planetas nestas Casas e as Casas que regem tendem a sofrer, serem obstruídas e são fontes de dor na vida. Se os Planetas aqui forem exaltados ou na própria Casa é realmente benéfico e dá a capacidade de suportar ou superar as dores e dificuldades.

A 6ª Casa relaciona com obstáculos, doenças, acidentes, inimigos e dívida.

A 8ª Casa relaciona com a obstrução, morte, escuridão ou depressão.

A 12ª Casa refere-se a perda, separação, terminações.

Apesar disso, elas também são Casas importantes para o crescimento espiritual.

Panapara

Casas 2, 5, 8 e 11 são o *Panapara* ou Casas "sucedentes". Estas Casas fazem correspondência ao significado dos Signos fixos, relacionadas com a estabilidade, preservação, renda e segurança material. Planetas sobre estas Casas são considerados moderados na força.

A 8ª Casa pode trazer, mas também é uma Casa *Dushtana*, capaz de trazer resultados negativos também.

Apoklima

Casas 3, 6, 9 e 12 são chamadas *Apoklima* ou Casas cadentes. Planetas sobre estas Casas são considerados fracos ou não muito poderoso.

Entre elas, a 9ª Casa é a melhor uma vez que também é a Casa do *Dharma* e Planetas aqui são fortes e tendem a trazer boa sorte.

A 12ª Casa é considerada a mais fraca e Planetas aqui têm dificuldade para expressar a sua energia no nível concreto, material, mas eles podem ser bons para o avanço espiritual.

Maraka

A Casa 2ª e 7ª são chamados de Casas *Maraka* ou Casas "destruidoras" e têm a capacidade de causar a morte ou doença. Os Regentes da 3ª, 8ª e 12ª Casas e Planetas nessas Casas também são capazes de causar a doenças ou até a morte.

ASCENDENTE ♉ – *LAGNA* ♆

Se prestarmos atenção no horizonte ao leste, e se pudéssemos ver o Zodíaco atrás desse horizonte, nós observaríamos que cada constelação, ou cada Signo do Zodíaco "nasce" aproximadamente, a cada 2 horas. Estas frações enormes de 30° cada (1/12) do círculo do espaço que nos cerca o tempo todo, nascem um após o outro, o dia inteiro. Sabemos que, a razão do nascer e do por do Sol e porque a Terra está girando. Assim, como o Sol nasce, assim mesmo os Signos do Zodíaco também, por causa do giro da Terra. Em qualquer momento dado, se olharmos ao leste, veremos um dos Signos nascendo e este será o Ascendente, ou o Lagna neste mapa. O Lagna é muito importante. É o corpo e a vida em geral. As aflições no Lagna são muito significantes. É o ponto onde começa o mapa. O Lagna é a 1ª Casa, e o ponto inicial do mapa. Sem o Lagna nós não teremos o mapa. Não é opcional. O Lagna é baseado no lugar que nascemos, como também o horário. Se uma pessoa nasce em São Paulo em uma hora específica e se naquele momento olharmos ao leste, iremos ver o Lagna. Mas alguém que nasce em Nova Delhi nesse exato momento veria um Lagna diferente porque a Terra é uma esfera e olhar ao leste a partir de pontos diferentes na superfície dessa esfera estará vendo um Signo diferente no Zodíaco. O significado do Signo Ascendente é que determina a natureza geral do corpo de uma pessoa. O Lagna tem primeiro mais haver com o corpo, depois a vida em geral. Assim, se um Lagna for um Signo materialmente bom e o Lagna ou a 1ª Casa é afetada por Planetas materialmente benéficos, então a vida total será mais fácil e a pessoa será saudável e de ótima aparência. As influências opostas produzirão os resultados inversos.

1ª CASA – *TANU BHAVA*, CASA DO CORPO

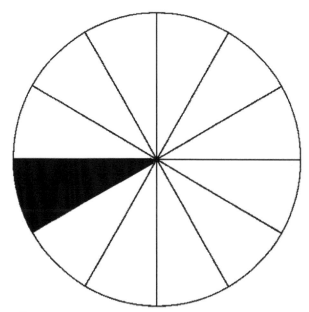

Representa a pessoa, sua natureza inata e estado de saúde, vitalidade, longevidade, felicidade, personalidade, aparência, a prosperidade, a disposição geral na vida, cabeça (crânio e testa) e glândulas do cérebro, cabelo, pituitária.

A 1ª Casa é a apresentação do Eu: o tipo de corpo físico e aparência; infância. A 1ª Casa manifesta o poder de todos os Planetas e indica a personalidade, bem como a aparência. Ele pode nos permitir isolar as fraquezas do nosso Signo solar. O Signo solar é o que estamos destinados a ser.

A 1ª Casa diz como começamos as coisas, especialmente como nos apresentamos. Se tivermos Leão na 1ª Casa, nos apresentaremos de uma forma magnânima. Se tivermos Virgem, nos apresentaremos de uma forma detalhada e crítica, em serviço aos outros. Se tivermos Aquário, nos apresentaremos de uma forma indiferente e intelectual.

Esta Casa diz como devemos abordar a vida e também a nossa saúde em geral.

2ª CASA – *DHANA BHAVA*, CASA DA RIQUEZA

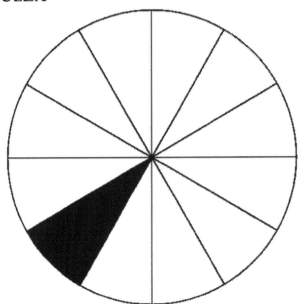

Representa riqueza, família, meios de subsistência, nutrição, ensino superior, posição profissional, cônjuge, segundo casamento, a continuidade da vida conjugal, a posse de pedras e metais preciosos, dinheiro em espécie, capacidade, status financeiro, fortuna, prosperidade, imóveis, propriedades, fala, visão, rosto (nariz, garganta, boca, língua, dentes e olhos, especialmente o direito), ossos da face, pescoço superior, garganta, laringe, cerebelo, traqueia, as amígdalas.

A 2ª Casa tem haver com os recursos que temos desenvolvido como resultado de como nos apresentarmos no mundo. Ela também indica a nossa autoestima. Ele indica nossa atitude para com o que possuímos, como podemos obter essas coisas, como nós tratamos ou gerenciamos tais coisas e se nós vamos retê-las ou não.

Naturalmente, isso também significa que a segunda casa está preocupado com a sobrevivência, porque o nosso dinheiro é usado aqui para comprar comida, abrigo, etc, por isso é óbvio que a 2ª também mostra os nossos talentos e habilidades que podemos usar para melhorar a nossa sobrevivência.

3ª CASA – *SAHAJA BHAVA*, CASA DOS IRMÃOS

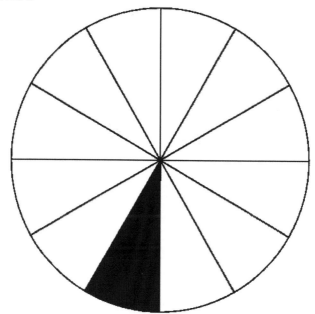

Representa irmãos ou irmãs mais novos, vizinhos, coragem, força física, esportes, iniciativa, natureza empresarial, o poder de entendimento (de aprendizagem), comunicações, viagens curtas, iniciação em técnicas espirituais, escrita e capacidade comunicativa, parte inferior do pescoço, ombros, braços e orelhas (especialmente os da direita), mãos, ombros e clavículas, glândula tireoide, sistemas respiratório e nervoso.

A 3ª Casa é sobre a aprendizagem que fazemos, como ler e escrever. Trata-se de uma tomada de consciência da ignorância e da consciência da capacidade, o que significa saber quando você não sabe algo e saber quando você é capaz de fazer algo se você mantiver sua mente naquilo e for cuidadoso. (O desconhecimento das habilidades floresce na 6ª Casa. O desconhecimento da capacidade significa que você pode fazê-lo sem pensar, como na condução de um carro no piloto automático). É o estilo e a habilidade de se comunicar. Trata-se do ambiente imediato, ao seu redor.

4ª CASA – *MATRU BHAVA*, CASA DA MÃE

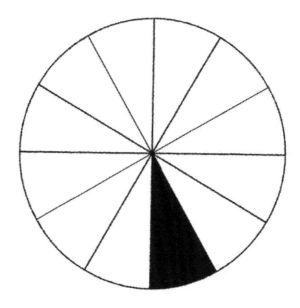

Representa a mãe, felicidade, educação, apoiadores, veículos, a paz interna, a mente, a paz mental, a confiança, a conduta correta, conforto, luxos, país de nascimento, bens imóveis, bens imobiliários, terrenos, poços e tanques, casa, a caixa torácica, coração, peito, pulmões e seios.

A 4ª Casa está lida com o que envolve e protege. Preocupa-se com a base, origem ou raiz do Eu. Por isso, inclui: a casa, raízes, história familiar e origens, vida, auto-desenvolvimento, memórias, no passado, a educação, o útero, o fim da vida, a vida interior e fundações. Tradicionalmente, ela mostra a mãe, quando as mães se dedicavam ao lar. Neste sentido, pode referir-se a qualquer pessoa que passa muito tempo a cuidar de casa. A fase final da vida é mostrada aqui e por isso é o que nos tornamos. Matérias a ver com o crescimento e a criação (domesticação): casas, terrenos e jardins.

É secreta e oculta (como todas as Casas de Água) porque ela lida com os assuntos psíquicos. Refere-se também a mente inconsciente (o oculto, Eu secreto).

5ª CASA – *PUTRA BHAVA*, CASA DOS FILHOS

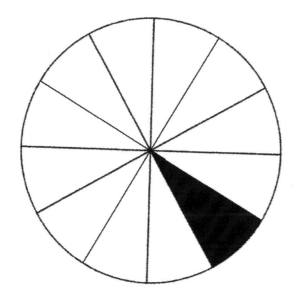

Representa a inteligência, saúde emocional, discernimento e discriminação, intelecto e talentos mentais, memória, inteligência criativa, a felicidade emocional, amor, romance, amantes, ganhos especulativos de investimentos, capacidade de organização, o sucesso, crianças, filhos, conhecimento, sabedoria, treinamento, inclinações, recursos e méritos que trazemos para a vida, futuro, digestão, barriga superior, estômago, fígado, vesícula biliar, pâncreas, baço, cólon, diafragma, coluna vertebral, medula espinhal, gravidez.

Esta é a casa está associada com o coração ou a fonte de emoções, amor e paixão. Ele diz que as coisas que nos são queridas. É a casa de crianças, auto-expressão criativa e romance. Pode se referir a idéias, ideais, invenções (dependendo dos Planetas e do Signo), ou qualquer coisa, realmente, o que você ama. É sobre tudo o que fazemos de forma criativa. Refere-se ao amor e as relações antes do casamento (a 7ª Casa refere-se ao cônjuge).

6ª CASA – *RIPU BHAVA*, CASA DOS INIMIGOS

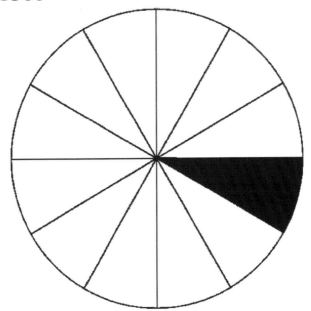

Representa disputas, doenças e lesões, dívidas, inimigos, adversários, concorrentes, ladrões, medos, dúvidas, preocupações, vícios, fraquezas, tios maternos, serviço, funcionários, saúde e proteção contra perdas por roubo, incêndio e trapaças, mal-entendidos, o confronto, cintura, umbigo, abdômen inferior, rins, intestino delgado, parte superior do intestino grosso, função intestinal, apêndice.

Esta Casa lida com rotinas e necessidades, tais como o trabalho, a saúde, a alimentação, roupas e empregos. Estes são os detalhes da vida e esta Casa conta como você lida com os detalhes e aspectos práticos da vida. Também diz sobre as pessoas que trabalham para e com você. E com a forma como você presta um serviço (trabalho) para os outros. Ela também lida com animais de estimação. Ele também indica a sua atitude em relação à limpeza e ordem. Esta casa refere-se a coisas que você voluntariamente faz, mas só porque você tem que fazê-las, a fim de atingir o conforto, ou algum outro objetivo. Por exemplo, a limpeza da casa é feito por uma questão de ter um lugar confortável para se viver, não porque é legal!

7ª CASA – *KALATRA BHAVA*, CASA DA PARCERIA

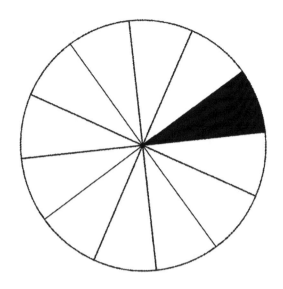

Representa relacionamentos de longo prazo, os laços jurídicos, cônjuge, parceiros na vida e parceiros em negócios, vitalidade, potência, fertilidade, natureza extrovertida, adultério, conduta moral, prazeres, conforto e uma vida em terras estrangeiras, o sucesso em casos de amor, a vida conjugal , casa no estrangeiro, viagens, comércio ou negócios, expansão, parte pélvica, região lombar, bexiga, parte inferior do intestino grosso, órgãos sexuais internos, como os ovários, útero, colo do útero, testículos e próstata.

A 1ª Casa trata do Eu, e a 7ª lida com o oposto, isto é, aqueles que você se encontra em uma base do um-à-um e inclui o casamento e parceiros de negócios. Esta Casa também lida com a concorrência. Também com amigos próximos, namoros onde se "juntam os trapos" e outras pessoas em geral. E também contratos, ações judiciais e divórcio. Equilíbrio é a palavra-chave para esta Casa. Mais especificamente, ela indica o primeiro parceiro de casamento, o terceiro irmão e segundo filho.

8ª CASA – *AYU BHAVA*, CASA DA VIDA

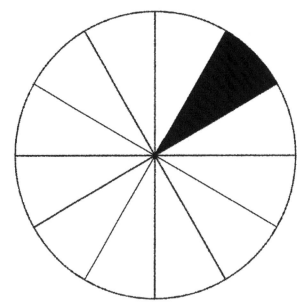

Representa a longevidade, a pesquisa, o interesse em ciências místicas, transformações ocultas internas e externas, eventos passados e futuros, herança, morte, testamento, seguros, ganhos fáceis, dinheiro e renda do parceiro ou cônjuge, vulnerabilidade, medo, acidentes, obstruções, falência, roubo, perdas, desgraça, decepções, ânus e escroto, órgãos sexuais externos, órgãos excretores, ossos pélvicos.

Recursos comunitários, sexo, questões finais e as instituições financeiras são parte desta Casa. Trata-se do nascimento, morte e renascimento, a reencarnação, cura, o oculto, recursos de outras pessoas (dinheiro), incluindo cartões de crédito, impostos, recursos de parceiros, testamentos, heranças, seguros, impostos, dinheiro não ganho, reciclagem, lixo, poluição, perdas, renúncia, deixar ir. Preocupa-se com o poder - poder sobre os outros e autocontrole. Enquanto a 2ª Casa indica os seus recursos, esta 8ª Casa indica recursos dos, particularmente aqueles do primeiro parceiro.

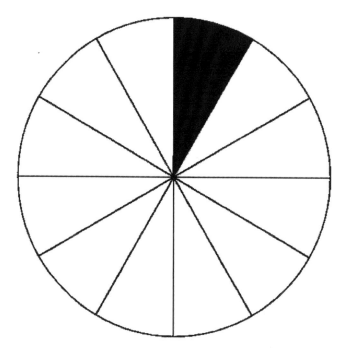

Representa o pai, preceptor, aprendizado espiritual, inclinações espirituais, a intuição, a caridade, virtude, dever, o destino com base em vidas passadas e a felicidade resultante, meditação, viagens ao exterior, longas viagens e vida em Terras estrangeiras, a educação no exterior, benevolência , sorte, fortuna geral, os ganhos repentinos e inesperados, religião, peregrinações, filosofia, direito, medicina, remédios, coxas, perna esquerda, ossos da coxa, medula óssea, quadris, articulações e sistema arterial.

Enquanto a 3ª Casa é a Casa da mente, a 9ª Casa é a Casa da mente superior. A 3ª Casa nos dá conhecimento de um tipo básico que podemos usar, se pensarmos sobre o que estamos fazendo. Na 6ª Casa, o nosso conhecimento pode se tornar automático, portanto, o desconhecimento da capacidade. Nosso conhecimento torna-se parte de nós. Já na 9ª Casa podemos pensar mais profundamente e nos níveis mais elevados O coração do ensino superior é a capacidade de considerar várias teorias, pontos de vista, etc, a partir de um ponto de vista objetivo.

10ª – *DHARMA BHAVA*, CASA DA CARREIRA

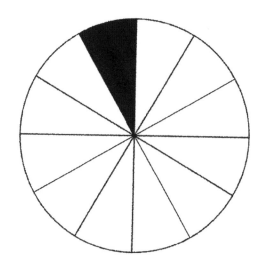

Representa a profissão, carreira, vocação, a promoção, modo de vida, poder, fama, estima pública, status, posição, honra, *Karma* na vida, autoridade, governo, empregador, ambição, joelho e rótula, articulações e ossos.

A 10ª Casa aponta para onde você está indo. Ela mostra sua carreira, reputação e como você se torna conhecido. Imagem pessoal, autoridade, honra, prestígio, carreira, ambição, organizações, autoridades e empregadores estão representados por esta Casa. Se a quarta casa refere-se à base, raízes e de onde você vem, então a 10ª mostra onde você está indo. Envolve também: objetivos e aspirações, posição social, a pessoa com poder sobre você e do governo. Ele indica o pai de maior influência.

Meio-Céu – MC

O Meio-Céu ou *Medium Coeli* é a posição no espaço onde a eclíptica passa o meridiano norte no hemisfério sul (e o ponto no Sul, no hemisfério Norte). Ele representa a 10ª Casa, na Astrologia Védica. Astrologicamente, ele representa a carreira, status, reputação, objetivos de vida e aspirações. Sua posição no nosso mapa de nascimento é elevado, refletindo a nossa posição social e reputação, bem como o nosso propósito na vida profissional. A combinação específica de Planetas dentro das nossas 9ª e 10ª Casas irá indicar a nossa escolha de carreira e nível de sucesso.

O Meio-Céu não está confinado somente à indicação de nossos objetivos profissionais, mas também pode influenciar os nossos objetivos espirituais ou pessoais e da forma como reagimos a situações estressantes. O Meio-Céu representa um dos pais, geralmente o pai, com a mãe refletida pelo Ângulo na extremidade oposta, o IC (*Immum Coeli*). O Meio-Céu tem um efeito significativo sobre a forma como os outros nos vêem, particularmente as nossas qualidades sociais e confiabilidade.

O Meio-Céu influencia os diferentes Signos do Zodíaco de diferentes maneiras, explicado abaixo.

- Meio-Céu em um Signo de Fogo (Áries, Leão, Sagitário):

Os Signos de Fogo são geralmente instintivos, ativos e apaixonados em busca de uma paixão espiritual que explode para além de todas as barreiras.

- Meio-Céu em um Signo de Terra (Touro, Virgem, Capricórnio):

Os Signos de Terra são práticos, racional e fundamentados, infundem idealismo em si, permitindo o que eles aspiram espiritualmente, bem como metas materiais.

- Meio-Céu em um Signo de Ar (Gêmeos, Libra, Aquário):

Os Signos de Ar são lógicos, metódicos, vêem o seu desejo expandir a percepção além de todas as opiniões quadradas e compreensão limitada.

- Meio-Céu em um Signo de Água (Câncer, Escorpião, Peixes):

Os Signos de Água são imaginativos, perspicazes, sensíveis e procuram desfrutar a vida como uma unidade com tudo, dissolvendo as peças de volta em um todo. Isto significa render-se ao Universo como parte da jornada da vida.

A relação do Meio-Céu com os Planetas em um mapa também é particularmente importante. Quando o Meio-Céu e um Planeta cair em uma conjunção, isso indica uma mudança ou o começo de algo novo. A relação do Meio-Céu com os Planetas está listada abaixo:

➢ Meio-Céu/Sol: Clareza de consciência e aspirações
➢ Meio-Céu/Lua: Clareza espiritual interior
➢ Meio-Céu/Mercúrio: Clareza dos pensamentos
➢ Meio-Céu/Vênus: Clareza da expressão criativa
➢ Meio-Céu/Marte: Clareza da ação
➢ Meio-Céu/Júpiter: Clareza dos propósitos
➢ Meio-Céu/Saturno: Clareza das limitações
➢ Meio-Céu/Rahu: Clareza do que quer
➢ Meio-Céu/Ketu: Clareza da onde ir
➢ Meio-Céu/Urano: Clareza da originalidade
➢ Meio-Céu/Netuno: Clareza de idéias
➢ Meio-Céu/Plutão: Clareza do poder.

11ª CASA – *LABYA BHAVA*, CASA DOS GANHOS

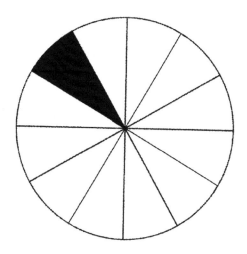

Representa o lucro, prosperidade, ganhos, os amigos, o irmão ou irmã mais velho, esperanças e aspirações e a realização destas, tornozelos, osso da canela, perna direita, orelha esquerda e braço esquerdo.

Esta é uma Casa de amigos, esperanças e desejos. Ela está preocupada com o futuro. Na 3ª Casa, você tem amigos que são irmãos ou irmãs ou vizinhos. Na 7ª Casa, você tem amigos próximos e parceiros. Já na 11ª Casa os amigos são aqueles que se relacionam com a sua imagem pública. Por exemplo, no trabalho, seus amigos são seus colegas de trabalho. Em uma escala mais grandiosa, o líder de um partido político teria as pessoas nesta Casa como seus amigos ou apoiadores.

12ª CASA – VYAYA *BHAVA*, CASA DAS PERDAS

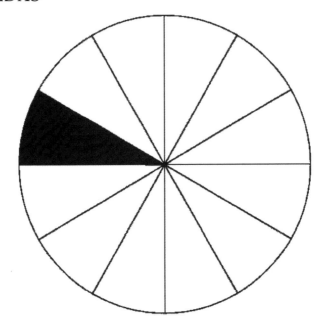

Representa despesas, perdas, despesas para caridades, o fim da vida, o exílio, a vida em Terras estrangeiras, obstruções na vida, a separação da família, desapego, retiros, transcendência, iluminação, isolamento, prisão, hospitalização, prazeres da cama, sono profundo, trabalho nos "bastidores", como o trabalho em um hospital, asilo, prisão, quartéis militares ou mosteiros, etc., olho esquerdo, sistema linfático e pés.

Esta casa mostra como nós pensamos sobre nossas vidas e como nós pensamos sobre o futuro ou sobre as coisas espirituais.

Pode se referir a *Karma* e assuntos espirituais. Esta não é a Casa do Eu, que significa que ele está preocupado com os grandes, impessoais, instituições, como hospitais, prisões, grandes burocracias, o serviço civil, etc. Ou seja áreas onde eles pretendem servir em vez de procurar um lucro e onde os trabalhadores e gestores são um pouco anônimos. Aqui nós pensamos de serviço abnegado. Isto também lida-se a assuntos ocultos. Às vezes isso é porque o bem não é publicado (serviço altruísta, modéstia) e às vezes é porque o mal está escondido.

PLANETAS NOS SIGNOS

GRAHAS NOS RASHIS

☉ ☽ ☿ ♀ ♂ ♃ ♄ ♅ ♆ ♇ ☊ ☋

♈ ♉ ♊ ♋ ♌ ♍ ♎ ♏ ♐ ♑ ♒ ♓

A chave para entender as posições planetárias nos Signos consiste em observarmos o Planeta que rege aquele Signo como se estivesse em conjunção com o Planeta que ocupa este Signo. Logicamente também teremos que observar em que Casa está este Signo. Veremos que as qualidades de um Signo em particular e seu Regente se mesclam e dão a característica para aquela área específica do mapa.

SOL ☉

Em Áries ♈

O Sol se exalta nos 10° de Áries.

Personalidade ardente.

Representa líderes, iniciativa, corajoso, liberal, guerreiro, ambicioso, pensamento iniciativo, capaz de adquirir fama, gosta de ficar ocupado, gosta de esportes e competições, corre de um lado para o outro por prazer de estar ativo, age como uma figura paterna ou de autoridade, ajuda aos outros, inovador, pioneiro, constituição forte.

Irritável, rápido demais, mandão ou autoritário demais, dogmático, impaciente, não trabalha bem em equipe, combativo, excitado facilmente, o desejo de finalizar algo rapidamente pode levar à exaustão, muito emocional, ativo, mas incompetente, pode ter doenças como erupções cutâneas, febres, dores de cabeça, má circulação, problemas sanguíneos. Pode sofrer de cortes, queimaduras, ferimentos, contusões, especialmente na cabeça, cérebro e na região dos olhos e pode causar problemas de sono.

Em Touro ♉

Personalidade perseverante.

Se dá bem com as pessoas, artístico, especialmente em música e literaturas, pensa antes de falar, ama a sensualidade e prazeres, considera opções antes de agir, tem vigor, são sólidos em um propósito, acumula riquezas prudentemente, devagar e sempre, gosta de valores conservativos e tradicionais, trabalha bem em estabelecimentos com objetivos definidos.

Pesado, lento, tedioso, toma cuidado demais antes de tomar uma ação, teimoso, age muito tarde, não sabe quando parar, obstinado, inflexível, cabeçudo, problemas com os olhos, boca, face, nariz e garganta, tosse e muco.

Em Gêmeos ♊

Personalidade esperta.

Aprende rápido, boa memória de curto prazo, charmoso, educado, característico, alegre, pode falar sobre qualquer coisa, versátil, conservador, científico, atraído por números e letras, estudioso, quer aprender rápido através de livros e lições, bons com as mãos, pode indicar gêmeos ou duplicidade em tudo, emprego, pais, interesses românticos, etc.

Não finaliza as coisas, faz muitas coisas ao mesmo tempo, astuto, manhoso, desleal, muda de idéia facilmente e rápido, copiador, nervoso, exigente, problemas de neuroses, do pulmão, mãos, ombros e pescoço.

Em Câncer ♋

Personalidade sentimental.

Prefere os próprios conselhos, prefere viver do apoio dos outros e uma vida fácil, pode adquirir riquezas, gosta de diversões, feminino, sensível, econômico, boa memória, empregos que lhe dão com água ou líquidos ou aqueles que tem haver em cuidar dos outros como cozinheiros, chefs, enfermeiros, médicos, etc., intuitivo, astrólogos, foco na família.

Cansa-se e perde o interesse facilmente, monótono, muda de humor rapidamente, trabalha em subordinação dos outros, homens tem forte características femininas, geralmente dominados, vida irregular, tempestades emocionais com o parceiro, problemas com a digestão, inchaço e retenção de líquidos no corpo, obesos, pode ter câncer de mama, estagnação dos sistemas do corpo, dorme demais.

Em Leão ♌

Personalidade nobre.

Habilidades de liderança, real, ambicioso, propagandista, advogado, defensor, pensa grande, se destaca, famoso, corajoso, toma o comando, charmoso, repele a negatividade, vence o oponente, inteligência aguda, independente, liberal, franco, brilha quando elogiado, vigor.

Sempre quer ser o centro das atenções, mandão, egoísta, muito genioso, teimoso, não ouve aos conselhos dos outros, carnívoro demais, impaciente, dominador, quer sempre o poder, vão, convencido, acha difícil de trabalhar com os outros, egocêntrico, pensa que sabe de tudo, dogmático, ditador, problemas do coração e circulação, da espinha, calvície.

Em Virgem ♍

Personalidade inteligente.

Habilidades com números, letras e línguas, científico, analítico, bom em medir as coisas, bom organizador, compreensão clara, senso de serviço, ortodoxo, mente justa, curador, trabalha duro, reservado, gosta das coisas puras, linear, designer, escritor, matemático, estatístico, habilidades musicais, envelhece muito devagar.

Não toma conta de si mesmo, os chefes tiram vantagem deles, pegam responsabilidade muito rápido, põem altas expectativas, quer ser parte de um casal feliz, mas não sabe como ser feliz, frustrado, depressão, raiva, crítico demais, síndrome de vítima, não gosta de si mesmo, problemas no intestino e de digestão, hipersensibilidade, problemas no pulmão.

Em Libra ♎

O Sol está debilitado ou em *Neecha* em Libra.

Personalidade amorosa.

Charmoso, sedutor, calmo, atrativo, acolhedor, suave, tranquilo, dá apoio e consola, ajuda os necessitados, sensibilidade artística e intuitivo.

Desiquilibrado, desiste fácil, falta de motivação, não encara as dificuldades, evita responsabilidades, não é honesto, desleal, joga dos dois lados, abusa dos prazeres, ineficaz, não controla os gastos, problemas nos rins, lombar, fraqueza sexual, dores de cabeça, vícios.

Em Escorpião ♏

Personalidade intuitiva.

Competitivo, capacidade de agir de repentinamente, espirituoso e apaixonado, determinação, age decisivo, líder, diretor, agente do controle, energético, boa habilidade de investigação, alta intuição, conexões com outros mundos, curador, talentos naturais em várias áreas, muitos amigos, carinhoso, forte energia de sedução.

Controlador, militante, tem dificuldades em tomar novas decisões, ciumento, possessivo, muito apegado, muito brusco, comportamento escandaloso, cruel, provoca problemas, cheio de crises e doenças, pega dos outros sem devolver, vingativo, rancoroso, problemas no sistema reprodutivo, doenças venéreas, problemas com o coração, problemas em eliminação, febres, alergias, cortes e acidentes.

Em Sagitário ♐

Personalidade expansiva.

Crenças positivas, preocupado com imparcialidade e justiça, adora filosofia, devoto de nobre causas e ideais, sensato, amigável, necessita a liberdade, não reprimido, adora se divertir, sorridente, determinação, honesto, sincero, fortunado, conselheiro, consultor, juiz, ministro.

Frustrado, obstinado, muda de emprego ou residência frequentemente, não gosta de ser subordinado, mimado, rebelde quando não obter uma explicação boa, muito otimista, fala o que der na cabeça sem pensar, não pega responsabilidades de longo prazo, medo da perda da liberdade, cai em dívidas, nervoso, problemas com as pernas, fígado, pulmão e quadril.

Em Capricórnio ♑

Personalidade focada.

orientado pelo dever, quieto, prático, econômico, trabalha duro, eficiente, ambicioso, responsável, pensativo, sempre pronto, convencional, promove bom serviço e apoio, obsequioso, cuidadoso, se beneficia de trabalhos definidos e bem estabelecidos, melhora com a idade.

Nunca se sente que já fez o suficiente, constrangido, trabalha duro demais, usado pelos outros, especialmente por chefes, falta de prazer, não expressa sua afeição, obstinado, egocêntrico, indiferente, afastado, reservado demais, depressão, sem humor, prefere a distância de tudo e todos, cruel, circulação pobre, mãos e pés frios, digestão lenta, problemas nas articulações, especialmente nos joelhos, problemas adrenal, rugas e problemas de pele.

Em Aquário ♒

Personalidade inovadora.

Criativo, inteligente, científico, analítico, inventor, gênio, carinhoso, cordial, simpático, politicamente ativo, advogado, ajuda os necessitados, dedicado, trabalha duro, resistente, poderoso, capacidade de pensar além do mundano, reservado, tem força de vontade, monástico e ativista.

calado, baixa autoestima, não dá valor para seus próprios talentos, reservado demais, baixa renda, falta de sorte, teimoso, rebelde, fala mal dos outros, mórbido, falta de direção, depressão, cínico, não acredita em nada, mas é ingênuo demais, desconectado da realidade, paranoia, só, vítima, problemas do coração, circulação e congestão, varicosa, problemas com a estagnação do sangue e problemas com os olhos.

Em Peixes ♓

Personalidade apoiadora.

Ajuda aos outros, emocional, respeita aos outros, pacífico, sonhador, cativante, filosófico, idealista, social, voluntário, inspirador, líder popular, criativo, flexível, adaptável, contemplativo, intuitivo, cooperativo.

Submisso, sem foco, perde oportunidades, não confiável, pensamento descontínuo e sem resolução, não finaliza nada, procrastinador, falta de confiança, voluntaria demais, sempre se sente a vítima, falta de planejamento financeiro, não tem objetivos na vida, desinteresse pelo mundo material, falta de vitalidade, problemas com os pés, com o aparelho digestivo, lerdeza e sistema tóxico.

LUA ☽

Em Áries ♈

Emoções ardentes.

Ágil, gosta de viver na espontaneidade, precisa se divertir, toma decisões rapidamente, tem iniciativa, tem a certeza de si mesmo, disposição e aparência jovem, gosta de atividades idealísticas, mentalmente e fisicamente impetuoso, gosta de viajar e de se mover de um lugar para outro, não gosta de ficar parado, adaptável, vibrante, popular e tem boa resistência contra doenças.

Rápido para se aproveitar dos outros, não ouve aos conselhos dos outros, falta de atenção, inquieto, agitado, força os outros, explosões de raiva, quer começar bem antes ou terminar antes dos outros, bom para começar, mas nunca termina o que começou, fala qualquer coisa que precisar para conseguir o que quer, especialmente sexo, se entedia rapidamente, pode ser muito ingênuo, forte inclinação de queimaduras, acidentes, cortes e quebras, problemas com acne, olhos, sono, dores de cabeça, mulheres tendem ser bem mais masculinas e agressivas e procuram homens mais dóceis e fácil de dominar.

Em Touro ♉

A Lua se exalta à 3° de Touro.

Emoções estáveis.

Cheio de vida e amor, popular, mas quieto, generoso, progressivo, com os pés no chão, vida expansiva, ativo, imaginação, apoio, boa influência nos outros, conquista o respeito dos outros, grato, paciente, acumula riqueza devagar, mas sempre, conservativo, gosta de acumular coisas, sexualmente atraído e gosta dos prazeres sensuais, vive confortavelmente, prático e perseverante.

Tem a tendência de curtir prazeres um pouco além da conta, preguiçoso, come e bebe demais, muita atividade sexual, autocontrole demasiado, vive no mundo da fantasia, teimoso, reacionário, possessivo, ciumento, generoso demais, problemas na garganta, tireóide, garganta inflamada, constipação, indigestão, acima do peso, especialmente na parte inferior do corpo.

Em Gêmeos ♊

Mente criativa e rápida.

Mente rápida e criativa, espirituoso, esperto, social, bom organizador, aprende pela escrita, leitura e seminários, charmoso, aparência jovem, bom humor, fala fluente, pode parecer superficial aos outros, mas é bem inteligente, não gosta de confrontação física.

Astuto e não na forma positiva, duvida de tudo, vão, não dá para depender deles quando as coisas ficam sérias, confusão mental, faz muitas coisas ao mesmo tempo, dividido, incerto, pensa em inúmeras possibilidades e não toma ação nenhuma, flerta sem saber que esta flertando, fala muito rápido, emocionalmente super estimulado, inquieto, não gosta de trabalhar em casa, problemas nos pulmões, pescoço, mãos e ombros.

Em Câncer ♋

Plenitude de sentimentos.

Sensível, perceptivo, emocionalmente responsável, caridoso, carinhoso, uma "mãe" para todos, adora a família, clemente, humano, tem dó, intuitivo, astrólogos, boa imaginação, econômicos, prósperos, vida confortável, amigável, gosta de certas mudanças, artísticos, voluntários, tem sabedoria, grato, ajuda nos problemas emocionais da família.

Muito apegado, sufoca os outros com seu amor, é vítima das circunstâncias, muito submisso, impressionável, precisa estar no controle, emocionalmente instável, sente falta de amor o tempo todo, ansioso, problemas no estômago, na digestão, anemia, obesidade, retenção de líquidos, problemas de fertilidade, hipocondríaco.

Em Leão ♌

Emoções nobres.

Vigoroso, tem orgulho do seu trabalho, generoso, amoroso, ambicioso por reconhecimento, inspirador, ajuda aos outros, toma iniciativa, obtém uma posição de honra, responsável, trabalha na frente dos outros, político, ator, orador, gosta do luxo e das coisas finas da vida, adora a natureza nos seus arredores, honestos e leais, adoram elogios.

Precisa ser o centro das atenções, egoísta, muito orgulhoso, facilmente irritável, arrogante, inconstante, má sorte com o pai, se ofende facilmente, irado, mandão, problemas com o cólon, febres, alergias, problemas com a pele, problemas na circulação e coração.

Em Virgem ♍

Mente criativa.

Feminino, refinado, tem um padrão definido, honesto, sabe distinguir as coisas, modesto, capaz, boas habilidades analíticas, intuitivo, boa conversa, memória aguda, tem princípios, trabalhador eficiente, compassivo, generoso, empático, habilidades curativas, conselheiro, científico, filosófico, intelectual, espirituoso, resistência ao envelhecimento.

Muito mental, nervoso, depressão por conta das expectativas não realizadas, tem padrões muito alto, muito monástico, crítico, muitos princípios para ser feliz na vida, não se compromete ao casamento, compulsivo, vítima, problemas de disenteria, constipação, problemas no estômago, obstruções mentais, maus hábitos alimentares.

Em Libra ♎

Emoções encantadoras.

Diplomático, suave, persuasivo, sedutor, gentil, procura não machucar os sentimentos dos outros, balanceado, gracioso, obsequioso, boa natureza, feminino, artístico, refinado, adora prazeres, romântico, próspero, espiritual, guiado pela intuição, gosta de se vestir bem, gosta de arredores refinados.

Um camaleão, indeciso, desonesto, manipulador, foge das responsabilidades, não consegue tomar decisões, muito sensível às críticas, leniente, falta de direção ou ambição, corpo fora de balanço ou assimétrico, aberto às muitas formas de relacionamento, vive do esforço dos outros, desequilíbrio emocional e mental, problemas dos rins, costas, libido alto ou baixo demais, enxaquecas, sono perturbado, vícios.

Em Escorpião ♏

A Lua está em debilitação ou *Neecha* à 3° de Escorpião.

Emoções místicas e ardentes.

Talentos inatos belos, esperto, rápido em tomar ação, propósito fixo, toma iniciativa, autodirigido, enfrenta adversidade sozinho, faz mudanças revolucionárias, reformador, editor, corrige e guia aos outros bem, espirituoso, forte, mente aberta, mas conservadora.

Tenta ficar íntimo antes do tempo, não consegue se desapegar de hábitos ruins, não tem cuidado nas palavras antes de criticar alguém, inimigos fortes, isolado, sexual demais, gosta do bizarro, não expressa suas necessidades claramente, medo de ser acusado ou envergonhado, problemas reprodutivos, problemas com eliminação, problemas no casamento, problemas com a lei, crimes de paixão, raiva emocional.

Em Sagitário ♐

Sentimentos e ideais expansivos.

Grato pelas bênçãos, direto, atitude positiva, determinado, corajoso, energético, cortês, nobre, defende suas crenças, dá o benefício aos outros, foca em realizar seus desejos, gosta de independência, conselheiro, assessor, ministro, caridoso, trabalha pela humanidade, gosta de viajar e aprender coisas novas, ama a filosofia, religião e espiritualidade e tem altos ideais.

Entra em discussões só pelo prazer de discutir, honesto sem consideração, fala sem pensar, agressivo, muito sensitivo, sente a falta de justiça em tudo, indulgente, insubordinado, muda de emprego frequentemente, inconstante, não confiável, inquieto, problemas nos quadris e pernas, pulmão, obesidade e retenção de líquidos.

Em Capricórnio ♑

Emoções controladas.

Seguro, não vacila, um amigo para sempre, companheiro devotado, faz a sua parte sempre e por inteiro, pragmático, metódico, foco na estabilidade, ortodoxo, gosta de coisas, pessoas ou instituições velhas ou antigas, democrático, talentos nos negócios e administrativos, gosta do Ar livre e regiões montanhescas, a vida melhora na segunda metade.

Frio, sem escrúpulos, egoísta, não tem pena de nada e de ninguém, muito certinho, faz o que for preciso para chegar onde quer, sempre escolhe parceiros irresponsáveis para "consertá-los", dogmático, isolado, depressivo, assexual, teimoso, inseguro, estranho, problemas nas juntas, fluxo de sangue e hormônios restritos, demência.

Em Aquário ♒

Emoções estruturadas.

Criativo, desejo de realizar sonhos, inventivo, intuitivo, disposição científica, filósofo, vidente, astrólogo, futurístico, pensa nos mínimos detalhes, procura os melhores padrões e ideais, perspectiva política e humanitária, místico, envelhece graciosamente, emocionalmente estável, modesto e gosta da vida solitária.

Depressão, hesita em tudo, tímido, falta de autoconfiança, difícil de fazer amizades, odeia controle ou investigações, pobre, comportamento bizarro, solitário, paranoico, cheio de dúvidas sobre si mesmo, sente-se a vítima em tudo, muito inocente, problemas com o coração, estagnação do sangue, problemas nas pernas e calcanhares, problemas do sistema nervoso, visão pobre, doenças exóticas ou difícil de diagnosticar.

Em Peixes ♓

Sentimentos abundantes.

Capacidade de sentir e compreender profundamente, intuitivo, espiritual, humanitário, empático, devotado, genuinamente bom, amigo favorito, sente a necessidade forte de acreditar em algo ou alguém, modesto, decente, amoroso, afetuoso, idealístico, visionário, romântico.

Emocionalmente fraco, cheio de dúvidas, personalidade servil, dependente emocionalmente, preguiçoso, indulgente, ingênuo, falta de foco em ganhar sua própria renda para seu próprio sustento, chora fácil, impulsivo, instável, inseguro, não confiável, sempre se acha traído, problemas com fertilidade, problemas intestinais, retenção de líquidos e gordura, muco nos pulmões.

MERCÚRIO ☿

Em Áries ♈

Pensamento impetuoso

Pensa rápido, esperto, adaptável, habilidade de resolver problemas rapidamente, a mente fica se esforçando para prosseguir, gosta de dançar, música e desenho, tem uma mente linear, gosta de chegar ao ponto.

A mente quer finalizar as coisas rápido demais, fala muito rápido ou gagueja, frustrado, bravo, mente errática, falta de planejamento, pensa só nas próprias necessidades, enganador, faz tudo que precisa para obter seus objetivos sem considerar os sentimentos dos outros, entra em problemas financeiros, especula demais da conta, toma riscos, usa drogas, álcool ou alimentos para se acalmar, problemas para dormir, dores de cabeça, quer estar em todos os lugares ao mesmo tempo.

Em Touro ♉

Pensamento prático e determinado.

Criativo com um bom raciocínio, feliz, bom de leitura, escrita e/ou fala, gosta de companhia prendada ou filosoficamente inclinada, brincalhão, tem senso de humor, opinião decididas, equilibrado, satisfeito, fala doce, generoso, gosta de prazeres refinados como poesia ou artes.

É muito brincalhão e não leva as coisas à sério, falta foco e direção, dá opinião onde não é solicitada, falta de motivação, evita tomar responsabilidade, não gosta de escutar às opiniões dos outros, problemas nos ouvidos e garganta, fertilidade ou potência sexual, problemas com o aparelho urinário.

Em Gêmeos ♊

Mercúrio em Gêmeos está em *Swakshetra*. Se Mercúrio estiver em Ângulo (Casas 1, 4, 7 ou 10), cria-se o *Bhadra Yoga*, indicando as mais altas manifestações de Mercúrio.

Pensamento desenvolvido.

Orientado a atividades mentais, boa fala e comunicação, tático, esperto, inventivo, engenhoso, bom em debates, razoável, receptivo, bom senso de humor, rápido no pensamento, aprende rápido e fácil, gosta de viajar, música, ciências, literatura, computadores, influência dupla que pode levar duplicidade em tudo como, mãe e pai, filhos, parceiros, casamentos, empregos, etc., boa habilidade de ganhar renda.

Fala mais do que faz, superficial, especulativo, desonesto, inconveniente, discute demais, não finaliza as coisas, o intelecto interfere com a habilidade de tomar decisões, vacila, inquieto demais, não confiável, a dualidade prevalece, problemas com a respiração, asma, bronquite, pneumonia, etc.

Em Câncer ♋

Pensamento emocional.

Imaginação fértil, procura dizer a coisa certa, mente ativa que se move rapidamente, sensível, esperto, se dá bem em artes, música e escrita, adaptável, vontade espiritual, a mente é aberta para a sensualidade, sabe especular, tem muitas teorias sobre a vida, diplomata.

Inquieto, nervoso, impaciente, não gosta de restrições morais sobre suas emoções, não obtém satisfação emocional, muito mental no amor, dá elogios indevidos, aberto à bajulação, impotência ou problemas com fertilidade, gases, problemas com nervos.

Em Leão ♌

Inteligência ativa.

Mente brilhante, mente aguda, relembra muito bem, orador ou escritor que inspira os outros, confiante, bom planejador e organizador, bem conhecido na sua área, progressivo, ambicioso, pensa alto ou em ideais grandes, autossuficiente, ganha boa renda, viaja frequentemente, se beneficia pelo governo ou corporações.

Poucos filhos, mente muito rápida, enganador, confuso, temperamento difícil, falta de atenção nos detalhes, problemas através dos parentes, problemas dos nervos, coração, baixa fertilidade, falta de interesse sexual, problemas nas costas.

Em Virgem ♍

Mercúrio está exaltado (*Ucha*) aos 15° de Virgem. Virgem é o Signo de Mercúrio (*Swakshetra*). Se Mercúrio estiver exaltado no próprio Signo e em Ângulo (Casas 1, 4, 7 ou 10), se forma *Bhadra Yoga*, indicando a mais alta manifestação das qualidades de Mercúrio.

Intelecto preciso.

Inteligente, ganha através do aprendizado, engenhoso, ordenado, bom orador e escritor, fala inteligente, analítico, científico, mente numérica e linear, bom de número e letras, filósofo, designer, astrólogo, professor, monge, idéias ou intuições avançadas, explícito, trabalha de ponto a ponto, distinto, polido, refinado, interesse em música e desenho.

Espera muito, pensa muito, tenta fazer muito ao mesmo tempo, imagina resultados negativos, baixo libido se as coisas não estiverem certinhas, mora no mundo da fantasia, crítico, muito exigente, debate demais, só, isolado, contraditório, nervoso, fisiologia fraca, diarréia, constipação, problemas do colo e tonturas.

Em Libra ♎

Pensamento criativo e agradável.

Gosta de diversão, amigável, cortês, gosta da filosofia, criativo, cheio de idéias, humanitário, bom anfitrião, interesse musical e artístico, fala doce e persuasiva, cômico, gosta de arte intelectual ou o lado artístico do intelecto, gosta de frequentar clubes, cerimônias, assuntos espirituais, jovial.

Não é um amante ou amigo sério, não leva as responsabilidades a sério até ser tarde demais, concorda com tudo ou concorda e faz o que quiser, não finaliza os trabalhos ou acha que seu trabalho é suficiente, precisa de muita orientação na infância, problemas com os rins, nervos e fraqueza reprodutiva e tonturas.

Em Escorpião ♏

Raciocínio rápido e ardente.

Mente brilhante, toma decisões rapidamente, interessados em pesquisa, investigação, diagnóstico, detecção e outras atividades que se aprofunda no desconhecido, mentalidade militarista, estrategista inteligente, questiona autoridades, discriminativo, espirituoso, pede provas, tem interesse em outras atividades de outros mundos.

A mente é muito rápida, a fala não se mantém com os pensamentos, exagera, esconde a verdade ou não diz a verdade completa, evita os outros, busca prazeres imediatos, não pode sustentar um relacionamento bem, impacientes, problemas nas finanças, paranoico, sexualmente conduzido sem muita satisfação, doenças reprodutivas, problemas de fala ou de audição, nervos inflamados, problemas com a eliminação.

Em Sagitário ♐

Pensamento sábio e justo.

Pensamento refinado, desfruta aprendizagem, fala bem dos outros, pensador original, organizado, altruísta, talentoso, competente, imparcial, legislador e seguidor, lidera pelo exemplo, respeitável, bom escritor e palestrante, professor, conselheiro, ministro, honesto, vida abundante.

Não se importa com as desvantagens, brusco, imprudente, exagerado, acha muito do seu próprio ponto de vista, complexo de superioridade, um "sabe tudo", não confiáveis distúrbios nervosos, problemas respiratórios, dores no quadril e coxas.

Em Capricórnio ♑

Pensamento estruturado ou restrito.

Tem propósito, atenção às responsabilidades, lógico, econômico, analítico, sistemático, vê as coisas com profundidade, bom com números, ortodoxo, gerencia as coisas de acordo com as regras, espertos em proteger seus próprios interesses, servil, convencional, monástico, interessado em filosofias antigas.

Obsessivo, perde o caminho, mesquinho, sente-se preso, preso em uma rotina monótona, melancólico, duvidoso, fala mal dos outros, procura vingança, malvado, pobre, baixa autoestima, cria uma vida solitária, problemas com as juntas, nervos e pele, ansiedade, digestão pobre, problemas com gases.

Em Aquário ♒

Pensamento focado ou obsessivo.

Pensa avançado, olha para as coisas em um novo sentido, intelectual, filósofo, interesses metafísicos, científico, educado, examina tudo profundamente, administrador, esperto, astuto, pesquisador, trabalhador, pensamentos melhoram com a idade.

Maneja as coisas minuciosamente, crítico, emperrado nos mínimos detalhes, incapacitado, sempre incerto, esquece dos objetivos, preocupado, examina tudo exacerbadamente, medo de perder o controle, falta de virilidade, problemas nervosos, dores de cabeça.

Em Peixes ♓

Mercúrio está debilitado ou em *Neecha* aos 15° de Peixes.

Pensamento descontínuo.

Natureza espiritual, imaginativo, afável, oferece um excelente serviço para atividades espirituais e humanitárias, sensível, intuitivo, versátil, artístico, especialmente na música e escrita, filosófico, analítico, mentalmente profundo, tem bom tato, mente aberta e receptiva.

Nervoso, conflituoso, no mundo da lua, incerto, indeciso, levado por charlatães, descontente, persegue coisas de valores superficiais, os resultados são misturados ou insignificante, se envolve em muitas perseguições filosóficas e espirituais, depressão, problema em gerar pensamentos que trazem sucesso prático, doenças pulmonares, doenças de pele, problemas com os pés e problemas mentais.

VÊNUS ♀

Em Áries ♈

Amor ardente.

Romântico, idealista, habilidade artísticas, afetuoso, charmoso, sedutor, bom em persuadir os outros, boa lábia, bom amigo, brincalhão, aventuroso, espontâneo, generoso, acredita que a generosidade vai lhe trazer resultados benéficos em alguma forma cósmica.

Apressado, se apega fácil nos interesses românticos, gosta das emoções que o romance traz, mas não consegue mantê-las, medo do comprometimento, muitos namoros terminados, muito sexual, usa as pessoas através do seu charme, atraído por aqueles em quem não pode depender-se em nada, ignora o bom senso em nome da paixão, problemas reprodutivos, cicatrizes ou marcas no rosto, problemas com os olhos.

Em Touro ♉

Vênus está no próprio Signo, em *Swakshetra*. Se esta posição planetária estiver em *Kendra* (em Ângulo), isto produz *Malavya Yoga*, o que indica a maior manifestação das qualidades de Vênus.

Amor e Prosperidade bem desenvolvidos.

Atrativo, refinado, educado, uma pessoa prazerosa, atraído à uma vida de conforto e elegância com boa comida, roupas e moradia, artístico, amável, generoso, vive ao redor de boas pessoas e circunstâncias, honra e respeito, boas finanças.

Procura prazer em todos lugares, insaciável, vive da graça dos outros, letárgico, problemas nas parcerias, espera o parceiro fazer tudo, problemas com a garganta, muco, tireoide, desequilíbrio glandular, inchaço, diabetes.

Em Gêmeos ♊

Amor Mental.

Amigável, charmoso, gosta de diversão, ama a arte e o drama, lógico, gosta de aprender, capaz de fazer fortunas, respeitável, popular, aprecia aos outros.

Ingênuo, vacila no amor, casa muito tarde ou mais de um casamento, não pensa sobre o futuro, passa muito tempo se divertindo, concede aos prazeres o tempo todo, flerta demais, joga o charme para tirar o dinheiro dos outros, vive dos outros, problemas de respiração e pele.

Em Câncer ♋

Cheio de amor.

Capacidade artística, tem uma vida confortável, elegante, profundamente solidário, trata os que ama como seus filhos, amável, aberto emocionalmente, tenta expressar negatividade de uma forma construtiva e positiva, sensível, culto, grande capacidade de amar.

Emocional demais, indulgente, não confiável, tímido demais, pede muitos favores, cheio de tristeza sobre o mundo, desapego demasiado, sentimentos mutáveis, problemas no estômago, inchaço no peito e órgãos reprodutivos, menstruação irregular.

Em Leão ♌

Amor nobre.

Sentimentos fortes, ganha com agências de arte ou mulheres ou através de coisas femininas, ator/atriz, gosta de trabalhar à frente de um público, refinado, ama o luxo e o prazer, fortes afetos, sincero, ama a beleza, juventude e os jovens, persuasivo, vence através da sedução ao invés de um combate, discussão ou brigas.

Vaidoso, complacente, auto absorvido, indulgente, problemas através de atividades sexuais, paixões se transformam em argumentos, se apaixona muito rápido, não muito bom nos negócios, problemas com as veias, coração ou circulação, dores nas costas e problemas no sistema reprodutivo.

Em Virgem ♍

Vênus aqui não está bem colocado e está em debilitação ou *Neecha* aos 27° de Virgem.

Amor Mental.

Foco no amor espiritual, sublima o amor físico para a religião, a arte, carreira, parentes, animais de estimação, etc., oferece serviço, despretensioso, modesto, produtor, ganhos por meio de boas parcerias e funcionários ou ajudantes dedicados, pode se concentrar

166   ♈♉♊♋♌♍ ♎♏♐♑♒♓

mais na carreira do que no interesse pessoal e ganhar bem.

Interesses amorosos estão fora da norma, indiferente ao sexo oposto, interessados no mesmo sexo, amor incompleto ou anseio pelo amor, subordinados, pega maus companheiros devido à baixa autoestima, vítima do amor, fraco, romances quebrados, problemas dos órgãos reprodutivos, impotência, dificuldades de fertilidade, desequilíbrios de açúcar no sangue, problemas com a eliminação.

Em Libra ♎

Vênus ocupa o próprio Signo (*Swakshetra*) em Libra e forma o *Malavya Yoga*, o que indica a manifestação das mais altas qualidades de Vênus.

Beleza e arte completa.

Elegante, bem respeitado, artístico, sensual, equilibrado em pensamento e ação, porta-voz, intuitivo, sentimentos e paixão plena, entusiástico, boa fortuna e conforto, beneficia-se dos artigos e atividades relacionados à mulher, beleza, arte e luxo, conectado às atividades espirituais e humanitárias.

Insaciável, coloca expectativas muito altas no romance e parcerias, extravagante, não coloca a energia necessária nas coisas, preguiçoso, problemas nos romances, problemas com açúcar no sangue, problemas de visão e no aparelho urinário.

Em Escorpião ♏

Paixão e amor ativos.

Deseja amar, mas pode viver de forma independente, tem plena expressão da paixão, encantador, energia adolescente, protege os interesses próprios, amor pela ação e aventura, gosta de debates, artístico, ator, orador público, envelhece lentamente.

Altas paixões viram argumentos, relacionamentos quebrados cheios de discórdia, temperamental, doce em seguida, com raiva, ciúmes, focado em sua própria satisfação, julgam-se dedicados, mas traem, pouca elegância social, associado com pessoas de classe baixa.

Em Sagitário ♐

Amor expansivo.

Visionário, artístico, gosta de boas roupas, comida e ambiente, atraídos pelo calmante e agradável, aspectos do amor, sensual, romântico, boa capacidade de ganho, mantem o foco no lado bom da vida, tem casos de amor quando estiver viajando, adora viajar, fiel, uma pessoa proeminente.

Extravagante, indulgente, abomina os investimentos, descuidado, não é muito refinado, lento, perde oportunidades óbvias, amor superficial, flerta demais, banal, superficial, muito franco, facilmente impressionado, extravagante, doença dos pulmões, problemas no quadril e coxas, inchaços, acúmulo de fluidos e de gordura.

Em Capricórnio ♑

Negócios de amor.

Atencioso, constante, leal, responsável, maduro no amor ou prefere pessoas maduras para se relacionar, ama as tradições, ideais democráticos, ganha através de negócios já estabelecidos, focado no amor e na vida familiar, gosta da solidão, monástico, ajuda os fracos e oprimidos.

Lerdo no amor, restrições no amor, frustrações, falta de prazer, pode trabalhar em trabalhos com origem sexual, envolvido com os sórdidos, envelhecidos ou à beira da morte, emocionalmente monótono, problemas com a reprodução, baixa fertilidade, a beleza seca depois de um tempo.

Em Aquário ♒

Amor incomum.

Amigo confiável, leal, atitude clássica no amor, convencional, veste-se simples, deseja estabilidade no amor, gosta de pessoas maduras ou mais velhas, atraído por mistérios, fantasias, pessoas incomuns e filosofias, abordagem estrutural no amor, sente-se responsável nos relacionamentos.

Atrasos nos relacionamentos, ama as causas perdidas, atraído por experiências fora do comum no amor, muito idealístico ou não convencional no amor e relacionamentos, atraído por parceiros disfuncionais, não reflete o amor dado a eles, problemas no sistema circulatório, veias, artérias e na circulação sanguínea, varizes, desequilíbrio da energia sexual.

Em Peixes ♓

Vênus está em exaltação ou em *Ucha* aos 27° de Peixes. Se Vênus estiver exaltado, no próprio Signo (*Swakshetra*) ou em *Kendra* (Casas 1, 4, 7 ou 10), cria-se o *Malavya Yoga*, o que indica as mais altas manifestações das qualidades de Vênus.

Plenitude do amor e da prosperidade.

Suave, cultivado, educado, despretensioso, amor pela beleza, luxo e requinte, os outros gostam deles, é promovido em todos os assuntos da vida, experiente, encantador, capazes de ser rico, bom senso de humor, se preocupa profundamente com os outros, foco em questões das mulheres, capacidade expandida para sentir prazer, doador, artístico, inspirador, cheio de compaixão pelos outros, intuitivo.

Falta de capacidade para ganhar o conforto e dinheiro de que necessitam, usa os outros para a subsistência, sem restrições, insaciável, perde através de simpatias extraviadas, aproveitado pelos outros, problemas matrimoniais ou de parceria, se sacrifica, doenças dos pés, problemas reprodutivos, inchaços na área intestinal ou na parte do meio do corpo (barriga).

MARTE ♂

Em Áries ♈

Marte está em *Swakshetra* (ou no próprio Signo) em Áries. Se Marte estiver em Áries e em *Kendra* (Ângulo), isso forma o *Ruchaka Yoga* o que indica as mais altas manifestações das qualidades de Marte.

Impetuosamente fogoso.

Poderoso, pioneiro, é conectado por atividades que envolvem fogo, guerra ou indústria, toma a liderança, atropela os obstáculos, gosta de fazer as coisas rapidamente, energético, esportivo, organiza bem projetos de curto prazo, muito independente, generoso, toma um ponto de vista decisivo, forte constituição, resistente ao envelhecimento.

Não ouve aos outros, combativo, não é bom para sustentar ou manter as coisas, não liga para as emoções dos outros para conseguir o que quer, imprudente, agressivo, não pensa em tudo que precisa antes de começar um projeto, não é um bom parceiro, não dá para depender deles, extravagante, entedia-se fácil se não for desafiado, inquieto, propensos à acidentes e doenças que envolvem cirurgias, problemas do sangue, coagulação, infartos, enxaquecas, cortes, quebras e problemas com o sono.

Em Touro ♉

Prazeres ativos.

Charmoso, persuasivo, sedutor, divertido, carinhoso, disposição jovem, sensível, caridoso, instintivo, gosta de música, dança, esporte e diversão, fala doce, físico e sexual, boa lábia, faz as coisas rapidamente, capacidade ganhar de boa renda.

Muito apaixonado, focado em prazeres à curto prazo, precipitado, gasta demais, desperdiçador, vigarista, desleal, desonesto, um perigo àqueles que precisam de amor, vive para si mesmo, romances perdidos, infiel, problemas na garganta, problemas no sistema reprodutivo, sangramento do nariz, problemas musculares, dores na parte inferior das costas, erupções cutâneas, cicatrizes ou marcas no rosto.

Em Gêmeos ♊

Pensamento ativo.

Mente rápida, boa habilidade de resolver os problemas, interesse na música ou literaturas, boa iniciativa, disposição mecânica ou científica, analítico, pesquisador, força a mente quando está só, a mente trabalha como um estrategista militar, gosta da elegância, gosta de mudanças e gosta de aprender.

Língua afiada, antissocial, cínico, amargo, muito esperto, dá as costas aos amigos e família, não finaliza as coisas, ativo, mas incompetente, impaciente, inquieto, mente drenada, perde o interesse, educação incompleta, falta de atenção, bravo, problemas nos nervos, nos ombros e garganta, problemas de sangue nos pulmões, infecções respiratórias, fala muito rápido ou tem problemas na fala.

Em Câncer ♋

Marte está debilitado em 28° de Câncer.

Sentimentos ardentes.

Mente aguda, capacidade de ganhar bem, gosta de dar assistência para os quem ama, fascinado por estudos ou teorias ao invés da ação, quer sempre ser independente.

Emoções militares, precisa ser motivado para agir, atua defasado, começa e termina fora do tempo certo, instável, problemas ou desconexão com a mãe, falta de interesse na família, abandona amizades, renda inconsistente, instável, doenças infecciosas, problemas com os dentes e gengivas, problemas com os olhos, indigestão, acidentes com fogo, eletricidade e carros, abortos e problemas no sangue.

Em Leão ♌

Ação energética.

Autossuficiente, progressivo, competitivo, reformador, justo, aristocrático, envolvido em esquemas grandes, ansioso, filantrópico, trabalha duro e rápido, vigor, traços masculinos fortes, mesmo em mulheres, resistente às doenças, generoso nos elogios, talentos na matemática e ciências, interessado em escrituras espirituais, progride com o trabalho público, indústria, militar, defesa ou segurança.

Não tem vergonha, impaciente, briguento, egoísta, dominador, não gerencia bem o dinheiro, infertilidade, ladrão, provoca os outros, descuidado, termina os namoros rapidamente, acha difícil ficar sentado quieto, acidentes, problemas com o coração, febres e alergias.

Em Virgem ♍

Mente ativa ou militar.

Pode obter resultados rapidamente, não perde tempo, capacidade de abordagem rápida na resolução de problemas estratégicos, militarista, sabe como se proteger, competências científicas ou analíticas, resistência às doenças, autossuficientes, artesão, mecânico, engenheiro, guerreiro, material de orientação.

Mente hiperativa, pensamento guerreiro, não sabe quando parar, impacientes, endividados, combativos, relações fragmentadas, exagera, retém informação, diz coisas que não são, doenças digestivas, doenças inflamatórias, hérnia, músculos dilacerados.

Em Libra ♎

Amor ardente.

Energético, confiante, charmoso, persuasivo, autossuficiente, ama a beleza e romance, afetivo, amigável, gosta de atividades refinadas, porém ativas, apaixonado, gosta de pessoas apaixonadas, realiza as coisas rapidamente, estratégico, gosta de desafios, artista mecânico, guerreiro esperto.

Instável, se apaixona muito rápido, arrogante, impaciente, desleal, relacionamentos quebrados, descuidado, engana aos outros, inocente, imaturo, infecções nos rins, problemas nas costas na parte lombar, dores de cabeça, sensível ao calor, alergias, febre, problemas nos órgãos reprodutivos ou doenças venéreas.

Em Escorpião ♏

O energético Marte está no próprio Signo (*Swakshetra*). Se Marte estiver em Ângulo (Casas 1, 4, 7 ou 10), ele forma *Ruchaka Yoga* que indica a manifestação das mais altas qualidades de Marte.

Fogo e energia acentuados.

Positivo, tem uma atitude de "tentar de tudo", mente aguçada, apaixonado, decisões rápidas, resolve problemas rapidamente, destemido, sucesso em negócios dinâmicos, forte espirito guerreiro, gosta de resolver oposições, obtém resultados, trabalha duro e rápido, excelência em trabalhos de curta duração, vence qualquer um em curta duração, detetive, agente secreto, investigador, pesquisador.

Arrogante, desafiador, teimoso, impaciente com pessoas que são devagar, problemas nas parcerias, egoísta, pegas as coisas inapropriadamente, inclinado a deixar o trabalho antes de finalizá-lo, não é bom em trabalhos de longa duração, acidentes, cortes, cirurgias, sangramento excessivo, acúmulo de toxinas, respostas violentas, febre.

Em Sagitário ♐

Expansão e fortuna ativa.

Fala boa, não perde oportunidades, capacidade de conhecimento expandido, fortunado, honesto, líder, finaliza seus projetos, político não só em relação do governo, mas em corporações também, não teme nada, estrategista, popular, senso de humor, não se importa com problemas ou dificuldades.

Sucesso não vem fácil, honesto, mas fere os outros, espera muito e espera "para ontem", problemas jurídicos, entra em dívidas, problemas com crianças, problemas nas finanças e casamento, vaidoso demais, impaciente, manipulador, hiperativo, problemas nos quadris e pernas, problemas com a respiração e infecções.

Em Capricórnio ♑

Marte está exaltado ou em *Ucha* aos 28° de Capricórnio. Se marte estiver exaltado ou no próprio Signo ou em Ângulo, *Kendra* (Casas 1, 4, 7 ou 10), ele forma o *Ruchaka Yoga*, o que indica as mais altas manifestações das qualidades de Marte.

Energético e Focado.

Age rapidamente e com eficácia, alto vigor e energia, coragem, guerreiro, não é derrotado, generoso, trabalha duro, resistência às doenças e ao envelhecimento, apoio mecânico ou técnico, protetor, focado nos resultados, respeitado, toma riscos calculados, astuto, charmoso, capacidade de ganhar bem.

Impaciente, fica zangado rapidamente, acha normal pegar as coisas dos outros, enganador, carrasco, descuidado, não finaliza as coisas, arrogante, briguento, problemas no sangue, febres, acidentes, joelhos, inflamações, perigo com máquinas, armas, fogo, venenos e eletricidade.

Em Aquário ♒

Foco energético.

Forte capacidade de ação, energético, precisa de se manter ocupado, ganha grande, mas perde grande, resolve problemas de forma rápida, engenharia, natureza científica ou militarista, ativista, rápido para ficar com raiva, mas rápidos a perdoar e esquecer, bom para tarefas de curta duração, amor pela aventura, propagandista, bom em concursos.

Imprudente, entra em disputas, ditatorial põe expectativas elevadas demais, frustrados, em conflitos, drena-se demais, comportamento maníaco depressivo, tem muita raiva, trapaceiro, inteligente, mas desonesto, violento, se fere ou em entra em apuros devido às armas, cortes, ossos quebrados, problemas nos dentes e gengiva, acidentes, cirurgias, queimaduras, febres, erupções cutâneas.

Em Peixes ♓

Expansão ativa.

Ganhos rápidos, corajoso, ativo, coloca objetivos positivos, ativista de causas legais, animado sobre a vida, generoso, sabem o que querem e quando, dedicado aos ideais, fervoroso, devotado.

Gasta demais, problemas legais, vive larga e rapidamente, educação descontínua, problemas com crianças ou filhos, problemas de relacionamento, expansão atormentada, ganhos inadequados, frustrado, carreira irregular, não cumpri as promessas ou promete demais, fanático, viciado, doenças inflamatórias, fraturas, doenças do sangue.

JÚPITER ♃

Em Áries ♈

Expansão ardente.

Digno, capaz de adquirir riquezas e uma carreira proeminente, liderança executiva ou militar, ativo, mas cordial, paciente, generoso, bons filhos ou filhas, magnânimo, progressista, genuíno, boa reputação, rigoroso nas regras, mas com um bom senso de justiça e princípios, destrói obstáculos através da autoridade moral, um bom parceiro, boa vida familiar.

Um exagerado senso de grandeza que pode ficar caro, otimista demais, problemas com dívidas, provoca ciúmes nos outros, aparenta ser bom demais para ser verdade, problemas com açúcar no sangue, inchaço, infecções, problemas no fígado, colesterol ou gordura no sangue, obesidade, desiquilíbrio geral, espera muito dos outros, motivado por sonhos e objetivos irrealistas.

Em Touro ♉

Fortuna e prazeres expandidos.

Lícito, diplomático, elegante, artístico, criativo, sábio, tolerante, entendido do assunto, gentil, refinado, todos gostam dele, atencioso aos outros, gosta de causas espirituais, humanitárias e filosóficas, educador nato, conforto e fortuna.

Indulgente, perde oportunidades óbvias para ganhos e progresso, muito otimista, letárgico, preguiçoso, auto-gratificante, gasta demais nos confortos e prazeres, exorbitante, estagnado, inchaço no corpo, obeso, problemas na garganta e no sistema reprodutivo.

Em Gêmeos ♊

Pensamento expansivo.

Boa habilidade de comunicação e escrita, sábio, escolar, vê às deficiências em um lado positivo, bom diplomata, gosta de coisas novas, poderá publicar livros, financeiramente astuto, bom senso de humor, balanço mental e emocional, gosta de celebrar a vida, boa família e ajuda aos outros.

Otimista demais da conta, indiferente, sem cuidado, perde oportunidades porque é muito lento, desafia ou critica crenças religiosas, vários casamentos, problemas com gordura ou acúmulo de gordura, problemas com o fígado.

Em Câncer ♋

Júpiter está exaltado à 5° de Câncer. Quando Júpiter estiver em Ângulo (Casas 1, 4, 7 ou 10), cria-se o *Hamsa Yoga*, que indica a mais alta manifestação das qualidades de Júpiter.

Sentimentos expansivos.

Bem-educado, conhecimento expansivo continuamente, fortunado, rico, vida confortável, tem o benefício da família, devotado, suave, mas forte, humano, espiritual, ministro, juiz, pessoa de mérito, sensível, socialmente ativo, bom senso de humor, é gostado por todos, boa intuição, gosta de se divertir, trabalha para o bem público, médicos, enfermeiros.

Muito otimista além da conta, indulgente, preguiçoso, muito sensível, conversa fiada, generoso demais, emoções insaciáveis, o que deixa a pessoa frustrada.

Em Leão ♌

Ações expansivas e sábias.

Habilidade de liderar ou aconselhar outros, emocionalmente comovente, educado, habilidade militar, estratégica ou executiva, cheio de sabedoria ou intuição com integridade, ético, idealista, expande ativamente na vida, habilidade de escrita criativa, poder, ministro, juiz, arbitrador, bom amigo, honesto, contente.

Não tolera ser ignorado, esperto e malicioso, pensa demais de si mesmo, emocional, gordura nas artérias, obesidade, inchaço e retenção de líquidos, problemas no coração e da circulação.

Em Virgem ♍

Mente expansiva.

Empreendedora, entusiasmado, simpático, amigável, intelectual, acolhedor, auto-gestão, metódico, perspicaz, conserva a energia, concentra-se em atividades positivas e de alto nível, educado, sempre aprendendo, bom senso de humor, juiz, ministro, conselheiro, escritor, editor, professor, homem de negócios, afortunados em geral.

Excessivamente otimista, pensamento preguiçoso, não considera opções ou planos de *backup*, sem direção, não age no tempo certo, fora de contato com a realidade prática, desiste muito facilmente, problemas hepáticos, doenças intestinais, problemas legais, fluido ou acúmulo de gordura nos tecidos, doenças dos nervos e os pulmões.

Em Libra ♎

Amor expansivo.

Imparcial, legítimo, ama a música, beleza, luxo, espiritualidade e humanitário, culto, educado, cortês, delicado, reconfortante, ganha através de negócios, arte e beleza, intuição refinada, líder competente.

Insaciável, se diverte demais, não finaliza as coisas completamente, corretamente ou a tempo, problemas jurídicos, envolvimentos românticos complicados, intenções mal-entendidas, não explica as coisas suficientemente, cansado, problemas nos rins, fígado, açúcar no sangue e gordura desiquilibrados, obesidade.

Em Escorpião ♏

Expansão ativa.

Ativo, competente, articulado, persuasivo, sempre encontra oportunidades para o crescimento, capacidade financeira, boa capacidade de aprender e manter-se atualizado, positivo, forte senso de propósito, sentimentos fortes, digno, filosófico ou apaixonado, interesse pelo conhecimento transcendental.

Entra em dívida, traidor, inteligente, insaciável, não tão santo quanto eles querem que os outros pensem, recebe muitas críticas, problemas legais, problemas familiares, problemas através de filhos ou crianças, perdas financeiras através de especulação, absorto em si mesmo, moralmente desafiado, doenças dos órgãos reprodutivos, inchaços, infecções, problemas hepáticos, cortes, acidentes, infecções nos órgãos de eliminação.

Em Sagitário ♐

Júpiter aqui está no próprio Signo (*Swakshetra*). Quando Júpiter está no próprio Signo, em Ângulo (Casas

1, 4, 7 ou 10), ou estiver exaltado, ele forma o *Hamsa Yoga*, o que indica as mais altas manifestações das qualidades de Júpiter.

Crescimento abençoado e fortuna.

Influente, culto, confiável, fiel, honrado, honesto, digno, humanitário, inspira e lidera os outros, fonte de conhecimento e sabedoria, artístico, atitude expansiva, bem falado, religioso ou espiritual, adepto socialmente, senso de humor, sábio, responsável, fortunado, apegado à devoção, progressivo.

Descuidado, má administração, insaciável, investimentos irracionais, muito otimista, gasta demais para o avanço espiritual ou em prazeres materiais, retenção de fluidos, obesidade, estagnação, problemas nos pulmões.

Em Capricórnio ♑

Júpiter está debilitado ou em *Neecha* aos 5° de Capricórnio.

Expansão estruturada ou desenvolvimento restrito.

Se preocupa com os pobres, velhos e oprimidos, convence bem aos outros, briga pelo bem, ponto de vista jurídico, tradicional, segue os padrões, reconhecido, expansão lenta e contínua, prático, organizado, dado.

Crescimento financeiro obstruído, carreira pobre, falta de proteção, mulheres tem problemas com os maridos, não desenvolvido, crenças religiosas restritas ou ultra conservativas, falta de positividade, falta de energia, ressentido, depressão, letárgico, estagnação no corpo, problemas com os filhos ou crianças, falta de graça, problema hepático, obstrução de gorduras ou líquidos no corpo.

Em Aquário ♒

Expansão através do controle.

Organizado, ordenado, claro e convincente, orientado para os interesses legítimos e democráticos, reformador, justo, cuidadoso, trabalha duro para o bem de todos, diplomático, habilidades filosóficas e políticas, autossuficiente, bom amigo ou defensor, crianças bem-comportadas.

Segue às regras ao pé da letra, superficial, auto-isolamento, poucos amigos, riqueza limitada, relutante em expandir ou mudar para um novo território, inativo, não confiável, restrição no crescimento, sempre tem um cenário sombrio, restrições com filhos ou crianças e amigos, obesidade ou acúmulo de fluídos no corpo, inchaço nas pernas, problemas cardíacos.

Em Peixes ♓

Júpiter aqui está no próprio Signo (*Swakshetra*). Quando Júpiter está no próprio Signo, em Ângulo (Casas 1, 4, 7 ou 10), ou estiver exaltado, ele forma o *Hamsa Yoga*, o que indica as mais altas manifestações das qualidades de Júpiter.

Sabedoria, fortuna e expansão.

Finanças e conforto bem desenvolvidos, boa vida familiar com filhos prósperos, astuto em lidar com pessoas, boa educação, filosófico, espiritual, apoio, altamente considerado, decente, aprecia os outros, perspectiva positiva, reverente, intuição forte, visionário, nutri ou cura.

Excessivamente idealista, perde oportunidades óbvias para o sucesso, excessivamente indulgentes, facilmente impressionado ou tomados por esquemas grandiosos, gasta muito para o avanço espiritual ou em caridades, inchaço, tumores, pés inchados, problemas de fígado, amarelecimento dos tecidos do corpo, excesso de peso.

SATURNO ♄

Em Áries ♈

Saturno está debilitado ou em *Neecha* aos 20° de Áries.

Ações focadas ou obstruídas.

Trabalha dura e longamente para realizar seus objetivos, fica focado nas atividades presentes, organizado, não deixa a oposição atrapalhar seus objetivos, supera obstáculos, autossuficiente, melhoras com o tempo.

Frustrado, obstruído, enfrenta atrasos, mas quer resultados rápidos, crítico, opõe às pessoas, cruel, impaciente, acha difícil seguir às normas, falta de graça e refino, perigo de depressão, violência, tendência de suicídio, problemas de perda de audição, artrite ou problemas nas juntas, acidentes violentos.

Em Touro ♉

Amor e fortuna restrita e focada.

Autocontrole, orientado pelo serviço, reservado, quieto, prazer através do trabalho, devotado, confortável com os idosos ou pessoas mais maduras, parceiro é mais velho ou maduro, monástico, econômico, moderado, riquezas adquiridas ao longo do tempo.

Desapegado demais, malvado, reservado, hesitante, sentimentos confusos, fortuna restrita, problemas nos relacionamentos românticos, negligente, vítima do amor e trabalho, controlado por uma pessoa mais velha, traidor, isolado, impotente ou frígido, problemas no sistema reprodutivo, dificuldade na fala ou voz, problemas com a alimentação.

Em Gêmeos ♊

Pensamento focado ou determinado.

Bem focado, mentalmente disciplinado, fica dentro dos limites, conservativo, analítico, científico, interesse em literaturas, letras e números, sistemático, exato, pensamento bem orientado, bom organizador, correto, literal, segue às regras ao pé da letra.

Comportamento compulsivo, imobilizado, não consegue tomar decisões, educação incompleta,

180 ♈♉♊♋♌♍ ♎♏♐♑♒♓

enganoso, rígido, ingênuo demais, leva tudo ao pé da letra, não sabe quando parar, sente-se muito obrigado ao fazer as coisas, impotente, restrições através de parentes, preocupado, problemas com a respiração ou pulmão, problemas com o sistema nervoso, problemas mentais, problemas no pescoço, ombros ou mãos, paralisia ou manqueira.

Em Câncer ♋

Emoções estáveis ou obstruídas.

Conservativo, prudente, constante, consistente, sucesso ao longo do período, focado no próprio trabalho, trabalha para o público, termina o que faz, vida familiar estável.

Emocionalmente obstruído, problemas com a mãe e família, não tem muito conforto, sempre desconfortável, malnutrido ou não se nutre bem, não gosta de se auto analisar, não gosta de sugestões dadas pelos outros, saúde pobre, especialmente na infância, desesperado, não consegue sentir prazer, sem coração, problemas no estômago, peito e órgãos reprodutivos, câncer, não assimila a alimentação bem.

Em Leão ♌

Ação focada ou obstruída.

Focado, seguro, trabalha duro, persistente, a vida melhora com a experiência, oferece bom serviços, trabalha quieto e "atrás das cortinas", inclinação monástica.

Tem conflitos entre o próprio trabalho e trabalho dos outros, frustrado, fortuna obstruída, pega muita responsabilidade, falta de diversão ou prazer, servil demais, depressão, isolado, problemas com o pai ou figura de autoridade, frio, sem coração, saúde fraca, drenado, problemas com as juntas, coração e espinha dorsal.

Em Virgem ♍

Pensamento focado ou obsessivo ou emperrado.

Orientado ao serviço, trabalha melhor sozinho, produtivo, conservativo, valores tradicionais, mente focada, linear e mecânica, trabalha bem em atividades estruturadas, administrador ou analista na saúde, jurídica, militar contabilidade ou design, trabalha no setor público, monástico, as coisas melhoram com o tempo e experiência.

Não gosta de mudanças, obsessivo, mente cheia de conflitos, calculista, insensível, mecânico, pouco entendimento para prazeres e sentimentos, não é romântico, desorientado, prevê resultados negativos sempre, não gosta de pessoas, eliminação obstruída, estagnação nos nervos e intestinos, dores de cabeça, problemas mentais e depressão.

Em Libra ♎

Saturno está bem colocado ou exaltado (*Ucha*) em Libra. Se estiver em Ângulo (Casas 1, 4, 7, ou 10), ele forma *Sasa Yoga*, o que indica a manifestação das mais altas qualidades de Saturno.

Foco Elegante.

Esperto, focado, bem organizado, sistemático, apresenta ideais logicamente, advogado de defesa, firme no amor, convencional, leal, autossuficiente, trabalha duro, artista prático ou tradicional, sucesso com conexões, terras ou agriculturas estrangeiras, a vida melhora com o tempo.

Restrições no amor e nas parcerias, compromisso ou casamentos adiados, parceiros indiferentes, pouco romance, dominados pelos parceiros, amantes ou entes queridos, não se dá bem com ambiguidade ou incertezas, quer muita definição, medo de mudanças, controle no amor, trabalho duro demais da conta.

Em Escorpião ♏

Atividades concentradas ou restritas.

Capacidade de trabalhar duro e rápido, foco poderoso que leva à capacidade de finalizar projetos, procura sempre ser contente e jovial, sensato, talentos mecânicos e analíticos, orientação para a indústria da defesa, bombeiros, etc., segue a trajetória estabelecida, sucesso financeiro vem com o tempo.

Sujeito à mal tratos ou penalidades, perigo com armas, bravo, frustrado, depressão, metabolismo muito alto, enganador, muito esperto, tóxico, saúde fraca devido à muito trabalho, quer satisfação, mas nunca encontra, preocupado, tem dificuldade de arrumar ajuda

182   ♈♉♊♋♌♍ ♎♏♐♑♒♓

dos outros, estagnação sanguínea, problemas menstruais, aumento de toxinas no sangue, problemas nas juntas e garganta, inflamações e problemas nos ossos.

Em Sagitário ✗

Expansão estruturada ou restrita.

Correto, mente jurídica, humanitário, responsável, senso de justiça, respeitado, estrategista, segue o caminho certo, crescimento estruturado e progressivo, ortodoxo, fortuna se expande com o tempo, contente, fala a verdade cordialmente, caridoso, engenhoso, administrador, focado, feliz.

Submisso, crescimento restrito, fortuna fraca, problemas com crianças ou filhos, não confia fácil, não é aberto, frustrado, sem escrúpulos, pega o que pode, falta de honra, foco pobre, falta de direção na vida, problemas com relacionamentos, problemas com os quadris e juntas, problemas respiratórios e hepáticos.

Em Capricórnio ♑

Saturno está no seu próprio Signo (*Swakshetra*). Quando Saturno estiver em *Swakshetra*, exaltado ou em *Kendra*, se forma o *Sasa Yoga*, o que indica a mais alta manifestação das qualidades de Saturno.

Foco profundo.

Trabalha duro, sério, responsável, sucesso através do trabalho com calendários e orçamentos, centrado, põe as coisas em ordem e compacto, prático, cuidadoso, pensa antes de agir, sabe o que é necessário saber, deliberado, contemplativo, trabalha sozinho se precisar, democrático.

Esconde informações, muito perspicaz, sem escrúpulos, chato, só pensa no negativo, cruel, sempre discorda, descontente, perfeccionista, crescimento obstruído, associações de baixa classe, estagnação, doenças da velhice, problemas nas juntas, secura, bloqueios mentais.

Em Aquário ♒

Saturno em Aquário está no próprio Signo ou *Swakshetra*. Se Saturno estive em *Swakshetra*, exaltado (*Ucha*) ou em Ângulo, *Kendra*, (Casas 1, 4, 7 ou 10), cria-se o *Sasa Yoga*, o que indica a mais alta manifestação das qualidades de Saturno.

Crescimento estável e estruturado.

Foco, estável, obtém resultados, utiliza uma abordagem estruturada, científico, analítico, usa o tempo a seu favor, confiável, eficiente, sensível, deliberado, respeitável, não se apressa, filosófico, ortodoxo, vence no longo prazo, modo silencioso, civilizado, calmamente refinado.

Extremos justificam os meios, se concentra mais em projetos do que em pessoas, desapaixonado, robótico, alienado, atraídos por alimentos e bebida não saudáveis, comportamento impuro, problemas com a parte inferior da perna e tornozelo, estagnação do sangue, depressão, problemas cardíacos.

Em Peixes ♓

Crescimento estruturado.

Interessados nas questões do homem comum, orientação espiritual ou de caridade, bom na sua palavra, a riqueza se acumula ao longo do tempo, respeitado, prudente, tolerante, melhor no trabalho conservador e tradicional, tranquilo, calmo gracioso, um amigo, confiável, trabalha melhor no quadro jurídico.

Não defende suas aquisições, problemas familiares, atrasos na educação, muito confiante, saúde restrita, solitário, não mantém o controle dos detalhes, esconde problemas, dedicado às pessoas erradas, má circulação, doenças do fígado, problemas nos pés, problemas ou falha nas articulares, uso indevido de analgésicos.

RAHU ☊

Em Áries ♈

Destino em ação.

Forte desejo de finalizar as coisas, orientado pela ação, quer alcançar aos objetivos rapidamente, segue seus projetos com paixão, sucesso em coisas de curta duração, gosta de ação, atividades, esportes e aventuras.

Extrapolação, começa atividades antes de verificar as consequências, fica confuso, cansado, entediado e confuso facilmente, exagerado, tende a discutir demasiadamente, desonesto, perdido, problemas de envenenamento do sangue, tem acidentes, problemas com toxicidade.

Em Touro ♉

Sorte e fortuna não convencional.

Mostra talentos artísticos que são fora do comum ou não ortodoxos, se faz como advogado daqueles que tem amor pelos extraviados, mal interpretado ou negligenciado pelas pessoas, ama os mal-amados, ama resolver problemas e gosta de pegar desafios.

Sempre gosta de tomar o caminho fora do comum, é enganado nas finanças, tem uma atitude adversa ou perversa sobre o amor, relações amorosas não-convencional, tende ao homossexualismo, problemas como os órgãos sexuais, doenças na boca, dentes e no rosto, problemas na área do pescoço e tireoide e problemas nasais.

Em Gêmeos ♊

Pensamento fora do comum.

A mente é voltada para inovar, esperto, filosófico, interesse no bizarro, criatividade estranha, aventuras místicas, senso de humor estranho, excepcional, idéias e atividades sem precedentes, uso incomum de linguagem e pensamento.

Problemas mentais, problemas tóxicos com o sistema nervoso, usa a decepção como meio de vida, excêntrico demais, desentendimentos, isolado, problemas com os irmãos e vizinhos, emocionalmente inválido, problemas na garganta, ombros e membros, problemas de respiração, problemas de pele.

Em Câncer ♋

Emoções excepcional.

Protege aos fracos e oprimidos, beneficia-se ao morar longe ou em Terras estrangeiras ou trabalhando com estrangeiros, ensina e aprende em matérias não convencionais, usa cosméticos ou mesmo cirurgias para mudar o modo que se aparenta, gosta de fazer com que sua casa apareça elegante e aconchegante de uma forma fora do comum, ajuda as pessoas a se livrarem de emoções tóxicas.

Acha difícil se comprometer até o fim, não gosta de responsabilidades domésticas, termina relacionamentos antes que terminem com eles, traem os amantes, tem conflitos emocionais, cheios de incertezas, depressão, sentem-se dominados ou largados pela mãe, não sabem o que quer sobre os próprios estudos, não conseguem adquirir a casa própria ou tem dificuldades financeiras, mudam de residências constantemente, problemas com carros ou acidentes, problemas com o coração, peito ou pulmões, problemas com implantes de seios, toxinas no sistema reprodutivo, a casa é infestada ou poluída.

Em Leão ♌

Comportamento exótico ou confuso.

Capaz de adquirir fortuna, abordagens criativas e exclusivas para negócios e carreira, trabalha diligentemente para ajudar os outros a se tornarem ricos e bem-sucedidos, ajuda os outros a serem mais "puros" e organizados, trabalha bem com os estrangeiros e atividades estrangeiras, autossuficiente, o pai vive uma vida incomum, mas bem-sucedida.

Enganoso, confuso sobre o propósito na vida, entra em complicações com os "Reis", os outros tiram vantagem deles, fazem truques nos outros, relacionamento tenso com o pai e com as pessoas que agem com autoridade sobre eles, corpo tóxico, problemas cardíacos.

Em Virgem ♍

Pensamento inovador ou confuso.

Trabalha melhor sozinho, pensa em meios criativos ou incomuns, engenhoso e um "sobrevivente", quer ajudar os outros, trabalha bem com estrangeiros, legalmente astuto, sabe como fazer um serviço bem feito.

Confuso, mentalmente desequilibrado, falta de habilidade em ajudar aos outros, cheios de conflitos internos, briguento, enganoso, socialmente desajustado, entra em dívidas, problemas com a lei, problemas com a pele, respiração, digestão e alergias.

Em Libra ♎

Amor inovador ou incomum.

Aceitação e amor para o inusitado e o estrangeiro, capaz de lidar de forma inteligente com as pessoas, sucesso através dos negócios estrangeiros ou com pessoas estrangeiras, pode casar com um estrangeiro ou aqueles que se encontraram à distância, a prosperidade material poderia melhorar depois do casamento.

Relacionamentos quebrados, problemas por não serem compreendidos ou compreender aos outros, autocentrado, pega mais do que dá, atraídos por atividades sexuais e sensuais incomuns, podem ter uma preferência por relações com seu próprio sexo, desonestos nos relacionamentos, nos negócios, sem escrúpulos.

Em Escorpião ♏

Ações tóxicas.

Agressivo, capaz de agir efetivamente, ganha a renda através de trabalhos escondidos ou misteriosos, natureza altamente intuitiva, concentra-se no crescimento material e apoio pessoal, sempre quer aprender sobre os mistérios da vida.

Tendência de ficar bravo facilmente, é provocado facilmente, egoísta, confuso sobre o nível de agressão apropriado, rancoroso, vingativo, vive nos extremos, estagnação do sangue, alergias, erupções na pele, cortes, ferimentos e acidentes.

Em Sagitário ♐

Bom destino material ou crescimento confuso.

Rahu em Sagitário pode expandir a recompensa financeira e espiritual. A pessoa é inteligente, esperta e hábil em matéria jurídica e ética, o ensino superior pode ser um tanto que incomum ou de natureza estrangeira ou exótica, tem gosto para os compromissos espirituais e filosóficos sublime ou fora do normal, viagens para outros países.

Não tem boa finança, a compreensão é nublada, problemas com o relacionamento com o pai, fala mal dos professores e *Gurus*, más intenções, tem um gosto pelos ensinamentos corruptos, não ortodoxos ou misteriosos, não tem moral no que diz respeito ao dinheiro, doenças dos pulmões, problemas nos quadris, nervo ciático, problema hepático.

Em Capricórnio ♑

Comportamento não convencional e/ou cruel.

Orientado pelo objetivo, toma responsabilidades, persistente, trabalha duro, termina o que faz, ganha bem através da carreira, prático, inventor, atraído por ocupações estranhas, às vezes atraído pela purificação ou remoção de toxinas, se beneficia em trabalhar sozinho.

Sem escrúpulos, toma vantagem dos outros e os outros também levam vantagem dele, não tem um propósito de vida, quietamente intenso, rude, severo, impiedoso, isolado, problemas no trabalho, problemas nos joelhos.

Em Aquário ♒

Foco ou oportunidades incomuns.

Capacidade criativa para realizar os sonhos, associa-se e faz amizade com estrangeiros ou pessoas à distância, pensa em maneiras incomuns para fazer as coisas funcionarem, o fluxo de caixa é bom se eles não tentarem ser espertos demais (se forem humildes).

Comportamento inescrupuloso, fluxo de caixa e os lucros são prejudicadas por fraudes, amigos provam ser falsos e esperanças não são cumpridas devido à falta de clareza e propósito, essa pessoa pode ser aproveitada pelos outros, tem uma tendência para o auto-isolamento, precisa se socializar mais para ser bem-sucedido.

Em Peixes ♓

Crescimento nas sombras.

A pessoa gasta dinheiro em causas filantrópicas e dedica seu tempo para o crescimento espiritual, o financiamento internacional e negócios no exterior podem ser rentáveis, lucros vêm de estrangeiros ou fora das maneiras comuns, recebe apoio para atender suas necessidades.

Falta de atenção provoca perdas, sem chão, desinteresse em fazer dinheiro pode levar à dependência de amigos e simpatizantes para o apoio, a pessoa está sujeita a multas e penalidades por não prestar atenção às regras e regulamentos, comportamento confuso nas finanças, falta de sono e energia devido ao acúmulo tóxico e mal funcionamento do fígado, a digestão pode ser carente, problemas com os pés.

KETU ☋

Em Áries ♈

Rápidas mudanças nas ações.

Habilidade de responder rapidamente aos eventos que lhe acontecem, capacidade de se adaptar a mudanças repentinas, astuto, guerreiro espiritual.

Sensível às mudanças, se perturba facilmente, atrai eventos estranhos ou fora do comum, probabilidade de muitas mudanças de residência e/ou de emprego, surpresas e imprevistos constantes, acidentes, ferimentos na cabeça, doenças cerebrais, doenças que são difíceis de diagnosticar e podem ser de natureza mais espiritual ou psicológica do que física.

Em Touro ♉

Sorte e fortuna ilimitada ou caótica.

Espiritualmente orientado, encontra o amor em Deus, procura a mais alta forma de amor, dinheiro vem e vai inesperadamente, orador habilidoso, gosta de estudar escrituras, tem formas engenhosas de ganhar dinheiro.

Não se preocupa sobre o dinheiro ou sobre a situação financeira, decepcionado com o amor, fala ilusória ou enganadora, felicidade familiar perturbada, falta de libido, tem conflitos entre o sexo e a espiritualidade, problemas reprodutivos, doenças raras no rosto, boca e na área do pescoço.

Em Gêmeos ♊

Pensamento sem limites ou caótico.

Possui uma mente que é criativa e cheia de novas idéias, bom em escrever, idealizar e apresentar, o pensamento é orientado para o etéreo, tem um processo de pensamento rápido e sensível que poderia ser útil para a Astrologia e qualquer forma de análise sutil.

A mente é fragmentada, a pessoa está em conflito e tem dificuldade em tomar decisões, relacionamento com irmãos mais novos e vizinhos é errática doenças de pele e problemas respiratórios, acidentes no pescoço, mãos e ombros, sente mais dor do que outros, os médicos não sabem o que está errado.

Em Câncer ♋

Psíquico ou psicótico.

Habilidade de "ler" o que está acontecendo com os outros, o crescimento espiritual é muito importante para estas pessoas, gosta da educação espiritual ou filantrópica, gosta das organizações espirituais ou filantrópicas, forte interesse na religião ou qualquer ensinamento que convém o crescimento espiritual, emoções são sublimes ou desapegadas. Estas pessoas são desapegadas por natureza.

Família ou vida familiar ou casa destruída fisicamente ou emocionalmente, a mãe não está presente (vida na creche ou com babás), emoções mudam rapidamente, nervoso e preocupado, muitas mudanças de residências, a maioria insatisfatórias, gosta de viver em *ashrams* ou lugares espirituais, acidentes de carro, problemas no peito e coração, podem haver cirurgias do coração ou na região peitoral.

Em Leão ♌

Vida sem limites ou caótica.

Espiritualidade avançada, interessado em altas formas de conhecimento, facilidade em fazer rápidas mudanças na vida, devido ao desapego de Ketu, o pai é religioso ou espiritual, consegue um *Guru* de alto nível espiritual.

A carreira é incerta, o propósito da vida parece incerto ou dividido, relações com o pai são destruídas, muitas surpresas e mudanças na vida, o pai pode ter problemas no coração, não tem pai presente ou não tem a presença do pai durante a vida.

Em Virgem ♍

Pensamento desapegado ou caótico.

Intuição avançada, pensamento sublime, inovador, bom em prever o que virá, bom astrólogo, muito criativo com uma mente super-rápida, inspirado e inspirador, monástico.

Mentalmente instável, muitas surpresas na vida, hipersensível, alergias, digestão delicada, problemas com a respiração, isolado e sente-se à deriva.

Em Libra ♎

Amor por desapego.

Adaptabilidade rápida no negócio, capaz de lidar com uma infinidade de tipos de personalidade com sucesso, não fica excessivamente ligado nos negócios, tem um grande amor pela vida espiritual.

Romances quebrados, conflitos entre amor e espiritualidade, tem expectativas muito elevadas em relação ao amor, deixa a pessoa sozinha, deseja a mais elevada forma de amor, mas não consegue encontrá-lo, hipersensibilidade sobre o seu respeito, pode não ser capaz de manter os votos, tem crises nos negócios.

Em Escorpião ♏

Ações sem limites ou caóticas.

Mente rápida, gosta de trabalhar nas responsabilidades e finalizá-las rapidamente, age rapidamente, intuitivo, gosta de pesquisas e de descobrir mistérios, tem o apoio de fontes que vem de surpresa.

Vulnerável, hipersensível, zangado, enganoso, traidor, perde o apoio dos outros, tem doenças que são difíceis de diagnosticar, tem problemas inflamatórios repentinos, problemas com os órgãos de eliminação e reprodução, erupções da pele, acidentes, cirurgias.

Em Sagitário ♐

Expansão mística.

Atraído ao conhecimento sublime, atraído por causas nobres e assuntos intelectuais elevados, explora diferentes filosofias com o intuito de unificar a compreensão, viaja para lugares místicos, viradas de fortuna positivas e repentinas, tem contato com *Gurus* de alto nível.

Separação do pai, fortuna bagunçada, repentinas viradas na sorte, procura várias filosofias sem aprender nada, tem problemas com a educação superior, dificuldades jurídicas, a ética é questionável, acidentes e problemas em viagens, problemas nos pulmões e quadril (nervo ciático).

Em Capricórnio ♑

Sucesso e falhas repentinas.

Capaz de atingir um patamar espiritual alto, inovador, consegue resultados rápidos seguindo métodos tradicionais, a carreira avança através da renovação constante.

A carreira pode estar indo bem, mas de repente entra em marcha ré, não é bom para negócios,

Em Aquário ♒

Desenvolvimento sublime.

Pensa em maneiras criativas para aumentar os lucros, orientados para uma vida espiritual, usa uma mistura de religião e política para chegar à frente, aumenta o fluxo de caixa de repente.

Irmãos mais velhos e amigos tendem a ser uma fonte de surpresas e complicações financeiras, fluxo de caixa é instável, pensa em um monte de estratégias que não levam a nada, pode sentir-se distanciado e isolado com poucos amigos, não tem sucesso em atividades pioneiras.

Em Peixes ♓

Comportamento iluminado ou caótico.

A pessoa é naturalmente sábia e é atraída por uma vida espiritual, pode ser uma fonte de inspiração para os outros, leva uma vida simples, mas há muitas mudanças que se transformam em oportunidades de crescimento, a intuição é alta.

Muitas surpresas e reviravoltas, as finanças são erráticas, as dívidas se acumulam devido à falta de prudência e planejamento, pode ser vítima de um complô, doenças dos pés e do fígado que podem ser difíceis de diagnosticar.

URANO ⛢

Em Áries ♈

Urano em Áries é volátil, propenso à acidentes e ansioso para pular ao som do tiro de partida. O espírito corajoso, ousado e pioneiro é profundamente sentido e ama experimentar o novo e diferente que é como um pré-requisito. Estas pessoas são muitas vezes dotadas de habilidades mecânicas. Um espírito de luta obriga a reformar e mudar a ordem estabelecida por meio da violência, se não for inteligente.

Táticas estratégicas como a guerra de guerrilhas e emboscadas recorre na mente deles, porque incorpora o elemento de surpresa com a guerra. Urano em Áries pode ser violento. Tais indivíduos podem estar habitualmente em conflito com a lei, porque eles geralmente participam em comportamentos criminosos. Eles podem ser rebeldes sem causa.

Esta colocação de Urano produz agitação e inquietação constante. Indivíduos encarnam uma abundância de energia e tensão que precisa ser liberada. Doenças relacionadas ao estresse são comuns. Movimento corporal pode ser repentinos, involuntários ou instáveis e pode haver algo fisicamente incomum sobre eles. Eles são propensos a dores de cabeça.

Urano em Áries é impaciente ao máximo. Esta posição planetária também expressa acidentes catastróficos e desastres naturais relativos ao Fogo e violência são denotados com esta colocação. As erupções vulcânicas ocorrem quando Urano transita por Áries.

Em Touro ♉

Urano em Touro encontra maneiras novas e inovadoras para ganhar e lidar com o dinheiro. Esta posição é caracterizada por uma pessoa que tem uma visão fantástica do dinheiro - como ganhá-lo, guardá-lo ou gastá-lo. Esta é uma excelente posição para os investidores e corretores de bolsa on-line. Essas pessoas são intuitivas quando se trata de dinheiro.

Insegurança financeira e dinheiro flutuante caracteriza esta colocação. Esta é a pessoa que ganha na loteria, mas tão rápido quanto o dinheiro vem, ele é devolvido de volta ao Universo. Urano em Touro parece estranhamente desapegado do dinheiro, mas só aparentam por causa da facilidade de eles ganharem. Um indivíduo com este posicionamento é bastante engenhoso e ele pode encontrar maneiras novas e incomuns para gerar renda.

Em Gêmeos ♊

Urano em Gêmeos indica amigos, famílias e vizinhos incomuns. Essas pessoas são mais propensas ao vício da internet e eles provavelmente mantém contato e se comunicam com seus parentes e amigos próximos através de mensagens instantâneas, mensagens de texto e e-mails. Esta pessoa definitivamente tem um telefone celular ao seu ouvido o tempo todo. Essas pessoas são propensas a acidentes de carro quando viajam localmente. A melhor coisa para eles é não se distraírem quando estiverem na direção.

As pessoas com este posicionamento podem ter fala incomum ou uma voz única. O discurso pode ser rápido e quebrado ou um pouco irregular. Eles podem dizer coisas que são inadequadas e chocante para os outros. Indivíduos com Urano em Gêmeos têm pensamentos claros e raciocínios rápidos. No entanto, a mente é tão rápida e ativa, que eles têm dificuldade em "desligar" seu cérebro. Sua atividade mental poderia ser comparada a uma estação de rádio com ruído estático e vários canais ligados ao mesmo tempo. Eles são maníacos das idéias novas. Estes indivíduos podem até mesmo ser gênios. No entanto, as faculdades mentais são um pouco bruscas e saltam de pensamento a pensamento rapidamente. Essas pessoas fariam bem em manter um diário junto com eles em todos os momentos para anotar suas idéias numerosas e de fluxo livre. Eles falam sobre idéias, mas a sua aplicação é um desafio.

Desastres naturais e acidentes relacionados com viagens aéreas e de curta distância ocorrem quando Urano transita através de Gêmeos.

Em Câncer ♋

Urano em Câncer tem uma situação familiar incomum e muitas vezes tem uma infância excepcional, para começar. As pessoas com este posicionamento têm casas estruturalmente únicas que têm arcos e outras construções e detalhes arredondados. Os acidentes são prováveis de ocorrer em casa. Pessoas com Urano em Câncer também se interessaram por energia solar. Eles podem converter suas casas em uma casa futurista.

Eletrodomésticos estão sujeitos a avarias e curto-circuito com esta colocação. O indivíduo com este posicionamento deve ter a fiação de casa inspecionada por um eletricista. Acidentes elétricos são possíveis.

Os desastres naturais que destroem a casa são comuns quando Urano transita através de Câncer. Danos causados por inundações e outras catástrofes naturais relacionadas com a água são caracterizadas por esta colocação.

Em Leão ♌

Urano é infeliz no Signo de Leão, uma vez que está em debilitação aqui. Urano em Leão é chamativo e exagerado. Este indivíduo pode apresentar um comportamento inadequado ou chocante para captar a atenção dos espectadores.

Casos de amor são breves e terminam tão repentinamente como começaram. Se comprometer a um parceiro romântico é pouco atraente para as pessoas com este posicionamento particular. Porém tais namoros ou são bem fora do normal em si. As crianças vão possuir qualidades incomuns, talvez até mesmo gênios.

Há um desejo de se rebelar contra sociedades patriarcais e reformá-las. A realeza do Leão é prejudicada com esta colocação. Reis caem durante um trânsito de Urano em Leão.

Os acidentes ocorrem em carnavais e outros locais de diversão.

Em Virgem ♍

Sua rotina diária não é tão rotineira assim, e a pessoa prefere executar seus afazeres e suas responsabilidades do dia-a-dia em sua própria maneira original. Eles têm imensos poderes de observação, tendem a ser bons com estudos matemáticos e científicos e estão atentos aos detalhes.

Estes podem ter animais de estimação exóticos. A alimentação também é exótica e seguem regimentos de saúde incomuns. Estas pessoas têm uma abundância de energia nervosa e isso poderia afetar negativamente a saúde. Elas podem até mesmo ser um pouco instáveis e inseguras. Movimento corporal pode ser um pouco irregular. Meditação calmante ou qualquer outro método de relaxamento pouco ortodoxa poderia beneficiá-los.

As doenças aparecem do nada, de repente. A saúde é mutável e estão propensos a doenças catastróficas repentinas. Podem sofrer problemas digestivos ou ter doenças difícil de encontrar, ocultas, que só podem ser diagnosticadas com uma ressonância magnética ou raios-X.

Em Libra ♎

Gostam de se expressar na arte, música ou literatura, tem uma originalidade na expressão, imaginação vívida, muito intuitivos na área em que trabalham, músicos, artistas, escritores, advogados, cientistas, mediadores, forte senso de justiça, excêntricos, claridade no propósito, ambiciosos, personalidade magnética, tolerantes às diferentes crenças, cooperativos.

Problemas domésticos, separações bruscas ou por morte ou acidentes, desleal nos relacionamentos, sentem-se sufocados dentro de relacionamentos comprometido como o casamento, muito tradicionais ou anarquistas, inquietos, mudam de idéias facilmente ou são rígidos demais.

Urano em Libra indica relacionamentos e/ou parcerias inusitadas. E, infelizmente, este posicionamento particular, geralmente leva ao divórcio. Relacionamentos amorosos podem acabar tão de repente como eles começaram. Estes indivíduos acreditam em amor à primeira vista; no entanto, eles geralmente não ficam o tempo suficiente para desenvolver uma relação de amor profundamente gratificante a longo prazo. Relacionamentos catastróficos, tumultuados caracterizam esta colocação.

Em Escorpião ♏

Urano em Escorpião tem profundo conhecimento sobre o desconhecido. Eles podem ser esclarecidos nos cantos mais escuros da humanidade. Estes indivíduos são excelentes psicólogos, investigando profundamente a psique humana através de métodos pouco ortodoxos.

Táticas estratégicas como de guerrilhas e emboscadas recorre a eles, porque isto incorpora o elemento de surpresa. Urano em Escorpião pode ser violento.

As pessoas com esta colocação particular podem ter morte súbita. A morte pode resultar de um acidente inesperado ou guerra.

Desastres envolvendo canalizações subterrâneas de água podem ocorrer quando Urano transita por Escorpião.

Em Sagitário ♐

Urano em Sagitário sugere filosofias incomuns e crenças religiosas. As pessoas com este posicionamento, provavelmente, não gostam de religião organizada, e eles defendem a reforma. Eles podem até começar a sua própria denominação que prova mais inclusiva. Estes são os reformadores sociais que defendem para o bem-estar de todos.

Forte intuição, têm visões, sonhos e imaginação premonitórios, gostam do oculto, religiosos, humanitários, amam viajar, excêntricos, aventureiros e independentes, amam a ciência e a filosofia, gostam da liberdade, generosos, coração aberto, progressistas.

Erráticos, teimosos, rebeldes, problemas com a lei, vêem somente o lado deles no argumento, gostam de chocar os outros, não aceitam pensamentos convencionais, põem-se em risco para obter mais conhecimento, muito otimistas, seus argumentos podem soar loucura, não gostam da tradição e preferem brigar ao invés de manter uma mente aberta.

Em Capricórnio ♑

Urano em Capricórnio denota unir o antigo com o novo. Este indivíduo pode tomar algo velho e torná-lo novo. Eles muitas vezes reformam, remodelam ou trazem as coisas velhas de volta à vida. Esta colocação traz a mudança governamental e mudanças no *status quo* definido por aqueles em posições de poder ou do mundo corporativo. Esses indivíduos fazem lobistas maravilhosos e reformadores do governo. Eles usam métodos pouco ortodoxos em um ambiente mais restritivo, quebrando o molde.

Grande mudança de carreira é indicada. Eles também podem não ser capazes de manter um emprego por causa de sua falta de compromisso. Eles abominam estrutura e empregos onde eles não podem trabalhar de uma forma independente. Essas pessoas muitas vezes abrem seu próprio negócio, permitindo-lhes definir a sua própria agenda. Eles podem trabalhar com computadores, eletricidade e carreiras relacionadas com o clima. Eles muitas vezes têm profissões incomuns. Alguns podem ser astrólogos. Seja qual for o campo escolhido, a tecnologia é indispensável para a sua profissão.

Em Aquário ♒

Urano é forte quando encontrado em seu próprio Signo de Aquário. Estes indivíduos têm muitos amigos e conhecidos. Na verdade, eles mesmos são grandes amigos. A palavra chave aqui para eles é: *networking*. Eles não são apenas sociáveis, mas eles também são humanitários e amam todos os seus companheiros, seres e criaturas. Eles podem parecer excêntricos e tem uma infinidade de amigos incomuns que também parecem excêntricos. Eles acham que o normal é chato; a média é absolutamente banal. Essas pessoas são emocionantes, inovadoras e não-julgam. O racismo não está em seu vocabulário, todos são iguais. Na verdade, eles se esforçam para uma verdadeira igualdade.

Indivíduos com esta colocação têm um brilho mental; muitos são gênios de verdade. Às vezes, eles são difíceis de se aproximar, porque eles estão em um plano diferente do que o resto do mundo, muitas vezes levando eles a serem mal interpretados.

Em Peixes ♓

São fascinados pelo oculto, empáticos, imaginativos, positivos, poder de cura, sabedoria, largam os maus hábitos sem problemas, gostam de servir aos outros, sensíveis, delicados, gostam da religião, psicologia, artes, música e do oculto.

Obcecados, briguentos, imprevisíveis, atraem a desgraça e escândalos, difícil de lhe dar com eles, exagerados, negativos, ficam no mundo da fantasia ou misticismo, tentam escapar da realidade frequentemente.

Urano em Peixes indica habilidades psíquicas que vêm em relâmpagos como *flashes*. Os sonhos podem ser extremamente vivos e podem até prever o futuro. Tanto acordados como em sono são intuitivos com este posicionamento particular. Há uma conexão elétrica definitiva com a mente subconsciente, que, às vezes, produz sinais pouco claros; outras vezes, produzindo raios de sabedoria.

Os desastres naturais relacionados com a água na forma de inundações, tsunamis e maremotos são muitas vezes vistos quando Urano transita através de Peixes.

NETUNO ♆

Em Áries ♈

Netuno em Áries faz com que a pessoa seja extremamente, fisicamente magnética. Esta posição concede muito poder sexual e qualquer amante a pessoa possui será hipnotizado por ela. A pessoa possui um poder incomum que faz com que os amantes se derretam por ela. Esta posição faz a pessoa fotogênica. Pode ser modelo, porque Netuno rege a fotografia. Também pode ser dançarinos, porque Netuno também rege a dança. Se estiver mal colocado, a pessoa pode escolher maneiras indecentes para se expressar. Podem trabalhar na indústria do cinema pornográfico onde o seu sexo e corpo físico são retratados no filme ou na fotografia.

Muitas vezes há confusão e autodestruição do corpo físico. Drogas e abuso de álcool são ameaças reais aqui. A pessoa parece leviana ou no mundo da lua para os outros. Outros podem considerá-lo um sonhador desocupado. Os problemas de saúde podem ser difíceis de diagnosticar. A pessoa se beneficia da medicina holística. Esta colocação definitivamente traz furto e fraude, a pessoa é o autor ou a vítima ou ambos.

Em Touro ♉

Touro em Netuno indica muita confusão e engano a respeito de dinheiro. O roubo de dinheiro e posses é possível com esta colocação. Contas bancárias podem se misturar e outros erros semelhantes são comumente ligados ao Touro em Netuno. Esta colocação pode causar atividade fraudulenta como cheques sem fundos. A voz é melódica e de outro mundo. Esse posicionamento também se apresenta com muita beleza física. A pessoa também adora perfume. Cosméticos e fabricação de sabão e/ou perfumes e outras coisas do gênero são o lar deste posicionamento, como algo líquido e venusiano é governado aqui. Touro em Netuno não é particularmente imaginativo e a pessoa prefere coisas concretas, tangíveis ao invés de ter que preencher os espaços em branco com a sua imaginação.

Renda a partir de óleos e outros líquidos ocorrem frequentemente. Investimentos em líquidos ou óleos ou qualquer coisa oceânica também produz rendas.

Em Gêmeos ♊

Netuno no Signo de Gêmeos traz desonestidade e evasão mental. A pessoa é muito sonhadora e poderes da imaginação são grandes, mas a comunicação tem uma tendência a se perder na tradução. Isto sugere uma mente confusa. Muitas vezes, há confusão em torno do pensamento como esta pessoa estivesse presa em uma névoa. Essa pessoa pode ser uma mentirosa e/ou um ladrão. Mercúrio e Netuno tanto regem trapaças, como o roubo e fraude, e esta colocação duplica a probabilidade de a pessoa ser desonesta.

Pode haver muita confusão em torno dos irmãos e primos com esta posição. Irmãos lutam com as drogas e alcoolismo ou estas coisas tem um elemento destrutivo de alguma forma. A vizinhança é geralmente localizada à beira-mar. A casa pode ser localizada perto de uma lagoa ou algum outro lugar perto da Água. Viagens de curta distância de pode causar confusão. Tem a possibilidade de a pessoa viver em lugares onde uma balsa é o meio de transporte principal.

Em Câncer ♋

Netuno em Câncer indica o desejo de evasão em casa. A casa pode ser transformada em um palácio místico e de fantasia, onde pode-se viver suas fantasias após o retorno do verdadeiro mundo cruel. Pode haver problemas de encanamento e inundações. Eles têm uma mente psíquica. Sentem as emoções daqueles que já faleceram. Estas pessoas mostram compaixão para com as crianças, sempre dispostas a ajudar uma criança desfavorecida. Se Netuno estiver sob muita tensão, pode haver um desejo de escapar dos deveres da vida em casa e da maternidade. Há também uma ameaça real de roubo sob a forma de invasão na casa.

Netuno em Câncer também pode resultar em uma mãe ausente ou talvez houve uma morte precoce da mãe. Muitas vezes há confusão em torno da casa, da mãe ou no fim da vida. A mãe pode ter lutado contra uma doença mental, alcoolismo ou dependência tóxica.

Em Leão ♌

Netuno é exaltado aqui em Leão. Netuno em Leão permite a pessoa virar uma estrela no palco. Netuno rege filmes e Leão rege a teatralidade no palco, fazendo deste o posicionamento lógico para uma mega fama. A televisão é uma saída perfeita para Netuno em Leão. Outros estabelecimentos incluem dança e arte e qualquer outra avenida onde o Leão pode mostrar sua capacidade. O ardente Leão inspira e inflama o compassivo e espiritual Netuno, produzindo uma espiritualidade forte. Fanáticos religiosos podem nascer aqui. Juntos, Netuno e Leão também podem criar uma arte transcendental impressionante em sua forma mais elevada. Se sob muita tensão, pode haver um desejo de escapar da carga de criar os filhos. Roubo e fraude e evasão pode vir através de romances.

Confusão no romance, crianças e quaisquer outras extensões do Eu. A pessoa é criativa e seus poderes de criação são sonhadora e de outro mundo. Esta posição indica o romance pela Água.

Em Virgem ♍

Netuno está em debilitação no Signo de Virgem. Informações e detalhes são muitas vezes mal interpretados ou errôneas. Virgem frustra a natureza impraticável e visionária de Netuno. Virgem obriga Netuno a ver as árvores na floresta e empresta um pouco de praticidade para o impraticável, lunático Netuno. Esta posição debilita a expansão criativa ou imaginativa Netuniana. Esta posição não é particularmente imaginativa e tais indivíduos preferem coisas concretas, tangíveis ao invés de ter que preencher os espaços em branco com sua própria imaginação. Netuno em Virgem sugere doenças difíceis de diagnosticar. Esta posição de Netuno beneficia de medicina holística e hipnose.

Há uma confusão em torno da saúde e colegas de trabalho. Esta posição é indicativo de fraudes contra o governo.

Em Libra ♎

Netuno em Libra indica a confusão em torno questões jurídicas e casamento. Essa pessoa pode se casar com um viciado em álcool e drogas ou com pessoas indecentes, desagradáveis ou corruptas de alguma forma. Geralmente, há algo claramente fraudulento quando se trata da papelada do casamento. A pessoa pode ser um bígamo ou pode não dizer toda a verdade quando se trata de seu estado civil, por algum motivo ou outro. Outro cenário aqui é que esta pessoa se casa com alguém a quem eles se sentem pena ou por culpa ou empatia. No final das contas, a pessoa com Netuno em Libra é prisioneira e infeliz em um relacionamento ruim.

Questões jurídicas são muitas vezes compostas de "cobras e aranhas." Confusões legais não se desenrolam facilmente. Parcerias de negócios devem ser evitadas, pois podem levar ao roubo, fraude e traição.

Em Escorpião ♏

Estes indivíduos são muito sonhadores e o seu poder de imaginação pode levar a obsessão e outras fantasias não saudáveis. Esta posição concede muito poder sexual e qualquer amante é hipnotizado por eles. Eles possuem um poder incomum que faz com que os amantes se derretam por eles. Netuno em Escorpião é desonesto e secreto. Escorpião nesta posição prenuncia o abuso de álcool. Eles são sexualmente atraídos por certos companheiros indesejáveis, tais como um alcoólatra ou dos tipos de infiéis ou marinheiros ou outros que retratam alguma fantasia sexual.

Há um monte de culpa e fantasia de vida em relação ao sexo. Esta posição pode tornar-se como um abismo de roda que consome uma pessoa em fantasia, desilusão e uma névoa em geral. Sua empatia é mais profunda, mas eles devem aprender a se separar dos outros. Esta é uma posição muito confusa para Netuno e o instinto de fazer algo perverso ou errado é muito forte com esta posição planetária.

Muitas vezes há confusão em torno da morte, testamentos, sucessões, impostos. Existe a possibilidade de uma evasão fiscal. Renda a partir de óleos e outros líquidos e através de seguros é denotado com este posicionamento.

Em Sagitário ♐

Sagitário é uma excelente colocação para Netuno. Esta colocação é profundamente espiritual e definitivamente associada com a religião, psique ou estudos do oculto. Há um elemento espiritual pesado no jogo aqui. O indivíduo é devoto e compassivo, mas também podem sofrer de delírios de grandeza. Júpiter tende a pensar grande e expansivamente, de modo que, juntamente com sonhador espiritual Netuno, os sonhos são grandes. A honestidade de Júpiter e as mentiras de Netuno se encontram aqui, então isso ajuda a fazer Netuno mais verdadeiro. Estas pessoas não mentem intencionalmente e elas são geralmente honestas. Mas, ocasionalmente, este posicionamento vai atrapalhar a capacidade de dizer a diferença entre a verdade e a mentira. Portanto, ele faz com que as pessoas com este posicionamento realmente acreditem na verdade distorcida.

Pode haver muita confusão em torno de estrangeiros, Terras estrangeiras ou viagens. Roubo e fraude pode ser uma ameaça real quando em países estrangeiros. Este é o "alvo turístico." Esta posição indica a viagens de longa distância pela Água.

Em Capricórnio ♑

Netuno em Capricórnio sugere uma queda escandalosa e uma reputação manchada. Isso pode estar diretamente relacionado a coisas Netunianas como drogas e álcool ou escândalo envolvendo a homossexualidade, as penas de prisão e afins. Netuno está definitivamente ligado a relacionamentos do mesmo sexo. Haverá confusão e a tendência de fugir na matéria da carreira. Eles podem viver em um mundo de fantasias que não pode reunir a ambição de encontrar um emprego ou manter um emprego. A carreira também pode representar algum tipo de rota de fuga. A carreira pode envolver uma carreira corporativa ou não, tratando de líquidos, óleos, gases, venenos ou água. Netuno em Capricórnio não é particularmente imaginativo e estas pessoas preferem coisas concretas, tangíveis em vez de preencher os espaços em branco com sua própria imaginação.

Confusão envolve o pai. O pai não ajuda no desenvolvimento ou ele estava na prisão ou ele trabalhou como um guarda de prisão ou estava ausente por causa de drogas ou por outros motivos. Ele pode ter sido um marinheiro. Com esta posição planetária, o pai poderia ter lutado contra o alcoolismo ou dependência de drogas ou ter sofrido alguma doença mental. Seja qual for a razão, o pai foi ou é ausente.

Em Aquário ♒

Netuno em Aquário é uma posição de caridade como uma compaixão ilimitada para a humanidade. Netuno é o Planeta mais compassivo, sempre representando os fracos e oprimidos, o vagabundo, os sem-teto, etc. Estas pessoas são intuitivas e têm habilidades psíquicas que podem vir através de *flashes* de Urano como um relâmpago. Estes indivíduos provavelmente seguem caminhos espirituais incomuns, abraçando novas escolas de pensamento ou alguma outra religião incomum.

Há uma confusão nas organizações circundantes. Esta posição rege organizações sem fins lucrativos que ajudam os pobres ou desfavorecidos. No entanto, Netuno é o Regente de roubo e fraude, assim doações e financiamento podem ser desviadas com esta colocação. Recomenda-se supervisão diligente de tais organizações. Roubo por amigos e conhecidos é indicado aqui também.

Em Peixes ♓

Netuno está em seu próprio Signo quando em Peixes. Esta pessoa desfruta de um mundo interior que é vívido quando está sozinho. Estes indivíduos estão realmente em contato com o seu próprio subconsciente. Seus poderes de imaginação são grandes. Esta posição concede excepcionalmente fortes poderes hipnóticos. Há muitos segredos com este posicionamento. Algumas pessoas podem tirar proveito de sua bondade e sua vulnerabilidade. Sua empatia é mais profunda, mas elas devem aprender a se desapegar dos outros.

Muitas vezes existe culpa e depressão com esta colocação. Drogas e álcool, vícios, também são predominantes aqui. Habilidades psíquicas podem se manifestar através de sonhos.

PLUTÃO ♇

Em Áries ♈

Os nascidos com Plutão em Áries fazem o que for preciso para conseguir o que desejam. Eles podem avaliar a situação imediatamente e ver o que eles podem tirar proveito. Se eles não podem transformar algo a seu favor, eles são rápidos para procurar alguma outra oportunidade em um outro lugar.

Eles não são conhecidos pela sua paciência. Eles precisam aprender a não agir precipitadamente e manter parte de sua energia de reserva.

Plutão em Aries tende a tomar medidas extremas. Eles podem ser muito otimista e realizar muita coisa através de seu próprio poder. Eles podem tentar refazer-se e criar um novo começo.

Os indivíduos nascidos com Plutão em Áries, não hesitam em levar as coisas em novas direções. Estas tentativas podem ou não deixar impressões duradouras. Eles podem ser impulsivos, intencionais e rebeldes. Eles podem se tornar obcecados com liberdade e na verdade podem adquirir tal liberdade desde que sejam cuidadosos.

Plutão está exaltado em Áries. Plutão nesta posição contribui para um personagem poderoso com notáveis poderes de recuperação. Sexualmente tem a propensão ao sadismo e violência. Estas pessoas podem ter um caráter violento e perigoso, que tem tendências homicidas. Esta colocação é frequentemente associada com a guerra e soldados. Estas colocações também fazem bons cirurgiões.

Em Touro ♉

Os nascidos com Plutão em Touro são persistentes. Uma vez que eles decidem em sua mente sobre algo, é quase impossível fazer eles mudarem de opinião. Eles têm um talento inato em lidar com recursos e manipular seu ambiente para atender às suas necessidades. Eles precisam de segurança material e uma vez que ganham a posse de algo é difícil deles se desfazerem deles. Eles têm um talento único para fazer as coisas funcionarem a seu favor.

Plutão em Touro tem um talento especial para detectar oportunidades de interagir com outras pessoas que irão beneficiá-los de uma forma material. Se não tiver cuidado, isso pode se tornar um comportamento obsessivo. Eles nunca estão satisfeitos com o que eles têm, sempre querem mais. Eles precisam dar um passo para trás de vez em quando para ganhar uma perspectiva das coisas.

Os indivíduos com Plutão em Touro continuam a fazer lentas e constantes melhorias em sua vida, muitas vezes ignorando o que se esconde sob a superfície. Eles gostam da ordem e estão sempre focados na direção da prosperidade.

Plutão está em debilitação em Touro. Esta posição é indicativa de encontrar tesouros escondidos. Com este posicionamento, a pessoa pode adquirir muitas riquezas por meio de herança ou até mesmo através de seu próprio investimento estratégico. Esta pessoa é poderosa e obstinada. Eles querem ganhar a todo o custo.

Em Gêmeos ♊

Plutão em Gêmeos atenda às suas necessidades por meio de sua versatilidade. Eles interagem bem com os outros em um nível intelectual. Eles se jogam em novas idéias e são capazes de torná-las parte de seu vasto corpo de conhecimento para que eles possam usá-las para sua vantagem mais tarde. Eles são muito curiosos. Plutão em Gêmeos valoriza seus relacionamentos, enquanto eles são estimulados a assumir as suas idéias ainda mais. Eles querem aprender o máximo possível para que eles possam sempre estar na liderança. Eles têm um talento especial para resolver questões complexas com soluções simples. Seu principal problema está na consolidação dos seus conhecimentos. Sua curiosidade torna difícil fazer isso.

Plutão em Gêmeos traz novas idéias para a frente, derrubando o que uma vez foi aceito como um fato. Eles vão avançam em novos métodos de comunicação e conhecimento. Eles podem ajudar a fazer progressos em relação aos seus objetivos.

Plutão em Gêmeos está interessado nos segredos da vida e da morte e outras coisas escondidas. Eles podem ter influência como telepatia e outras formas de comunicação. A mudança que eles trazem podem não durar muito tempo. Eles gostam de novas idéias e eles procuram se mudar através destas inovações.

Plutão em Gêmeos prenuncia uma mente profunda e penetrante capaz do foco infalível. Este posicionamento sugere dificuldade ou obstáculos ao lidar com a papelada. Esta é uma excelente posição para a pesquisa e para o pesquisador.

Em Câncer ♋

Plutão em Câncer encontra o seu poder através de intensidade emocional e relacionamentos profundos. Eles são muito possessivos para com aqueles que amam. Eles podem até mesmo tentar controlar suas emoções. Sentem tudo com muita intensidade. É difícil para eles para se desapegarem dos bens e das pessoas. Quando a separação é inevitável, eles tentam controlar como eles vão terminar o relacionamento.

Eles sentem uma profunda necessidade de ter sua própria casa. Eles são os únicos que fazem campanha sobre os valores da família. Eles são sensíveis e simpático. Eles são muito protetores.

Plutão em Câncer pode ser a cura, nutrição e o cuidado necessário para os outros. Eles também podem ser responsáveis pelas táticas perigosas, tentando estar sempre um passo à frente da concorrência. É a sua natureza super protetora que os mantém lutando para proteger aqueles que amam. A família ajuda eles a se sentirem necessários e desejados.

Os indivíduos que tem Plutão em Câncer estão destinados a passar por muitas mudanças que podem afetar seu senso de segurança. Eles podem desenvolver necessidades emocionais compulsivas devido a não ter suas necessidades atendidas durante a infância.

Plutão em Câncer sugere a morte da mãe ou mortes que aconteceram na infância. A violência doméstica é indicada neste posicionamento. Nascimento e morte são ambos regidos por Plutão. Esta é uma excelente posição para uma parteira ou um obstetra.

Em Leão ♌

Plutão em Leão parece encontrar-se sempre em situações que os desafiam a tomar medidas positivas. Isso os ajuda a crescer. Eles querem assumir a liderança e ajudar os outros a entenderem como puros seus motivos são. Eles pensam que sabem o que é melhor para todos. Eles também querem ser apreciados por seus esforços.

Eles muitas vezes perdem a perspectiva das coisas. Eles são obcecados para se expressar. Eles não têm medo de desafiar a autoridade em qualquer nível. Eles vangloriam sobre as coisas que eles querem, mas não sobre as coisas que eles precisam. Eles querem ser parte de uma comunidade, mas eles também querem ser livres para serem o que quiserem. Eles sabem como jogar. Eles muitas vezes sofrem de egoísmo.

Plutão em Leão é otimista e entusiasmado. Eles podem desfrutar de jogos de azar, porque o risco é divertido e emocionante. Eles gostam de romance, entretenimento e prazeres de todos os tipos. Eles têm uma necessidade de serem vistos, para serem lembrados e para serem notados. Eles são extravagantes e coloridos. Eles podem ser indulgentes em sua busca pela fama e glória. Eles podem alcançar seus maiores pináculos de autodescoberta quando no meio de uma expressão criativa.

Plutão em Leão é uma estrela de cinema. Esta posição sobe para o topo e comandos de muita energia. Eles são obstinados e egoístas. Esta é uma colocação de atores e atrizes.

Em Virgem ♍

Plutão em Virgem acha difícil deixar as coisas para lá, se eles pensam que podem melhorá-las. Eles são muito criativos. Eles costumam encontrar suas próprias maneiras de se comunicar. Isso pode realmente tornar-se um pouco mais que uma obsessão.

Eles são bons em organizar as coisas e às vezes ficam tão envolvido com isso eles perdem suas emoções e éticas no processo.

Plutão em Virgem está interessado em saúde e trabalho. Eles muitas vezes preferem ficar em segundo plano, em vez de buscar os holofotes. Eles podem querer

♈♉♊♋♌♍ ♎♏♐♑♒♓

salvar o mundo. Eles não têm medo de começar do zero para criar a cura para si e para os outros ao seu redor. Eles se contentam em saber que fizeram o melhor que puderam.

Plutão em Virgem são analíticos e críticos. Ao mesmo tempo, eles temem as críticas dos outros. Eles se sentem melhor quando estão em serviço para a humanidade. Eles são práticos e desfrutam de arte e outros deleites visuais. Eles estão interessados em ciência, tecnologia e cura. Eles gostam de precisão em todas as coisas. Eles podem parecer cínicos.

Plutão em Virgem é modesto e discreto. Eles querem segurança, mas não sentem o mesmo impulso de fazer o que for preciso. Eles podem tomar rotas incomuns para cuidados de saúde, nutrição e bem-estar, o que for que funcione para eles. Eles estão dispostos a sacrificar seus próprios desejos para servir a comunidade em geral.

Plutão nesta posição dá um caráter mimado. Eles possuem uma capacidade de cura e se beneficiam através das vitaminas e alimentos saudáveis. Esta posição faz um médico. Também se faz um bom nutricionista.

Em Libra ♎

Plutão em Libra pode ser um pouco compulsivo. Eles querem entender o mundo à sua volta, mas eles podem não pensar antes de agir. Eles realmente querem aparecer como se eles estivessem no controle. Eles trabalham com muito afinco em fazer todas as suas relações de trabalho. Esta é sua maneira de transformar-se e ajudar a transformar os outros. Alguns podem ser um pouco convencionais, enquanto outros são muito tradicionais na maneira de como eles vêem essas relações.

Plutão em Libra ama a arte e eles respondem melhor a arte que faz uma forte impressão sobre o espectador. Igualdade e justiça é muito importante para eles e eles podem ajudar em criar leis de reforma para promover mais igualdade. Eles são bastante diplomáticos e podem ficar muito irritados quando vêem injustiça. Em última análise, eles desejam criar harmonia. Luta e discórdia, causar-lhes dor.

Plutão em Libra tem o dom do compromisso. Eles podem encontrar um meio termo em quase qualquer problema. Essa questão, onde não há meio termo e um lado vai definitivamente perder é a situação mais difícil para um Plutão em Libra lidar. Isso os imobiliza e daí não fazem nada.

Plutão em Libra prenuncia dificuldades através do casamento, parcerias e inimigos declarados. Relacionamentos podem levar a mudanças radicais. Em casos extremos, pode haver violência ou abuso doméstico dentro de um casamento. Esta colocação é frequentemente associada com a morte de um cônjuge. É uma excelente colocação para a investigação ou pesquisa.

Em Escorpião ♏

Plutão em Escorpião é regido por emoções fortes. Eles não só reagem de acordo com suas próprias emoções, mas eles podem entender como os outros se sentem também. Eles são atraídos pelas atividades que envolvem emocionalmente. Intensidade é a palavra chave para eles.

Plutão em Escorpião sabe como trazer as coisas que estão ocultas para a luz. Eles lutam pelos direitos humanos e eles têm um talento para ajudar o não convencional se tornar aceito. Assuntos que capturam seu interesse podem incluir o oculto, o sexo, a mente, a morte, a engenharia genética e clonagem.

Plutão em Escorpião pode tender para os pensamentos escuros. Eles naturalmente filtram as coisas boas e felizes, enfocando os motivos secretos, mais escuros dos que nos rodeiam. Eles podem sentir que eles sabem melhor em cada situação. Por outro lado, os indivíduos que nascem com Plutão em Escorpião podem tentar permanecer positivos tão fortemente que eles se encontram em negação, descobrir quando é tarde demais sobre tudo o que estava acontecendo bem debaixo de seus narizes.

Sua coragem emocional, compreensão profunda e a capacidade de enfrentar suas próprias feridas, bem como aqueles que têm dado aos outros pode criar uma pessoa forte que você quer ao seu lado. Eles podem ser bastante manipulativos ou controladores, às vezes. Eles tendem a questionar todas as regras e pode sentir-se

♉♊♋♍ ♎♏♐♒♓

oprimido pelo *status quo*. Sua natureza apaixonada leva-os a experimentar o máximo possível. Eles também têm grande força de vontade. Eles podem se concentrar em ganhar a riqueza e o poder se quiserem.

Plutão está em seu próprio Signo em Escorpião. É uma posição poderosa para Plutão, emprestando proezas sexuais e poder pessoal. Esta pessoa é magnética e sexualmente atraente. Esta colocação permanece viril, improvável para levar a impotência, mesmo na velhice. Esta pessoa chega à raiz do problema e em qualquer prova é um estrategista notável chega ao o que quer a qualquer custo. É uma excelente colocação para um ocultista, pesquisador, psicólogo ou investigador.

Em Sagitário ♐

Os nascidos com Plutão em Sagitário têm uma necessidade para a exploração. Eles sentem que, ganhando o máximo de experiências diferentes possíveis, eles têm o poder de reconhecer e usar todas as oportunidades que surgem em seu benefício. Eles têm a autoconfiança para desafiar os códigos morais existentes. Eles usam suas crenças como uma extensão de si mesmos.

Plutão em Sagitário é amigável, desde que a sua liberdade não seja prejudicada. Eles estão entusiasmados em alcançar seus objetivos na vida. Eles podem ter dificuldade com pessoas que têm crenças diferentes do que a sua própria. Eles podem encontrar-se uma nova religião que lhes oferece mais liberdade e espiritualidade. Educação é muito importante para eles e eles podem desenvolver novas formas de aprendizagem. Eles gostam de viajar.

Plutão em Sagitário são aventureiros, interessados em filosofia e assuntos do mundo e gostam muito do livre-pensamento. Eles não toleram o tédio. Risco apenas acrescenta a diversão na aventura. Corajosos e não-conformistas, Plutão em Sagitário está em busca de todas as coisas novas. O futuro é uma área que eles tendem a se fixar. Eles estão otimistas e tentam encontrar respostas em vez de problemas. Eles se concentram no positivo e não negativo. Eles podem saltar antes de olhar ou se precipitar para uma aventura sem preparação adequada.

Pessoas nascidas com Plutão em Sagitário tendem a agir estupidamente, às vezes, o que pode ser sua ruína. Eles odeiam ser humilhados, mesmo que seja apenas um erro momentâneo que ninguém mais sequer tenha notado. Para compensar, eles podem encobrir seus erros ou criar justificação para eles.

Plutão em Sagitário empresta o poder espiritual. Esta pessoa possui o poder de transcender espiritualmente e eles também podem fazer uma mudança radical dentro da religião. Essa posição sugere relações legais em tribunais superiores. Viagens de longa distância pode representar uma ameaça. Esta é uma excelente posição para ministros, curadores e conselheiros. Pesquisa jurídica pode se enquadrar nessa colocação também.

Em Capricórnio ♑

Plutão em Capricórnio exercita precaução em todas as coisas. Eles sabem que podem ter sucesso por meio da ação disciplinada. Eles são ambiciosos. Eles podem sentir-se impacientes para chegar aos seus objetivos, mas eles percebem que não vai ajudá-los a ganhar o que eles desejam. Mudança gradual é o seu lema.

Plutão em Capricórnio é um organizador nato. Eles criam estrutura onde antes havia o caos. Seu poder reside na prudência e ação reservada. Eles podem resistir a autoridade existente e passam a estabelecer a sua própria.

Plutão em Capricórnio funciona bem, mas ele empresta a frieza de Saturno. Esta posição está associada com a morte do pai. Esta pessoa é ambiciosa e pode chegar até o topo da carreira. Essa pessoa possui a unidade para ter sucesso. Ele pode parecer sério e grave. Esta é uma boa colocação para executivos de empresas e políticos.

Em Aquário ♒

Pessoas nascidas com Plutão em Aquário podem ser erráticas. Elas têm idéias originais, embora elas são influenciadas por suas experiências únicas, enquanto vai crescendo.

Estes indivíduos são geralmente não-conformistas, por isso alguns podem percebê-los como estranhos ou compulsivos. Eles, no entanto, sabem exatamente o que estão fazendo e o por quê. Eles vão usar o seu único Ângulo sobre o mundo para ganhar mais controle por si mesmos. Eles sentem que suas crenças substitui todo o resto. Eles precisam aprender que suas crenças não lhes dá o direito de passar por cima sobre os direitos dos outros.

Plutão em Aquário é fascinado pelas idéias de igualdade e liberdade. Eles podem ser parte de um movimento que vai resultar numa mudança social drástica.

Plutão em Aquário rege o baixo-ventre da sociedade. Ele rege organizações secretas e grupos políticos subterrâneos revolucionários. Esta pessoa é teimosa. Ele ou ela possui a capacidade de trazer uma mudança social real. Esta é a colocação do revolucionário.

Em Peixes ♓

Pessoas nascidas com Plutão em Peixes tenta levar em conta a forma como as suas ações afetarão os outros emocionalmente. Porque eles passam tanto tempo fantasiando sobre como elas podem afetar os outros, eles têm dificuldades de atuar diretamente como querem na verdade.

Eles tentam entender a emoção humana para que eles possam lutar por seus objetivos, apesar de seus sentimentos sobre os outros, que vêm em primeiro lugar. Eles podem se tornar sigilosos e manipuladores porque eles aprendem a explorar os sentimentos dos outros em um nível subconsciente. Eles podem viver muito na fantasia ou se envolver com drogas ou outras substâncias que causam dependência.

Plutão em Peixes é impressionável, mas pode ser inspirador também. Eles estão interessados em espiritualidade e religião. Eles podem ter habilidades psíquicas. Eles se sentem alienados facilmente.

Plutão em Peixes possui profundo conhecimento sobre a psique. Esta pessoa possui o poder de hipnotizar. Esta é uma excelente posição para psicólogos e farmacêuticos.

PLANETAS NAS CASAS

GRAHAS NOS BHAVAS

☉☽☿♀♂♃♄♅♆♇☊☋

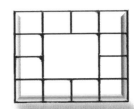

Se os Signos do Zodíaco mostram "como" os Planetas irão se expressar, as casas do mapa natal revelam "onde" estas energias são expressadas. Cada uma das 12 Casas de um mapa rege certas áreas da vida, tipos de pessoas e relacionamentos, idéias e circunstâncias da vida. Sua experiência de um determinado Planeta ou corpo em seu mapa astral é modificado não só pela colocação dos Signos e aspectos, mas também por posição das Casas.

Os Planetas exercem uma grande quantidade de energia na Casa em que estão fisicamente localizados no mapa natal. Esta energia é concentrada para a função da Casa. Os Planetas representam a ação no horóscopo e a Casa em que reside o Planeta é a Casa da ação em questão. Assim, podemos ter vários Planetas em uma Casa que pode fazer o entrelaçamento daquela Casa um tanto que complexo e muitas vezes é mais significativo na vida da pessoa do que as outras Casas.

Na minha experiência, eu descobri que Planetas nas Casas revelam informações mais específicas do que Planetas nos Signos. Obviamente, nós estamos começando a partir de um Signo Ascendente específico para um indivíduo ou evento e não com o Áries genérico, como é o caso dos Planetas em Signos.

Para entender Planetas em Casas, vamos seguir algumas regras simples:

- Olhe para o Planeta como se estivesse em um Signo em particular. Na Astrologia Védica, cada Signo é cada Casa, portanto a 1ª Casa irá agir como Áries, a 2ª Casa irá agir como Touro e assim por diante.

- Pegue o Planeta que estiver ocupando a Casa e veja qual o Planeta que rege aquele Signo natural naquela Casa. Por exemplo, se o Sol estiver na 1ª Casa, considere como se estivesse em Áries, regido por Marte.

- Como Áries é regido por Marte, no nosso exemplo, trate o Sol como se estivesse em combinação com Marte.

Esse princípio de combinação funciona bem na Astrologia Védica. Siga esse conceito com cada

Planeta em cada Casa e irá entender muito do mapa da pessoa.

PLANETAS NA 1ª CASA

Sol ☉

O Sol na 1ª Casa é muito útil, uma vez que ele intensifica a vitalidade e os atributos construtivos desta Casa. Ele vai trazer alegria para a pessoa e vai dar uma natureza radiante. Ele indica uma boa saúde, uma constituição forte e uma infância feliz. O Sol aqui acentua os aspectos positivos do Signo do Ascendente e aponta para uma vida geralmente bem-sucedida, tanto espiritual quanto materialmente. A pessoa vai adquirir o respeito dos outros e seu prestígio será consideravelmente reforçado através de seus esforços pessoais. Ele tem fortes poderes de resistência a circunstâncias adversas e pessoas.

Lua ☽

Esta posição da Lua intensifica o lado emocional da pessoa. O indivíduo tende a ser muito sensível e um pouco tímido. Ele estará sempre pronto para uma mudança, não importa a qual mudança. Ele deve aprender a superar sua timidez, se quiser desfrutar de algum sucesso público. A Lua na posição Ascendente fortalece o lado dualista da pessoa. Ela destaca a personalidade e sua mutabilidade. Ela aumenta as perspectivas de viagens e, consequentemente, traz mais variedade para a vida. A Lua na 1ª Casa, traz um forte desejo de reconhecimento, aceitação dos outros e receptividade.

Mercúrio ☿

Mercúrio no Ascendente aumenta os poderes da expressão de pensamentos e idéias. Está, sobretudo, numa posição favorável para o lado intelectual da pessoa. Ele significa uma grande quantidade de viagens e um forte desejo de comunicar as diferentes experiências resultantes dessas viagens. Idéias virão mais rapidamente e de forma espontânea para o indivíduo. Devido à inquietação e mutabilidade, ele deve ter o cuidado, porque estes atributos irão dificultar a direção

218 ♈♉♊♋♌♍ ♎♏♐♑♒♓

de seus pensamentos e idéias. Com Mercúrio na 1ª Casa, a expressão torna-se um estilo de vida, palestrantes, professores, escritores e jornalistas têm esta posição. Quando Mercúrio está retrógrado em 1ª Casa pode haver impaciência e muitas vezes cria problemas, que estão profundamente enraizados e pode haver a inibição da expressão intelectual.

Vênus ♀

Vênus na posição Ascendente fortalece as qualidades de convivência e estas pessoas terão mais facilidade para fazer amizades e associações. Eles possuem uma natureza alegre e tem uma capacidade notável para a expressão artística. Eles têm uma natureza gentil e um desejo natural pela beleza e harmonia, que, idealmente, deverá envolvê-lo. Sua disposição feliz vai ajudá-lo através de muitos dos seus problemas. Vênus na 1ª Casa traz a beleza, o charme, a sedução, a profissão artística e os trabalhos relacionados com a estética, moda. Quando Vênus está retrógrado na 1ª Casa a pessoa precisa de muita atenção para não se envolver em um profundo egocentrismo. Eles com certeza gostam de receber mais do que dar. Atitude realista para a si mesmo é necessária em tais casos.

Marte ♂

Esta posição de Marte aumenta a energia do indivíduo, às vezes denotando força física extra e muita coragem. Ele deve ter cuidado, no entanto, por que, às vezes, pode induzir o temperamento impulsivo. A pessoa é auto-afirmativa e tem uma natureza turbulenta. Ela se orgulha em sua força física e atitude corajosa. Uma grande quantidade de entusiasmo e otimismo são gerados por essas pessoas em uma dada situação. Marte na 1ª Casa dá talento para o esporte e personalidade agressiva que domina os outros. Quando Marte está retrógrado na 1ª Casa pode haver excesso de confiança e a pessoa vê o mundo externo como perigo para seu Ego. Muitas vezes, é muito agressivo com os outros. Aqui deve-se aprender a construir uma personalidade e identidade equilibrada.

Júpiter ♃

Esta localização de Júpiter na 1ª Casa sempre dá sorte. Júpiter é o Planeta da sorte e quando ele é posto no Ascendente ele vai trazer muitas condições boas para a pessoa. Mesmo durante os períodos problemáticos, Júpiter irá proteger os principais interesses na vida. Ele aumenta o fator de otimismo e fornece a pessoa com uma disposição alegre. Ela tem uma aura confiante sobre ela quando se lida com os problemas da vida. Ela pode muito efetivamente calcular o resultado futuro de suas ações presentes. Quando Júpiter está retrógrado 1ª Casa, a pessoa quer progredir, estará cheia de entusiasmo por novas idéias, é pioneira, mas nem sempre com uma base forte. A pessoa é muito independente, mas precisa verificar a própria verdade na realidade.

Saturno ♄

Esta localização de Saturno tende a deprimir o indivíduo e trazer uma reação ruim para a sua saúde ou bem-estar. Saturno aqui auxilia o planejamento cuidadoso e do cauteloso lado da natureza, mas também traz restrições e atrasos. O indivíduo pode continuamente procrastinar e uma sensação de medo pode resultar. Há uma habilidade para superar essas deficiências com premeditação construtiva e reflexão. Ele deve utilizar esses poderes eficazmente. Na 1ª Casa, a pessoa é muito trabalhadora e tem a tendência de ter uma visão de mundo grave da vida. Quando Saturno estiver retrógrada na 1ª Casa, a pessoa sente uma barreira entre si e os outros. A pessoa é muito sensível, embora não parece. Esta pessoa quer a independência e os recursos próprios.

Rahu ☊

Rahu na 1ª Casa muitas vezes significa que os valores pessoais são mais importantes do que em geral ou em parcerias. Esta pessoa precisa aprender a fazer as coisas por si mesmo, confiar em sua própria iniciativa. Ela terá de realizar coisas através do poder de sua personalidade e desenvolver a autossuficiência. As atividades de parceria são muitas vezes um obstáculo para eles em muitos aspectos, mas eles têm de aprender a lidar com isso. Outras pessoas ou parcerias tornam-se um meio de experiências de aprendizagem sem escolha.

Ketu ☋

Ketu na 1ª Casa dá uma necessidade de "interagir" com os outros em relações de cooperação, uma vez que estes indivíduos são extremamente independentes. Eles têm uma tendência a considerar tudo em termos do que seria em torná-los felizes. Satisfações só serão sentidas quando eles usam os seus recursos pessoais (talentos, dinheiro, posses e senso de autoestima) em ajudar aos outros em uma cooperativa, com base igualitária.

Urano ♅

Esta posição de Urano confere originalidade de pensamento e ação sobre o indivíduo e fortalece a independência de sua natureza. Ele indica um certo grau de brilho mental e educação. Ele tem uma visão original da vida. Ele tem a capacidade de tomar decisões rápidas e de levar estas em ação imediatamente. Há uma indicação de que a pessoa será atraída pelos estudos do ocultismo. Urano na 1ª Casa mostra que haverão alterações bruscas na vida e estas não serão muito agradáveis. Urano na 1ª Casa também faz uma pessoa original, progressiva com uma inclinação para a liberdade. Quando Urano estiver retrógrado em 1ª Casa, dá origem ao extremo individualismo. A pessoa não está interessada em normas sociais e tradição. Ele está interessado apenas em mudanças novas e originais e constantes. A pessoa quer liberdade para explorar novos e desconhecidos caminhos.

Netuno ♆

Netuno posicionado na 1ª Casa irá aumentar a capacidade de usar o poder da sugestão, tanto oralmente quanto mentalmente. Ele aumenta o idealismo natural da natureza da pessoa, mas nem sempre de uma forma prática. A pessoa não deve se levar pela aparência das coisas, mas deve sempre pensar duas vezes antes de tomar decisões ou agir. Esta posição também indica que se a pessoa for fraca (dependendo de outros aspectos planetários contidos no mapa) pode se engajar em atividades não tão boas para ela, como beber, fumar e baixa moral. Existe uma certa quantidade de decepção presente em sua natureza. Na 1ª Casa Netuno geralmente impulsiona a pessoa ou no sentido místico ou na disposição para narcóticos. Quando Netuno está retrógrado na 1ª Casa, a pessoa está em constante mudança interior, sempre se acomodando de acordo com o ambiente. A pessoa tem que aceitar que sua verdadeira natureza é sem forma e a identidade é mais cósmica do que pessoal.

Plutão ♇

Esta posição de Plutão aqui é peculiar porque a vida do indivíduo parece flutuar entre a felicidade e a depressão. Certos interesses e associações podem ser completamente destruídas ou aniquiladas. A pessoa deve ser capaz de recriar novas idéias, planos e incentivos, ou ele vai permanecer em seu estado depressivo. Plutão aqui se inclina à períodos de solidão pessoal. Às vezes ele traz atividades pessoais à um impasse e evita desenvolvimentos desejados. A pessoa deve procurar a força de caráter, quando Plutão é posto em sua 1ª Casa, porque ele vai precisar desta força. Plutão na 1ª Casa dá a pessoa muito carisma e magnetismo. Quando Plutão estiver retrógrado na 1ª Casa, revoluções internas, a transformação das necessidades e desejos básicos e experiências intensas podem ocorrer.

Planetas na 2ª Casa

Sol ☉

Quando o Sol é colocado na 2ª Casa, indica que o indivíduo terá sucesso relativo em esforços financeiros. Ele também terá uma generosa natureza básica. A posição indica que o benefício ou o reconhecimento do esforço e da capacidade virá de pessoas em posições autoritárias e influentes. O dinheiro será adquirido através da afirmação adequada de autoridades e a manutenção de posições importantes. O respeito dos outros será o passo seguinte e o prestígio da pessoa será reforçada.

Lua ☽

A Lua na 2ª Casa indica que a renda da pessoa continuará a flutuar e seus gastos também. Assim, quando a Lua está aqui a manipulação pessoal em matéria do dinheiro será de grande importância para o resultado ao longo prazo nos assuntos financeiros. Se o aspecto de outros Planetas na Lua é razoavelmente bom, haverá um tremendo ganho através de iniciativa pessoal e controle do senso comum, mas se os aspectos lunares são ruins então a extravagância é possível e haverá dificuldades em matéria de rendimento. Com a Lua na 2ª Casa, a segurança é importante para a estabilidade emocional e há uma possibilidade de ganhar através do trabalho público e daqueles que trabalhos que envolve cuidar dos outros.

Mercúrio ☿

Mercúrio na 2ª Casa indica que o interesse financeiro do indivíduo estará relacionado com a sua mente, intelecto e atividades literárias. Ele pode muito bem fazer o seu dinheiro através de um desses interesses. Esta posição naturalmente aumenta a capacidade para a movimentação geral dos assuntos financeiros da vida. Os pensamentos e aspirações da pessoa será direcionada para os aspectos financeiros da vida. Esta posição da Casa do Mercúrio fortalece os poderes de concentração e memória. Mercúrio 2ª Casa dá ganho com o comércio, viagens, escrita, fala e palestras. Quando Mercúrio está retrógrado na 2ª Casa, a pessoa defende muito o seu sistema de valores. A visão do mundo é materialista e problemas de compreensão das camadas mais profundas da realidade tornam-se uma necessidade.

Vênus ♀

Quando Vênus está na 2ª Casa os assuntos relativos à influência feminina, do lado feminino da vida terá uma reação direta sobre a situação financeira da pessoa. Se Vênus estiver bem com bons aspectos, essa influência será benéfica. No entanto, se for mal colocada, a influência será prejudicial. Há uma indicação de que a pessoa vai desejar os aspectos materiais da vida. Normalmente, a extravagância indevida não é indicada. Com a Vênus na 2ª Casa, se ganha através de moda, beleza, cosméticos e sexo oposto. Quando Vênus está retrógrado na 2ª Casa o materialismo é como valor principal de vida, a pessoa pode ser mesquinha, mas tem um talento artístico.

Marte ♂

Marte na 2ª Casa indica a capacidade e habilidade para ganhar dinheiro através do esforço pessoal árduo e contínuo. Marte invariavelmente indica que a pessoa está inclinada em direção dos riscos, algum ganho monetário virá através da especulação. Embora a pessoa está inclinada para o trabalho duro, a despesa será sempre pesada e isso não vai ser fácil para ela se abster da inclinação de gastar livremente. Com a Marte 2ª Casa há uma capacidade de ganhar dinheiro e ganhar aquisições e muita energia é investido na aquisição material. Quando Marte está retrógrado na 2ª Casa há fortes desejos. É necessário estabelecer valores e estabilidade financeira.

Júpiter ♃

Júpiter na 2ª Casa vai trazer a um grau considerável de sorte e da boa fortuna nos seus interesses financeiros. Se Júpiter tiver um mal aspecto infelicidade e perda será proeminente. A pessoa terá uma natureza altamente simpática. Ela tem uma disposição benevolente e demonstra excelente julgamento em seus assuntos monetários. Essa posição demonstra que a

224   ♈♉♊♋♌♍ ♎♏♐♑♒♓

questão financeira pessoal da pessoa será bastante satisfatória, apesar das flutuações habituais que a vida traz. Júpiter na 2ª Casa dá um talento para ganhar e ou perder financeiramente, dependendo dos aspectos. Quando Júpiter está retrógrado na 2ª Casa, muita ênfase na vida material pode acontecer.

Saturno ♄

Quando Saturno está na 2ª Casa, isto indica que a pessoa vai experimentar muita ansiedade sobre suas obrigações e responsabilidades financeiras. Esta posição implica dificuldades na medida em que os desenvolvimentos de planos financeiros estiverem em pausa. A pessoa deve aprender a dar mais tempo para os seus planos para desenvolver e amadurecer. Ela deve cultivar sua qualidade de paciência e suportar os contratempos e atrasos financeiros. Saturno na 2ª Casa dá um relacionamento sério com os valores materiais, possíveis problemas financeiros e trabalho duro mal pagos, mas também a aquisição de valores e bom senso com duração e qualidade. Quando Saturno estiver retrógrado na 2ª Casa, a pessoa aprende sobre a propriedade, fica hesitante em mudar e está ligado a valores antigos. A felicidade é possível, desde que pessoa abandone a superestimação desnecessária do material sobre o humano.

Rahu ☊

Rahu na 2ª Casa, muitas vezes, significa atividades financeiras incomuns ou habilidades para lidar, ganhar e gerenciar seus próprios recursos. Eles têm de aprender a respeitar os seus próprios recursos, pois é um instinto inato para eles dependerem de finanças e recursos dos outros. Eles devem construir a sua própria base financeira. Eles devem tentar ficar longe das questões de crédito e recursos de outros, o máximo possível. Se Rahu estiver mal colocado, anos de fartura são seguidos por anos de carência, de modo que os bons investimentos devem ser feitos para ajudar nos períodos menos produtivos.

Ketu ☊

Ketu na 2ª Casa dá uma necessidade de "mudar" interesses materialistas de vidas passadas ou do passado. Ao unir os seus esforços e talentos com os outros para um objetivo comum, eles vão descobrir que as pessoas têm mais valor do que as posses materiais. Seu amor de posses não traz a felicidade. Posses devem melhorar a vida em vez de dominá-la. Assim, eles precisam reorientar seu pensamento e rever os seus valores (qualquer coisa que eles apreciam e desfrutam, seja ela física, mental, espiritual ou emocional). Eles têm um dom para ajudar os outros a desenvolver seus talentos internos e para ajudar os outros a reavaliar seus valores. Estes indivíduos podem se tornar muito empolgados com seus recursos pessoais (talentos, dinheiro, posses, senso de autoestima.

Urano ♅

Urano na 2ª Casa indica condições inesperadas relativas à situação financeira. Vão existir períodos de ganho súbito e perda repentina. Estes períodos, dependem dos aspectos planetários formados com Urano. Benefícios e perdas aqui virá de desenvolvimentos inesperados e mudanças de circunstâncias. As perdas podem ocorrer como resultado de quebra de contrato, como parcerias ou casamentos. Urano na 2ª Casa, geralmente traz prejuízos financeiros, a inovação financeira, riscos e perda súbita e instabilidade financeira. Quando Urano estiver retrógrado na 2ª Casa há uma constante mudança de valores e da instabilidade financeira repentina. A pessoa deve superar o medo da responsabilidade e dedicar-se ao que universo mostra como a verdade.

Netuno ♆

Netuno na 2ª Casa significa que a pessoa terá um forte desejo de ganhar dinheiro facilmente e rapidamente e, como resultado, ele deve ter muito cuidado para que essa vontade não interfira com o seu senso de discernimento entre o certo e o errado. A perspectiva de dinheiro fácil sempre irá atrair esta pessoa e ela deve ter muito cuidado para que não arruíne a vida própria ou a da sua família. Netuno na 2ª Casa pode dar ganhos através de maneiras misteriosas, escondidas e existe a aptidão para a corrupção ou idealismo. Quando Netuno estiver retrógrado na 2ª Casa, a pessoa tem dificuldade de fortalecer o próprio sistema de valor.

Plutão ♇

Com Plutão na 2ª Casa há uma intensificação da vontade de ganhar dinheiro e se suas expectativas são realizadas, as coisas vão muito bem. No entanto, quando suas expectativas não se concretizam, o indivíduo pode tornar-se muito desiludido com a vida. E, às vezes, o lado secreto desonesto da vida se torna muito atraente. Se ele se submeter a esses desejos, ele irá invariavelmente arruinar sua vida. Plutão na 2ª Casa pode dar grande capacidade de ganho e do materialismo extremo. Quando Plutão está retrógrado na 2ª Casa pode existir uma transformação total do sistema de valores.

Planetas na 3ª Casa

Sol ☉

Quando o Sol está na 3ª Casa aumenta o desejo de comunicação e viagens na esperança de que as pessoas em posições influentes podem ser contatadas. Os estudos e interesses intelectuais são muito mais do que um negócio e têm natureza grande e dramática, puramente para o avanço intelectual. O Sol aqui proporciona a uma mente magnânima nativa com uma grande dose de orgulho e ambição. Ele é firme e autossuficiente em todas as atividades mentais e está sempre visando o sucesso.

Lua ☽

A Lua na 3ª Casa indica uma quantidade considerável de viagens. O tipo de viagem será decidido pela natureza das atividades pessoais, inclinações e ocupação do indivíduo. Relativo aos estudos, o Signo que estiver aqui vai indicar a preferência pessoal. A posição naturalmente aumenta os poderes imaginativos e também aumenta a capacidade de assimilação do conhecimento. A posição aumenta o número de parentes e lugares em muitas posições variadas na vida. Lua na 3ª Casa dá viagens curtas e frequentes, possíveis problemas durante a educação na infância, o apego aos irmãos e irmãs, a aprendizagem por absorção, bom para escritores e transferência de conhecimento.

Mercúrio ☿

Quando Mercúrio está na 3ª Casa o desejo de viajar e de variedade é bem maior que o normal. Ele indica viagens tanto nacional como intercontinental. O indivíduo tem o potencial para assumir várias áreas diferentes de estudos, como os seus interesses são variados. Ele deve ter cuidado aqui, porém, como às vezes, ele tenderá a ganhar apenas um conhecimento superficial de cada assunto e nada de significativo vai ser aprendido. É uma posição muito boa para Mercúrio porque Mercúrio é o Regente natural da 3ª Casa e a influência é harmoniosa. Mercúrio na 3ª Casa pode dar a carreira relacionada com viagens, jornalismo, escrita e publicação. Quando Mercúrio está retrógrado na 3ª Casa há uma forte atividade mental, a pessoa investe muita energia para ser compreendida e existe uma necessidade de desenvolver uma mente analítica.

Vênus ♀

Esta é uma excelente posição para questões relacionadas com os parentes e vizinhos. As relações aqui vão mais definitivamente ser de natureza harmoniosa. Há uma indicação de que o indivíduo tem uma forte capacidade para estudos relacionados à arte e literatura, assim como a escrita profissional, palestras e oratória. O desejo de viajar é intensificado e esta posição é normalmente boa para viagens de curta distância. Há condições propícias relacionadas com viagens e companheiros de viagem. Vênus na 3ª Casa pode dar a atração sexual por parentes próximos, apoio do ambiente e uma necessidade de estar rodeado pela beleza. Quando Vênus está retrógrado na 3ª Casa a pessoa analisa cuidadosamente a sua vida amorosa e o contato com as pessoas. É necessário construir relacionamento profundo e construtivo com as pessoas e seu prazer emocional.

Marte ♂

Quando Marte está na 3ª Casa aumenta o desejo de viajar, mas também aumenta a possibilidade de acidentes durante as viagens. A natureza aventureira da pessoa vai colocá-la em situações perigosas, que são muitas vezes causadas pela sua tomada de riscos imprudentes. Acidentes são indicados em um carro ou qualquer veículo. Ele será atraído para estudos de natureza mecânica. Ele é atraído para a indústria da construção e tem um interesse forte nos explosivos. Marte na 3ª Casa dá amor pela a velocidade, relacionamento forte com parentes, forte influência sobre os outros, mente agressiva e muita energia mental. Quando Marte está retrógrado na 3ª Casa a pessoa tem abordagem direta ou forte com os outros. Ela deve aprender a perceber seu ambiente ao redor e transcender o desejo de ser sempre ser a parte ativa de tudo do que está acontecendo ao redor.

Júpiter ♃

Quando Júpiter está na 3ª Casa o desejo de viajar é ampliado e estas viagens são de longa distância. O desejo de exploração e aventura também são fortes. Júpiter dá aqui, à pessoa, a alegria mental e uma natureza básica de otimismo. A 3ª Casa ajuda a assimilação mental e Júpiter ali é muito útil para os estudos, escritas e interesses literários. Ele indica que a pessoa vai encontrar inestimável ajuda através de diferentes agências e outras pessoas com quem ela estiver associada. Júpiter na 3ª Casa traz boas relações com os parentes, as circunstâncias da sorte em viagens curtas, é bom para a educação e relacionamento com o ambiente. Se Júpiter estiver sob tensão indica problemas nesta área que pode ser superada através de atos altruístas. Quando Júpiter está retrógrado na 3ª Casa a pessoa é exploradora, fisicamente e mentalmente. Ela é sincera, boa conselheira e pode dizer muito com poucas palavras.

Saturno ♄

Quando Saturno está na 3ª Casa o poder de premeditação e concentração intensifica. Se estiver em aspectos ruins, pode causar depressão mental grave. As questões relativas aos parentes e vizinhos, às vezes, pode causar agitação e preocupação. As circunstâncias que cercam a situação interna podem trazer responsabilidade indesejada por meio das ações imprudentes dos parentes. Saturno tende a limitar viagens ou confinar aos interesses relativos à ocupação. Há uma indicação de perigo ao operar automóveis e cuidado deve ser empregado aqui. Saturno na 3ª Casa traz relações problemáticas com os parentes, muita seriedade durante a adolescência e juventude, abordagem séria ao conhecimento e à concentração e uma mente metódica. Quando Saturno está retrógrado na 3ª Casa, pode haver problemas de comunicação porque a pessoa vê o mundo preto e branco. A mente consciente se situa em blocos de informação da parte mais profunda da personalidade, por isso não está integrado o suficiente. A pessoa é conectada à superfície, que consiste em pensamentos socialmente aceitáveis, racionalizações e idéias construídas.

Rahu ☊

Rahu na 3ª Casa muitas vezes significa a capacidade intelectual incomum de compartilhar seu senso de consciência em sua vida com aqueles em seu ambiente social e recebe de seu senso de conscientização e impressões. Excelente relacionamento com os irmãos e irmãs são notados. Benefícios através de viagens e curtos movimentos são muitas vezes notado na vida. Se estiver aflito, prazer através de viagens curtas e cidades vizinhas é negado. Visão extrema sobre os problemas nacionais são expressas. Ketu na 9ª Casa (Rahu e Ketu sempre estão em oposição) é bom para a espiritualidade, mas ruim para a sorte terrena e boa sorte.

Ketu ☋

Ketu na 3ª Casa dá uma necessidade "para entender," para viver, e aceitar um maior ideal e filosofia. O conhecimento científico não pode responder a todas as coisas. Assim, eles precisam seguir filosofias e religiões diferentes. Viagens também ampliam os seus pontos de vista. Quando eles aprendem a tocar em seus subconscientes, eles podem comunicar o que eles têm encontrado significativamente para aqueles em seu ambiente imediato (familiares, parentes, vizinhos). Há uma obrigação kármica às pessoas no seu ambiente. Parentes podem ser uma fonte de dificuldades. Existe a possibilidade de se desenvolver uma filosofia interna diferente através da colocação de Rahu na 9ª Casa. Essas pessoas podem tornar-se enredadas na vida do dia-a-dia e esquecer que elas estão aqui para desenvolver o crescimento da alma. Ou, elas podem se tornar tão fixo em suas crenças religiosas que elas se recusam a ouvir qualquer outra filosofia.

Urano ♅

Quando Urano está na 3ª Casa há um forte desejo para o curso estranho, emocionante, talvez a natureza experimental, especialmente no âmbito da aviação e onde a investigação desempenha um papel. O número de parentes irá variar e o contato com eles estarão sujeitos a rupturas bruscas e mudanças. Há uma atração diferente para os estudos e um interesse astrológico, oculto e de natureza científica. Se esses interesses são abordados de forma madura, a pessoa pode aumentar a sua perspectiva mental sobre a vida. Urano na 3ª Casa dá idéias originais, relacionamento não convencional com vizinhos, irmãos, parentes e outros próximos a eles, aptidão para veículos não convencionais e uma relação com parentes complicada. Quando Urano está retrógrado em 3ª Casa a pessoa é rebelde, mas muitas vezes engenhosa, quer a todo o custo ser diferente, ter idéias originais e inventividade. Possíveis problemas no relacionamento, porque pessoa insiste em expressar a individualidade a qualquer custo.

Netuno Ψ

Esta posição inevitavelmente vai trazer à pessoa um bom negócio em viagens de curta distância. Alguns cuidados serão sempre necessários sobre companheiros de viagem e pessoas encontradas como resultado das viagens efetuadas. Se a pessoa não é cuidadosa, a sua confiança pode sofrer uma perda ou através de fraude ou desonestidade dos outros. Netuno na 3ª Casa dá complicadas relações com parentes, viagens marítimas ou problema de concentração durante a condução. Quando Netuno está retrógrado na 3ª Casa pode ter um desenvolvimento de habilidades psíquicas, mas a pessoa tem que construir uma confiança e transcender a própria negatividade. Em seguida, ela irá adquirir boa capacidade de comunicação e um bom entendimento com os outros.

Plutão ♇

Quando Plutão está posicionado na 3ª Casa indica que a pessoa é atraída por viagens de uma natureza incomum. Há algumas indicações de que existe uma certa clandestinidade na parte de sua vida e/ou trabalham com pessoas de má reputação. Este indivíduo será atraído por estudos envolvendo evolução. Ele terá uma experiência peculiar com seus parentes. O caráter aqui será extremamente engenhoso, penetrante e contundente. Plutão na 3ª Casa dá uma boa idéia para pesquisa, possíveis problemas em viagens e faz uma pessoa assertiva. Quando Plutão está retrógrado na 3ª Casa podem haver experiências psíquicas, mas a pessoa tem que dominar seus sentidos. Transformação de atitudes para com os outros também serão necessários.

Planetas na 4ª Casa

Sol ☉

O Sol na 4ª Casa intensifica todos os assuntos relacionados com o lado interno da vida do indivíduo, boas ou más. Ele vai se tornar mais profundamente envolvido em questões importantes relativas à sua família. O Sol aqui auxilia o indivíduo na matéria de sua propriedade e o seu bem-estar. O Sol aqui também demonstra o resultado alternativo de esforços anteriores e como eles podem afetar os últimos anos de vida. Esta posição deve permitir que o indivíduo mantenha sua vitalidade e energia durante os últimos anos de sua vida.

Lua ☽

Quando a Lua está na 4ª Casa indica que o indivíduo será fortemente ligado à sua mãe. Ele vai se sentir muito perto dela e mantê-la em alta estima. Os laços domésticos, em geral, são muito importantes para o indivíduo e ele tem um intenso desejo de ter sua vida doméstica confortável, tranquila e pacífica. Quando isso não acontece, ele pode se tornar emocionalmente deprimido. A posição indica que a última parte da vida será importante para o indivíduo e que ele estará ativo até sua morte. A Lua na 4ª Casa quer dizer que o ambiente familiar, a casa, exercem forte influência e a Lua aqui também causa um forte apego ao lugar de nascimento.

Mercúrio ☿

Quando Mercúrio está na 4ª Casa, os poderes da imaginação são intensificadas e o indivíduo também terá uma mente forte. A direção dos assuntos domésticos e as ações de outras pessoas no ambiente afetará a linha predominante do pensamento. Quando há harmonia nos assuntos internos, o indivíduo terá uma perspectiva mental confortável. Ele vai fazer um progresso substancial no tratamento geral de assuntos tanto de natureza privada ou de negócios. No entanto, a desarmonia em casa pode causar-lhe problemas intermináveis. Mercúrio na 4ª Casa pode causar o nascimento em uma família intelectual ou pode haver uma grande influência da família sobre o quadro mental. Quando Mercúrio está retrógrado na 4ª Casa a pessoa é fortemente influenciada pela sua infância e ele se sente mais seguro no círculo familiar.

Vênus ♀

Esta é uma boa posição para Vênus porque ela traz harmonia e paz à vida familiar do indivíduo. A pessoa pode ganhar monetariamente e socialmente através dos assuntos domésticos e familiares. Ela oferece ao indivíduo a capacidade para tornar a casa um lugar regular para lidar com assuntos externos. Podem existir benefícios derivados de várias maneiras através de outros membros da família, particularmente dos membros do sexo feminino. Há uma ampla oportunidade disponível para o indivíduo em criar uma vida conjugal harmoniosa. Vênus na 4ª Casa provoca uma forte relação com a mãe e a casa tem um ambiente agradável. Quando Vênus está retrógrado na 4ª Casa o conceito de amor sempre envolve a proteção e o cuidado dos pais.

Marte ♂

Essa não é uma boa posição para Marte, porque ele tenderá a fazer com que o indivíduo tenha tumultos e conflitos na cena doméstica. O problema irá ocorrer às vezes com, ou através dos pais, especialmente se um deles é altamente instigável. Ao mesmo tempo, apesar do atrito, haverá um desejo pelo conforto de casa e por ter a casa como uma base para dirigir os assuntos externos. O indivíduo terá que usar o bom senso e paciência, se vai misturar a sua vida em casa com os seus ideais. Marte na 4ª Casa pode causar problemas na família ou na terra natal ou a pessoa muitas vezes deixa o local de nascimento. Quando Marte está retrógrado na 4ª Casa existe uma necessidade enraizada de dominar dentro da família ou tem pai dominante e é preciso transcender aspectos destrutivos dessa relação e dependência geral sobre os outros.

Júpiter ♃

Júpiter está bem colocado na 4ª Casa e normalmente traz ambiente familiar de natureza agradável, mostrando que o benefício virá através dos pais e outros membros da família. O indivíduo também irá derivar de algum benefício através dos atos, da influência e do apoio de certas pessoas que fazem parte da família. Enquanto não existem aspectos ruins para Júpiter, a última parte da vida do indivíduo trará muitos benefícios e o lado material e financeiro dos negócios será bom. Júpiter na 4ª Casa traz eventos positivos através do apoio da família e também um certo luxo na residência. Quando Júpiter estiver retrógrado na 4ª Casa, a pessoa pode ter forte emoções que podem perturbar o funcionamento da mente superior e pode fazer com que ela viva no passado podendo causar problemas.

Saturno ♄

Quando Saturno está na 4ª Casa, há uma indicação de problemas na vida familiar. Dificuldades ou restrições irão atuar durante a parte inicial da vida, seguido por responsabilidades familiares. Deveres para com os pais pode mesmo interferir com o casamento. Se o casamento não tiver lugar, a vida em casa não vai ser muito feliz por causa do trabalho e problemas financeiros. O fim da vida do indivíduo não vai ser muito feliz. Saturno na 4ª Casa pode causar problemas com os pais, possivelmente a morte precoce da mãe. Quando Saturno estiver retrógrado na 4ª Casa a pessoa é orientada para dentro, tentando descobrir o que o incomoda na raiz do ser.

Rahu ☊

Rahu na 4ª Casa indica benefício por meio do pai, ou, provavelmente, da mãe. Ganho é adquirido através de bens imóveis ou riqueza mineral. Por alguma razão, a casa é altamente significativa em sua vida. Pode haver um problema na conexão com um dos pais ou um desequilíbrio no seu amor por eles. Carreira tem uma segunda prioridade em sua vida, embora eles têm um forte instinto de exibir o Ego, as circunstâncias podem não lhes dar a oportunidade de ser proeminente em seu campo.

Ketu ☋

Ketu na 4ª Casa dá uma necessidade "para atingir" o reconhecimento através de uma profissão ou realizações pessoais. Se a pessoa tentar girar sua vida em torno de sua casa, ela vai se desintegrar. Seus talentos internos precisam ser compartilhados publicamente por meio de realizações ou de uma carreira, porque eles têm a capacidade de inspirar e elevar aos outros.

Urano ♅

Quando Urano está na 4ª Casa traz súbitas mudanças, inesperadas, que tendem a perturbar a vida familiar. Uma hora todos estão bem e há uma aura de tranquilidade, quando de repente, sem aviso, turbulências acontecem. Mesmo na infância alterações súbita graves podem ocorrer, às vezes por meio da separação, divórcio ou morte dos pais. Mais tarde na vida mudanças residenciais serão obrigadas pelas circunstâncias. O fim da vida trará ainda maiores viradas repentinas. Urano na 4ª Casa pode causar uma família não convencional. Quando Urano está retrógrado na 4ª Casa pode haver muita turbulência emocional acontecendo em casa. Essa pessoa vai querer se libertar de tudo relacionado com a casa ou pais.

Netuno ♆

Quando Netuno está na 4ª Casa indica que o lado interno da vida do indivíduo será obscurecido por algumas condições peculiares ou misteriosas. Eventos passados que afetam os pais ou outros membros da família podem ser cobertos por um grau de sigilo e coisas indesejáveis podem vir à tona. No entanto, às vezes isso dá um interesse em assuntos psíquicos e isso terá uma influência sobre a forma de como o indivíduo vai lidar com o lado interno de sua natureza. Netuno na 4ª Casa pode causar relações complicadas com a família, mãe e, muitas vezes, fazem crianças sem pais. Quando Netuno estiver retrógrado na 4ª Casa a pessoa tem dificuldade para tomar o papel da família, por causa da necessidade de basear a própria identidade na realidade cósmica. Aqui deve existir, ou deve ser feito um alinhamento da evolução desta pessoa com apego cósmico e diminuir a emotividade e a necessidade de segurança.

Plutão ♇

Plutão na 4ª Casa indica condições internas e ambientais muito incomuns. É uma posição que indica que o indivíduo pode ser um órfão ou ele pode perder seus pais muito cedo na vida através de uma calamidade natural. Há também uma indicação de que os pais podem muito bem perecer através de alguma forma de violência, como filho de um estupro. Plutão na 4ª Casa pode causar uma quebra do lado doméstico da vida do indivíduo. Esta separação pode vir tanto nos estágios iniciais ou no meio de sua vida e pode acontecer mais de uma vez. Plutão na 4ª Casa muitas vezes provoca relacionamentos extremamente tensos na família. Quando Plutão está retrógrado na 4ª Casa pode haver possíveis medos e fobias infantis e dependência emocional. Este posicionamento mostra a necessidade de um novo nascimento.

Planetas na 5ª Casa

Sol ☉

O Sol na 5ª Casa é uma boa posição e, invariavelmente, vai ajudar na formação de alianças favoráveis. Ele indica filhos do sexo masculino com certeza. É uma excelente posição para atividades artísticas, especialmente para atuar e é geralmente útil tanto para a especulação e para o investimento. No início da vida o desejo de ter filhos será forte. Já no meio da vida e na velhice os interesses e bem-estar geral dos jovens terão mais prioridade na mente do indivíduo. Ele às vezes se encontrará com uma posição que lida diretamente com a ajuda dos jovens, espiritualmente e materialmente.

Lua ☽

Quando a Lua estiver na 5ª Casa intensifica as emoções e é propício para casos de amor e flertes. Ele indica que uma prole feminina terá predomínio, como regra geral. Ela indica que o indivíduo tem potencial para algumas habilidades criativas que pode tornar-se altamente desenvolvidas com um treinamento adequado. A Lua na 5ª Casa indica que o indivíduo possui bom senso em relação aos investimentos, mas vai depender de outros aspectos que a Lua recebe. O lado empreendedor da natureza do indivíduo será bastante evidente e se for bem aproveitado, muitos benefícios seguirão. Nos casos de amor, no entanto, uma discrição é aconselhável e cuidado para que o lado emocional da natureza não saia do controle. A Lua na 5ª Casa dá fertilidade, muitos filhos, apego a eles e vários casos de amor.

Mercúrio ☿

Quando o Mercúrio está na 5ª Casa dá a uma perspectiva mental otimista nata com a capacidade para misturar questões intelectuais com aqueles de natureza artística e educativa. O indivíduo pode assimilar conhecimento com uma relativa facilidade e, em seguida, passá-la para os outros na forma de ensino e instrução. Em muitos aspectos, esta posição fornece o indivíduo com uma compreensão psicológica natural das crianças, seus temperamentos, gostos e desgostos. Ele também permite o talento para fazer avaliações rápidas de seu caráter e possibilidades futuras. Esta colocação de Mercúrio indica toda uma variedade de assuntos de amor e associados e isso pode causar uma duplicação de associações com as dificuldades emocionais subsequentes. Mercúrio na 5ª Casa dá o talento para o drama ou na escrita. Quando Mercúrio está retrógrado na 5ª Casa, precisa-se pensar e ter uma atitude mais séria à criatividade e à educação.

Vênus ♀

Vênus na 5ª Casa é uma boa posição, pois dá força e vitalidade à profundidade ao afeto do indivíduo. O desejo de amor e companheirismo é forte, mas se não for devidamente controlado pode produzir condições muito desagradáveis. É favorável para filhos do sexo feminino e é especialmente favorável para os interesses artísticos. Ela indica o ganho através da especulação e investimento se forem sabiamente manipulados. O lado artístico da natureza é reforçada e geralmente há uma forte atração para atuar em teatro. Algum interesse também pode ser visto em assuntos educacionais, bem como as de caráter social. Vênus na 5ª Casa dá belas crianças talentosas e traz prazer, fertilidade, prazer no sexo, mas somente se Vênus não estiver sob tensão. Quando Vênus está retrógrada na 5ª Casa a pessoa usa a criatividade, a sexualidade ou os filhos como um meio de autoconfirmação ou valor.

Marte ♂

Quando Marte estiver na 5ª Casa intensifica o apego para o sexo oposto. O lado apaixonado da natureza não será fácil de manter sob controle. A posição pode ser produtiva para alguns problemas e por outro lado, dificuldades repentinas, discórdias e rupturas. Às vezes, ele indica o nascimento de filhos fora do casamento. Favorece o nascimento de filhos do sexo masculino que, às vezes, pode causar problemas. Há uma indicação de que o indivíduo terá uma forte atração para os jogos e se ele não for cuidadoso isso vai causar-lhe muitos problemas na vida. Há uma tendência para especular em investimentos e análise cuidadosa deve ser feito nesta área. Marte na 5ª Casa dá uma sexualidade forte, problemas com as crianças e interesses em esportes. Quando Marte está retrógrado na 5ª Casa pode haver problemas na expressão da criatividade e sexualidade. A pessoa avalia tudo o que ela criou, para mostrar que ela é realmente boa. Neste caso a pessoa tem de transcender o sentimento de superioridade.

Júpiter ♃

Júpiter na 5ª Casa está bem posicionado e seu efeito são principalmente favoráveis. Ele auxilia o indivíduo no amor e trará benefício através deles. Ele indica que em alguns casos pode originar casos de amor através de interesses de natureza religiosa ou esportiva. Ele denota uma boa influência sobre os filhos e indica filhos, principalmente do sexo masculino. Também é uma boa influência para a especulação e investimentos, significando muitos benefícios que oferecem se o seu julgamento for razoável. Há uma indicação definitiva de ganho considerável através da especulação e do investimento. Júpiter na 5ª Casa dá felicidade com filhos, criatividade e especulação financeira bem-sucedida. As metas são elevadas quando Júpiter está retrógrado na 5ª Casa que causa uma natureza dominante, porque a pessoa, às vezes, superestima suas próprias capacidades.

Saturno ♄

Saturno na 5ª Casa indica dificuldades nos casos de amor e interfere na formação de amizades e associações. Mais frequentemente que não, esses problemas têm origem numa dificuldade pessoal do indivíduo de expressar livremente. Devido a esta dificuldade, os atrasos e as circunstâncias embaraçosas irá cercar o indivíduo. Saturno aqui restringe o círculo da família e uma família pequena é retratada. Dificuldade na criação dos filhos é indicado aqui, mas o indivíduo pode transcender seus problemas e ter uma vida bem-sucedida se ele está disposto a levar uma vida disciplinada. Não é uma boa posição para a especulação, mas mostra uma boa capacidade de investimento. Saturno na 5ª Casa, muitas vezes, dá problemas com as crianças, infertilidade ou gera pessoas que não querem ter filhos e pode haver vários problemas sexuais. Quando

Saturno está retrógrado na 5ª Casa a pessoa quer superar os obstáculos do processo criativo. A pessoa quer fazer algo de valor duradouro. Em vez de diversão, ela vai encontrar a responsabilidade, para entender a essência da vida. A pessoa tem que aprender a não manter os medos que impedem o fluxo de criatividade. Quando ele for bem-sucedido pode contribuir significativamente para a humanidade.

Rahu ☊

Rahu na Quinta Casa muitas vezes significa uma difícil relação com as crianças. Ele irá ensinar a usar seu coração para se conectar de uma forma muito pessoal. Ele faz a pessoa amar profundamente e intensamente. Estas pessoas têm bastante sucesso no amor/romance, mas as amizades podem ter algumas decepções. Prazeres através das relações sociais. Ganhos especulativos são indicados, a menos que Rahu esteja sob muita tensão. Ele desenvolve um grande desejo de ser criativo.

Ketu ☋

Ketu na 5ª Casa dá é uma necessidade "para elevar" os seus objetivos e buscar idéias que seriam para o bem comum do grupo. Estes indivíduos necessitam de usar suas habilidades criativas em benefício dos esforços em grupo ou de estar a serviço da natureza universal. Os seus talentos criativos em vidas anteriores foram utilizados para o auto-engrandecimento e para a glorificação do Ego. Eles podem encontrar-se fazendo isso de novo. Ou, eles podem se tornar tão envolvidos com seus filhos e interesses pessoais que eles não desenvolvem amigos ou participam em grupos sociais. O caminho da integração espiritual é aprender a unidade da humanidade, que só pode-se aprender através do contato com outras pessoas fora de casa.

Urano ♅

Urano na 5ª Casa intensifica o desejo de romance e denota vários casos de amor cercado por bruscas mudanças. Não é uma boa posição para crianças, porque mostra a ansiedade relacionadas com o nascimento real, bem como os seus interesses subsequentes. Do ponto de vista artístico, é bom para teatro, rádio e interesses

♈♉♊♋♌♍ ♎♏♐♑♒♓

literários. Em especulação mostra ganhos inesperados através de vários tipos de sorteios, jogos de azar e o mercado de ações. Urano na 5ª Casa oferece aptidão para experiências sexuais, crianças superdotadas ou problemas com elas. Faz um quer a liberdade e originalidade. Quando Urano estiver retrógrada na 5ª Casa há uma necessidade de construir estilo original de vida, o medo de normas sociais, idéias originais e capacidade de transmitir aos outros.

Netuno Ψ

Netuno na 5ª Casa dá uma inclinação para participar em assuntos secretos do amor. Através de tais assuntos, o indivíduo vai ganhar prazer, embora também vai causar conflito e infelicidade. Haverá uma tendência para a fraude. Netuno aqui significa uma grande família com uma predominância de crianças do sexo feminino. O lado artístico do indivíduo é reforçado e haverá uma grande capacidade de atuar e cantar. Especulação e investimento vão exigir uma energia mental, como também há um perigo distinto de perda devido às intrigas e decepções vinda dos outros. A inclinação pessoal para assumir riscos ou mesmo a envolver-se em negócios de natureza obscura é indicado. Netuno na 5ª Casa dá às crianças uma abordagem talentosa. A pessoa pode não ser reconhecida pelos seus gestos, ela pode ser mística à sexualidade ou pode existir uma possível confusão sexual e risco de doenças sexuais. Quando Netuno está retrógrado na 5ª Casa a pessoa inicia a vida com sonhos criativos. Ela é muito intuitiva com possível talento artístico e tem a capacidade de criar própria realidade e impô-la aos outros.

Plutão ♇

Quando Plutão estiver na 5ª Casa, ele tem uma influência peculiar sobre a natureza de amar do indivíduo. Há um forte desejo de amar, no entanto, este é temperado pela infidelidade trazendo assim decepção e infelicidade. O indivíduo vai aprender que ele não deve colocar muita confiança nas promessas de outros. Não é uma boa influência para as crianças, tal posição pode causa abortos ou deformidades. É um pouco útil para questões artísticas e dá uma excelente capacidade para a expressão da emoção. Plutão na 5ª Casa dá uma forte sexualidade. Quando Plutão está retrógrado na 5ª Casa há uma abordagem subjetiva à vida, onde é necessário reconhecer os sentimentos dos outros. Há uma possível luta para impor alguma forma de expressão pessoal e aceitável na sociedade. Pode haver uma eventual utilização abusiva do processo criativo e que a pessoa tem de aprender a dar aos outros um espaço suficiente.

Planetas na 6ª Casa

Sol ☉

Esta é uma boa posição para o Sol, uma vez que irá fortalecer as forças vitais e ajudar na formação de defesas contra doenças. Esta posição ajuda o indivíduo em seu trabalho diário e indica ascensão a um cargo de responsabilidade. Há um respeito pela autoridade, em especial quando estão envolvidos nos interesses industriais e econômicos. Em relação à saúde, a natureza da 6ª Casa limita as forças vitais do Sol, mas o Sol oferece ao indivíduo o poder de ter cuidado e guardar-se contra os perigos da doença.

Lua ☽

Com a Lua na 6ª Casa o indivíduo vai pagar considerável atenção pessoal para as atividades diárias. Sua rotina de trabalho será de vital importância para ele. Se o indivíduo pode tirar proveito de suas capacidades naturais do engenho pessoal, tato e habilidade para lidar com pessoas, ele vai fazer progressos substanciais e gratificante em seu trabalho. No entanto, se ele não tirar proveito de seus talentos naturais, ele vai experimentar uma deterioração em seus trabalhos. Muita da influência da Lua aqui vai depender da natureza da recepção de um aspecto. A Lua na 6ª Casa quando afligida dá condição de saúde ruim, alergias, imunidade fraca, mas quando positivamente aspectado dá capacidade de curar e de servir.

Mercúrio ☿

Com Mercúrio na 6ª Casa há um aumento na susceptibilidade nos distúrbios do sistema nervoso e doenças causadas por preocupação e ansiedade. O indivíduo terá que usar um cuidado extremo em busca de seus estudos por causa de sua tendência a exagerar nas coisas. Em relação ao trabalho do indivíduo, ele cria inquietação onde a ocupação prova ser de natureza muito rotineira. Isso mostra que deve haver sempre um grau de variedade para o trabalho a ser feito bem e o interesse ser mantido. A posição intensifica o poder de discriminação e percepção. Ele também dá ao indivíduo um grande senso de crítica juntamente com uma compreensão psicológica das condições econômicas e industriais. Na 6ª Casa, o intelecto é usado ao serviço do bem comum, se fortemente aflitos, possíveis problemas neurológicos. Quando Mercúrio está retrógrado na 6ª Casa há uma abordagem analítica à vida. Há muita autocrítica, mas é bom para a pessoa trabalhadora. Ela tem que aprender a tolerância, tem de questionar a maturidade intelectual para ajudar os outros e a correta relação do Eu como uma parte da sociedade.

Vênus ♀

Vênus na 6ª Casa é uma posição útil em alguns aspectos, mas pode trazer doenças do sangue, diabetes, infecções da garganta, ouvidos e rins. Em relação ao trabalho, no entanto, esta posição é principalmente favorável. Traz a cooperação e mais progressos, desde que haja harmonia com os outros na esfera do trabalho. O indivíduo derivará de muitos benefícios através de influência feminina e com a cooperação das mulheres. Vênus na 6ª Casa dá apreciação da beleza, gosto de servir aos outros, mas possíveis problemas com doenças sexuais. Quando Vênus está retrógrada na 6ª Casa a pessoa precisa tomar cuidado porque seus sentimentos são mais espontâneos. Ela tenta criar a perfeição, mas é mais é difícil de entender que o mundo já é perfeito e que a imperfeição está dentro da pessoa mesmo.

Marte ♂

Quando Marte está na 6ª Casa exerce uma influência emocionante que pode não ser muito boa para a saúde. Ele pode causar febres, acidentes e perigo associado com o trabalho. Embora a posição proporciona ao indivíduo a capacidade de trabalhar duro e é bom para atividades mecânicas e afins, ele ainda pode trazer discórdia e atrito. Ele vai tirar algum grau de benefício através da influência masculina e a cooperação dos homens. Alguma perda financeira é indicada por problemas de saúde ou acidente. Não é uma boa posição para o serviço ou empregados, pois traz argumentos e disputas e, às vezes, um grau de rebelião. Por outro lado, Marte na 6ª Casa oferece muita energia, mas possíveis problemas de saúde, invalidez ou riscos no trabalho.

Quando Marte está retrógrado na 6ª Casa é necessário ser cauteloso sobre saúde, local de trabalho ou na relação com superiores. A pessoa quer a perfeição na ação e é excessivamente crítica.

Júpiter 2

Júpiter na 6ª Casa traz quantidade considerável de benefícios na matéria da saúde, trabalho e empregados. Esta posição auxilia os poderes de recuperação, embora haja momentos em que ele pode trazer em condições onde há a falta de saúde através de hábitos insensatos. Do ponto de vista do trabalho, ajuda a trazer benefícios variados, enquanto isso mostra que funcionários ou empregados ou mesmo colegas de trabalho estarão dispostos a ajudar e trabalhar com o indivíduo para o bem geral. O elemento subjacente da sorte e proteção vai se expressar de uma maneira muito acentuada ao longo do tempo. Júpiter na 6ª Casa é bom para uma boa saúde, relacionamentos no local de trabalho e habilidades de cura. Quando Júpiter está retrógrado na 6ª Casa, a pessoa deve ter cuidado para não ocupar muito com detalhes e perder a visão do quadro mais amplo. Ele deve encontrar o equilíbrio entre ideais e a realidade prática.

Saturno ♄

Saturno na 6ª Casa enfatiza a responsabilidade, resfriados, calafrios, acidentes envolvendo queda ou coisas caindo sobre o indivíduo. Há também uma tendência para doenças. Ele traz condições árduas de trabalho, muitas dificuldades, preocupações e ansiedades, mas também mostra a eficiência e a capacidade para exercer as funções e responsabilidades. Saturno tende a enfraquecer os poderes de recuperação do indivíduo, especialmente durante a parte inicial da vida. Saturno na 6ª Casa provoca problemas de saúde e problema em encontrar emprego. Quando Saturno está retrógrado na 6ª Casa a pessoa sente uma forte responsabilidade para com os outros, é um excelente organizador e pode ajudar os outros a resolver dilemas e encontrar soluções.

Rahu ☊

Rahu na 6ª Casa dá bons poderes de recuperação e a saúde pode ser recuperada através do jejum ou evitar excessos. Esta condição muitas vezes significa áreas relacionadas com o trabalho e sua importância na vida. Com esta posição, ele precisa aprender a trabalhar e estar ao serviço dos outros. Para o crescimento espiritual, esta é uma boa posição para Rahu. Se tiver algum mal aspectado, ele diminui o tempo disponível para estes estudos e aumenta as dificuldades de saúde. Ketu na 12ª Casa em Sagitário é ruim para os prazeres mundanos, como o conforto, mas muito bom para *Moksha* ou a salvação, ou seja, a libertação do ciclo repetido de nascimentos e mortes.

Ketu ☋

Ketu na 6ª Casa dá uma necessidade de "superar" a tendência de ser negativo, que causa desarmonia e doença no corpo físico. Ao ajudar os outros a alcançar uma perspectiva mais feliz na vida, esses indivíduos encontram a paz interior. Eles têm a capacidade de limpar muitas dívidas kármicas de vidas passadas através de formas inusitadas de serviço aos outros. Estas pessoas devem procurar a verdade e sabedoria, para que eles possam ver a "unidade da humanidade" e cessar o seu desejo de escapar de suas obrigações.

Urano ♅

Urano na 6ª Casa traz uma disponibilidade para acidentes e doenças através de eventos repentinos. Isso perturba os nervos e o equilíbrio geral do corpo e pode trazer muitas doenças inesperadas. Ele mostra muitas mudanças súbitas e inesperadas relativas à ocupação. Às vezes, ele denota uma súbita perda de trabalho. Por outro lado, ele pode também trazer avanço inesperado e melhorias. A posição é excelente para as atividades intelectuais de assuntos de natureza científica. Haverá sempre um elemento de dificuldade conectado com colegas de trabalho ou empregados e haverá a necessidade de alguma forma de ação independente. Esta posição, por vezes, indica o trabalho e as atividades relativas ao lado astrológico e oculto da vida. A mente é penetrante, dirige-se em direção à perfeição, terapias não convencionais, profissão incomum e constante mudança de postos de trabalho. Quando Urano é retrógrado 6ª Casa, dá a tendência da inovação no trabalho diário, grande capacidade de inovação em nível material, profunda compreensão das relações e processos no mundo material. A pessoa deve aplicar a compreensão ao serviço dos outros.

Netuno Ψ

Quando o Planeta Netuno está na 6ª Casa haverá uma responsabilidade distinta para drogas e outras formas de intoxicação do sistema. Esta localidade de Netuno adverte o uso de drogas. O indivíduo é atraído por drogas, fumo e álcool e ele deve aprender a lidar com esta atração caso contrário ele irá causar-lhe problemas incomensuráveis. Cuidados será exigido em fumar e com o álcool e anestésicos. Na esfera do trabalho haverá problemas, às vezes, através da desonestidade ou fraude dos outros e através de certas formas de intrigas. Confidências pessoais nunca devem ser dada para aqueles na esfera do trabalho, porque o indivíduo terá problemas com a desonestidade dos outros. Netuno na 6ª Casa dá a disposição para infecções, mau diagnóstico e inclinação para a medicina alternativa. Quando Netuno está retrógrado na 6ª Casa a pessoa tem a missão de curar, serviço e sacrifício para os outros. Muitos trabalham na medicina e cuidam dos outros, como curandeiros. Esta posição de Netuno traz a possibilidade de impor compreensão cósmica a nível material, onde ela pode ser usada na prática.

Plutão Ψ

O Planeta Plutão na 6ª Casa traz uma disposição a doenças causadas por radiação excessiva, especialmente para aqueles associados com processos atômicos, nucleares e eletrônicos no trabalho. Ele também significa perigo para aqueles que trabalham na área geral onde estes processos são realizados. Na matéria do trabalho, ele traz oportunidades para o aprofundamento de longo alcance e até mesmo idéias revolucionárias. Por outro lado, mostra uma cessação destas atividades, por vezes, através de condições que são favoráveis. Plutão na 6ª

Casa provoca doenças difíceis e tirania no trabalho. Quando Plutão está retrógrado na 6ª Casa a situação é instável no local de trabalho, em relação com o serviço, superiores ou com a saúde. Esta pessoa tem de aprender ser impessoal à sociedade e atos instintivos de práticas.

PLANETAS NA 7ª CASA

Sol ☉

Quando o Sol está na 7ª Casa é uma excelente posição para o desenvolvimento emocional do indivíduo e sugere benefício através do casamento. O indivíduo, no entanto, deve tornar-se ciente de quaisquer diferenças sociais ou étnicas que podem interferir com o seu envolvimento com os outros. Às vezes, esta posição divulga que o parceiro do indivíduo será de uma posição social mais elevada, é um caso em que o sucesso da relação depende estritamente dos aspectos do Sol. Os parceiros ou amigos do indivíduo tendem a ser pessoas extremamente orgulhosas, profundamente preocupadas com status social. O Sol aqui, no entanto, proporciona ao indivíduo o potencial para subir em uma posição social mais elevada. O indivíduo deve aprender a ser paciente e aceitar seu parceiro como ele ou ela é e não como ele gostaria que fossem.

Lua ☽

A Lua na 7ª Casa, invariavelmente, designa que o lado interno da vida do indivíduo será pacífico. Ele sugere um parceiro que é extremamente talentoso para arranjos domésticos e bem capaz de ajudar no manejo geral da vida familiar. No entanto, se a Lua está mal aspectada, o efeito inverso irá ocorrer e causar a turbulência constante em sua vida doméstica. Esta posição da Lua significa parcerias de sucesso e de cooperação em matéria de negócios e finanças. Mais uma vez, devemos considerar o aspecto, para determinar a influência real envolvida. A Lua na 7ª Casa dá fixação ao parceiro ou uma vida solitária, dependendo de aspectos, mutabilidade das emoções, incerteza em contato com os outros, mas grande receptividade, forte influência dos outros, copiando os outros e forte influência sobre o público. A Lua aqui também faz uma pessoa muito ciumenta.

Mercúrio ☿

Mercúrio na 7ª Casa implica que as capacidades mentais do parceiro serão intensificadas. É uma posição favorável para relações harmoniosas com os sogros ou parentes do parceiro de negócios. Há uma indicação de que o parceiro no casamento estará envolvido em viagens de negócios de curta distâncias. Esta posição de Mercúrio fornece ao indivíduo, uma disposição alegre. Ele indica uma inclinação para atividades literárias. O indivíduo tem um talento inerente para utilizar a arte da sugestão e, assim, convencer as pessoas a fazerem coisas que normalmente nunca iria considerar. Mercúrio na 7ª Casa dá o entendimento e a harmonia importante para a escolha de parceiro intelectual, mas muitas vezes pode existir uma relação superficial. Quando Mercúrio está retrógrado na 7ª Casa a pessoa tem que estabelecer a responsabilidade e o bom senso, motivo para a relação comercial deve ser honesto e não dá uma relação com o público em conexão com a carreira.

Vênus ♀

Vênus na 7ª Casa pode ser uma excelente posição para Vênus. Ela intensifica o poder de fazer amor e indica que o indivíduo vai manter seus impulsos sexuais durante todo o seu casamento. O indivíduo com esta posição de Vênus está bem equipado para cooperar com o interesse dos outros. O sucesso social e público é indicado. O indivíduo é capaz de se adaptar socialmente e politicamente com as normas do dia. É uma excelente influência para parcerias de negócios e isso significa sucesso em empreendimentos financeiros. Vênus aqui significa que o indivíduo vai ter um ganho considerável através de suas associações com as mulheres. Vênus na 7ª Casa dá um bom casamento e relacionamentos, popularidade pública. Quando Vênus está retrógrada na 7ª Casa, a pessoa é muito sensível ao ambiente. Ela, muitas vezes, esquece de si mesma e a atenção é virada somente aos outros, o que deve ser equilibrado. Não é bom para o casamento.

Marte ♂

Marte na 7ª Casa significa uma influência questionável sobre o indivíduo. O indivíduo tem que aprender a adaptar-se à força de caráter de seu parceiro, sem deixar-se de ser usado por ele ou ela. O parceiro terá uma má disposição e um temperamento explosivo.

Alguma interferência dos parentes do parceiro também é indicada, o que complica as coisas. Marte na 7ª Casa, mais do que provável, atrai o indivíduo em contato com assuntos públicos e sociais. A unidade básica do indivíduo irá causar-lhe muitos problemas aqui. Assim, o indivíduo terá que usar discrição em tudo o que é dito e feito. Marte na 7ª Casa traz agressividade ou uma parceira ou parceiro agressivo, por outro lado, faz uma pessoa eficiente, mas muitas vezes desagradável. Quando Marte está retrógrado na 7ª Casa, a violência ou como um meio para alcançar objetivos egoístas é indicado. Pode haver uma desconfiança nas pessoas, a pessoa deve sempre toma cuidado para não se machucar. Ele deve entender como ele influencia outros e equilibrar suas energias.

Júpiter ♃

Esta é uma excelente posição para Júpiter e oferece muitos benefícios através da relação do casamento ou de negócios. Às vezes Júpiter na 7ª Casa indica um casamento com uma pessoa de uma raça diferente. Geralmente, antecipa ganhos através das ações do parceiro de negócios ou casamento. Em conexão com assuntos públicos e sociais, isso significa que o indivíduo vai manter uma posição de autoridade. O parceiro, mesmo que ele não está realmente interessado, irá mostrar preocupação e interesse para o cargo que o indivíduo assume aqui. Júpiter na 7ª Casa dá casamento e relacionamentos felizes e popularidade pública. Quando Júpiter está retrógrado na 7ª Casa a pessoa passa muito tempo pensando em como ele é visto pelos outros. Ele deve aprender a alinhar a natureza da verdade que se expressa em sua vida por cada pessoa em sua própria maneira.

Saturno ♄

Quando Saturno está na 7ª Casa há uma forte indicação de que o indivíduo pode se casar com alguém mais velho ou mais maduro. Significa também algum atraso na consumação do casamento. O parceiro de casamento será muito econômico, até o ponto onde ele ou ela tem um excesso de cautela sobre as questões financeiras e se este é levado para um extremo, infelicidade resultará. Em certos casos, a saúde do parceiro provoca ansiedade considerável e o parceiro logo se torna um peso na vida da pessoa. A natureza deste problema, como sempre, vai depender da posição do Signo e dos aspectos. Saturno na 7ª Casa cria problema ou demora para encontrar um parceiro, cria uma má imagem na relação com outros e uma relação muito séria com o mundo. Quando Saturno está retrógrado na 7ª Casa, a pessoa sente-se limitada pelos parceiros. Sua tarefa é estabelecer uma harmonia com os outros e alcançar um crescimento em comum.

Rahu ☊

Rahu na 7ª Casa muitas vezes significa que as atividades de casamento ou da parceria são extremamente importantes em sua vida. O cônjuge ou a parceria em negócios é geralmente mais maduro do que o indivíduo. Esta pessoa tem de trabalhar com o parceiro, para aprender o equilíbrio que é preciso nesta parceria ou casamento. Boa sorte é obtida através do contato com público. Eles são muito charmosos, diplomáticos e educados na comunicação ou expressão geral. Aflições com Rahu no mapa ameaça separação de parceiros e processos na justiça. Ketu no Ascendente não é propício para a saúde do indivíduo. Quando aflitos, maus resultados podem acontecer que pode afetar adversamente a saúde, a reputação e a relação com o Governo. Queda súbita de posição pode acontecer.

Ketu ☋

Ketu na 7ª Casa dá uma necessidade de aprender "para se tornar" independente. Ele permitirá que a pessoa tome as decisões para os outros e a pessoa também deverá contribuir para qualquer relacionamento em condições de igualdade. Através de seus próprios esforços, elas devem desenvolver a sua abordagem à vida. Caso contrário, elas se permitem ser dominadas pelos outros e/ou ser cuidada pelos outros, ou seja, existe uma inclinação forte para a dependência.

Urano ⛢

Quando Urano estiver na 7ª Casa ele fornece uma natureza romântica irregular ou uma vida irregular para

♈♉♊♋♌♍ ♎♏♐♑♒♓

o indivíduo. Às vezes, por causa da forte inclinação para romance, o indivíduo se casa ou muito cedo ou muito de repente na vida. Ele deve ter cuidado aqui para empregar uma certa quantidade de discernimento, caso contrário, ele pode fazer a escolha errada. Ele geralmente sucumbe às paixões e muitas vezes vai seguir fascínios temporários em vez de um amor verdadeiro. Ele deve aprender a ser cauteloso com suas emoções. Ele tem uma tendência a cair em uma associação para outra, sem pesar os resultados cuidadosamente. Urano na 7ª Casa dá, um parceiro excêntrico progressivo, mas muitas vezes quebra do relacionamento pode ocorrer de repente. Quando Urano estiver retrógrado na 7ª Casa a pessoa aprende a ser autossuficiente através de relacionamentos turbulentos. Quando a pessoa aprende a autossuficiência ele pode mudar para um relacionamento melhor.

Netuno ♆

Netuno na 7ª Casa tem um enorme desejo de um casamento ideal. Infelizmente, ele raramente encontra nesse estado ideal. Netuno posta aqui invariavelmente condições de desilusão, decepção e malandragem. O casamento muitas vezes é um parceiro propenso a embriaguez, perversão sexual e outros hábitos indesejáveis. Portanto, um cuidado na escolha de um parceiro para o casamento deve ser primordial. Se Netuno estiver bem aspectado e há compreensão concreta entre as duas pessoas a respeito dos seus problemas, felicidade final pode ser alcançada. Netuno na 7ª Casa provoca uma idealização na relação com os outros e espiritual com o parceiro. Quando Netuno está retrógrado na 7ª Casa, a pessoa deve tentar tornar-se independente. Há uma grande sensibilidade e compaixão para os sentimentos dos outros e os outros podem abusar dele. A pessoa deve aprender o amor impessoal na área de vida onde ela espera o amor pessoal.

Plutão ♇

Com Plutão na 7ª Casa, há indicações negativas, em relação ao casamento e parcerias. Condições peculiares, sem dúvida, cercam o estado civil do indivíduo. Há uma probabilidade de que o parceiro pode sair do relacionamento quando surgem problemas. No entanto, quando os problemas são pequenos, o parceiro é capaz de induzir a felicidade no casamento. Há uma indicação de mais de um casamento e há uma chance do indivíduo nunca poder encontrar a felicidade no casamento. Plutão na 7ª Casa dá uma forte influência do parceiro, dominação sobre os outros e popularidade extrema. Quando Plutão está retrógrado na 7ª Casa a pessoa investe muita energia na transformação dos outros. Esta é uma posição difícil para um relacionamento de longo prazo, porque pessoa não se sente facilmente aceita pela sociedade e pelos outros, e isso é o que a faz infeliz.

PLANETAS NA 8ª CASA

Sol ☉

O Sol na 8ª Casa indica geralmente uma morte rápida. A influência do Sol nesta posição acelera as condições reais de morte e, portanto, ajuda a evitar qualquer sofrimento desnecessário. Ele indica possível benefício através de legado ou herança. Ele também auxilia na movimentação financeira do parceiro de negócios. Tome cuidado com o coração, mantenha-o saudável.

Lua ☽

A Lua na 8ª Casa afeta o lado funcional da vida do indivíduo indicando que as irregularidades funcionais provavelmente será a causa da morte ou de uma transformação ou morte de uma parte de si. No entanto, existe uma forte significação que a morte será razoavelmente calma. Quando a Lua reside a 8ª Casa, o indivíduo pode esperar ganhar financeiramente através de herança ou mesmo através de presentes inesperados. Há também uma indicação de que o indivíduo vai desfrutar de uma certa quantidade de ganho financeiro através das relações do parceiro de casamento ou de negócios. Lua na 8ª Casa dá grande herança e apoio do parceiro e dos outros se aspectado de forma positiva ou problemas com essas coisas se aspectado negativamente.

Mercúrio ☿

Um Mercúrio na 8ª Casa indica que o sistema nervoso e ou o sistema respiratório serão afetados no momento da morte. Há uma indicação de que por vezes a morte vai ser associada ou causada por viagens. Invariavelmente, esta posição de Mercúrio trará o indivíduo em contato com as condições associadas com a morte de outras pessoas. O indivíduo pode deter uma posição onde ele está associado a casas funerárias, cemitérios, testamentos, etc. Dependendo dos aspectos, esta proximidade da morte afetará as perspectivas mentais. Quando Mercúrio está na 8ª Casa o indivíduo pode ajudar a aliviar qualquer pressão mental através da prática do hipnotismo, porque ele tem um talento oculto neste assunto. Pode ser possível obter ganhos financeiros ou perda através de contratos, obrigações ou herança de parentes distantes. Quando Mercúrio está retrógrado na 8ª Casa a pessoa pensa por meio de sua regeneração no sentido mais elevado do estado de consciência, tem pensamentos profundos e uma mente penetrante, mas precisa questionar suas atitudes em relação à metafísica e matéria religiosa.

Vênus ♀

Com Vênus na 8ª Casa, o indivíduo terá uma morte pacífica, intimamente relacionada a causas naturais. Por vezes, a causa de morte real será relacionada à garganta ou aos rins. Vênus aqui aumenta as perspectivas de ganhos financeiros através do legado, herança e casamento e isso indica que o tratamento do parceiro em matéria do dinheiro será eficiente. Tanto quanto o parceiro quanto a pessoa, são muito honestos e dispostos a compartilhar os benefícios. Isso ajudará a criar uma relação financeira pacífica. Vênus na 8ª Casa dá grande herança, o apoio financeiro de outras pessoas e o interesse pela metafísica. Quando Vênus está retrógrada na 8ª Casa, o amor está ligado à raiva reprimida e amargura e o impulso sexual é conectado a possessividade e temeridade.

Marte ♂

Com Marte na 8ª Casa existe uma indicação ou de uma morte violenta ou repentina. A morte pode ocorrer também por meio de uma ferida ou como um resultado de uma operação. Às vezes há uma febre ruim que afeta a cabeça, os órgãos excretores ou reprodutivos. Tanto quanto casamento e parceiros de negócios são causa de problemas intermináveis. O indivíduo vai achar que o seu parceiro pode ser excessivamente extravagante e isso pode causar algumas severas perdas financeiras. Há perspectivas de ganho indicado através de legado ou herança se Marte é aspectado favoravelmente. Haverá disputa substancial com o cônjuge ou negócio relativo a manipulação do dinheiro se aspectado por maléficos. Marte na 8ª Casa certamente indica morte súbita ou violenta, ganho ou perda através de herança e uma pessoa super apaixonada. Quando Marte está retrógrado na 8ª Casa, a pessoa pode transformar-se. Ela pode transformar os outros também, desde que a vibração da pessoa seja compatível. A pessoa vai aprender muito sobre a natureza do desejo dele e dos outros.

Júpiter ♃

Júpiter na 8ª Casa é uma posição favorável. A morte, geralmente, vem de causas naturais. Em relação ao legado e herança, é uma boa posição. Ele pode até mesmo trazer mais ganhos financeira do que estava inicialmente previsto. O parceiro tem um talento natural para lidar com questões do dinheiro e isso elimina as preocupações financeiras que possam surgir. Há também uma indicação intensa de ganhos financeiros através de amigos e membros do círculo familiar. Júpiter na 8ª Casa dá grandes heranças, apoio financeiro de outros, mas se mal aspectado, pode significar problemas com a legalização de propriedades. Quando Júpiter está retrógrado na 8ª Casa a pessoa desenvolve um sentido para os valores dos outros. A pessoa está interessada na transformação dos outros, precisa de independência no negócio e pode haver habilidades psíquicas, sabedoria e do conhecimento de outras pessoas e do universo.

Saturno ♄

Quando Saturno está na 8ª Casa, caso não estiver bem aspectado, pode trazer problemas a respeito da saúde do indivíduo. Saturno aqui, sem dúvida, pode prolongar as condições de doença anteriores à morte, aumentando assim o sofrimento. Ele indica doenças crônicas. Com alguns indivíduos desta posição, senilidade irá ocorrer em uma idade relativamente precoce. Não é uma influência útil quanto as perspectivas de legado e herança. Às vezes, alguma forma de herança pode ocorrer, mas é, sem dúvida, combinada com obrigações e responsabilidades que quase pode anular o benefício da herança. A preocupação e o medo às vezes podem ocorrer através da crueldade do cônjuge. Embora o parceiro possui a capacidade para lidar eficientemente com assuntos financeiros, ele tende a não compartilhar qualquer benefício obtido. Saturno na 8ª Casa dá uma longa vida, mas existe também a falta de apoio financeiro de outros.

Quando Saturno está retrógrado na 8ª Casa, limitações sexuais como a impotência podem ocorrer. Se tiver um bom aspecto, pode dar o talento para o trabalho e negócios, porque pessoa entende o que é importante materialmente para os outros e é prático.

Rahu ☊

Rahu na 8ª Casa obriga a pessoa a aprender a aceitar a ajuda financeira dos outros. O dinheiro é obtido por meio de parceiros. Existem promessas de legados. Em algum momento de sua vida, a pessoa será forçada a aprender a aceitação e humildade. Existe um forte interesse no lado oculto ou escondido da vida como um resgate do mundo material. A pessoa aprende muito com a idéia ou realidade da morte e regeneração. Se aflito, o medo da pobreza, perdas financeiras, fraqueza física de acordo com o Signo da 8ª Casa podem ser observados.

Ketu ☋

Ketu na 8ª Casa dá à pessoa uma necessidade de "desenvolver" os seus recursos pessoais (talentos, dinheiro, posses, senso de autoestima), a fim de compartilhá-los em uma parceria ou em relacionamentos em grupo. Essas pessoas devem investigar e cultivar o seu potencial, de modo que elas não permitam que outros cuidem de suas necessidades materiais ou de querer cuidar dos outros ao ponto de elas não permitirem que outros desenvolvam seus recursos pessoais. Deve haver uma partilha igualitária de recursos por parte de ambos os parceiros ou em quaisquer relações em grupo. Eles não devem fazer todo o trabalho, nem devem permitir que outros façam todo o trabalho.

Urano ♅

Urano na 8ª Casa indica uma morte repentina e violenta. Isso às vezes vai ser o resultado de um choque súbito, eletricidade, um acidente vascular cerebral ou uma insuficiência cardíaca súbita. Em relação ao ganho financeiro através de legados ou herança, a posição de Urano aqui é imprevisível. Ele denota o inesperado. Às vezes o dinheiro ou algum tipo de ganho repentino virá de fontes inesperadas. Urano muitas vezes provoca acontecimentos imprevistos que são financeiramente benéficos para o indivíduo. Isso às vezes virá por meio da morte prematura de um parente próximo. Urano na 8ª Casa, muitas vezes dá ganhos ou perdas rápidas. Quando Urano está retrógrado na 8ª Casa, pode haver eventos sexuais incomuns que levam em direção a uma maior consciência sexual. Com a compreensão psicológica profunda, a pessoa aprende a aceitar valores exclusivos dos outros.

Netuno Ψ

Netuno na 8ª Casa significa morte por uma natureza incomum. Ele indica que o indivíduo pode encontrar a morte por afogamento, drogas, intoxicação, coma, etc. Em matéria de heranças, a influência de Netuno é também incerta. Ele pode trazer decepções ou uma perda de benefício através de alguma forma de trapaça ou engano. A ação do cônjuge ou de um parceiro de negócios em conexão com assuntos de dinheiro nem sempre é simples e de um ponto de vista empresarial, deve ser evitado. Netuno na 8ª Casa dá interesse ao misticismo, ocultismo e pode causar a morte em condições misteriosas. Quando Netuno está retrógrado em 8ª Casa ocorre um profundo discernimento dos valores dos outros e da consciência das necessidades próprias. A pessoa é talentosa, que com o desenvolvimento adequado, pode alcançar uma vida iluminada.

Plutão ♇

Plutão na 8ª Casa está associado a mortes em que há um desaparecimento, ou é isolada ou por confinamento. Há algumas indicações de que o indivíduo pode estar envolvido em um desastre natural de algum tipo. Não é uma posição muito útil para as perspectivas de ganho através de legado ou herança. O parceiro de casamento ou negócio mais do que provavelmente vai complicar a situação financeira da vida do indivíduo. Mais uma vez, seria sensato para o indivíduo evitar parcerias de negócios ou, pelo menos, usar de bom senso na escolha de um parceiro. Plutão na 8ª Casa dá aptidão para o misticismo e magia. Quando Plutão está retrógrado na 8ª Casa, existe um constante questionamento de valores dos outros. Há um desejo de compreender os segredos mais profundos. Sexualidade forte ou obsessão pode ocorrer. Muitas vezes existe um forte vínculo com a consciência coletiva.

PLANETAS NA 9ª CASA

Sol ☉

Sol na 9ª Casa oferece ao indivíduo uma excelente possibilidade para viagens de longa distância e ao exterior. Para as mulheres, sugere a possibilidade de casamento com alguém nascido no estrangeiro ou a uma pessoa conhece quando viaja para o estrangeiro. Quando o Sol ocupa a 9ª Casa, aumenta as oportunidades de progresso, prestígio e dignidade no exterior. Ele indica que o indivíduo será muito afeiçoado a paz religiosa. Ele pode até segurar uma posição de autoridade eclesiástica. O indivíduo é muito atraído por cerimônias. É uma posição razoavelmente boa para o contato com parentes do parceiro conjugal ou de negócio e isso significa que alguns deles vão ser muito úteis para o indivíduo.

Lua ☽

Lua na 9ª Casa aumenta as perspectivas de longa distância e viagens ao exterior. Existem alguns indícios de que o indivíduo pode encontrar sucesso financeiro e social em viagens ao exterior. Este sucesso muitas vezes induz o indivíduo de fixar uma residência no estrangeiro temporária ou permanentemente, dependendo dos aspectos. A Lua aqui intensifica as possibilidades de viagem pela Água, especialmente se em um Signo de Água ou pelo Ar, se em um Signo de Ar. Em relação à religião, o indivíduo tende a seguir um curso conservador de atividade e provavelmente aderir à religião da família. A Lua na 9ª Casa indica uma imaginação afiada e uma mente receptiva a os mais elevados ideais de pensamento. O indivíduo tem a capacidade inerente de estudar ou compreender assuntos metafísicos. Na 9ª Casa, existe o amor por viagens longas, possivelmente a vida em países estrangeiros e relacionamento com estranhos.

Mercúrio ☿

Com Mercúrio na 9ª Casa, as potencialidades do pensamento e inspiração são bem acentuadas. Embora a perspectiva mental é mais otimista, o indivíduo é caracterizado por uma agitação mental e mutabilidade que pode causar-lhe alguma confusão. Com o Planeta Mercúrio na 9ª Casa, o indivíduo terá um grande interesse em uma variedade de assuntos relacionados com religião, filosofia, direito, relações exteriores e viagens de longa distância. É uma excelente posição para o sucesso na busca de estudos de línguas e sugere versatilidade a este respeito. Mercúrio na 9ª Casa, muitas vezes dá viagens distantes e educação em países estrangeiros. Quando Mercúrio está retrógrado na 9ª Casa a necessidade de questionar atitudes intelectuais e tolerância para com as atitudes dos outros são observadas. A pessoa pode pensar muito sobre coisas triviais. Positivamente, a pessoa tem muita informação que pode ser útil para outros. A pessoa é um buscador espiritual. Também é uma ótima colocação para publicações de livros.

Vênus ♀

Com Vênus na 9ª Casa o quadro filosófico do indivíduo é fortalecido. A alegria natural e otimismo da pessoa é intensificada. Vênus na 9ª Casa revela uma forte crença em aspectos espirituais da vida. O indivíduo é naturalmente atraído por viajar especialmente para locais de beleza cênicas. O desejo, porém, é mais centrado no conforto do que na aventura. Na questão da religião, o indivíduo tem uma propensão acentuada para seguir uma das formas mais ortodoxos da religião. Esta posição de Vênus é geralmente favorável para o contato com os parentes do cônjuge. É importante notar aqui que o contato mais benéfico com os familiares estará no contato com as mulheres. Vênus na 9ª Casa dá passeios agradáveis para países estrangeiros, muitas vezes parceria em países estrangeiros ou de países estrangeiros, o sucesso na área do ensino superior e da metafísica. Quando Vênus está retrógrada na 9ª Casa uma grande necessidade de liberdade pessoal, às vezes dedicação à vida espiritual e possível talento artístico é encontrado.

Marte ♂

Marte na 9ª Casa indica uma intensa atração para viagens de aventura, também implica que existe uma certa quantidade de perigo envolvido, como resultado de tais viagens e os riscos devem ser pesados. Esta posição

♈♉♊♋♌♍ ♎♏♐♑♒♓

também significa que o indivíduo tem uma forte visão militante a respeito de assuntos religiosos. Ele está sempre pronto para lutar pelos seus próprios conceitos religiosos. A posição também significa o atrito com os parentes do casamento. Isso ocorre principalmente com os membros do sexo masculino. Quando Marte está na 9ª Casa o indivíduo deve exercer um poder discricionário em todas as questões relativas ao aspecto legal da vida. Apesar de qualquer provocação, sentimentos pessoais não devem influenciar as decisões e devem sempre evitar os extremos. Marte na 9ª Casa significa viagens para o exterior, possíveis atitudes rígidas para a filosofia e religião, fanatismo e possível sucesso na carreira de ensino superior. Quando Marte está retrógrado na 9ª Casa há uma grande necessidade de liberdade, que em sentido mais elevado refere-se a liberdade da mente inferior. Em algumas pessoas a busca religiosa é forte, talvez levando ao fanatismo. Os desejos devem ser colocados em um contexto de uma união entre a mente maior e a personalidade. Só então a pessoa pode ser fiel a si mesmo.

Júpiter ♃

Júpiter na 9ª Casa é uma excelente posição para Júpiter, uma vez que significa que o indivíduo vai melhorar financeiramente através do contato com assuntos externos e no exterior. Há também indicações de que o indivíduo pode empreender viagens ao exterior para a promoção de um esforço financeiro. No que diz respeito assuntos religiosos, o indivíduo é de altíssimo princípio e pode deter uma posição religiosa importante. Ele é extremamente atraído para o lado cerimonial da vida. A posição é excelente para longa distância e viagens ao exterior. Júpiter na 9ª Casa dá erudição, aptidão para a filosofia, metafísica, religião, viagens distantes e largos horizontes intelectuais. Quando Júpiter está retrógrado na 9ª Casa a pessoa é de espírito livre e não gosta de casamento. Com aspectos benéficos em Júpiter pode ter uma espiritualidade muito desenvolvida.

Saturno ♄

Com Saturno na 9ª Casa as visões ortodoxas da religião são reforçadas. Implica também um grande interesse nas áreas ocultas da vida. Ele indica que o indivíduo deve esperar para ter um empreendimento de sucesso financeiro no exterior. No entanto, há também a influência que estipula que o indivíduo deve ter cuidado para não se tornar muito envolvido em viagens de longa distância, porque ele pode ter um efeito adverso sobre sua saúde. O sucesso ou fracasso de suas aventuras financeiras no exterior, é claro, dependem estritamente sobre os aspectos formados por Saturno. Saturno na 9ª Casa dá profundidade filosófica, mas possíveis problemas em viagens longas ou de longa estadia em países estrangeiros. Quando Saturno está retrógrado na nona casa a pessoa é muito sábia. Para muitos, isso significa uma posição de longa jornada espiritual que termina com o auto-respeito. A pessoa faz uma busca espiritual cuja idéia é transformar a existência mundana para o verdadeiro conhecimento.

Rahu ☊

Com Rahu na 9ª Casa, se a pessoa não for desenvolvida espiritualmente, elas terão que aprender várias de lições através de seus erros, em muitos casos, elas não conseguem sequer comunicar os seus problemas. Isso também pode indicar desrespeito pela religião. Elas se envolvem com a publicação, publicidade ou alguns negócios estrangeiros ou fora do comum. Ela precisa se tornar mais objetiva em suas interpretações dentro de seu mundo imediato. A pessoa também pode se envolver em religião fora daquela em que nasceu. Existe uma grande atração pelo ocultismo.

Ketu ☋

Ketu na 9ª Casa dá uma necessidade da mente consciente de "conhecer" e compreender através do conhecimento e de aprender com as pessoas em seu ambiente (amigos e parentes). Os problemas com que se deparam no seu ambiente devem ser confrontados com a lógica e a razão. Eles provavelmente têm sido religiosos em vidas passadas, mas de uma forma cega. Eles não questionam suas próprias crenças. Mas agora, eles devem usar seu intelecto para ver que não há nenhuma religião que seja "A religião". Caso contrário, eles vão continuar exercendo a mesma religião dogmática de vidas anteriores, acreditando cegamente o que lhes é dito. Serviço aos outros ajuda na evolução dessa mente.

Urano ♅

Com Urano na 9ª Casa há indicações em direção a viagens de natureza incomum. Às vezes, isso está ligado com a exploração do espaço e assuntos cientificamente relacionados. O aspecto inventivo do personagem é fortemente acentuado e os indivíduos podem se envolver com os assuntos de natureza exploratória. Os interesses religiosos do indivíduo são susceptíveis à serem conectados diretamente com as áreas do ocultismo. Há uma indicação de que o indivíduo pode formar algumas amizades estranhas e incomuns. Urano na 9ª Casa traz interesse pela metafísica, o sucesso no mercado editorial, pensamentos originais e amor à liberdade. Quando Urano estiver retrógrado na 9ª Casa há um impulso para novas filosofias e espiritualidade. A pessoa aprende como ser espiritual, filosófica, religiosa e emocionalmente independente.

Netuno ♆

Netuno na 9ª Casa aumenta as possibilidades de viagens de longa distância. Há indicações gerais de sucesso no exterior, mas o indivíduo deve tentar evitar o estabelecimento de residência permanente no exterior, porque problemas são indicados aqui. Religiosamente e filosoficamente, o indivíduo é atraído para as áreas psíquicas e místicas da vida. Há fortes indícios de que eles podem garantir o sucesso financeiro no exterior. Esta posição dá os poderes precisos à pessoa em matérias de visão e compreensão com respeito ao reino espiritual. O indivíduo desta posição de Netuno tem poderes naturais de bom senso. Netuno na 9ª Casa dá amor à religião, viagens pelo mar, sonhos estranhos, misticismo, filosofia profunda e, muitas vezes, há clarividência. Quando Netuno está retrógrado na 9ª Casa há inspiração profunda e a pessoa pode entender a essência da vida e o seu verdadeiro significado. Pessoa pode entender a si mesmo no nível mais profundo.

Plutão ♇

Com Plutão na 9ª Casa há uma atração, no início da vida, em direção a uma das formas mais ortodoxas da religião. Dependendo de aspectos, Plutão pode indicar uma quantidade considerável de viagens de longa distância ou uma negação básica do mesmo. O indivíduo é muito atraído por viagens de natureza incomum. Dependendo diretamente dos aspectos, Plutão pode aumentar a probabilidade de relações conjugais ou de negócios bem-sucedidos ou pode destruí-los. Plutão aqui também indica que o indivíduo tem o poder inerente de eliminar as condições existentes e, em seguida, substituí-los com os de um caráter totalmente diferente. Plutão na 9ª Casa indica dogmatismo na religião, mas possível penetração profunda na essência da metafísica. Quando Plutão está retrógrado na 9ª Casa há uma aptidão para as projeções da consciência. A consciência pessoal não está ancorada ao corpo. Os pensamentos estão mais relacionados com universo do que a própria pessoa. Pode haver uma rebelião contra limitações, mas também uma profunda espiritualidade.

♈♉♊♋♌♍ ♎♏♐♑♒♓

PLANETAS NA 10ª CASA

Sol ☉

Quando o Sol está na 10ª Casa, as radiações indicam que o indivíduo desta posição possui uma habilidade natural para executar o seu próprio negócio. Isso sugere que ele pode atingir uma posição de importância em uma empresa pública ou privada. O Sol ajuda a aumentar o prestígio e a reputação que o indivíduo obterá. Esta localidade do Sol fortalece o caráter do desenvolvimento global e isso indica uma grande capacidade de organização e liderança. As oportunidades para fazer progressos em associações empresariais e para derivar o reconhecimento destes esforços são numerosos e os indivíduos só precisam reconhecer essas oportunidades para capitalizar sobre eles. Eles devem, no entanto, coordenar os seus esforços com as oportunidades disponíveis para os resultados mais bem-sucedidos.

Lua ☽

Quando a Lua está na 10ª Casa o indivíduo tem várias oportunidades para o avanço nas áreas públicas e políticas. É uma posição favorável para o sucesso de uma empresa. A posição favorece atividades que trazem o indivíduo em contato com o público. É uma excelente influência para assuntos relacionados com a vida de cada dia. O indivíduo pode se envolver com a agricultura e os interesses agrícolas e há alguma indicação de sucesso financeiro nessas áreas. O indivíduo tem um arranjo interno muito pacífico e harmonioso. Essa paz é extremamente importante para ele e ele vai fazer quase qualquer coisa para mantê-la. A Lua na 10ª Casa significa que a pessoa tem uma profissão pública e influência dos pais na profissão é enfatizada.

Mercúrio ☿

Mercúrio na 10ª Casa indica que o indivíduo deve encontrar o sucesso em uma posição executiva ou administrativa. A influência é excelente para todas as atividades municipais e questões relativas ao jornalismo e o campo de notícias. As radiações de Mercúrio aqui também são benéficas para todas as formas de trabalho de escritório e de secretariado. O indivíduo tem uma tendência natural para agir de uma forma progressista e de ser honesto em todas as transações comerciais. Ele é muito eficiente na realização de seus deveres e responsabilidades. Esta posição de Mercúrio intensifica os interesses inerentes do indivíduo na política e questões relativas ao governo. Mercúrio na 10ª Casa significa profissão através do trabalho intelectual, publicação, escrita, comunicação social e ensino. Quando Mercúrio está retrógrado na 10ª Casa a pessoa tem uma forte necessidade de impressionar os outros. É muito importante representar as idéia com sucesso e ser mentalmente competente.

Vênus ♀

Vênus na 10ª Casa proporciona a uma forte atração nativa das profissões artísticas. O indivíduo pode estar ligado, de uma forma ou de outra, com alguma forma de canto, dança ou atuação. Esta é uma excelente influência para o sucesso financeiro nos sectores bancário, de seguros ou de contabilidade. A posição social e pública garante o prestígio considerável. O indivíduo pode exercer alguma influência política se ele puder aprender a misturar suas visões políticas com a sua vida social. Vênus na 10ª Casa dá profissão ligada à moda, beleza ou arte, felicidade e apoio através do sexo feminino. Quando Vênus está retrógrada na 10ª Casa há uma forte sensibilidade para os valores sociais e muitas vezes grande criatividade.

Marte ♂

Marte na 10ª Casa indica que a profissão do indivíduo pode estar associada a atividades de natureza arquitetônica ou de engenharia. O indivíduo, com esta posição de Marte, muitas vezes demonstra a capacidade de estudar medicina, cirurgia, odontologia ou química. Ele aumenta o espírito empreendedor, mas indica que o indivíduo deve evitar correr riscos desnecessários. Ele também deve se esforçar para controlar o lado impulsivo de seu caráter, pois isso pode causar muitos problemas. Marte na 10ª Casa dá forte impulso para o sucesso e de provar a si mesmo, frequentemente encontrados em mapas de policiais e de soldados. Quando Marte está retrógrado na 10ª Casa, a pessoa pode contemplar muito sobre a carreira. Durante a vida a pessoa aprende a construir o que é significativo para ela, em vez de tentar conquistar o mundo.

Júpiter ♃

Júpiter na 10ª Casa é a posição favorável para carreira em geral. Os indivíduos com esta posição de Júpiter estão inclinados para o lado legal ou jurídico da vida. Advogados têm Júpiter nesta Casa, mas professores e líderes espirituais também. Há indícios que denotam que o indivíduo vai encontrar o sucesso financeiro no exterior. Júpiter dá ao indivíduo um enorme talento para o progresso em qualquer empresa. A proeminência profissional do indivíduo, sem dúvida, aumenta a sua posição social. Júpiter na 10ª Casa dá o sucesso na carreira, as circunstâncias de sucesso e um bom relacionamento com o pai. Quando Júpiter está retrógrado na 10ª Casa a pessoa deseja simultaneamente a aprovação social e a liberdade. Com aspectos positivos este posicionamento traz uma grande sabedoria.

Saturno ♄

Saturno na 10ª Casa exerce uma influência poderosa. Dependendo dos aspectos a influência pode ser excelente ou completamente em detrimento. Se bem aspectado, indica tremendo negócios, profissional e sucesso social, mas se por outro lado é mal aspectado, indica nada além de problemas nestas áreas. Esta posição de Saturno trará o indivíduo em contato com o lado comercial da vida, geralmente em profissões relacionadas com a gestão ou controle. Há indícios de que o indivíduo é perfeitamente capaz de assumir a responsabilidade e autoridade. Saturno na 10ª Casa indica muito trabalho, mas também grandes resultados, a pessoa alcança o topo na profissão, se fortemente aflitos, traz problemas. Quando Saturno está retrógrada na 10ª Casa a pessoa estará muito consciente do próprio status e é altamente responsável. Ele tenta estabelecer princípios em áreas operacionais e de imagem pública e um sentido de dever para com a sociedade.

Rahu ☊

Rahu na 10ª Casa muitas vezes significa um sucesso forte na profissão ou na carreira. A vocação vai ser seguida, em algum momento, ao ponto de sacrificar a casa e a vida doméstica. Isto significa trabalho para ou com o público de alguma maneira, e ele terá menos tempo para gastar em assuntos domésticos. Existe a possibilidade de reconhecimento e honras pública. Muitas vezes, dificuldades durante a infância traz um complexo através da mãe ou pai para essa pessoa. Eles são muito mais apegados ao pai do que à mãe. A primeira metade da vida não é muito agradável em comparação com a segunda parte. Quando aflitos, outras pessoas podem planejar e provocar a sua queda.

Ketu ☋

Ketu na 10ª Casa dá uma necessidade de "construir" fundamentos internos com base na estabilidade emocional adquirida através de um ambiente doméstico e do controle das emoções. Estas pessoas tiveram o poder e o prestígio em vidas passadas, mas agora devem se concentrar em desenvolver o crescimento da alma, em vez do crescimento do Ego. Esta colocação pode levar o indivíduo a procurar o centro das atenções do público. Mas, até que as fundações internas estejam firmes e estabelecidas, eles não são capazes de enfrentar as pressões emocionais do "centro das atenções" (por exemplo, Marilyn Monroe). Ou, eles acabam esperando da sociedade para cuidar de suas necessidades materiais e emocionais.

Urano ♅

Com Urano está na 10ª Casa, podemos esperar que os assuntos profissionais e empresariais do indivíduo são sujeitos a mudanças repentinas e inexplicáveis. As indicações são de que ele vai de alguma forma ser conectado com os assuntos de natureza científica. Esta posição de Urano reforça o elemento independente da natureza do indivíduo. Ele está bem equipado para esculpir seu próprio recanto do mundo. O indivíduo desta posição deve estar constantemente preparado para aceitar mudanças repentinas na profissão e também de adaptar-se às novas situações. Se ele não aprender a aceitar estas mudanças como parte de sua própria existência, sua vida será muito infeliz. Urano na 10ª Casa indica idéias progressistas e revolucionárias na própria área profissional, muitas vezes com grande ingenuidade. Quando Urano está retrógrada na 10ª Casa a pessoa constrói sua própria identidade, capaz de manifestar seu caráter único dentro da sociedade. É uma boa colocação para o trabalho em mídia eletrônica. A pessoa precisa de espaço para manifestar a criatividade original e não deve estar ligado com responsabilidade.

Netuno ♆

Netuno na 10ª Casa é um pouco problemático. Ele indica que o indivíduo vai passar por várias crises financeiras durante a sua vida. Há indicações de que o indivíduo estará sujeito a uma quantidade considerável de decepção com os outros sobre o lado financeiro da vida. Há fortes indícios de que o indivíduo estará envolvido com a publicidade e propaganda. Indica também que a profissão do indivíduo pode, de alguma forma, estar ligada com prisões, reformatórios, instituições, óleo ou qualquer outro líquido. Às vezes, o indivíduo vai encontrar dificuldades devido às flutuações do comércio, greves, bloqueios ou através de perturbações nacionais e internacionais. O indivíduo deve ter cuidado para não deixar que as sugestões dos outros influenciem seus julgamentos pessoais. Netuno na 10ª Casa é encontrado em horóscopos de mestres espirituais, líderes religiosos ou pessoas que se tornam mitos e se aflitos por vezes as crianças com pais solteiros e mau relacionamento com o pai. Quando Netuno está retrógrado na 10ª Casa há grande criatividade, a pessoa tem que trabalhar em algum lugar onde a visão e inspiração são necessárias. Ele aprende a ser impessoal e não se identifica com um status e posição social. Então, ele pode ser um visionário e alcançar grande sucesso social, talvez até contra a própria vontade.

Plutão ♇

Quando Plutão está na 10ª Casa as implicações são que a vontade da pessoa, de alguma forma, estará relacionada ao trabalho mortuário. Ele pode ser um agente funerário ou ele pode simplesmente gerenciar cemitérios. Esta localidade de Plutão pode indicar uma quantidade enorme de prestígio pessoal ou o completo oposto. Não há nenhum ponto médio para o prestígio do indivíduo. Há uma tendência para a mentira e desonestidade na medida em questão dos negócios, de modo que o indivíduo com esta posição deve tentar evitar qualquer coisa que não é estritamente simples onde negócios, dinheiro, questões pessoais ou emocionais estão em pauta. Plutão na 10ª Casa dá poder sobre as grandes massas, popularidade, influência fatal, uma grande ambição, magnetismo e muitas vezes problemas em relação ao pai. Quando Plutão está retrógrado na 10ª Casa a pessoa precisa de uma profissão onde ele pode transformar ou ensinar ao público. A pessoa quer quebrar a compreensão das normas sociais para impor novos valores. A pessoa precisa aprender a se concentrar construtivamente poder para o bem-estar da sociedade em que vive.

PLANETAS NA 11ª CASA

Sol ☉

Quando o Sol está na 11ª Casa as indicações são de que o indivíduo vai fazer amizades com pessoas poderosas em posições influentes. Esses amigos, sem dúvida, vão estar em uma posição para dar a assistência ao indivíduo com seus planos, esperanças e desejos que não seria possível de outra maneira. Implica também que, em alguns casos, esses amigos podem ser de tremenda ajuda financeira. Esta posição do Sol é extremamente favorável para a atividade social e pública. O indivíduo deve sempre se esforçar para manter um equilíbrio entre essa atividade social e seus interesses.

Lua ☽

A posição da Lua na 11ª Casa indica que o indivíduo tem uma tremenda capacidade de encontrar amizades bem-sucedidas. Ela também indica que o indivíduo vai derivar-se de assistência considerável destas associações. Muitas das amizades formadas aqui vão estar conectadas diretamente com o lado interno da vida do indivíduo. Trabalho social e de bem-estar atrai muito o indivíduo. Ele pode fazer muitos amigos através de sua capacidade pessoal que faz as pessoas se sentirem em casa e à vontade ao trabalhar, conversar ou cooperar com ele. A Lua na 11ª Casa faz uma pessoa amigável com benefícios dos amigos e torna qualidades visionárias.

Mercúrio ☿

Com Mercúrio na 11ª Casa o indivíduo induz suas amizades através de interesses de natureza intelectual, educacional e literária. Há indícios de que o indivíduo é uma pessoa séria e dispõe de capacidade para a cooperação intelectual com os outros. O indivíduo aqui é muito atraído por estudos científicos e experimentos. Ele tem um certo charme para o lado social ou público da vida, em vez da natureza empresarial ou profissional. Esta localidade de Mercúrio também implica que o indivíduo não terá problemas para promover a harmonia entre seus amigos e parentes. Mercúrio na 11ª Casa significa que círculo de amigos é escolhido de acordo com a afinidade intelectual; e se positivamente e fortemente aspectado implica visão social avançada. Quando Mercúrio está retrógrado na 11ª Casa, grande necessidade de novas experiências e excitações está presente. A pessoa é separada mentalmente das pessoas. Ele precisa de liberdade de opinião com idéias não convencionais.

Vênus ♀

Vênus na 11ª Casa é uma excelente posição para Vênus e ela auxilia o indivíduo na formação de suas amizades e associações. Ele aumenta o poder de suas afeições. Vênus, aqui, significa que a maioria dos amigos do indivíduo são mulheres e que alguns deles serão conectados com empreendimentos artísticos. A posição adverte o indivíduo para ser cauteloso em seus gastos com entretenimento. Vênus cria uma aura natural de popularidade social para o indivíduo e amigos vão continuamente buscar o seu conselho. Vênus na 11ª Casa dá o apoio de amigos e amizade muitas vezes se torna em amor. Quando Vênus está retrógrada na 11ª Casa pode haver grande curiosidade, desapego nos relacionamentos e uma necessidade de explorar além das regras sociais.

Marte ♂

Marte na 11ª Casa indica que na maioria dos casos, as amizades formam rápida e facilmente. Há um perigo aqui que através dos impulsos, o indivíduo pode formar amizades com pessoas insensatas de um caráter obscuro. Os amigos que geralmente são formados quando Marte ocupa esta casa serão na sua maioria do sexo masculino. O indivíduo deve sempre se esforçar para evitar o lado impulsivo de seu caráter quando entrar em amizades. Amizades imprudentes feitas aqui criarão atritos e perturbações subsequente com uma reação indesejada em outras áreas da vida. Marte na 11ª Casa dá forte idealismo, mas possíveis problemas com os amigos. Quando Marte está retrógrado na 11ª Casa a pessoa investe muita energia em sonhos, mas deve ter cuidado para materializá-los.

Júpiter ♃

Júpiter na 11ª Casa é uma excelente posição para a formação de amizades longas e duradouras. O indivíduo irá adquirir material importante e assistência espiritual através de suas amizades e associações. Em muitos casos, amigos ocupam posições sociais, públicas e empresariais extremamente influentes e o indivíduo tem a ganhar em conformidade. As esperanças e desejos, mais uma vez, são reforçadas através da influência e apoio dos amigos. Interesses intelectuais, científicos e sociais serão produtos das amizades que serão de longa duração. Júpiter na 11ª Casa dá apoio de amigos, idealismo e ajuda na realização dos objetivos. Quando Júpiter está retrógrado na 11ª Casa há uma grande curiosidade por novas experiências, idealismo e abertura à vida, a individualidade, o amor pela liberdade e sabedoria, que pode levar ao conhecimento das leis cósmicas.

Saturno ♄

Quando Saturno está na 11ª Casa há indícios de que o indivíduo vai encontrar dificuldade em adquirir amigos. Seu problema aqui, no relacionamento com as pessoas, muitas vezes pode resultar de uma timidez pessoal ou desconfiança. Pode resultar de um ambiente desfavorável ou de alguma circunstância penosa em alguma parte da vida. As poucas amizades que são feitas, no entanto, são os longas e duradouras. Estas amizades são geralmente com pessoas que são muito mais velhas do que o indivíduo. Saturno na 11ª Casa cria problemas com os amigos, a impopularidade, mau planejamento, e prolongamento da realização do desejo. Quando Saturno está retrógrado na 11ª Casa a pessoa é uma sonhadora e pode alcançar seus sonhos através da paciência e equilíbrio.

Rahu ☊

Rahu na 11ª Casa muitas vezes significa que a pessoa tem amizade considerável. Amigos, em uma posição melhor do que o indivíduo e que ajudam em tempos de necessidade. Muitas esperanças são realizadas. Com Rahu aqui as pessoas tornam-se como aquarianos no mais alto sentido da palavra; um verdadeiro humanitário. Problemas e dificuldades geralmente resultam de romances e muitas vezes formação de um relacionamento bem-sucedido é muito difícil. Existe uma dificuldade com relação às crianças. Aflições com Rahu no mapa criam inimizades e ciúmes.

Ketu ☋

Ketu na 11ª Casa dá à pessoa uma necessidade de "revelar" a sua criatividade para os outros. Estas pessoas, em algum ponto da vida, criaram uma dependência através dos amigos. Ketu nesta Casa faz com que elas desenvolvam a sua criatividade e contribuam para o benefício de seus amigos e para o bem comum do grupo. Elas facilmente se permitem serem absorvidas por seus amigos e com isso elas não desenvolvem sua criatividade. Elas precisam dos seus amigos e grupos sociais para "aplaudir" a sua criatividade e, assim, alimentar o seu Ego. Ketu ajuda a se desapegar dessa necessidade e crescer além do seu Ego.

Urano ♅

Quando Urano está na 11ª Casa traz algumas amizades muito estranhas e bastante incomuns. O indivíduo experimenta continuamente o ganho ou perda súbita de amigos ao longo de sua vida. Estas ocorrências repentinas e inesperadas relativas às suas amizades pode trazer ao indivíduo uma tremenda quantidade de sofrimento. Ele deve aprender a aceitar que isso faz parte da vida e nada pode mudar isso. Há indícios de que alguns dos amigos estão diretamente associados a questões científicas, astrológicas e ocultos e eles podem ajudar o indivíduo no fortalecimento dos desejos pessoais. Urano, aqui, implica realizações inesperadas de esperanças e desejos pessoais, mas também indica decepções graves e súbitas. Urano na 11ª Casa dá um forte idealismo progressivo e amigos não convencionais. Quando Urano está retrógrado na 11ª Casa há idéias e pensamentos originais, ilimitadas por normas sociais e tradição. A pessoa deve aprender a respeitar a individualidade dos outros. Há uma forte vontade de se rebelar contra as limitações e um profundo conhecimento sobre a realidade e a consciência elevada.

Netuno ♆

Com Netuno na 11ª Casa o indivíduo faz amizades e associações fácil, relativamente falando. Ele é atraído para aquelas pessoas que estão diretas ou indiretamente ligadas às áreas psíquicas, religiosas e filosóficas da vida. O indivíduo deve ter muito cuidado com as sugestões de seus amigos em relação aos seus negócios. Embora seus amigos sempre querem o seu bem, há indícios de que essas idéias são prejudiciais à vida financeira do indivíduo. É extremamente importante para que o indivíduo separe sua vida social da sua vida empresarial. Ele tem uma excelente chance de ter um talento maravilhoso para as áreas psíquicas e espirituais através da ajuda de seus amigos. Netuno na 11ª Casa dá planos ou idealismo confuso, forte consciência social, mas muitas vezes utópica. Quando Netuno está retrógrado na 11ª Casa, ele dá grande idealismo, mas pessoa está mal disciplinado com normas sociais. Positivamente, há uma consciência de vida mais profunda, junto com a beleza e o requinte. Há melhor compreensão do amor. A pessoa deve entender como trazer os sonhos para a realidade criativa.

Plutão ♇

Com Plutão na 11ª Casa, é difícil para o indivíduo entrar em amizades sólidas e duradouras. Embora ele provavelmente não percebe que ele vai ser a principal causa dessa dificuldade aqui. As amizades que ele fizer vão ser fora do comum. Estas amizades mais do que provavelmente, existem por um curto período de tempo e, de repente, se desfazem. Muitas vezes, isso será causado pelo indivíduo por ter mudado de residência. Em outras palavras, é uma barreira erguida por circunstâncias que são muito difíceis de superar. Às vezes, a posição traz infelicidade como resultado. O indivíduo deve abster-se de colocar seus sentimentos sobre este problema. Plutão na 11ª Casa dá forte motivação para atingir as metas, mas muitas vezes pode trazer problemas e traição de amigos. Quando Plutão está em retrógrado na 11ª Casa, há um grande idealismo e a pessoa inspira os outros, mas o problema é que santo de casa não faz milagre, isto é, falta a inspiração em si mesmo.

Planetas na 12ª Casa

Sol ☉

Com o Sol na 12ª Casa, as implicações são que um terço, se não mais, da vida do indivíduo será infeliz e susceptível à obscuridade. Dependendo dos aspectos, o indivíduo terá a capacidade de levantar-se de tal infortúnio e sofrimento e ajudar a si mesmo ou ele vai se enterrar em seus próprios problemas. O indivíduo com esta posição do Sol terá fortes inclinações para as áreas ocultas e psíquicas da vida. A maioria das pessoas nascidas com o Sol na 12ª Casa encontram ou possuem gostos e inclinações incomuns. Elas naturalmente gostam de se isolar. Muitas vezes, as limitações serão auto impostas.

Lua ☽

Quando a Lua está na 12ª Casa há indícios de que a vida do indivíduo será cheia de limitações e restrições. Esta é uma posição ideal para um monge ou uma freira, um cirurgião do hospital ou um enfermeiro, pois favorece todo o trabalho de simpatia. O indivíduo está continuamente envolvido em segredos que são de extrema importância. Ou ele vai guardar os segredos dos outros ou tem algum segredo próprio que pode prejudicá-lo se vier à tona. Esta posição garante o indivíduo de um amor natural do ocultismo, mistério e romance. Se sob qualquer magia do sexo oposto, ele ou ela vai estar inclinado a ser indiscreto nos casos de amor e inclinado a permitir que os sentidos dominem a razão. Com a Lua na 12ª Casa, ela dá introversão, uma profunda vida interna e possíveis problemas no relacionamento com a mãe. A profissão é geralmente em instituições, dependendo fortemente dos aspectos, ou a pessoa se rebelar contra estas instituições. Muitas vezes a pessoa terá um forte instinto para se retirar da sociedade.

Mercúrio ☿

Mercúrio na 12ª Casa indica que o indivíduo tem uma mente sutil. Ele gosta de correr riscos e adora aventuras perigosas de natureza secreta. Se Mercúrio estiver bem aspectado aqui o indivíduo tem uma capacidade distinta para estudar assuntos relacionados com o oculto. Ele também está bem equipado para investigar mistérios ou seguir modos incomuns de pensamento. Esta posição de Mercúrio intensifica o poder da imaginação do indivíduo e indica que, com formação adequada, uma visualização construtiva pode ser desenvolvida. Há uma tendência de criar inimigos através de críticas pessoais. Às vezes, o estresse mental causado por tal agravamento pode perturbar o equilíbrio intelectual básico do indivíduo. Ele deve ter muito cuidado aqui. Mercúrio na 12ª Casa, muitas vezes dá lugar a trabalhar em instituições de ensino. Em relação à saúde, pode causar problemas neurológicos. Quando Mercúrio está retrógrado na 12ª Casa esta é uma colocação espiritual, a pessoa está virada do avesso e há uma afinidade mística. Existe também o talento para a música e metafísica.

Vênus ♀

Com Vênus na 12ª Casa o indivíduo é muito inclinado ao romance e há indícios de casos de amor obscuros ou clandestinos. Esta posição de Vênus, muitas vezes sugere um casamento precoce, no entanto, sem dúvida, irá trazer o indivíduo em contato com aqueles que podem ter o poder de influenciar afetos depois do casamento. Em alguns aspectos, esta posição de Vênus é difícil, pois significa que o indivíduo vai experimentar ambos os períodos de alegria e tristeza em segredo. Quando Vênus está na 12ª Casa as indicações são de que os interesses sobre os afetos são uma das principais causas de inimizade na vida do indivíduo. Vênus na 12ª Casa denota problemas na relação de amor ou o trabalho em instituições sociais. Há possibilidade de servir aos outros ou a busca espiritual. Quando Vênus está retrógrado na 12ª Casa, isto denota emoções escondidas. Ela enfatiza a criatividade, mas a pessoa não gosta de ser confinada a algo ou forçada. Ela quer a realização interna, mas muitas vezes é muito apegada ao passado.

Marte ♂

Marte na 12ª Casa indica que a vida do indivíduo está repleta de muitas aventuras estranhas e infelizes. Quando confrontado com uma situação como esta, o indivíduo age mais no impulso do que com a razão. Nesta posição há indícios de perigos graves para a sua saúde e mente. O indivíduo desta posição é susceptível a cárcere privado, a traição através de afetos extraviados, e lesões de inimigos. Em alguns casos, esta posição de Marte denota pobreza e uma vida longa dificuldades com finanças. Marte na 12ª Casa denota uma dificuldade de expressar a energia física. Também denota inimigos secretos e situação muitas vezes perigosas. Existe uma forte influência sobre subconsciente. Marte retrógrado na 12ª Casa exige uso construtivo da energia, a pessoa se sente ligada às circunstâncias externas e sentimentos internos. Ela deve compreender o valor de perdoar e esquecer. Esta posição de Marte também dá uma forte energia sexual.

Júpiter ♃

Quando Júpiter ocupa a 12ª Casa implica uma quantidade enorme de potencial para o sucesso nos estudos ocultos e um respeito pelas crenças sagradas e antigas. Ele também indica que o indivíduo deve encontrar o sucesso nos assuntos de uma forma calma e misteriosa onde o público em geral não tem conhecimento. Esta posição de Júpiter permite que o indivíduo consiga, direta ou indiretamente transformar seus inimigos em amigos, mesmo contra sua própria vontade. Isso significa que o indivíduo vai encontrar o sucesso e isso vai trazer-lhe auxílio e assistência de bons amigos. Júpiter na 12ª Casa dá o sucesso através de instituições, do trabalho secreto e de sociedades secretas. Júpiter retrógrado na 12ª Casa denota profundo questionamento espiritual. Esta pessoa tem a facilidade de conseguir ser interno e verdadeiro. Há uma profunda introspecção e habilidades telepáticas.

Saturno ♄

Saturno na 12ª Casa, implica restrições e muitas condições infelizes e dependendo de outros aspectos, uma má sorte. Esta posição de Saturno indica uma pessoa que é muito reservada e com idéias solitárias, com inclinações fortes para desfrutar a reclusão. É uma posição extremamente desfavorável para todos, exceto aqueles que gostam de trabalhar em segredo e viver por

☉☽☿♀♂♃♄⚷♋♅♆♇ 283

si mesmos. Muitas obrigações serão forçadas em cima da pessoa por ambos, pelas circunstâncias ou por outros. Ele também sugere passagens pela prisão, que poderia ser como resultado de ações imprudentes ou através da inimizade dos outros. Saturno na 12ª Casa geralmente traz dificuldades na vida, prisão, ocupação relacionada com instituições mental ou trabalho. Saturno retrógrado na 12ª Casa pode fazer uma pessoa muito introspectiva. Para ela, é mais importante seguir própria verdade. Mas há uma grande maturidade interna. A essência do problema pode ser profundamente enraizada e a pessoa deve transformar-se em direção à consciência social e espiritual mais elevada.

Rahu ☊

Rahu na 12ª Casa, a pessoa tem muito a aprender nesta vida, com ou sem escolha individual e precisa de auto-sacrifício. Aqui, a pessoa deve ajudar os menos afortunados, deficiente ou aflitos. No seu trabalho, eles são bastante metódicos, práticos, pontuais e constantes. Neste caso, o sistema digestivo ou problemas com a circulação necessita de atenção. Se mal aspectado, por vezes, resultará em falta de equilíbrio mental, imaginações vagas e pressentimentos. Estudos ocultos devem ser evitados caso isso aconteça.

Ketu ☋

Ketu na 12ª Casa dá uma necessidade de "melhorar" as relações com os outros através do serviço. Esforços devem ser feitos para aceitar as responsabilidades de rotina. Estes indivíduos são isolados da humanidade de alguma maneira; tais como, mosteiros, prisões, hospitais psiquiátricos, retiros, *ashrams*, etc. Esse isolamento pode ser por escolha ou forçado. Seus pensamentos tendem a girar em torno de si. Eles precisam conhecer o seu compromisso com seus semelhantes através do amor, compaixão e serviço. Caso contrário, eles vão procurar tentar escapar de suas responsabilidades por meio de drogas, álcool, etc., e/ou por esperar que os outros cuidem totalmente, seja por outros ou em uma instituição.

Urano ♅

Quando Urano está na 12ª Casa, implica períodos de condições de inimizade inesperadas e súbitas. Ele intensifica a probabilidade para acidentes. Ele também indica que o indivíduo pode ser responsabilizado, de forma injusta, por acidentes envolvendo ferimentos de outras pessoas. Esta posição de Urano sugere a formação de vínculos secretos. Estes são frequentemente associados com casamentos feitos em fuga ou um casamento secreto. Estes assuntos geralmente vêm à superfície depois. Esta é uma posição favorável para aqueles que estão inclinados a agir por motivos ocultos ou psíquicos, caso que favorece o misterioso e romântico. Com Urano na 12ª Casa, dá a consciência forte que influencia as circunstâncias externas, como também a liberdade do subconsciente coletivo ou traumas, dependendo dos aspectos. Quando Urano está retrógrado na 12ª Casa, há muitas vezes uma mudança de consciência. Mas existe um grande potencial para o autodesenvolvimento.

Netuno ♆

Netuno na 12ª Casa exerce uma influência que é muito difícil de ver quando as coisas estão bem ou de se proteger contra quando as coisas vão mal. É uma posição que mostra que a pessoa pode ser responsabilizada pelas ações ou insinuações dos inimigos. Há também um perigo de sedução e de problemas por meio de tentativas de intimidação ou chantagem. É uma posição que pode trazer o perigo de ser sequestrado ou ser usado como uma isca para enrolar outros. Por outro lado, Netuno pode trazer benefícios através de laços, associações, acordos e entendimentos secretos. Netuno na 12ª Casa dá um amor forte para o misticismo e indica o término de um ciclo de autodesenvolvimento. Netuno retrógrado na 12ª Casa dá uma visão profunda da realidade cósmica. A pessoa pode ver sem problemas a totalidade de tudo. Os pensamentos profundos são impessoais e sem limites. Há uma capacidade mediúnica porque a pessoa compreende a essência de tudo rapidamente.

Plutão ♇

Plutão na 12ª Casa é uma posição inquietante trazendo perigo de intriga e inimizade. O indivíduo vai encontrar pessoas fazendo coisas pelas costas causando o mal e é difícil para um para identificar o indivíduo que está causando o problema, isto é, inimigos secretos. É também uma posição que cria problemas para o indivíduo através de situações anônimas. Quando Plutão está na 12ª Casa, há uma tendência do indivíduo de fazer as coisas que têm um efeito bumerangue. Isso muitas vezes levará a tristeza e, portanto, o indivíduo deve cuidadosamente planejar com antecedência, de modo a evitar isso. Normalmente, este será um resultado direto do indivíduo ter de ceder às exigências dos outros que estão usando-o para seu próprio interesse. Plutão na 12ª Casa fornece relação criativa com o subconsciente social, se aflito, a pessoa é vítima do inconsciente coletivo. Plutão retrógrado na 12ª Casa faz a pessoa introspectiva. Ela sente uma limitação social, mas pode se libertar se ela quiser ou tiver tal consciência. Muitas vezes há longos períodos de solidão. A pessoa tenta encontrar sentido espiritual da existência e nesse processo ele vai jogar fora tudo o que não é importante. Esta é uma genuína posição de transformação.

Bhavat Bhavam

Há um princípio maravilhoso na Astrologia chamado *Bhavat Bhavam*, que pode ser aplicado a um mapa para derivar/decifrar o máximo de informação sobre um indivíduo. *Bhava*, como já sabemos, em Sânscrito significa um Casa, que pode ser interpretado como residência, residência de Planetas celestes ou Casa astrológica.

Bhavat Bhavam significa literalmente "de Casa em Casa". Ao aplicar essa lógica, podemos estudar as Casas de uma forma muito mais profunda do que a interpretação normal. Este princípio Casa-em-Casa pode ser estendido para todas as Casas e revela que há uma relação entre tais Casas.

Este é um conceito único da Astrologia Védica, o que a torna mais divertida e interessante.

Todas as Casas são dadas seus atributos, como 1ª Casa é a do Eu, do corpo; a 2ª Casa das Riqueza e o autovalor; 3ª Casa é a dos Esforços, irmãos, vizinhos, etc. Agora, para saber sobre a riqueza de uma pessoa, precisamos ver 2ª Casa, mas pelo conceito do *Bhavat Bhavam*, devemos ver a 2ª Casa a partir da 2ª Casa, onde também podemos ver a riqueza ou o senso de autovalor da pessoa.

É meio confuso no começo para entender, mas uma vez que entrou na mente, fica fácil de seguir este raciocínio.

Bhavat Bhavam é um conceito que diz que qualquer Casa que você estiver olhando para adquirir resultados, olhe para aquela Casa e, adicionalmente, olhe para a Casa que é exatamente o mesmo número de Casas a seguir. Como por exemplo, se você está procurando os resultados da 2ª Casa, então também olhe para 2ª da 2ª Casa. Agora, quem é 2ª Casa a partir da 2ª Casa? É a 3ª Casa. Lembrando que para contar, comece a contar a partir da Casa em questão, assim, 2ª casa torna-se 1ª Casa e a 3ª Casa torna-se 2ª Casa a partir de 2ª Casa.

Agora, o que é 3ª Casa? É a dos esforços, por isso, obviamente, para saber a riqueza de alguém que você precisa verificar a condição da 3ª Casa para saber quanto esforço a pessoa está disposta a colocar. Da mesma forma, se você está olhando para os resultados da 4ª

Casa, em seguida, também olhe para 4ª a partir do 4ª Casa. Agora, qual é a Casa a partir da 4ª Casa? É 7ª Casa (comece a contar 4 Casas a partir da 4ª Casa), assim, a 4ª Casa torna-se 1ª, 5ª Casa torna-se 2ª, 6ª Casa torna-se 3ª e 7ª Casa torna-se 4ª da 4ª Casa).

Tendo uma Casa como ponto de referência, podemos correlacionar outras 11 Casas para a identificação de outros fatores que representam essas Casas.

Este conceito de *Bhavat Bhavam* só se aplica a partir da 2ª Casa em diante porque a 1ª da 1ª sempre vai ser a 1ª. Outras posições *Bhavat Bhavam* são os seguintes:

- *Bhavat Bhavam* da 2ª Casa (família, riqueza, etc.) olhe para 2ª da 2ª Casa, ou seja, 3ª Casa.
- *Bhavat Bhavam* de 3ª casa (esforços, habilidades de se comunicar, etc.) procure a 3ª a partir da 3ª Casa, ou seja, a 5ª Casa.
- *Bhavat Bhavam* da 4ª Casa (casa, mãe etc.) procure a 4ª a partir da 4ª Casa, ou seja, 7ª Casa.
- *Bhavat Bhavam* de 5ª Casa (inteligência, crianças, romances, etc.) procure a 5ª a partir da 5ª Casa, ou seja, 9ª Casa.
- *Bhavat Bhavam* da 6ª Casa (dívidas, doenças, etc.) procure a 6ª a partir da 6ª Casa, ou seja, 11ª Casa.
- *Bhavat Bhavam* de 7ª Casa (união, cônjuge, etc.) procure 7ª da 7ª Casa, ou seja, 1ª Casa.
- *Bhavat Bhavam* de 8ª casa (oculto, segredos, transformação, etc.) procure a 8ª a partir da 8ª Casa, ou seja, 3ª Casa.
- *Bhavat Bhavam* de 9ª Casa (conhecimento superior, religião, etc.) procure a 9ª a partir da 9ª Casa, ou seja, 5ª Casa.
- *Bhavat Bhavam* da 10ª Casa (carreira, status social, etc.) olhe para a 10ª a partir da 10ª Casa, ou seja, 7ª Casa.
- *Bhavat Bhavam* da 11ª casa (ganhos, amigos, etc.) procure 11ª da 11ª Casa, ou seja, 9ª casa.
- *Bhavat Bhavam* da 12ª Casa (perdas, espiritualidade, etc.) procure 12ª da 12ª Casa, ou seja, 11ª Casa.

Capítulo 8 - Regência Planetária - *Adhipati*

      Como observamos nos capítulos passados, cada Casa do mapa representa um certo conjunto de atividades e características da vida, por exemplo, a 1ª Casa representa o corpo e de uma disposição geral e a 2ª Casa representa acúmulo de dinheiro, a fala, alimentos, etc. Cada casa tem um Planeta Regente, exatamente como uma casa tem um proprietário ou um reino, um rei. Esse Planeta Regente vai levar muito do significado da Casa que eles governam para a Casa que ocupam. A força e a qualidade dos Planetas Regentes irão influenciar a forma favorável ou desfavorável em que as características das Casas são exibidas.

      A ligação de uma Casa, através do seu Regente, com outra Casa e sua interpretação correspondente é uma forma de *Yoga* Planetário. O conhecimento dos efeitos das colocações dos Regentes é uma componente chave para a correta interpretação do mapa.

REGENTE DA 1ª CASA

Na 1ª Casa

Quando o Regente do Ascendente estiver na 1ª Casa a pessoa é dotada por um forte sentimento do Ego. Geralmente, se este Regente estiver em um Signo amigável ou em exaltação, a saúde vai ser robusta e isso resulta em uma boa longevidade. Terá um forte senso de propósito na vida, autossuficiente, um líder. Se o Regente é fraco isso pode torná-los egoísta e também apresentar desafios na saúde e um fator de longevidade reduzida. Terá a tendência em ignorar os outros e uma atitude egocêntrica que pode levar a pessoa em se casar várias vezes.

Na 2ª Casa

Quando o Regente da 1ª Casa estiver na 2ª Casa, isto indica um grande interesse em ganhar dinheiro e a pessoa usará seus melhores recursos para ganhar a liberdade financeira. Ela trabalha duro e são indivíduos se fazem com o próprio esforço, mas se o Regente for fraco, seus esforços podem revelar-se inúteis. Esta 2ª Casa também indica família e, como resultado, todos os assuntos em conexão à família será importante para eles.

Na 3ª Casa

Aquele com este posicionamento tem uma mente muito rápida e interesse em todos os aspectos da aprendizagem e adoram ampliar sua consciência. Se o Regente da 1ª Casa é forte eles vão viajar e obter o sucesso. Eles têm um forte interesse em assuntos ambientais e as pessoas em geral. Um Regente do Ascendente fraco na 3ª Casa indica problemas através de irmãos e da localidade em que vivem (vizinhos, arredores). Isso também pode produzir uma mente perturbada.

Na 4ª Casa

Quando o Regente da 1ª Casa está na 4ª Casa a pessoa pode esperar ganhos consideráveis através de propriedades, imóveis e outros assuntos domésticos. Isso indica interação feliz com os pais, e em particular, com a mãe, no entanto, isto acontece se o Planeta em questão está em dignidade e bem aspectado. A 4ª Casa indica contentamento pessoal, então, naturalmente, um posicionamento favorável do Regente indica felicidade geral e bem-estar. Se o Regente da 1ª Casa estiver mal colocado pelo Signo ou por aspecto, pode haver perdas por investimentos imobiliários e problemas com a família em geral.

Na 5ª Casa

A 5ª Casa rege crianças, diversões e outros empreendimentos especulativos e não é considerado completamente favorável para a sobrevivência do primeiro filho. Se, contudo, o Planeta é forte e bem fortificado, estando em bom aspecto com outros Planetas, pode fornecer o sucesso através de afiliações políticas e atividades diplomáticas. A 5ª Casa é chamada de *Mantra Sthana* (setor da iniciação espiritual) e é uma Casa espiritual na Astrologia Védica dotando assim o indivíduo com oportunidades para a iniciação nas disciplinas ocultistas e filosóficas. Se o Regente da 1ª Casa é mal colocado aqui, os problemas com crianças e especulação do mercado de ações e outras atividades de jogos de azar podem provocar perdas. O Planeta Regente da 5ª Casa lhe dará uma dica para quais guias espirituais ou divindades que a pessoa será atraída.

Na 6ª Casa

Como a 6ª Casa rege competições, doenças e dívidas, o Regente do Ascendente aqui não é normalmente considerado favorável, a menos que seja forte pelo Signo ou por aspecto. Pode haver interesse em assuntos militares, carreiras jurídicas ou judiciais ou de saúde e serviços médicos. Isto indica uma tendência natural de cura e também um amor por animais. Se o Regente estiver gravemente afetado aqui, doenças físicas e uma abreviada vida útil é revelada. Intervenções cirúrgicas podem ser vistas por Planetas como Marte ocupando essa Casa e o Signo do Zodíaco vai indicar a parte do corpo que podem ser atingidas.

Na 7ª Casa

Com o Planeta Regente da 1ª na 7ª Casa, há uma afinidade natural para com os membros do sexo oposto e, de fato, a dominação pelo parceiro romântico. Dependendo da força do 7º Regente, a primeira esposa pode não sobreviver e dois casamentos podem ser indicados. Curiosamente, uma atitude mais espiritual se desenvolve na última parte da vida, mas se este Planeta é afetado, a pessoa age contra seus próprios interesses e isso também aponta para problemas legais, bem como a discórdia conjugal.

A 7ª casa também se relaciona com viagens e, portanto, o Regente da 1ª Casa aqui indica muito movimento, fisicamente falando, particularmente se a 7ª Casa é possuída por Signos cardinais como Áries, Câncer, Libra ou Capricórnio.

Na 8ª Casa

A 8ª Casa é provavelmente a mais mal compreendida de todas, portanto, o Regente da 1ª Casa aqui cria várias anomalias no horóscopo. Embora esta Casa rege os assuntos de morte e, até um certo ponto, a morte em si, esta é também uma Casa do oculto e espiritual e indica uma poderosa tendência espiritual ou psíquica. Esta é realçada se o Planeta estiver bem colocado e favoravelmente aspectado. Isso também mostra um fim pacífico e repentino da vida. Caso o Planeta estiver mal colocado, sob muita tensão ou com um maléfico, a saúde sofre e problemas através de testamentos e legados são previstos aqui. Os últimos dias da pessoa podem não ser felizes e a morte também pode ser uma coisa desagradável.

Na 9ª Casa

A 9ª Casa é a Casa espiritual e, na minha opinião, é a mais favorável na Astrologia Védica, portanto, o horóscopo e as fortunas gerais da pessoa são bastante reforçados pelo Regente da 1ª Casa. A pessoa tem fortes inclinações religiosas, bem como a natureza compassiva. Isto não é simplesmente um espaço espiritual positivo, mas também oferece sorte geral e fortuna em um todo. Ensino superior, viagens longas e qualquer assunto relacionado com a filosofia e a religião são fortemente reforçadas através deste posicionamento. Se o Regente da 10ª Casa estiver associado neste setor, uma pessoa poderosa nasce. A aflição por outros os Planetas provoca atrasos ou problemas por meio de transportes e essas experiências podem ser menos favoráveis. Isso também predispõe a dificuldades com mentores religiosos.

Na 10ª Casa

A colocação da Regente da 1ª na 10ª Casa é uma das melhores situações para o sucesso profissional porque a 10ª rege a carreira. Honra e sucesso e uma posição profissional poderosa e digna será garantida e especialmente se esse Regente estiver bem colocado. Se estiver em exaltação pode levar a fama e grande fortuna. A aflição e a má colocação do Regente aqui podem dar uma ascensão meteórica com uma queda inevitável de grandes alturas e pode ser submetido a calúnia e desonra através de rivalidade profissional.

Na 11ª Casa

A 11ª Casa é o setor do lucro e, em particular, o lucro da empresa e, portanto, a garantia de renda contínua é prevista aqui. Amigos e irmãos serão fundamental para a consecução da estabilidade financeira. Se o Planeta é desafiado por aspectos adversos ou uma colocação negativa, amigos e irmãos podem agir no sentido inverso e causar problemas e obstrução à própria segurança.

Na 12ª Casa

A 12ª Casa, como a 8ª, é aquela que oferece ambos os resultados positivos e negativos. Espiritualmente se o Regente da 1ª estiver bem colocado, isso indica uma natureza compassiva, a pessoa é caridosa e generosa. Pode haver, contudo, problemas com dinheiro, se o Regente estiver aflito porque a 12ª Casa refere-se às despesas e indica as perdas por inimigos secretos que "minam" a pessoa. Em casos extremos, a prisão ou o exílio são mostrados aqui, mas em um contexto moderno pode simplesmente se referir a imigração e residência em terras estrangeiras.

REGENTE DA 2ª CASA

Na 1ª Casa

Se o Regente da 2ª Casa é encontrado na 1ª, a pessoa estará preocupada principalmente com o ganhar do dinheiro e em criar uma segurança financeira para si. Eles são inteligentes e capazes de usar essa perspicácia para chegar à frente materialmente e pode até ganhar consideravelmente através de heranças. Infelizmente, há um problema com as relações familiares e a pessoa pode não ver olho no olho com os seus parentes mais próximos e queridos. Se há uma aflição neste Planeta a acumulação de dinheiro não é um caminho fácil e a pessoa pode trabalhar duro com pouco ganho.

Na 2ª Casa

Com o Regente da 2ª Casa na 2ª, a pessoa é criativa e inteligente na maneira de ganhar dinheiro. A 2ª Casa refere-se a casamentos subsequentes e, dependendo da força dos Planetas envolvidos, pode sugerir um segundo casamento após um divórcio ou morte do primeiro parceiro. Boa força e aspecto ao Regente da 2ª Casa fortalece o Planeta e garante o sucesso financeiramente (em particular, se os Signos de Água ou de Terra estiverem na 2ª Casa, mais oportunidades serão evidentes). Um Regente desfavorável dará resultados opostos e pode designar perdas financeiras durante o ciclo (*Dasha*, o que vamos ver mais à frente) daquele Planeta.

Na 3ª Casa

A 3ª Casa é também da valentia e bravura. O indivíduo é confiante e interessado em ganhar dinheiro, mas pode ser um personagem desagradável. Estudiosos védicos sugerem uma tendência ateísta e alguém que está mais interessado no materialismo grosseiro do que qualquer tipo de conduta espiritual ou a utilizações filantrópicas ou de caridade com seu dinheiro. Na verdade, eles classificam este posicionamento como pertencente a um avarento. Pode haver interesses de outra forma educacional e editorial que podem produzir bons retornos financeiros para a pessoa se esses Planetas estiverem bem colocados e favoravelmente aspectado.

Há perda ou grande luta para alcançar o sucesso caso o Regente estiver mal colocado.

Na 4ª Casa

Esta é uma ótima colocação para aqueles envolvidos no trabalho de vendas e uma carreira que exige o pagamento por comissão. O indivíduo pode obter sucesso através do mercado imobiliário e tem as oportunidades para agir como um guardião ou até mesmo herdar propriedade ancestral materna. Se há aflição para o Regente da 2ª Casa, os problemas por conta destas matérias seguirão. O dinheiro pode ser acumulado e a última parte da vida é materialmente confortável como resultado.

Na 5ª Casa

Como o 2º Regente rege dinheiro e o 5º, a especulação, a fortificação desse Regente vai certamente produzir bons resultados em matéria de jogos de azar e investimentos financeiros, mas podem criar problemas com a família porque o indivíduo pode não ter habilidades sociais, a paciência e a tolerância ao dar aos outros o tempo suficiente. Isto em si, independentemente da força do Regente, atua desfavoravelmente para a pessoa. Em qualquer caso, a pessoa também adora esportes, e as loterias e vai ganhar ou perder, dependendo da força do Planeta e os seus aspectos.

Na 6ª Casa

Como o 2º Regente relaciona-se com aqueles que ganham a capacidade e o 6º é um setor de dívida, a pessoa pode incorrer em despesas e perdas consideráveis por este posicionamento, especialmente se o 2º Regente estiver em uma posição de fraqueza ou mal aspectado. A 6ª Casa, sendo da competitividade e inimigos, cria obstáculos e a possível perda financeira como resultado de processos judiciais ou disputas e debates. A riqueza também pode ser adquirida através de meios ilegais ou indesejáveis, especialmente, se Planetas como Marte, Rahu e Saturno estiverem envolvidos. Questões de saúde também pode ser afetada porque o 2º Regente afeta dieta e isso pode, por conseguinte, indicar maus hábitos alimentares que conduzem a fraqueza digestiva.

Na 7ª Casa

Este não é um bom posicionamento para a fidelidade nos relacionamentos e pode mostrar múltiplos parceiros e subsequentes casamentos. Olhe para os aspectos que formam no Regente da 2ª para ganhar um maior conhecimento sobre este assunto. A renda pode ser substancial vinda de países estrangeiros, mas pode haver afiliações de negócios com estrangeiros, e, novamente, se este Planeta estiver fraco e desfavoravelmente aspectado, perdas financeiras podem surgir.

Na 8ª Casa

A vida em família é marcada pelo 2º Regente na 8ª e dá mal-entendidos com parentes. Mesmo se o Planeta for forte existe a possibilidade de haver ganhos abundantes, bem como em perdas por conta da 8ª sendo uma Casa de certas perdas. Sem dúvida, o dinheiro será doado para a pessoa, mas eles podem desperdiçar por nada. Aconselha-se precaução com qualquer tipo de aplicações financeiras devido a este posicionamento.

Na 9ª Casa

Este posicionamento pode dar um início instável para a vida de uma pessoa porque o 2º Regente está na 9ª, mas a vida se torna melhor com a idade e a pessoa ganha através do ensino superior e conexões estrangeiras como a 9ª Casa tem jurisdição sobre esses assuntos. Há também uma indicação positiva para ganhos financeiros, seja através do próprio esforço ou através de herança. A debilitação, má colocação, associação ou aspecto irá causar dificuldade nesses assuntos.

Na 10ª Casa

Se este Planeta estiver bem aspectado e fortificado na 10ª Casa é um excelente sinal para o sucesso na profissão, particularmente financeiramente e a pessoa ganha muita reputação através de sua profissão. Grandes perdas financeiras podem acontecer através de aspectos adversos e má colocação do Signo ou constelação. A pessoa, no entanto, tem muitos talentos.

Na 11ª Casa

Tal como acontece com o 2º Regente na 9ª, a sua colocação na 11ª dificulta a saúde dos filhos, mas a pessoa é capaz de ganhar bem, especialmente mais tarde na vida. Algumas autoridades Védicas consideram este posicionamento como uma forte influência sobre os apetites materiais, que levam alguém menos nobre em suas transações. A pessoa pode ter uma loja de penhores ou agir na capacidade de um credor ou corretor de finanças. Se estiver adversamente afetado, pode haver perdas devido à confiança equivocada, principalmente através de amigos e irmãos.

Na 12ª Casa

A 12ª Casa cobre as coisas como trabalho compassivo ou hospital e serviços de cura. Portanto, a pessoa pode passar muito de seus próprios recursos em projetos comunitários ou trabalho social. O dinheiro pode deslizar por entre os dedos do indivíduo, especialmente se o posicionamento e aspecto deste Planeta não forem suficientemente fortes. Há uma qualidade espiritual para a pessoa e eles podem ter interesse em investigar as filosofias estrangeiras ocultas, entre outros.

REGENTE DA 3ª CASA

Na 1ª Casa

Ter o Planeta da coragem associado com a 1ª Casa faz com que o indivíduo seja obstinado e, por vezes intelectualmente orgulhoso. Seus irmãos podem estar fortemente ligados a eles por toda a vida e muitas viagens são indicadas também. Um Planeta bem digno anuncia fortes inclinações na escrita e outras habilidades de comunicação. Se aflito, viagens, relacionamentos, irmãos, vizinhos e a comunicação será perturbada.

Na 2ª Casa

Esta colocação é considerada cobiçosa porque a pessoa pode estar interessada em adquirir a riqueza e recursos dos outros. Elas não são consideradas legítimas ou honrosas em suas atitudes. Isto pode, no entanto, dar renda através de oportunidades de educação, música e outras atividades criativas. A aflição ou má colocação deste Planeta pode causar problemas e desentendimentos com membros da família. Isso pode dar a perda de um irmão em algum momento se ambos Marte e o 3º Regente estiverem gravemente afetados.

Na 3ª Casa

Esse posicionamento indica um indivíduo de grande destreza, força e capacidade para ir atrás de seus sonhos de forma destemida. Isto dá união entre irmãos. Caso os Regentes da 8ª e da 12ª Casa combinam neste setor de alguma forma, alguma tragédia pode ocorrer entre ou a respeito dos irmãos ou irmãs. Por outro lado, geralmente, esta é uma situação de felicidade e sucesso para o indivíduo.

Na 4ª Casa

Esta posição conecta a mente aos assuntos internos e, portanto, a pessoa pode viajar para muitas áreas e residir lá de vez em quando. Isso também os dota com alta inteligência, se bem colocado, porque a 4ª Casa tem muito a ver com questões educacionais. Diz-se que o indivíduo atrai pessoas espirituosas, com poderes mediúnicos ou forte instintos como parceiros e isso também inclui significação marital. Um Marte fraco e um

3º Regente aflitos na 4ª Casa pode criar problemas e obstáculos na aquisição de propriedade.

Na 5ª Casa

A mente da pessoa é propensa a todos os tipos de diversões, esportes e prazeres intelectuais. Esta não é, contudo, particularmente uma boa colocação para os filhos do indivíduo, pois isso cria problemas em sua própria vida. Dependendo da condição dos Regentes, esta Casa pode trazer tanto como benefícios como perdas para o indivíduo que poderia de fato ser de origem especulativa em alguns aspectos.

Na 6ª Casa

O Regente da (6ª, 8ª e 12ª Casas) em outro *Dushtana* (Casa maléfica) traz benefícios através do que é conhecido como *Vipareet* (neutralização do negativo), especialmente se associada a outros Regentes da 6ª, 8ª ou 12ª. Isso garante o sucesso para o indivíduo, no entanto, o 3º Regente aqui resulta em competitividade, se não todos fora oposição com irmãos e membros da família. O indivíduo é bem de vida, mas não experimenta a felicidade por conta de sua família. Esta posição também aponta para uma carreira militar para um dos irmãos ou irmãs.

Na 7ª Casa

O 3º Regente na 7ª Casa cria muitos altos e baixos no casamento, romance e onde o comportamento sexual está em pauta. Isso também pode indicar a união do indivíduo com a sua alma gêmea, devido às viagens. Estudiosos védicos também estipulam que, se este 3º Regente estiver aflito pode haver alguns problemas associados com as autoridades governamentais e outros superiores profissionais.

Na 8ª Casa

O 3º Regente na 8ª enfraquece um Regente maléfico que, em torno, beneficia o indivíduo. Isto cria uma oportunidade para a riqueza e benefícios através dos falecidos. Um 3º Regente aflito, vai envolver a pessoa em litígios e, por vezes, questões jurídicas. Esta colocação não é boa para a longevidade dos irmãos mais novos e também pode sinalizar perigo para a longevidade e a saúde do próprio indivíduo.

Na 9ª Casa

Esta colocação produz incerteza em viagens, mas também ganha através da filosofia, de estudo e outras atividades intelectuais. A 9ª Casa é o setor do pai e *Guru* ou preceptor espiritual na Astrologia Védica e não é considerada um presságio positivo para o próprio pai, que pode ser desonesto. Se o 3° Regente é bem digno, as mudanças repentinas e imprevisíveis na vida podem realmente trabalhar beneficamente para eles.

Na 10ª Casa

Esta colocação do 3° Regente pode indicar uma poderosa ascensão profissional, riqueza e muito sucesso para o indivíduo, mas a vida conjugal e as relações pessoais podem não ser tão favoráveis. Principalmente se Vênus e o Regente da 7ª estiverem sob muita tensão no horóscopo. O 3° Regente rege as atividades de sua mente. Portanto, a pessoa torna-se um *workaholic* (viciando em trabalhar) e dá um peso indevido à sua vida profissional. Problemas em manter um estatuto profissional elevado ocorre se o 3° Regente estiver sob muita tensão, debilitado ou aspectado desfavoravelmente com outros Planetas.

Na 11ª Casa

O indivíduo apresenta muito esforço para atingir os alvos financeiros, mas luta, especialmente se Planetas como Saturno e Rahu estiverem em uma associação desfavorável. A 11ª Casa é a Casa do lucro, mas nessa situação, a pessoa trabalha duro, com resultados modestos. Os *Vedas* indicam que os problemas de saúde irão surgir e isso é mais provável se o Regente do Ascendente e da 8ª Casa também estiverem aflitos.

Na 12ª Casa

Um indivíduo que tem o 3° Regente na 12ª sofre nas mãos dos irmãos, devido à sua boa natureza e compaixão. Como a 12ª Casa é a Casa das despesas, o 3° Regente indica que o dinheiro é gasto e dívidas por estes membros da família não são reembolsados. Há, no

♉♊♋♌♍ ♎♏♐♑♒♓

entanto, uma inclinação espiritual como a 12ª Casa é um *Moksha Sthana* (setor da emancipação espiritual). A pessoa é atraída pela idéia de reclusão e vida monástica mais tarde na vida.

Regente da 4ª Casa

Na 1ª Casa

O Regente da 4ª Casa, quando conectado com o Signo Ascendente, indica proximidade com assuntos da casa e, em especial, mãe e da linhagem materna. O 4º setor também reflete o sucesso escolar e se o Planeta está em dignidade e bem aspectado, este anuncia uma característica educacional ilustre no mapa natal.

Como um dos pilares do horóscopo a 4ª Casa tem a ver com a riqueza e posição social e, portanto, dependendo de quão fortemente colocado este 4º Regente é, ele irá determinar o status e *Karma* da pessoa. Se este 4º Regente estiver aflito, as riquezas herdadas podem ser confiscadas ou ganhos na última parte da vida e pode não ser tão favorável.

Na 2ª Casa

O 4º Regente na 2ª é uma excelente combinação para alcançar a riqueza através de questões de propriedades e Terras. Isto significa também que as propriedades da família podem ser herdadas e são consideravelmente valiosas, especialmente se esse Regente está em um bom Signo e aspectado por bons Planetas como Vênus, Júpiter ou Mercúrio. Há eloquência do discurso, mas se o 4º Regente estiver aflito aqui, ele fará seu discurso, no mínimo, amargo, cínico e desagradável.

Na 3ª Casa

Porque o 3º setor, é um setor do movimento e da viagem, a pessoa pode ser residencialmente instável. Se o 4º Regente for digno e fortificado por aspecto, então essas mudanças serão rentáveis para a pessoa. A Astrologia Védica, no entanto tradicional, implica que as relações com alguns parentes podem não ser tão bom, principalmente se este Planeta está sob muita tensão, daí irmãos ou madrasta pode causar problemas.

Na 4ª Casa

O posicionamento angular do 4º Regente aqui no seu próprio setor é uma influência muito favorável geralmente, no horóscopo e na vida da pessoa. Ela terá muitos confortos da vida e estará interessada em melhorar a si mesmo educacionalmente. A relação materna também será cordial, especialmente se este Planeta é bem aspectado. Qualquer aflição para neste Regente indica problemas sobre a riqueza e propriedades e, dependendo da força deste Planeta, a última parte da vida será ou boa, ou difícil.

Na 5ª Casa

O Regente da Casa angular na 5ª, uma casa de Trígono, ou *Trikona*, é muito auspicioso e prevê um futuro poderoso para a pessoa, especialmente quando os Signos envolvidos são simpáticos e os aspectos, positivos. A pessoa é caridosa e espiritual por natureza e tem uma afeição por crianças.

Como esta 5ª Casa é a Casa da iniciação espiritual e a 4ª Casa tem a ver com a educação, a pessoa pode ter interesse em aprender sobre as escrituras e o impacto dos *Mantras*, *Yantras* e *Tantra* (práticas Hindu). A Astrologia Védica indica aquisição de veículos e outros itens de luxo, como resultado deste posicionamento, a menos que este Planeta estiver particularmente aflito.

Na 6ª Casa

Esta não é uma posição particularmente favorável porque o 4° Regente, se aflito aqui, pode causar estragos para a pessoa em geral. A 4ª Casa fala muito da felicidade interna da pessoa e na 6ª Casa, traz danos à estas perspectivas. Faz com que a pessoa seja mal-humorada e egoísta e também indica um desperdício de recursos, tanto emocionais como materiais. Com relação às propriedades e investimentos, a pessoa deve ser cautelosa porque as dívidas podem surgir devido à especulação mal informada que a pessoa pode fazer. Esta é uma pessoa que nunca pode se estabelecer.

Na 7ª Casa

O 4° Regente em *Kendra* ou Ângulo (7ª Casa) é um poderoso testemunho de uma vida rentável, especialmente após o casamento. Como a 7ª Casa é a Casa de movimento, viagens e mudanças, a pessoa também vai ganhar o seu sustento através de deslocações frequentes. Uma aflição ao 4º Regente na 7ª Casa provoca insatisfação na vida conjugal.

Na 8ª Casa

Quando o 4º Regente, que significa contentamento pessoal, é encontrado na 8ª Casa, torna-se difícil para a pessoa a alcançar qualquer felicidade duradoura e isso é certo se o Planeta estiver sob muita tensão e mal colocado. Um dos pais pode morrer prematuramente como resultado e isso também não é benéfico para a própria ética e moral. A pessoa pode ser altamente sexual e acha difícil alcançar a felicidade nos relacionamentos. Questões de propriedade são um problema porque a 8ª Casa é uma Casa de perdas ou maléfica. Propriedades podem ser confiscadas, perdidas ou submetidas a processos judiciais.

Na 9ª Casa

O Regente de um Ângulo no Trígono é um presságio da boa fortuna e sorte de bênção espiritual para o indivíduo. Porque a 9ª Casa revela *Karmas*, o indivíduo nasce com créditos acumulados nesta contagem. Eles são religiosos e honram seus professores e superiores e se dão bem no exterior, caso optem por viajar ou residir lá. Como a 9ª Casa é também a Casa do pai, ele pode ser uma fonte de grande felicidade e apoio, a menos que esteja em aflição, caso em que o inverso pode ocorrer.

Na 10ª Casa

A 10ª Casa é um setor de reconhecimento profissional e a colocação do 4º Regente aqui, se bem colocado, indica uma personalidade forte e alguém que vai deixar sua marca no mundo. Como o 4º setor rege os assuntos domésticos e o 10º, a profissão, há uma relação direta entre o trabalho e a casa e a pessoa, em diferentes fases da sua vida profissional. A pessoa pode optar por trabalhar em casa com esta posição.

Alguns astrólogos védicos são da opinião de que as profissões da área médica e farmacêutica são favorecidas nesta colocação. Quando Saturno, os nodos ou um outro aspecto planetário maléfico estiver presente, a pessoa passa por uma queda no status e sua reputação pode ser manchada.

Na 11ª Casa

Sendo um setor rentável a 11ª Casa indica que a pessoa ganha financeiramente com a família, e em especial a mãe. Se a 11ª Casa é um Signo onde o Planeta Regente rege dois Signos, a pessoa pode adquirir duas mães ou podem ser adotadas. A pessoa é sortuda, rica e proveitosa em todos os seus empreendimentos se este 4º Regente estiver bem colocado e digno. Se há aspectos negativos neste Planeta, a pessoa pode desperdiçar a vida e sofrer por conta de amigos e colegas de trabalho.

Na 12ª Casa

Isso traz problemas na educação precoce da pessoa e também perigo para a mãe ou alguma doença e privação para ela, especialmente se nós encontramos este Regente planetário em má colocação ou em mal aspecto. Em algum momento a pessoa pode desenvolver fortes tendências espirituais como a 4ª e 12ª Casas regem a esfera espiritual da vida. Estes são chamados *Moksha Sthanas* ou Casas da emancipação.

A pessoa pode muito bem residir em países estrangeiros ou pode ter interesse em educar a si mesmo em culturas ou tradições estrangeiras. Dependendo de como é a tensão neste Planeta, a vida da pessoa, possivelmente, pode passar sem problemas ou pode haver alguns graves *Karmas* de uma existência anterior.

REGENTE DA 5ª CASA

Na 1ª Casa

O 5º Regente rege o futuro *Karma*, práticas espirituais e filhos. É por isso que é importante para este Planeta ser bem fortificado na 1ª Casa (a Astrologia Védica dá resultados mistos para esta colocação aqui). Se o Planeta é forte e bem digno, bons resultados podem ser previstos e que a pessoa certamente tem conhecimento de assuntos espirituais, a menos que a aflição é forte, que seria o caso onde ela poderia evocar os espíritos inferiores e ter interesse em magia negra. Esta aflição também nega filhos ou podem causar a doença para os filhos. Algumas medidas remediais podem ser requeridas para aliviar essas dificuldades. Algumas autoridades são da opinião de que um 5º Regente bem digno aqui dá muitos servidores ou empregados e pode até mesmo trazer o interesse em uma carreira judicial, diplomática ou política.

Na 2ª Casa

A combinação ou ligação entre os Regentes da 5ª e 2ª Casas é um indicador de uma alocução poderosa ou mesmo profecia. A pessoa que tem o 5º Regente aqui na 2ª, pode se tornar de fato um bom astrólogo ou possuir um dom psíquico natural para a visão, um visionário. Esta é uma posição superior se há dignidade e aspectos favoráveis neste Planeta. Filhos e família, governo ou outros negócios grandes serão uma fonte de lucro para tais indivíduos, a menos que naturalmente haja uma má colocação aqui, o que gera perdas especulativas, confisco pelo governo ou débitos tributários. Geralmente esta configuração planetária é uma sorte para aqueles com perspectivas financeiras.

Na 3ª Casa

O Regente da 5ª Casa rege a mente e o Regente da 3ª controla a comunicação. Uma pessoa que tem o Regente da 5ª na 3ª torna-se um comunicador influente, mas se o 5º Regente estiver aflito ou desfavoravelmente colocado de forma qualquer, isso pode distorcer o discurso e as intenções da pessoa. Ele pode falar mal dos outros e espalhar rumores. O 5º Regente rege crianças e nesse caso indica várias crianças, mas se aflito, pode mostrar algum mal-entendido com os irmãos.

Na 4ª Casa

Se este 5º Regente estiver aflito na 4ª Casa, pode muito bem causar problemas de saúde para as crianças. O Regente deste Trígono em um Ângulo é excelente para o sucesso político e profissional porque o 5º Regente está aspectando a 10ª Casa. Se este Planeta é vantajoso, a pessoa vai medir seu julgamento e será justo e imparcial. Um maléfico aqui apontará para uma mente cruel. A mãe terá uma vida longa e de acordo com as convenções védicas se este Regente é forte a pessoa é susceptível de ter uma predominância de descendentes do sexo feminino.

Na 5ª Casa

Esta excelente colocação é karmicamente benéfica para o indivíduo, acima de tudo, se bem posicionada, promete crianças, particularmente filhos. Força mental considerável e poder espiritual para atrair o tipo certo de pessoas em suas vidas é mostrado e isso garante o sucesso. Alguns matemáticos especialistas têm o 5º Regente bem digno na 5ª. A aflição do Planeta vai causar problemas para a saúde e longevidade de seus filhos, bem como instabilidade mental devido à 5ª Casa que também rege a mente.

Na 6ª Casa

Como a 6ª Casa relaciona-se com inimigos declarados e disputas, isso não é nada de bom para a relação entre o indivíduo e seus filhos. Na verdade, as crianças tornam-se seus inimigos e muito tempo será gasto em disputas e reconciliação. Isso é especialmente verdade se o 5º Regente estiver muito aflito. Alguma fama é evidente e, em casos raros, há uma ligação direta entre o tio e os filhos, por exemplo, a adoção.

Na 7ª Casa

Esta é uma excelente colocação e indica que os filhos podem, eventualmente, ir ou residir em uma terra estrangeira e, portanto, alcançarão distinção em suas vidas. Isto, obviamente, depende da dignidade do 5º

Regente e os aspectos que são formados com o Planeta, mas geralmente esta é uma colocação encorajadora. Isso traz uma energia espiritual para o casamento e um período de sorte a partir desse momento e também dota o parceiro da pessoa com uma inclinação espiritual. Se este 5° Regente estiver aflito a pessoa pode buscar satisfação em casos extraconjugais.

Na 8ª Casa

Na Astrologia indiana tradicional, a continuação da linhagem da família é um importante componente da vida, mas com o 5° Regente na 8ª Casa da transformação, essa continuação não pode ser concedida. Naturalmente, se o 5° Regente estiver sob muita tensão esta descontinuação será quase certa, porém, uma colocação digna com bons aspectos indica uma mente orientada para a investigação e um dom para a prática do *Tantra* e práticas de meditação profunda. Em uma nota sobre a saúde, o 5° Regente na 8ª pode causar problemas do pulmão ou do estômago.

Na 9ª Casa

Estes são os dois Trígonos (5ª e 9ª) mais poderosos do horóscopo e, portanto, o 5° Regente encontra sua posição na 9ª dominante e é um testemunho de *Karma* da sorte para o indivíduo. A colocação do 5° Regente aqui pressagia fortes motivações espirituais em todas as tentativas individuais e produz um professor ou *Guru*. Grande respeito e honra é dado a ele, mas se o Regente estiver aflito, isso traz escândalo e perda da fortuna devido a não apenas as medidas legais, mas por intervenção divina também. Os filhos da pessoa também podem ser atingidos.

Na 10ª Casa

Aqui encontramos o potencial de grande fama e honra quando o Regente do *Karma* se encontra na 10ª Casa, que é o mais forte *Kendra* (Ângulo) no horóscopo. A pessoa pode ter uma subida dramática na vida e vai se destacar entre sua família e seus amigos e colegas como um ser humano notável. Se este Planeta se combinar com outros Regentes de Trígonos ou angulares e é bem digno, bem como poderosamente aspectado, a pessoa alcança a fama imortal, quer dizer, uma fama além da morte. A aflição do 5º Regente na 10ª, causa problemas na carreira e poderá anunciar uma queda prematura.

Na 11ª Casa

O Planeta Regente dos filhos na 11ª Casa de ganho e lucros indica trabalho e lucro por meio da associação das crianças. Isso também garante muitos amigos que são capazes de ajudar a pessoa a alcançar seus objetivos na vida. Autoridades Védicas declaram que grande autoria ocorre como resultado deste posicionamento, especialmente se o Planeta estiver bem colocado. Os aspectos difíceis ou mal posicionamento deste Planeta pode produzir traição através de amigos e perda de dinheiro através da especulação.

Na 12ª Casa

O 5º Regente espiritual na casa do *Moksha* (emancipação espiritual) indica uma forte inclinação kármica para a compreensão da Verdade e Realidade transcendental. Se outros fatores no horóscopo derem apoio a esta colocação, a pessoa escolhe uma vida monástica ou de peregrinação. Infelizmente, a aflição do Planeta traz doenças da mente e das emoções e até mesmo produz ilusões de grandeza no cenário mais pessimista.

REGENTE DA 6ª CASA

Na 1ª Casa

Tendo o Regente da 6ª Casa na 1ª indica uma ligação direta entre a Casa das doenças, dívidas e disputas com o interior da pessoa. Em sua condição mais fortes e bem aspectado, este Regente dota a pessoa com um comando ou mesmo uma aparência majestosa junto com um amor pela disputa e uma natureza fortemente competitiva. Profissionalmente, a pessoa pode escolher um caminho nas forças armadas e se este Planeta é extremamente bem digno pode alcançar êxitos notáveis, como resultado. Geralmente, no entanto, é melhor não ter nenhuma ligação entre a 6ª e a 1ª Casas, pois este posicionamento sugere problemas de saúde durante a vida, inclusive a partir de uma idade precoce. Se este Planeta estiver mal colocado, a pessoa sofre estas complicações de saúde que podem se tornar crônicas e de longo prazo. Esta aflição, a nível profissional, isso leva o indivíduo para o caminho da atividade criminosa.

Na 2ª Casa

O 6º Regente na 2ª, cria muitos problemas de saúde e também incríveis dificuldades na vida familiar. A 2ª Casa tem regência sobre o rosto e, em particular, os dentes e os olhos e por isso, prevê dificuldades nessas áreas. A pessoa pode ter de continuar disputas ou problemas emocionalmente e financeiramente difíceis na vida conjugal e, dependendo da força de Vênus, a pessoa pode optar por não se casar. Como a 6ª Casa rege dívidas e a 2ª, a renda, a pessoa pode não ser capaz de economizar dinheiro e em casos extremos, pode confiar em outras pessoas em um tipo subsistente da vida.

Na 3ª Casa

Inimizade pode surgir entre irmãos e vizinhos, como resultado da colocação do 6º Regente na 3ª. Esta posição dota a pessoa com uma enorme coragem e se esses Planetas, tais como o 6º, 8º ou 12º Regentes combinarem de alguma forma, os resultados podem muito bem ser positivos, pois isso constitui uma *Vipareet Yoga*. Este é um *Raja Yoga* (configuração majestosa) que envolve uma negação dos Planetas negativos. A colocação do 6º Regente aqui sozinho, no entanto, promove danos a comunicação e também ao relacionamento com alguns membros da família.

Na 4ª Casa

A pessoa gasta quantidades excessivas de dinheiro na residência e pode capitalizar demais, particularmente se esta 6º Regente estiver aflito. A mãe do indivíduo torna-se sua inimiga e não o apoia, inclusive desde o início da vida. Como a 4ª Casa também rege veículos, é uma posição desagradável indicando problemas e avarias através de dispositivos mecânicos, como carros. A conexão com o 6º Regente com a 4ª Casa danifica o contentamento e isso torna difícil para a pessoa a encontrar qualquer prazer na vida.

Na 5ª Casa

A mente da pessoa está sob muita tensão devido ao 6º Regente na 5ª Casa e isso acontece se há dignidade ou não do 6º Regente e nos seus aspectos. Geralmente isso é problemático para os filhos e provoca doenças e disputas com eles, bem como traz instabilidade mental para o indivíduo. A Astrologia Védica estabelece que as propriedades da pessoa vão ser velhas e degradadas. O indivíduo deve procurar aconselhamento especializado antes de investir em Terras e residências quando tiver esta colocação.

Na 6ª Casa

O Regente poderoso da 6ª Casa em seu próprio setor garante um poder considerável e competitividade por parte da pessoa, no entanto, este Planeta não é um bom indicador para a saúde e cria doenças crônicas, de longo prazo e mesmo incuráveis durante os seus períodos (*Dashas*). Pode haver uma estreita afinidade com os tios ou primos e outros membros da família.

Na 7ª Casa

Esta colocação do Regente de inimigos declarados (6º Regente) na 7ª Casa cria dificuldades incalculáveis para o relacionamento conjugal e se este Regente estiver sob muita tensão, a relação pode não suportar e terminar. O parceiro pode ser de natureza desonesta e calculista e estará continuamente em disputa com o indivíduo. Finanças também são afetados negativamente como o parceiro pode ter um gosto para as despesas no luxo e produtos caros, isso devido ao 6º Regente ser o 12º da 7ª Casa.

Na 8ª Casa

O Regente da 6ª Casa aqui, na pior das Casas, a 8ª, indica muitas doenças problemáticas algumas das quais são incuráveis. O indivíduo pode trabalhar em algum centro de investigação ou tem interesse na cura e na medicina, mas pode não ser totalmente fiel nos relacionamentos, em particular no casamento. Muitas dívidas são para ser esperadas como resultado deste posicionamento, especialmente se os aspectos são negativos.

Na 9ª Casa

Se a pessoa vive uma vida justa ou injusta, isso pode ser visto pela dignidade do 6º Regente aqui na 9ª. Um 6º Regente bem colocado indica sucesso no trabalho e na vida espiritual que leva algum tempo para amadurecer. Se este Planeta estiver aflito, a pessoa vive uma vida desregrada, tira vantagem dos outros e ignora as instruções de seus simpatizantes. Com a 9ª Casa, uma Casa de viagens e mudança, local de trabalho ou as atividades profissionais, pode envolver viagens ou negócios estrangeiros. Os tios do indivíduo podem subir para uma posição elevada em um tribunal de justiça e ser respeitado por seus julgamentos.

Na 10ª Casa

Mesmo se o Regente da 6ª Casa estiver bem digno na 10ª Casa, os *Vedas* são bem claros aqui - a pessoa pode de fato ser um impostor e não ser de confiança na posição que ele ou ela tenha assumido. Isso produz problemas e lutas em sua vida profissional e ainda traz a pessoa aos seus joelhos após um período de sucesso. A aflição deste 6º Regente cria obstáculos nos caminhos da vida e indica perda da profissão, prestígio e dá muitos inimigos.

Na 11ª Casa

Isso produz dificuldades legais para a pessoa causada por sua própria ação. Os frutos de seu trabalho não são duradouros e a inimizade entre o indivíduo e seus amigos, irmãos e irmãs podem surgir por conta da energia deste 6° Regente. Os desejos ao longo da vida da pessoa não são adquiridos facilmente.

Na 12ª Casa

Este 6° Regente na 12ª Casa não é particularmente favorável, mesmo se estiver bem digno. Sua combinação com os Regentes da 3ª, 8ª e 12ª Casas podem trazer alguns benefícios devido ao *Vipareet Raja Yoga* (Negação de Regentes negativos em conjunto). No entanto, isso pode causar dívidas por motivo de doenças, problemas com os pais e confrontação e obstáculos em Terras estrangeiras onde a pessoa pode, em algum momento optar por trabalhar. Karmicamente isso não é considerado um ótimo posicionamento para a vida em geral.

REGENTE DA 7ª CASA

Na 1ª Casa

Como a 7ª Casa rege movimentos e viagens, a colocação de seu Regente no Ascendente faz a pessoa propensa a se movimentar muito e pode até resultar no provérbio "uma pedra que rola não cria limo". Algumas autoridades Védicas dizem que a pessoa pode, eventualmente, casar com alguém que já tenha se encontrado no passado na vida, mas em qualquer caso, devido à natureza sexual da 7ª Casa, o indivíduo é constantemente cercado por membros do sexo oposto. Esta influência é um pouco anulada se os Planetas envolvidos são maléficos ou recebem aspectos difíceis.

Na 2ª Casa

Astrologia Hindu é clara sobre a influência da 2ª e 7ª sobre a longevidade de um indivíduo. Por esta razão, com a associação do 7º Regente com a 2ª Casa, o momento de sua longevidade pode ser verificada e pode muito provavelmente ser identificada no período (*Dasha*) desse Regente da 7ª Casa. *Yogas* (configurações) maléficos afetarão o Planeta levando à conclusão de que a morte é muito provavelmente durante o período deste Planeta. Há uma boa chance de que dinheiro e casamento serão ligados um ao outro e a renda pode aumentar após o período em que o casamento começa. A 2ª Casa também diz respeito a casamentos posteriores e um 7º Regente aflito aqui pode indicar a morte da primeira esposa levando a um segundo casamento.

Na 3ª Casa

Os irmãos do indivíduo podem divergir em algum momento na vida da pessoa quando o 7º Regente está localizado na 3ª Casa. Abundância de viagens é indicado para eles e eles, os irmãos podem, consequentemente, acabar vivendo em países distantes. Naturalmente, quanto mais negativas as influências, maior será a dificuldade para os irmãos. Se caso a pessoa tiver Planetas positivos em vez desses maléficos os resultados serão opostos.

Na 4ª Casa

Esta combinação do Planeta marital na 4ª Casa garante a felicidade doméstica e um parceiro conjugal feliz, especialmente se os Planetas são positivos e bem aspectados. As influências positivas aqui também garantem um bom número de filhos, bem como muitas viagens frutíferas para o indivíduo. Como a 4ª Casa rege educação, o Regente da 7ª aqui podem, em alguns casos, trazer uma influência sobre a localização da educação e, por vezes, pode sugerir estudo em lugares estrangeiros.

Na 5ª Casa

A 5ª Casa rege jovens e crianças e a combinação desse 7º Regente aqui pode, em alguns casos indicar um casamento, quer um parceiro mais jovem ou mostrar um casamento precoce. Independentemente da idade ou do tempo, a 5ª Casa sendo um Trígono é muito auspicioso e oferece bênçãos para a vida conjugal, juntamente com uma boa herança cultural e genética de ambas as partes. O Regente da 7ª Casa deve, idealmente, ser bem posicionado para prometer uma boa prole e se o inverso é verdadeiro, um atraso no parto ou negação de filhos é provável.

Na 6ª Casa

Esta colocação do 7º Regente na 6ª é infeliz, de um modo geral, para a vida conjugal da pessoa. Esta 6ª Casa tem uma influência sobre os inimigos e, na prática, influencia o Regente da 7ª de uma forma semelhante, ou seja, a esposa ou o marido finalmente se tornam hostis e criam muitos problemas. Quanto mais pesado a aflição neste 7º Regente, maior probabilidade de um segundo casamento.

Alguns astrólogos tradicionais notam a ligação entre a 7ª Casa do matrimónio e da 6ª Casa dos tios maternos e, portanto, preveem que o cônjuge pode vir de dentro da família imediata. Embora isso possa ter sido normal em tempos antigos, esta prática agora, naturalmente, não está mais na moda.

Na 7ª Casa

Ambos os astrólogos védicos e ocidentais concordam que a 7ª Casa rege interações públicas e também relações mais próximas com cônjuge, etc., devido à colocação desse 7º Regente em seu próprio setor, a pessoa apresenta uma influência muito poderosa sobre os outros e é bastante carismático. Haverá uma ampla oportunidade para essa pessoa atrair muitas pessoas interessantes e pode mesmo ter múltiplos parceiros na vida. Caso a pessoa se casar, sob as influências auspiciosas do 7º Regente, o parceiro será de uma nobre disposição e espiritual. Planetas fortes neste Ângulo em suas próprias Casas e Signos conferem prestígio real.

Na 8ª Casa

Aqui vemos o Regente do casamento associado à Casa da morte, o que não é considerado uma posição segura para o parceiro no casamento. Sob esta pesada aflição, esta combinação pode indicar uma reduzida longevidade do parceiro ou morte em uma Terra estrangeira para a pessoa.

Apesar destas conotações negativas, a 8ª Casa é a segunda a partir da 7ª, e pode, e geralmente traz uma indicação de um parceiro que tem um interesse considerável em finanças e ganhos e pode ser uma pessoa que "faz sua própria sorte".

Na 9ª Casa

A associação com um Regente angular em um setor altamente trigonal é auspicioso e promete muita sorte para o destino da pessoa, especialmente quando os Planetas são positivos. A pessoa pode fazer um nome para si própria em um lugar distante e gosta de viajar o mundo e conhecer muitas pessoas novas e associar-se com muitas culturas diferentes. Se existirem aflições neste Regente, a pessoa deve ser aconselhada a fazer um seguro financeiramente, especialmente onde as conexões estrangeiras estão em causa.

Na 10ª Casa

Aqui o trabalho e o casamento da pessoa podem estar ligados, como no caso os dois cônjuges trabalham juntos ou se conhecem através do trabalho. Isso pode ser positivo ou negativo, dependendo da colocação planetária e relacionamentos a este Planeta. Este negócio

♈♉♊♋♌♍ ♎♏♐♑♒♓

de forma individual, ou com o parceiro pode estar fortemente ligado a negócios estrangeiros e viagens. Se houver aflições negativas a este Planeta, pode haver problemas relacionados com negócios e parceiros ou clientes estrangeiros.

Na 11ª Casa

O contato entre o 7º Regente e a 11ª Casa é aquele em que existem vários parceiros e dependendo de como a tensão no 7º Regente for, o parceiro pode falecer antes deles. Eles podem, então, casar-se novamente. Isso mostra que a pessoa trabalha arduamente para provar seu valor e muitas vezes tem de exercer muito mais esforço do que seus colegas para alcançar os mesmos resultados. Dependendo dos outros Regentes de riqueza e de negócios, há uma boa oportunidade para essa pessoa a acumular uma fortuna, especialmente se o Regente da 11ª Casa estiver associado com a 2ª ou 9ª Casas ou os seus Regentes.

Na 12ª Casa

Há resultados mistos com o Regente da 7ª na 12ª e isso pode indicar que, a pessoa permanece solteira, embora o desejo de se casar ainda exista. Ocasionalmente bígamos nascem com essa matriz planetária e se casam secretamente uma segunda ou mesmo uma terceira vez. O Regente da 7ª também rege a morte do indivíduo e quando associado com a 12ª Casa indica que o lugar do seu descanso final pode ser uma Terra que não seja o seu lugar de nascimento. A pessoa também é bastante mesquinha com seu dinheiro.

REGENTE DA 8ª CASA

Na 1ª Casa

A colocação do 8º Regente na 1ª Casa é desfavorável e traz consigo muitas dificuldades para o indivíduo. Como um setor de perda, privação e infortúnio, a colocação na 1ª Casa produz muitos obstáculos para a vida do indivíduo onde provoca queixas corporais. O aspecto positivo ou colocação por Signo, por exemplo, em Signo amigáveis ou exaltação pode atenuar essas influências, e até mesmo, por vezes, dá uma sorte para eles.

Na 2ª Casa

Sendo um setor de família e até mesmo o casamento, a conexão da 8º Regente na 2ª Casa é desagradável para as questões relacionadas com a família ou cônjuge. Pode haver uma racha distinta entre a pessoa e o parceiro conjugal como a conexão psicológica entre eles pode resultar em mal-entendidos e estranhamento. Como um setor de finanças, tanto o casamento e rendimentos podem ser desastrosamente ligados e a fortuna da pessoa pode flutuar constantemente.

Se existirem doenças e problemas físicos para o indivíduo, uma dica sobre a causa pode estar relacionada ao fato de que esta 2ª Casa rege tais coisas como comer e coisas relacionadas com a boca por exemplo, dentes, língua e garganta. Esta parte do corpo vai ser uma fonte de problema, seja fisicamente ou dieteticamente em algum ponto. Infelizmente, mesmo os bons aspectos neste 8º Regente pode simplesmente prolongar a vida do indivíduo, mas não fornecem qualquer alívio real.

Na 3ª Casa

Se o Regente da 8ª Casa é colocado na 3ª, problemas e até mesmo disputas amargas pode ocorrer com os irmãos, especialmente os mais jovens. De acordo com a Astrologia Védica o 3º setor refere-se ao ouvido direito e este, devido à colocação do 8º Regente, sendo uma influência maléfica pode resultar em surdez e outros problemas de ouvido. A coragem é prejudicada especialmente se Marte e Mercúrio se combinarem - produzindo um espírito arriscado, que tenta o destino e é propenso a acidentes. Quando a combinação com os 3°, 6°, 8° e 12° Regentes ocorre em qualquer combinação nesta Casa, um *Vipareet Raja Yoga* (Negação de Regentes negativos em conjunto) ocorre. Não são apenas as influências negativas que são "freados" aqui, mas resultados positivos são decorrentes.

Na 4ª Casa

A felicidade interior é dependente de boas colocações na 4ª Casa e Planetas benéficos e aspectos neste 4° setor da vida. Como resultado do 8° na 4ª, a paz de espírito é severamente atingida. Isso resulta numa continua procura pela felicidade, mas nunca a encontra. Tais coisas como a educação, veículos e outros, como as propriedades, podem ser sujeitos a problemas, como litígios e perdas. Como a 4ª Casa é um dos Ângulos (*Kendra*) e são as colunas de um horóscopo, é também relacionada com a mãe, o início da vida e a relação materna são menos do que satisfatórias. Naturalmente, os Planetas benéficos podem neutralizar algumas dessas influências negativas, mas, novamente, para o 8° Regente ter uma influência aqui é indesejável. A pessoa vaga pela vida e não encontra um lugar satisfatório para viver e pode até mesmo acabar no autoexílio.

Na 5ª Casa

A 5ª Casa deve ser livre de aflição para o relacionamento com os filhos ser positivo e duradouro. Não é bem assim quando o Regente da 8ª Casa está aqui. Isto é tanto adverso para a relação com os filhos e, em particular, uma influência negativa para a mentalidade e as fortunas gerais do filho mais velho. Esta criança pode se voltar ao crime ou ter problemas psicológicos que criam obstáculos para a relação entre os pais e filho.

Autoridades astrológicas, estranhamente, fazem referência às relações difíceis com o pai e isso é devido à posição trigonal da 5ª e 9ª Casa, que rege o pai. Muitas vezes, será visto que esta 5ª Casa tem mais relevância para as crianças nos horóscopos do sexo feminino e reflete a prevalência de abortos espontâneos ou induzidos nos dias de hoje. Sob aflição grave, a criança que sobrevive pode tornar-se muito doente ou até mesmo morrer. Olhe atentamente para os outros Planetas que afetam este 8º Regente, como o equilíbrio psicológico do indivíduo também pode ser posto em causa por exemplo, esquizofrenia, depressão e tais males como a doença de Alzheimer ou vertigens.

Na 6ª Casa

A maioria dos estudiosos védicos preveem bons resultados para essa colocação, porque as influências maléficas estão sendo anuladas (Regente maléfico numa Casa maléfica). No entanto, considerando os aspectos e os Signos, problemas prováveis com os benefícios materiais podem ocorrer devido a este 8º Regente, além disto dá problemas corporais e uma debilitação da força da vida. Como a 6º Casa também se refere a roubos e inimigos declarados, dificuldades durante esses ciclos também ocorre em relação a bens perdidos ou propriedade e também problemas com os funcionários ou colegas de trabalho. Normalmente, prevê-se que os inimigos não serão bem-sucedidos, como em casos judiciais, etc.

Na 7ª Casa

Esta é uma posição infeliz para o parceiro do indivíduo porque pode trazer problemas de saúde. A própria pessoa pode estar sofrendo de alguma doença que acaba por causar a sua morte. A 7ª e 8ª Casas, ambas regem a sexualidade e os órgãos sexuais, por isso é de se prever problemas do trato urinário, distúrbios reprodutivos e genitais que podem surgir durante os ciclos (*Dashas*) desses Planetas.

Na 8ª Casa

Caso o Regente da 8ª Casa não for mais forte do que o Regente do Ascendente, isso pode revelar-se um posicionamento benéfico para o indivíduo. Como a 8ª rege a longevidade, isso garante uma vida boa e longa, com a perspectiva de ganhos de riqueza e outros benefícios materiais, especialmente durante o ciclo do 8º Regente. Seria melhor que este 8º Regente seja livre de quaisquer influências maléficas ou associação porque, naturalmente, isto pode dar um resultado oposto do mencionado acima. Este é um Planeta perigoso para o pai, especialmente durante o ciclo deste 8º Regente, porque a 8ª é a 12ª da 9ª.

Na 9ª Casa

Enquanto nós conferimos a combinação do Regente da 8ª Casa na 9ª também temos que ver se o significador do pai, ou seja, o Sol é fraco ou não. Se esses dois fatores se combinam no horóscopo, a vida do pai está em perigo durante os ciclos desses Planetas e ele pode vir a falecer. As observações gerais desta colocação do Regente da 8ª são de que a relação paternal não é muito boa. É importante notar que a 9ª Casa rege também a própria fortuna geral na vida e com o 8º Regente lá, a pessoa não tem muita sorte e perde oportunidades valiosas. Todas estas influências são reguladas pela associação de outros Planetas e se em aspecto benéfico, os efeitos são suavizados consideravelmente.

Na 10ª Casa

A 10ª Casa é o Ângulo (*Kendra*) mais importante do horóscopo e é chamado de *Karma Sthana* ou a Casa das ações. Um dos caminhos Kármicos em geral é mostrado por esta Casa e o 8º Regente provoca considerável danos a esta significação. A pessoa pode seguir uma profissão em que sua integridade é posta em risco. Isto é mais provável se o Regente da 12ª também é fraco, o que poderia significar desgraça pública ou períodos de pobreza ao longo da vida. Mesmo se a pessoa for susceptível em fazer algo bom na vida, os resultados levam um longo tempo para amadurecer totalmente. Há muitos desafios a serem encontrados em seu caminho.

Verifique se os Regentes da 2ª, 4ª e 9ª Casas também estão aflitos ou associado a este 8º Regente ou sob aspectos negativos. Isso poderia envolver atos duvidosos, multas ou humilhação pública e perdas durante o período deste Regente. Se este 8º Regente está localizado na 6ª, 8ª ou 12ª Casas, os resultados podem não ser tão catastrófico.

Na 11ª Casa

A 11ª Casa rege a rentabilidade, amizades, irmãos mais velhos e também os desejos de vida. Todas essas facetas da vida podem ser danificadas pela associação do Regente da 8ª Casa. Em particular deve-se ter o cuidado com os amigos que podem se aproveitar da pessoa. Sua relação com os irmãos pode ser persistente e preocupante, dependerá muito dos aspectos nesta Casa.

Na 12ª Casa

Um *Raja Yoga* (combinação excelente) é produzido quando o 8º Regente está na 12ª Casa. Porém pode haver uma deterioração inesperada em interesses financeiros da pessoa durante o período deste Planeta, mas só se o Planeta estiver associado com maléficos ou aflito. Em alguns casos é melhor para que este 8º Regente seja gravemente aflito porque, destrói as tendências destrutivas deste Planeta. No entanto, estes posicionamentos muitas vezes podem produzir resultados mistos como a 12ª Casa significa inimigos secretos.

Relações com os outros pode ter um foco mais forte durante os períodos dominantes deste Planeta onde o engano e a fraude podem fazer parte do *Karma* planetário. Olhe atentamente para outros fatores no horóscopo, tais como a 4ª e 5ª Casas e o Ascendente para ver se a pessoa possui tendências criminosas porque este 8º Regente na 12ª Casa pode também confirmar outros padrões de comportamento ilícito.

REGENTE DA 9ª CASA

Na 1ª Casa

Esta colocação em particular é considerada uma das mais afortunados em um horóscopo porque o 9º Regente rege a própria sorte e o Ascendente ou 1ª Casa indica o próprio Eu. De um modo geral, a pessoa tem sorte, é dotada de boa sorte, riqueza e muitas oportunidades favoráveis na vida. Se os Regentes da 10ª, 2ª, 5ª e 11ª Casas também forem fortes, bem dignos com bons aspectos, a combinação irá resultar em uma pessoa ascendendo ao "trono". Em outras palavras, o indivíduo adquire uma posição incrivelmente poderosa, seja no mundo corporativo ou da política. Como o a 9ª Casa indica o próprio pai, o vínculo entre o indivíduo e sua linhagem paterna é fortemente focada. Se o Planeta é um benéfico, com bons aspectos, a pessoa não é apenas uma pessoa autoconfiante e autossuficiente, mas também espiritual e compassiva de natureza. Verifique também se o Regente da 2ª Casa também for digno porque isso irá indicar a força de sua posição financeira.

Na 2ª Casa

Esta combinação é de uma grande riqueza especialmente se há dignidade aos Planetas envolvidos e eles são benéficos, ou seja, Júpiter, Vênus, Lua crescente ou cheia ou Mercúrio bem associado. Isso também é de sorte para outros membros da família porque a 2ª Casa que reflete esse fato. Embora esta combinação tem, normalmente, proporções de circunstâncias relevantes, a 2ª Casa é também uma área que causa a morte e pode causar a morte do indivíduo durante o seu ciclo, particularmente se tiver aspectos negativos.

Na 3ª Casa

Esta combinação é perfeita de alguém que expande sua mente, seus talentos literários e comunicativos, como a 3ª Casa é a Casa da comunicação e da educação. A pessoa que nasce com o 9º Regente no 3º setor da vida, tem um talento natural para idiomas e até mesmo para a música e será capaz de expressar-se habilmente através do poder da palavra. Querendo ou não, as publicações ou discursos criados por eles serão bem-sucedidos ou não depende dos bons aspectos sobre os Regentes das 3ª e 9ª Casas. As aflições nesses Regentes criam resultados escandalosos e litigiosos para eles. Os Planetas bem aspectados aqui indicam bons resultados para os irmãos.

Na 4ª Casa

Aqui vemos uma combinação do Regente da 9ª Casa, sorte, com a 4ª Casa, setor da propriedade. Se Marte também estiver dotado de força o indivíduo pode adquirir fortuna através dos bens imobiliários. Como a 9ª Casa envolve viagens, a pessoa tem dificuldade para se estabelecer, a menos se a 4ª Casa for em um Signo fixo. Muitas viagens e variedade cultural é indicada em suas condições de vida. As filosofias do indivíduo também estão enraizadas em sua infância e ter um forte impacto sobre a sua vida. A menos que sob muita tensão, esta combinação é uma boa sorte para o indivíduo.

Na 5ª Casa

Esta é uma das combinações mais felizes num horóscopo, porque um Regente trigonal está também numa Casa de Trígono. A 9ª Casa é considerada uma Casa do *Karma* passado e a 5ª Casa, do *Karma* futuro, portanto, essa combinação liga duas Casas importantes do horóscopo. De um modo geral, se este Regente da 9ª for um Planeta positivo com bons aspectos, o *Karma* futuro do indivíduo é brilhante (devido a suas últimas boas ações) e pode dota-lo com muita sorte e fortuna. As crianças nascidas do indivíduo também terão sorte e algumas autoridades Védicas também estipulam que o pai da pessoa é também dotado de um bom destino. Em geral, uma boa colocação.

Na 6ª Casa

Esta posição planetária não favorece a relação do indivíduo com o seu pai. Isso pode, de fato, produzir um considerável desacordo entre as partes e é também um indicador negativo para a riqueza e a fortuna geral. Se Rahu tiver alguma influência sobre este setor, as ideologias da pessoa podem estar em desacordo com as tendências atuais.

Na 7ª Casa

Esta colocação do 9º Regente na 7ª Casa é extrema sorte para o cônjuge e também indica casamento com uma pessoa de valores espirituais elevados. O teor geral do horóscopo é reforçado com uma Regente trigonal associado com um Ângulo, portanto, traz muita sorte para a pessoa, especialmente em países estrangeiros e perante ao público também.

Na 8ª Casa

Em um nível, esta combinação pode ser infeliz para a sorte geral e longevidade do pai. É importante olhar para o nível evolutivo geral do indivíduo para avaliar como esta combinação irá trabalhar para ele. Se o indivíduo está suficientemente desenvolvido, o Regente espiritual do horóscopo, ou seja, o 9º Regente na 8ª Casa, do oculto ou misterioso, os dota de um profundo conhecimento esotérico. A pessoa exerce uma filosofia que é bastante diferente, individualista e, certamente, às vezes em desacordo com seus próximos ou antecedentes familiares.

Eles são aconselhados a pensar duas vezes antes de viajar ou fazer negócios, como este lado do horóscopo pode ser manchado com a má sorte. Dependendo das forças benéficos dos Planetas envolvidos, heranças podem ser bastante substancial.

Na 9ª Casa

Esta 9ª Casa rege a mente superior e indica uma ampla, frequentemente grande, visão panorâmica da vida. Em qualquer caso, a filosofia espiritual do indivíduo será de longo alcance e terá um impacto significativo sobre tudo o que ele ou ela faz. Este é um dos melhores e mais sortudos posicionamentos para um indivíduo e dá todos os pronunciamentos védicos usuais de boa saúde, longa vida, prosperidade do pai e inclinações religiosas e de caridade. Claro que a 9ª Casa rege viagens longas e fornece a pessoa com ampla oportunidade de ser bem-sucedida nessas áreas e para, finalmente, chegar à uma fase da evolução espiritual elevada juntamente com uma abundância de riqueza material.

Na 10ª Casa

A associação e ligação entre o Regente da 9ª Casa e da Casa angular superior (10ª) é indicativa de grande sucesso e fama para o indivíduo. Não há dúvida, especialmente se os Planetas em questão são favoráveis e bem dignos, o indivíduo vai subir muito além da sua estação original na vida e tornar-se conhecido. Se outros Planetas angulares e trigonais estiverem envolvidos, a pessoa pode ter fama de longa duração e ser uma pessoa muito respeitável na sociedade. Muitas pessoas que prosperam em seus respectivos campos têm esta combinação seja filosófica ou secular.

Na 11ª Casa

Este posicionamento indica a realização dos desejos tanto como materiais, como espirituais. Há uma ligação íntima entre a renda da pessoa e o pai da pessoa que pode ser que ajuda a pessoa em seu negócio ou pode mesmo tornar-se um parceiro de negócios. A pessoa pode também adquire riqueza e presentes através dos amigos, mas se esses Planetas estiverem aflitos, o contrário pode ocorrer.

Na 12ª Casa

Embora esta combinação é boa para um caminho espiritual bem-sucedido, gestos de compaixão e motivações filantrópicas, os assuntos práticos do indivíduo podem não ser tão bem-sucedidos e eles não prosperam na vida material. Talvez o pai do indivíduo sofre de alguma doença durante a vida e a pessoa precisa cuidar dele ou, em alguns casos extremos, pode haver separação entre eles ou o pai pode até ser preso devido aos outros incidentes infelizes. Se o Planeta Ketu ou Júpiter estiverem envolvidos, o indivíduo busca a emancipação espiritual.

♈♉♊♋♌♍ ♎♏♐♑♒♓

REGENTE DA 10ª CASA

Na 1ª Casa

A condição do Regente da 10ª Casa colocado na 1ª Casa é extremamente auspiciosa como sendo a melhor do horóscopo, um Planeta em *Kendra* tem associação com o setor pessoal. Como resultado, as fortunas da pessoa constantemente crescerão com a idade e se os Planetas são dignos uma fama de ordem razoavelmente alta será alcançada pela pessoa. Se outros fatores no horóscopo concordarem, o poder político pode também ser parte integrante da combinação. Se, contudo, houver associação com os Regentes da 6ª, 8ª ou 12ª os efeitos não serão tão pronunciados ou pode de fato serem anulados.

Na 2ª Casa

Esta é uma excelente colocação para a riqueza e finanças porque a 2ª Casa indica a aquisição de rendas. Como a 10ª Casa rege a carreira da pessoa, ela também vai escolher uma linha profissional associada aos bancos, finanças e outras esferas de negociação, particularmente se os Signos de Terra como Touro e Capricórnio estiverem envolvidos. Se os Regentes da 11ª e 9ª Casas também se combinarem com dignidade, a pessoa pode se tornar uma pessoa muito rica.

Na 3ª Casa

Isso pode dar atividades dramáticas e valorosas na área da profissão porque a 3ª Casa rege sua coragem e bravura. O indivíduo não tem medo de tentar em empreendimentos, são corajosos e ambiciosos. É melhor se o 10º Regente não for associado com os Regentes da 6ª, 8ª ou 12ª Casas. Se assim for, ele pode enfrentar grandes dificuldades na realização dos sucessos que ele aspira. O indivíduo tem boa escrita e habilidades linguísticas e pode seguir uma carreira no jornalismo ou outras áreas literárias. A música e a dança também são inspiradas pela 3ª Casa e muitos artistas de sucesso nascem com essa combinação. Olhe também para a 5ª Casa e para os Planetas Vênus, Mercúrio e Netuno para ver quais as áreas que este elemento artístico pode prosperar. Irmãos também podem alcançar grande sucesso como resultado do 10ª Regente aqui.

Na 4ª Casa

Sempre que os Regentes dos Ângulos se combinarem é considerado um bom presságio na Astrologia Védica. Tendo o 10° Regente na 4ª assegura um de sucesso e um amor pelo conhecimento e aprendizado. Grande respeito acompanha esta combinação, e se os aspectos a este Planeta são muito fortes, a pessoa também terá sorte, não só na aquisição de sucesso mundano, mas também a felicidade espiritual interior.

Na 5ª Casa

A combinação da 10ª e 5ª Casas é um excelente presságio para os filhos da pessoa. Sua prole pode atingir uma grande altura profissionalmente e isso ainda aponta alguma ligação entre a carreira do indivíduo e seus filhos. A 5ª Casa é o setor da especulação e se os Planetas estiverem bem colocados, com bom aspecto, este pode anunciar grande fortuna nas coisas como mercado de ações ou loterias. A 5ª Casa também é a casa do *Karma* futuro e ter o mais poderoso Regente angular nesta posição garante um *Karma* muito forte e robusto com muito sucesso a ser previsto para o futuro.

Na 6ª Casa

Há uma oportunidade para o indivíduo a prosseguir uma carreira na lei e, possivelmente, até mesmo o poder judiciário, dependendo da força dos Regentes da 10ª e 6ª Casas. Se os Planetas não são bastante fortes, a 6ª Casa pode dar trabalho em um papel mais servil e cria obstáculos para a realização do sucesso. A influência negativa dos Planetas como Saturno, Marte e Rahu aqui traz as disputas e litígios ou mesmo algum tipo de colapso profissional. Geralmente como a 6ª Casa é uma casa de crescimento, o sucesso na maioria das circunstâncias virá mais tarde na vida.

Na 7ª Casa

Com influências favoráveis sobre este Planeta o parceiro do indivíduo vai brilhar e, de fato o sucesso pode ser alcançado após o casamento. A vida profissional está ligada a viagens e isso pode indicar uma vida no campo diplomático. Isso normalmente oferece

♉♊♋♌♍ ♎♏♐♑♒♓

uma tremenda oportunidade para a pessoa em ambos os negócios e relacionamentos pessoais.

Na 8ª Casa

Infelizmente, o indivíduo que nasce com o 10º Regente na 8ª Casa não está destinado a ter uma corrida fácil, principalmente na questão da profissão. Haverá muitos obstáculos no desempenho do trabalho e mesmo que os aspectos são razoavelmente auspiciosos, o próprio emprego pode ainda ser apenas temporário. Se aspectos pesados e maléficos influenciarem esta combinação, os resultados podem ser desastrosos. Isso pode indicar que a pessoa tem uma tendência natural para atividades criminosas e dos problemas litigiosos também. Porque a 8ª casa é a Casa tântrica ou do conhecimento espiritual, a influência favorável de benéficos como Júpiter ou Regentes da 9ª e 5ª casa podem atenuar essas influências e levar a pessoa a seguir um caminho mais espiritual na vida.

Na 9ª Casa

Bons resultados são esperados com o Regente da décima casa aqui. É importante notar que os mestres espiritualmente iluminados e líderes religiosos têm essa combinação. Portanto, há uma ligação direta entre o trabalho e as motivações espirituais do indivíduo que faz dele um pregador ou alguém tentando iluminar o mundo em geral. Este é também um posicionamento forte e positivo para o pai e promete um tremendo sucesso e riqueza para ele.

Na 10ª Casa

Alto status na vida e a fama são esperados quando o 10º Regente estiver em seu próprio setor. O nome da pessoa vai brilhar intensamente, particularmente se os Regentes de outros Ângulos ou Trígonos participarem da combinação. É importante para esse Regente a ser forte, no entanto, resultados adversos são esperados caso o Regente esteja em debilitação. Frequentemente, grandes resultados são esperados durante o ciclo do Planeta Regente da 10ª Casa.

Na 11ª Casa

Este é um posicionamento muito forte financeiramente falando e dá uma imensa riqueza com muitas amizades poderosas e influentes ao longo das linhas de negócios e da carreira. A menos que haja uma aflição ao Regente da 10ª ou 11ª Casas, a pessoa é susceptível a ter um grande apoio das pessoas, tanto em seu serviço e socialmente. Por outro lado, sob aspectos negativos, estes amigos podem ser traidores. Esse posicionamento também indica a força do relacionamento e status profissional dos irmãos mais velhos.

Na 12ª Casa

Há uma forte ligação entre países estrangeiros e a profissão do indivíduo e eles podem passar um tempo no exterior, viver lá por um tempo considerável, principalmente se o Signo na 12ª Casa for fixo. Junto com essa busca do sucesso material em lugares distantes, há um toque de espiritualidade sobre a pessoa, mas se os Planetas negativos como Rahu, Marte ou Saturno aspectarem essa Casa ou o Regente, a pessoa pode voltar-se para uma vida de crime.

REGENTE DA 11ª CASA

Na 1ª Casa

Dependendo da força do Regente da 11ª Casa, a pessoa tem a ganhar uma riqueza significativa e suporte ao longo de sua vida. Alguns astrólogos védicos são da opinião de que este é um indicador de nascimento em uma família rica, mas não é necessariamente assim como muitos outros fatores, tais como a 4ª Casa precisa ser observada para estabelecer isso. BV Raman indica a perda de um irmão mais velho na primeira parte da vida, mas isto é mais provável se maléficos influenciarem este Regente.

Na 2ª Casa

Isso pode criar algumas dificuldades na família especialmente se há alguns aspectos difíceis envolvidos e se os Planetas forem maléficos. Devido a estes dois setores do horóscopo, ou seja, o 11º e 2º dizem a respeito ao dinheiro, os resultados habituais de Planetas benéficos são uma considerável riqueza através do auto-esforço.

Na 3ª Casa

Os lucros podem ser por meio de atividades musicais ou literárias como a 3ª Casa é um forte setor das comunicações. Amigos e irmãos são geralmente uma fonte de renda e melhoria na vida da pessoa. O irmão mais novo será corajoso e também pode atuar como um mediador ou comunicador em nome da pessoa. Os aspectos negativos no 11º Regente diminuem um pouco os resultados.

Na 4ª Casa

Esta colocação é excepcionalmente positiva para a renda e benefícios para assuntos como a própria mãe, residência, imóveis, outras propriedade e atividades agrícolas. Olhe para os significadores dessas outras questões, por exemplo, Marte irá certamente resultar na aquisição de propriedades ou um interesse no mercado imobiliário. Como a 4ª Casa rege o contentamento interior, isso indica que a pessoa é auto-realizada.

Na 5ª Casa

Matérias especulativas podem ir muito bem quando o Regente da 11ª Casa estiver na 5ª. Porém, antes, devemos estudar os aspectos no Regente da 11ª Casa. Júpiter em aspecto difícil com Planetas como Marte, Urano e Rahu será notoriamente propenso a produzir a tendência em jogos ou loterias ou especulações. Por outro lado, se esses Planetas são bem dignos o indivíduo pode ter vários filhos e ganhar grande felicidade através do seu relacionamento com eles.

Na 6ª Casa

Esta é uma combinação interessante porque a 6ª Casa rege pessoas contenciosas, adversários e inimigos que podem realmente dar à pessoa uma vida interessante, resultando em ganhos de dinheiro através essas atividades competitivas. Porém, uma aflição no Regente da 11ª Casa produz uma pessoa que tende a se intrometer nos assuntos dos outros e afasta-se dos amigos. O irmão mais velho pode se tornar uma fonte de problemas ou um inimigo especialmente durante o período dos Planetas envolvidos com este 11º Regente.

Na 7ª Casa

A estreita ligação entre os setores de lucros e ganho na 7ª Casa, que é a esposa ou marido, é um indicador de riqueza adquirida, quer depois do casamento ou através da associação com o cônjuge. Os aspectos negativos no 11º Regente indicam uma tendência para casos ilícitos. A pessoa quer experimentar o maior número de novos relacionamentos possível e é também desejável para o seu crescimento kármico. Empresas fora do país de residência serão benéficas especialmente se os aspectos positivos são evidentes.

Na 8ª Casa

Esta combinação é uma das influências mais negativas em um horóscopo, particularmente se existir aflição na 8ª casa. A razão para isso é que o Regente dos lucros (11º) é relegado para o setor de perda, dívida e calamidade. Geralmente, se ocorrer aspectos rígidos e uma colocação pobre deste Planeta, a pessoa pode perder tudo ou, em última instância pode ter que recorrer a empréstimos para sobreviver. Os irmãos mais velhos podem sofrer perigo ou até mesmo a morte se sob pesada aflição.

Na 9ª Casa

A fortuna é favorecida pela colocação do Regente da 11ª Casa na 9ª Casa e dá muitas oportunidades para o ganho de riqueza e felicidade em geral. Além de dotar a pessoa com muita riqueza, especialmente entre a linhagem paterna, as escrituras Védicas sugerem o fato de que o indivíduo também pode ser caridoso e de mente espiritual.

Na 10ª Casa

Há um movimento ascendente constante nas próprias atividades de negócios e compromissos sociais, quando o Regente da 11ª Casa estiver localizado no melhor dos Ângulos, a 10ª Casa. O negócio será fortemente beneficiado por essa combinação e a pessoa é favorecida pela sorte. Quando as pessoas perguntam a um astrólogo "Eu vou ganhar loteria ou ganhar alguma coisa de repente?", este é o posicionamento e um dos sinais que podem ser responder afirmativamente ou não à esta pergunta. Conexões com irmãos e irmãs no mundo dos negócios também é indicado por este posicionamento.

Na 11ª Casa

Esta é uma excelente colocação para a rentabilidade ao longo da vida e mostra que a pessoa tem sorte, é trabalhadora e bem associado com amigos, irmãos e irmãs e ganha dinheiro através deles como resultado. Dependendo de quais Planetas estiverem envolvidos nesta posição, a fonte e a natureza de tais ganhos serão evidentes por exemplo, o Sol indica lucros através do pai ou do governo, a Lua através das mulheres ou da mãe etc.

Na 12ª Casa

Ter a mão superior no negócio pode não ser tão fácil quando o Regente da 11ª Casa estiver na 12ª Casa. Isto significa que a pessoa gasta tudo o que ganha ou desperdiça em empreendimentos fúteis. Esses gastos também podem estar relacionados com irmãos ou amigos que sofrem doenças ou por outras causas ou por causa das dívidas dos outros, ou por causa de sua própria disposição de caridade. A pessoa também estará interessada em culturas estrangeiras e pode gastar muito dinheiro para viajar para aprender sobre assuntos espirituais. Com esta colocação a pessoa pode esbanjar dinheiro em cima de *Gurus* falsos.

REGENTE DA 12ª CASA

Na 1ª Casa

O Regente da 12ª Casa aqui dá resultados mistos, dependendo dos outros Planetas e Signos envolvidos na combinação. Em geral, isso pode enfraquecer um pouco a constituição física do indivíduo pela sua presença no Signo Ascendente. Pode haver uma disposição de caridade e espiritual no indivíduo e este é reforçado se Planetas benéficos favoravelmente aspectarem o Regente da 12ª. A troca dos Regentes da 12ª e 1ª Casas, na verdade indicam um período de tempo no exílio ou encarceramento, especialmente se os Regentes da 6ª e 8ª também estiverem envolvidos. Senão, os exílios podem ser na forma de retiros em *Ashrams*.

Na 2ª Casa

Prejuízos financeiros e materiais devem ser esperados e previstos devido à colocação do Regente da 12ª na 2ª Casa. A 2ª Casa também tem relevância com a fala, a maneira pela qual a pessoa se comunica ou a integridade das palavras proferidas pode ser posta em risco. Ou seja, são mentirosas, argumentativas ou fala da boca para fora, mas isso precisa ser estudado com relação aos outros Planetas que influenciam a 2ª Casa, bem como o próprio Regente da 2ª. Em geral, a situação familiar será perturbada e argumentos podem existir devido à presença negativa deste Planeta.

Na 3ª Casa

Esta é uma colocação muito infeliz para os irmãos porque designa perdas financeiras e dificuldades em suas vidas. É claro que se os Planetas são benéficos ou neutros isso pode diminuir o impacto, mas é preciso lembrar que a 12ª Casa é uma Casa de despesas e perdas e, portanto, vai atormentar essas pessoas. Pode haver alguns problemas no ouvido da pessoa como este 3º setor tem regência sobre essa parte do corpo. A pessoa também é modesta demais.

Na 4ª Casa

Se os Planetas positivos associarem com o Regente da 12ª Casa a pessoa vai ser muito feliz na vida e pode realmente ganhar alguma propriedade como resultado, no entanto, não é particularmente auspicioso para a mãe que pode morrer cedo ou pode não ver olho no olho com o indivíduo. Normalmente, a pessoa vai fixar residência em um local separado do local de nascimento.

Na 5ª Casa

Como a 5ª Casa tem relevância nas questões espirituais e a 12ª Casa significa a salvação, esta combinação pode ser de extrema sorte para o indivíduo espiritualmente aspirante. Infelizmente, ele pode não ser tão sortudo a respeito das crianças que podem ter uma vida difícil e ser um desperdício com seus próprios recursos. Se os Planetas negativos estiverem envolvidos na combinação a pessoa sofre algumas aberrações psicológicas ou emocionais.

Na 6ª Casa

A combinação dos Regentes da 6ª, 8ª e 12ª tanto na 6ª, 8ª ou 12ª Casas particularmente se conjugada, constitui o *Vipareet Raja Yoga* (Negação de Regentes negativos em conjunto). Mesmo isoladamente, o 12º Regente na 6ª podem dar bons resultados no que diz respeito a benefícios materiais ao longo da vida, dando um corpo forte e vigoroso. Seu temperamento pode superar muitos obstáculos e inimigos na vida. A dificuldade aqui, porém, é que a 6º Casa ainda vai enredar o indivíduo em litígios ou disputas. Confira os aspectos benéficos dos Planetas para determinar a severidade desses resultados negativos.

Na 7ª Casa

Isto não é particularmente favorável para a vida da mulher, porque a 12ª Casa é a 6ª a partir da 7ª e a esposa pode sofrer doenças ou ter uma longevidade reduzida. Ela pode até permanecer por algum tempo em uma terra estrangeira. Além dos efeitos sobre a mulher e seu corpo, esta combinação também diminui a felicidade marital como resultado.

Na 8ª Casa

Uma combinação altamente auspiciosa ocorre quando o Regente da 12ª Casa está localizado na 8ª Casa.

Isto dá enormes ganhos financeiros e produz uma existência de luxo. O indivíduo tem mérito espiritual de suas vidas passadas e apresenta um forte interesse em assuntos ocultos. O tipo mais mundano do indivíduo pode canalizar isso em invenções e descobertas científicas.

Na 9ª Casa

A fascinação de lugares estrangeiros e residência em Terras distantes ocorrerá como resultado do 12º Regente na 9ª Casa. Este é um dos canais espirituais clássicos, devido à influência combinada de duas Casas espirituais no horóscopo. A pessoa é magnânima e de caridade com amigos e estranhos. Esta é uma combinação infeliz, no entanto, para o pai, pois isso indica perdas ou mesmo perigo, especialmente durante os períodos planetários dominantes.

Na 10ª Casa

Há uma ligação íntima entre hospitais, doenças e privação e do setor dominante da profissão. Isso significa, portanto, que o indivíduo pode trabalhar como um enfermeiro ou médico ou farmacêutico. Diz-se que o indivíduo vai suportar dificuldades na linha de trabalho e, na verdade, terá que exercer muito mais esforço para alcançar o sucesso. Se há aspectos de apoio e a colocação do Planeta é propícia para isso, a pessoa terá realização e abundância.

Na 11ª Casa

Independentemente da forma como a pessoa trabalha duro, este posicionamento indica um encolhimento dos próprios recursos sobre os gastos via amigos e membros da família, por exemplo, primos, irmãos mais velhos, etc. A pessoa deseja o bem, mas não tem os meios para deter o fluxo de perdas. Eles são aconselhados a pensar cuidadosamente antes de embarcar em uma linha independente de negócio sem aconselhamento profissional adequado.

Na 12ª Casa

Este é um indivíduo preocupado completamente por caridades, especialmente se os Planetas espirituais estão envolvidos na combinação. O indivíduo passa sem pensar em retorno e está interessado em obter o seu próprio bem-estar espiritual. Como a 12ª Casa indica prazeres da cama, a pessoa pode ser um especialista na arte do sexo e pode ter inúmeros parceiros ao longo da vida. Porém devemos estudar a natureza dos Planetas envolvidos para avaliar como eles vão gastar seu dinheiro e se será para fins de caridade ou egoísta.

Capítulo 9 – Conjunções e Oposições

Imagem por Das Goravani

YOGAS

Yoga em Sânscrito significa "União". Na filosofia védica a palavra *Yoga* é usada para significar uma forma de união ou combinação, geralmente sobre um aspirante espiritual unindo-se com o Universo, ou Deus. *Yoga* também indica uma divisão especial no *Panchanga*, ou seja, no Efemérides ou Efêmeris (Calendário Astrológico). Na Astrologia Védica, nós usamos a palavra *Yoga* para significar uma combinação planetária específica que dá um efeito adicional no horóscopo, seja um efeito benéfico ou maléfico.

A combinação ou o *Yoga* mais importante que veremos são as **conjunções**, onde 2 ou mais Planetas ocupam a mesma Casa ou Signo.

Esta é uma regra na Astrologia Védica, porém, pela minha própria experiência, conjunção ocorre quando 2 ou mais Planetas estão entre 3° à 5° de si. Entretanto, eles devem estar no mesmo Signo ou Casa. Se eles estiverem dentro de 3° à 5° de si, mas em Casas ou Signos diferentes, daí eles não são considerados conjuntos na Astrologia Védica. Somente quando estão na mesma Casa ou Signo.

Existe uma vastidão de informação contida dentro da forma de um *Yoga* planetário. Baseado na minha experiência, eu avalio a importância desses aspectos pela ordem de influência da seguinte forma:

1. Conjunções;
2. Oposições;

Por exemplo, se você tem uma pessoa morando na mesma casa que a sua (conjunção), a influência deles é bastante significante. Assim como quem mora na frente da sua casa, tem uma certa influência porque quando você olha para fora, você não vê a sua própria casa, você vê a casa do vizinho da frente. Se caso o seu vizinho da frente resolve pintar a casa dele de verde limão, isso com certeza vai te afetar, querendo ou não, seja de forma positiva ou negativa.

COMBINAÇÃO COM 2 PLANETAS

Aqui, vamos colocar uma ênfase especial em *Yogas* incluindo somente 2 Planetas. O astrólogo B.V. Raman escreveu um livro que contém mais de 300 *Yogas* em detalhes. Pode ser que no futuro eu traduza este livro em Português, caso tiver demanda o suficiente.

O meu propósito neste livro é de fornecer o aprendizado básico para qualquer um poder ler no mínimo o seu próprio mapa. Com esse intuito, aqui vou descrever os *Yogas* de 2 Planetas. Só com esses, você já vai poder fazer uma boa leitura do mapa. Existem outros *Yogas* importantes além da conjunção e oposição e vou discutir os mais importantes mais a frente.

Os Planetas quando se combinam, influenciam um ao outro numa maneira sinergética, tanto favorável como não-favoravelmente. Sinergia é o momento em que o todo é maior que a soma das partes. Portanto, a energia da combinação dos Planetas é maior que a energia de cada Planeta em si. Raramente veremos um Planeta agindo sozinho. Por isso, saber como os Planetas reagem quando em combinações é a chave para entender como usar a Astrologia Védica efetivamente.

O conhecimento de conjunções de 2 Planetas é uma ferramenta significante na Astrologia. Embora os podemos observar combinações com até 7 Planetas, aprender como os Planetas combinam em pares, pode dar o conhecimento suficiente para um iniciante para interpretar muito bem os efeitos dos Planetas em combinações mais complexas. Mesmo que haja vários

Planetas em conjunção, oposição, aspectos, regência, etc., nós ainda podemos observar todos os Planetas envolvidos quando analisarmos 2 de cada vez.

É importante notar que a interação entre Planetas não aumenta o poder dos 2 Planetas. Conjunções nem sempre são favoráveis. Um Planeta pode aumentar o efeito do outro, mesmo se ele mesmo for fraco. Nós iremos observar que existe relacionamentos simbióticos tanto como parasita, onde 1 Planeta pode tirar mais do que dá. Se uma formiguinha pisar no elefante, nada vai acontecer, mas o inverso pode ser devastador para a formiguinha.

Após entender as combinações de 2 Planetas, nós poderemos transferir o conceito em outras áreas de interpretação do mapa. Por exemplo, nós poderemos ficar adeptos a entender os efeitos seguintes:

1. O Regente de um Planeta no Signo de outro Planeta (por exemplo: Para um Ascendente em Áries – o Regente da 1ª, Marte, na 7ª que é o Signo de Libra, regido por Vênus – Marte combinando com Vênus).

2. O grande período planetário (*Mahadasha*) combinando com o subperíodo planetário (*Antardasha*). Nós veremos os *Dashas* mais a frente e entenderá melhor.

3. Os trânsitos planetários em conjunção e aspectos com os Planetas no mapa natal.

Os efeitos de cada uma dessas conjunções estão descritos abaixo:

Sol em Conjunção com a Lua ☉ ☌ ☽

Esta conjunção é uma Lua Nova. Este aspecto sugere uma união dos impulsos emocionais e os instintos naturais. O temperamento torna-se mais unilateral, não afetado pelas necessidades e desejos dos outros. A pessoa está satisfeita consigo mesma e com os objetivos que espera realizar. A pessoa não vai se adaptar facilmente às mudanças em sua vida, a menos que ela que sinta essas mudanças estão em seu melhor interesse. A pessoa está aberta aos negócios dos outros e espera o mesmo deles. Ela está altamente motivada para alcançar sua agenda, com foco em objetivos e, normalmente, ganhando resultados bem-sucedidos. Mesmo se ela não tiver sucesso aos olhos dos outros, ela é auto-satisfeita com suas realizações.

Sol em Oposição com a Lua ☉ ☍ ☽

Esta é a Lua Cheia. A colocação do Sol e da Lua em Signos opostos mostra uma inconsistência do fluxo de energias na vida da pessoa. Há um conflito entre a vontade consciente e as emoções. A pessoa pode experimentar um fluxo e refluxo de sua capacidade de se expressar e na sua produtividade. Ela pode se encontrar frequentemente em desacordo com aqueles com quem ela deve entrar em contato. Relações significam muito para ela e precisa delas para ser consistente ou sólida. Para ter sucesso nos relacionamentos, a pessoa deve dar mais do que recebe. Ela pode ter dificuldades para liberar o passado e precisa se esforçar para seguir em frente.

Sol em Conjunção com Mercúrio ☉ ☌ ☿

A conjunção do Sol e Mercúrio produz uma mentalidade estável. A pessoa sabe bem como lidar com o stress também. No entanto, ela pode pensar em si mesma como uma pessoa nervosa, e ela pode até ser. Ela fixa opiniões, embora estas podem ou não ser livremente expressas dependendo de outros fatores no mapa. O pensamento está em harmonia com a individualidade expressa pelo Sol. É difícil para ela ver-se objetivamente, ou como os outros a vêem. Normalmente muita energia mental é indicada por este posicionamento.

Sol em Oposição com Mercúrio ☉ ☍ ☿

Mercúrio não se opõe ao Sol porque ele viaja no máximo até 28° de distância. Uma oposição é 180°.

Sol em Conjunção com Vênus ☉ ☌ ♀

A conjunção do Sol e Vênus mostra uma pessoa alegre e otimista. Há receptividade para diversão e eventos sociais. A aparência física é aumentada, embora isto pode trazer algumas tendências narcisistas como um efeito colateral. A pessoa tem uma forte necessidade interna pela popularidade e sinceramente quer que as pessoas gostem dela. É um bom ouvinte e realmente desfruta a companhia da maioria das pessoas com quem convive. Em qualquer Signo, este aspecto permite que a pessoa seja mais descontraída e menos competitiva e combativa.

Sol em Oposição com Vênus ☉ ☍ ♀

Vênus não se opõe ao Sol porque ela viaja no máximo até 47° de distância. Uma oposição é 180°.

Sol em Conjunção com Marte ☉ ☌ ♂

A conjunção do Sol e Marte no Mapa aumenta quaisquer tendências que a pessoa possa ter de dominar os outros. Ela tem uma maior sensação de poder em afirmar a sua vontade, mas sua aptidão para o compromisso é diminuída. A tendência de desenvolver um complexo de superioridade está associada a essa conjunção. O indivíduo tem ambições fortes para ser reconhecido. Esta é uma característica muito masculina, muitas vezes mostrando uma boa dose de força, coragem e competitividade. Este é um aspecto que mostra vontade excepcional para atingir objetivos físicos. Independentemente do sexo, há uma energia ilimitada e entusiasmo.

Sol em Oposição com Marte ☉ ☍ ♂

A oposição do Sol e Marte mostra que a pessoa é uma lutadora que nunca se afasta de um desafio ou de uma competição. Discordância é um problema constante. O indivíduo é muito assertivo e atrai pessoas que também são de temperamento forte. Talvez essa atitude só traz para fora estas características em que o rodeiam. É difícil olhar para si mesmo de forma realista e entender que muitas batalhas não são necessárias. Conforme a pessoa vai amadurecendo e aprendendo a controlar a agressividade, ela pode se dar melhor na vida porque sua unidade forte serve-lhe em alcançar qualquer objetivo que ela define.

Sol em Conjunção com Júpiter ☉ ☌ ♃

A conjunção do Sol e Júpiter mostra que a pessoa raramente faz qualquer coisa com moderação. Ela tem uma fé inabalável em si mesmo e acredita que pode fazer qualquer coisa que dá na cabeça. Seu nível de entusiasmo e confiança é alta e às vezes promete mais do que cumpre. Mesmo quando ocorrem grandes contratempos, ela consegue se manter firme. Ela não deixa que nada a derrube ou a segure em frente a uma nova aventura. Ela tem confiança de que os problemas vão se resolver. Caráter é muito importante para ela. Um extremamente elevado sentido de justiça e preocupação com os outros é aparente em sua composição, mesmo se este não aparecer em outras partes do mapa.

Sol em Oposição com Júpiter ☉ ☍ ♃

A oposição do Sol e Júpiter sugere um Ego muito expandido. Júpiter lida com juízo e com este aspecto, a unidade de significado está sujeito a ser subestimada. Muitas vezes existe uma tendência para a extravagância e pretensão. O indivíduo pode ter muito otimismo, e prometer mais do que cumprir. Existe uma necessidade contínua para controlar impulsos para fazer esquemas grandiosos. A força desse aspecto reside na capacidade de aplicar muito charme para ganhar a aprovação daqueles quem lida com seus assuntos no dia a dia. Muitas vezes existe muito talento e criatividade associada a este aspecto.

Sol em Conjunção com Saturno ☉☌♄

A conjunção do Sol e Saturno produz autocontrole e reserva, independentemente de outras indicações no mapa. As características do Sol são contidas, tornando-se menos entusiasmado, mais cauteloso. Pode haver muitas limitações e uma necessidade de disciplina na vida, mas o aspecto proporciona uma maior força interior e persistência. A pessoa é trabalhadora, disciplinadora e organizadora. Essas características fazem com que a pessoa fique susceptível a responsabilidades pesadas. Sua personalidade forte segue seu próprio caminho, apesar dos sentimentos dos outros. Este aspecto não é bom para o casamento, pois a pessoa é um tipo de "lobo solitário" em alguns aspectos. A pessoa amadurece precocemente e os seus anos de formação podem ter sido difíceis.

Sol em Oposição com Saturno ☉☍♄

A Sol está em oposição com Saturno denotando uma natureza reservada. Este aspecto pode trazer muitos fatores que restringem na vida. Em muitos casos, há uma falta de força física. A pessoa pode não ter autoconfiança, e achar que é muito difícil de projetar suas idéias e chegar aos outros. Muitas vezes este aspecto indica uma crise de consciência, da dificuldade em decidir quem ela é. Ela vê desafios onde eles podem ou não existir e precisa ser constantemente assegurada de sua autoestima ou que ela pode ter sucesso apesar dos contratempos. Há uma sensação de estar sendo ameaçada associada a esta colocação e a pessoa está constantemente em uma batalha com suas próprias inseguranças. A falta de auto-aprovação é geralmente presente quando o Sol e Saturno estão em oposição.

Sol em Conjunção com Rahu ☉☌☊

O Ego e o orgulho estão ligados a necessidades de segurança. Esta pessoa pode sentir-se mais segura quando no palco ou de outra forma no centro das atenções. Sua criação é conectada com o elogio e admiração. É importante para a pessoa que os outros mais íntimos e próximos acariciem o seu Ego. Impulsos criativos são fortalecidos dentro de contextos familiares ou laços íntimos.

Sol em Oposição com Rahu ☉ ☍ ☊

Veja Sol em Conjunção com Ketu.

Sol em Conjunção com Ketu ☉ ☌ ☋

Existe um grau de insegurança com este posicionamento do Sol com Ketu. Este indivíduo pode temer ser o centro das atenções. Um feedback negativo é provavelmente um tiro no peito dessa pessoa. Ela pode sentir-se criativamente bloqueada ou tem medos ou fobias ligadas às crianças, gravidez, casos de amor, romance, homens, liderança, etc. Eles podem ganhar o sustento através da expressão e receber consideração positiva.

Sol em Oposição com Ketu ☉ ☍ ☋

Veja Sol em Conjunção com Rahu.

Sol em Conjunção com Urano ☉ ☌ ♅

Uma conjunção do Sol e Urano produz indivíduos altamente autoconscientes que expressam suas energias livremente e muitas vezes de uma forma única. A liberdade é muito importante para eles e eles refletem essa inclinação de maneiras que muitos os consideram excêntricos. Estas pessoas demoram para amadurecer, porque as atitudes irrestritas fazem com que a pessoa pareça infantil, mesmo quando ela estiver bem mais velha. Seu temperamento permite que ela tenha o sucesso se elas puderem trabalhar no projeto de própria maneira, muitas vezes progressiva. Progresso é o seu objetivo mais importante e seu individualismo é aparente.

Sol em Oposição com Urano ☉ ☍ ♅

Quando o Sol se opõe a Urano isto sugere uma situação em que a vontade própria e independência é fortemente marcada. A pessoa às vezes cria excitação e controvérsia. Pode ser difícil lidar com ela por causa de mudanças bruscas no comportamento, noções excêntricas e onde ela vê tudo desde um ponto de vista pessoal. Este confronto com Urano vai detonar momentos na vida quando a pessoa estiver em super tensão e tiver uma disposição nervosa. Por outro lado, ela é muito original, mas também não muito prática.

Sol em Conjunção com Netuno ☉ ☌ ♆

Uma conjunção do Sol e Netuno produz introspecção sobre idéias e pessoas. Na maioria das vezes a pessoa opera através de palpites e intuição que ela segue com veracidade. Ela acredita tão fortemente em sua intuição e opiniões que muitas vezes ela pode encontrar-se de forma contraditória com factos e senso comum. Às vezes, é difícil de expressar-se com confiança, e ela pode duvidar de suas próprias capacidades. Estas pessoas funcionam bem quando suas mentes estão focadas em assuntos como as artes, a música ou o drama, e nestas elas se inspiram muito. Elas prosperam em projetos que lhes permitem expressar a criatividade e trabalhar em seu próprio tempo. A agenda é algo difícil de se manter. Elas são facilmente inibidas por contratempos e procuram projetos que não exigem a responsabilização detalhada. É essencial para que elas possam prosseguir com um serviço de algum tipo que é necessário e apreciado. As realidades da vida, muitas vezes, dificultam isso.

Sol em Oposição com Netuno ☉ ☍ ♆

A oposição do Sol e Netuno sugere que o indivíduo vai ser periodicamente desafiado por problemas difíceis de entender e diagnosticar. Este aspecto apresenta muita confusão em sua vida. Às vezes ele pode criar problemas imaginários onde não existem e sentir que precisa enfrentar obstáculos e penalidades injustas. No início de sua vida a pessoa pode ser disciplinada, mas respondeu com uma atitude defensiva aos seus professores ou pais. Já mais velha, a pessoa deve aprender a aceitar a responsabilidade e enfrentar os desafios que nem sempre são tão claramente definidas.

Sol em Conjunção com Plutão ☉☌♇

A conjunção do Sol e Plutão mostra que a pessoa possui as características de um extremista, em alguns aspectos. Seus gostos e desgostos podem ser intensos. Ser moderado em suas ações é sempre um problema. Há um complexo de poder em jogo aqui, e a pessoa tem que lidar com uma tendência de se tornar ditatorial. Ela tem um Ego que a afirma, em algumas ocasiões e nem sempre com bom senso. Mesmo se isso não é mostrado em outras partes do mapa, a pessoa é altamente assertiva e competitiva. Muitas vezes o seu forte impulso é dirigido a melhorar as condições sociais em seu ambiente. Ela tem uma consciência social significativa e é muito intolerante com circunstâncias injustas e as injustiças em si.

Sol em Oposição com Plutão ☉☍♇

A oposição do Sol e Plutão mostra uma atitude defensiva quando desafiados por outros. Eles têm uma unidade de alimentação compulsiva que cria uma aura de contundência. Existe um ressentimento e rebeldia em seu temperamento. Ele pode enfrentar dificuldades convivendo com os outros até que aprender a não ser tão assertivo e sempre está na defensiva quando sente a menor sensação de ameaça. O indivíduo deve lidar com as situações melhor quando os outros discordam de sua posição. Este aspecto é geralmente sujeito a sofrer grandes alterações em algum momento na vida em que ocorre um realinhamento psicológico, provavelmente em períodos (*Dashas*) do Sol. Quando isso acontecer, ele se tornará mais autoconfiante e tolerante com os outros.

Lua em Conjunção com Mercúrio ☽☌☿

A Lua e Mercúrio em conjunção marca uma abundância em sua natureza simpática e compreensiva. A pessoa se relaciona bem com os outros por causa da facilidade com a qual ela comunica os seus sentimentos. É fácil de aprender novo material e não tem problemas para reter o que aprende. Seu meio mais eficaz de aprendizagem é através de experiências, não na sala de aula. Em tenra idade a pessoa aprende como é importante desenvolver a mente e está sempre interessada em por em ação o que aprendeu. Ela se adapta rapidamente às mudanças e ao progresso. Ela pode ser um pouco sensível às críticas.

Lua em Oposição com Mercúrio ☽☍☿

A Lua e Mercúrio em oposição sugere que é difícil trazer as emoções e a razão em equilíbrio. Problemas são obscurecidos pela preocupação com trivialidades e a resposta emocional muitas vezes ganha mesmo se não tiver algum senso comum. Por outro lado, a lógica fria às vezes, supera a devida preocupação do indivíduo. Em ambos os casos, a pessoa acha que é difícil integrar sentimentos e pensamentos. É difícil prever as suas conclusões sobre qualquer assunto particular. Ocasionalmente, a pessoa se torna nervosa e emocionalmente perturbada. Quando esse aspecto é ativado pelo trânsito, a pessoa pode ser facilmente irritada e argumentar diante da menor provocação. Este não é necessariamente o seu modo normal de resposta.

Lua em Conjunção com Vênus ☽☌♀

A Lua e Vênus em conjunção mostra uma capacidade de se relacionar de forma muito fácil com as pessoas. É amigável com quase todo mundo. Ocasionalmente, a pessoa pode ser tão amigável que pode despertar suspeitas em algumas pessoas. Ela nunca espera outra pessoa para fazer o primeiro contato e pode colocar qualquer um à vontade com suas maneiras afáveis. Ela é extremamente sensível à simpatia e abominam grosseria. Essas pessoas têm classe e são eruditas.

Lua em Oposição com Vênus ☽☍♀

A oposição entre a Lua e Vênus mostra um grau de conflito nas relações não importa o quanto a pessoa tenta agradar. E ela tenta agradar arduamente. Ela pode ser generosa em seu louvor aos outros, mas de alguma forma a sua sinceridade é questionada. Ela pode se tornar emocionalmente mais sensível e fazer esforços especiais para evitar a desaprovação apesar da necessidade de aceitação. Quando se espera muito daqueles quem é próximo, infelizmente, muitas vezes ela sai decepcionada. Como um substituto para satisfação emocional, a pessoa vira um pouco autoindulgente. Ela exibe uma fraqueza por confortos e luxos. Suas condições de dinheiro podem causar problemas se não for cuidadosamente controlada. Excessos sexuais pode ser um produto de seus sentimentos de não ser amada.

Lua em Conjunção com Marte ☽☌♂

A conjunção da Lua e de Marte mostra muita ansiedade emocional e impaciência. É um aspecto que parece energizar as emoções e as emoções podem, muitas vezes sair com qualidades marcianas ou agressivas. Os sentimentos são normalmente muito ativos e sempre em um estado de turbulência. Em suma, as suas emoções são intensas. Esta conjunção pode mostrar paixões que são muito ardentes e exigentes e as ações às vezes podem ser cegas, por isso a pessoa precisa ter cuidado e bom senso. Há tendências que podem as levar a realizar muito se ela souber orientar estas energias com alguma sabedoria. Muitas vezes, no entanto, o que resulta desse aspecto é uma faceta vingativa e destrutivos nesta personalidade.

Lua em Oposição com Marte ☽☍♂

A oposição entre a Lua e Marte mostra uma contínua crise nos relacionamentos, porque é tão difícil para a pessoa se comprometer. Ela entra em disputas sobre as questões mais insignificantes. Sua personalidade é espumante e os sentimentos são intensos e são rápidas para contra-atacar quando é criticada. Este indivíduo encontra pessoas facilmente e ansiosamente. Esta ânsia muitas vezes faz com que ele seja envolvido com outros com quem ele tem pouco em comum. Relações permanentes são difíceis para se cultivar. Isto é em parte por causa das pessoas a quem esteja atraída e em parte porque se torna tão arrogante e dominador. Eles se tornam emocionalmente agressivos e intolerantes com qualquer um que se recusa a se submeter às suas demandas. Nos negócios a pessoa enfrenta a concorrência bem, mas têm dificuldade em lidar com autoridades. Existe uma dificuldade para seguir as regras.

Lua em Conjunção com Júpiter ☽☌♃

A conjunção da Lua e Júpiter mostra uma profunda sensibilidade ao ambiente, que é o que a pessoa realmente deseja compreender o mais completamente quanto possível. O aspecto confere simpatia e generosidade. Muitas vezes, indivíduos com esta combinação encontram empregos que trabalham com os mais desfavorecidos, em programas de reabilitação ou algo parecido. Sua preocupação honesta com os outros lhe traz a confiança e cooperação da maioria das pessoas com quem se entra em contato. Essas são pessoas que se dão e encontram o sucesso por causa disso. Porém elas precisam ter o cuidado com o excesso em estender as suas energias físicas.

Lua em Oposição com Júpiter ☽☍♃

A oposição entre a Lua e Júpiter mostra uma falta de reconhecimento do valor real da pessoa. Este pode ser um indivíduo altamente desenvolvido com muita capacidade criativa e ainda questionar a importância dessas habilidades. Ele sente a necessidade de estar em torno de pessoas que respeitam muito, para ter sua reafirmação de seu talento e os seus conselhos. Muitas vezes, estas pessoas colocam sua fé em quem não merece e podem ser generosos demais com esses tipos. A pessoa pode atrair dinheiro facilmente, mas seu julgamento em gastá-lo, por vezes, não é tão bom. Elas são generosas, mas têm uma tendência a se dar às causas erradas se não tomarem cuidado.

Lua em Conjunção com Saturno ☽☌♄

A conjunção da Lua e Saturno sugere que a pessoa é emocionalmente defensiva, cautelosa e reservada. Ela está apta a questionar a sua autoestima e se preocupar se ela realmente faz alguma diferença. É difícil para elas formarem laços emocionais por causa de suas atitudes negativas e contidas. Os efeitos deste aspecto podem advir de disciplina severa ou outras experiências traumáticas em seus anos de formação. Por alguma razão, elas têm uma tendência a sempre esperar o pior. Honestidade é uma característica de sua natureza e sempre são chamadas para dar suas opiniões imparciais.

Lua em Oposição com Saturno ☽☍♄

A oposição entre a Lua e Saturno sugere uma atitude mental negativa e muitas vezes uma restrição do fluxo espontâneo de idéias. Respostas intelectuais são um pouco mais lentas. Mesmo se a pessoa for muito brilhante, existe uma incapacidade de se auto expressar que muitas vezes esconde habilidades mentais reais. Assim, a pessoa é mais contemplativa do que em conversação, mas ainda assim é uma boa ouvinte. A pessoa é austera em seu comportamento e se divertir é algo que é difícil para ela, principalmente porque se preocupa demais. Ela funciona bem quando tem uma mão livre para decidir o que fazer. Ela carece na flexibilidade emocional e otimismo em seu lidar com os outros e às vezes ela pode exibir uma maneira formal rígida que pode lhe dar uma imagem de antipática.

Lua em Conjunção com Rahu ☽☌☊

A necessidade do lar, família e segurança emocional é extraforte com essa conjunção. Questões que giram em torno da dependência e carinho são realçadas. A figura da mãe (e do papel de carinho) tem um forte impacto no sentido de segurança. A comida pode ser seu cobertor de segurança. Estas pessoas são vulneráveis aos humores de pessoas em seu ambiente. Elas podem se esforçar em proteger a si ou outros e estão focadas equilíbrio entre os dois.

Lua em Oposição com Rahu ☽☍☊

Veja Lua em Conjunção com Ketu.

Lua em Conjunção com Ketu ☽☌☋

Vulnerabilidade emocional é acentuada nesta pessoa. Elas podem ser muito protetora, excessivamente carente, muito suscetíveis às emoções da figura da mãe ou outros membros da família. Elas podem se sentir carente por amor incondicional. Podem ter medo da família, dependência, paternidade, raízes ou ligações emocionais. Elas acham mais segurança e sustento através do estabelecimento de laços fortes, recebendo e dando confiança para os outros.

Lua em Oposição com Ketu ☽☍☋

Veja Lua em Conjunção com Rahu.

Lua em Conjunção com Urano ☽☌♅

A conjunção da Lua e Urano indica intuições fortes. Isto também faz com que a pessoa seja muito independente. Ela se rebela contra maneiras já estabelecidas de fazer agir e princípios ortodoxos. Alta tensão emocional pode produzir impulsos bruscos em seu comportamento que causam dificuldades. A rotina é um problema para ela e estes podem ter um efeito negativo sobre o sistema nervoso. Os humores mudam rapidamente, parece irritada, e não é muito confiável, especialmente quando este aspecto estiver ativo (quando estiver no período planetário da Lua). Muitas vezes, a pessoa é vista como uma personagem e se expressa com intensidade. Ela é popular por causa da sua tolerância e compreensão aos outros e sua capacidade de ver ambos os lados de quase qualquer problema. Seu otimismo e honestidade são refrescantes e vai leva a pessoa longe.

Lua em Oposição com Urano ☽☍♅

Quando a Lua e Urano formam uma oposição em seu mapa, isto sugere um conflito na vida sobre as questões emocionais. A Lua indica emoções e Urano produz situações instáveis. Assim, a pessoa pode precisar lidar com as emoções imprevisíveis que podem aparecer como a tensão nervosa. Esta oposição pode exigir um esforço consciente de sua parte para manter um papel responsável em seus assuntos internos. Estas pessoas podem atrair um companheiro exibindo traços fortes. Tal parceiros são susceptíveis em dominar a pessoa. Os homens têm mais dificuldades do que as mulheres com este aspecto, pois frequentemente criam problemas com as mulheres, incluindo a mãe. Em ambos os sexos, há uma demanda constante para decidir pelos outros que gera estresse entre as faculdades mentais e emocionais.

Lua em Conjunção com Netuno ☽☌♆

A conjunção da Lua e Netuno faz a pessoa sonhar acordada, ou pelo menos, traz uma natureza altamente imaginativa e sensível. Esta pessoa tem fortes habilidades psíquicas que faz ela ciente de estímulos que os outros não conseguem detectar. Ela é do tipo que está disposta a ajudar qualquer um. Mas de alguma forma ela acabar sendo responsabilizada por seus fracassos e raramente recebe crédito pelos seus sucessos. Sua mente quer passear, ela precisa de desafios estimulantes e quer evitar tarefas chatas e repetitivas. Ela é um pouco idealista e muitas vezes é enganada e decepcionada. Ela é muito romântica e é difícil para qualquer medir a altura das suas expectativas.

Lua em Oposição com Netuno ☽☍♆

A oposição entre a Lua e Netuno mostra talento e criatividade. No entanto, as emoções governam a maioria das ações. Esta pessoa tem dificuldade em separar a verdade da ficção e pode criar ilusões sobre si mesmo e sobre os outros. Objetivos são obscuros e ela não tem a capacidade de planejar sua vida de uma forma ordenada. Ela pode ter períodos em que está carente de autoconfiança. Nestes momentos ela tenta escapar de tal situações. As pessoas às vezes se aproveitam dela porque ela se envolve demais emocionalmente os seus problemas.

Lua em Conjunção com Plutão ☽☌♇

A conjunção da Lua e Plutão produz uma intensa natureza romântica. A pessoa procura relacionamentos com aqueles que se sentem tão profundamente e tão tenazmente como ela. Tais pessoas são extremamente possessivas e exigentes, raramente impulsivas ou casuais. É difícil satisfazer suas necessidades emocionais para um relacionamento perfeito, porque ela é tão idealista e exigente. Essas características muitas vezes se estendem nas amizades também. Devido a isso tem poucos, mas extremamente próximos. Ela é uma pessoa difícil de conviver com porque elas exigirem muito dos outros. Ela pode ser tirânica e alienante, às vezes.

Lua em Oposição com Plutão ☽☍♇

A oposição entre a Lua e Plutão sugere características muito demonstrativas de afeições e uma forte sensibilidade para detectar quaisquer sinais de rejeição. Ocasionalmente, este aspecto indica solidão. A pessoa tenta controlar a sua família e amigos, exibindo muitas vezes intensidade emocional em seus relacionamentos. Este aspecto pode mostrar uma alternada agressividade com a austeridade no amor e romance. Este aspecto traz o ciúme, impulsividade e sensualidade. Talvez por causa do relacionamento com os pais, a pessoa pode se sentir rejeitada, ocasionalmente, e pode procurar soluções drásticas para os seus problemas. Ela deve aprender a lidar com a sua atitude de intolerância nos relacionamentos.

Mercúrio em Conjunção com Vênus ☿ ☌ ♀

A conjunção de Mercúrio e Vênus mostra a forma afável de lhe dar com os outros e uma graça social. A pessoa pode se dar bem com a maioria das pessoas porque ela entende a arte do compromisso. Isso não significa que ela sempre dá o braço a torcer, mas apenas tenta ser justa e não ofender as pessoas sem uma boa razão. Ela sabe como expressar suas opiniões com habilidade e cor e sem ser argumentativa. Ela é refinada em suas apresentações e geralmente fazer com que a sua posição é bem documentada.

Mercúrio em Oposição com Vênus ☿ ☍ ♀

Mercúrio e Vênus não entram em oposição devido à proximidade com o Sol. Simplificando, Mercúrio só pode estar no máximo 1 Casa a parte do Sol, aproximadamente, e Vênus, 2 Casas.

Mercúrio em Conjunção com Marte ☿ ☌ ♂

Mercúrio e Marte em conjunção aumenta as energias mentais e produz uma mente muito afiada. Este indivíduo é mentalmente agressivo e tem uma tendência a tornar-se mais partidário e decisivo nos seus pontos de vista. Ele é menos propenso a perder tempo fazendo decisões e é rápido para agir em suas idéias. Ele ama a competição em debates, porque lhe permite provar sua superioridade intelectual. Sempre está tão certo de que está certo que às vezes faz julgamentos e decisões prematuramente. Sua mente afiada muitas vezes salta à frente em conversas e tem uma tendência a interromper os outros quando eles estão falando e isso pode ser bem irritante para os outros. Com esta colocação a pessoa precisa se concentrar em abrandar sua corrida de reações mentais e obter todos os fatos antes de responder.

Mercúrio em Oposição com Marte ☿ ☍ ♂

A oposição de Mercúrio e Marte mostra uma disposição argumentativa causando conflito quando a

♈♉♊♋♌♍♎♏♐♑♒♓

pessoa se sente que tem sido tratada injustamente. Às vezes ela toma apenas um ponto de vista oposto por causa do argumento. Sua personalidade tem um tom muito mais crítico e tem a habilidade de detecção de erros. A pessoa pode sofrer de limitações na precisão do pensamento e palavra. Curiosamente, às vezes ela negligencia detalhes importantes ou falha completamente no entender o ponto de vista da outra pessoa. Ela tem uma identificação do ego com suas idéias e toma injúria pessoal para aqueles que divergem com os seus pensamentos sobre qualquer assunto. Para não se tornar impopular, a pessoa deve controlar a fala com uma língua afiada e com qualquer excesso nos palavrões. Esta colocação dá uma mente muito ativa, com capacidades intelectuais ilimitadas. Com ela vem uma inquietação e impaciência para provar competência.

Mercúrio em Conjunção com Júpiter ☿ ☌ ♃

Mercúrio em conjunção com Júpiter aumenta a confiança nas habilidades mentais e faz a pessoa hábil em influenciar os outros com suas habilidades verbais. Interesses no ensino superior são reforçados porque a pessoa tem uma necessidade de aprender que não se satisfaz. Por causa de sua riqueza de conhecimento, ela pode ter sucesso em qualquer área. No entanto, ela tem uma dificuldade em escolher a profissão ou uma vocação em que ela possa se concentrar. Tais pessoas devem tentar definir as metas que deseja alcançar. Ela tem uma abordagem filosófica para a vida e um espírito muito generoso.

Mercúrio em Oposição com Júpiter ☿ ☍ ♃

As posições opostas de Mercúrio e Júpiter sugere excesso de confiança mental. O indivíduo mostra a tendência de ir a extremos, prometendo mais do que se pode entregar. O discurso não é sempre acompanhado da ação. Ele tem uma necessidade constante para produzir rigor e atenção aos detalhes. Em matéria de educação ele pode ser um pouco pretensioso. No entanto, em sua educação, pode ter prosseguido estudos esotéricos, literários, acadêmicos ou filosóficos, que não têm valor muito prático na vida real. Tais indivíduos devem tentar não alienar as pessoas com uma atitude de "sabe-tudo". O apetite insaciável para a aprendizagem pode atendê-lo bem depois de aprender a concentrar sua atenção em uma área e se desenvolver em um campo específico.

Mercúrio em Conjunção com Saturno ☿ ☌ ♄

A conjunção entre Mercúrio e Saturno aumenta a profundidade da mente. No entanto, as ambições são lentas para satisfazerem, porque a pessoa está muitas vezes ofuscada pela habilidade dos outros. Sentimentos estão aptos a ser inibidos. A pessoa constrói um muro em torno de si evitando a ajuda que pode estar disponível a partir de contatos sociais. Este aspecto mostra ambição e vontade de trabalhar para o sucesso com pouco incentivo ou ajuda de outras pessoas. A pessoa é metódica e ordenada, resolvendo problemas de forma lógica, e perdendo pouco tempo em questões superficiais. Ela é uma boa ouvinte e é cautelosa em expressar opiniões na conversa.

Mercúrio em Oposição com Saturno ☿ ☍ ♄

As posições opostas de Mercúrio e Saturno mostra um pensamento conservador e tradicional. Esta pessoa está propensa à depressão e ansiedade mental e essa tendência a olhar para o lado escuro impede de reconhecer oportunidades na maioria das vezes. Ela é fortemente opinativa e tendem a se tornar intolerante. É ambiciosa para o reconhecimento intelectual, mas pode encontrar muitos obstáculos para alcançar tal reconhecimento. Ela pode ser muito inteligente e ainda ter a dúvidas sobre as suas capacidades mentais e potenciais.

Mercúrio em Conjunção com Rahu ☿ ☌ ☊

A segurança emocional está ligada a mente dessa pessoa. Se saudável, este indivíduo encontra o sustento e o apoio através da leitura, aprendizado, discussões e qualquer coisa que exercite sua inteligência. Se tiver outro aspecto negativo, ela pode ter medo de falar, escrever ou aprender, ou medo de parar de falar ou exercitar habilidades intelectuais. Sua expressão verbal pode ser um indicador do seu sentido de segurança. Porém, elas articulam bem as suas emoções.

Mercúrio em Oposição com Rahu ☿ ☍ ☊

Veja Mercúrio em Conjunção com Ketu.

Mercúrio em Conjunção com Ketu ☿ ☌ ☋

Essa pessoa pode ser intelectualmente insegura (isso pode se manifestar se o indivíduo se sente estúpido, tem fobia na comunicação, é bloqueado em termos de leitura ou outras arenas mentais) ou ela pode confiar apenas na racionalidade e na lógica, que limita suas capacidades mentais. Elas podem ter medo ou fobia na escola, em relação aos irmãos, transporte, mídia, comércio, etc. O desafio é obter segurança através do exercício das habilidades mentais e de aprender que o conhecimento pode ser uma fortaleza.

Mercúrio em Oposição com Ketu ☿ ☍ ☋

Veja Mercúrio em Conjunção com Rahu.

Mercúrio em Conjunção com Urano ☿ ☌ ♅

A conjunção de Mercúrio e Urano mostra que a pessoa é brilhante, curiosa, articular e intuitiva. É facilmente animada e sua mente "corre" para responder as perguntas que possam surgir. A comunicação eletrônica é especialmente fascinante para elas. É muito futurista em seu pensamento, raramente se preocupa com o passado ou raramente revive o passado.

Mercúrio em Oposição com Urano ☿ ☍ ♅

As posições opostas de Mercúrio e Urano mostra excentricidades de opiniões e de comunicação. Estas pessoas são teimosas no sentido de que ninguém pode mudar sua mente. No entanto, elas podem mudar sua posição sobre praticamente qualquer coisa num piscar de olho. A menos que outros fatores no mapa sugerirem o contrário, elas podem ser francas e sem tato em seus discursos. Elas sabem como são especialmente dotadas mentalmente e fazem questão de mostrar aos outros. É essencial para que elas não se deixar parecerem arrogantes e convencidas, ou pelo menos ser menos intensas nessa parte. Elas não têm nenhum problema em ver todos os lados em praticamente qualquer assunto. Devido a isso, a pessoa acha que é tão difícil se comprometer com as pessoas. Elas podem tirar mais proveito, efetivamente se concentrarem no tato e diplomacia.

Mercúrio em Conjunção com Netuno ☿ ☌ ♆

Uma conjunção de Mercúrio e Netuno sugere que a imaginação muitas vezes trabalha horas extras. Lógica e ilusão tornar-se confuso e a pessoa acha que é difícil expressar sua mentalidade altamente desenvolvida e sensível. Ela é tão sintonizada com as emoções dos outros que pode ficar vulnerável, e às vezes muito facilmente influenciadas. Há uma tendência a idealizar e sonhar com o além dos níveis que pode atingir, e às vezes, se preparando para uma desilusão e decepção. Boa educação e formação profissional são necessárias antes do sucesso em uma carreira. Esta colocação pode produzir escritores criativos ou poetas.

Mercúrio em Oposição com Netuno ☿ ☍ ♆

As posições opostas de Mercúrio e Netuno mostra uma comunicação marcada com criatividade e imaginação, uma imaginação vívida que nem sempre é confiável. A concorrência é um obstáculo e um problema. Estas pessoas têm uma melhor performance em suas habilidades se trabalharem sem pressão e sem concorrência. Elas têm uma sensibilidade nos pensamentos e motivações dos outros. Seu avanço pode ser impedido por uma tendência de sonhar e esquematizar as coisas um pouco demais. Elas devem ter cuidado com a tendência de ser enganado devido esse posicionamento.

Mercúrio em Conjunção com Plutão ☿ ☌ ♇

A conjunção de Mercúrio e Plutão mostra que a mente é profunda e penetrante e um pouco inclinada aos extremos. Estas pessoas olham para significados ocultos no que os outros dizem, e avaliam tudo objetivamente. Elas vêem através das pessoas e percebem as suas motivações, suas agendas. Uma vez que decididas na opinião sobre um assunto elas raramente mudam seus pontos de vista e são bem assertivas em expressá-los. A expressão fica tão intensa que a pessoa pode virar arrogante às vezes. No entanto, ela é uma porta-voz de qualquer causa.

Mercúrio em Oposição com Plutão ☿ ☍ ♇

As posições opostas de Mercúrio e Plutão mostra a tensão mental. A pessoa pode se tornar um repositório de informações e problemas de natureza pessoal confidenciais das pessoas com quem convive. Este é um aspecto difícil, porque ela tem uma tendência para o discurso áspero e abrupto. Quando desafiado, ela se torna emocionalmente e intelectualmente arrogante, como se a sua credibilidade estivesse sendo questionada. Ela é impaciente consigo mesma e com os outros, exigindo que os projetos sejam executados imediatamente.

Vênus em Conjunção com Marte ♀ ☌ ♂

A conjunção entre Vênus e Marte mostra um forte desejo de expressão da própria natureza. Estes indivíduos são os agressores nas relações com o sexo oposto e estão sempre ansiosos e são agressivos nos contatos sociais. Empreendimentos artísticos pode ser uma saída ativa para a sua natureza hiperativa.

Vênus em Oposição com Marte ♀ ☍ ♂

A oposição entre Vênus e Marte sugere que a natureza emocional deve ser controlada se o indivíduo espera ter um relacionamento romântico duradouro. Há uma boa dose de conflito entre si e com seus parceiros. A pessoa vai ter que aprender a controlar suas mudanças bruscas de temperamento. Muitas vezes este aspecto mostra deslealdade e a falta de fidelidade no parceiro. É muito importante aprender a cooperação e compromisso. É também essencial para que ela selecione um parceiro com quem ela tem muitos interesses em comum. Ela deve se proteger contra uma tendência a ser atraídos por indivíduos com quem o único terreno comum é físico.

Vênus em Conjunção com Júpiter ♀ ☌ ♃

Uma conjunção de Vênus e Júpiter produz uma disposição otimista e generosa. A pessoa exibe uma atitude amigável e alegre para com aqueles com quem entra em contato. Ela pode ser indulgente para os outros, mesmo quando eles não merecem. A pessoa é ordenada e artística por natureza, possuindo um sentido e apreciação da beleza em tudo. É muito de mão aberta em seu objetivo de ajudar o seu companheiro. Se há um lado negativo a este aspecto, é que ela é muito fácil.

Vênus em Oposição com Júpiter ♀ ☍ ♃

A oposição formada entre Vênus e Júpiter é um aspecto que dá a vaidade, preguiça e um grau de comportamento bastante emocional. Pode ser que a pessoa tenha muitos casos de amor. Ela pode estar inclinada a participação em atividades sociais sem sentido e a compra de luxos desnecessários. Ela pode ser tão otimista e amigável quando tudo está indo bem, mas, em seguida, tornar-se muito sensível e temperamental quando algo está errado. Às vezes, problemas conjugais do tipo causado por diferenças de crenças religiosas ou filosóficas, diferenças profundas, podem ocorrer no casamento.

Vênus em Conjunção com Saturno ♀ ☌ ♄

Uma conjunção de Vênus e Saturno mostra a necessidade de fazer concessões aos outros para conseguir o que deseja. A pessoa tem que se ajustar para criar relações no trabalho. Muitos de seus relacionamentos são insatisfatórios ou restritos em alguns aspectos. Ela sente que ela está sendo usada. Pode ser que ela tenha que dar mais do que a outra pessoa pode devolver. O pessimismo pode marcar a atitude para com as relações pessoais. Este aspecto também se refere a questões financeiras. Seu julgamento em assuntos materiais é boa, e é muito autodisciplinada em lidar com dinheiro.

Vênus em Oposição com Saturno ♀ ☍ ♄

A oposição entre Vênus e Saturno mostra frustrações emocionais. Na verdade, este é um aspecto deprimente como a dureza de Saturno pesa sobre os assuntos de Vênus, tais como felicidade, relações harmoniosas, esforços artísticos e segurança financeira. A pessoa olha para suas realizações com a insatisfação contínua, subestimando a sua autoestima. Ela pode ter não recebido o incentivo que precisava quando era mais jovem e que tende a fugir de competição por causa de uma consequente falta de confiança. Ela pode ter que fazer concessões aos outros para manter as relações normais. Muitas vezes ela se pergunta se vale realmente a pena o esforço. Ela deve evitar a tendência de subestimar a si mesmo e a sua capacidade de dar uma contribuição válida. O desenvolvimento de uma atitude positiva pode ser sua ação mais valiosa.

Vênus em Conjunção com Rahu ♀ ☌ ☊

O amor ou o dinheiro está ligado a necessidades de segurança. Este indivíduo pode se pendurar nos outros nos relacionamentos ou se agarrar às posses. Eles podem transformar o seu parceiro ou conta bancária em seu cobertor de segurança.

Vênus em Oposição com Rahu ♀ ☍ ☊

Veja Vênus em Conjunção com Ketu.

Vênus em Conjunção com Ketu ♀ ☌ ☋

Essa pessoa pode ser temerosa nos relacionamentos ou questões financeiras. Ela se sente mal-amada, pobre ou bloqueada em relação de prazer. Elas podem exagerar ou atenuar (ou oscilar entre esses extremos) indulgência materiais e sensualidade. Aprender a proteger e ser protegido dentro dos relacionamentos interpessoais é a chave para essa pessoa.

Vênus em Oposição com Ketu ♀ ☍ ☋

Veja Vênus em Conjunção com Rahu.

Vênus em Conjunção com Urano ♀ ☌ ♅

A conjunção de Vênus e Urano sugere que a pessoa está inclinada a atrações repentinas. Esta colocação dá um brilho à sua personalidade tornando-a popular e socialmente ativa. Pode ser difícil para a pessoa ficar amarrada a uma pessoa só, porque suas afeições são tão universais por natureza. É uma boa idéia para ela dar tempo ao tempo nos seus romances. Ela deve evitar de correr para se casar muito cedo no relacionamento. Se ela for inclinada artisticamente, este aspecto acrescenta um grau de originalidade ao seu trabalho ou performances.

Vênus em Oposição com Urano ♀ ☍ ♅

Se houver uma oposição formada entre Vênus e Urano em seu mapa, este aspecto pode causar a pessoa a ser um pouco emocionalmente instável. Ela se expressa com intensidade nos relacionamentos, mas uma atitude rebelde faz associações prolongadas difícil e quebras repentinas possível. Ela precisa de todos os tipos de experiências exóticas, sem nenhuma preocupação com potenciais consequências. Ela depende de seu próprio encanto brilhante e espirituoso para levá-la para o sucesso em seu trabalho. Lidar com pessoas pode ser o seu forte, mas às vezes ela pode alienar os seus amigos mais próximos.

Vênus em Conjunção com Netuno ♀ ☌ ♆

A conjunção de Vênus e Netuno acrescenta um tom espiritual para as afeições. A pessoa é impressionável e tem uma capacidade ampla e profunda para a conexão emocional. A imaginação vívida e mente inconsciente fértil serve como auxílio para quaisquer talentos artísticos na música ou arte. A pessoa é muito verdadeira, idealística e romântica.

Vênus em Oposição com Netuno ♀ ☍ ♆

A oposição entre Vênus e Netuno mostra que as emoções e afetos são fortemente influenciados pelas forças inconscientes. Este aspecto borra percepções estéticas, sociais, amorosas e sexuais. Na matéria do casamento, da vida social, e da criação artística, os desejos inconscientes geram pensamentos positivos e uma percepção distorcida da realidade. As relações sociais serão um pouco prejudicadas. Há uma tendência na autoindulgência, neste aspecto, e a pessoa pode ser especialmente susceptível à drogas e álcool. Pode haver muita confusão em matéria sexual. Emocionalismo e auto-ilusão pode prejudicar o julgamento.

Vênus em Conjunção com Plutão ♀ ☌ ♇

A conjunção de Vênus e Plutão mostra uma boa dose de paixão e intensidade emocional nas afeições. Quaisquer habilidades artísticas que a pessoa possui é dado um forte subtexto dramático. Necessidades de um amor romântico pode resultar em uma variedade de parceiros e uma série de crise emocional em sua vida. Seus poderes para atrair são muito magnéticos e fortes. Ela desperta respostas profundas em seus parceiros românticos e seu compromisso nos relacionamentos emocionais é completa.

Vênus em Oposição com Plutão ♀ ☍ ♇

A oposição entre Vênus e Plutão predispõe a se envolver em relacionamentos altamente emocionais e sexuais. Problemas nesta disposição são encontrados por causa da natureza muito apaixonada. A pessoa frequentemente atrai o tipo errado de parceiros. Problemas conjugais ocorrem por causa da sua atitude ditatorial em direção a seu companheiro ou vice-versa. As tentativas de refazer o parceiro ao invés de comprometer causa atrito constante. Em seus relacionamentos de negócios enfrentam desafios extremos e concorrências.

Marte em Conjunção com Júpiter ♂ ♂ ♃

A conjunção de Marte e Júpiter produz uma abundância de energia e entusiasmo. A pessoa tem muita confiança em suas habilidades para fazer o que se propôs a fazer. Ela é do tipo que se recusa a aceitar "não" como resposta. Ela se aproxima de desafios com um alargamento dramático e determinação absoluta. Ela toma decisões confiante em si. Este é um aspecto que muitas vezes produz grandes ambições, riqueza e boa sorte.

Marte em Oposição com Júpiter ♂ ☍ ♃

Marte na oposição com Júpiter no mapa mostra tendências extravagantes e muitas vezes perde através da especulação. A pessoa pode não ter moderação nos prazeres, álcool ou dieta. Este aspecto produz convicções muito fortes e, por vezes, tendenciosas. Sua agressiva promoção dos pontos de vista filosóficos ou religiosos pode antagonizar os outros. Este também é um aspecto que pode mostrar um soldado da fortuna sempre inquieto e querendo viagens e aventuras. A pessoa deve se proteger contra os exageros da sua própria importância.

Marte em Conjunção com Saturno ♂ ♂ ♄

A conjunção de Marte e Saturno mostra que que a pessoa usa as suas energias de forma construtiva. Qualquer tendência mostrada em outros lugares em seu mapa onde ela poderia agir por impulso é temperada com moderação. Ela raramente desperdiça energias em atividades improdutivas. É uma pessoa física, mas sabe como controlar e uso de suas energias físicas. Este aspecto produz a capacidade para o trabalho duro, força duradoura e engenhosidade. Muitas vezes, essa conjunção marca uma tendência para a raiva ou ressentimentos que ela deve controlar, se puder. Ela deve evitar as atitudes e ressentimentos negativos que se desenvolvem durante a vida.

Marte em Oposição com Saturno ♂ ☍ ♄

Marte e Saturno em oposição sugere algum conflito entre os desejos e o senso de responsabilidade. Há conflitos entre a necessidade de uma ação impulsiva, comportamento de Marte, e a apreensão conservadora associada com Saturno. Há uma sensação de rejeição associada a este aspecto. A pessoa estabelece metas fora do alcance realista e, em seguida, sofrer sentimentos de inutilidade quando não pode alcançá-las. Ela avaliar mais as conquistas dos outros e subestimam as suas. Ela deve aprender a estabelecer metas realisticamente. Ela é boa para trabalhar na aplicação da lei, trabalhos militares, engenharia industrial ou de conservação. As relações pessoais são muitas vezes decepcionantes. Ela pode escolher um companheiro que é uma extensão de um de seus pais. Ela tem expectativas de seus filhos terem mais flexibilidade para que possam tornar-se adultos independentes e seguros.

Marte em Conjunção com Rahu ♂ ☌ ☊

O sentimento de segurança dessa pessoa está ligada à ação e independência. Tais pessoas se sentem melhor buscando a liberdade de fazer suas próprias coisas. Elas podem ser pioneiras em questões emocionais. Ambivalência entre a liberdade e a proximidade é provável. Aprender a equilibrar os desejos pessoais e à guarda e criar sua própria fundação emocional pessoal é fundamental.

Marte em Oposição com Rahu ♂ ☍ ☊

Veja Marte em Conjunção com Ketu.

Marte em Conjunção com Ketu ♂ ☌ ☋

Este indivíduo pode ter medo ou fobia de nunca tomar iniciativa. Eles são excessivamente autocríticos. Problemas são possíveis em torno da saúde (especialmente em relação à repressão), violência ou assertividade. Eles vão aos extremos (muito ou pouco) em relação à ação pessoal ou fisicalidade. Aprender a cuidar de si e dos outros é fundamental.

Marte em Oposição com Ketu ♂ ☍ ☋

Veja Marte em Conjunção com Rahu.

Marte em Conjunção com Urano ♂ ☌ ♅

A conjunção de Marte e Urano produz uma natureza irrestrita, forte e enérgica. Esta pessoa joga por suas próprias regras e resiste à conformidade dos controles da sociedade. Sua impulsividade pode apresentar inúmeros problemas, mas ela continua a insistir na completa liberdade de ação. Ela insiste em ter o seu próprio caminho. Tem uma forte inclinação para experimentar e testar suas teorias. Mesmo um certo grau razoável de prudência é muitas vezes inexistente em suas ações. É provável que ela enfrente obstáculos, a menos que possa atingir uma posição em que ela esteja completamente no comando.

Marte em Oposição com Urano ♂ ☍ ♅

A oposição entre Marte e Urano estimula a concorrência e estimula os outros a desafiá-lo. A pessoa é exigente e autoritária. Ela prospera nos argumentos, mesmo quando não estiver falando sério sobre aquilo. Devido a estas tendências assertivas, ela pode fazer uma excelente vendedora, mas pode ter alguns problemas com os relacionamentos. Ela não tolera restrições na sua liberdade e mobilidade, ela têm a necessidade de estar constantemente em movimento. Ela será atraída por atividades perigosas, como "voar", competições, explorações ou alpinismo. Por ela ser propensa a acidentes, estas e outras atividades semelhantes não são recomendadas. Ela deve ter o cuidado e tomar precauções de segurança. Evitar desejos de jogar a precaução fora, porque ela não precisa provar a si mesmo dessa maneira. Ela pode não ser uma pessoa fácil de se conviver por causa de explosões periódicas de temperamento e as atitudes rabugentas. Ela é uma revolucionária que é susceptíveis de se opor a tradição com os seus limites na individualidade. Ela quer ter o seu caminho e pode ser muito crítica de qualquer autoridade.

Marte em Conjunção com Netuno ♂ ♂ ♆

A conjunção de Marte e Netuno dá a forte magnetismo psíquico na personalidade. Mistério e segredo encobrem os assuntos regidos por Marte. A pessoa tem um talento para a liderança definitiva porque as pessoas vão responder a ela e segui-la instintivamente. Muitas vezes, os objetivos e as energias são dirigidas para questões espirituais. No entanto, às vezes, a direção do presente pode ser um pouco nublada. A natureza muito romântica pode estabelecer objetivos impraticáveis ou incertos. Ela deve sempre permanecer aberta. Ela deve evitar qualquer tentação de empregar sigilo ou fuga em suas ações.

Marte em Oposição com Netuno ♂ ♂ ♆

A oposição de Marte e Netuno pode tornar relacionamentos difíceis de lhe dar com os outros porque são emocionalmente carregados. A pessoa é suscetível a fraude e se envolve em problemas. Ela pode ser perfeitamente honesta, mas ainda assim os seus motivos e ações serão interrogados e suspeitos. Infelizmente esse é o resultado dessa oposição. A pessoa deve ter cuidado para não se envolver em qualquer atividade que seja, no mínimo, sombria. Ela deve aprender a argumentar com o seu intelecto e não ser conduzida por seu fascínio por emoções e do desconhecido. Ela deve também evitar drogas, álcool e ocultismo. Estes são perigo, porque a pessoa é tão suscetível a eles. A pessoa é facilmente hipnotizada por ilusões e a aqueles que os criam. Ela deve evitar definir metas irrealistas.

Marte em Conjunção com Plutão ♂ ♂ ♇

A conjunção de Marte e Plutão mostra uma forte natureza de desejo com a persistência e determinação para conseguir o que deseja. A natureza da pessoa é estar mais interessada na batalha do que nos frutos da conquista. Ela lida com extrema pressão muito bem e em uma situação de crise pode ser invocada para gerir os negócios com habilidade e autoridade. No amor, ela é assertiva e possessiva. As necessidades e exigências físicas são notavelmente forte. Este é um aspecto altamente emocional. Se não for controlado, este aspecto pode causar brutalidade ou crueldade.

Marte em Oposição com Plutão ♂ ☍ ♇

A oposição entre Marte e Plutão mostra uma atitude desafiante. Às vezes há uma falta de controle sobre tendências agressivas. A pessoa aliena os outros para validar seus direitos ou o que ela acha que são os seus direitos. Ela deve avaliar os aspectos positivos e negativos de qualquer idéia ou plano. Sempre considere os valores de compromisso antes de tomar qualquer ação ou decisão. Marte e Plutão estão associados a unidade sexual uma vez que estes dois Planetas são os co-Regentes de Escorpião. Com este aspecto em oposição a sua unidade sexual será fortemente afetada e em algum conflito. A pessoa pode formar alianças extremamente fortes, mas pode facilmente causar graves rupturas nos relacionamentos. A unidade pode ser para ganhar poder sobre os outros. É certo que ela encontrará problemas na vida pessoal.

♃

Júpiter em Conjunção com Saturno ♃ ☌ ♄

A conjunção de Júpiter e Saturno mostra uma visão séria sobre a vida e um envolvimento em responsabilidades pesadas. Este aspecto faz com que a pessoa seja muito conservadora e prática. Ela tem alguns obstáculos significativos antes de alcançar a segurança financeira que ela deseja. O otimismo pode ser drenado através de uma série de desilusões e atrasos. Questões sociais maiores podem desempenhar um papel importante em sua vida. A conjunção não nega o sucesso, mas mostra a necessidade de trabalhar duro e ser paciente.

Júpiter em Oposição com Saturno ♃ ☍ ♄

A oposição entre Júpiter e Saturno sugere dificuldade em reconhecer as limitações pessoais. Em um certo sentido, isso é bom. A pessoa continua a se levar à frente na face de praticamente qualquer adversidade e provavelmente ela irá enfrentar uma boa dose de adversidade. Este aspecto muitas vezes mostra que o sucesso vem mais tarde na vida, mas vem. Há uma tendência de se comparar desfavoravelmente com outras pessoas.

Júpiter em Conjunção com Rahu ♃ ☌ ☊

A fé é amarrada à segurança emocional desse indivíduo. Suas crenças e valores irão fornecer uma base firme ou adicionar à sua insegurança e ansiedade. Eles podem se sentir mais seguro ao fazer algo maior e melhor. Eles se sentem divididos entre o estabelecimento de raízes e a aventura na vida. Espiritualidade pode ser uma fonte de força emocional.

Júpiter em Oposição com Rahu ♃ ☍ ☊

Veja Júpiter em Conjunção com Ketu.

Júpiter em Conjunção com Ketu ♃ ☌ ☋

Esta pessoa tem uma lição kármica para aprender sobre a fé, confiança, crenças e valores. Eles podem ter muita fé ou muito pouco, ou confiança depositada no lugar errado (áreas da vida que não são infinitas) ou as pessoas erradas. Elas sentir fobia de viagens, estrangeiros, religião, educação ou expansão e crescimento. Aprender a estender o amor incondicional, a confiar no Universo, a natureza e as partes da vida que são infinitas (Espiritualismo) é fundamental para eles.

Júpiter em Oposição com Ketu ♃ ☍ ☋

Veja Júpiter em Conjunção com Rahu.

Júpiter em Conjunção com Urano ♃ ☌ ♅

A conjunção de Júpiter com Urano produz uma boa dose de agitação na natureza da pessoa. Ela não gosta de restrições e gosta de ser o responsável. Ela é uma organizadora, uma planejadora e executora e faz especialmente bem quando designada para lidar com um grande projeto. Seus planos têm um toque sólido de idealismo anexado. Ela basicamente tem muita sorte e ela realmente merece o crédito do que faz. Ganhos súbitos e inesperados são frequentemente um produto deste aspecto.

Júpiter em Oposição com Urano ♃ ☍ ♅

A oposição entre Júpiter e Urano sugerem um grande entusiasmo, independência, franqueza e voluntariedade. Porém, a pessoa tende a morder um pouco mais do que pode mastigar e quer começar no topo sem a devida preparação. Especulação e jogos de azar devem ser evitados. A pessoa deve aprender a moderação em tudo e tentar não ser hipócrita.

Júpiter em Conjunção com Netuno ♃ ☌ ♆

A conjunção de Júpiter com Netuno mostra uma imaginação criativa. Esta pessoa pode ser muito artística, e um tanto excessiva na expressão de seus talentos. Muitas vezes este aspecto mostra muito idealismo e ela pode ser atraída para uma vida religiosa ou humanitária. Mas pode tentar fugir da responsabilidade também.

Júpiter em Oposição com Netuno ♃ ☍ ♆

A oposição entre Júpiter e Netuno mostra uma tendência de prometer mais do que pode-se cumprir. Este indivíduo é criativamente talentoso, mas deve desenvolver a autodisciplina para canalizar suas energias em uma direção produtiva. Este aspecto mostrando a falta de praticidade nos negócios e assuntos financeiros. Ele é extremamente generoso e bondoso, mas pode não discriminar o certo do errado neste respeito. Tais pessoas são um pouco revolucionárias e podem ser emocionais demais em seus envolvimentos pessoais. Este aspecto muitas vezes indica a dificuldade com drogas ou álcool.

Júpiter em Conjunção com Plutão ♃ ☌ ♇

A conjunção de Júpiter e Plutão confere a determinação para atingir objetivos que trarão melhorias para a pessoa e para os outros relacionados com ela. Ela tem uma visão muito forte e penetrante e uma boa dose de capacidade de liderança. Ela está sempre determinada em aproveitar a vida ao máximo. Dedicada aos seus ideais, ela tem um pouco de fanatismo nela mesmo.

Júpiter em Oposição com Plutão ♃ ☍ ♇

A oposição de Júpiter e Plutão mostra o questionamento da ideologia social. Esta pessoa desafia dogmas ao afirmar os seus próprios pontos de vista, que podem frequentemente estar fora de sintonia com os da sociedade. Atitudes autocráticas e falta de humildade podem causar uma perda de popularidade. Esta é uma colocação poderosa para Júpiter, o Planeta associado com questões religiosas e filosóficas. Esta pessoa pode ter muito a oferecer no que diz respeito na correção de injustiças sociais.

Saturno em Conjunção com Rahu ♄ ☌ ☊

Os sentimentos de segurança estão vinculados aos instintos executivos, ambições profissionais e pragmatismo. Este indivíduo provavelmente se sente mais seguro quando ele estiver trabalhando, alcançando resultados tangíveis ou empunhando alguma autoridade. Ele pode estar dividido entre a dominação e a dependência ou sua casa ou a família e sua carreira. Ele pode exagerar no conservadorismo e autopreservação. Eles tem bons relacionamentos, estabelecidos, relações sólidas e duradouras.

Saturno em Oposição com Rahu ♄ ☍ ☊

Veja Saturno em Conjunção com Ketu.

Saturno em Conjunção com Ketu ♄ ☌ ☋

Este indivíduo enfrenta um desafio kármico, poder circundante, autoridade e controle; onde muitas vezes estes desafios estão ligados a uma figura paterna ou outra autoridade íntima. Eles podem ser ditatoriais e arrogantes ou com medo de assumir o comando. Eles podem estar inseguros quanto à sua profissão ou contribuição para a sociedade. Estas pessoas devem aprender a confiar em sua própria força e assumir a responsabilidade adequada que é a chave para o seu desenvolvimento.

Saturno em Oposição com Ketu ♄ ☍ ☋

Veja Saturno em Conjunção com Rahu

Saturno em Conjunção com Urano ♄ ☌ ♅

A combinação de Saturno e Urano mostra que uma grande disciplina é necessária na forma de como a pessoa desenvolve suas idéias. Ela tem uma inclinação para "seguir seu próprio caminho 'e muitas vezes pode encontrar-se em desacordo com as opiniões dos outros. Ela pode sofrer de decepções e frustrações como resultado. Mas ela possui uma notável vontade e quando ela aplica a disciplina e maturidade nas suas ações, elas são capazes de destruir as fronteiras e fazer descobertas que são de valor duradouro para si mesmo e para os outros.

Saturno em Oposição com Urano ♄ ☍ ♅

A oposição entre Saturno e Urano muitas vezes indica um estado de desconforto entre o velho e o novo. Pode representar uma batalha entre a segurança e o conforto contra a emoção e desafio criativo. Isso muitas vezes pode assumir a forma de conflito entre uma educação tradicional e estilo de vida moderno. Atenção deve ser dada para encontrar maneiras de comprometer em situações perturbadoras e encontrar uma saída interessante para as tensões que surgirem. Pessoas com esse aspecto podem se tornar líderes eficazes em ações provocadoras destinadas a apatia negativa perturbadora.

Saturno em Conjunção com Netuno ♄ ☌ ♆

Quando esse aspecto é usado em seu melhor efeito, a conjunção de Saturno e Netuno dá a capacidade de se aplicar a estrutura e forma de ideais e sonhos pessoais. Ao longo do caminho, os que tiverem esse aspecto, vão ser chamados a olhar criticamente suas próprias ilusões e falsas impressões separadas da realidade. Este aspecto muitas vezes mostra que a insegurança e insatisfação devem ser superadas na batalha entre o seu idealismo e materialismo. Esta pessoa deve estar sempre pronta para fazer sacrifícios pessoais, mas deve avaliar o quanto dar de si mesmo para não perder tempo e energia em causas ou pessoas que não valem a pena.

Saturno em Oposição com Netuno ♄ ☍ ♆

Os nascidos com Saturno oposto a Netuno costumam oscilar entre os extremos do materialismo duro e idealismo crítico. Eles são naturalmente susceptível para exageradas promessas feitas por outros e quando a realidade se arrasta em sua resposta, a reação é buscar proteção em desconfiança distorcida. Este aspecto é igualmente importante nas paradas de crentes e céticos fervorosos. Grande esforço deve ser feito para manter a sensibilidade e maturidade no processo de tomada de decisões.

Saturno em Conjunção com Plutão ♄ ☌ ♇

A conjunção de Saturno e Plutão mostra reservas surpreendentes de tenacidade e autodisciplina. Tenha cuidado para que isso não resulte em muita abnegação e gravidade. A combinação oferece uma grande força de vontade e uma inclinação para cavar duro e profundamente em seus interesses. Uma vez que sua mente está comprometida, é capaz de resolver qualquer coisa. Isto dá-lhe um talento para o sucesso executando um trabalho difícil em circunstâncias fatigantes.

Saturno em Oposição com Plutão ♄ ☍ ♇

Saturno oposto ao Plutão muitas vezes traz desafios consideráveis que requerem muito trabalho e dedicação. Aqueles que nasceram sob esse aspecto normalmente têm grande força de reservas, mas precisam ser cautelosos na obsessão e autocontenção que faz fronteira com o auto-sacrifício desnecessário. Em um nível pessoal, há dificuldade em expressar emoções profundas, mas podem ter profunda empatia pelos outros. Muitas vezes, há uma consciência aguda da dor e do sofrimento que acompanha a vida e pessoas com este aspecto trabalham duro para o benefício daqueles que sofrem mágoa genuína.

☊

Rahu em Conjunção com Urano ☊ ☌ ♅

As pessoas nascidas sob esse aspecto provavelmente sentem-se mais seguras quando elas estão envolvidas com as questões transpessoais. Eles são inventivas em relação a questões emocionais e suas conexões. Associações incomuns são normais para elas. Elas nutrem a humanidade ou transformam seus amigos e família. Elas são muito tolerantes emocionalmente.

Rahu em Oposição com Urano ☊ ☍ ♅

Veja Ketu em Conjunção com Urano.

Rahu em Conjunção com Netuno ☊ ☌ ♆

Esta pessoa tranquiliza-se através do contato com a natureza, beleza e outras atividades inspiradoras. Conexões Espirituais são uma fonte de segurança para ela. Ela idealiza demais os outros em seus relacionamentos ou esperar muito deles. Ela se sente mais segura em sua própria imaginação e talentos transcendentes.

Rahu em Oposição com Netuno ☊ ☍ ♆

Veja Ketu em Conjunção com Netuno.

Rahu em Conjunção com Plutão ☊ ☌ ♇

Esta pessoa encontra segurança na compreensão das profundezas da sua própria psique. Ela é intensamente comprometida em estabelecer bases emocionais seguras. Ela tende a se pendurar nas relações, às vezes por muito tempo. Questões de segurança e de proteção pode assumir proporções como de vida e morte. Sentimentos de culpa e vergonha podem ser conectados ao sustento. Sexo é usado como um cobertor de segurança. Seus instintos protetores buscam entendimento psicológico. Olhando mais profundamente na psique (seus próprios e a dos outros) oferece segurança para essa pessoa.

Rahu em Oposição com Plutão ☊ ☍ ♇

Veja Ketu em Conjunção com Plutão.

$$\text{℧}$$

Ketu em Conjunção com Urano ℧ ☌ ♅

Este indivíduo se sente ameaçado no que diz respeito à sua própria originalidade ou individualidade. Ele silencia seus impulsos rebeldes ou os exagera. Ele experimenta um empurra e puxa entre dependência e independência, entre a casa e o resto do mundo ou entre família e amigos. Aprender a ter laços emocionais sem possessividade e fazer compromissos abertos é a chave para o desenvolvimento desta pessoa.

Ketu em Oposição com Urano ℧ ☍ ♅

Veja Rahu em Conjunção com Urano.

Ketu em Conjunção com Netuno ℧ ☌ ♆

Este indivíduo pode sentir fobia de beleza, imaginação ou no que diz respeito a resgatar seus instintos. Ele anseia o sonho inatingível. Ele tende a exagerar na visualização e na fantasia. A associação salvador-vítima pode se desenvolver. Aprender a encontrar o terreno comum entre o amor humano e amor à Deus é a chave para esse indivíduo, que é muito sensível ao carinho cósmico.

Ketu em Oposição com Netuno ℧ ☍ ♆

Veja Rahu em Conjunção com Netuno.

Ketu em Conjunção com Plutão ℧ ☌ ♇

Esta posição indica desafios kármicos sobre a intimidade, autodomínio, dependência ou compulsividade. Essa pessoa pode ter falta de autocontrole ou tende à obsessão. Problemas de energia circundantes e bens compartilhados são destaque em suas associações próximas. Esta pessoa tende a aprender sobre si mesma através do espelho de outras pessoas. Ela desenvolve conexões emocionais intensas. O desenvolvimento do autodomínio e insights psicológicos profundos é acentuado em seus relacionamentos pessoais.

Ketu em Oposição com Plutão ☋ ☍ ♇
Veja Rahu em Conjunção com Plutão.

⛢

Urano em Conjunção com Netuno ⛢ ☌ ♆

Esta é uma influência "geracional" que é mais perceptível em mapas onde esse aspecto tem contato com os Ângulos ou Sol ou Lua. Urano promove mudanças e avanços inovadores. Netuno refere-se à consciência de massa. Quando esses Planetas estão em contato uns com os outros, ideais coletivos serão abalados e perturbados, a fim de permitir que os novos modos de pensamento e de expressão coletiva surjam.

Urano em Oposição com Netuno ⛢ ☍ ♆

Esta é uma influência "geracional" que é mais perceptível em mapas onde esse aspecto tem contato com os Ângulos ou Sol ou Lua. Urano promove mudanças e avanços inovadores. Netuno refere-se à consciência de massa. Quando esses Planetas estão em contato uns com os outros, ideais coletivos serão abalados e perturbados, a fim de permitir que os novos modos de pensamento e de expressão coletiva surjam.

Urano em Conjunção com Plutão ⛢ ☌ ♇

Esta é uma influência "geracional" que é mais perceptível em mapas onde esse aspecto tem contato com os Ângulos ou Sol ou Lua. Urano promove mudanças e avanços inovadores. Plutão relaciona-se com o poder político. Quando esses Planetas estão em contato um com o outro, as estruturas políticas serão abaladas e perturbadas, a fim de permitir que os novos métodos de princípios reguladores do governo surjam.

Urano em Oposição com Plutão ⛢ ☍ ♇

Esta é uma influência "geracional" que é mais perceptível em mapas onde esse aspecto tem contato com os Ângulos ou Sol ou Lua. Urano promove mudanças e avanços inovadores. Plutão relaciona-se com o poder político. Quando esses Planetas estão em contato um com o outro, as estruturas políticas serão abaladas e perturbadas, a fim de permitir que os novos métodos de princípios reguladores do governo surjam.

Netuno em Conjunção com Plutão Ψ ♂ ♇

Esta é uma influência "geracional" que é mais perceptível em mapas onde esse aspecto tem contato com os Ângulos ou Sol ou Lua. Netuno refere-se à consciência de massa. Plutão relaciona-se com o poder político, as organizações globais, a energia centrada ou instituições "subterrâneas". Quando esses Planetas estão em contato um com o outro, muitas vezes há conflito generalizado ou foco em questões políticas e ideais coletivos.

Netuno em Oposição com Plutão Ψ ☍ ♇

Esta é uma influência "geracional" que é mais perceptível em mapas onde esse aspecto tem contato com os Ângulos ou Sol ou Lua. Netuno refere-se à consciência de massa. Plutão relaciona-se com o poder político, as organizações globais, a energia centrada ou instituições "subterrâneas". Quando esses Planetas estão em contato um com o outro, muitas vezes há conflito generalizado ou foco em questões políticas e ideais coletivos.

CAPÍTULO 10 - *YOGAS*

Agora, nós vamos discutir o uso astrológico clássico da palavra *Yoga*, que significa União. Estes próximos *Yoga*s são combinações especiais dos Planetas que dá resultados além do mais evidente em um mapa astrológico. São como se fossem fórmulas que dão resultados específicos daquela combinação planetária.

O que vou descrever aqui, são o que eu acho, os *Yoga*s mais importantes para se lembrar como iniciante nesta ciência. E vou me basear no livro de B.V. Raman, "Os 300 *Yoga*s mais importantes".

Mais para frente, eu vou descrever como analisar o peso e a força, positivo e negativos ou neutros desses *Yoga*s. Com essa explicação, você poderá usar esses *Yoga*s com maior efetividade.

Em geral, você vai precisar saber os Planetas benéficos e maléficos pelo Ascendente e você vai precisar também saber as 6 fontes de força dos Planetas (*Shadbala* – que veremos mais à frente). Esse cálculo (geralmente já feito pelo programa de Astrologia) dará uma boa aproximação dos valores de cada Planeta dentro do *Yoga*. Se os Planetas que formam tal *Yoga* tiverem força mista, então o resultado daquele *Yoga* será moderado.

Será preciso entender também que o *Yoga* irá refletir o lugar em que estiver, seja pela Casa ou Signo. E o *Yoga* irá dar os resultados mais evidentes durante os períodos do *Dasha* e *Bhukti* (Períodos Planetários que veremos mais na frente) ou durante grandes trânsitos (*Gochara*) dos Planetas do *Yoga*.

Existem combinações de Planetas que podem formar mais de um tipo de *Yoga*. Uma combinação, como veremos, pode formar um *Raja Yoga*, um *Arishta Yoga* e um tipo especial de *Yoga* chamado *Parivartan Yoga*. A qualidade e quantidade de cada Planeta deve ser levado em conta para concluir o efeito líquido dessas combinações.

ASPECTOS

Na Astrologia Védica todos os Planetas fazem aspecto direto em suas Casas opostas, ou seja, eles aspectam a 7ª Casa a partir deles. Por exemplo: se a Lua estiver na 4ª Casa, ela naturalmente está fazendo aspecto direto na 10ª Casa. Quer dizer, seus efeitos serão sentidos não só na Casa 4, mas sentidos diretamente na Casa oposta também.

Porém, Marte, Júpiter e Saturno têm aspectos adicionais, além da 7ª Casa.

- Marte: Aspecta as Casas 1, 4 e 8.
- Júpiter: Aspecta as Casas 1, 5 e 9.
- Saturno: Aspecta as Casas 1, 3 e 10.

Por exemplo: Eu tenho Marte na 10ª Casa. O Meu Marte faz aspecto na 10ª, 1ª e 5ª Casa. Meu Júpiter está na 1ª Casa. Ele faz aspecto na 1ª, 5ª e 9ª Casa no meu mapa. E o meu Saturno está na 5ª Casa. Ele faz aspecto na 5ª, 7ª e 2ª Casa.

Alguns *Yogas* principais serão listados neste capítulo. Neste livro, os *Yogas* são divididos nas seguintes classes:

- *Ravi Yogas* (combinações solares)
- *Chandra Yogas* (combinações lunares)
- *Mahapurusha Yogas* (combinações que produzem 5 tipos de grandes homens)
- *Nabhasa Yogas* (classificados combinações celestes)
- Outros *Yogas* Populares
- *Raja Yogas* (combinações que dão poder)
- *Dhana Yogas* (combinações que dão riqueza)
- *Daridra Yogas* (combinações que dão a pobreza)

Ravi Yogas

Ravi Yogas são as combinações solares. Existem vários *Yoga*s baseado no Sol.

Porque Mercúrio e Vênus sempre estão com o Sol ou um, ou dois Signo a diante dele, os seguintes *Yoga*s são muito comuns no mapa. No entanto, eles são menos comuns em mapas divisionais (que discutiremos mais à frente). Este *Yoga*s podem se aplicar nos D-9 e D-10.

Vesi Yoga

Definição: Se houver um Planeta diferente da Lua na 2ª casa a partir do Sol, então este *Yoga* está presente. Por exemplo, se o Sol está em Gêmeos e Júpiter e Mercúrio estão em Câncer, então este *Yoga* está presente.

Resultados: Os nascidos com esta *Yoga* têm uma perspectiva equilibrada. São verdadeiros, altos e lentos. Eles são felizes e confortáveis, mesmo com pouca riqueza.

Vasi Yoga

Definição: Se houver um Planeta diferente Lua na 12ª Casa a partir do Sol, então este *Yoga* está presente. Por exemplo, se Sol está em Áries e Vênus e Júpiter estão em Peixes, então este *Yoga* está presente.

Resultados: Os nascidos com este *Yoga* são hábeis, de caridade, famosos, educados e fortes.

Ubhayachari Yoga

Definição: Se houver Planetas além da Lua nas 2ª e 12ª Casas a partir do Sol, então este *Yoga* está presente. Por exemplo, se o Sol está em Câncer, Marte está em Leão e Vênus está em Gêmeos, então este *Yoga* está presente.

Resultados: Os nascidos com este *Yoga* tem todos os confortos. Ele é um rei ou um igual a um rei.

Budha-Aditya Yoga (Nipuna Yoga)

Definição: Buddha significa Mercúrio, *Aditya* significa Sol e *Yoga* significa união. Se Sol e Mercúrio estão juntos (em um Signo), este *Yoga* está presente.

Resultados: Os nascidos sob este *Yoga* são inteligentes e hábeis em todos os trabalhos. São bem conhecidos, respeitados e felizes. *Nipuna* significa um especialista.

Nota: Se Mercúrio está muito perto do Sol, ele entra em combustão. *Yogas* formados por Planetas em combustão perdem algum do seu poder para fazer o bem. Este *Yoga* é o mais poderoso nos mapas divisionais como D-10. No mapa natal também, pode dar resultados se Mercúrio não estiver em combustão. Suponha que alguém tem Sol e Mercúrio juntos em Leão em D-10. Em seguida, essa pessoa tem um poderoso *Yoga* Budha-Aditya na carreira. Os resultados serão sentidos ao longo da vida e os períodos de Sol, Mercúrio e Leão vão dar esses resultados, em particular.

Chandra Yogas

Chandra Yogas são as combinações lunares. Existem vários *Yogas* baseadas na Lua.

Orientações gerais:

1. Se a Lua estiver em um *Kendra* do Sol, a pessoa pode possuir pouca riqueza, inteligência e habilidades. Se a Lua estiver em um *Panapara* (2ª, 5ª 8ª ou 11ª) do Sol, a pessoa pode possuir média riqueza, inteligência e habilidades. Se a Lua estiver em um *Apoklima* (3ª, 6ª, 9ª ou 12ª) do Sol, a pessoa pode possuir uma grande quantidade de riqueza, inteligência e habilidades.

2. Se a Lua estiver no seu próprio *Navamsha* ou na Casa de um *Adhimitra* (bom amigo), é muito bom. Em tal situação, o aspecto de Júpiter na Lua dá mais riqueza e conforto, principalmente no caso de nascimento diurno. O mesmo resultado é dado pelo aspecto Venusiano na Lua no caso de nascimento à noite. Por outro lado, aspecto de Júpiter na Lua em um nascimento noite e aspecto venusiano na lua em um nascimento diurno são prejudiciais para a riqueza e conforto.

3. Se todos os benéficos naturais ocupam *Upachayas* (3ª, 6ª, 10ª e 11ª) a partir da Lua, tem uma grande riqueza. Se dois benéficos ocupam *Upachayas* da Lua, a pessoa tem riqueza média. Se apenas um benéfico ocupa uma Upachaya da Lua, o nativo tem pouca riqueza.

Sunapha Yoga

Definição: Se houver outros Planetas com exceção do Sol na 2ª Casa a partir da Lua, este *Yoga* está presente. Por exemplo, se é Lua está em Gêmeos e Júpiter e Mercúrio estão em Câncer, então este *Yoga* está presente.

Resultados: Os nascidos com este *Yoga* se tornam um rei ou um igual ao rei. Ele é inteligente, rico e famoso. Ele tem riqueza adquirida por ele mesmo.

Anapha Yoga

Definição: Se houver outros Planetas do Sol na 12ª Casa da Lua, este *Yoga* está presente. Por exemplo, se é Lua em Áries e Júpiter e Vênus estão em Peixes, então este *Yoga* está presente.

♈♉♊♋♌♍ ♎♏♐♑♒♓

Resultados: Os nascidos com este *Yoga* se tornam um rei com boa aparência. Seu corpo está livre de doenças. Ele é um homem de caráter e tem grande reputação. Ele é cercado por conforto.

Durdhara Yoga

Definição: Se houver outros Planetas exceto o Sol na 2ª e 12ª Casas a partir da Lua, este *Yoga* está presente. Por exemplo, se a Lua estiver em Câncer, Marte em Leão e Vênus em Gêmeos, então este *Yoga* está presente.

Resultados: O nascido sob este *Yoga* goza de muitos prazeres. Ele é caridoso. Ele é dono de riqueza e veículos. Ele tem bons servos.

Kemadrum Yoga

Definição: Se não há outros Planetas exceto o Sol na 1ª, 2ª e 12ª Casas a partir da Lua, este *Yoga* está presente. Por exemplo, se Lagna está em Touro, Lua está em Virgem, nenhum outro Planeta além do Sol em Leão, Virgem e Libra, então este *Yoga* está presente.

Resultados: Um nascido com esta *Yoga* é azarado, desprovido de inteligência e aprendizagem e oprimido pela pobreza e problemas. Esta *Yoga* ruim anula os resultados de outros bons *Yoga*s no mapa, especialmente *Chandra Yoga*s. A pessoa com este *Yoga* tem que trabalhar duro e ter sucesso através de grandes esforços. Principalmente nos *Dashas* da Lua.

Chandra-Mangal Yoga

Definição: Se Lua e Marte estão juntos (em um Signo), então este *Yoga* está presente.

Resultados: Os nascidos com esta *Yoga* é mundano sábio e materialmente bem-sucedido. Eles podem ganhar dinheiro através de meios inescrupulosos. Ele pode tratar a mãe ou outras mulheres mal.

Adhi Yoga

Definição: Se os benéficos naturais ocupam a 6ª, 7ª e 8ª a partir da Lua, este *Yoga* está presente. Por exemplo, se a Lua estiver em Touro, Mercúrio e Júpiter em Virgem e Vênus em Leo, então este *Yoga* está presente.

Resultados: Um nascido com esta *Yoga* se torna um rei ou um ministro ou um chefe do exército, dependendo da força dos Planetas envolvidos.

Pancha Mahapurusha Yogas

Pancha significa 5 e *Mahapurusha* significa uma grande pessoa. *Pancha Mahapurusha Yoga*s dá as combinações que produzem 5 tipos de grandes pessoas.

Há 5 elementos básicos de que este universo é feito. Estes são chamados *Pancha Bhutas* (cinco existências) ou *Pancha Tattvas* (cinco naturezas). Eles são:

- *Agni Tattva* (natureza ardente)
- *Bhu Tattva* (natureza da terra)
- *Vaayu Tattva* (natureza arejada)
- *Jal Tattva* (natureza aquosa)
- *Akaash Tattva* (natureza etérea)

Marte, Mercúrio, Saturno, Vênus e Júpiter (respectivamente) representam esses 5 elementos. *Pancha Mahapurusha Yoga*s produzem 5 tipos de grandes pessoas com um destes 5 elementos que desempenham um papel predominante em suas personalidades.

Ruchaka Yoga

Definição: Se Marte estiver no próprio Signo ou Signo de exaltação, ele forma o *Ruchaka Yoga*. Em outras palavras, Marte deve estar em Áries, Escorpião ou Capricórnio e ele deve estar na 1ª, 4ª, 7ª ou 10ª a partir do Lagna. Este *Yoga* não se aplica a partir de Lua e aplica-se, principalmente, no mapa natal (*Rashi Kundali*). Como exemplo, a pessoa tem Lagna em Aquário e Marte está em Escorpião, terá este *Yoga*.

Resultados: O nascido com essa *Yoga* é um grande homem de natureza impetuosa. Ele tem um monte de entusiasmo. Ele é um líder natural. Ele gosta de lutar em guerras e ele é vitorioso sobre os inimigos. Ele é discriminativo e um devoto de pessoas instruídas. Ele é bem versado nas ciências ocultas. Ele tem bom gosto. Ele sempre é bem-sucedido.

Bhadra Yoga

Definição: Se Mercúrio estiver no próprio Signo ou no Signo de exaltação, é chamado de *Bhadra Yoga*. Em outras palavras, Mercúrio deve estar em Gêmeos ou Virgem e ele deve estar na 1ª, 4ª, 7ª ou 10ª Casa a partir do Lagna. Este *Yoga* não se aplica a partir de Lua e aplica-se, principalmente, no mapa natal (*Rashi Kundali*).

Como exemplo, uma pessoa com Lagna em Gêmeos e Mercúrio em Virgem, terá este *Yoga*.

Resultados: O nascido com essa *Yoga* é um grande homem de natureza terrena. Ele é como um leão. Ele é educado em todos os aspectos. Ele tem uma boa compilação do corpo e uma voz profunda. Ele tem Sattwa Guna. Ele sabe bem o *Yoga*. Ele está sempre rodeado de parentes, amigos e família e goza de sua riqueza com eles. Ele mantém a limpeza em tudo e ele é muito sistemático. Ele tem um espírito de independência. E é religioso.

Sasa Yoga

Definição: Se Saturno estiver no próprio Signo ou no Signo de exaltação, é chamado de *Sasa Yoga*. Em outras palavras, Saturno deve estar em Capricórnio, Aquário ou Libra e ele deve estar na 1ª, 4ª, 7ª ou 10ª a partir do Lagna. Este *Yoga* não se aplica a partir de Lua aplica-se, principalmente, no mapa natal (*Rashi Kundali*). Como exemplo, uma pessoa com Lagna em Capricórnio e Saturno em Libra terá este *Yoga*.

Resultados: O nascido com essa *Yoga* é um grande homem de natureza arejada. Ele é como um coelho. Ele é sábio e gosta de vagar. Ele está confortável em florestas, montanhas e fortalezas. Ele é valoroso e tem um corpo esbelto. Ele conhece as fraquezas dos outros. Ele é animado, mas tem alguma vacilação. Ele é caridoso.

Malavya Yoga

Definição: Se Vênus estiver no próprio Signo ou no Signo de exaltação, ele é chamado *Malavya Yoga*. Em outras palavras, Vênus deve estar em Touro, Libra ou Peixes e ela deve estar na 1ª, 4ª, 7ª ou 10ª Casa a partir do Lagna. Este *Yoga* não se aplica a partir de Lua e aplica-se, principalmente, no mapa natal (*Rashi Kundali*). Como exemplo, uma pessoa com Lagna em Gêmeos e Vênus em Peixes, terá este *Yoga*.

Resultados: O nascido com essa *Yoga* é um grande homem de natureza aquosa. Ele emite um brilho semelhante ao luar. Ele gosta de comida saborosa. Ele tem luxos. Ele tem excelente saúde. Ele é bem versado nas artes.

Hamsa Yoga

Definição: Se Júpiter estiver no próprio Signo ou no Signo de exaltação, ele é chamado *Hamsa Yoga*. Em outras palavras, Júpiter deve estar em Sagitário, Peixes ou Câncer e ele deve estar na 1ª, 4ª, 7ª ou 10ª Casa a partir do Lagna. Este *Yoga* não se aplica a partir de Lua e aplica-se, principalmente, no mapa natal (*Rashi Kundali*). Como exemplo, a pessoa com Lagna em Sagitário e Júpiter em Peixes, terá este *Yoga*.

Resultados: O nascido com essa *Yoga* é um grande homem de natureza etérea. Ele é como um cisne. Ele tem força espiritual e pureza. Ele é respeitado por todos. Ele é muito apaixonado. Ele se torna um rei. Ele tem todos os confortos. Ele aprecia a vida plenamente. Ele é um conversador inteligente e dotado de bom discurso.

NABHASA YOGAS

Nabhasa *Yogas* são combinações celestes classificadas. Estes são classificados da seguinte forma:

❖ Ashraya Yogas (3): Raju, Musala e Nala Yogas
❖ Dala Yogas (2): Mala, Sarpa Yogas
❖ Akriti Yogas (20): Gada, Sakata, Shringataka, Vihangama, Hala, Vajra, Yava, Kamala, Vapi, Yupa, Sara, Shakti, Danda, Nauka, Kuta, Chatra, Chapa, Ardhachandra, Chakra e Samudra Yogas
❖ Sankhya Yogas (7): Veena, Dama, Pasa, Kedara, Shula, Yuga e Gola Yogas.

Os resultados de outros *Yogas* pode ser sentidos principalmente durante os *Dashas* dos Planetas e Signos envolvidos. Mas os resultados dos *Nabhasa Yogas* são sentidos em todos *Dashas*.

Ashraya Yogas

Ashraya significa habitação ou asilo. *Ashraya Yogas* baseiam-se nos Signos ocupados por Planetas. Se todos os Planetas estão em Signos móveis ou em Signos fixos ou em Signos duplos, estes *Yogas* é criado.

Raju Yoga: Se todos os Planetas estiverem exclusivamente em Signos móveis, este *Yoga* é formado. A pessoa com esse *Yoga* gosta de viajar. Ele tem boa aparência e floresce em países estrangeiros. Ele pode ser cruel. Raju significa uma corda.

Musala Yoga: Se todos os Planetas estiverem exclusivamente em Signos fixos, este *Yoga* é formado. A pessoa com esse *Yoga* tem honra, sabedoria e riqueza. Ele é famoso. Ele tem muitas crianças. Ele tem um espírito firme. Musala significa um pilão.

Nala Yoga: Se todos os Planetas estiverem exclusivamente em Signos duplos, este *Yoga* é formado. A pessoa com esse *Yoga* tem um físico pobre. Ele acumula dinheiro. Ele tem boa aparência e ajuda os parentes. Ele é hábil.

Dala Yogas

Mala Yoga: Se três Quadrantes são ocupados por benéficos naturais, este *Yoga* é formado. Aquele que nasce com esse *Yoga* é sempre feliz. Ele tem boas roupas, veículos, luxos e amizade de muitas mulheres. Mala significa uma guirlanda.

Se um maléfico também ocupar um dos Quadrantes, este *Yoga* pode não funcionar bem.

Como exemplo, digamos que o Lagna está em Áries, Júpiter está em Câncer, Vênus está em Capricórnio e Mercúrio está em Libra. Isto dá Mala *Yoga*.

Sarpa Yoga: Se os três Quadrantes estão ocupados por maléficos naturais, este *Yoga* é formado. Aquele que nasce com essa *Yoga* é miserável, infeliz, cruel, pobre e dependente dos outros para se alimentar. Esta é uma combinação muito ruim. *Sarpa* significa uma serpente.

Se um benéfico também ocupar um dos Quadrantes, este *Yoga* pode não funcionar bem.

Como exemplo, digamos que o Lagna está em Escorpião, Marte está em Touro, Rahu está em Leão e Ketu está em Aquário. Isto dá *Sarpa Yoga*.

Akriti Yogas

Akriti significa "uma forma" e muitos destes *Yoga*s baseiam-se na forma de arranjo dos Planetas num mapa. Em todos estes *Yoga*s, Rahu e Ketu não são contados como Planetas por muitos autores.

Gada Yoga: Se todos os Planetas ocupam dois Quadrantes sucessivos a partir do Lagna, este *Yoga* é formado. Por exemplo, este *Yoga* é formado se todos os Planetas ocupam a 4ª e a 7ª (ou a 10ª e a 1ª). Aquele que nasce com esse *Yoga* possui riquezas, ouro e pedras preciosas. Ele realiza *Yagyas* (ritos de sacrifício). Ele sabe os *Shastras* (ciências) e músicas. *Gada* significa uma maça ou um porrete.

Sakata Yoga: Se todos os Planetas ocupam a 1ª e a 7ª Casas a partir do Lagna, este *Yoga* é formado. Aquele que nasce com esse *Yoga* sofre de doenças. Ele tem unhas feias. Ele é um bobo. Ele não tem amigos e familiares. Ele vive puxando carroças. *Sakata* significa um carrinho.

Vihanga Yoga: Se todos os Planetas ocupam a 4ª e a 10ª Casas a partir do Lagna, este *Yoga* é formado. Aquele que nasce com esse *Yoga* gosta de vagar. Ele trabalha ou age como um mensageiro. Ele gosta de sexo. Ele não tem vergonha e gosta de brigar. Vihanga significa um pássaro. Alguns autores chamam isso de *Vihanga Yoga*.

Sringataka Yoga: Se todos os Planetas ocupam os Trígonos (1ª, 5ª e 9ª) a partir do Lagna, este *Yoga* é formado. Aquele que nasce com esse *Yoga* é feliz e apreciado pelos reis. Ele tem uma esposa nobre e odeia as mulheres. Ele é rico. *Sringataka* significa uma junção, encruzilhada.

Hala Yoga: Se todos os Planetas ocupam Trígonos mútuos, mas não Trígonos do Lagna, este *Yoga* é formado. Em outras palavras, se todos os Planetas estão em segundo, sexto e décimo ou se todos os Planetas estão em 3º, 7º e 11º, ou se todos os Planetas estão em 4ª, 8ª e 12ª, então este *Yoga* é formado. Um nasce com esse *Yoga* torna-se um fazendeiro. Ele come um monte de comida. Ele é pobre. Ele é abandonado por amigos e parentes. Ele é infeliz e preocupado. *Hala* significa um arado.

Vajra Yoga: Se o Lagna e o 7ª Casa estiverem ocupados por benéficos naturais e as 4ª e 10ª Casas são ocupadas por maléficos naturais, este *Yoga* é formado. Aquele que nasce com esse *Yoga* é feliz na no começo e na parte final da vida. Ele tem valor. Ele não tem sorte, mas ele não tem desejos também. Ele luta. *Vajra* significa um diamante.

Yava Yoga: Se o Lagna e a 7ª Casa são ocupadas por maléficos naturais e a 4ª e a 10ª casas são ocupadas por benéficos naturais, este *Yoga* é formado. Aquele que nasce com esse *Yoga* observa princípios religiosos. Ele é feliz na parte do meio de vida. Ele tem riqueza e bons filhos. Ele é caridoso. Ele é forte de espírito. *Yava* significa um grão entre outras coisas.

Kamala Yoga: Se todos os Planetas estiverem no *Kendra* do Lagna, este *Yoga* é formado. Aquele que nasce com esse *Yoga* se torna um rei. Ele tem um caráter forte. Ele é famoso e tem longa vida. Ele é puro e executa muitas boas ações. *Kamala* significa uma flor de lótus.

Vapi Yoga: Se todos os Planetas estiverem em *Panapara* (2ª, 5ª, 8ª e 11ª Casas) ou em *Apoklima* (3ª, 6ª, 9ª e 12ª Casas), este *Yoga* é formado. Aquele que nasce com esse *Yoga* tem uma mente capaz de acumular riqueza. Ele tem todos os confortos. Ele se torna um rei. *Vapi* significa uma lagoa ou um tanque de água ou um poço.

Yupa Yoga: Se todos os Planetas estiverem na 1ª, 2ª, 3ª e 4ª Casas a partir do Lagna, este *Yoga* é formado. Aquele que nasce com esse *Yoga* tem conhecimento e conhecimento de *Yagyas* (ritos de sacrifício) espiritual. Sua esposa está com ele sempre. Ele tem *Sattwa Guna*. Ele observa todas as regras religiosas. *Yupa* significa uma coluna e, em particular, um poste sacrificial.

Sara Yoga: Se todos os Planetas estiverem na 4ª, 5ª, 6ª e 7ª Casas a partir do Lagna, este *Yoga* é formado. Aquele que nasce com esse *Yoga* faz flechas. Ele lidera prisões. Ele é um caçador. Ele come carne. Ele tortura. *Sara* significa uma seta.

Shakti Yoga: Se todos os Planetas estiverem na 7ª, 8ª, 9ª e 10ª Casas a partir do Lagna, este *Yoga* é formado. Aquele que nasce com esse *Yoga* são infelizes, pobres, sem sucesso, indigno, preguiçoso, de vida longa e firme. Eles têm mentes afiadas na guerra. Shakti, a energia é também é uma arma poderosa.

Danda Yoga: Se todos os Planetas estiverem na 10ª, 11ª, 12ª e 1ª Casas a partir do Lagna, este *Yoga* é formado. Aquele que nasce com esse *Yoga* pode perder a esposa e filhos e seu povo pode abandoná-lo. Eles são infelizes e servem as pessoas médias. *Danda* significa um pedaço de pau usado para punir as pessoas.

Nauka Yoga: Se todos os Planetas ocupam os 7 Signos a partir do Lagna, este *Yoga* é formado. Aquele que nasce com esse *Yoga* faz o dinheiro em coisas relacionadas com a água. Eles têm muitos desejos. Eles são bem conhecidos. Eles são maus, ásperos e avarentos. *Nauka* significa um navio.

Kuta Yoga: Se todos os Planetas ocupam os 7 Signos a partir da 4ª Casa, este *Yoga* é formado. Aquele que nasce com esse *Yoga* se torna um carcereiro. Ele é um mentiroso. Ele vive em montes e fortalezas. Ele é pobre e cruel. *Kuta* significa um grupo. Ele tem vários outros significados.

Chatra Yoga: Se todos os Planetas ocupam os 7 Signos a partir da 7ª Casa, este *Yoga* é formado. Aquele que nasce com esse *Yoga* vai ajudar o seu povo. Ele é amável e querido por muitos reis. Ele é inteligente. Ele está feliz no começo e no fim da vida. Ele tem longa vida. *Chatra* significa um guarda-chuva.

Chapa Yoga: Se todos os Planetas ocupam os 7 Signos a partir da 10ª Casa, este *Yoga* é formado. Aquele que nasce com esse *Yoga* se torna um mentiroso, ladrão e um protetor de segredos. Ele vagueia em florestas. Ele é lamentável. Ele é feliz na parte do meio da sua vida. *Chapa* significa uma curva.

Ardha Chandra Yoga: Se todos os Planetas ocupam os 7 Signos a partir de um *Panapara* (2ª, 5ª, 8ª e 11ª Casas) ou de um *Apoklima* (3ª, 6ª, 9ª e 12ª Casas), este *Yoga* é formado. Aquele que nasce com esse *Yoga* se torna um chefe do exército. Ele tem um bom físico. Ele é forte e possui pedras preciosas, ouro e muitos ornamentos. *Ardha* Chandra significa meia-lua.

Chakra Yoga: Se todos os Planetas ocupam as 1ª, 3ª, 5ª, 7ª, 9ª e 11ª Casas, este *Yoga* é formado. Aquele que nasce com esse *Yoga* se torna um grande imperador. Coroas cravejadas de diamantes de muitos reis tocam seus pés (ou seja, muitos reis se curvam perante a eles). *Chakra*, uma roda. *Chakravarti* significa um imperador.

Samudra Yoga: Se todos os Planetas ocupam as 2ª, 4ª, 6ª, 8ª, 10ª e 12ª Casas, este *Yoga* é formado. Aquele que nasce com esse *Yoga* é dono de uma grande quantidade de riqueza e muitas jóias. Ele tem luxos. Ele gosta de pessoas. Sua fortuna e grandeza são estáveis. Eles são humorados. *Samudra* significa um mar ou um oceano. *Samudra* é também o nome do Deus do Oceano, que tem um monte de riqueza e muitas jóias com ele.

Sankhya Yogas

Sankhya significa um número. Sankhya *Yoga* baseia-se no número de Signos distintos ocupados pelos 7 Planetas combinados. Rahu e Ketu não estão incluídos. Como exemplo, suponhamos que os Signos ocupados pelos sete Planetas são: Áries, Touro, Câncer, Libra, Capricórnio e Peixes. Há 6 Signos ocupados. Isto forma *Dama Yoga*.

Estes são o menos importante de todos os *Nabhasa Yogas*.

Veena Yoga: Se os 7 Planetas ocupam exatamente 7 Signos distintos entre eles, este *Yoga* é formado. Aquele que nasce com esse *Yoga* gosta de música e dança. Ele tem muitos servos. Ele é rico, habilidoso e um líder de homens. *Veena* é um instrumento musical de cordas. Isto também é chamado *Vallaki Yoga* por alguns autores.

Dama Yoga: Se os 7 Planetas ocupam exatamente 6 Signos distintos entre eles, este *Yoga* é formado. Aquele que nasce com esse *Yoga* é muito rico e famoso. Ele tem muitas crianças. Ele tem muitas pedras preciosas. Ele

♈♉♊♋♌♍♎♏♐♑♒♓

ajuda os outros. *Dama* significa uma grinalda. Alguns autores chamam isso de *Damini Yoga*.

Pasa Yoga: Se os 7 Planetas ocupam exatamente 5 Signos distintos entre eles, este *Yoga* é formado. Aquele que nasce com esse *Yoga* tem o risco de ser preso. Ele é capaz em seu trabalho. Ele é falador. Ele tem muitos servos. Ele não tem caráter. *Pasa* significa um laço.

Kedara Yoga: Se os 7 Planetas ocupam exatamente 4 Signos distintos entre eles, este *Yoga* é formado. Aquele que nasce com esse *Yoga* é um agricultor. Ele é feliz, rico e útil para outras pessoas. *Kedara* significa um campo.

Sula Yoga: Se os 7 Planetas ocupam exatamente 3 Signos distintos entre eles, este *Yoga* é formado. Aquele que nasce com esse *Yoga* é nítido, preguiçoso, violento, pobre, proibido e valente. Eles ganham elogios em guerras. *Sula* é a arma de Shiva.

Yuga Yoga: Se os 7 Planetas ocupam exatamente 2 Signos distintos entre eles, este *Yoga* é formado. Aquele que nasce com esse *Yoga* é um herege. Ele é pobre e descartados no mundo. Ele não é religioso. *Yuga* significa um par.

Gola Yoga: Se os 7 Planetas estão em 1 Signo só, este *Yoga* é formado. Aquele que nasce com esse *Yoga* é forte, pobre, sujo e sem instrução. Ele é sempre triste. *Gola* significa uma esfera ou um globo.

Outros *Yogas* Populares

Algumas outras combinações importantes serão listadas abaixo. Porém, os resultados de um *Dasha* pode ser sentido mesmo se todas as combinações necessárias não estiverem presentes. Porém, para o *Yoga* estar totalmente presente, todas as combinações necessárias devem estar presentes e os Planetas participantes devem ser fortes.

Shubha Yoga: Se o Lagna tem benéficos ou tem "*Shubha Kartari*" (benéficos nas 12ª e 2ª), então este *Yoga* está presente. Aquele que nasce com esse *Yoga* tem eloquência, boa aparência e caráter.

Ashubha Yoga: Se o Lagna tem maléficos ou tem "*Paap Kartari*" (maléficos na 12ª e 2ª), então este *Yoga* está presente. Aquele que nasce com esse *Yoga* tem muitos desejos. Ele é pecaminoso e goza da riqueza dos outros.

Gajakeshari Yoga: Se (1) Júpiter está no *Kendra* da Lua, (2) um Planeta benéfico conjuga ou aspectos de Júpiter e, (3) Júpiter não está debilitado ou entrando em combustão ou na Casa de um inimigo, então este *Yoga* está presente. Aquele que nasce com esse *Yoga* é famoso, rico e inteligente. Ele tem uma grande personalidade e ele é querido por todos. Para virtuosidade e fama cada vez mais duradoura, este é um *Yoga* chave.

Alguns autores consideram *Gajakeshari Yoga* mesmo quando Júpiter está em um *Kendra* do Lagna e não da Lua. Se ele é forte, este *Yoga* pode estar presente mesmo sem aspecto de um benéfico ou numa conjunção.

Guru-Mangal Yoga: Se Júpiter e Marte estão juntos ou na 7ª Casa um do outro, então este *Yoga* está presente. Aquele que nasce com esse *Yoga* é justo e cheio de energia. Suas energias são canalizadas em caminhos *dharmicos* (justos, honrados, certos).

Amla Yoga: Se houver apenas benéficos naturais na 10ª Casa a partir do Lagna ou da Lua, então este *Yoga* está presente. Aquele que nasce com esse *Yoga* tem fama cada vez mais duradoura. Ele é respeitado por autoridades. Ele tem luxos e ele é virtuoso. Ele ajuda os outros. *Amla* significa puro. Só porque a 10ª Casa mostra uma conduta na sociedade, uma situação com um único benéficos não torna a conduta na sociedade muito pura.

Parvat Yoga: Se (1) Quadrantes estiverem ocupados apenas por benéficos e (2) a 7ª e 8ª Casas estiverem ou vagos ou ocupados apenas por benéficos, então este *Yoga* está presente. Aquele que nasce com esse *Yoga* é sortudo, eloquente, famoso, caridade, tranquilo e gosta de humor. *Parvat* significa uma montanha.

Kahala Yoga: Se (1) o 4º Regente e Júpiter (ou o Regente da 9ª) estiverem em Quadrantes mútuos e (2) o Regente do Lagna é forte, então este *Yoga* está presente. Como alternativa, este *Yoga* está presente se o 4º Regente estiver exaltado ou na própria Casa e o 10º Regente se junta a ele. Aquele que nasce com esse *Yoga* é forte, corajoso, astuto e leva um grande exército. Ele é dono de algumas aldeias. *Kahala* significa excessivo. Significa, também, travesso.

Chamara Yoga: Se o Regente do Lagna estiver exaltado em um *Kendra* com aspecto de Júpiter ou dois benéficos se juntar na 7ª, 9ª ou 10ª, então este *Yoga* está presente. Aquele que nasce com esse *Yoga* tem autoridade ou é alguém respeitado por autoridades. Ele tem vida longa, é erudito, eloquente e educado em muitas artes. *Chamara* significa algo parecido com a pluma na cabeça de um cavalo. Agitando-o, os servos dão alívio do calor aos reis (como um leque grande). Ele basicamente representa as armadilhas do poder.

Shankh Yoga: Se (1) o Regente do Lagna for forte e (2) os Regentes da 5ª e da 6ª estiverem em Quadrantes mútuos, então este *Yoga* está presente. Como alternativa, este *Yoga* também pode estar presente se (1) o Regente do Lagna e o Regente da 10ª estiverem juntos em um Signo mutável e (2) o Regente da 9ª for forte. Aquele que nasce com esse *Yoga* é abençoado com riquezas, cônjuge e filhos. Ele é bondoso, piedoso, inteligente e de longa vida. *Shankh* significa uma concha.

Bheri Yoga: Se (1) o Regente da 9ª for forte e (2) a 1ª, 2ª, 7ª e 12ª Casas estiverem ocupadas por Planetas, então este *Yoga* está presente. Como alternativa, este *Yoga* também pode estar presente se (1) o Regente da 9ª for forte e (2) Júpiter, Vênus e o Regente do Lagna estiverem em em Quadrantes mútuos. Aquele que nasce com esse *Yoga* é abençoado com riquezas, cônjuge e filhos. Ele pode ser um rei, quer dizer, terá autoridade. Ele terá fama e caráter. Ele é virtuoso e religioso. Ele gosta dos prazeres da vida. *Bheri* significa um timbale.

Mridanga Yoga: Se (1), existirem Planetas nos Signos de exaltação própria e em Ângulos e Trígonos e (2) o Regente do Lagna for forte, então este *Yoga* está presente. Aquele que nasce com esse *Yoga* é um rei ou igual a um rei e ele será feliz. *Mridanga* é um instrumento de percussão rico e elegante popular da Índia.

Srinath Yoga: Se (1) o Regente da 7ª estiver exaltado na 10ª e (2) o Regente da 10ª estiver com o Regente da 9ª, então este *Yoga* está presente. Aquele que nasce com esse *Yoga* torna-se um grande rei igual a *Indra* (rei dos Deuses). *Srinath* significa o Regente de grande riqueza e prosperidade. Isso também significa *Vishnu*.

Matsya Yoga: se (1) os benéficos estão no Lagna e na 9ª, (2) alguns Planetas estão na 5ª e, (3) os maléficos estão na *Chaturasras* (4ª e 8ª Casas), este *Yoga* está presente. Aquele que nasce com esse *Yoga* torna-se um astrólogo ou vidente. Ele é a personificação da bondade, caráter e inteligência. Ele é forte e de boa aparência. Ele é famoso e educado. Ele é um *Tapasvi* (seguidor austero). *Matsya* significa um peixe.

Kurma Yoga: Se (1) as 5ª, 6ª e 7ª Casas estiverem ocupadas por benéficos que estão na própria Casa, exaltados ou em Signos amigos e (2) a a 1ª, 3ª e 11ª Casas estiverem ocupadas por maléficos que estão em Signos próprios ou em exaltação, então este *Yoga* está presente. Aquele que nasce com esse *Yoga* se torna um rei. Ele tem piedade e caráter. Ele está feliz, é útil e famoso. *Kurma* significa uma tartaruga.

Khadga Yoga: Se (1) o Regente da 2ª estiver na 9ª Casa, (2) o Regente da 9ª estiver na 2ª Casa e, (3) o Regente do Lagna estiver em um *Kendra* ou num Trígono, então este *Yoga* está presente. Aquele que nasce com esse *Yoga* é hábil, rico, instruído, feliz, inteligente, agradecido e poderoso. *Khadga* significa uma espada.

Kusum Yoga: Se (1) o Lagna estiver em um Signo fixo, (2) Vênus está em um *Kendra*, (3) Lua em um Trígono com um benéfico e, (4) Saturno estiver na 10ª Casa, então este *Yoga* é presente. Aquele que nasce com esse *Yoga* se torna um rei ou um igual a um rei. Ele é caridoso. Ele é dotado de prazeres e felicidade. Ele é um

♈♉♊♋♌♍ ♎♏♐♑♒♓

líder de sua comunidade. Ele tem caráter e altamente educado. *Kusum* significa uma flor.

Kalanidhi Yoga: Se (1) Júpiter estiver na 2ª Casa ou na 5ª Casa e (2) ele estiver conjunto ou aspectado por Mercúrio e Vênus, então este *Yoga* está presente. Aquele que nasce com esse *Yoga* é dotado de caráter, felicidade, boa saúde, riqueza e aprendizagem. Ele é respeitado pelos reis. *Kalanidhi* significa um tesouro das artes e habilidades.

Kalpadrum Yoga: Se (1) o Regente do Lagna, (2) o seu dispositor, (3) dispositor¹ deste último no Rashi (mapa natal) e (4) em *Navamsha*. Se todos os quatro Planetas estiverem no mesmo *Kendra*, em Trígonos ou em Signos de exaltação, então este *Yoga* está presente.

Aquele que nasce com esse *Yoga* se torna um rei. Ele gosta de guerras (Isto não significa negativamente. Guerra e restrição dos maus elementos são o dever de um rei. Os resultados deste *Yoga* incluem as palavras "ter princípios" e "amáveis". Portanto, a expressão "gosta de guerras" (*Yuddha Priya*) devem ser tomadas no sentido positivo. Ele é muito próspero, baseado em princípios, forte e bondoso. *Kalpadrum* é uma árvore celestial do céu. Este *Yoga* é também conhecido como *Parijata Yoga*. *Parijata* é uma flor celestial.

Lagna Adhi Yoga: Se (1) as 7ª e 8ª Casas a partir do Lagna estiverem ocupadas por benéficos e (2) nenhum maléfico estiver em conjunção ou aspectando estes Planetas, então este *Yoga* está presente. Aquele que nasce com esse *Yoga* torna-se uma grande pessoa. Ele é educado e feliz. *Adhi* significa mais ou acima. Já vimos *Adhi Yoga* entre os *Chandra Yoga*s. *Lagna Adhi Yoga* significa *Adhi Yoga* do Lagna.

Hari Yoga: Se benéficos ocupam a 2ª, 12ª e 8ª Casas contados a partir do Regente da 2ª, então este *Yoga* está presente. Aquele que nasce com esse *Yoga* é feliz, educado e abençoado com bens e filhos. *Hari* é um dos nome do Deus *Vishnu*. A 2ª Casa é a Casa da comida e dinheiro e é um Trígono do *Karma Sthana*, a 10ª Casa.

---

¹ *O "dispositor" de um Planeta é* **o Regente do Signo**

Significa o sustento e seu Regente representa *Hari*, o Mantenedor da trindade Hindu, em um mapa.

Hara Yoga: Se benéficos ocupam a 4ª, 9ª e 8ª Casas contados a partir do Regente da 7ª, então este *Yoga* está presente. Aquele que nasce com esse *Yoga* é feliz, educado e abençoado com bens e filhos. Hara é um nome do Lorde *Shiva*.

Brahma Yoga: Se benéficos ocupam a 4ª, 10ª e 11ª Casas contadas a partir do Regente do Lagna, então este *Yoga* está presente. Aquele que nasce com esse *Yoga* é feliz, educado e abençoado com bens e filhos. Brahma é o criador deste Universo. Lagna governa o nascimento e o Criador é representado pelo Regente do Lagna em um mapa.

NOTA: (1) Alguns autores combinam Hari Yoga, Hara Yoga e Brahma Yoga e chamam-no de "Hari Hara Brahma Yoga". Além disso, esses três Yogas são conhecidos como Trimurti (Trindade) Yogas. Brahma é o Criador; Hari é o Mantenedor e Shiva é o destruidor. Eles formam a trindade dos Deuses (Trimurti).

Vishnu Yoga: Se (1) os Regentes da 9ª e 10ª estão na 2ª Casa e (2) o Regente do Signo ocupado no *Navamsha* pelo Regente da 9ª no mapa Rashi (natal) também está na 2ª Casa, então este *Yoga* está presente. Aquele que nasce com esse *Yoga* tem sorte, educado, tem vida longa e é apreciado por reis. Ele é um adorador de *Vishnu*.

Shiva Yoga: Se (1) o Regente da 5ª Casa estiver na 9ª Casa, (2) o Regente da 9ª estiver na 10ª e, (3) o Regente da 10ª estiver na 5ª Casa, então este *Yoga* está presente. Aquele que nasce com esse *Yoga* é sábio e virtuoso. Ele é um conquistador. Ele pode ser um chefe do exército ou um empresário. O Senhor *Shiva* é uma das Trindades de Deus.

Trilochana Yoga: Se o Sol, a Lua e Marte estiverem em Trígonos mútuos, então este *Yoga* está presente. Aquele que nasce com esse *Yoga* é rico, inteligente, vida longa e vitorioso sobre os inimigos. Ele alcança tudo sem muitos obstáculos. *Trilochana* significa "aquele com três olhos". É um outro nome do Senhor *Shiva*, que tem um olho escondido em sua testa.

Gouri Yoga: Se o Regente do Signo ocupado no *Navamsha* pelo Regente da 10ª Casa for exaltado na 10ª Casa e o Regente do Lagna se junta a ele, então este *Yoga* está presente. Aquele que nasce com esse *Yoga* é de uma família respeitável e ele é religioso e virtuoso. Ele é abençoado com a felicidade através da família. *Gouri* é uma forma de *Parvati*, esposa do Senhor *Shiva*. Ela é uma epítome da felicidade e pureza marital.

Chandika Yoga: Se (1) o Lagna estiver em um Signo fixo aspectado por Regente da 6ª e (2) o Sol junta-se aos Regentes dos Signos ocupados em *Navamsha* pelos Regentes da 6ª e 9ª, então este *Yoga* está presente. Aquele que nasce com esse *Yoga* é agressivo, caridoso, rico, famosos e tem vida longa. *Chandika* é uma forma agressiva de *Parvati*. Ela mata demônios sem piedade.

Laxmi Yoga: Se (1) o Regente da 9ª estiver em um Signo ou em seu próprio Signo de exaltação que passa a ser o *Kendra* do Lagna e (2) o Regente do Lagna for forte, então este *Yoga* está presente. Aquele que nasce com esse *Yoga* se torna um rei. Ele é abençoado com boa aparência, caráter, riqueza e muitas crianças. Ele é íntegro e famosos. *Laxmi* é a esposa de *Vishnu*. Ela é a Deusa da prosperidade.

Sarada Yoga: Se (1) o Regente da 10ª estiver na 5ª Casa, (2) Mercúrio estiver em um *Kendra*, (3) Sol é forte em Leão, (4) Mercúrio ou Júpiter estiver em um Trígono a partir da Lua e, (5) Marte estiver na 11ª, então este *Yoga* está presente. Aquele que nasce com esse *Yoga* é abençoado com riquezas, cônjuge e filhos. Ele é feliz, educado, com princípios e apreciado pelos reis. Ele é um *Tapasvi* (seguidor austero do conhecimento). *Sarada* é outro nome de *Saraswati*, a Deusa da aprendizagem.

Bharathi Yoga: Se o Regente do digno de ocupado no *Navamsha* pela 2ª, 5ª ou pelo Regente da 11ª exaltado e junta-se ao Regente da 9ª, então este *Yoga* está presente. Aquele que nasce com esse *Yoga* é um grande estudioso. Ele é inteligente, religioso, de boa aparência e famoso. *Bharathi* é outro nome de *Saraswati*, a Deusa da aprendizagem.

Saraswati Yoga: Se (1) Mercúrio, Júpiter e Vênus ocuparem um *Kendra* ou um Trígono ou a 2ª Casa (não necessariamente juntos) e (2) Júpiter estiver no próprio

Signo ou um Signo amigo ou em exaltação, então este *Yoga* está presente. Aquele que nasce com esse *Yoga* é muito erudito, hábil, inteligente, rico e famoso. Ele é elogiado por todos. *Saraswati* é a Deusa da aprendizagem.

Amsavatara Yoga: Se Júpiter, Vênus e Saturno exaltado estiverem no mesmo *Kendra*, então este *Yoga* está presente. Aquele que nasce com esse *Yoga* se torna um rei ou um igual a um rei. Ele é educado e gosta dos prazeres da vida. Ele tem uma reputação imaculada. *Amsavatara* significa aquele que é uma encarnação de uma parte de Deus.

Devendra Yoga: Se (1) o Lagna estiver em um Signo fixo, (2) os Regentes da 2ª e 10ª tiverem uma troca mútua (quer dizer, o segundo Regente está na 10ª Casa e o Regente da 10ª está na 2ª Casa. Esta troca é chamada de "Parivartan" em sânscrito) e, (3) os Regentes do Lagna e da 11ª têm uma troca, então este *Yoga* está presente. Aquele que nasce com esse *Yoga* é um líder dos homens. Ele é bonito, romântico, tem vida longa e é famoso. *Devendra* é o governante dos Deuses.

Indra Yoga: Se (1) o Regente da 5ª e da 11ª têm uma troca e (2) a Lua ocupa a 5ª Casa, então este *Yoga* está presente. Aquele que nasce com esse *Yoga* se torna um rei. Ele é corajoso, famoso e de longa vida. *Indra* é o governante dos Deuses.

Ravi Yoga: Se (1) o Sol estiver na 10ª Casa e (2) o Regente da 10ª estiver na 3ª Casa com Saturno, então este *Yoga* está presente. Aquele que nasce com esse *Yoga* é educado, apaixonado e respeitado pelos reis. *Ravi* significa Sol.

Bhaskara Yoga: Se (1) a Lua estiver na 12ª do Sol, (2) Mercúrio estiver na 2ª a partir do Sol e, (3) Júpiter estiver na 5ª ou 9ª a partir da Lua, então este *Yoga* está presente. Aquele que nasce com essa *Yoga* é rico, valoroso e aristocrata. Ele é educado em *Shastras*, Astrologia e música. Ele tem uma boa personalidade. *Bhaskara* significa "aquele com raios brilhantes". É um dos nomes do Sol.

Kulavardhana Yoga: Se cada Planeta ocupar a 5ª Casa a partir ou do Lagna ou da Lua ou do Sol, então este *Yoga* está presente. Aquele que nasce com esse *Yoga* é feliz, rico e traz o nome da sua linhagem e da comunidade. Ele tem uma linha ininterrupta de sucessores dignos. *Kula* significa "linhagem" ou "comunidade". *Vardhana* significa "aquele que faz crescer e prosperar".

Vasumati Yoga: Se os benéficos ocupam *Upachayas* (3ª, 6ª, 10ª e 11ª), então este *Yoga* está presente. Para este *Yoga* dar resultados completos, os maléficos não devem ocupar *Upachayas* e os benéficos que ocupam *Upachayas* devem ser forte. Aquele que nasce com esse *Yoga* tem riqueza abundante. *Vasumati* significa Terra.

Gandharva Yoga: Se (1) o Regente da 10ª estiver em um Trígono a partir da 7ª Casa, (2) o Regente do Lagna estiver conjunto ou aspectado por Júpiter, (3) o Sol estiver exaltado e forte e, (4) a Lua estiver na 9ª Casa, então este *Yoga* está presente. Aquele que nasce com esse *Yoga* é habilidoso e famoso em artes plásticas. *Gandharvas* são uma classe de Deuses com excelentes habilidades em canto e outras artes plásticas.

Go Yoga: Se (1) Júpiter for forte em seu *Mulatrikona*, (2) o Regente da 2ª Casa estiver com Júpiter e, (3) o Regente do Lagna estiver exaltado, então este *Yoga* está presente. Aquele que nasce com esse *Yoga* é de uma família respeitável. Ele é rico e respeitado por todos. *Go* significa uma vaca.

Vidyut Yoga: Se (1) o Regente da 11ª estiver em exaltação profunda, (2) ele se junta a Vênus e, (3) os dois estão em um *Kendra* do Regente do Lagna, então este *Yoga* está presente. Aquele que nasce com esse *Yoga* se torna um rei ou um igual ao rei. Ele é rico, gosta dos prazeres da vida e é caridoso. *Vidyut* significa um raio ou eletricidade.

Chapa Yoga: Se (1) os Regentes da 4ª e 10ª têm uma troca e (2) o Regente do Lagna estiver exaltado, então este *Yoga* está presente. Aquele que nasce com esse *Yoga* trabalha para um rei e comanda um monte de riqueza. *Chapa* significa uma curva.

Pushkala Yoga: Se (1) o Regente do Lagna estiver com a Lua, (2) o dispositor da Lua estiver em um *Kendra* ou na Casa de um *Adhimitra* (bom amigo), (2) o dispositor da Lua aspecta o Lagna e, (4) não tem nenhum Planeta no Lagna, então este *Yoga* está presente. Aquele que nasce com esse *Yoga* é eloquente, rico, famoso e respeitado pelos reis. *Pushkala* significa abundante.

Makuta Yoga: Se (1) Júpiter estiver na 9ª Casa a partir do Regente da 9ª, (2) a 9ª Casa a partir de Júpiter tem um benéfico e, (3) Saturno está na 10ª Casa, então este *Yoga* está presente. Aquele que nasce com esse *Yoga* é um poderoso líder dos homens. Muitas vezes ele comanda as atividades rebeldes. *Makuta* significa coroa.

Jaya Yoga: Se (1) o Regente da 10ª estiver em profunda exaltação e (2) o Regente da 6ª estiver debilitado, então este *Yoga* está presente. Aquele que nasce com esse *Yoga* é feliz, bem-sucedido, vitorioso sobre os inimigos e tem longa vida. *Jaya* significa vitorioso.

Harsha Yoga: Se o Regente da 6ª ocupar a 6ª Casa, então este *Yoga* está presente. Aquele que nasce com esse *Yoga* é feliz, forte, de boa índole e invencível. *Harsha* significa alegre.

Sarala Yoga: Se o Regente da 8ª estiver na 8ª, então este *Yoga* está presente. Aquele que nasce com esse *Yoga* tem longa vida, sem medo, educado, afamado e próspero. Ele é um terror para seus inimigos. *Sarala* significa "direto".

Vimala Yoga: Se o Regente da 12ª estiver na 12ª, então este *Yoga* está presente. Aquele que nasce com esse *Yoga* é nobre, sóbrio, feliz e independente. *Vimala* significa puro.

RAJA YOGAS

Raja significa um rei. *Raja Yogas* são as combinações que dão poder e prosperidade para a pessoa.

Básicos

Raja Yoga Básico: Em qualquer mapa, o Senhor Vishnu senta-se nos *Kendras* e Deusa *Laxmi* senta-se nos Trígonos. Se o Regente de um *Kendra* estiver associado com o Regente de um Trígono, esta associação traz as bênçãos combinadas de *Laxmi* e *Vishnu*. Isso é chamado de *Raja Yoga*. O nativo é poderoso e próspero.

O que queremos dizer por "associação" aqui? Existem 3 importantes associações:

(1) Os dois Planetas são conjuntos,

(2) Os dois Planetas aspecta um ao outro por *Graha Drishti* (aspecto planetário) ou,

(3) Os dois Planetas têm estão em *Parivartan* (troca). Por exemplo, se o Regente da 4ª estiver na 5ª Casa e o Regente da 5ª estiver na 4ª Casa, então dizemos que há um *Parivartan* entre os Regentes da 4ª e 5ª. Esta é uma associação.

Se o Regente de um *Kendra* e o Regente de um Trígono tiver um dos três tipos de associações mencionados acima, ele forma uma *Raja Yoga*. O Lagna pode ser tomado como um *Kendra* ou um Trígono aqui.

Dharma Karma Adhipati Yoga: Este é um caso especial do *Yoga* acima. Se os Regentes do *Dharma Sthana* (9ª) e *Karma Sthana* (10ª) formam um *Raja Yoga* e é conhecido por este nome especial. A 9ª Casa é o Trígono mais importante e a 10ª Casa é o *Kendra* mais importante. Raja *Yoga* envolvendo os Regentes destas duas Casas é excelente. Aquele que nasce com esse *Yoga* é sincero, dedicado e justo. Ele tem a sorte com ele.

Vipareet Raja Yoga: A 6ª, 8ª e 12ª Casas são conhecidas como *Trikona Sthanas* ou *Dushtanas* (Casas maléficas). Se seus Regentes ocuparem *Dushtanas* ou estiverem em conjunção, resulta neste *Yoga*. Aquele com este *Yoga* experimenta um tremendo sucesso, normalmente depois de uma luta inicial. *Vipareet* significa extremo.

Como os *Dushtanas* mostram os obstáculos que iremos enfrentar na vida, a situação dos Regentes dos

Dushtana em *Dushtanas* mostra que os obstáculos irão se debater em seus próprios obstáculos. Esta pessoa com esse *Yoga* experimenta um tremendo sucesso na face de obstáculos.

No caso ideal, os Regentes das 6ª, 8ª e 12ª Casas vão estar todos juntos em uma dessas três casas (ou na 3ª Casa ou na 11ª Casa), sem outros Planetas juntos. Mas os resultados deste *Yoga* pode ser experimentado com apenas um ou dois Regentes de *Dushtana* ocupando um *Dushtana*.

Mais Raja Yogas

Alguns *Raja Yogas* avançados estão listados abaixo.

1. Se (a) a 3ª, 6ª e 8ª Casas estiverem ocupadas por 1 ou 2 Planetas em debilitação e (b) o Regente do Lagna estiver em um Signo próprio ou em exaltação e aspectando o Lagna, forma um *Raja Yoga*.

2. Se (a) os Regentes das 6ª, 8ª e 12ª Casas estiverem debilitados e em combustão ou em Signos inimigos e (b) o Regente do Lagna estiver no próprio Signo ou em exaltação e aspectando o Lagna, forma um *Raja Yoga*.

3. Se os Regentes da 5ª e 9ª estiverem em conjunção ou em aspecto mútuo, faz uma pessoa próspera.

4. Se (a) o Regente da 4ª estiver na 10ª Casa e o Regente da 10ª estiver na 4ª Casa e (b) ambos são aspectados pelo Regente da 5ª ou 9ª, um *Raja Yoga* é formado.

5. Se (a) o Regente da 5ª estiver na 1ª, 4ª ou 10ª Casa e (b) o Regente do Lagna ou se o Regente da 9ª se junta a ele, a pessoa torna-se um rei.

6. Se (a) a Lua é forte e ocupa *Vargottamamsha* (Um Planeta está em *Vargottamamsha* se ele ocupa o mesmo Signo no mapa *Rashi* e *Navamsha*) e (b) 4 ou mais Planetas aspecta ela, então a pessoa se torna um rei.

7. Se 4 ou mais Planetas ocupam *Mulatrikonas* ou Signos de exaltação, a pessoa se torna um rei, mesmo se ele é de uma família humilde.

8. Se benéficos estão em *Kendras* e os maléficos estão na 3ª, 6ª e 11ª Casas, esta pessoa se torna um rei, mesmo se ele é de uma família humilde.

♈♉♊♋♌♍♎♏♐♑♒♓

DHANA YOGAS

Dhana significa riqueza. *Dhana Yoga*s são combinações que dão uma abundante riqueza.

Princípio Básico: Se os Regentes e Planetas da 5ª e 9ª se juntarem são capazes de dar dinheiro. Eles dão *Dhana* em seus *Dashas*. A 11ª Casa também é importante para ganhos materiais e deve ser forte. A 2ª Casa também é importante. Se a Lua, Mercúrio, Júpiter ou Vênus estiverem exaltados na 2ª Casa, faz a pessoa muito rica.

Além desses princípios gerais, *Parashara* lista combinações específicas para os vários Lagnas. Em todas essas combinações, a força dos Planetas participantes decide a magnitude dos resultados experimentados.

❖ **Para Lagna em Áries:** Se o Sol estiver na 5ª Casa e Saturno, Lua e Júpiter estiverem na 11ª Casa, a pessoa se torna muito rica. Se Marte ocupa o Lagna conjunto ou aspectado por Mercúrio, Vênus e Saturno, a pessoa, também se torna muito rica.

❖ **Para Lagna em Touro:** Se Mercúrio estiver na 5ª Casa e a Lua, Marte e Júpiter estiverem na 11ª Casa, a pessoa se torna muito rica. Se Vênus ocupa o Lagna conjunta ou aspectada por Saturno e Mercúrio, a pessoa também se torna muito rico.

❖ **Para Lagna em Gêmeos:** Se Vênus estiver na 5ª Casa e Marte estiver na 11ª Casa, a pessoa se torna muito rica. Se Mercúrio ocupa o Lagna conjunto ou aspectado por Júpiter e Saturno, a pessoa também se torna muito rica.

❖ **Para Lagna em Câncer:** Se Marte estiver na 5ª Casa e Vênus estiver na 11ª Casa, a pessoa se torna muito rica. Se a Lua ocupa o Lagna conjunta ou aspectada por Mercúrio e Júpiter, a pessoa também se torna muito rica.

❖ **Para Lagna em Leão:** Se Júpiter estiver na 5ª Casa e Mercúrio estiver na 11ª Casa, a pessoa se torna muito rica. Se o Sol ocupa o Lagna conjunto ou aspectado por Marte e Júpiter, a pessoa também se torna muito rico.

❖ **Para Lagna em Virgem:** Se Saturno estiver na 5ª Casa e o Sol e a Lua estiverem na 11ª Casa, a pessoa se torna muito rica. Se Mercúrio ocupa o

Lagna conjunto ou aspectado por Júpiter e Saturno, a pessoa também se torna muito rica.

- ❖ **Para Lagna em Libra:** Se Saturno estiver na 5ª Casa e o Sol e a Lua estiverem na 11ª casa, a pessoa se torna muito rica. Se Vênus ocupa o Lagna conjunta ou aspectada por Saturno e Mercúrio, a pessoa também se torna muito rica.

- ❖ **Para Lagna em Escorpião:** Se Júpiter estiver na 5ª Casa e Mercúrio estiver na 11ª Casa, a pessoa se torna muito rica. Se Marte ocupa o Lagna conjunto ou aspectado por Mercúrio, Vênus e Saturno, a pessoa também se torna muito rica.

- ❖ **Para Lagna em Sagitário:** Se Marte estiver na 5ª Casa e Vênus estiver na 11ª Casa, a pessoa se torna muito rica. Se Júpiter ocupa o Lagna conjunto ou aspectado por Marte e Mercúrio, a pessoa também se torna muito rica.

- ❖ **Para Lagna em Capricórnio:** Se Vênus estiver na 5ª Casa e Marte estiver na 11ª casa, a pessoa se torna muito rica. Se Saturno ocupa o Lagna conjunto ou aspectado por Marte e Júpiter, a pessoa também se torna muito rica.

- ❖ **Para Lagna em Aquário:** Se Mercúrio estiver na 5ª Casa e a Lua, Marte e Júpiter estiverem na 11ª Casa, a pessoa se torna muito rica. Se Saturno ocupa o Lagna conjunto ou aspectado por Marte e Júpiter, a pessoa também se torna muito rica.

- ❖ **Para Lagna em Peixes:** Se a Lua estiver na 5ª Casa ou na 11ª Casa, a pessoa se torna muito rica. Se Júpiter ocupa o Lagna conjunto ou aspectado por Marte e Mercúrio, a pessoa também se torna muito rica.

DARIDRA YOGAS

A pessoa experimenta a pobreza se os seguintes *Yogas* estiverem presentes no mapa:

❖ O Regente do Lagna está na 12ª e o Regente da 12ª está no Lagna. Eles são unidos ou aspectado por um Planeta *Maraka*.

NOTA: A 2ª e 7ª Casas são *Marakas* (casas "assassinas"). Seus Regentes são *Marakas* (assassinos). Quaisquer maléficos que ocupam 2ª e 7ª ou estiver associado com os Regentes da 2ª e 7ª também se tornam maléficos.

❖ O Regente do Lagna está na 6ª e o Regente da 6ª está no Lagna. Eles são unidos ou aspectado por um Planeta *Maraka*.

❖ O Lagna ou a Lua estão com Ketu. O Regente do Lagna está na 8ª. Um Planeta Maraka conjunto ou aspecta o Regente do Lagna.

❖ O Regente do Lagna está com um maléfico em um *Dushtana* (6ª, 8ª ou 12ª) e o Regente da 2ª está debilitado ou no Signo de um inimigo. Mesmo um escudo real torna-se pobre com esta combinação.

❖ O Regente da 5ª está na 6ª e o Regente da 9ª está na 12ª, com aspectos dos *Marakas*.

❖ Os maléficos ocupam o Lagna sem os Regentes da 9ª e 10ª, aspectado ou conjunto com *Marakas*.

❖ Os Regentes dos Signos pelos Regentes da 6ª, 8ª e 12ª Casas estão na 6ª, 8ª e 12ª Casas, conjuntos ou aspectado por maléficos.

❖ O Regente do Signo ocupado pela Lua em *Navamsha* está com um *Maraka* ou ocupa uma Casa *Maraka* (2ª e 7ª).

❖ O Regente do Lagna no *Rashi* e *Navamsha* estão conjuntos ou aspectado por *Marakas*.

❖ Os Benéficos estão nas Casas maléficas e os maléficos estão em Casas benéficas.

❖ A conjunção dos Planetas pelos Regentes da 6ª, 8ª e 12ª dá a perda de riqueza em seus *Dashas*, se eles não estiverem conjuntos ou aspectado por Regentes dos Trígonos.

❖ Marte e Saturno estão na 2ª e Mercúrio não aspecta eles. (Exceção: Se tiver aspecto de Mercúrio, Marte e Saturno na 2ª, grande riqueza é gerada)

❖ O Sol na 2ª está aspectado por Saturno. (Exceção: Se Saturno não aspecta o Sol na 2ª, dá riqueza.)

Os princípios gerais que emergem das combinações acima são os seguintes:
Dushtanas (6ª, 8ª e 12ª) e os seus Regentes são prejudiciais para a riqueza. Se o Lagna, o Regente do Lagna e os Regentes dos Trígonos estão aflitos pelos *Dushtanas*, pode gerar pobreza. Conjunção ou aspecto de *Marakas* rebita o problema. No entanto, a conjunção ou aspecto dos Regentes dos Trígonos é um fator que salva esse aspecto.

CONCLUSÃO DOS *YOGAS*

Um monte de combinações e resultados foram dados neste capítulo. Ao olhar para os resultados atribuídos pelos diversos *Yoga*s, tente encaixá-los no mundo de hoje. Por exemplo, um com *Kamala Yoga* não pode realmente se tornar um rei, mas, provavelmente, tornar-se um primeiro-ministro de uma nação ou um governador de um Estado, ou um líder de uma comunidade. Ao usar *Yoga*s em mapas divisionais (que veremos mais a frente), adapte os resultados às questões significadas no mapa.

Todos os grandes resultados atribuídos a alguns *Yoga*s podem não se materializar na realidade, devido a insuficiências dos mesmos. A menos que um *Yoga* é muito forte, não pode se esperar todos os resultados. Apenas um *Yoga* não pode fazer ou apagar uma personalidade, a menos que ele seja muito poderoso.

No caso dos *Yoga*s com muitas condições, os resultados parciais podem às vezes serem experimentados se todas as condições não forem satisfeitas.

Capítulo 11 - Signos Lunares - *Nakshatras*

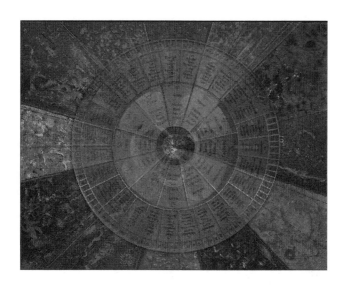

O Zodíaco de acordo com a Astrologia tem 360°. Estes 360° são compostos de 27 *Nakshatras* ou constelações. Por isso, cada constelação se estende por 13° (graus) e 20' (minutos), quando medido a partir do ponto inicial fixo. Estes 27 *Nakshatras* (constelações) completam todo o círculo de 360° do Zodíaco. Uma previsão com base no trânsito, na correlação, na inter-relação dos Planetas em relação aos *Nakshatras* dá resultados ou previsões mais precisos do que os resultados previstos somente com base nos Planetas, Casas e Signos.

Além dos 12 Signos

Os 27 Signos do Zodíaco Lunar Védico são, provavelmente, o mais antigo sistema astrológico da humanidade. Os *Nakshatras* são uma das referências mais antigas que temos de Astrologia através do *Rig Veda*, que remonta cerca de 5,000 anos atrás.

Este sistema é tão rico na mitologia e no significado que podemos dizer que ele fornece um sistema de interpretação própria. Não há nenhuma razão por que deve ser subordinado ao sistema dos 12 Signos solares.

1. ASHWINI
Regente: Ketu ☋

Ashwini é o 1° *Nakshatra* do Zodíaco se estende dos 0° 0' até 13°20' e é regido por Ketu. *Ashwini* é regido pelos *Ashwins*, os cavaleiros gêmeos. Ele tem o poder de alcançar as coisas rapidamente (*Shidhra Vyapani Shakti*). Sua base acima são as criaturas que estão para ser curadas. Sua base abaixo são as terapias de cura. Destes três, o mundo inteiro torna-se livre da doença. O Sol está exaltado aqui e o cavalo é o transporte preferido do Deus do Sol. A exaltação do Sol em Ashwini é um lembrete para a alma de sua conexão eterna.

No Zodíaco, aos 0° de Áries, há uma estrela avermelhada que os astrônomos ocidentais chamam de Arietis. Os indianos a nomearam de *Ashwini*. A divindade do *Ashwini Nakshatra* é *Ashwin* ou a dualidade conhecida como os gêmeos *Ashwini Kumar*, o médico dos Deuses. Os *Puranas* (Escrituras) relatam que os dois *Ashwini Kumaras* nasceram da mãe *Sanga* e pai *Ravi* (Sol). *Ashwini Nakshatra* cai no Signo de Áries, que é regido pelo agressivo e impetuoso Planeta Marte.

Ashwini Nakshatra traz a energização e ajuda rápida. O poder de cura de *Ashwini* é evidente a partir destas observações, particularmente sobre sua capacidade de trazer curas rápidas, radicais ou milagrosas, bem como rejuvenescimento. Os *Ashwins* são forças do *Prana* ou a força da vida, que é rápida em sua as ação de estimular, ajudar e dar início a um novo nível de atividade.

Uma pessoa nascida neste *Nakshatra* é inclinado em servir aos outros, é humilde por natureza, é verdadeiro, tem uma vida familiar contente. *Ashwini Nakshatra* traz ajuda rápida e energização. As pessoas nascidas em *Ashwini* são muito ativas, sempre ocupadas fazendo alguma coisa.

Ashwini rege todas as formas de transporte e viagens rápidas. Isto representa uma pessoa com uma disposição despreocupada feliz, muito inteligente, uma pessoa acima da média. Aprendizagem é vasta, o poder do cérebro é bem desenvolvido, tem a fé na religião, sacrificando tendência, as ambições, filosófica e social são as características daqueles nascidos sob este *Nakshatra*.

2. BHARANI

Regente: Vênus ♀

Bharani é regida por *Yama*, o Deus da Morte. Este é o 2º *Nakshatra* do Zodíaco, que vai dos 13°20' aos 26°40' em Áries.

O Planeta da arte e da beleza, Vênus, rege a energia deste *Nakshatra*. A energia de Bharani é chamada de *Ugra* ou *Krura*, que se traduz como dura, forte, quente, formidável e feroz.

Esta constelação está sob o domínio planetário de Vênus e está dentro do Signo de Áries, regido por Marte. O significado etimológico de *Bharani* é "o que merece ser cultivado e preservado" que é dependência, servos, retentores. O símbolo de *Bharani* é o elefante. Esta constelação está conectada com as energias que nós gastamos para nos manter no mundo material.

Bharani Nakshatra tira o que atingiu o seu termo de vida para uma nova condição. Ela mostra o movimento da alma para longe do corpo. Ela transmite idéias referentes à disciplina, autocontrole para ser fiel, ser firme, duradouro, apoio, manutenção, etc. Em caso de fortes influências maléficas, estas pessoas podem desenvolver tendências extremas, como crimes, homicídios, terrorismo, etc.

Pessoas nascidas sob *Bharani* são estáveis, experiente e verdadeiras, são honestas e elas são francas em suas opiniões e não pretendem modificar as suas opiniões para agradar aos outros. Uma característica interessante dos nascidos em *Bharani* é que eles são gostam de espalhar boatos.

As mulheres nascidas sob este *Nakshatra* são mulheres de carreira. Elas agem mais como líderes de um grupo, ao invés de como membro da família. Elas tem personalidade magnética, espírito empresarial, influente, de alta posição.

3. KRITIKA

Regente: Sol ☉

Kritika é regida por *Agni*, o Deus do Fogo. Este é o 3º *Nakshatra* do Zodíaco, que vai dos 26°40' de Áries à 10°00' de Touro. *Kritika* é considerada o *Nakshatra* onde o Poder nasce. Esta é a estrela nascimento de Chandra (Lua). A Lua se exalta aos 3º de Touro, em *Kritika*. A passividade deste *Nakshatra* representa sua capacidade de nutrir o poder. A mitologia descreve *Kritika* como a mãe adotiva de *Kartik Devata* que é bonito na aparência e um comandante muito capaz em uma batalha.

Tem o poder, coragem, espírito guerreiro, que, se não controlados, pode levar à destrutividade. Esta constelação também produz o senso prático e sensualidade na pessoa.

Kritika também é conhecida como a "Estrela de Fogo" e está relacionada a um comandante, lutador, mãe, mãe adotiva, brilho, força física e criatividade. *Kritika* é um *Nakshatra* feminino que sugere a passividade, indicando que *Kritika* necessita da energia externa ou circunstâncias da vida para ativar seu poder.

Kritika Nakshatra queima a negatividade, purifica o que é misto e representa os "cozinheiros" ou aquele que prepara aquilo que ainda não está maduro. Ela rege guerras, batalhas e disputas. Planetas em *Kritika* ativam sua energia passiva. *Kritika* indica a capacidade de lhe dar uma mudança desejada em uma forma da queima de todas as impurezas da vida ou os erros e dá à luz a pureza, a moral e as virtudes.

As pessoas sob este *Nakshatra* são penetrantes e podem ser sarcásticas e críticas. Elas são teimosas, agressiva e podem ser muito irritadas. Os nascidos nesta constelação são de fogo e cheio de energia criativa. Eles gostam de assumir grandes projetos e são altamente ambicioso e auto-motivados. Aprendizagem vasta, lógicos, mente sempre questionando, capacidade criativa, fortuna instável, corpo quente, entusiasta, cérebro engenhoso e bravo são as suas características típicas.

4. ROHINI

Regente: Lua ☽

Rohini é regida por *Prajapati*, o Criador. Das 27 filhas, *Rohini* é a esposa favorita da Lua. Este é o 4° *Nakshatra* do Zodíaco, regido pela Lua. Ela vai de 10°00' à 23°20' de Touro.

Os olhos das pessoas nascidas sob este *Nakshatra* são especialmente atraente. A palavra é derivada de "*Rohan*", que significa "ascensão" ou " trazer à existência". O outro nome de *Rohini* é *Suravi* - a Vaca Celestial.

Rohini é a esposa de *Chandra* (Lua), que se diz ter sido amante de vestidos finos, cosméticos e decoração e era a mais amada de *Chandra*. Os nascidos sob esta estrela são agricultores, especialistas, bem-comportados, bonitos, bons oradores e poetas.

Rohini Nakshatra evoca um certo grau de ciúme porque os outros podem ressentir-se pelo fato de uma pessoa ganhar tanta abundância. Ela pode aumentar o desejo. Mas estes são apenas efeitos colaterais da sua grande prosperidade.

Estas pessoas são eficientes em atividades religiosas, ganha o seu sustento através da ocupação agrícola, é dotado de beleza, é um conversador-mestre, um gênio e eficiente nas artes.

Aquele que nasce sob esta estrela vai precisar controlar sua natureza teimosa, se eles querem trabalhar em grupos ou estar em profissões que exigem lidar com outras pessoas. Eles podem ser extremamente críticos com os outros. As mulheres nascidas nesse *Nakshatra* tendem a exibir as riquezas que elas têm. Elas são também de pavio curto e convidam problemas. Elas possuem aptidão inerente para qualquer trabalho que lhes foi confiado.

Os homens nascidos sob este *Nakshatra* tem olhos muito atraente com um toque magnético especial. Eles podem alcançar grande sucesso na vida desde que haja um pouco de moderação que seja mantida na liberdade de sua mente. Os nascidos sob este *Nakshatra* são bem-educados, influentes, mentes viajante, artísticos, espirituais e também têm mudanças de humores.

5. MRIGASHIRSHA

Regente: Marte ♂

Mrigashirsha é regido por *Soma*, o Deus da Lua ou o néctar imortal. Este é o 5º *Nakshatra* do Zodíaco, que vai dos 23°20' de Touro à 6°40' de Gêmeos.

A palavra *Mriga* representa florestas, jardins, a pesquisa, a busca para encontrar, vagar nas florestas e um caçador, para buscar a abrir o caminho, um guia e preceptor. *Mrigashirsha* está parcialmente em *Vrishabha* (Touro) e parcialmente em *Mithuna* (Gêmeos).

Esta constelação transmite as idéias da busca de rostos bonitos, visitar ou pedir uma garota em casamento. As pessoas nascidas sob *Nakshatra* tem um corpo forte e aparência moderada. Estes indivíduos são sinceros em seu comportamento para com os outros e esperam que os outros também devem se comportar da mesma maneira. Eles têm um bom poder de agarrar, aprendem coisas novas rapidamente e tem uma natureza criativa.

Uma pessoa nascida sob esse *Nakshatra* é uma atiradora exímio, amada pelo rei e segue o caminho certo. Ela é virtuosa, mas sempre tem dificuldades financeiras e pessoais. As mulheres nascidas sob esse *Nakshatra* gostam de se manter ocupadas de alguma maneira depois do casamento. Ambos os sexos tem vasta erudição, gosta de pesquisa, de alta posição, vistas nobres da vida, místicos, são algumas das características exibidas por aqueles que nascem sob *Mrigashirsha Nakshatra*. Ação, coragem, insatisfação com as condições presentes, têm o desejo de experimentar algo mais.

Mrigashira é onde buscamos a perfeição dos nossos desejos criativos. É o desejo de ser cumprido e saciado pela realização do nosso objetivo. Através desta missão, o nascimento de uma visão e sentido intelectual começam a brotar. *Mrigashira*, que significa "cabeça de veado", tem a força, a coragem e a perseverança do guerreiro espiritual, mas com a graça e tranquilidade de um servo. Aqui damos a felicidade no exercício da mais alta realização da perfeição e beleza.

6. ARDRA

Regente: Rahu ♌

Ardra é regido por *Rudra*, a forma feroz do Senhor *Shiva*, que representa um trovão. Este é o 6º *Nakshatra* do Zodíaco, que vai dos 6°40' aos 20°00' de *Mithuna* ou Gêmeos e é regido por Rahu.

Ardra significa molhado ou sobrecarregado com água, que pode ser simbolizado pela gordura. Quando o Sol entra em *Ardra* a Terra é dita estar começando seu curso menstrual, que é "*Ambubachi*".

O Senhor de *Ardra* é *Buddha*. O símbolo de *Ardra* é uma gota de lágrima. Os nascidos sob esta estrela de *Ardra* são suaves, de mente estável, forte, ganhando através do sacrifício, afligidos por doenças, medo e raiva. Eles são desprovidos de dinheiro. Tais pessoas podem se comportar com muita calma durante os tempos de extrema dificuldade e planejam suas ações de acordo e eles se empregam em profissões que estão relacionadas com viagens e lugares estrangeiros. Estas pessoas são econômicas, insinceras, ingratas e muitas vezes gastam o dinheiro à toa. São flexíveis e abertas à mudanças e muitas vezes fazem a tentativa de mudar seus traços negativos. Os nascidos sob este *Nakshatra* podem sofrer de problemas cardíacos, paralisia e doenças relacionadas ao estresse.

Elas podem ser religiosas, estar em posições de responsabilidade, artísticas, bravas, propensas a litígios, têm preguiça, podem ser líderes e são apaixonadas.

Ardra é o resultado e cristalização da ação da constelação anterior de buscar o aperfeiçoamento do seu desejo criativo. Traduzidos diretamente, *Ardra* significa "úmido" e representa as lágrimas de devoção a nossa criação e da tempestade emocional que pode resultar. Ela está associada com o brilho intelectual que pode dar a maior conquista, mas também pode dar a maior insatisfação. Encontrado completamente em Gêmeos, *Ardra* mostra a divisão ou identidade gêmea e a intensa alquimia interior que resulta no dilema de resolver a dualidade.

7. PUNARVASU

Regente: Júpiter ♃

Punarvasu é governado por *Aditi*, a Grande Deusa Mãe. Este é o 7º *Nakshatra* do Zodíaco, que vai dos 20°00' em *Mithuna* (Gêmeos) até 3°20' em *Karkata* (Câncer). A palavra *Punarvasu* é derivada do *Purna* + *Vasu*, o que significa retorno, renovação, restauração ou repetição. *Punarvasu Nakshatra* traz o retorno de energia e vitalidade. Isso faz com que os nossos crescimentos criativos e inspirações sejam renovados.

Denota as idéias de morada, residência, de volta para casa, estada, recorrência, início, para brilhar brilhante ou crescer novamente, entrar na vida novamente, renovação das riquezas, etc.

Uma pessoa nascida sob este *Nakshatra* tem inúmeros amigos, é um praticante de textos sagrados e escrituras, possui pedras, jóias e ornamentos, etc. e eles têm o espírito de renascer das cinzas. Essas pessoas têm uma boa altura e um rosto oval. Eles tendem a ser obesos na sua idade mais tarde.

As mulheres nascidas nesse *Nakshatra* são calmas, mas tendem a entrar em argumentos para expor sua inteligência. Isso pode dar origem a conflitos com os outros membros da família. Ela estará levando uma vida confortável. Ela vai gozar de boa saúde.

Os homens nascidos neste *Nakshatra* brilham e obtém sucesso em quase todos os assuntos, exceto em empresas de parceria ou de negócios. Ele não gosta de causar problemas para outras pessoas, por outro lado, ele tenta ajudar os necessitados.

Os nascidos sob este *Nakshatra* são de boa índole, são cultos, ajudam a natureza, a vaidade importa e o fracasso e o sucesso são frequentes.

Punarvasu também se traduz como "o retorno da Luz", que vem depois da grande tempestade de Ardra, a constelação anterior. *Punarvasu* revitaliza nossas criações, porque é um terreno fértil dando grande riqueza material e abundância. Ela representa a deusa-mãe dando à luz universal a todos os princípios solares soberanos que sustentam o plano mundano com a Luz do *Dharma* (propósito).

8. PUSHYA

Regente: Saturno ♄

Pushya é derivado de *Pushti* que significa alimento. *Pushya* é governado por *Brihaspati*, o Deus da sabedoria divina. Este é o 8° *Nakshatra* no Zodíaco, abrangendo-se de 3°20' aos 16°40' em *Karkata* (Câncer). A palavra *Pushya* significa reforçar, fortalecer. A palavra etimologicamente significa "nutrir" e que novamente significa preservar, proteger, reconstituir, multiplicar e fortalecer.

Pushya Nakshatra aumenta o nosso bom *Karma* e bons esforços. O valor deste *Nakshatra* para práticas religiosas e espirituais é enfatizada.

A pessoa nascida sob este *Nakshatra* tem um corpo saudável, obedece a seus pais, são religiosas, humildes, afortunadas e possuem riquezas e veículos etc. Estas pessoas respeitam as leis e acreditam que ninguém está acima da lei.

Essas pessoas são propensas a sofrer de falta de hormônios que ajudam no crescimento do corpo e digestão, problemas de pele, tosse e resfriado e asma. Os homens nascidos sob este *Nakshatra* são altos e magros. As mulheres nascidas sob este *Nakshatra* são de pequena estatura com um rosto oval. Ambos os sexos são devocionais, ricos, natureza macia, pau para toda obra e bem colocados.

Pushya, que também significa "nutrimento", mostra o cultivo de nossa conexão e comunhão com o divino. É o amor incondicional da mãe dando sustento, bem como o alimento espiritual do conhecimento. Em *Pushya* desejamos possuir o esplendor do conhecimento espiritual que pode se tornar ortodoxo em seguir a estrutura do ritual para garantir um fluxo de pura energia espiritual. Esta estrela restringe a nossa energia para o que é necessário para o progresso em direção à iluminação. As qualidades da alma são aproveitadas no coração de nossos corações, em preparação para sua jornada através do materialismo, que é a expressão dos Signos a seguir (de Leão ao Escorpião).

9. ASHLESHA

Regente: Mercúrio ☿

Ashlesha é governado pela serpente de Deus. Este é o 9° *Nakshatra* do Zodíaco, que vai de 16°40' aos 30°00' em Câncer.

É a estrela de nascimento de Ketu. A força de *Ashlesha* pode ser entendido pelo seu nome *Naga* (serpente). *Ashlesha Nakshatra* pode ser útil se nós temos inimigos, mas ele pode servir para dar a uma pessoa um temperamento hostil também. Tudo depende de como a energia desta *Nakshatra* é usada.

Uma pessoa nascida em *Ashlesha Nakshatra* é um vagabundo nato, ou seja, viaja desnecessariamente, causa angústia para os outros, gasta sua fortuna para o mal. A capacidade resistente deles é limitada. Ela tende a ganhar peso na meia-idade.

Estes indivíduos estão ativamente associados com a organização ou as pessoas ou serviços onde alguns negócios desleais são realizados. Eles também fazem os políticos bem-sucedidos. Essas pessoas podem fazer alguns dos melhores políticos, dada uma combinação favorável de Planetas como Júpiter, Sol e Marte. Eles têm excelentes habilidades de comunicação e muitos deles são bons oradores.

As mulheres nascidas sob este *Nakshatra* sabem como vencer os seus adversários através tática. Elas são boas nos trabalhos administrativos. Os homens nascidos sob este *Nakshatra*, são relutantes em dar as suas opiniões abertamente. Ambos os sexos nascidos sob este *Nakshatra* de *Ashlesha* são mal-humorados, de pavio curto, tem linguagem grosseira, são ricos, religiosas e lentas em suas obras.

Ashlesha representa o elixir poderoso do *Maya*, ilusão, de que é criado a partir da mistura dos 8 *Nakshatras* anteriores. É um intoxicante de grande poder que une e nos liga ao mundo de *Maya*. Se nós liberamos nossos apegos ao mundo material, o abraço da serpente é removida da nossa consciência e a verdadeira realidade é revelada. Este é o poder mais difícil de manejar devido à sua capacidade de nos fortalecer e, nos arrastar de volta para a ilusão, o que pode produzir resultados muito destrutivos.

10. MAGHA

Regente: Ketu ☋

Magha é regida pelos ancestrais. Este é 10º *Nakshatra* do Zodíaco, governado pelo Ketu e que vai dos 00°00' aos 13°20' do Signo de Leão, regido pelo Sol. *Magha* é derivado de *Maghaban*.

Magha é a causa do brilho e luz. *Magha* significa impulsos nobres e incentivos, o dom de *Magha* deve ser sempre nobre. Isso mostra que estamos chegando ao final de um ciclo. A sua condição está antes de *Bharani* que indica o movimento da alma para longe do corpo.

Uma pessoa nascida sob este *Nakshatra* tem um grande coração, respeita seu pai, é uma pessoa culta, inteligente e é vencedora. Ela respeita os mais velhos e suas experiências. Ela sempre está querendo seguir a frente, não gosta de prejudicar os outros e espera que os outros não prejudiquem elas de alguma forma.

Os nascidos sob este *Nakshatra* podem sofrer de doenças como a asma, epilepsia ou câncer. Os homens nascidos sob este *Nakshatra* tem uma boa esposa confiável. As mulheres nascidas sob este *Nakshatra* têm espírito religioso e são devotadas aos seus maridos. Elas podem sofrer de problemas uterinos. Ambos os sexos têm a capacidade de comandar, são ricos, dedicados, trabalhadores sociais e têm padrão moral.

Magha é encontrada na primeira seção de Leão e representa um tipo mais intuitivo e reflexivo da personalidade, ao contrário do estereótipo egocêntrico usual de Leão. Se expressada positivamente, essa conexão com o passado dá ao *Magha* a tendência de se mover para dentro e para ter antenas no reino do espírito. Muitos psíquicos, psicólogo e astrólogos têm uma grande influência de *Magha*. Se expressada negativamente, pode ter tendência a ter uma mente excessivamente ativa que pensa sobre o passado e o futuro ao invés de estar no presente.

A estrela mais brilhante dentro de *Magha*, Régulos, o coração do Leão, é dito ser 100 vezes mais luminoso que o Sol e esta luz tendem a ser os "reguladores" da tradição. Eles querem ser "real" e o desejo de estar no comando é alto e podem ficar decepcionados em posições de baixo nível na vida.

11. Purva Phalguni

Regente: Vênus ♀

Purva Phalguni na ordem Védica é regido por *Aryaman*, o Deus dos contratos e uniões. Este é o 11º *Nakshatra* do Zodíaco, regido pelo Planeta das artes e da beleza, Vênus e vai dos 13°20' aos 26°40' de Leão. Ele também é chamado de Estrela *Bhagadaivata*. É o símbolo do pedido de criação, ele anuncia criação e desenvolvimento. Purva Phalguni traz união e procriação em todos os níveis. O símbolo deste *Nakshatra* é uma cama ou rede, é um tempo de descanso e relaxamento.

Purva Phalguni é o símbolo de boa sorte. É a estrela de nascimento de *Brihaspati*. A pessoa nascida neste *Nakshatra* é muito corajosa, promove muitas pessoas, inteligente, mas astuto, vigoroso e bravo. Ela tem um rosto comprido e é geralmente bonita. Ela não gosta de relações desleais. A natureza delas é independente, muitas vezes torna-se difícil para desfrutar a confiança de seus superiores.

Essas pessoas comem muito e tendem a sofrer de dores de cabeça, sinusite ou pressão arterial elevada. Uma pessoa nascida sob este *Nakshatra* tende a ser escrupulosamente honesta. Elas podem sofrer de doenças como asma e problemas respiratórios relacionados, problemas dentários e complicações abdominais.

As pessoas nascidas sob este *Nakshatra* são altamente criativas em todas as formas, incluindo na energia sexual, na habilidade artística e na fertilidade. *Purva Phalguni* mostra o nosso deleite dos frutos do mundo. É aqui que nós se deliciamos com a beleza da criação. Estamos totalmente absorto no mundo da forma. Estar cheio de desejo é a qualidade dessa constelação que dá a sede da experiência direta causando a alma para mergulhar na forma e cumprir nossas ordens dharmicas.

12. Uttara Phalguni

Regente: Sol ☉

Uttara Phalguni na ordem Védica é regida por *Bhaga*, o Deus de felicidade. Este é o 12° *Nakshatra* do Zodíaco regido pelo Sol. Este *Nakshatra* abrange dos 26°40' de Leão aos 10°00' de *Kannya* (Virgem). Os Regentes são *Ravi* e *Buddha*, e o símbolo é uma cama. *Uttara Phalguni* indica tanto a necessidade de união e pela organização dos recursos adquiridos através dele.

Uma pessoa nascida sob este *Nakshatra* é caridosa, bondosa, possui paciência, e atinge fama. Ela é avançada e não gosta de ser encarada por outros.

Os nascidos sob este *Nakshatra* tem um físico forte, boa visão e são geralmente muito ambiciosos. Os esforços empreendidos por essas pessoas têm uma certa aura de autoridade real em torno deles. Eles vão desfrutar de uma vida de casado satisfatória e eles serão felizes com sua família.

Uttara Phalguni tem particular referência especial ao patrocínio, favor, concessão de franquias, outros se aproximam para dar ajuda financeira se preciso ou alívio na doença. Uma pessoa nascida neste *Nakshatra* será especialmente bem-sucedida em carreiras que estão associados com novos começos como a indústria da construção, indústria da hospitalidade, planejamento de eventos, gestão de publicidade, etc.

Os nascidos sob este *Nakshatra* podem sofrer de doenças como problemas dentários, problemas gástricos e desconfortos corporais.

Eles estão conscientes de sua herança divina e sabem o que é justo e equitativo. Eles têm um forte senso do Eu no início da vida e podem ser uma força estável no mundo. Hospitalidade e amabilidade, honra e ética são assuntos importantes para aqueles com proeminência nesta constelação como eles querem ter certeza de que a outra pessoa está sendo cuidada e pode se beneficiar através de suas associações com os outros.

13. HASTA

Regente: Lua ☽

Hasta é governado por *Savitar*, a forma criativa do Deus do Sol. Este é o 13º *Nakshatra* do Zodíaco, regido pela Lua. *Hasta* vai dos 10°00' aos 23°20' de *Kannya*. O símbolo é uma mão fechada ou punho.

Hasta dá a capacidade de atingir os nossos objetivos de forma completa e imediata. Uma pessoa nascida sob este *Nakshatra* é famosa, tem espírito religioso, respeita os mais velhos. Ela é alta e magra na aparência física.

Eles sabem como conquistar a outra parte, portanto, essas pessoas podem ser bons diplomatas ou são adequados para qualquer profissão. Eles têm a educação formal, mas eles podem executar as responsabilidades que lhes são atribuídas através de seus conhecimentos e esforços.

Uma pessoa nascida sob este *Nakshatra* é uma pessoa muito criativa e trabalha muito bem com as mãos. É boa em organização e gestão. Ela também se destaca em tarefas que envolve um monte de viagens.

As pessoas nascidas em *Hasta* tendem a sofrer de sinusite, tosse, resfriado e asma. Abusos podem levar a pressão alta e problemas do coração. Talentosas, ricas, materialistas, oradoras fluente, briguentas.

Hasta, traduzido literalmente, significa "mão" referente àqueles com esta constelação proeminente a ter alta destreza com as mãos. Essas pessoas tendem a usar suas mãos em suas profissões, tais como artesanato, construir coisas e as mãos sobre a cura. Não são apenas hábeis com as mãos, mas também com a sua mente. Alta habilidade intelectual, inteligência e humor são dons naturais do *Hasta*. Eles têm grande comando sobre as palavras e a linguagem, dando-lhes a capacidade de se manifestar e criar magia com o poder da palavra. Junto com o comando sobre palavras eles têm a capacidade de ter uma atenção e concentração aguçada permitindo-lhes levar seus pensamentos à manifestação.

14. CHITRA

Regente: Marte ♂

Chitra é regida por *Twashtar*, o artesão. Esta é a "estrela da oportunidade".

Chitra reflete o mundo de *Maya*. Este é o 14º *Nakshatra* do Zodíaco, regido pelo Planeta Marte de fogo. Ela se estende dos 26°40' de *Kannya* (Virgem) aos 6°40' em *Tula* (Libra). O símbolo é a jóia na crista da serpente. Antropomorficamente falando, ela é a testa de *Kalpurush*.

Em tempos antigos a estrela era conhecida como a "Estrela da Prosperidade". *Chitra* permite-nos ganhar o fruto do nosso bom *Karma* que vem pela justiça. Ela tem uma energia e um efeito altamente espiritual.

Uma pessoa nascida neste *Nakshatra* derrota seus inimigos galantemente, é uma especialista em política e tem inteligência. Estas pessoas são extraordinárias e gozam da boa saúde e sempre aparecem muito mais jovem do que sua idade real. Se a pessoa nascida sob *Chitra* tiver um poderoso Netuno em seu mapa, a pessoa terá sonhos que podem predizer o futuro. Estes indivíduos são mágicos, supersticiosos, tem tato e uma mente difícil.

Esta pessoa prossegue o ensino superior e reterá uma sede por conhecimento ao longo da vida. Os nascidos sob este *Nakshatra* podem sofrer de doenças como problemas nos rins e bexiga, distúrbios psiquiátricos e cerebrais.

Chitra também se traduz como "brilhante" e representa o espírito divino ou faísca dentro de cada um de nós. Este brilho iluminado traz habilidade e um alto grau de habilidade criativa. Tendo um olho natural para a estética e forma, as pessoas nascidas sob Chitra têm a capacidade inata de construir e criar coisas belas e funcionais. Eles têm um alto grau de virtude e integridade e gostam de seguir o caminho justo e tem um desejo de criar coisas que vão fazer o bem ao mundo. Há uma tendência a ser egocêntrico porque eles acreditam que seu caminho tem grande alinhamento com a lei natural e estão preparados para falar o que eles acham que é certo.

15. SWATI
Regente: Rahu ♌

Swati é regida por *Vayu*, o Deus do Vento. Este é o 15° *Nakshatra* do Zodíaco, estendendo-se dos 6°40' aos 20°00' de *Tula* (Libra). Este *Nakshatra* está preocupado com o ar, vento, brisa ou o conhecimento de *Akaash*. *Akaash* é a morada do Ar. *Swati Nakshatra* pode ser destrutiva se não aprender a usá-la para remover a negatividade.

Uma pessoa nascida neste *Nakshatra* é dotada de enorme beleza, flerta com o sexo oposto, é alegre e "recebe riqueza do rei". As mulheres nascidas sob este *Nakshatra* caminha como se estivessem pensando profundamente antes de tomar cada passo e tentam equilibrar o seu corpo antes de tomar qualquer nova decisão ou ação. Ambos, homens e mulheres nascidos sob estre *Nakshatra* não gostam de fazer qualquer injustiça aos outros e também não gostam de qualquer injustiça feita para com eles. Eles têm uma capacidade de "se dobrar com o vento", a fim de sobreviver às forças das mudança que eles podem encontrar.

A pessoa nascida sob esta estrela é boa em compra e venda, a sua riqueza e propriedade vai e vem facilmente. Eles têm a mente aberta e atraem, pessoas de diversas origens.

Muitos daqueles nascidos sob este *Nakshatra* estarão envolvidos na motivação primária do trabalho. *Swati* é religiosa e social, é *Artha* ou prosperidade material. Rahu, o Planeta Regente, pode criar um forte desejo de sucesso financeiro e luxúria para vida. Estas pessoas são cultas, educadas, famosas no seu círculo, submissa aos mais velhos, apaixonadas e ricas.

Elas são boas nos negócio, vendas, profissões de *Yoga*, padres, advogados, corretores de bolsas, transporte, indústria de viagens.

Os nascidos sob este *Nakshatra* podem sofrer de doenças como a dor nas articulações, problemas cardíacos, problemas abdominais, hérnia, eczema, problemas de pele, urinário, infecções da bexiga e flatulência. É bom para eles entrarem na consciência da respiração ou *Pranayama* onde eles podem aproveitar as vastas capacidades da mente.

16. VISHAKHA

Regente: Júpiter ♃

Vishakha é regido por Indra e Agni, que representa os poderes do Fogo e de raios nas atmosfera. Esta é a "Estrela do Propósito". Este é o Nakshatra 16° do Zodíaco, que vai dos 20°00' de Tula aos a 3°20' de Vrishchika (Escorpião). Outro nome dessa estrela é Radha, um elogio para Anuradha, a estrela do nascimento do Sol. Ela tem o símbolo de uma porta triunfal enfeitado com folhas.

Vishakha não da resultados imediatos, mas, maiores ganhos ao longo prazo. Indra e Agni aqui estão relacionados com a agricultura que mostra o efeito do amadurecimento do calor, chuva e mudanças sazonais.

Uma pessoa nascida sob este Nakshatra é religiosa, a mente tem uma inclinação para a realização de cerimoniais e rituais, etc., é de uma natureza instável e não muito amigável. Ela tem um corpo bem proporcionado, mas tendem a ser obesas e engordar com o passar do tempo. Ela pode ser invejosa do sucesso dos outros. Ela pode ter uma forte rede social de amigos e sentir-se isolada e sozinha contra o mundo ao mesmo tempo. Amargura e ressentimento pode resultar.

Os nascidos sob este Nakshatra são susceptíveis de ter uma vida conjugal muito feliz e vai fazer bons parceiros de casamento. Um homem nascido sob esta estrela trabalha em várias coisas, mas dificilmente se concentra em qualquer um deles. Eles são um excelente comunicador e eles escrevem e falam bem.

As mulheres nascidas nesse Nakshatra são bonitas e de natureza religiosa. Ela precisa ter uma dieta bem equilibrada e deve fazer exercícios regularmente para manter uma boa saúde. Ela tem uma fala doce, é tranquila e diplomática em sua escolha das palavras. Ela é sonhadora, gosta de Astrologia, é administradora, corajosa, forte e de natureza caridosa.

Em qualquer caminho que eles escolhem eles tendem a realizar grandes coisas e às vezes sofrem com isolamento e alienação devido ao desrespeito aos outros, a fim de alcançar seus objetivos. Eles querem a energia dos dois Deuses (Indra e Agni) em um só corpo que vem com o abraço sexual apaixonado. Isso se limita quando a paixão começa a desvanecer, naturalmente.

17. ANURADHA

Regente: Saturno ♄

O *Nakshatra Anuradha* é regida por *Mitra*, o Divino Amigo. Este é o 17º *Nakshatra* do Zodíaco, que vai dos 3°20' a 16°40' do Signo de *Vrishchika*.

O *Anuradha Nakshatra* dá equilíbrio em relações, tanto como respeita os outros como busca a ser honrado. Uma pessoa nascida sob este *Nakshatra* possui brilho e esplendor, alcança fama, é entusiasmada, uma destruidora de seus inimigos, uma especialista em muitas formas de artes e uma sensualista. Elas também têm que enfrentar vários obstáculos em suas vidas e, portanto, eles têm um olhar de derrotadas olhar no rosto. Elas residem em terras estrangeiras e alcançam o sucesso longe de sua terra natal. *Anuradha* geralmente possui boa saúde e vitalidade. Chamada de "estrela do sucesso," os nativos deste *Nakshatra* podem demonstrar habilidades organizacionais e de chamar os outros às atividades.

Eles estão em bons termos com seus pais e outros parentes próximos. Alguns são criativos, especialmente nas artes cênicas. Muitos brilham nos campos sociais e políticos.

Os nascidos sob este *Nakshatra* sofrem de doenças como a asma, dificuldade para respirar e tosse. Elas podem sofrer com o frio e problemas dentais e precisam de olhar seus hábitos alimentares devido a uma incapacidade de suportar fome ou sede. Eles têm um forte apetite pela vida em geral.

Eles são educados, têm devoção profunda, maciez, talentos musicais, posição real e rapidez.

São boas na gestão de negócios, na indústria de viagens, gestão de eventos, dentistas, encanadores, advogados criminais, atores, músicos, engenheiros de minas, etc. Elas podem ter problemas relacionados com o estômago, intestinos, constipação, hemorroidas, menstruação irregular, dor de garganta, e resfriados.

Anuradha é amor e devoção que inspira e motiva todas as ações. Compaixão, ternura, romance e o desejo de dar e receber afeto descreve a natureza e o funcionamento de *Anuradha*. Os princípios de tratar os outros como gostaríamos de ser tratados, não causar sofrimentos aos outros e a palavra da verdade são o que define eles. Eles esperam que outros ajam nos seus mais altos padrões e esperam o mesmo tratamento em troca que pode levar a muitas decepções. Eles são altamente emocionais e devocionais e buscar a transcendência através do coração. Eles costumam fazer bons profissionais que permanecem totalmente dedicados às necessidades dos seus clientes. Através deste compromisso com os outros e procurando situações vantajosas, o sucesso é garantido.

18. JYESHTA

Regente: Mercúrio ☿

Jyeshta é regido por *Indra*, o soberano dos Deuses. Este é o 18° *Nakshatra* do Zodíaco, abrangendo dos 16°20' aos 30°00' no Signo de *Vrishchika* (Escorpião).

Jyeshta significa o mais velho, o mais sênior, o chefe, mais excelente do que, o preferido ou alguém ou algo glorioso supremo. A pessoa nascida sob esta estrela está cheia de brilho e esplendor, alcança a fama e a grandeza, é rica, corajosa, um herói e um excelente conversador.

A principal divindade é *Indra*, o rei dos Deuses e protetor dos heróis. Ele é o guerreiro divino e "o matador de dragões." Ele monta no elefante poderoso, carrega o raio e demonstra o poder da verdade. *Indra* é conhecido por sua natureza ousada, coragem, poder e glória. *Jyeshta* nos permite chegar ao cume dos nossos poderes pessoais, mas requer grande coragem e esforço. As pessoas nascidas sob este *Nakshatra* possuem uma mistura das qualidades de Mercúrio e Marte.

Os nascidos sob este *Nakshatra* podem sofrer de doenças como dor nas articulações, tosse e resfriado, insônia, etc. As mulheres podem sofrer de problemas uterinos.

Eles têm uma excelente resistência física e boa qualidades físicas e boa aparência. Esta pessoa parece como uma pessoa muito orgulhosa, mas o fato é que ela é realmente diferentes.

As pessoas nascidas sob essa estrela não são muito claras sobre a profissão que pretende prosseguir na vida, e, portanto, continuam a mudar de emprego ou as linhas da carreira. Elas são especialistas em trabalhar com as mãos. Elas gostam de estar envolvidas em práticas religiosas, ao mesmo tempo entrincheiradas em buscas materialistas. A principal motivação de *Jyeshta* é *Artha* ou prosperidade material. Eles são artísticos, amante dos ornamentos, vestimentas caras, sonhadores, corajosos, agricultores, filosóficas e bem-talentosos.

Elas são líderes independentes de gestão, líderes militares, autônomas, detetives da polícia, engenheiras, intelectuais, filósofas.

19. MULA

Regente: Ketu ☋

Mula é governado por *Niriti*, a Deusa da destruição. Este é o 19º *Nakshatra* do Zodíaco, que vai dos 00°00' aos 13°20' no Signo de *Dhanush* (Sagitário). A palavra *Mula* significa a raiz. O símbolo é um monte de raízes amarradas juntas. *Mula* significa raízes, ou seja, tudo da natureza básica, seu movimento é finito e limitado. *Mula* conota as idéias da base, começo, do fundo, a cidade principal ou a capital.

Mula não indica fortuna ou sorte. As pessoas nascidas sob este *Nakshatra* serão bem-sucedidas financeiramente e levam uma vida materialmente confortável. Esta mansão lunar é regida por Ketu. O indivíduo nascido sob *Mula* pode possuir uma profunda natureza filosófica e uma mente inquisitiva que gosta de explorar as raízes de qualquer assunto.

As pessoas nascidas neste *Nakshatra* ganham a sabedoria e conhecimento através de seu trabalho árduo. São personalidades de amor, mas não hesita em lutar por aquilo que por direito lhes pertence.

Estas pessoas têm múltiplas habilidades e, portanto, mudança de profissão é uma característica normal para essas pessoas e elas gastam seu dinheiro sem pensar. Elas são ambiciosas, cultas, escritoras, orgulhosas, oradoras e muito útil. Escritores, filósofos, professores espirituais, advogados, políticos, médicos, farmacêuticos, negócios e vendas.

Os nascidos sob este *Nakshatra* podem sofrer de doenças como dor nas articulações, reumatismo, dores nas costas e quadril, problemas do nervo ciático, obesidade, problemas de fígado, vacilação mental, etc.

Como eu disse acima, *Mula* significa "raiz" e sua estrela fixa dentro de Sagitário é a cauda do escorpião que foi cortada. A ilusão da realidade física é removida e vemos a verdade inegável. Nós chegamos à raiz das questões durante o trânsito da lua através desta parte do céu. *Mula* tem sua colocação nos pontos céu alinhadas o centro da galáxia onde acredita-se ser um buraco negro revelando a natureza destrutiva da qualidade associada com esta constelação. As pessoas de *Mula* tendem a ser intensamente profundas sobre tudo o que fazem e pode "perder" as coisas e negócios mais mundanos da vida que suportam o seu sucesso. Eles podem ser conselheiros incríveis e curandeiros capazes e dispostos a chegar à origem do sofrimento.

20. PURVASHADHA

Regente: Vênus ♀

Purvashadha é regida pela Água. *Purvashadha* nos fornecer energia adicional para os nossos esforços. Ela também é conhecida como a "Estrela invencível". Este *Nakshatra* está associado a declarações de guerra.

Este é o 20° *Nakshatra* do Zodíaco que vai dos 13°20' aos 26°40 do Signo de *Dhanush*, o Signo regido pelo Regente da sabedoria. Ele tem o símbolo do ventilador de mão. As pessoas nascidas em *Purvashadha* são inteligentes e convincentes.

Purva Ashadha significa o invicto e é chamado a estrela invencível. Seus nativos são pessoas muito orgulhosas com a capacidade de influenciar e criar empatia com o público. *Purva Ashadha* geralmente traz a fama, a riqueza, a fecundidade e muita sabedoria. Elas tendem a entrar em discussões com os outros e provar a sua inteligência através dos argumentos.

Eles têm o raciocínio lógico necessário para tomar uma decisão bem pensada. Estes nativos podem apresentar uma natureza mais expansiva e, geralmente, fazem o que querem sem considerar outras opiniões. Eles são bons debatedores e pode derrotar qualquer um em um argumento. Eles podem ser obstinados e não se submetem às exigências de ninguém.

Os nascidos em *Purvashadha* pensam seriamente sobre a prossecução de qualquer dos seus interesses. As mulheres nascidas sob esse *Nakshatra* tem uma determinação para liderar grupos, onde quer que estejam. Ambos os sexos são inteligentes, úteis, bravos e ricos. São escritores, professores, debatedores, políticos, advogados, indústria de viagens, comerciantes estrangeiros, atores, cinema, oradores.

Problemas de saúde podem incluir problemas na bexiga, problemas renais, doenças sexualmente transmissíveis, gripes e problemas pulmonares, dor na ciática e reumatismo.

Purva Ashadha é a energia potencial da inspiração devocional recebida da Verdade encontrada na constelação anterior de *Mula*. É simbólico da água do rio correndo para se fundir com o oceano. É no coração de Sagitário, onde há um grande desejo que energiza e revigora o nosso espírito para agir sobre a nossa verdade. *Purva Ashadha* forma um par com a próxima constelação (*Uttara Ashadha*), que são as estrelas do arco e flecha de Sagitário. As estrelas de *Purva Ashadha* são a parte que "puxa o arco para trás" mirando em um alvo que mostra a qualidade da estratégia e discernimento que é concedida a esses indivíduos. A peneira (que separa o trigo da palha) é outro símbolo usado para esta constelação, mais uma vez mostrando um bom intelecto discriminador, mas também a tendência de ser crítico, um elitista e um separatista.

21. UTTARASHADHA

Regente: Sol ☉

Uttarashadha é regido pelos Deuses universais (*Vishwa Deva*). É também conhecido como o "A Estrela Universal". Este *Nakshatra* vai dos 26°40' de *Dhanush* aos 10°00' de *Makara* (Capricórnio). *Uttarashadha* é introspectivo e com penetração e está preocupado com a intensidade, os resultados devem ser mais permanentes para as pessoas nascidas sob esta estrela. *Uttarashadha* é a 2ª parte do *Nakshatra* de Sagitário.

Uttarashadha nos leva até o cume do nosso poder, apoio e reconhecimento, não tanto através de nossos esforços pessoais, mas com as alianças e apoio de todos os Deuses. Os nascidos em *Uttarashadha* podem ser *workaholics*, extremamente persistentes quando excitados, mas se perder o interesse se tornam preguiçosos, introspectivos e não terminam o que começaram.

A Lua fortemente colocada no mapa natal de alguns nascidos em *Uttarashadha* pode dar-lhes uma pele clara. As pessoas nascidas sob este *Nakshatra* não confiam nos outros facilmente e é só depois de passar tempos consideráveis com eles que os outros podem ter uma entrada no círculo íntimo de seus amigos.

Os homens nascidos neste *Nakshatra* são bons mediadores em qualquer disputa. Um bom Mercúrio colocados no mapa natal pode torná-los bons consultores ou conselheiros em qualquer campo. Eles normalmente são pregadores, respeitados, nobres, oscilam na mente e muitas vezes são de pavio curto.

Estas pessoas têm muita paciência e perseverança para percorrer a distância em suas ambições adicionando à vitória assegurada de seus objetivos. O símbolo usado para esta constelação é uma presa de elefante, revelando sua ligação com *Ganesh*, o removedor de obstáculos. Muitas vezes essas pessoas podem sofrer bloqueios em seus esforços no início, mas devido à sua tenacidade e "fixidez" elas saem vitoriosas. Pessoas influenciadas pelo *Uttara Ashadha* trabalham melhor em um ambiente de equipe e não têm problema em não estar no comando ou na obtenção do crédito, desde que o objetivo seja alcançado.

22. SHRAVANA

Regente: Lua ☽

Shravana é regido por *Vishnu*, o Preservador. Esta é a estrela da escuta, também chamado de "Estrela do Aprendizado". A Lua possui este *Nakshatra*. Esta constelação vai dos 10°00' aos 23°20' de *Makara*, que é da propriedade do Planeta Saturno. *Shravana* normalmente significa "ouvir". O símbolo de *Shravana* são três pegadas. É a estrela do nascimento de *Saraswati*. *Shravana* permite ligar as pessoas, ligando-as aos seus caminhos apropriados na vida.

Uma pessoa nascida sob este *Nakshatra* é bem versado nos textos sagrados e escrituras, tem muitos filhos e amigos e destrói seus inimigos. Essas pessoas gostam de se misturar com os outros e tem uma grande rede de amigos.

Elas estão prontas para ajudar os outros, raramente ganham o respeito e a fé daqueles a quem ajudam. Aqueles que nascem sob este *Nakshatra* serão bem-sucedidos financeiramente e levam uma vida materialmente confortável.

O homem nascido neste *Nakshatra* será de estatura média e um corpo esbelto. As mulheres nascidas nesse *Nakshatra* tendem a ser muito faladoras e elas têm algumas idéias rígidas sobre seus maridos e elas não estão dispostas a comprometer quando se trata das qualidades do seu marido.

Os nascidos sob este *Nakshatra* podem sofrer de doenças como eczema e doenças de pele, a tuberculose, reumatismo etc. Eles são corajosos, administradores, adaptáveis, discretos, ricos, ter mal companhia e são lentos em suas obras.

Boa capacidade de comunicação e discurso eficaz vêm de uma capacidade superior de ouvir. Ser receptivo traz uma consciência maior, o que permite um conhecimento da ordem e estrutura da consciência. Isto dá a capacidade de conectar muitas idéias diferentes e conceitos dando uma incrível capacidade de aprender e ganhar grande sabedoria. Eles tem um amor pelas viagens e explorações através de veículos e caminhadas para explorar a presença onipresente que eles sentem por dentro..

23. DHANISTHA

Regente: Marte ♂

Dhanistha é regido pelo *Vasus*, o Deus da abundância. É conhecido como a "Estrela da Sinfonia".

Este *Nakshatra* é de propriedade do Planeta Marte de fogo. Este *Nakshatra* vai dos 23°20' em *Makara* aos 6°40' de *Kumbha*. O símbolo é um tambor e a tabla. *Dhanistha* tem dois significados nele, um é *Dhana* (riquezas) e o outro é *Dhwani* (som). *Dhanistha* constrói sobre as conexões de *Shravana* e os torna mais prático.

Uma pessoa nascida neste *Nakshatra* é de excelente comportamento, prático, rico, poderoso e bondoso. As pessoas nascidas neste *Nakshatra* são magras e altas, com boa capacidade de resistir a doenças contagiosas. Essas pessoas ficam com raiva e estão determinadas a esmagar o agressor com toda a sua força. Eles precisam tomar cuidado apropriado da sua saúde, pois eles tendem a negligenciar os seus problemas de saúde até que eles atinjam o estágio extremo.

A pessoa é apaixonada sobre o passado e passa o tempo aprendendo sobre isso. *Dhanistha Nakshatra* tem uma característica incomum denotando o adiamento do casamento ou vida de casado infeliz.

As mulheres nascidas nesse *Nakshatra* sempre parecem mais jovens do que sua idade real. A vida conjugal é feliz e satisfatória. Os nascidos sob este *Nakshatra* poderia sofrer de queixas como anemia, tosse e etc. Eles são pacientes, tem sofrimentos na vida real, são duradouros, vingativos, corajosos e sociais.

Dhanishta deseja "girar em torno da "cúpula dos Deuses" e somente associam-se e aspiram o círculo interno da elite. Pessoas nascidas sob o *Dhanishta* inspiram a humanidade a colocar idéias e informações em prática, dando uso prático de nossos conceitos e planos. Habilidades criativas musicais e profundas são comuns com *Dhanishta* dando uma abordagem inovadora para ser próspero em seus empreendimentos.

24. SHATABHISHAK

Regente: Rahu ♌

Shatabhishak é regido por *Varun*, o Deus das águas cósmicas. Este *Nakshatra* é sobre a cura da condição humana, espiritualmente e fisicamente. *Shatabhishak* é o *Nakshatra* pertencente ao Rahu. Toda a extensão deste *Nakshatra* cai no Signo *Kumbha* (Aquário), a partir dos 6°40' aos 20°00'. O símbolo é um círculo. Este é o grande grupo de estrelas fracas do portador da Água (Aquário).

Shatabhishak provoca uma crise de cura levando a revitalização. Uma pessoa nascida neste *Nakshatra* é corajosa, inteligente e destrói seus inimigos. São pessoas muito simples, baseadas em princípios que vivem uma vida simples e direta. Eles são ideais para qualquer carreira científica ou um trabalho de investigação. São muito variáveis e muitas vezes confundem as pessoas.

Eles são cultivados, artísticos, escritores, fazem sacrifícios, submissos ao sexo frágil, coração mole e religiosos.

Os homens nascidos neste *Nakshatra* são geralmente tendenciosos, muito religiosos e temem a Deus. As mulheres nascidas nesse *Nakshatra* são altas e magras, com uma expressão amadurecida em seus rostos. Ambos os sexos nascidos sob este *Nakshatra* podem sofrer de queixas, como doenças do trato urinário, diabetes, dificuldade para respirar, tosse e resfriado, pneumonia, etc.

Shatabhishak significa 1000 medicamentos ou 1000 médicos que revelam a capacidade de cura natural daqueles nascidos sob esta constelação. Uma abordagem inovadora e alternativa para suas soluções onde eles entendem várias maneiras diferentes de abordar uma solução. Isto dá-lhes a capacidade de pensar fora do comum e criar métodos não convencionais para corrigir os problemas da vida. Este *Nakshatra* também rege sobre todas as coisas invisíveis e místicas. A pessoa dentro da influência de Shatabhishak pode ser difícil de "ver" ou entender por causa da sua dissimulação e natureza secreta. Seus interesses incluem as profundas verdades interiores e a compreensão metafísica, esotérica, que levam a pensamentos imaginativos e também o avanço tecnológico. Eles podem tendem a deixar as suas emoções esconder a sua voz interior e deixar que os vícios tomem conta deles. Eles podem blefar, mentir e evitar confrontar seus vícios em vez de abandonar seu apego. Estas pessoas devem aprender a focar em suas energias criativas e progressistas para poder evoluir. Senão, a permanência no estado físico negativo pode mantê-los estagnados a vida inteira.

25. PURVA BHADRAPADA

Regente: Júpiter ♃

Purva Bhadrapada é regido por *Aja Ekapad*, a serpente de um pé só. Este *Nakshatra* vai dos 20°0' de *Kumbha* aos 3°20' de *Meena*. O símbolo é um homem de dupla face.

Purva Bhadrapada levanta a nossa aspiração espiritual na vida e nos leva para fora do domínio do comportamento egoísta. Este é uma *Nakshatra* transformacional onde eles se sacrificam por uma causa maior, para fazer a diferença no mundo.

Uma pessoa nascida neste *Nakshatra* tem total controle sobre seus órgãos dos sentidos, é inteligente, um especialista em todas as formas de arte e destrói seus inimigos. Eles são tomadores de risco e sua personalidades são encantadoras.

Estas pessoas tem um conjunto de princípios em suas vidas, o que eles gostam de seguir em qualquer circunstância. Eles são uma espécie muito adaptável e podem mudar a si mesmos com a situação. Eles gastam o dinheiro de forma mais adequada, evitando qualquer uso indevido do mesmo. Os nascido neste *Nakshatra* estão envolvidos no departamento de cobrança de receitas ou em qualquer capacidade que as transações de caixa ocorram.

As mulheres nascidas sob este *Nakshatra* tem um corpo bem equilibrado e elas não estendem a sua mão amiga a menos que elas estiverem convencidas plenamente que tanta bondade, simpatia e generosidade são realmente necessárias. Elas são um pouco mais práticas quando se trata de caridade.

Os homens nascidos neste *Nakshatra* podem facilmente desfrutar os aspectos e confiança dos outros, mesmo que sejam financeiramente fracos. Em ambos os sexos nascidos sob este *Nakshatra* podem sofrer de queixas, como ataques de paralisia e diabetes, problemas gástricos e abdominais. Eles são espirituais, desapegados, úteis, desconhecidos, pacientes, vanglória, briguentos e famosos.

É neste *Nakshatra* onde percebemos a impermanência de nosso corpo físico e contemplamos o maior propósito da vida. As estrelas fixas de *Purva*

Bhadrapada (*Markab* e *Scheat*) formam a metade da constelação de Pégaso, o cavalo alado, onde tomamos vôo em direção a nossa libertação. Combinado com o próximo *Nakshatra* (*Uttara Bhadrapada*) esta é a primeira metade do "par escaldante", mostrando a qualidade do fogo espiritual e percepção que queima a densidade (ilusão), revelando a essência sutil (*Dharma*) da vida.

A natureza muito apaixonada e intensa pode ser encontrada onde eles podem canalizar os seus desejos para o "bom" ou "ruim", dependendo do temperamento e influências sobre o indivíduo. Eles tendem a perceber a sua verdade profunda.

26. Uttara Bhadrapada

Regente: Saturno ♄

Uttara Bhadrapada é regido por *Ahirbudhnya*, a serpente das profundezas da atmosfera. Ele é conhecido como a "Estrela Guerreira". Este é o 26º *Nakshatra* e se estende dos 3°20' aos 16°40' de *Meena* (Peixes). *Uttara Bhadrapada* concede crescimento e prosperidade de uma forma ampla, beneficiando toda a pessoa. O nascido neste *Nakshatra* é rico e famoso, e segue o caminho virtuoso. Essas pessoas são os verdadeiros crentes no poder do conhecimento.

Ela é uma pessoa amorosa e misericordiosa e sempre dispostos a chegar aos outros. Elas tendem a fazer uma fortuna em um lugar longe do seu local de nascimento. A vida conjugal será harmoniosa e satisfatória e as crianças vão ser uma fonte de alegria e felicidade.

O homem nascido neste *Nakshatra* tem as qualidades básicas para formar um bom grupo de pessoas, tratando a todos como iguais, independentemente do seu comportamento ou status. Eles são sociais e extremamente cordiais, respeitosos e dignos de elogio.

As mulheres nascidas nesse *Nakshatra* são charmosas e têm carinho para com os seus familiares e sabem como gerir os negócios da sua casa. Elas não hesitam em sacrificar até mesmo sua vida para aqueles que as amam. Ambos os sexos podem sofrer de queixas menores, como dores corporais, reumatismo etc. Eles são tenros, desconfiados, educados, devocionais, religiosos, e fazem bom planejamento.

Depois de ter feito as pazes com a liberação do que já não nos serve no *Nakshatra* anterior, estamos prontos para abraçar a transformação do nosso novo estado. É neste *Nakshatra* onde compreendemos plenamente e despertamos a energia da serpente *Kundalini* na base da nossa coluna vertebral. O principal símbolo é a serpente do abismo que representa a raiz e a base de sustentação do oceano cósmico (como este *Nakshatra* se encontra inteiramente dentro da constelação de Peixes). Misticismo e habilidades psíquicas são mais frequentes para as pessoas com a Lua em *Uttara*

Bhadrapada. Há um desejo de encontrar uma fundação profunda do Eu que transcende altos e baixos emocionais. Eles podem derivar entusiasmo espiritual a partir da experiência da perda e da separação e desejam o processo de desapego e de libertação.

27. REVATI

Regente: Mercúrio ☿

Revati é regida por *Pushan*, a forma de nutrição do Deus do Sol. *Revati* cria abundância através do fornecimento de alimentação adequada. Este *Nakshatra* indica uma jornada e pode de fato representar a nossa jornada final desta vida para a próxima, sendo o último e definitivo *Nakshatra*. Este é o 27° *Nakshatra* do Zodíaco, que vai dos 16°40' aos 30°00' de *Meena*.

Uma pessoa nascida neste *Nakshatra* tem natureza amigável, controla seus sentidos, adquire a riqueza por meios justos e possui inteligência aguçada. Uma pessoa nascida no Revati *Nakshatra* tem pavio curto e é muito difícil fazê-los aceitar a visão, o que não condiz com seus princípios na vida. Elas são mais temente a Deus e religiosamente muito inclinados.

Eles são artísticos, tem qualidades divinas, são nobres, bem-sucedida e respeitados na sociedade.

Essas pessoas têm que depender de seus próprios esforços para progredir na vida. Elas têm uma tendência a sobrecarregar-se com os problemas dos outros e isso pode causar a sua saúde a sofrer. Vida conjugal será muito harmoniosa e seu cônjuge é muito compatível.

As mulheres nascidas nesse *Nakshatra* são teimosas e autoritárias. Elas também são boas em trabalhos que exigem trabalho repetitivo. Elas podem ser embaixadoras ou uma pessoa que representa o seu país por questões culturais ou políticos.

Os homens nascidos neste *Nakshatra* são propensos a sofrer de transtornos principalmente abdominais. Eles estão interessados nas soluções científicas, pesquisa histórica e culturas antigas. Ambos os sexos podem sofrer de queixas, como úlceras, distúrbios intestinais, ortopédicos e problemas dentários.

No signo de Peixes, *Revati Nakshatra* sugere etimologicamente o poder de transcender. Dotada de uma esperança intrínseca, o *Nakshatra* inclui em si o potencial de ver além das mediocridades mundanas que caracterizam existência cotidiana. Esta é uma das suas características gerais, porém com a influência predominante de Saturno e Júpiter mantém as características gerais do idealismo, a benevolência e o sustento. Outra característica essencial deste *Nakshatra* é a sua virtude da qual ele é capaz de proteger e nutrir, apesar de seu distanciamento essencial.

Como a última constelação do Zodíaco, esse é o palco da jornada da nossa alma, onde podemos relaxar e receber o alimento do divino. Amor universal incondicional verdadeiro é realizado e transborda com generosidade e caridade para orientar aqueles que em sua longa jornada. É claro que esses indivíduos também têm um amor por viagem e pode se beneficiar muito com essas experiências. Eles são mais fortes quando eles podem definir a vida à um ritmo e rotina para mantê-los produtivos e aterrado. Eles fazem bons servidores para os outros e são capazes de servir aos outros que necessitam de ajuda para alcançar a realização.

CAPÍTULO 12 - MAPAS DIVISIONAIS

Mapas divisionais são mapas que são criados pela divisão de cada Signo em um número de seções e em seguida, atribuindo um Signo a cada fatia e em seguida, colocando Planetas em um novo mapa com base na qual o Signo que ocupam na seção.

Por exemplo, o mapa divisional mais importante e mais amplamente utilizado é chamado de *Navamsha*. *Nava* significa nove e assim cada Signo é dividido em nove seções.

♈♉♊♋♌♍ ♎♏♐♑♒♓

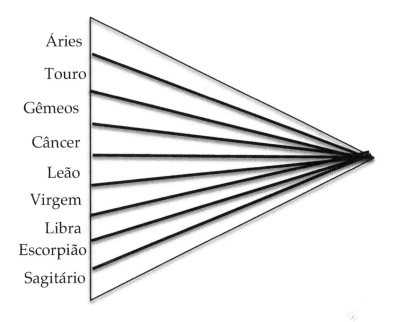

Áries
Touro
Gêmeos
Câncer
Leão
Virgem
Libra
Escorpião
Sagitário

No diagrama acima, os 30° de Áries é dividido em 9 seções, começando com o próprio Signo de Áries. Cada segmento é de 30° ÷ 9 = 3°20' do arco. Por exemplo, se qualquer Planeta em um mapa natal estiver nos 4° de Áries, ele estará na fatia Touro das 9 seções e aí o Planeta será colocado em Touro no mapa *Navamsha*.

Na Astrologia Védica, várias divisões assim são usadas, cada uma para indicar temas específicos da vida de uma pessoa. Mapas divisionais são também chamados de Mapa *Varga* (*Varga Charts*), Mapa *Amsha* (*Amsha Charts*), sub-mapas (sub-charts) e D-mapa (D-Charts).

VARGAS

Tabela 7 – Vargas

	Nome do *Varga*	Divisão do Rashi	Influência do *Varga*
1	Rashi	Sem divisões 30° cada	Corpo físico, comportamento, todas as indicações básicas (Assuntos da 1ª Casa)
2	Hora	2 Partes de 15° cada	Finanças, Dinheiro (Assuntos da 2ª Casa)
3	Drekkana	3 Partes de 10° cada	Felicidade através dos Irmãos (Assuntos da 3ª Casa)
4	Chaturthamsha	4 Partes de 7°20′ cada	Propriedades, felicidade, emoções (Assuntos da 4ª Casa)
5	Saptamsha	7 partes de 4°17′8.57″ cada	Dinastia Familiar, filhos e netos, energia criativa (Assuntos da 5ª Casa)
6	*Navamsha*	9 partes de 3°20′ cada	Pontos fortes e fracos em geral, cônjuge, parceiros (Assuntos da 7ª Casa)
7	Dashamsha	10 partes de 3° cada	Carreira, status, realizações profissionais (Assuntos da 10ª Casa)
8	Dwadashamsha	12 partes de 2°30′ cada	Pais (Olhe onde está o Sol e a 9ª Casa para o Pai e Lua e 4ª Casa para Mãe)
9	Shodashamsha	16 partes de 1°52′30″ cada	Benefícios e adversidades através do transporte (ex. acidentes de carro)
10	Vimshamsha	20 partes de 1°30′ cada	Progresso adquirido através de práticas espirituais
11	Chaturvimshamsha	24 partes de 1°15′ cada	Aprendizado, educação, realizações adquiridas através de estudos
12	Saptimvimshamsha	27 partes de 1°6′40″ cada	Força e fraqueza física, resistência
13	Trimshamsha	30 partes de 1° cada	Adventos dos efeitos desfavoráveis na vida, integridade do indivíduo
14	Khavedamsha	40 partes de 0°45′ cada	Efeitos auspiciosos e infelizes em geral
15	Ashavedamsha	45 partes de 0°45′ cada	Qualidade do caráter, integridade
16	Shashtiamsha	60 Partes de 0°30′ cada	Indicações gerais

♈♉♊♋♌♍ ♎♏♐♑♒♓

A lista acima mostra as 16 divisões (*Shodashavargas*) e suas utilidades.

Parashara menciona 16 Vargas. Cada *Varga* tem 12 Casas. Portanto, *Shodashavargas* nos dará 192 (16 x 12) *Bhavas* representando uma variedade de aspectos da vida humana. Os *Vargas* indicam promessas, recursos, potencial e materialização de um evento. As fontes são indicadas por um *Bhava-Bhavesha* especial, que são os ocupantes e outros Planetas associados com o *Bhava*. A potencialidade é determinada pelas suas forças, *Avasthas* etc. Em outras palavras, se qualquer aspecto da vida é necessário ser estudado, então vamos ter que considerar

a) *Bhavas* - obtido através dos *Shodashavargas*
b) Regentes do *Bhava* – Regente ocupando um determinado *Bhava*.
c) *Karaka* (Causa) de determinado *Varga* e *Bhava*.

O resultado de tal assunto avaliado será experimentado pela pessoa no momento da operação do *Dasha* (período planetário do Planeta em questão). O resultado será entregue de acordo com o recurso disponível (indicado pela natureza funcional do Planeta, *Yoga* formado devido à colocação e outra influência, força planetária em *Shadbala*, *Vimshopak* e *Ashtakvarga* (3 maneiras de avaliar a força dos Planetas no horóscopo, que irei discutir mais à frente).

Os Mapas Divisionais mais comumente usados e como usá-los.

Navamsha

O Mapa *Navamsha* é chamado de "fruto da árvore". Ele revela o resultado futuro da vida de uma pessoa, que promete manifestar o potencial no Mapa *Rashi* (Natal). Dizem que nós desenvolvemos a partir do *Rashi* para o *Navamsha*. Estas são as questões da 9ª Casa, a Casa da Sorte, fortuna e buscas espirituais, do *Dharma*. Se um Planeta está no mesmo Signo, tanto no *Rashi* como no *Navamsha*, diz que tal Planeta é *Vargottam*, o que significa que ganha força e é o Planeta mais poderoso do *Rashi*. Alguns também se referem ao *Navamsha* como o mapa sobre o cônjuge, ou parceiro, que é o espelho de si mesmo.

*NOTA: Se um Planeta estiver mal posicionado em um mapa divisional, então durante o *Dasha* de tal Planeta, as coisas que tem haver com tal Planeta ficam como se fossem defeituosos. No exemplo com o *Navamsha*, pode ser que haja conflitos com o cônjuge, ou pode significar que não há tempo suficiente para passar com o cônjuge, ou que o cônjuge está lutando com dificuldades de algum tipo em sua própria vida. Em qualquer caso, os problemas raramente continuam durante todo o *Dasha* (período planetário) porque uma vez que as questões são confrontadas e abordadas, o padrão muda.

Drekkana

O *Drekkana*, D3 (3 seções) é o segundo mapa divisional mais importante. Seus principais temas são irmãos e felicidade geral. Drekkana significa Decanato.

Indicações de cada Casa no Mapa Drekkana:

Tabela 8 – Drekkana

Casa	Indicação
1	a) Bem-estar geral da relação com os irmãos e a pessoa b) Se a pessoa terá irmãos ou não c) inclinação para a vida; iniciativa e unidade
2	a) Perda da coragem e iniciativa b) Despesas dos irmãos c) Ganho de riqueza dos irmãos
3	a) Foco na ação na sociedade b) O êxito ou fracasso das ações c) O irmão nascido após a pessoa
4	Felicidade dos irmãos
5	a) Planejamento da ação b) O segundo irmão mais novo
6	Obstáculos no sentido de obter o fruto da ação
7	Inclinações e desejos sexuais
8	a) Longevidade b) Os obstáculos na realização de desejos
9	Fator sorte na realização das metas
10	As ações empreendidas para alcançar desejos
11	a) Realizações b) Obtenção do objeto desejado c) Desejos
12	a) Perda da ação b) Perdas e separação dos irmãos

A divisão *Drekkana* também nos dá uma lista das partes do corpo onde as Casas regem. Na minha experiência em particular, esta lista funciona bem e eu uso como uma lista padrão da relação das Casas e partes do corpo:

Partes do Corpo no Mapa Divisional Drekkana (D-3)

Casas	1º *Drekkana*	2º *Drekkana*	3º *Drekkana*
1ª Casa	Cabeça	Pescoço	Pélvis
2ª Casa	Olho direito	Ombro direto	Genitais
3ª Casa	Orelha direita	Braço direito	Testículo/Ovário direito
4ª Casa	Narina direita	Lado direito do corpo	Perna superior direita
5ª Casa	Bochecha direita	Coração direito	Joelho direito
6ª Casa	Mandíbula direita	Peito direito	Panturrilha direita
7ª Casa	Boca	Umbigo	Pernas
8ª Casa	Mandíbula esquerda	Peito esquerdo	Panturrilha esquerda
9ª Casa	Bochecha esquerda	Coração esquerdo	Joelho esquerdo
10ª Casa	Narina esquerda	Lado esquerdo do corpo	Perna superior esquerda
11ª Casa	Orelha esquerda	Braço esquerdo	Testículo/Ovário esquerdo
12ª Casa	Olho esquerdo	Ombro esquerdo	Ânus

Fonte: Das Goravani

Existem 3 mapas divisionais que relatam sobre o dinheiro e carreira.

Hora

O Mapa *Hora*, D2 (2 seções), não é comumente usado. Diferente do *Navamsha*, o *Hora* não é exatamente um mapa, mas uma lista que diz se o Planeta está posicionado no seu *Hora* forte ou fraco. Dividindo o *Rashi* em 2 partes, cada *Hora* tem 15°. O mapa *Hora* distingue se o Planeta está no *Hora* do Sol ou da Lua. Um Planeta é considerado estar no *Hora* do Sol se estiver entre 0° e 15° de um Signo masculino (Áries, Gêmeos, Leão, Libra, Sagitário e Aquário) e 16° e 30° de um Signo feminino (Touro, Câncer, Virgem, Escorpião, Capricórnio e Peixes). É dito que o Sol, Marte e Júpiter são fortes se estiverem no *Hora* do Sol, enquanto a Lua, Vênus e Saturno são mais vantajosos se estiverem no *Hora* da Lua. Mercúrio é neutro.

Chaturthamsha

O *Chaturthamsha*, D4 (4 seções), é usado tanto para avaliar a compra e venda de propriedades importantes, como uma casa, residência e para as questões em torno de grandes somas de dinheiro, por exemplo, heranças, grandes investimentos, etc.

Dashamsha

O mapa divisional é semelhante a 10ª Casa do mapa natal e mostra as ações de uma pessoa no mundo e o sucesso, status, poder e fama resultante dessas ações. O Mapa D-10 é, portanto, o mapa divisional ou *Varga* mais utilizado para ver a evolução da vida profissional, embora outras realizações podem ser vistas através dele também.

Se uma pessoa é destinada a experimentar um sucesso significativo num período planetário, este Planeta deve mostrar tal potencial, não só no mapa natal, mas também no *Dashamsha*. Nesse caso, os princípios interpretativos padrões da Astrologia Védica devem ser aplicados:

> Planetas em Ângulos e Trígonos no D-10 geralmente melhora a capacidade do Planeta para trazer resultados favoráveis.

> Planetas colocados em Casas *Dushtanas* (maléficas) são geralmente menos favorável.

> A magnitude do efeito deve ser visto a partir força do Planeta, tanto no mapa natal e D-10.

*Ekadashamsha

O *Ekadashamsha*, D-11 (11 seções), é um **caso especial**. É um mapa divisional *Tajika* (o que significa que veio à Astrologia Védica no final dos tempos, e provavelmente a partir do Oeste) e há muito diferentes métodos de calcular e interpretar, dependendo de quem você aprende o *Jyotish*.

Eu aprendi a usar um método que utiliza o D-11 para duas finalidades:

A. Para avaliar o fluxo de renda na vida de uma pessoa.

B. Para ver quando e se uma pessoa é susceptível a receber alguma honra e, em caso afirmativo, o por quê.

Esta é a única vez na análise do mapa divisional onde os temas de cada Casa são enfatizadas. Por exemplo: se uma pessoa está passando por um *Dasha* de um Planeta em seu próprio Signo na 5ª Casa do D-11, ela vai receber honras por seu discernimento, *coaching*, ou criatividade (temas da 5ª Casa) ou o seu filho receberá uma honra.

Há três mapas divisionais que analisam a saúde. Se uma pessoa estiver passando por um *Dasha* de um Planeta mal colocado em todos os três destes mapas, ela deverá prestar atenção especial à sua saúde.

*Shashtiamsha

O *Shashtiamsha* D-6 (6 seções) e o *Ashtamsha* D-8 (8 seções), são ambos os mapas divisionais *Tajika*, como o D-11 mencionado acima.

O *Shashtiamsha* indica problemas de saúde especificamente, mais do que outros mapas divisionais.

*Ashtamsha

O Ashtamsha D-8 (8 seções), indica os principais desafios e crises no mapa de uma pessoa, incluindo a morte de pessoas próximas a ela.

Saptimvimshamsha

O *Saptimvimshamsha* D-27 (27 seções), indica vitalidade geral e a capacidade de se elevar para a ocasião.

*Nota: assim como o número de seções aumenta, a necessidade da hora de nascimento bem precisa também é necessária. Um mapa D-27 muitas vezes pode variar se a hora de nascimento estiver errada mesmo por alguns minutos.

Há 4 mapas divisionais para analisar a família: o *Navamsha* e *Drekkana*, já mencionados acima e estes:

Saptamsha

O *Saptamsha* D-7 (7 secções), indica os assuntos dos filhos (ou, na ausência de descendência, a prosperidade do cônjuge).

Dwadashamsha

O *Dwadashamsha* D-12 (12 seções), indica assuntos relacionados com os pais da pessoa.

Há 1 mapa divisional "espiritual".

Vimshamsha

O *Vimshamsha* D-20 (20 seções), apresenta práticas e filiações espirituais.

CAPÍTULO 13 - INTERPRETAÇÃO - COMO ANALISAR E SINTETIZAR UM MAPA

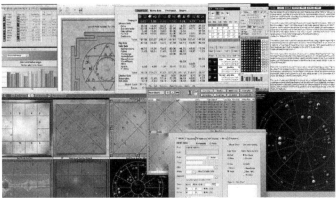

Imagem extraída do programa Goravani Jyotish

Primeiro, você precisa determinar a natureza dos Planetas. Como discutimos no capítulo 3, os Planetas são, por natureza e definição, ou benéficos ou maléficos. Planetas benéficos indicam um comportamento favorável, positivo e benéfico e os maléficos indicam a tendência de agir desfavoravelmente, são maléficos, negativos, destrutivos ou agressivos. Os Planetas de natureza benéfica e maléfica são:

- ❖ Benéficos (*Saumya*): Lua, Mercúrio, Júpiter e Vênus.
- ❖ Maléficos (*Krura*): Sol, Marte, Saturno, Rahu e Ketu.

Chamar um Planeta de benéfico ou maléfico não descreve o grau ou quantidade do seu efeito, nem exibe o valor definitivo favorável ou desfavorável do mapa.

Há muitos fatores a considerar na determinação de como a natureza básica de um Planeta é modificado por suas associações com outros Planetas em um mapa. Nós iremos discutir esses fatores neste capítulo.

Depois de determinar se um Planeta é benéfico ou maléfico, você precisa decidir se as qualidades favoráveis ou desfavoráveis do Planeta se torna mais forte, mais fraco ou uma mistura de ambos. Este julgamento final sobre se um Planeta é favorável ou desfavorável vem através da análise dos Planetas nas Casas, o Regente das Casas, os Planetas *Karaka* (significadores) e as relações entre os Planetas.

Determinando se um Planeta é Favorável no Mapa

Um Planeta favorável, seja ele naturalmente benéfico ou maléfico, fortalece e melhora a qualidade das indicações (significados) da Casa que ocupa, rege ou aspecta.

Um Planeta é considerado a trazer resultados favoráveis quando:

❖ Exaltado
❖ No seu próprio Signo
❖ Em *Mulatrikona* – melhor que o próprio Signo, menos que exaltado
❖ Na Casa de um grande amigo ou amigo
❖ Está em Trígono ou *Kendra*
❖ Vargottam
❖ Conjunto ou aspectado por outro Planeta benéfico
❖ Entre benéficos (*Shubha Kartari*).

Estas regras se aplicam também no mapa *Navamsha* e outros mapas divisionais. Você deve então, notar se um Planeta no mapa natal é influenciado por associação com um Planeta no *Navamsha* ou outro mapa divisional. Também, veja se o Planeta está em um Signo neutro, não é nem forte ou fraco e se não tiver um grande impacto no mapa.

As seguintes condições também trazem resultados favoráveis.

❖ O Planeta dispositor do Signo do *Rashi* e do Signo do *Navamsha* é forte. O dispositor é o Planeta Regente do Signo em que o outro Planeta em questão está. Por exemplo: Júpiter está em Aquário no Ascendente. Saturno (Regente de Aquário) é o dispositor de Júpiter.
❖ Planetas nas Casas 1, 2, 4, 5, 7, 10 e 11 são considerados fortes e favoravelmente colocados.
❖ O *Vipareet Raja Yoga* (que vimos no Capítulo 10), onde o Regente *Dushtana* (maléfico) em uma Casa *Dushtana* (Casas 6, 8 e 12) é considerado bom. A 6ª Casa é também uma Casa *Upachaya*, quer dizer

que é negativa, mas pode se desenvolver em uma Casa positiva com o tempo.

❖ O Planeta Regente de uma Casa/Signo deve estar conjunto ou aspectado por um Planeta favorável ou benéfico.

❖ É considerado bom, ou no mínimo um pouco melhor, para os Regentes dos *Kendras* (Ângulos) e Trígonos estarem em conjunção, mesmo se um dos Planetas participantes forem maléfico. Lembre-se que Planetas Regentes dos *Kendras* em Casas do Trígono formam *Raja Yogas*.

❖ O Signo Ascendente está em ambos, *Kendra* e Trígono, portanto sua colocação é considerada muito favorável.

❖ Planetas benéficos colocados nas 2, 4, 5, 7, 9 ou 10 Casas a partir do Planeta em questão, traz resultados favoráveis. Note a falta das Casas *Dushtanas* e da 3ª Casa, que são consideradas desfavoráveis, e a 11ª Casa também não está inclusa, mesmo sendo uma boa Casa mas seu Regente natural (Saturno) não é favorável.

❖ Muitos astrólogos consideram todos os Planetas são bons na 11ª Casa. Mas o Regente desta Casa, não é.

❖ Planetas que regem os Trígonos (1ª, 5ª e 9ª Casas) são considerados bem favoráveis. Mesmo se o Regente de um maléfico natural, vai trazer alguma forma de prosperidade, mas pode não dar uma boa saúde ou prejudicar outros aspectos não-financeiros.

❖ Planetas que regem simultaneamente Ângulos e Trígonos são muito bons e são chamados de *Yogakarakas*. O *Yogakaraka* do Ascendente é muito bom e traz resultados favoráveis, indicando prosperidade.

❖ Marte é o *Yogakaraka* para Câncer e Leão.

❖ Vênus é o *Yogakaraka* para Capricórnio e Aquário.

❖ Saturno é o *Yogakaraka* para Touro e Libra.

Yoga Karaka é quando um único Planeta forma um *Raja Yoga* por si só. Ele rege 2 Casas diferentes, um é um

Trikona e um é um *Kendra*. A 1ª Casa pode servir tanto como *Trikona* ou *Kendra* na combinação.

Em ambos os Ascendentes, Touro e Libra, Saturno é o *Yoga Karaka*. No Ascendente em Touro, Saturno rege a 9ª Casa (Trígono), e a 10ª Casa (*Kendra*). Para o Ascendente em Libra, Saturno rege tanto a 4ª (Kendra) como a 5ª (Trikona).

Outros ascendentes que têm um *Yoga Karaka* são Capricórnio e Aquário. Ambos têm Vênus como o *Yoga Karaka*. Com o Ascendente em Capricórnio, Vênus rege a 5ª e a 10ª. Ascendente em Aquário, Vênus rege a 4ª e a 9ª.

Para Ascendentes em Câncer e Leão, Marte é o *Yoga Karaka*. Ascendente em Câncer terá Marte regendo a 5ª e 10ª. Ascendentes Leo terá Marte regendo as 4ª e 9ª.

Não existem outros Ascendentes que tem um único planeta regente tanto num *Kendra* como em um Trígono.

Estes são os únicos ascendentes que tem um *Yoga Karaka*.

Um Planeta *Yoga Karaka* é um Planeta que traz grande benefício para o mapa, mesmo se for um Planeta maléfico natural.

Signo Ascendente	Planeta *Yoga Karaka*	Regência
Touro	Saturno	9ª e 10ª Casas
Libra	Saturno	4ª e 5ª Casas
Capricórnio	Vênus	5ª e 10ª Casas
Aquário	Vênus	4ª e 9ª Casas
Câncer	Marte	5ª e 10ª Casas
Leão	Marte	4ª e 9ª Casas

Tabela 9 – *Yoga Karakas*

Determinando se um Planeta é Desfavorável no Mapa

Um Planeta desfavorável, naturalmente benéfico ou maléfico, enfraquece e rebaixa as boas qualidades das indicações (significações) da Casa que ocupa, rege ou aspecta.

Um Planeta é considerado trazer resultados desfavoráveis quando está:

1. Debilitado
2. Na Casa de um grande inimigo ou inimigo (*Shatru*, que vamos ver mais à frente).
3. Em conjunção com o Sol. Os Planetas são considerados *Asta* (*Astagatha*, combusto) ou "queimados" por estar muito perto do Sol. Considera-se um Planeta combusto aquele que está à 5° ou menos do Sol.
4. Planetas em guerra planetária (*Graha Yuddha*). Guerra Planetária ocorre quando mais de um Planeta ocupa um Signo. Daí os Planetas brigam por influência, criando uma situação como uma de guerra. *Graha Yuddha* é mais forte quando Marte está envolvido.
5. *Sandhi* (na borda entre 2 Signos/Casas; dentro de 1° ou acima de 29°). Esta colocação, se estiver no começo é dito fazer o Planeta vulnerável como um bebê; e se no final, faz o Planeta fraco e velho.
6. Colocado em Casas *Dushtanas*.
7. Aspectado por maléficos. Neste caso, as qualidades favoráveis diminuem e o Planeta é vulnerável para problemas.
8. Entre maléficos.

Maléficos Funcionais por Signo Ascendente

Em geral, Planetas que regem a 3ª, 6ª, 8ª e 12ª Casas trazem resultados desfavoráveis para para o Planeta e para a Casa/Signo que ocupa. Especificamente ou funcionalmente, certos Planetas são considerados desfavoráveis para certos Signos.

A tabela abaixo lista os Planetas funcionalmente maléficos para cada Signo Ascendente.

Signo Ascendente	Planetas Maléficos para cada Signo Ascendente
Áries	Saturno, Mercúrio e Vênus
Touro	Júpiter e Lua
Gêmeos	Marte, Júpiter e Sol
Câncer	Vênus e Mercúrio
Leão	Mercúrio e Vênus
Virgem	Lua, Marte e Júpiter
Libra	Sol, Júpiter e Marte
Escorpião	Mercúrio e Vênus
Sagitário	Vênus e Saturno
Capricórnio	Marte, Júpiter e Lua
Aquário	Júpiter, Lua e Marte
Peixes	Saturno, Sol, Vênus e Mercúrio

Tabela 10 – Planetas Maléficos para cada Ascendente

RELACIONAMENTO ENTRE PLANETAS

As influências dos Planetas não existem em isolamento. Para poder examinar a força de um Planeta, nós temos que medir a natureza do relacionamento daquele Planeta com os outros Planetas. As indicações ou significações de um Planeta deve ser modificado de acordo com a influência que cai em cima dele. Muitas das influências nos Planetas vêm de outros Planetas e das Casas que eles regem e ocupam na vizinhança ou por aspectos.

Os aspectos planetários padrão são (comece a contar a partir do Signo ocupado como número 1):

Conjunções

São Planetas localizados dentre 5° de distância um do outro. A Astrologia Védica considera uma conjunção quando 2 ou mais Planetas estão na mesma Casa/Signo. Na minha experiência, o efeito de uma conjunção é mais forte quando eles estão à 5° de distância um do outro.

Quadratura (Kendra)

São Planetas localizados 4 Signos de distância um do outro. Lembre-se de contar a Casa/Signo ocupado como número 1.

Trígonos (Trikona)

São os aspectos planetários que estão localizados 5 Signos de distância um do outro. Exemplo: 1ª, 5ª e 9ª Casas.

Oposições

São Planetas separados por 180° um dos outros, ou 7 Signos/Casas.

A Astrologia Védica ainda tem adicionalmente os seguintes aspectos especiais:

> **Marte aspecta 4ª, 7ª e 8ª Casas a partir dele.**
> **Júpiter aspecta 5ª, 7ª e 9ª Casas a partir dele.**
> **Saturno aspecta 3ª, 7ª e 10ª Casas a partir dele.**
> Todos os outros Planetas fazem aspecto de 7 Casas a partir deles.

GRAHAMITRA – AMIZADE PLANETÁRIA

Como já notado, um Planeta tem um relacionamento definitivo com seus vizinhos. Estes Planetas próximos são amigos, inimigos ou neutros ou mesmo uma mistura de amigo e inimigo. Estes relacionamentos são chamados de permanentes ou naturais (*Naisargika*), ou temporários (*Tatkalika*), dependendo das influências em um mapa específico.

Você verá que muitos destes cálculos são tediosos para fazer à mão e por isso usamos software de Astrologia. O programa de Astrologia deve fazer todos estes cálculos automaticamente. Eu estou incluindo as seguintes informações para que você entenda a mecânica e a lógica por trás destes cálculos. Para referências, eu também inclui várias tabelas no apêndice deste livro.

NAISARGIKA – RELACIONAMENTO NATURAL OU PERMANENTE

Os relacionamentos listados abaixo são os mesmos para qualquer mapa. Estes relacionamentos como os outros irá aumentar ou diminuir as qualidades dos Planetas examinados. A regra para determinar o relacionamento natural entre os Planetas é que os Regentes da 2ª, 4ª, 5ª, 8ª, 9ª e 12ª a partir do Signo

Mulatrikona de um Planeta e os Regentes dos Signos de exaltação daquele Planeta são seus amigos (*Mitra*). O resto, 3ª, 6ª, 7ª, 10ª e 11ª são inimigos (*Shatru*). Se houver dupla regência e o Planeta estiver em Signo amigo e inimigo, então é neutro (*Samya*).

Planeta	*Mitra*	*Shatru*	*Samya*
Sol	Lua, Marte e Júpiter	Vênus e Saturno	Mercúrio
Lua	Sol e Mercúrio	Nenhum	Todos os outros
Mercúrio	Sol e Vênus	Lua	Marte, Júpiter e Saturno
Vênus	Mercúrio e Saturno	Sol e Lua	Marte e Júpiter
Marte	Sol, Lua e Júpiter	Mercúrio	Vênus e Saturno
Júpiter	Sol, Lua e Marte	Mercúrio e Vênus	Saturno
Saturno	Mercúrio e Vênus	Sol, Lua e Marte	Júpiter
Rahu e Ketu	Mercúrio, Saturno e Vênus	Sol, Lua e Júpiter	Marte

Tabela 10 – Mitra, Shatru e Samya

TATKALIKA OU TEMPORÁRIO

Tatkalika ou relacionamentos temporários variam de mapa em mapa. Um Planeta colocado na 2ª, 3ª, 4ª, 10ª, 11ª e 12ª a partir de qualquer outro Planeta torna-se amigo temporário naquele mapa. As outras Casas fazem inimigos (1ª, 5ª, 6ª, 7ª, 8ª e 9ª). Lembre-se que a 2ª Casa a partir de qualquer coisa (Planeta ou Casa) é a próxima Casa.

AMIZADE COMBINADA (*NAISARGIKA* MISTURADA COM *TATKALIKA*)

Colocando as regras da amizade permanente com a temporária, nós vamos ter uma terceira forma de relacionamento entre os Planetas. Do resultado da amizade e da inimizade geralmente emerge 5 tipos: amigo (*Mitra*), inimigo (*Shatru*), Samya (neutro), grande amigo (*Adhi Mitra*) e grade inimigo (*Adhi Shatru*). A tabela a seguir mostra como essas amizades são formadas. Por exemplo: *Adhi Mitra* é formada pela combinação do Planeta sendo ambos, um amigo natural e temporário. (*Tatkalika* e *Naisargika Mitra*).

	Tatkalika Mitra	Tatkalika Shatru	Tatkalika Samya	Naisargika Mitra	Naisargika Shatru	Naisargika Samya
Adhi Mitra	X			X		
Samya	X				X	
Mitra	X					X
Adhi Shatru		X			X	
Samya		X		X		
Shatru		X			X	

Tabela 11 - *Tatkalika* e *Naisargika Mitra*

ANALISE DAS CASAS – FORTE OU FRACA

Agora que já sabemos identificar Planetas fracos ou fortes, precisamos fazer o mesmo com as Casas.

Casas fortes tem o poder de aumentar ou promover a significação indicada daquela Casa. A Casa pode ser considerada forte se ambos, o Regente e o Regente da Casa onde este Regente for colocado (o dispositor) são fortes ou se ocupado ou aspectado pelo Regente ou por Planetas favoráveis.

Casas fracas são frágeis. Elas não conseguem proteger a si mesmas dos aspectos maléficos e elas diminuem ou abaixam o valor da significância dos Planetas nesta Casa. Uma Casa fica fraca quando é ocupada ou aspectada por um Planeta maléfico. Por exemplo: a 4ª Casa é a Casa da mãe. Se Saturno ocupa a 4ª, está debilitado no Signo de Áries, é aspectado por Rahu e o Regente da 4ª (Marte) estiver na 6ª, nós teremos uma Casa fraca. A mãe desta pessoa terá dificuldades. Será mais desastroso se a Lua (*Karaka* da Mãe) estiver fraca ou aflita e se o Signo da Mãe (Câncer) estiver ocupado ou aspectado por maléficos. Que dureza, não?

Considere as seguintes questões quando for analisar a qualidade benéfica ou maléfica da Casa. Lembre-se que a Casa e o Signo são considerados os mesmos para cada Ascendente.

♈♉♊♋♌♍ ♎♏♐♑♒♓

- ❖ Qual é a qualidade dos Planetas na Casa?
- ❖ Qual é a qualidade do Regente desta Casa?
- ❖ Qual é a qualidade dos aspectos sobre esta Casa?
- ❖ Qual é a qualidade dos Planetas fazendo aspecto sobre o Regente desta Casa?
- ❖ O Regente desta Casa deve ser forte.
- ❖ A Casa/Signo mesmo deve ser forte naturalmente.
- ❖ O *Karaka* ou indicador da Casa deve ser forte. Por exemplo: a 2ª Casa é a Casa do dinheiro. O indicador (*Karaka*) do dinheiro ou riqueza é o Júpiter. Se o Júpiter estiver fraco, a 2ª Casa não consegue expressar-se plenamente.

FERRAMENTAS ADICIONAIS PARA EXAMINAR UM MAPA

Usando Cálculos de Shadbala e Vargabala

A força ou influências favoráveis de um Planeta pode ser determinado através da análise de força *Shadbala*.

A maioria dos programas de Astrologia Védica já calcula o *Shadbala*, que se traduz em 6 forças. Estas 6 forças são:

1. *Sthana* (localização)
2. *Dig* (direção)
3. *Kala* (horário)
4. *Chesta* (movimento retrógrado)
5. *Naisargika* (qualidade benéfica natural)
6. *Drik* (aspecto)

Todavia, o uso do *Shadbala* não inclui a consideração dos outros fatores que devem ser levados em consideração como exaltação, debilitação, amizade, *Sandhi*, combustão, aspectos, etc. Esses fatores podem adicionar ou diminuir as indicações do *Shadbala*.

Vargabala é o cálculo feito para determinar a força de cada Casa. Este também é feito pelo programa de Astrologia Védica.

GUIA PASSO-A-PASSO PARA A INTERPRETAÇÃO DE UM MAPA

Quase todos os cálculos devem ser feitos por um programa de Astrologia. Novamente, o programa que recomendo é o Goravani Jyotish que pode ser adquirido visitando o site: www.goravani.com. As interpretações são feitas por você.

❖ Verifique se você tem o horário, data e o local de nascimento corretos.

❖ Examine a força e a qualidade do Ascendente e seu Planeta Regente. Quanto mais negativo o Ascendente, mais fraco é o mapa em geral. Pessoas com mapas fracos tendem a ter mais dificuldades de sair ou resolver os próprios problemas e de situações complicadas.

❖ Examine as posições dos Planetas de acordo com a Lua, o Sol e o Ascendente no mapa Rashi e no Navamsha.

❖ Examine o *Shadbala* e o *Vargabala* do Regente do Ascendente e da Lua para determinar quem é mais forte.

❖ Avalie a força da Lua. A Lua é crescente, a partir da Lua Nova para Cheia (*Shukla Paksha*), ou decrescente, da Cheia para Nova (*Krishna Paksha*). Uma Lua é considerada fraca e desfavorável quando estiver dentro de 72° de ambos os lados do Sol (+/- 2½ Signos/Casas). Uma Lua fraca, como um Lagna fraco, vai abaixar as qualidades do mapa em geral.

❖ Examine os Planetas nas Casas, especialmente notando os posicionamentos negativos da 3ª, 6ª, 8ª e 12ª Casas. Lembre-se que a 6ª Casa é uma Casa Dushtana (maléfica) e Upachaya (Casa que melhora com o tempo) ao mesmo tempo. Se um maléfico aspecta ou se estiver na 6ª Casa, a Casa vira maléfica. Se tiver um benéfico, a Casa melhora com o tempo, mas não 100%.

❖ Examine a quantidade ou predominância dos posicionamentos dos Planetas. Eles são na maioria favoráveis ou desfavoráveis?

- ❖ Examine o *Sarvashtakavarga* (veja no fim deste capítulo) para identificar a força de um Signo em geral. Um Signo (Casa) com alta pontuação (*Bindus*) irá repelir influencias negativas.
- ❖ Identifique as conjunções e as oposições.
- ❖ Identifique os aspectos especiais de Marte, Júpiter e Saturno.
- ❖ Identifique os *Yogas*. O programa deve listá-los.
- ❖ Identifique o Dasha presente. Veja até o 4° nível. O programa de Astrologia deve fazer esta lista automaticamente.
- ❖ Veja os Planetas em trânsito (que discutiremos no capítulo 15).
- ❖ Veja os Planetas retrógrados
- ❖ Veja se Saturno está ou não em Sade-Sati (Capítulo 3).
- ❖ Determine se os Planetas são fortes ou fracos nos mapas divisionais (Capítulo 12).
- ❖ Veja se houver Planetas combustos (Capítulo 3).

Cálculos de Força

A seguir estão os 2 sistemas que o seu programa vai calcular para você. Você pode usar a tabela abaixo para definir se os dados planetários do seu programa é beneficial ou ou não.

1. Shadbala

O valor mínimo de força é dado em *Rupas* (ponto de força). Se os valores são maiores que os dados nesta tabela, então o Planeta é considerado forte. A maioria dos programas irão calcular uma relação, uma taxa, portanto se qualquer Planeta for forte, o valor de +1 será dado, se o Planeta for fraco, o programa irá mostrar -1. Isso significa que se o Planeta tiver acima de 1, é bom e menos de 1, é ruim.

Sol	Lua	Mercúrio	Vênus	Marte	Júpiter	Saturno
6.5	6.0	7.0	5.5	5.0	6.5	5.0

Tabela 12 - Shadbala

2. Sarvashtakavarga

Sarvashtakavarga dá a força para uma Casa/Signo que poderia parecer fraca ou aflita, especialmente se os pontos excedem 30. Os Signos ou Casas com a menor pontuação frequentemente mostra as grandes fraquezas daquela pessoa. Por exemplo: uma pessoa que tiver 18 pontos na 7ª Casa provavelmente terá problemas nos seus relacionamentos ou no casamento. Uma Casa com altos pontos quando transitada por um Planeta maléfico, passa pelo transito em melhores condições do que se tivesse baixa pontuação.

Casa:	1	2	3	4	5	6	7	8	9	10	11	12
Pontos	25	22	29	24	25	34	19	24	29	36	54	16

Tabela 13 - Sarvashtakavarga

Valores Gerais – Efeitos Benéficos das Casas (mínimo de 25 pontos)

15-20: Resultados ruins
20-25: Médio
25-30: Bons Resultados
Acima de 30: Muito Bons Resultados

Imagem por Das Goravani

Nossas vidas começam com um mapa natal específico. Este mapa é o que representa as indicações e os pontos culminantes de todas as nossas ações em vidas passadas. É o ponto de partida da nossa vida presente a partir do ponto que deixamos na vida passada. Uma das habilidades mais importantes de um astrólogo competente é prever as tendências comportamentais futuras e como essas tendências se manifestarão.

A técnicas de previsão que vou ensinar aqui são utilizadas pelos estudantes de Astrologia mais avançados, mas que são simples o suficiente para iniciantes entenderem, praticarem e aprenderem também.

Estas técnicas são:

❖ *Vimshottari Dasha* (períodos planetários);
❖ *Ashtakavarga* (trânsitos planetários especiais);
❖ *Varshphal* (retorno solar) e;
❖ *Gochara* (trânsitos).

Todos esses sistemas são fundados nas posições planetárias, transitando durante um período do tempo em combinação com o mapa natal.

VIMSHOTTARI DASHA – PERÍODOS PLANETÁRIOS

A posição da Lua no mapa é chamada de *Janma Rashi* e o *Nakshatra* onde a Lua está é chamado de *Janma Nakshatra* ou "estrela de nascimento". O *Nakshatra* da Lua é o ponto inicial dos vários períodos planetários. Cada *Nakshatra* tem um Planeta Regente, como vimos no capítulo 11. Cada um desses Regentes é designado à um período Regente entre 6 à 20 anos. Este período planetário é chamado de *Dasha*.

O período principal, ou nível 1 do *Dasha* é chamado de *Mahadasha*. O segundo nível é chamado de *Bhukti*. O terceiro de *Antardasha*. O quarto é o *Sukshmadasha* e o quinto é o *Pranadasha*. Existem mais subperíodos depois desses, porém não tão usados. Este sistema de períodos planetários está de acordo com os ensinamentos de *Parashara*.

A teoria dos *Dashas* diz que as significações, ou efeitos dos Planetas no mapa natal, manifesta-se principalmente durante os períodos do *Mahadasha/Bhukti* daqueles Planetas específicos. O *Dashas* indicam quando o *Karma* ligado ao tal Planeta vai se manifestar. Os *Dashas* vão trazer a qualidade que Planeta significa no mapa natal. A qualidade da manifestação depende da natureza funcional benéfica ou maléfica dos Planetas envolvidos.

Você terá a opção de escolher, no programa, o cálculo dos *Dashas* feito a partir da Lua ou Lagna. Até agora eu não conheço nenhum astrólogo que use os cálculos a partir do Lagna. Somente a partir da Lua, o qual eu sigo também. Pela minha experiência, o cálculo pela Lua é o que funciona melhor.

A duração de cada ciclo do *Mahadasha* de cada Planeta é a seguinte (esta lista é a ordem certa dos *Dashas*):

- Lua: 10 anos
- Marte: 7 anos
- Rahu: 18 anos
- Júpiter: 16 anos
- Saturno: 19 anos
- Mercúrio: 17 anos
- Ketu: 7 anos
- Vênus: 20 anos
- Sol: 6 anos

Todos os programas de Astrologia Védica que eu conheço calculam *Dashas*. Como a Lua irá ser posicionada mais provavelmente em algum lugar dentre um *Nakshatra*, ao invés de exatamente no começo ou fim do *Nakshatra*, você vai ver o primeiro *Dasha* parcialmente e o resto dos períodos na sua integridade até a morte que pode acontecer no meio de qualquer *Dasha*, naturalmente.

É dito que nós nascemos na próxima vida continuando o período que deixamos na vida passada. Talvez só morrendo para saber a veracidade disto.

Determinando o Valor do Período do Dasha

Como o *Dasha* indica a fruição, a realização dos *Karmas* contidos pelo Planeta Regente daquele período no mapa natal, você poderá saber a qualidade e a força do *Dasha* quando você determinar a força inerente do Planeta Regente daquele *Dasha*. Siga aquelas regras que citei no capítulo anterior de como determinar a força e a qualidade do Planeta, como por exemplo, o *Shadbala* daquele Planeta.

Dasha que são favoráveis ou bons são aqueles onde o Planeta Regente tem qualidades e força favoráveis no mapa natal, e que participe de *Yogas* favoráveis também. O contrário acontece com os Planetas colocados em posições desfavoráveis, etc.

Pontos Adicionais sobre os Dashas

O fim de um *Dasha* é chamado de *Dasha Chidra*. E não é considerado algo favorável. Porque é como se fosse como uma mudança de residência. Quando você muda de residência, você não está nem aqui, nem lá durante a transição.

Durante o período do *Mahadasha*, o Planeta Regente daquele *Dasha* tem mais impacto e dá a qualidade de como irá colorir a sua vida durante aquele período. Porém nesses períodos de transição o *Bhukti* tem mais impacto. Você terá que determinar a força relativa de cada Regente do *Dasha* e *Bhukti* e "fundi-los" para obter uma opinião balanceada.

O papel do *Antardasha* e os períodos subsequentes é para determinar eventos de mais curta duração, ao mesmo tempo estando em sincronia com os outros períodos menores e maiores. Você terá que prestar uma atenção maior sobre onde está o Regente do *Bhukti* durante os trânsitos (*Gochara*, capítulo 15).

As indicações do *Mahadasha*/*Bhukti* são afetadas também, para o melhor ou pior, pela influência vinda dos trânsitos planetários presente (*Gochara*). Para uma leitura ser correta, completa e precisa você terá que "fundir" os resultados da leitura dos *Mahadashas* e *Bhuktis* com os com os efeitos do *Gochara*. Preste atenção nos Planetas mais lentos como Saturno, Júpiter, Rahu, Ketu, Urano, Netuno e Plutão e fundi-los na equação também. Marte é um Planeta rápido, relativamente falando, mas ele é um "estimulante" dos efeitos acumulados dos *Dashas* e *Gochara*.

Regentes dos Dashas

Trate os Regente do *Mahadasha* e *Bhukti*, *Bhukti* e *Antardasha*, etc, como se fossem conjunções. Use a lista de significações do Capítulo 10 como referência. Examine a posição e a força dos Regentes no mapa natal para ter um peso e significância específica dos Planetas Regentes dos períodos. Cada período maior, de longa duração, terá efeitos mais lentos, enquanto que os períodos menores terão efeitos mais imediatos.

A figura à seguir mostra os meus Dashas como um exemplo.

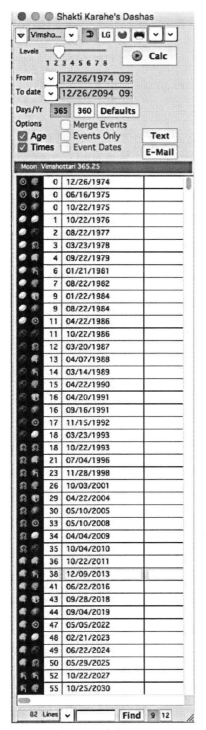

Mahadasha e Bhukti

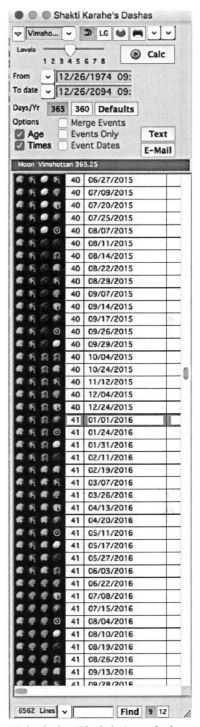

Mahadasha, Bhukti, Antardasha e Pranadasha

☉☽☿♀♂♃♄☊☋♅♆♇   477

VARSHPHAL – RETORNO SOLAR (ANIVERSÁRIO)

Varsh significa Ano e *Phal* significa fruto.

De acordo com um sistema chamado *Tajaka Paddhati*, um mapa anual das posições planetárias é elaborado a cada aniversário, que é chamado *Varshphal Kundali*. A chave desta abordagem é de localizar, para o ano corrente, o dia em que o Sol retorna no mesmo grau que o Sol no mapa natal. Um mapa é elaborado em um horário, mas para o local presente da pessoa e é lido em conjunto com o mapa natal. Alguns estudiosos dizem que este sistema veio dos muçulmanos, mais provavelmente do Tajikasthan (por isso, *Tajaka*). O mapa de *Varshphal*, é preparado para o aniversário da pessoa, e indicará os resultados favoráveis ou desfavoráveis para esse específico ano.

Uma característica do programa de Astrologia Védica é calcular este mapa com precisão. A interpretação é como se fosse a de um mapa natal. Você ainda deve sobrepor o *Varshphal* no mapa natal para sintetizar os resultados com as previsões do *Dasha* e *Gochara*. O mapa natal irá predominar, mas o *Varshphal* pode dar "frutos" adicionais para a interpretação. Na Astrologia ocidental, este é chamado de Mapa do Retorno Solar.

Muntha

Muntha é o Ascendente progredido que percorre um *Rashi* por ano a partir do nascimento e do Ascendente no nascimento. Em um ciclo contínuo depois de 12 anos o mesmo Ascendente ocupa o mesmo Signo do Ascendente no nascimento. Por exemplo: eu nasci com o Ascendente ou Lagna em Aquário. Aos meus 12 anos o Muntha estará em Aquário novamente. O mesmo nos meus 24 anos e assim por diante. O programa de Astrologia Védica deve calcular o *Muntha* automaticamente quando você faz o mapa do *Varshphal*.

O *Muntha*, cujo grau seria o mesmo que o nascimento Lagna, dá resultados muito bons. Quando o *Muntha* ocupa a 9ª, 10ª ou 11ª Casa os resultados são favoráveis para aquele ano e o tema daquele ano será de acordo com o tema da Casa que ele ocupar. Se o *Muntha* ocupar a 1ª, 2ª, 3ª e a 5ª os resultados para aquele ano também são favoráveis. Porém se o *Muntha* estiver na 4ª, 6ª, 8ª ou 12ª Casas, os resultados não são tão favoráveis e aquele ano pode trazer dificuldades. Estas dificuldades são aspectos que você precisa trabalhar na vida. O *Muntha* aspectado ou acompanhado por Planetas maléficos, particularmente Ketu, produz maus resultados. Se o Regente do *Muntha*, ocupar a 4ª, a 7ª, 8ª ou a 12ª, os resultados também não são os dos mais favoráveis. São áreas em que a pessoa deve trabalhar. Caso a pessoa não passe por dificuldades previstas para aquele ano é porque o Regente do *Muntha* no mapa natal está em situação favorável e o astrólogo deve levar isso em consideração antes de dizer cegamente que o ano vai ser ruim. As regras acima são somente uma referência. Por isso analisar o *Varshphal* e o *Muntha* sobrepostos ao mapa natal é essencial.

Por exemplo: Se o *Muntha* estiver em Touro então este ano haverá prazeres materiais e aumento da fortuna, se não for casado, pode existir casamento. A participação nos prazeres sensuais vai aumentar. Haverá prazer em alegria, música, dança, áreas artísticas e festas. O fluxo de renda pode aumentar e as despesas serão gastas na aquisição de itens extravagantes, ornamentos e prazeres mundanos.

Outro exemplo: se o *Munthesh* (Regente do *Muntha*) estiver na 10ª Casa no mapa do *Varshphal* e se o mapa natal "permitir", então nós veremos muito sucesso na carreira naquele ano para aquela pessoa. Se a pessoa estiver empregada, há chances de promoção este ano. E assim por diante.

Mudda Dasha

O sistema de *Dasha* do *Varshphal* é chamado de *Mudda Dasha* é calculado com base no mesmo princípio do sistema de *Vimshottari Dasha*. No entanto, o Dasha do mapa natal, o período completo do sistema é de 120 anos. Porém no sistema do *Mudda Dasha*, o prazo total é de 1 ano, que é a partir deste aniversário ao próximo aniversário. Assim, por exemplo, no sistema *Vimshottari Dasha* o período de Vênus é de 20 anos. Em *Mudda Dasha*, o período de Vênus é de 2 meses. O princípio da interpretação deste sistema segue o mesmo que o *Vimshottari*.

ASHTAKAVARGA

Analisar um mapa e fazer previsões corretas necessita a mistura de muitos princípios diferentes e envolve fazer minuciosos compromissos e julgamentos. O sábio *Parashara* disse que é difícil, mesmo para um grande *Maharshi*. No *Kali Yuga*, os seres humanos se tornam pecadores e os pecados acabam com a sua inteligência. *Parashara* disse que os pigmeus intelectuais do *Kali Yuga* não pode lidar com muitos princípios complicados e assim apresentou *Ashtakavarga* como uma técnica simples que nos permite fazer previsões razoáveis sem muita confusão. *Ashtaka* significa "o que consiste em oito" e *Varga* significa "um grupo". Assim o *Ashtakavarga* é o sistema de análise de um mapa com respeito a um grupo de 8 pontos de referência.

Quando analisamos as posições dos Planetas em relação ao Lagna, temos o conceito de bons e maus posicionamentos. Por exemplo, Júpiter na 9ª a partir do Lagna estará bem posicionado e Júpiter na 3ª será mal colocado. Por outro lado, Marte na 3ª a partir do Lagna estará bem posicionado e Marte na 9ª será mal colocado.

No entanto, o Lagna não é o único ponto de referência no mapa. Temos o Sol e a Lua. Na verdade, todos os Planetas servem como pontos de referência em um mapa e representam as várias fontes de energias que estão presentes numa pessoa. Com base na Casas, diferentes Planetas são colocados em trânsito, que podem ser benéficos em relação a algumas fontes de energia e maléfico em relação aos outros. Se um Planeta em trânsito é benéfico no que diz respeito a mais fontes de energia, então ele trará bons resultados.

Assim *Ashtakavarga* é essencialmente um sistema que nos diz as posições benéficas do Lagna e os 7 Planetas com respeito um ao outro. Isto pode ser utilizado para analisar a força de um mapa natal, mas é muito mais importante na análise dos trânsitos.

O programa de Astrologia Védica deve calcular o *Ashtakavarga* automaticamente e produzir um gráfico para a sua análise.

Casas Benéficas e Maléficas no Ashtakavarga

As Casas benéficas e maléficas para o Sol e cada um dos Planetas com respeito a todas as 8 referências são apresentadas nas tabelas abaixo.

Nas tabelas abaixo, o registo de 0 indica uma posição maléfica ou um *Bindu* (ponto). O registro do número 1 indica uma posição benéfica ou uma *Rekha* (linha). Para entender como ler esta tabela, vamos para a coluna intitulada "Mer". Isto mostra as Casas benéficas para o Sol, no que diz respeito ao Mercúrio. A 1ª e 2ª Casas têm 0 e a terceira casa tem 1. Assim, as 2 primeiras Casas a partir de Mercúrio são maléficas para o Sol e a 3ª Casa é benéfica para o Sol. As próximas tabelas dão as Casas benéficas e maléficas da Lua, Marte, Mercúrio, Júpiter, Vênus, Saturno e Lagna (respectivamente).

O seu programa de Astrologia Védica deve já fazer essas tabelas para você.

Porém, calcular o *Ashtakavarga* à mão não é tão difícil como pode parecer. Na verdade, ainda hoje, algumas pessoas na Índia calculam todas as tabelas de *Ashtakavarga* na mão em uma questão de poucos minutos. É só prática.

Ashtakavarga do Sol

A partir Casa	Sol	Lua	Mer	Vên	Mar	Júp	Sat	Lag
1ª	1	0	0	0	1	0	1	0
2ª	1	0	0	0	1	0	1	0
3ª	0	1	1	0	0	0	0	1
4ª	1	0	0	0	1	0	1	1
5ª	0	0	1	0	0	1	0	0
6ª	0	1	1	1	0	1	0	1
7ª	1	0	0	1	1	0	1	0
8ª	1	0	0	0	1	0	1	0
9ª	1	0	1	0	1	1	1	0
10ª	1	1	1	0	1	0	1	1
11ª	1	1	1	0	1	1	1	1
12ª	0	0	1	1	0	0	0	1

Tabela 14 - Ashtakavarga do Sol

Ashtakavarga da Lua

A partir Casa	Sol	Lua	Mer	Vên	Mar	Júp	Sat	Lag
1ª	0	1	1	0	0	1	0	0
2ª	0	0	0	0	1	1	0	0
3ª	1	1	1	1	1	0	0	1
4ª	0	0	1	1	0	1	1	0
5ª	0	0	1	1	1	0	0	0
6ª	1	1	0	0	1	0	0	1
7ª	1	1	1	1	0	1	1	0
8ª	1	0	1	0	0	1	1	0
9ª	0	1	0	1	0	0	1	0
10ª	1	1	1	1	1	1	1	1
11ª	1	1	1	1	1	1	0	1
12ª	0	0	0	0	0	0	1	0

Tabela 15 - Ashtakavarga da Lua

Ashtakavarga do Mercúrio

A partir Casa	Sol	Lua	Mer	Vên	Mar	Júp	Sat	Lag
1ª	0	0	1	1	1	0	1	1
2ª	0	1	0	1	1	0	1	1
3ª	0	0	1	1	0	0	0	0
4ª	0	1	0	1	1	0	1	1
5ª	1	0	1	1	0	0	0	0
6ª	1	1	1	0	0	0	0	1
7ª	0	0	0	0	1	1	1	0
8ª	0	1	0	1	1	0	1	1
9ª	1	0	1	1	1	1	1	0
10ª	0	1	1	0	1	0	1	1
11ª	1	1	1	1	1	1	1	1
12ª	1	0	1	0	0	1	0	0

Tabela 16 - Ashtakavarga do Mercúrio

Ashtakavarga de Vênus

A partir Casa	Sol	Lua	Mer	Vên	Mar	Júp	Sat	Lag
1ª	0	1	0	1	0	0	0	1
2ª	0	1	0	1	0	0	0	1
3ª	0	1	1	1	1	0	1	1
4ª	0	1	0	1	1	0	1	1
5ª	0	1	1	1	0	1	1	1
6ª	0	0	1	0	1	0	0	0
7ª	0	0	0	0	0	0	0	0
8ª	1	1	0	1	0	1	1	1
9ª	0	1	1	1	1	1	1	1
10ª	0	0	0	1	0	1	1	0
11ª	1	1	1	1	1	1	1	1
12ª	1	1	0	0	1	0	0	0

Tabela 17 - Ashtakavarga de Vênus

Ashtakavarga de Marte

A partir Casa	Sol	Lua	Mer	Vên	Mar	Júp	Sat	Lag
1ª	0	0	0	0	1	0	1	1
2ª	0	0	0	0	1	0	0	0
3ª	1	1	1	0	0	0	0	1
4ª	0	0	0	0	1	0	1	0
5ª	1	0	1	0	0	0	0	0
6ª	1	1	1	1	0	1	0	1
7ª	0	0	0	0	1	0	1	0
8ª	0	0	0	1	1	0	1	0
9ª	0	0	0	0	0	0	1	0
10ª	1	0	0	0	1	1	1	1
11ª	1	1	1	1	1	1	1	1
12ª	0	0	0	1	0	1	0	0

Tabela 18 - Ashtakavarga de Marte

Ashtakavarga de Júpiter

A partir Casa	Sol	Lua	Mer	Vên	Mar	Júp	Sat	Lag
1ª	1	0	1	0	1	1	0	1
2ª	1	1	1	1	1	1	0	1
3ª	1	0	0	0	0	1	1	0
4ª	1	0	1	0	1	1	0	1
5ª	0	1	1	1	0	0	1	1
6ª	0	0	1	1	0	0	1	1
7ª	1	1	0	0	1	1	0	1
8ª	1	0	0	0	1	1	0	0
9ª	1	1	1	1	0	0	0	1
10ª	1	0	1	1	1	1	0	1
11ª	1	1	1	1	1	1	0	1
12ª	0	0	0	0	0	0	1	0

Tabela 19 - Ashtakavarga de Júpiter

Ashtakavarga do Saturno

A partir Casa	Sol	Lua	Mer	Vên	Mar	Júp	Sat	Lag
1ª	1	0	0	0	0	0	0	1
2ª	1	0	0	0	0	0	0	0
3ª	0	1	0	0	1	0	1	1
4ª	1	0	0	0	0	0	0	1
5ª	0	0	0	0	1	1	1	0
6ª	0	1	1	1	1	1	1	1
7ª	1	0	0	0	0	0	0	0
8ª	1	0	1	0	0	0	0	0
9ª	0	0	1	0	0	0	0	0
10ª	1	0	1	0	1	0	0	1
11ª	1	1	1	1	1	1	1	1
12ª	0	0	1	1	1	1	0	0

Tabela 20 - Ashtakavarga do Saturno

Ashtakavarga do Lagna

A partir Casa	Sol	Lua	Mer	Vên	Mar	Júp	Sat	Lag
1ª	0	0	1	1	1	1	1	0
2ª	0	0	1	1	0	1	0	0
3ª	1	1	0	1	1	0	1	1
4ª	1	0	1	1	0	1	1	0
5ª	0	0	0	1	0	1	0	0
6ª	1	1	1	0	1	1	1	1
7ª	0	0	0	0	0	1	0	0
8ª	0	0	1	1	0	0	0	0
9ª	0	0	0	1	0	1	0	0
10ª	1	1	1	0	1	1	1	1
11ª	1	1	1	0	1	1	1	1
12ª	1	1	0	0	0	0	0	0

Tabela 21 - Ashtakavarga do Lagna

Por exemplo: Suponhamos que Vênus está em Gêmeos. Vamos encontrar os *Rashis* na qual Júpiter é benéfico perante ao Vênus.

Nós vamos precisar olhar para o *Ashtakavarga* de Júpiter (veja a tabela 19). Lá precisamos olhar para a coluna de Vênus. Como podemos ver, somente as 2ª, 5ª, 6ª, 9ª, 10ª e a 11ª Casas tem o número "1" – Rekha. Lembremos que Vênus está em Gêmeos, então vamos achar quais Signos são benéficos com respeito à Vênus e encontraremos, Câncer, Libra, Escorpião, Aquário, Peixes e Áries. Portanto Júpiter é benéfico com respeito à Vênus nesses *Rashis*.

Sarvashtakavarga

Ashtakavarga é o método para entender o efeito dos trânsitos de um Planeta só enquanto ele se move por cada Signo individual.

Sarvashtakavarga é uma fórmula que julga o valor da combinação de todas as influências planetárias caindo sobre um Signo. *Sarva* significa "tudo". Este processo resume todos os *Rekhas* de todos os Planetas para cada Signo. O número resultante irá lhe dizer a força geral de um Signo para promover as boas e repelir as más influências. O valor mínimo é de 25 para se obter bons resultados. Mais de 30 *Rekhas* é muito bom, e abaixo de 20 indica que há exposição a problemas nesse Signo específico. Eu encontrei o *Sarvashtakavarga* como um bom método para determinar a força de um Signo e, correspondentemente, uma Casa. Muitas vezes você vai encontrar uma posição planetária que faz bem, apesar das regras gerais dizer ao contrário. Você vai ter que verificar o *Sarvashtakavarga* para o Signo ocupado. Você provavelmente vai encontrar altos pontos de *Rekhas* que permitem que o Signo desvie más influências e ainda exibem suas melhores qualidades como um Signo ou Casa.

DECIDINDO QUANDO UM PLANETA IRÁ DAR SEUS EFEITOS

- ❖ O mapa natal é o padrão de influência **estática**.
- ❖ O mapa de trânsito é o padrão de influência **dinâmica**.
- ❖ O mapa de trânsito é sobreposto no mapa natal. Um trânsito não pode dar resultados que não estão indicados no mapa.
- ❖ Considere o "peso" ou influência de cada Planeta em trânsito. Use o *Shadbala* e outras regras para determinar a força planetária.
- ❖ Faça um resumo do número total de trânsitos que estão fazendo impacto naquela posição ao mesmo tempo.
- ❖ Determine a força em geral do mapa natal para promover ou repelir influências favoráveis ou desfavoráveis.
- ❖ Sempre leve em consideração as influências que contrabalançam o mapa.

Os aspectos de um Planeta em trânsito podem aumentar ou diminuir os efeitos de um trânsito específico. Por exemplo: um aspecto de Júpiter em trânsito pode reduzir as indicações negativas significantemente.

DETERMINANDO A NATUREZA E O HORÁRIO DE EVENTOS

A seguir está uma lista de vários pontos que você precisará para prever eventos.

1. Examine a posição dos Planetas em trânsitos sobre as posições natal.
   a. O grau exato do Planeta em trânsito sobre o natal dá uma informação mais específica. Este é um ponto simples, mas bastante importante. Um dia de cada lado também traz bastante efeito.
   b. Olhe para o trânsito a partir do Lagna, Lua e Sol que estiverem passando pelas:
      i. Casas,

ii. Signo
iii. Nakshatras
c. Examine o Planeta que esta transitando em relação à um Planeta *Karaka*.
d. Olhe para os Planetas conjuntos ou opostos de um outro por transito no Signo.
e. Olhe para a força do Planeta.
2. Olhe para a Lua Cheia ou Lua Nova sobre o mapa natal.
a. Lunações (horário da Lua Nova e Lua Cheia)
b. Eclipses: trânsitos sobre pontos do Eclipse por Signo e grau dá um resultado notável.
3. Note no mínimo 4 níveis dos *Dashas* em ordem descendente.
4. Examine o *Ashtakavarga* dos Planetas envolvidos.
5. Sobreponha o *Varshphal* sobre os trânsitos e *Dashas*. Imerja os resultados.
6. Olhe para o ano do aniversário de impacto dos Planetas, quer dizer, quando cada Planeta irá genericamente dar seus resultados. Por exemplo: Saturno na idade de 36 anos, Rahu na idade de 48, etc. (veja o capítulo 15).

PRASHNA – A ARTE DE RESPONDER PERGUNTAS.

Um dos ramos mais úteis e dinâmicos da Astrologia Védica é o *Prashna*, que literalmente significa **pergunta**. Isso é chamado de Astrologia horária na Astrologia ocidental. Vamos usar uma metáfora de fotografia, em que uma leitura do mapa natal é como usar uma lente panorâmica. Tem-se a visão completa, mas parece muito longe, e não se pode ver todos os detalhes. Para obter mais detalhes pode-se ampliar e olhar para um segmento menor do tempo, digamos, a duração de um *Dasha* ou, ainda menor, um subperíodo planetário. A visão mais detalhada real ou uma visão mais microscópica seria concentrar-se apenas em uma causa por um período de tempo específico. Isto é *Prashna*.

Como funciona o *Prashna*? A concepção de uma questão é o pensamento que entra na mente. Ponderando, preocupando-se e remoendo é o período de gestação. E a pergunta em si é o nascimento da questão. Na minha experiência, muitos dos *Prashnas* são questões referentes à vida amorosa. "Quando vou encontrar a minha alma gêmea?", "Será que ele realmente gosta de mim?", etc.

Claro que o *Prashna* não está limitado a ponderações românticas, mas pode ser aplicado a quase todas as situações em que os seres humanos têm perguntas.

Os mapas de *Prashna* são examinados de um modo semelhante ao mapa natal. Eu não dei uma lista dos efeitos do *Prashna* porque elas podem ser derivadas das explicações padrão que já dei para interpretação do mapa natal. *Varahamihira Shatpanchasika* dá algumas regras gerais que são úteis. Por exemplo, quando um Planeta benéfico está localizado no Signo Ascendente ou no Signo Ascendente do *Navamsha*, é possível prever um resultado favorável para a questão.

Geralmente, em *Prashna*, a 1ª Casa é a pessoa que levanta a questão (querente) e 7ª Casa representa as pessoas que o questionador pode estar se perguntando sobre. Se a pessoa está perguntando sobre a carreira, olhe para a 10ª Casa do *Prashna*. Se o questionador quer saber sobre a mãe, olhe para a 4ª Casa ou a Lua, e assim por diante.

O mapa do *Prashna* representa o ambiente do questionador, seu universo, em qualquer momento no tempo. O momento em que a pergunta do questionador entra na consciência do astrólogo védico é o tempo que o mapa do *Prashna* é definido. O princípio é que o cliente é quem sempre se aproxima do astrólogo.

O mapa *Prashna* pode ser marcado quando:

❖ O astrólogo recebe uma chamada ao vivo no telefone (perguntas "ao vivo" dão os resultados mais precisos).
❖ A pessoa pergunta diretamente, face-a-face.
❖ Um mensageiro vem, chama ou escreve em nome do autor da pergunta.
❖ Uma carta contendo a pergunta é lida.
❖ Uma mensagem vem de forma em qualquer dispositivo de gravação, como uma secretária eletrônica, um vídeo ou uma gravação de áudio,

ou uma máquina de fax ou uma mensagem de e-mail.

Eu particularmente trabalho principalmente com e-mails e o meu trabalho fica fácil porque eu posso anotar o horário exato de quando a pergunta foi perguntada e quando eu recebi a pergunta em minha consciência.

Sinceridade e a forte necessidade sentida para ter uma pergunta respondida são as chaves para uma leitura de *Prashna* bem-sucedida. Um desejo de encontrar a resposta para uma questão pessoal deve ser dominante na mente da pessoa por pelo menos um ou dois dias antes de entrar em contato com um astrólogo. Isso indica que a importância da questão é forte o suficiente para registrar uma resposta que será exata e conclusiva.

Astrólogos diferem a respeito de quando você marcar o tempo para obter um mapa *Prashna*.

NAMA NAKSHATRA PRASHNA

Cada *Pada*, ou um quarto do *Nakshatra*, representa um fonema ou som. Este sistema de som tem sido usado principalmente para nomear bebês; o som do *Nakshatra* da Lua é usado para o som inicial do nome do bebê. Há alguns professores que utilizam o som do *Nakshatra* da Lua da pessoa como um mantra de meditação No entanto, eu pensei que deve haver mais do que isso. Em minha pesquisa, descobri que você pode usar esses sons em *Prashna* para determinar o nome de uma pessoa, lugar ou coisa, de acordo com onde os Planetas estiverem colocados nos *Padas* do *Nakshatra* (veja a lista dos *Nakshatra* no apêndice).

Eu também descobri uma técnica adicional: O som ou a "vibração" de seu nome exerce uma grande influência sobre sua vida. Você pode usar esta técnica do *Nama Nakshatra Prashna*, no sentido inverso. Ou seja, pegue a primeira letra ou som do seu nome ou o nome de alguém e localize o *Nakshatra* com o qual ele está associado. Agora, identifique qual Signo do Zodíaco este nome/som está ocupando. Usando esta técnica, você pode dizer muito sobre uma pessoa meramente associando seu nome a um Signo. Por exemplo, se o nome de uma pessoa é Karina, utilize o som K, você vai achar que a pessoa apresenta uma série de características geminiana, pois Gêmeos é onde o som K reside.

Nomeando bebês

Você pode utilizar a tabela dos sons ou sílabas dos *Nakshatras* no apêndice para nomear uma pessoa (bebê), lugares ou coisas. Para usar esta técnica, crie o mapa natal da pessoa ou do evento em questão. Daí localize o *Nakshatra* ocupado pela Lua. Refira-se à tabela dos Nakshatras e localize o som ou a sílaba identificado pela Lua no mapa natal. Essa sílaba pode ser usada no início do nome da pessoa.

Por exemplo: Quando o meu sobrinho nasceu, o meu irmão imediatamente me ligou e me enviou os dados de nascimento do filho dele, até o momento, sem nome. Eu fiz o mapa do bebê naquele momento mesmo e vimos que a sílaba do *Nakshatra* dele era "Ja". Por isso eu sugeri o nome de *Jay* (que significa vitória). A minha mãe sugeriu *Jayesh* (que significa "Vitorioso"). E *Jayesh* ficou.

Presságios

Nós não só anotamos o horário que a pessoa perguntou a questão para um *Prashna*, mas nós também devemos levar em consideração os sinais que estão presente no nosso ambiente naquele momento.

A vida é uma matriz incrível de influências que tecem em torno de nós constantemente. Estes padrões da natureza foram rastreados e conhecido por milhares de anos.

Informações sobre presságios, também chamado de *Shakuna* ou *Nimitta*, esteve focado primeiramente nos gritos de aves. Na antiguidade, em uma Índia mais densamente florestada, os habitantes rurais relacionavam as chamadas dos pássaros na natureza com o evento em questão.

O assunto de presságios tem se expandido ao longo do tempo para incluir potentes sinais como os de terremotos (*Bhauma*); catástrofes gerais (*Utpata*), tais como secas, inundações, pestes, etc.; sonhos (*Swapna*); eventos celestiais e meteorológicos (*Ulkapata*), tais como eclipses, halos ao redor da Lua, cometas, etc.; e o pulsar de várias partes do corpo (*Anga*). Como um astrólogo, você pode ter uma noção da influência de um presságio da natureza dos eventos que ocorrem no curso de uma leitura. Lembro-me de uma vez quando um cliente perguntou se seu casamento iria durar. Como uma pessoa indiana que veio de uma família de tradições de gerações, seria óbvio que o casamento duraria até que a morte os separe, ainda mais num casamento de 14 anos. Porém, no exato momento de sua pergunta, um carro passou com um barulho ensurdecedor. Eu disse que seria difícil o casamento durar. Ele nunca mais falou comigo. O casamento não durou. Em 8 meses eles se separaram.

Capítulo 15 – Trânsitos - *Gochara*

Os trânsitos são o movimento constante de ciclos dos Planetas. Um mapa é uma imagem congelada dos Planetas no espaço. Nós os traçamos em relação ao nosso Planeta Terra dentro dos limites da eclíptica contra o fundo onde estão as estrelas fixas. As estrelas fixas são o que compõem as constelações ou Signos. Os Planetas em trânsito em um mapa é onde os Planetas estão atualmente no céu. Eles formam aspectos com os Planetas natais em um mapa e acionam eventos na vida de um indivíduo. Podemos traçar onde esses Planetas estarão no futuro, dando-nos a capacidade de fazer previsões com base na onde o Planeta em trânsito está em um mapa (que Casas) e que Planetas no mapa natal o Planeta em trânsito fará aspecto. Os trânsitos vão trazer à tona todas as indicações das Casas que ativam e os Planetas que aspectam. Os trânsitos são usados para dar o momento (dia e/ou hora) do evento. Você pode ver um potencial em um mapa, mas quando é que o evento irá manifestar ou irá manifestar mesmo ou não? Isso é ativado através dos *Dashas* e a ativação dos Planetas natais através dos aspecto dos trânsitos com eles.

Há certos anos de nossas vidas, quando a influência de certos Planetas estarão ativos. Este é um fator de previsão separado, não devem ser confundidos com os Dashas. Para exemplo, o Sol exerce uma grande influência na vida de uma pessoa aos 22 anos de idade, e o resto dos Planetas têm influências da seguinte forma:

- ❖ Sol: 22 anos de idade
- ❖ Lua: 24 anos de idade
- ❖ Mercúrio: todas as idades
- ❖ Vênus: 25 anos de idade
- ❖ Marte: 28 anos de idade
- ❖ Júpiter: 16 anos de idade
- ❖ Saturno: 36 anos de idade
- ❖ Rahu/Ketu: 48 anos de idade

Você também pode avaliar os trânsitos pela contagem de um Planeta *Karaka*. Por exemplo: o cônjuge é a 7ª Casa. Os trânsitos na sua 11ª indicam a 5ª Casa do parceiro (11ª é 5ª da 7ª), indicando as crianças e seus temas e a necessidade do companheiro de amor e romance. Talvez o seu parceiro poderá ajudar você com seus investimentos e ser um bom companheiro em um curso de meditação.

OS MELHORES TRÂNSITOS DOS PLANETAS POR CASAS

O que se segue é uma orientação geral. Essas posições serão modificadas para cima ou para baixo pela qualidade do Planeta em trânsito e como esse Planeta é colocado e aspectado. Abaixo, o X indica que o Planeta é considerado bem posicionado ou em sua melhor posição, quando em trânsito sobre aquela Casa.

	1	2	3	4	5	6	7	8	9	10	11	12
Sol				X		X				X	X	
Lua	X			X		X	X			X	X	
Mer			X		X	X		X		X	X	
Vên	X		X	X	X			X	X		X	X
Mar				X		X					X	
Júp			X				X		X		X	
Sat				X		X					X	
Rahu				X		X					X	
Ketu				X		X					X	

REGRAS BÁSICAS DE TRÂNSITO

Quando um Planeta em trânsito forma uma conjunção com um Planeta no mapa natal, eventos de vida como prometidos no mapa natal são acionados. Se o evento tem uma influência positiva ou negativa e se tem grande ou pequena consequência, é determinada pela natureza dos Planetas envolvidos.

No entanto, as ações favoráveis que você tomou nesta vida vão cobrir uma série de consequências negativas. A qualidade favorável ou desfavorável de um Planeta e a quantidade de sua influência pode ser determinada através das regras padrões da a força planetária dada no capítulo do *Shadbala*. Um *Panchanga*, almanaque planetário sideral ou efemérides sideral, irá ajudar a determinar quando os graus dos Planetas em trânsito cairão sobre as posições natais. Esse *Panchanga* deve ser calculado pelo seu programa de Astrologia.

INTERPRETAÇÃO DOS EFEITOS DOS PLANETAS EM TRÂNSITO

O Sol viaja aproximadamente 30 dias em cada Casa.

Trânsito do Sol na 1ª Casa

Com o Sol na sua 1ª Casa, ele traz questões que envolvem a sua identidade pessoal, aparência, comportamento exterior e auto expressão para a superfície. Isto marca o auge do seu ciclo solar físico, e você estará em posição de causar uma boa impressão nos outros, e fazer valer a sua influência pessoal. Este trânsito causa a espontaneidade de expressão. Você está pronto para colocar o seu passado para trás e para começar um novo ciclo pessoal. Você tem presença e projeta confiança. Isto vem com um aumento de energia e um sentimento renovado de confiança. Será um ótimo mês para fazer algo inteiramente novo e único. Você terá a tendência de avançar sozinho em alguma área da sua vida. Esta época especial do ano e terá alegria em seus empreendimentos pessoais. Este é um momento em que você poderá mais facilmente entrar em contato com um verdadeiro sentido de sua identidade e propósito. Você verá mais claramente o lado mais empreendedor de sua natureza e é hora de aproveitar as oportunidades. Os problemas existentes em sua vida podem ser superados agora pela bravura e pela abordagem simples. Não há nada errado se existir um pouco de egocentrismo durante este ciclo, mas evite levar isso muito longe.

Por outro lado, esta não seria a melhor hora para o trabalho em equipe e de ações em grupos. Os holofotes estão sobre você e sua habilidade para liderar, para torná-lo um dia ruim em um bom dia. Tomar medidas para melhorar a forma como você se depara com os outros. É hora de trilhar seu próprio caminho na vida. Este é o momento de trazer para a superfície o seu "Novo Eu" e se você aprendeu as lições que lhe foram impostas durante o mês passado (trânsito do Sol pela 12ª Casa), este mês será muito frutífero para você.

Trânsito do Sol na 2ª Casa

Este mês será o período mais "financeiro" do ano para você. Você pode ter uma visão mais materialista sobre a vida, ou você terá um interesse crescente em suas próprias coisas que possui, durante este ciclo. Você está mais atraído por objetos e pertences que lhe dão uma sensação de conforto, ou um status de luxo. Você provavelmente terá a tendência de criar o seu próprio caos financeiro, devido aos hábitos de gastos extravagantes. Nesta altura do campeonato, não é aconselhável você tomar muitos riscos, mas mesmo assim você pode estar ainda muito resistente às mudanças.

Este é um momento onde as atenções devem ser dadas às suas "zonas de conforto" e elas são mais importantes agora para você do que o normal porque você valoriza o que lhe é familiar.

A 2ª Casa rege os sistemas de valores, bens físicos e dinheiro, autoestima e talentos pessoais. Esta casa também governa os seus ganhos pessoais, os banqueiros, os orçamentos, o dinheiro que "você" ganha com o seu próprio suor, recursos materiais, sistema de valor, os ganhos e perdas monetárias, segurança. Basicamente, esta Casa mostra a sua autoestima. Há um foco enorme em seus valores pessoais e autoestima. Portanto, este mês será sobre tudo o que tem valor para você se tornar importante durante este tempo. Isto inclui a sua moral e valores pessoais. Afinal, um diamante só vale o seu valor em moeda se nós acharmos que é importante, caso contrário, é inútil para alguém que não lhe dá qualquer valor a pedra. Organize os seus valores, assim você saberá o que tem valor para você e você vai ver onde seu dinheiro está indo. Seus bens materiais são um reflexo da sua autoestima. Use isso como uma oportunidade para reavaliar seus valores. Você tem uma escolha, quer lutar por seus valores ou comprometê-los? Se você perceber que oque você tem está te possuindo, então, mude sua atitude sobre si mesmo. O seu rendimento poderá aumentar durante este tempo enquanto você estiver reavaliando suas prioridades e bens materiais.

Trânsito do Sol na 3ª Casa

O Sol entra na sua 3ª Casa da comunicação, da escrita, das habilidades mentais, ensino do 1º e 2º grau, viagens curtas, viagens locais e viajar dentro de seu próprio país. Esta Casa também rege os vizinhos, irmãos, primos, sobrinhos e sobrinhas. Você continua brilhando nas áreas de comunicação e interação com outras pessoas. Preste atenção ao seu estilo de comunicação com pessoas que estão próximas a você. Isso se aplica aos irmãos, vizinhos e outras pessoas que fazem parte da sua vida quotidiana. Suas habilidades mentais são mais nítidas agora e sua tomada de decisão deve estar mais estável, firme e possivelmente até mesmo determinada e inabalável. Está mais certo agora das suas decisões. Este é um bom período para fazer viagens curtas porque são nestas viagens que você vai brilhar durante este trânsito. Viagens curtas incluem uma viagem ao interior, as áreas próximas onde você mora ou para outros estados. Tente fazer uma viagem curta, enquanto o Sol estiver brilhando na sua 3ª Casa. Se você tem pensado sobre começar ou terminar um projeto escrito, este é o momento para fazê-lo.

Trânsito do Sol na 4ª Casa

Este poderá ser um período de recarga, de entrar em contato com seus sentimentos mais íntimos, de se conectar com suas raízes, e de gastar mais tempo e energia em casa e com a família. As questões da casa e família continuarão a capturar sua atenção. É um momento em que assuntos mundanos não são tão importantes para você. Use essa energia para encontrar maneiras de melhorar suas relações familiares e seu ambiente familiar. Durante esse ciclo de aquecimento do coração, você utilizará este período melhor se permitir explorar suas necessidades internas, para que possa cuidar de si mesmo e dos outros de uma maneira saudável, orientada para o crescimento.

Este poderá ser um trânsito onde existe a necessidade de fazer uma reconfiguração de suas prioridades, se você não fez ainda. Muitas vezes, quando confrontado com o que é verdadeiramente importante, é durante um momento desafiador. Então, por que não leve a si mesmo para agir sobre o que é verdadeiramente importante para você ao invés de esperar pela dificuldade e as difíceis circunstâncias forçarem você a tomar certas atitudes? Se sua família é verdadeiramente importante para você, então redefina as suas prioridades do momento para se envolver totalmente com eles.

Qualquer comportamento antigo e que forem pouco atraentes que não são tão impressionantes precisam ser eliminados agora. Revisite o passado da família como um adulto maduro e em seguida, formule esta linha da história mais modernamente em vez de continuar olhando para a sua família através de uma mente de uma criança. Mamãe e Papai não são os mesmos que você via antigamente. Você cresceu e eles também.

Trânsito do Sol na 5ª Casa

A 5ª Casa de atividades prazerosas, encontros, amores, brincadeiras, jogos, emoções sensuais, amantes, paternidade e sexualidade, criatividade, atividades artísticas, de lazer, a procriação, recreação, e crianças ou filhos. Esta Casa também inclui o lazer, jogos, esportes, auto realização, alegria e felicidade.

Com o Sol transitando sua 5ª casa da diversão, a sua melhor opção é permanecer fiel a si mesmo e apenas para ser você mesmo. Você pode sentir um impulso para se rebelar ou fazer loucuras. Mas não precisa burlar nenhuma regra ou lei a fim de se divertir. Mais uma vez, apenas seja você mesmo e você irá atrair mais pessoas.

Caso você tiver a possibilidade de tirar umas mini-férias, eu acredito que você provavelmente irá curtir em toneladas. Uma vez que esta também é a casa do namoro e romance, este é um momento propício para trazer mais "fogo" no seu relacionamento. Se você for solteiro, um novo romance pode se desenvolver.

Trânsito do Sol na 6ª Casa

Com o trânsito do Sol na sua 6ª Casa, seu foco está no trabalho. Não é o momento de brincar mais. Você terá mais sucesso nos projetos de trabalho, porque você está mais focado e presta atenção aos detalhes. Este é um excelente momento para se fazer projetos menores, mas não os maiores já que você vai ter mais dificuldade em lidar com a figura maior. Você vai lidar com seus assuntos do dia-a-dia, as tarefas mundanas da vida que a maioria de nós tentamos procrastinar e fazer melhorias na sua rotina, bem como na sua saúde. Você faz melhor em trabalhar por si mesmo ao invés de trabalhar em grupo. Você estará com uma mente mais analítica e distante e terá um pouco perfeccionismo em suas ações. Existe a grande possibilidade de você obter um animal de estimação.

Trânsito do Sol na 7ª Casa

Com o trânsito do Sol na sua 7ª Casa quer dizer que ele estará transitando pela sua casa adversária, que é a de relacionamentos, e também é naturalmente regida por Libra (o Signo do equilíbrio, amor e harmonia), por isso, sua ênfase durante esta fase, é maior quando se trata de relacionamento e parcerias. Isso pode revelar-se positiva ou negativamente, dependendo de onde você está no relacionamento. Você aprenderá mais sobre si mesmo através de relações e parcerias do que qualquer outra coisa em sua vida. Qual é a essência de tudo no final das contas? Você não deve tratar disso como uma oposição ou um cabo-de-guerra. Ao invés disso você deve procurar o equilíbrio no relacionamento.

O negócio aqui é que outras pessoas e suas opiniões, ações e excentricidades parecem estar desempenhando um papel mais importante em sua vida. Você começa a ver o preto no branco sobre os outros aqui. É ideal para o reequilíbrio das relações. Você também pode achar que você é capaz de atrair os outros para a sua vida mais facilmente, por isso pode ser útil para fazer novos contatos e comunicações. Você aprende através da diferença de polaridade. Lembre-se os Planetas estão na casa oposta à sua (Ascendente). Assim, eles não vão ensinar o que você já sabe.

Os opostos podem atrair, mas no final há uma necessidade de resolver as diferenças. É preciso reconhecer o ponto de vista dos outros, porque você poderá crescer através da associação. Isso não significa mudar a sua personalidade na raiz. Isso significa ser flexível para as divergências, e receptivo a novas experiências. A comunicação é uma via de mão dupla.

Trânsito do Sol na 8ª Casa

Com o trânsito do Sol na sua 8ª Casa, sua atenção se voltará para dentro, bem como de relações pessoais em um nível mais profundo. Transformações pessoais, poder pessoal e assuntos íntimos e a responsabilidade de cumprir estas áreas estão mais em ênfase durante este ciclo. Pode haver um forte foco referente ao dinheiro dos outros, parceiros, marido ou esposa, como também sobre os recursos de um parceiro, a herança, bancos e empréstimos e/ou impostos. Você é mais intenso no seu humor e disposição, e talvez até mesmo um pouco mais secreto, nesta época do ano. Você está mais em contato com os elementos mais profundos e até primordiais da sua própria personalidade e mais capaz de ver estas coisas nos outros também. Isso pode ser um tempo determinado e, pessoalmente, forte do ano, mas somente se você aplicar a energia deste trânsito de forma construtiva. A 8ª Casa é a Casa das riquezas de seu cônjuge ou parceiro, e também rege a espiritualidade, seguros, heranças, dinheiro de outras pessoas, ações, obrigações, impostos, heranças, testamentos, cirurgias e experiências astrais. É a casa da regeneração e inclui a morte, sexo, assuntos jurídicos e metafísica.

A 8ª Casa pode ser comparada como a Casa onde você está à procura de sua alma. Este é um bom momento para você admitir para onde você vendeu sua alma e onde você deve ir (dentro de si mesmo) para encontrar a sua alma. Em outras palavras, aceitar o passado e usar o que aprendeu para transformar sua vida em algo absolutamente maravilhoso. Trata-se de encontrar o verdadeiro "Eu" e onde o "Eu" está. Esta é a casa do "dinheiro do cônjuge" e do "dinheiro de outras pessoas" e por causa disso você pode ter uma tendência a se preocupar com essas fontes de dinheiro agora. A maneira mais fácil lidar com isso é deixar de limitar crenças e comportamentos que são antigas (quadradas, sem querer ofender), para trabalhar onde você gostaria de estar em sua vida. Pode haver alguém que terá impacto sobre você de uma maneira positiva e que poderá literalmente mudar sua vida para melhor. Mantenha seus olhos e ouvidos abertos.

Trânsito do Sol na 9ª Casa

Com o trânsito do Sol em sua 9ª Casa, seu foco é a expansão de seu mundo. A 9ª Casa é da mente Superior, do pensamento elevado, religião, faculdades, ensino superior, filosofia, profecia, filantropia, todas as coisas "estranhas", a intuição, viagens de longa distância, outros países, culturas estrangeiras, exterior, igrejas, empresas aéreas, férias, comércio internacional, sonhos, visões e professores.

Você poderá cruzar seu caminho com estrangeiros mais frequentemente agora. Tenha em mente quando você encontrar, muitas vezes sem querer, com estrangeiros, filmes em língua estrangeiras, comida estrangeira ou qualquer outra coisa que é "estranho" para você, é porque sua mente e as perspectivas estão em uma fase de expansão. De repente você pode buscar uma compreensão mais espiritual do mundo ao seu redor.

Você pode estar se perguntando por que uma determinada circunstância está acontecendo com você e o que você precisa aprender com tais eventos. Tenha sempre em mente: "Tudo acontece por uma razão".

Este aspecto poderá ensinar mais sobre a filosofia e temas que são diferentes para você. O interessante sobre isso é que você estará em uma posição de entender e compreender temas mais complexos. Esta é a casa do ensino superior e poderá contemplar, procurar e encontrar seminários ou palestras que irão expandir as suas opiniões. Se você estiver envolvido num caso na justiça, meu conselho é que seja melhor você resolver fora dos tribunais.

Trânsito do Sol na 10ª Casa

Com o trânsito do Sol em sua 10ª Casa, seu foco está no sentido que sua vida está tomando e seus objetivos. Você vai olhar em como sua vida está se desenrolando e onde você está caminhando na vida e determinar se você está indo na direção que você deseja ir ou não. Você quer alcançar um objetivo e estará mais apto a trabalhar, até mesmo se sacrificar para obter seu objetivo. Você vai tomar uma abordagem mais prática para a vida.

Com o Sol transitando a sua 10ª Casa da carreira e da vida pública certamente você estará mais voltado para a carreira. Suas ambições são rejuvenescidas e irá procurar pessoas, lugares e coisas que vão ajudá-lo a chegar ao local que você deseja para a sua carreira. Esta é uma maravilhosa posição de autoridade que está no momento e você será a voz da razão. Ao vender seu projeto, idéia ou serviços para os outros, procure agir como você é a voz da razão.

Você terá um caráter mais prático e deve ser capaz de convencer todos de que você é a ferramenta mais adequada para o bom trabalho. Você pode também, por uma questão de tempo, revisar se você escolheu a carreira certa. Se você estiver feliz, então "sim", você escolheu a carreira certa. Mesmo se você não estiver fazendo a quantidade de dinheiro que deseja neste exato momento, o fato de que você está feliz vai levar você em direção a esse final feliz financeiro. O dinheiro vai ser a recompensa por um trabalho bem feito.

Trânsito do Sol na 11ª Casa

Com o trânsito do Sol na sua 11ª Casa, o seu foco é sobre a independência e o futuro. Você vai querer fazer as coisas em grupos, passar o tempo com os amigos, e ser bastante sociável, mas você realmente não precisa de nenhum deles e não quer se sentir preso a nada e nem ninguém. Você mantém-se um pouco distante às pessoas e não querem lidar com o drama emocional. Você se concentra mais no seu futuro e suas esperanças. Você tem uma melhor compreensão sobre o que você quer que seu futuro seja e pode formular idéias sobre suas aspirações. Você também é mais humanitário agora e vai querer ajudar o mundo como um todo, de modo que você possa se envolver em uma causa. Você é atraído para o não convencional e não quer ser colocado em uma "caixa".

Em outras palavras, a estadia do Sol nesta Casa pode trazer conexões muito benéficas nas suas amizades ou até no seu círculo de trabalho. Neste trânsito você continua plantando as sementes para o futuro, sonhando com os planos que você pode começar a desenvolver daqui uns dois meses no seu caminho e analisar com os pés no chão, se eles ainda parecem viáveis ou não. Você está mais consciente dos benefícios através das redes sociais, e você pode encontrar algumas boas idéias por meio dos outros agora. Você pode estar trabalhando em equipe com esse trânsito. Existe a possibilidade de você estar questionando algumas das regras que você tem vivido e pode estar pronto para tentar algo totalmente novo. Você terá uma atração maior por aquilo que é progressivo ou métodos não convencionais durante este ciclo.

Trânsito do Sol na 12ª Casa

Com o trânsito do Sol na sua 12ª Casa, seu foco estará no seu subconsciente. Velhas questões podem vir à tona, tais qual você precisa enfrentar e seguir em frente. Este é um bom momento para se livrar da bagagem e "limpar" sua vida física, mental, emocional e espiritual. Você pode se sentir esgotado, especialmente em torno de pessoas e vai precisar passar mais tempo sozinho para recarregar. Você não quer ser o centro das atenções e preferem ficar em segundo plano e não obter qualquer atenção das pessoas. Você pode parecer mais sensível e emocional, precisando de mais descanso e será mais intuitivo. Você também é mais compassivo e você vai querer ajudar as pessoas que não podem ajudar a si mesmos.

É aqui que o tempo pode fechar dependendo da sua atitude. Esta Casa é a do reino escondido, do inconsciente, da dor, do passado, do *Karma*; rege as prisões, as instituições, hospitais, dores secretas, seus medos, suas repressões, daqueles "esqueletos" escondidos no armário, da "auto-ruína" e "auto-lesão". Trata-se de suas forças ocultas, pontos fracos e do que você não quer que os outros vejam ou saibam sobre você. Rege o *Karma* não redimido e serviço à humanidade sem a espera do retorno. Mas não deixe que esta Casa o assuste, porque é necessário que você olhe para sua própria consciência a fim de se manter no caminho correto.

Quando o Sol está na 12ª Casa, há um ditado na Astrologia que diz: "Esta pessoa está para receber sinais mistos". Como esta é a Casa do "reino escondido", isto quer dizer que o seu subconsciente representa o que está oculto, que é exatamente o que você deseja manter em segredo. A boa notícia sobre esse aspecto é que fará com que você se torne mais consciente de suas motivações ocultas que estão no fundo do seu subconsciente, que estão conduzindo suas ações conscientes. Este é o lugar onde os sinais mistos entram em jogo.

Enquanto você estiver trabalhando com isso, você pode se confundir, assim como confundir aos outros. A 12ª Casa pode ser uma tremenda oportunidade para o crescimento quando você usa esta energia para se conhecer melhor. Portanto, é um evento importante se você tem uma agenda oculta que não estava previamente ciente. E esse tipo de mudança tem a tendência de ser boa, pois traz muitos problemas ao fim.

O trânsito da Lua é curto. Aproximadamente, de 2 ½ dias. Lembre-se disso quando estiver lendo estes trânsitos.

Trânsito da Lua na 1ª Casa

Sua energia é muito maior quando a Lua está transitando através da sua 1ª Casa. Você tem a unidade para fazer as coisas e pode realizar muitas tarefas. A confiança é maior e as decisões vêm mais fáceis. Impulsividade e sensibilidade podem estar bem aguçadas durante estes dias e deve estar mais ciente para não tomar ofensas por coisas que não valem a pena. Você pode se ferir emocionalmente se não se proteger um pouco mais agora porque você está mais vulnerável.

Você vai estar muito consciente das energias sutis em torno de você e pode sentir mais afabilidade pelos outros. Tome um tempo para meditar ou entrar em contato com seu mundo interior, que pode ser facilmente alcançado agora e você pode tornar este trânsito uma experiência positiva. Sua aparência pode sofrer uma mudança (é uma boa hora para um corte de cabelo).

Este trânsito pode trazer um forte desejo de expressar seus sentimentos. Os seus próximos podem aceitar esse seu humor ou rejeitá-lo. Tenha cuidado de como você interpreta suas reações. Lembre-se que com este trânsito você pode ser excessivamente sensível.

Trânsito da Lua na 2ª Casa

As suas finanças vão estar vinculadas às suas emoções. Você pode sentir que você precisa de mais dinheiro e isso pode ser verdade, porque este trânsito pode trazer mais gastos ou pode ser apenas uma necessidade emocional. Há uma chance maior de compra por impulso porque você estará emocionalmente atraído por coisas, por isso certifique-se de que você está gastando seu dinheiro com sabedoria, caso contrário você pode acabar com dívidas que você não quer (ou precisa). Sua autoestima e seu estado financeiro estão mais ligados. Fazendo uma mudança no seu sistema de valores também poderá ser feito neste momento. Adicionalmente, sua segurança está ligada ao seu dinheiro durante esses poucos dias, então o que você tem pode afetar a forma como você se sente. Quando este trânsito é bem tratado, você pode ser mais prático sobre a sua vida e se sentir mais ligado à terra, permitindo-lhe ser mais capaz de lidar com questões importantes. Por outro lado, você pode parecer um pouco previsível e chato durante este trânsito. Você pode precisar prestar mais atenção para excessos (e especialmente se você está cuidando do seu peso!). A 2ª Casa é relacionadas com a boca, por isso aja com moderação. Se você estiver em um relacionamento, você pode sentir uma onda de atração romântica e vai querer fazer algo especial para seu par.

Trânsito da Lua na 3ª Casa

"Ocupado" é a palavra deste trânsito. Você vai estar indo sem parar durante os poucos dias nos quais a Lua estiver na sua 3ª Casa e se você não tem muito o que fazer, você vai ficar entediado e inquieto na sua mente, o que irá torná-lo nervoso e irritável. A energia mental estará elevada e se você é normalmente uma pessoa emocional, este trânsito pode fazer suas emoções nublar sua capacidade de raciocínio e lógica. As palavras podem ferir com facilidade se você for muito sensível. Pode haver muita comunicação e você poderá fazer uma viagem curta, talvez para se reabastecer emocionalmente.

Fazer uma melhoria no seu ambiente próximo pode fazer você se sentir melhor agora, bem como estar ativamente engajados em sua comunidade. Você pode se comunicar como você está se sentindo com mais facilidade, especialmente sobre mágoas antigas. Provavelmente, você terá a tendência de passar por cima de sentimentos dos outros também. Por outro lado, este curto trânsito pode fazer você tagarelar um pouco mais da conta, sobre tudo e qualquer coisa, ignorando o que os outros têm a dizer que pode levar à falar direito sobre elas.

A curiosidade é maior, mas tome cuidado para não enfiar seu nariz onde não lhe pertence. Irmãos podem trazer à tona sentimentos, positiva ou negativamente. Escrever seus sentimentos é uma boa sugestão.

Trânsito da Lua na 4ª Casa

Com a Lua passando na sua 4ª Casa, esses dias serão mais bem utilizados se você fizer uma auto inspeção. Avalie suas raízes, sua fundação interior e seus pensamentos que esteja cultivando nesse momento. Veja quais as mudanças, se houver, precisam ser feitas para te fortalecer. Ancorar-se e "fixar seus pés firmemente na terra" será um ato positivo, especialmente para aumentar sua sensação de segurança que pode precisar de um impulso a este ponto.

Compreender as suas relações íntimas, especialmente seus entes familiares, pode ser feito agora. Você vai precisar nutrir a si e aos outros e com esse Trânsito, isso virá fácil. Você pode querer apenas ficar em casa nos dias deste trânsito, passar o tempo sozinho com seus pensamentos ou com os entes queridos. Você pode se sentir mais privado, mantendo as coisas para si mesmo e permanecer quieto. As memórias podem ser mais forte e você pode usá-los para entender melhor a sua mente subconsciente. Algo pode chegar à sua casa ou à família que causa transtorno emocional. Não se torne carente ou evite as pessoas que fazem você se sentir carente durante este tempo.

Trânsito da Lua na 5ª Casa

Durante este curto trânsito, ser social fará você se sentir bem e você vai se sentir mais conectado com os outros quando se envolver em atividades criativas ou se divertindo. Passar um tempo fora de casa, fazer algo divertido é geralmente o que vem com a Lua na 5ª Casa. Tudo o que você achar que é divertido e te der uma folga do estresse é o que você mais vai querer fazer. Este deve ser o trânsito mais divertido do mês, se bem utilizado. Você está mais criativo, em sintonia com suas emoções e você vai sentir uma imensa vontade de canalizar essa sua criatividade.

A Lua na 5ª Casa pode ascender um clima para o amor e romance. Seus filhos, se você tiver, podem capturar sua atenção um pouco mais do que o normal ou pode trazer uma conexão mais emocional ou você pode ter um desejo forte para ter filhos ou para passar o tempo com eles. A preguiça pode definir este trânsito no que se diz respeito às suas responsabilidades diárias, fazendo você optar por diversão em vez de trabalhar. Isso é bom se for no final de semana. "Matar aula" nem sempre é bom quando você é um adulto. Você também pode abusar de coisas não tão boas para si mesmo, portanto, esteja ciente disso. Pode haver uma chance maior de precisar a aprovação dos outros para garantir o seu senso de auto existência.

Trânsito da Lua na 6ª Casa

Durante este curto período, o trabalho estará vinculado a suas emoções e inclusive trabalhar duro e fazer as coisas na qual você se sente à vontade. Você não vai parar até que tudo esteja terminado e você vai prestar mais atenção aos pequenos detalhes. A produtividade é alta e você vai entender quais tarefas devem ser feitas agora e o que esperar como resultado mais tarde. Seus relacionamentos no trabalho podem tornar-se um foco agora. Sua saúde pode ser uma preocupação e este é um bom momento para agendar um *check-up*. Comer melhor, fazer exercícios e dormir o suficiente vai parecer importante portanto, preste atenção ao que seu corpo lhe está dizendo, pois isso pode ser o melhor momento para descobrir o que precisa de ajustes. Se você estiver estressado, isso pode se tornar algo pior fisicamente, portanto, tente não ficar muito tenso sobre qualquer coisa. Caos também vai ser mais evidente e você vai se esforçar para trazer um pouco mais de estrutura e organização para sua vida. Você pode ser mais sensível aos animais e seu animal de estimação pode lhe recarregar emocionalmente com este trânsito.

Trânsito da Lua na 7ª Casa

Seus relacionamentos são entrelaçados com os seus sentimentos e você pode ser mais propenso a expressar seus sentimentos com o cônjuge ou parceiro ou eles podem torná-lo mais emocional. Como você se sente sobre seus relacionamentos estará no seu foco durante este curto trânsito e isso pode levar a uma melhor compreensão dessas relações ou mais brigas. Se você é super protetor ou necessitado demais, isso pode piorar as coisas. Se você estiver tendo problemas em seus relacionamentos este é o momento do mês para trabalhar sobre isso. Você está em melhor sintonia com seus sentimentos sobre seus relacionamentos e seus parceiros e que você precisa deles. Sentindo-se como você precisa estar próximo de pessoas pode ser maior nestes poucos dias que pode tornar este um momento social. Você estará com um comportamento mais agradável, amável e carinhoso em torno dos outros. O que os outros dizem a você, especialmente sobre você e sua vida, pode ter um impacto maior sobre você e causar sofrimento emocional. Veja as coisas do seu ponto de vista e tente não pedir opiniões, se você não estiver aberto à ouvir a verdade.

Trânsito da Lua na 8ª Casa

Se você não estiver focado em si mesmo e estiver com sua atenção nos outros, isso vai te levar a loucura porque você não pode controlar os outros. Não faça isto com você nesses poucos dias deste trânsito e as coisas vão fluir mais suavemente. Você se concentra em questões mais profundas, você somente irá se beneficiar com isso. Suas emoções são intensas e poderosas durante esse trânsito. Você pode oscilar entre emoções fortes e, uma vez que a Lua deixar esta Casa, você não vai entender o por que dessa drenagem emocional. Temores profundamente arraigados, desejos e problemas podem ser facilmente estimulados com a Lua atravessando através da sua 8ª Casa, portanto, se há algo que tenha evitado, agora é a hora de atender à isto. Este pode ser um momento de ciúme e possessividade em relacionamentos íntimos, especialmente se você está inclinado dessa forma naturalmente. Não cutuque em nada que não precisa ser cutucado. Isso pode ser um dos momentos mais difíceis do mês, e você pode se tornar amargo ou ressentido, solitário ou insatisfeito. Encontre o que você sente é significativo e importante na vida e esse pode ser o antídoto para esse trânsito difícil.

Trânsito da Lua na 9ª Casa

Você vai querer explorar sua mente, a filosofia, a espiritualidade e lugares distantes também. Mas como esse é um trânsito curto, isso pode ficar na vontade somente. A liberdade mental, emocional, espiritual e física é importante durante esses dias. Você provavelmente, sentirá uma vontade de caminhar livremente durante longo tempo, submergir-se em um romance de fantasia, usando o tempo meditando e a vontade de encontrar o seu *Nirvana*. De repente, você poderá sentir genuinamente feliz sem razão nenhuma. Emocionalmente, você está mais leve, menos sério e mais otimista, sentindo como se a vida é positivamente infinita. Procure aproveitar os bons sentimentos, porque eles podem ser o melhor do mês. Se você não se permitir a ter alguma liberdade agora, você vai se sentir agitado e aborrecido, querendo libertar-se do mundano. Você estará mais emocionalmente ligado a suas crenças agora, mas cuidado para não dar uma de fanático. Avaliar seu caminho espiritual e descobrir quais ações irão melhor ajudá-lo nessa sua "viagem" será mais fácil com este trânsito. Pergunte a si mesmo como você pode tornar a sua vida melhor. Você conseguirá chegar mais fácil à uma resposta com este trânsito positivo.

Trânsito da Lua na 10ª Casa

Avançar na vida parece importante quando a Lua passa por esta Casa. Certificar-se de que você está escolhendo se cercar de pessoas que irão apoiar seus esforços e esse pode bem ser seu durante esta visita da Lua na sua 10ª Casa. Além disso, avalie se os seus objetivos estão realmente servindo a um propósito para suas necessidades internas ou apenas para ter alguma segurança. Questões relacionadas com o seu status social, carreira e figuras de autoridade, especialmente os pais, podem vir à tona agora. Você pode achar que você não está satisfeito com a situação em que você está em sua vida e pode querer fazer alguma mudança. Você também pode ser mais sensível ao que as pessoas dizem e pensam sobre você. Se este trânsito for levado bem, este pode ser um ótimo período para você em termos de carreira, permitindo-lhe fazer o maior progresso do mês. Se não for bem utilizado, então você vai estar excessivamente envolvido em seu trabalho (viciado no trabalho) e vai se sentir totalmente drenado. Você também pode ter problemas em escutar aos outros, preferindo dizer às pessoas o que fazer, pensar e sentir em vez de ouvir o que eles realmente querem, pensam e sentem. Em resumo, este pode ser um trânsito um tanto que egoísta se você não se cuidar. Você também pode se sentir mais responsável agora, porém, esse pode ser um bom momento para lidar com as suas responsabilidades e fazer as coisas que precisam ser feitas. Se você tomar boas decisões, então você verá seus frutos.

Trânsito da Lua na 11ª Casa

Emocionalmente você anseia a liberdade e vai querer experimentar coisas novas e ser diferente do normal. As regras vão parecer como se fossem algemas para você. Expressar-se como um indivíduo é importante para você e você não se sentirá travado durante este trânsito positivo. Você vai gostar de inovação e individualidade. Embora você quer afirmar-se como a sua própria pessoa, você pode se sentir melhor em um grupo, especialmente com pessoas que pensam como você. Se você estiver trabalhando por uma causa, ainda melhor! Isso pode ser um período sociável porque você vai se sentir mais consciente da sociedade e que você tem uma parte nisso. Isto pode lhe dar uma sensação de propósito no mundo. Passar esses dias pensando sobre novas idéias e conceitos ou faça algo de bom para a humanidade ou Planeta. Visite seus velhos amigos. Seja solidário com eles e eles vão ser solidários com você. Faça algum trabalho em sua comunidade. Tudo o que você escolher a fazer durante estes poucos dias, procure estar orientado para a realização de algum tipo de esperança ou sonho. Se você não sabe o que suas esperanças e sonhos são, este é um bom período do mês para descobrir.

Trânsito da Lua na 12ª Casa

Suas emoções estarão mais encobertas durante esse período curto e pode ser mais emocional do que o normal. Você não vai expressar seus sentimentos exteriormente, vai mantê-los para si mesmo, preferindo a paz e tranquilidade fora do drama emocional. Basta relaxar e estar em harmonia com você mesmo e fazer uma pausa no seu mundo e este trânsito pode ajudar a rejuvenescer. Este é o melhor momento para deixar de lado o que a vida exige de você, somente por um dia ou dois. Você pode sentir-se mais espiritual agora, conectado com a metafísica. Seus sonhos podem parecer mais importante e pode haver mensagens para você dentro deles. A criatividade aumentará, de modo que este pode ser um bom período para aqueles nas áreas artísticas.

Não se deixe tornar-se excessivamente emocional neste momento ou você pode se sentir mais abjeto do que o habitual: deprimido, solitário, culpado, inútil ou sem direção. Para uma maneira positiva de lidar com este posicionamento, você pode olhar para trás sobre os trânsitos da Lua através das Casas anteriores e descobrir o que você fez que era certo e o que foi um erro ou mal manejado e usar esse conhecimento para tomar decisões melhores para a próxima rodada da Lua através das 12 Casas. Nós passamos por este ciclo todo e cada mês, de modo que cada vez traz uma nova oportunidade para corrigir as coisas que fizemos de errado no último trânsito e tomar medidas mais positivas para alcançar nossos objetivos.

Mercúrio leva aproximadamente 1 ano para passar por todas as 12 Casas. Ele pode ficar em uma Casa cerca de 14 à 30 dias, dependendo da sua direção.

Trânsito de Mercúrio na 1ª Casa

Com o Mercúrio em trânsito na sua 1ª Casa, sua mente se acelera e você toma uma abordagem mais mental às situações. Mercúrio rege tudo o que tem haver com a comunicação. Mercúrio passando através da sua 1ª Casa trará consigo um impulso de energia em sua personalidade. Esse aumento de energia pode ser usado de forma caótica ou de uma forma organizada para obter mais realizações. Aqui você pode "optar" pelo caminho que quer seguir. Lembre-se, esta é a Casa da Personalidade e como você reage, portanto, este trânsito dá a ênfase em como você se comunica com você mesmo. Outras pessoas também irão vê-lo em reação ao modo como você se vê. Em outras palavras, os outros irão tratá-lo da mesma maneira que você trata a si mesmo. Eles estão apenas seguindo a sua liderança. Se você disser que você é nada menos do que maravilhoso, então os outros provavelmente irão dizer a mesma coisa.

Trânsito de Mercúrio na 2ª Casa

Com este trânsito você vai tomar uma nova atitude sobre seus valores, o que você tem ou como você está usando tais valores. Você pode obter uma visão em seu subconsciente a respeito de porque você quer o que você quer, porque continuar a fazer as coisas que você faz ou porque sua autoimagem tem que depender de algo. Dinheiro ou bens que você considerou perdidos podem voltar ou a sua conta bancária poderá ser forçadamente debilitada devido às circunstâncias peculiares que poderá passar, quer dizer, por mais que você economize alguma coisa, de repente algo pode vir a acontecer que te force a gastar o dinheiro. Este é um ótimo momento para encontrar idéias novas e inovadoras sobre como fazer dinheiro ou economizá-lo. Também um ótimo momento para captar as coisas de forma direta ou indireta e obter introspecções sobre os desejos do seu parceiro ou formas que vocês se relacionam com os recursos conjuntos.

Trânsito de Mercúrio na 3ª Casa

Mercúrio na sua 3ª Casa faz você pensar muito, mais e mais, tentando descobrir como colocar todos estes pensamentos juntos e organizados. Procure tentar ver como eles estão todos conectados. Você pode saber o que você quer dizer, mas não como dizê-lo. Você pode perceber as coisas em seu ambiente que você nunca viu antes ou conhecer alguém de uma forma indireta, que é como um irmão ou irmã para você. Você pode obter novas introspecções sobre os pensamentos que você teve antes, mas em novas aplicações ou maneiras incomuns para usá-los. Grande momento para a aprendizagem de meios não-verbais ou indiretos de comunicação ou a renovação de um conhecimento antigo em uma nova habilidade ou aplicação. Ótimo para ver fatores subconscientes e como eles conduzem a verdade do seu companheiro, parceiro, amigo ou da sua filosofia ou moral.

Este é um bom momento para começar a aprender algo novo, fazer testes ou começar um projeto escrito. Você poderá ter uma conversa importante com um irmão ou vizinho.

Trânsito de Mercúrio na 4ª Casa

Com o Mercúrio em trânsito na sua 4ª Casa, sua mente é obscurecida por suas emoções e você poderá tomar as suas decisões com base no que você está sentindo. Sua mente não é tão rápida como de costume. Este vai ser um momento na qual você pode desfrutar dos seus poderes de concentração. Você terá uma vontade de ficar sozinho. Sua memória é mais poderosa do que o normal durante este período e seus pensamentos focam frequentemente para assuntos pessoais, familiares e até a mãe. Você possivelmente entrará em discussões sobre a sua infância, o passado, ou de assuntos que não foram resolvidos durante sua juventude.

Na verdade, é um grande momento para abrir conversas com seus pais ou a mãe principalmente, porque você terá uma tendência mais racional quando se trata de assuntos pessoais agora. Por outro lado, este trânsito, às vezes, dependendo da colocação planetária do seu horóscopo natal, indica um período particularmente agitado e, talvez, mais agitado ainda, no cenário doméstico. Esta agitação poderá ser porque você irá trazer trabalho do trabalho para trabalhar em casa.

Trânsito de Mercúrio na 5ª Casa

Com o Mercúrio em trânsito na sua 5ª Casa, você é muito mais criativo do que o habitual. Você pode fazer um excelente trabalho em projetos criativos, mas têm dificuldade em concentrar no trabalho real. Sua intensão será somente se divertir durante este trânsito. Você está mais sociável e amigável e tem um bom senso de humor.

Durante este ciclo, há uma poderosa conexão mental com a sua auto expressão criativa. Você estará orgulhoso de suas idéias, poderá expressá-los aos outros sem problemas. Seu pensamento é mais criativo do que o habitual. Você tende a entreter os outros com sua conversa e seu senso de humor é especialmente acentuado. Seus pensamentos se voltam para as crianças, os prazeres, ou romance durante este ciclo expressivo. Você sentirá uma necessidade maior agora para a estimulação intelectual. Portanto, seus amigos e parceiros românticos terão uma conexão maior com você se eles forem do tipo intelectual. Você estará mais disposto a assumir riscos em um nível mental para aproveitar a espontaneidade e o aumento na criatividade que vem com esta posição.

Trânsito de Mercúrio na 6ª Casa

Com o Mercúrio em trânsito na sua 6ª Casa, sua mente estará mais focada no trabalho. Você poderá lidar com projetos de trabalho e tarefas com muito mais facilidade e você estará mais produtivo e eficiente. Se você é um escritor ou trabalha em comunicações ou com tecnologia, este é um bom período para você. Você pode ter mais conversas com colegas de trabalho ou sobre o seu trabalho ou lidar com a tecnologia mais do que o habitual. Seu ambiente de trabalho é mais movimentado. Você é mais lógico e analítico.

Este é o momento para fazer uma investigação em relação à sua saúde, ou aceitar a sua idade (caso sua idade seja mais avançada) ou dar um jeito antigo de se trabalhar, mas com um novo olhar. Procure encontrar uma nova forma de abordar às questões de saúde, questões de trabalho, ou formas de se relacionar com plantas e animais; sim, esta Casa rege plantas e animais de estimação também. É um momento oportuno para encontrar uma nova maneira de fazer um trabalho, obter informações sobre as opções alternativas de saúde, ou encontrar novas informações importantes para a sua saúde que não foram compreendidas antes. Você terá também algo que te leve a fazer uma introspecção sobre as motivações do seu parceiro, suas tristezas e subconsciente.

Trânsito de Mercúrio na 7ª Casa

Com o Mercúrio em trânsito na sua 7ª Casa, você pode se comunicar melhor com os mais próximos. Este é um bom momento para criar um novo acordo de parceria ou ter uma conversa com alguém sobre seu relacionamento com eles para que você possa chegar a um plano para corrigir quaisquer problemas. Você pode conquistar as pessoas com o seu charme persuasivo.

Este é o momento para explorar novas formas de comunicar aos outros as coisas, sem apego às formas exatas do que está sendo dito. Ótimo para começar novas introspecções sobre oportunidades antigas e encontrando novas interpretações. Encontre uma maneira de comunicar idéias que você tem sobre si mesmo dentro de seus relacionamentos, sem fazer muito ou pouco desses relacionamentos do seu passado. Você pode obter uma visão interessante sobre o que mexe com o coração do seu cônjuge atual ou descobrir um lado diferente do seu parceiro, criando assim um novo entendimento. É um grande momento para revelar as áreas profundas de si mesmo ou da sua parceria dinâmica com os outros.

Também poderia trazer problemas passados em novas formas.

Trânsito de Mercúrio na 8ª Casa

Com o Mercúrio em trânsito na sua 8ª Casa, você vira excelente na pesquisa. Tudo o que é apresentado a você, você não vai aceitá-lo pelo valor de face e vai continuar a escavar abaixo da superfície até você sentir que você chegou ao fundo da coisa. Você vai detestar a superficialidade. Você quer que todas as suas conversas sejam sobre algo importante e suas experiências tenham significado. Você pode não ter tanto a dizer, mas quando abrir a boca, você terá poder. Você estará mais sério do que o habitual e vai se concentrar mais em assuntos sérios. Este pode ser um bom período para uma transformação mental.

Com Mercúrio na sua 8ª Casa você não estará satisfeito com o mundano. A sua visão é mais prática agora, a sua mente se eleva com pensamentos e ideais mais espirituais. Você está mais aberto a expandir a sua base de conhecimento durante este ciclo, e as comunicações com alguém que está longe pode ser parte desta imagem. Você está colocando tudo em perspectiva agora, ao invés de compartimentar. Ao invés de simplesmente ficar olhando, você está mais inclinado a discutir filosofias mais amplas agora. A tendência durante este ciclo é a pensar na visão geral e não nas circunstâncias e os detalhes mundanos de sua vida.

Trânsito de Mercúrio na 9ª Casa

Com o Mercúrio em trânsito na sua 9ª Casa, você é um grande conversador. Os pensamentos e idéias filosóficas não lhe faltam durante este período. Uma vez que Mercúrio rege a "mente" e está se transitando através da sua Casa da mente Superior de pensamento, você vai começar a pensar mais sobre o panorama da sua vida. Esta é também a Casa da "perspectiva" e como você percebe o mundo. Espiritualidade ou religião pode desempenhar um papel maior na sua vida onde você adota uma forma mais prática de expressar essas áreas em sua vida pessoal. Em vez de falar do discurso religioso ou espiritual, há um compromisso de praticar o que você acredita. Aproveite o tempo para ler mais, escrever mais e possivelmente até mesmo publicar o que você está pensando ou escrevendo.

Trânsito de Mercúrio na 10ª Casa

Mercúrio é a sua habilidade de se comunicar. Esta Casa também pode refletir a sua atitude, você, como pai ou mãe. Enquanto Mercúrio transita pela sua 10ª Casa da carreira e da vida pública, você vai ter um foco maior na linha da carreira e sobre se o que você está fazendo é realmente o que você quer fazer. Confie no seu instinto. Só porque você está passando por um momento lento nesta área, não significa que você não deveria estar fazendo o que ama. É apenas a um trânsito, uma fase. Mudar é bom. Mudança são constantes. Este é um momento muito propício para trabalhar a todo vapor e avançar na carreira. Faça planos, metas e execute esses planos.

Este é um momento muito bom para melhorar seu trabalho ou qualquer coisa que pode facilitar sua carreira. Se você é empregado, você pode até pedir um aumento ou ir atrás de uma promoção. Se a sua carreira exige que esteja sempre atualizado inscreva-se em um curso ou workshop que realçaria suas qualidades e que poderá dar novos atributos para você. Sempre procure atualizar as suas habilidades. Porém, procure não focar sua atenção nas pequenas coisas. Tenha sempre uma perspectiva ampla. Se você é um empreendedor ou se você trabalha com vendas ou publicidade, tire a vantagem de Mercúrio nesta Casa, porque Mercúrio rege vendas, publicidade e meios de comunicação em geral.

Trânsito de Mercúrio na 11ª Casa

Com o Mercúrio em trânsito na sua 11ª Casa, você virá com suas melhores idéias quando você estiver trabalhando em um grupo. Você precisa de muitas pessoas ao seu redor para trocar idéias, a fim de usar sua mente para o seu pleno potencial. As idéias que você terá agora tendem a não ser convencionais e você chega a soluções inovadoras para os problemas. Você é atraído por idéias e conceitos originais e que parecem futuristas.

Mercúrio estará em modo de socialização. Este é um momento para as baladas, sair com os amigos, ir a festas só passear com os amigos. Esta é também a Casa das esperanças, desejos e sonhos e você tem a oportunidade de se manifestar durante este tempo. Está na hora de fazer estes sonhos virarem realidades. Você pode questionar os seus objetivos e fazer o que você precisa fazer para atingir essas metas. Use suas redes de comunicação. Use o Facebook, amigos e organizações para ajudá-lo alcançar o que quer. Aproveite esse período porque logo o tempo poderá fechar.

Trânsito de Mercúrio na 12ª Casa

Com o Mercúrio em trânsito através da sua 12ª Casa, a Casa do que não pode ser visto, terminações, o Karma, dores secretas, medos e autodestruição.

Medite sobre este trânsito o mais profundamente que puder. Mercúrio rege a comunicação e está na 12ª Casa do "que não pode ser visto", do oculto. Como eu disse antes é o reino escondido. Isso significa que seu cérebro está procurando ser mais consciente do seu inconsciente, desejos, motivações e ações. Pense sobre isso. Quanto mais você pensa sobre o seu inconsciente, desejos, motivações e ações, mais fácil será para corrigir o que você não gosta e trazer a manifestação física que você ama. Desejos inconscientes, motivações e ações podem mantê-lo estagnado se você estiver com medo. Este é o momento de reconhecer esses temores e enfrentá-los. Há uma forte possibilidade de que tudo o que tem medo, já existe, portanto, você não tem nada a temer, porque não está mais oculto ou desconhecido. Mesmo que você avançar um passo minúsculo, você conquistou o medo. O negócio é reconhecer os pensamentos inconscientes e passar por eles. Como resultado, agora você tem uma visão. Você poderá se deparar com a frase: "Eu estava cego, mas agora vejo."

Vênus transita cada Casa aproximadamente de 23 dias à 2 meses, dependendo da sua direção.

Trânsito de Vênus na 1ª Casa

Você terá a tendência de achar que é difícil negar qualquer coisa a si mesmo durante este ciclo. Este é um momento em que você naturalmente solta o seu lado mais suave, receptivo. Questões românticas, bem como da busca do prazer nas atividades, vêm à tona agora. É bem provável que você irá prestar mais atenção à sua aparência física e comportamento, com o objetivo de melhorar e aumentar a sua atratividade. Já os outros te acharão bem mais agradável e cooperativo. Você ficará estará mais gracioso, porém não deixe se aparentar superficial, mas com certeza você terá uma simpatia maior com os outros durante este período. Vênus na sua 1ª Casa traz bastante ênfase na sua personalidade, em como você vê o mundo, como os outros o vêem, sua atitude, sua aparência, as perspectivas do mundo, autoconhecimento e como você reage. O trânsito de Vênus na 1ª Casa aumenta a autoconfiança, aumenta a autoconsciência, dá ênfase na beleza (física e estética) nas coisas ao redor das nossas vidas e oferece oportunidades para o sucesso no negócio e em arenas sociais. A 1ª Casa representa o Eu, nossa auto-imagem, nosso ser, nosso potencial. Este é um grande período para reinventar-se com uma nova visão.

Trânsito de Vênus na 2ª Casa

Vênus representa "atração", que geralmente vem na forma de amor, beleza e luxo. Uma vez que Vênus está na sua 2ª Casa, ela tem uma maior capacidade de atrair riquezas e luxo pessoal. Você também pode criar um maior senso de moral e valores. Você vai passar por uma fascinação crescente entre as coisas materiais, luxuosas e extravagantes durante este trânsito. Mesmo que você irá atrair mais dinheiro durante este período, seu interesse estará na beleza material, e os gastos estarão generosamente e diretamente ligados ao poder de controle dos seus impulsos.

Este período aonde o dinheiro e bens materiais virá para você mais facilmente agora, é um momento perfeito para guardar o dinheiro, economizar o máximo possível, ao invés de gastá-lo rapidamente. Aproveite o tempo para "sentir" o que é ter mais dinheiro no banco do que o normal. Esta Casa representa, mais do que tudo, a sua autoestima. Só porque você tem mais dinheiro não significa que você deve gastar mais dinheiro. Normalmente, quando mais dinheiro entra, o inteligente é se preparar para as épocas das vacas magras. Mas, novamente, tudo depende da posição e da força planetária no seu Horóscopo Natal.

Vênus se sente em casa na 2ª Casa, que representa nossas possessões materiais, renda, sistema de valor, e o nosso próprio valor. As finanças, a fonte de renda, o valor da propriedade ou imóveis. A compra de uma casa podem dominar suas vontades agora. Você também poderá estar de frente com decisões em relação ao que você avalia na vida ou como você avalia você mesmo, o seu Eu. O que é digno do nosso amor, devoção e atenção.

Trânsito de Vênus na 3ª Casa

Estará transitando a sua 3ª Casa de comunicação, da escrita, das habilidades mentais, ensino do 1º e 2º grau, viagens curtas, viagens locais e viajar dentro de seu próprio país e busca ativa de conhecimento.

Você pode sentir-se mais em concordância com as coisas e deixar passar outras de menor importância. Você poderá estar em um momento onde você escolherá melhor as suas batalhas. O amor está no ar e ele aparece no seu estilo de comunicação. Marte é energia agressiva e Vênus é a energia do amor e beleza. Imagine se Marte estivesse na sua 3ª Casa da comunicação, você seria um comunicador agressivo. Com Vênus neste posicionamento você se comporta mais agradável e amigavelmente, mais dócil do que o normal. Se você tiver um Signo mais sensível, esta sensibilidade provavelmente se mostrará em seu estilo de comunicação.

Como a 3ª Casa é a Casa de viagens locais e do meio ambiente local, você provavelmente reconhece mais beleza em direta proximidade com você. Sua apreciação para o mundo em seu ambiente mais imediato torna-se elevada. Este é um grande momento para dizer as pessoas mais próximas a você sobre como você se sente. Afeição por aqueles mais próximos a você é importante durante este tempo. Aproveite esta oportunidade para fazer as pazes.

Está pensando sobre o amor? Está escrevendo sobre o amor? Ou mesmo falando sobre o amor? Como eu disse, a 3ª Casa representa comunicação, o comércio, a escrita, o discurso, o pensamento, planejamentos e as idéias. Você que tem irmãos este período é favorável para relacionamentos e interações com um propósito de renovação com eles. O trânsito de Vênus na 3ª Casa incentiva a interação social, encontrando o prazer na estimulação mental, e a apreciação em compartilhar ideias. Seja uma borboleta social neste período. Aprenda a se divertir. Mesmo aqueles com Signos de Água (Câncer, Escorpião, Peixes) Vênus que transita pela 3ª Casa ainda produz uma personalidade mais sociável do que o normal.

Trânsito de Vênus na 4ª Casa

Durante este ciclo, você terá uma dedicação maior em casa. Você estará mais receptivo e gentil e para os que são casados isso acontece em um nível romântico e você terá a tendência de ser mais sentimental ou nostálgico agora. Outra influência seria que você poderá literalmente trabalhar na redecoração da sua casa também. Se as coisas estão fora do lugar, você vai fazer de tudo para criar um ambiente pacífico e estável. Lealdade e sensibilidade em seus relacionamentos são mais importantes para você durante este trânsito. Você pode se concentrar em maneiras de ganhar dinheiro ou em assuntos de sua casa. Esta é uma influência calmante, um momento em que os prazeres mais simples são os mais prazerosos.

Vênus aqui também traz questões que envolvem os nossos relacionamentos com a família, embelezando a casa (compra/venda da casa, mudança, refinanciamento, redecoração, remodelação, etc.) ou nossa vida privada (a necessidade de tempo para se mimar). Chame a sua mãe e tenha uma prazerosa conversa com ela. Marque uma hora na manicure ou para os rapazes, vá curtir uma sauna. Leve a família para acampar no fim de semana. Faça uma noite de cinema em casa com as crianças.

Trânsito de Vênus na 5ª Casa

Quando trânsito de Vénus está durante sua a 5ª Casa que é a casa do romance, este é um ótimo momento para começar a namorar um novo alguém especial. Com Vênus na sua 5ª Casa, a casa dos relacionamentos românticos e da diversão, ela traz consigo também um momento em que seu poder de atração estão em alta e os outros estão vendo você por suas qualidades. O desejo de ligações mais profundas é forte agora. Tente evitar tomar decisões rápidas sobre o seu dinheiro, especialmente quando se trata parcerias ou empréstimos. Vênus influencia você fazendo atrair mais do que o normal. A auto expressão criativa de qualquer espécie é favorecida neste momento. Você sabe instintivamente como colocar-se na melhor posição, a fim de causar uma boa impressão nos outros. Qualquer caso de amor que começa agora será caracterizada por bom ânimo, divertido, e uma parte equitativa do "drama emocional"!

Trânsito de Vênus na 6ª Casa

Vamos dizer que este será um período de embelezamento e/ou de trazer harmonia em seu ambiente de trabalho e isso poderá ser uma prioridade para você. Você pode encontrar mais oportunidades de se socializar com os colegas de trabalho, talvez encontrar um novo amigo através do seu trabalho ou das suas rotinas de saúde. É provável que você traga mais jeito e diplomacia para suas relações com as pessoas com quem você trabalha agora. Você pode não ser tão produtivo como de costume durante esse período, porque o foco estará mais nas relações sociais e atividades prazerosas tirando o seu foco do trabalho sério. Procure melhorar a saúde e vitalidade através de atividades relaxantes, como a massagem Ayurvédica ou até o *Yoga*. Existem chances de um romance despertar no trabalho. Fique atento.

Trânsito de Vênus na 7ª Casa

A 7ª Casa é a Casa oposta a sua 1ª, a do "Eu", e, portanto Vênus está transitando através da sua Casa adversária, que é a 7ª Casa dos relacionamentos. Não olhe isso como uma oposição porque isso é realmente um equilíbrio perfeito. Se você for casado este é um momento perfeito para renegociar ou melhorar o seu relacionamento. Se você solteiro, é um momento perfeito para conhecer um novo relacionamento.

Este trânsito cria a cooperação em todas as formas de parceria, incluindo casamentos, sindicatos, contratos e relacionamentos pessoais. Se você for solteiro, há uma forte possibilidade de um encontro com um futuro parceiro romântico. Mesmo que um relacionamento romântico não se manifeste durante este período, você ainda pode conhecer esta pessoa para uma ligação futura. Mantenha a mente e o coração abertos.

Já no caso de parcerias ou casamento este é um momento perfeito para trabalhar junto com seu parceiro em um projeto. Procure levar o seu relacionamento a um nível espiritual elevado e romântico. Trata-se de trabalhar em conjunto com a outra pessoa e amá-la. Se você estiver em uma parceria de negócios com alguém, é um grande momento para ter uma reunião para negociar e planejar o futuro da parceria.

Trânsito de Vênus na 8ª Casa

Durante este ciclo, um impulso financeiro é possível ou você pode ganhar financeiramente através de seu parceiro. A ligação íntima e profunda feita agora pode ser revitalizante e até mesmo resolver problemas. Você estará mais inclinado a querer suavizar as diferenças em uma parceria referente ao compartilhamento do poder, intimidade, finanças e outros tópicos emocionalmente carregados. Os relacionamentos íntimos são intensificados agora. Ou você ou seu parceiro irão desejar uma união mais profunda, em um nível mais elevado espiritualmente.

Trânsito de Vênus na 9ª Casa

Isso indica boas ações, ganhos, felicidade mental, romance e caridade, doações, conforto, casamento, viagens distantes de seus entes queridos, o respeito dos mais velhos, o aumento da fama, o conhecimento e prosperidade. Amor ou experiência da beleza na arte, prazeres e diversões. Relações românticas lhe darão boas experiências. Associação com algo novo que é mais bem qualificados e experientes do que você, que vai ser bastante útil e proveitoso. É um trânsito fácil de e gratificante.

Trânsito de Vênus na 10ª Casa

Isso significa que você tem uma presença magnética sobre si perante o público e em sua carreira. Se você é um funcionário, você vai notar uma luz favorável com seu patrão e outras autoridades. Se você estiver pensando em abrir um novo negócio, expandir o seu negócio ou pedir um aumento, este é o momento de fazê-lo. Vênus rege amor e da beleza e se você é solteiro, há uma forte possibilidade de que você pode encontrar um potencial parceiro romântico através de seu trabalho durante este período. Mesmo que o relacionamento não continue ou não floresça, o importante é fazer a conexão antes que esse trânsito termine, porque Vênus está tratando desta qualidade de energia. Em outras palavras, você pode conhecer alguém agora e não acontecer nada até depois que você se encontrou com ele ou ela durante este tempo. Essa pessoa pode ser mais velha, rica e tem um certo poder na sua carreira.

Trânsito de Vênus na 11ª Casa

Este momento é definitivamente um tempo certo para você se envolver com outras pessoas, grupos de pessoas e organizações. Quando se trata de grupos de pessoas, atividades com as organizações e clubes sociais, você estará atraindo muitos novos amigos e conexões. Não se surpreenda se um velho amigo ou um amor antigo reaparecer em sua vida. Ou pode ser que velhos amigos e/ou amores estão pensando em você e parece que não conseguem tirar você da cabeça. De qualquer forma, esta é uma colocação impressionante quando se trata de negócios e "networking". Você pode usar a energia de Vênus, de forma dupla aqui.

Em círculos sociais, será mais fácil para você passar o seu ponto e também experimentar o contentamento de passar o tempo com os amigos. Vá para as convenções ou para os lugares onde as pessoas se reúnem a fim de atrair mais negócios. Áreas de interesse comum também são ressaltadas. Durante este aspecto, grande número de pessoas podem prestar mais atenção em você se você quiser. Faça esse trânsito trabalhar para a sua vantagem.

Trânsito de Vênus na 12ª Casa

Aqui, Vênus vai passar algum tempo em "hibernação" no seu "reino escondido". Mas isso não significa necessariamente que a sua vida amorosa ficará estagnada, mas significa que o seu carinho e afeto são expressos por trás de portas fechadas. Atração por "segredos" caracterizam este período, embora, para alguns, pode também ser uma época de términos ou finalizações de relacionamento e por consequência, a melancolia. Contatos pessoais e sociais podem ser secretos, e pode haver casos de amor secreto e/ou infidelidade. Timidez pode levar a alguma solidão e frustração romântica. No entanto, isso também pode ser um momento deliciosamente íntimo e privado.

Marte leva aproximadamente 1½ mês em cada Casa.

Trânsito de Marte na 1ª Casa

Marte traz uma energia intensa para a sua 1ª Casa da identidade e como os outros vêem você. Marte é o Planeta mais agressivo e, naturalmente, rege o Signo de Áries e Escorpião. Com esta unidade e energia poderosa, sem sombra de dúvida, você vai ter um monte de coisas a fazer com uma forte possibilidade de serem realizadas durante este período quando você realmente se aplicar. Você pode encontrar-se em situações onde você precise defender o seu território ou seus sistemas de crenças, ideais.

Marte também irá levá-lo a perseguir agressivamente saídas criativas. Sua liderança e o seu estilo de agir com responsabilidade irão trazer finalizações e resultados que você procura. Sua automotivação é contagiosa e os outros vão querer seguir ou acompanhar você. Sua energia é atraente e os outros vão querer um pouco dessa energia, assim, querendo sua companhia e se unir a você. Existe uma forte possibilidade de você ficar mais agressivo, mal-humorado, mas por outro lado você pode ter a tendência de exaltar o seu lado sexy que pode realmente ser bem evidente aos outros.

Trânsito de Marte na 2ª Casa

Marte traz uma energia intensa para a sua 2ª Casa. Marte trará a tendência de você ficar mais agressivo para criar condições financeiras e atrair o ganho monetário. Como Marte transitando sua 2ª Casa do dinheiro não é de admirar que as finanças estejam em foco durante este período. Agora você deve escolher e definir a sua mente, e assim você pode de fato realizar suas intenções financeiras. Tenha em mente que você tem que se envolver nos campos da energia agressiva a fim de fazer tudo acontecer.

Sentar e esperar para que os outros façam algo por você simplesmente não vai acontecer. Se você empurrar essa energia agressiva para o seu lado, você certamente será capaz de poupar e pagar as contas. Não é uma notícia boa? Uma vez que esta é a Casa de sistemas de valores, sua moral e os valores também estão sendo incendiados.

Trânsito de Marte na 3ª Casa

Marte traz uma energia intensa para a sua 3ª Casa e, por isso, você pode se sentir mais interessado do que de costume para mudar as suas opiniões sobre os outros. Este é um momento onde você precisa manter seu Ego sob controle antes de optar por reagir nos sistemas de crença de alguém. Escrever, publicar e falar são atividades que poderão estar intensificadas agora. Se sua carreira envolve a utilização de atividade mental, você poderá trabalhar mais que o normal. Aproveite esse impulso extra de energia. Se a sua carreira envolve marketing e vendas, então este é um período para trabalhar mais e dormir menos.

Trânsito de Marte na 4ª Casa

Esta Casa significa suas raízes, seu patrimônio e sua vida pessoal. Esta casa também rege as terras, propriedades, residências, assuntos domésticos, fundamentos psicológicos, herança biológica e local de residência.

Marte pode tentar fazer uma bagunça em seu espírito durante esse período, especialmente no que se diz respeito aos vínculos da casa e família. Mantenha a calma porque Marte está apenas tentando arrepiar seus pelos. Isso tem a ver com ações e palavras em casa e com a família que estão trazendo memórias do passado. A importante coisa sobre o passado é que você pode aprender com ele. Se você não entender esta mensagem Marte continuará puxando a sua perna até você entender. Procure não entreter pensamentos irracionais, ações e palavras. Pense antes de falar e você se sairá bem.

Marte adora uma boa briga, porque é um Planeta agressivo. Canalize essa energia agressiva em um projeto ou alguma causa que vale a pena. Mas não se esqueça, você também é uma causa que vale a pena!

Trânsito de Marte na 5ª Casa

Isso traz aumento de energia e entusiasmo para o romance e/ou com os filhos, e se esforçará em atividades criativas e recreativas. Marte também pode trazer alguns conflitos para essas áreas, em alguns casos. No entanto, um romance poderia começar a pegar ritmo com esse trânsito. Você está mais disposto a assumir riscos e está mais competitivo, mas em uma forma mais amigável. Em seu entusiasmo para assumir a liderança, tente ser sensível e respeitar as necessidades dos outros.

Trânsito de Marte na 6ª Casa

Marte aqui traz uma energia intensa para a sua 6ª Casa. Marte dá aquela força de vontade e a energia que nós precisamos às vezes para completar certos trabalhos, ou qualquer trabalho. Com este trânsito você provavelmente finalizará vários projetos e fará muito em pouco tempo. Defina a sua mente para cumprir metas e trabalhar duro. A recompensa será enorme em longo prazo. Você pode se sentir que está dando mais do que recebe. Seja paciente e sua hora chegará. Controle o seu Ego, não deixe exagerar. Se isso acontecer, traga-o sob controle e continue seguindo em frente. Quando se tratar de sua saúde e higiene, adote uma abordagem mais agressiva (exercício físico) e você vai finalmente ver os resultados que você sempre quis.

Trânsito de Marte na 7ª Casa

Marte traz uma energia intensa para a sua 7ª Casa. Relembrando a 7ª Casa é a dos contratos, das relações contratuais. Esta Casa também rege sindicatos, processos, contratos, parcerias, casamentos, convenções e os inimigos aberto com o público. Isso pode ser em parcerias de negócios, no casamento ou uma relação de compromisso como "juntar os trapos". Também inclui associações de longo prazo, a paixão ou força subjacentes, a relação entre alma e personalidade. Se alguma vez houve um momento de trabalhar diretamente numa parceria, este é o momento. Em outras palavras, trabalhando em conjunto com um parceiro existente pode se transformar em algo muito maravilhoso. Em vez de usar essa energia para enfrentar de forma agressiva às questões pendentes dentro de uma relação especial, você pode usar essa energia de agressividade para fazer algo maravilhoso acontecer em sua vida. Marte não tem que transformar agressivamente ou negativamente. Se você sentir os efeitos negativos de Marte, fazendo você agir e reagir negativamente em suas relações pessoais, então, lute e transforme esta energia em algo bom.

Trânsito de Marte na 8ª Casa

Marte traz uma energia intensa para a sua 8ª Casa. Tenha em mente que esta é a casa de transformação e você vai achar que você vai ter que transformar uma parte de você antes que este trânsito termine. Isso significa que seu comportamento, atitude, ações e reações terão de fazer alterações e ajustes. Aceite essa idéia agora, para que você não seja forçado a transformar através de outros meios. É um grande momento para reajustar, reexaminar e repensar seus sistemas de crenças antigas e ver se eles ainda ressoam com quem você é hoje. Se você precisar mudar suas ações para corresponder às suas crenças, então faça isso.

Trânsito de Marte na 9ª Casa

Marte traz uma energia intensa para a sua 9ª casa. Você pode encontrar-se enfrentando em poucos debates filosóficos, religiosos ou espirituais durante este tempo. Marte é o Planeta mais agressivo em movimento e através desta Casa ele promove perspectivas mais amplas e, portanto, você está mais apto para defender a sua própria perspectiva e explorar outras mais novas. Isso cria um idealista. Procure viver em seus sistemas de crença atual e tomar nota para ver se o que você acredita é realmente aquilo que você acredita. Marte é a energia forte e você pode ter uma tendência a forçar as suas perspectivas sobre os outros. Use essa energia para explorar mais profundamente a si mesmo antes de tentar forçar aos outros a acreditar em você.

Trânsito de Marte na 10ª Casa

Marte traz uma energia intensa para a sua 10ª Casa. Com este trânsito você traz muita energia, entusiasmo e motivação para a sua carreira ou para tomar as rédeas das atividades em sua vida durante este ciclo. Você pode ficar bastante competitivo, durante este período, preferindo atingir e realizar as coisas em seu próprio ambiente. Essa atitude pode, em alguns casos, ser visto por outros como uma energia instigante ou até ofensiva, portanto fique atento a essa possibilidade. Este é um momento forte para seguir os seus objetivos. Não perca as oportunidades que virão.

Trânsito de Marte na 11ª Casa

Marte traz uma energia intensa para a sua 11ª Casa. Com um Planeta tão agressivo passando pela sua 11ª casa faz este trânsito um período para trabalhar em cooperação com os outros através dos trabalhos em grupos, equipes e organizações. Você pode ter que colocar o seu próprio Ego sob controle durante este período, porque esta é uma experiência de aprendizagem e uma pessoa não sabe tudo o tempo todo. Você vai ter mais realizações agora, mas somente se você trabalhar em cooperação com os outros. Isto significa que se você precisar de ajuda, pergunte aos outros. Se alguém precisa de ajuda, não espere a outra pessoa pedir. Seja proativo. Trabalhando como um jogador dentro de uma equipe será muito mais benéfico e frutífero durante este trânsito.

Trânsito de Marte na 12ª Casa

Marte traz uma energia intensa para a sua 12ª casa que é a Casa do "reino escondido", tudo o que você tem escondido no seu subconsciente podem vir à superfície para que a sua mente consciente possa lidar com isso. É uma coisa boa quando problemas ou ações antigas ressurgem para que possa ser passado à limpo e poderá seguir em frente com sua vida. Quando o reino oculto revela coisas de seu passado, procure fazer o seu melhor para lidar com tais assuntos mesmo que isso signifique "se desapegar" a tal coisa. O passado é passado. Viva o presente e visione o futuro. Eu prefiro chamar a 12ª Casa, "a casa da formação do caráter", porque é aqui onde você irá aprender e crescer mais. Se você está ficando para trás por causa de suas ações passadas, bom, aí em minha opinião, seria melhor eliminar tais comportamentos. A 12ª Casa é a área da autodestruição. Mas agora você entendeu o que quer dizer esta "autodestruição". Agora que você sabe disso, você pode escolher em apagar ou deixar os velhos padrões que agora somente "desfazem" ou "destroem" você.

Júpiter leva aproximadamente 1 ano em cada Casa.

Trânsito de Júpiter na 1ª Casa

No início de seu trânsito pela 1ª Casa, Júpiter no seu Ascendente, marca um momento de muito otimismo e alegria. Ao longo de sua jornada através da 1ª Casa, o trânsito de Júpiter traz melhorias significativas para o seu ambiente, bem como a autoconfiança para a sua personalidade. Você é mais expansivo, obviamente exuberante e entusiasta. Este trânsito aumenta seu otimismo e aumenta a sua generosidade. Este ciclo tem o potencial para ser um momento descontraído, feliz e esperançoso. Você está saudando a vida com um novo frescor, com uma atitude de "Eu posso!". O que aconteceu no passado, não é muito importante para você agora - é o futuro que você está olhando agora. Você está cheio de fé no universo - a fé de que tudo vai dar certo. Este é um período excelente para o auto-aperfeiçoamento. Lidar com o público é favorecidos e outros tendem a olhar para você como um líder. Podem ocorrer eventos que vão te ajudar a superar os problemas que antes pareciam desafiador ou mesmo intransponível. Agora você tem uma perspectiva completamente diferente sobre a vida e você não vai ser muito inclinado a suar às pequenas coisas. Você quer criar uma impressão de primeira sobre os outros e você tende a fazer exatamente isso. Você vai promover suas ambições pessoais e interesses, o que vem mais facilmente durante este ciclo. Às vezes, você pode sentir como o céu é o limite! Você se sente muito mais livre para ser você mesmo e outros tendem a aceitá-lo mais facilmente. Você vai precisar evitar tornar-se cheio de si mesmo ou excessivamente auto-interessado. Há também um risco de excesso e outras formas de comportamento extremo. O ganho de peso é frequentemente associado com este trânsito. Tenha cuidado para que uma atitude despreocupada não traga infelicidade depois.

Trânsito de Júpiter na 2ª Casa

Quando o trânsito de Júpiter está na sua 2ª Casa, você pode experimentar um aumento na autoestima e no autovalor. Você vai se concentrar em seu sistema de valores e fazer ajustes neles ou fazer ajustes em sua vida que estão mais de acordo com seus valores atuais. Você não vai querer tentar algo diferente ou drástico com este trânsito. Vai querer e manter o tradicional. No entanto, este aspecto pode ser bom para suas finanças e você pode se deparar com oportunidades para si mesmo que vão aumentar o seu status financeiro. Você também pode ficar mais materialista, o que pode fazer você gastar mais do que deveria, por isso, enquanto você pode fazer um monte de dinheiro, você vai querer gastar também. Esse deve ser um ano produtivo, você terá a tendência de fazer muita coisa que precisa ser feita.

Trânsito de Júpiter na 3ª Casa

Oportunidades educacionais e de comunicação serão apresentadas durante este ciclo. Você pode aumentar o seu conhecimento e habilidades e encontrar muito prazer nessas novas oportunidades. Durante esta tendência de longo prazo, 1 ano), vizinhos ou parentes pode ser especialmente benéficos. O seu conhecimento cresce e sua capacidade de disseminar esse conhecimento é aguçada. Você vai querer expressar suas idéias com mais entusiasmo que serão bem recebidas pelos outros. Você é capaz de entender assuntos complexos e explicá-los de tal forma que outras pessoas possam facilmente compreender, portanto, o ensino ou autoria será muito próspero agora. Oportunidades para viagens ou estudos avançados podem se apresentar. Isso pode ser um bom momento para fazer um curso devido ao fato de que você está mais receptivo para aprender e expandir o seu conhecimento e habilidades. Você pode decidir comprar um carro novo ou oportunidades de transporte vão aparecer, tornando muito mais fácil para você ir do ponto A ao ponto B. Você está mais alegre e sociável e outros tendem a apreciar mais a sua companhia como um resultado.

Presentes ou oportunidades podem vir por meio de visitas, viagens curtas, mensagens, e-mails ou poderão vir por meio de contatos com irmãos, colegas e vizinhos. Algum tipo de notícias positivas ou anúncio é provável que seja uma parte da imagem. Se você é um autor, você vai encontrar muitas oportunidades e sua criatividade fluirá bem. Se você é um estudante, os seus estudos são especialmente favorecidos. Se você estiver no negócio ou comércio, é provável que você vai ter um aumento nas vendas durante este período. Em geral, você encontrará muita alegria na comunicação, aprendizagem e socialização. Especialmente se Júpiter em trânsito faz Trígono com Planetas na sua 7ª ou 11ª Casas, pois novas amizades ou parcerias podem ser formadas agora.

Trânsito de Júpiter na 4ª Casa

Este período de 1 ano será um período onde você verá benefícios na casa, família, propriedade e questões de conforto domésticos. Muita alegria e diversão poderá englobar sua família e sua vida em casa agora. Uma sensação maior de segurança podem ser derivadas da sua situação doméstica. Melhorias para a sua vida pessoal, familiar e psicológica inclusive a sua fundação básica estarão em foco. Um forte senso de estabilidade, contentamento interior e equilíbrio serão percebidos. Oportunidades para comprar ou vender imóveis para ganho financeiro podem se apresentar. Melhorias na casa, tais como compras de imóveis ou renovação são favorecidas, como também as oportunidades de se mudar para uma casa nova. Pode ser que você terá a oportunidade de comprar ou vender uma casa, como também de receber uma nova adição à família. Problemas familiares que estiveram incomodando por um longo tempo poderão ser resolvidos. Mas dependerá da sua conscientização sobre isso.

Relações com os pais e outros membros da família continuarão bem. Você pode encontrar um prazer especial em entrar em contato com suas raízes ou tradições familiares. Você toma um interesse maior na segurança e bem-estar ao longo prazo para você e sua família. Você tem mais prazer em nutrir os outros. Um forte sentimento de bem-estar psicológico pode reinar em sua mente durante este ciclo e como você terá menos interesse nas ambições e atividades mais mundanas, você estará mais contente em torno de sua casa ou de seu "ninho".

Trânsito de Júpiter na 5ª Casa

Quando o trânsito de Júpiter está na sua 5ª Casa, você vai querer se divertir. Você pode passar mais tempo em seus hobbies, inclusive encontrar novos hobbies. Se você for criativo você poderá ver a sua criatividade aumentar e este é um aspecto excelente para os tipos artísticos. Você pode ser inspirado à criar o seu melhor trabalho. Existe uma chance de você se dar bem em loterias, mas não abuse dessa boa sorte. Você vai querer se expressar de alguma forma e levar essa expressão ao mundo.

Você pode ser mais sociável e se for solteiro, encontrar novos parceiros românticos. Você pode se apaixonar durante este trânsito, mas se não existem quaisquer outras influências de solidez (como Saturno fazendo algum aspecto), é mais provável que você só vai namorar muito. Se você já estiver comprometido, você vai trazer algum romance de volta para o relacionamento. Isso também pode ser um bom período para ter um filho ou engravidar e se você tem filhos, esse vai ser um bom período para eles.

Trânsito de Júpiter na 6ª Casa

Durante este ciclo, é provável que você verá benefícios nas áreas da sua saúde e trabalho, bem como nas rotinas diárias. Você encontra muita alegria em seu trabalho, nos esforços de auto-aperfeiçoamento e cuidados com a sua saúde. Este trânsito aumenta a sua capacidade de lidar com os detalhes necessários para fazer um bom trabalho e os outros se tornam mais conscientes das suas habilidades. Os benefícios podem vir através de colegas de trabalho ou empregados durante este ciclo. Qualquer tipo de serviço que você pode prestar é provável que vá bem. Você estará mais bem-sucedido na contratação de pessoas para trabalhar para você, se for o caso e melhorias para o seu ambiente de trabalho são prováveis. Você encontra mais prazer no trabalho que você faz e é mais fácil do que o habitual para encontrar um emprego agora, se for o caso. Você pode conseguir um novo emprego durante este ciclo, ou melhorar significativamente um já existente. O trabalho tende a ser muito disponível para você. Tarefas domésticas tendem a ter prioridade e você vai ter o gosto de fazê-las.

A melhor maneira de lidar com este trânsito é ter orgulho e reconhecer a sua utilidade. Isto vai lhe dar uma grande dose de alegria, onde você será bem recompensado, como resultado. O importante é quanto mais integridade e honestidade que você traz para seus serviços, maior o "retorno" que você receberá. A saúde vai prosperar este ano e os procedimentos médicos, se necessários, são mais propensos a ser bem-sucedido. Pode haver uma inclinação para o ganho de peso e cuidado com os doces. Durante este ciclo, você poderá adotar um animal de estimação.

Trânsito de Júpiter na 7ª Casa

Quando o trânsito de Júpiter está na sua 7ª Casa, o foco é a parceria, seja no casamento ou nos negócios. Este é um excelente período para se casar, juntar os trapos ou assinar contratos. Algum tipo de parceria importante é provável durante este trânsito. Você é mais feliz nos relacionamentos de todos os tipos e as pessoas que você conhece tendem a ser frutíferas para você.

Por outro lado, você pode acabar um relacionamento durante este trânsito, mas serão aqueles que não tem sido bom para você e você estará feliz em se livrar deles. Você terá uma maior capacidade em fazer compromissos, encontrar o meio termo e negociar. Você também é mais charmoso e bom em situações sociais. Benefícios financeiros virão por meio de parcerias. Questões legais ou problemas de relacionamento do passado podem ser resolvidos e as disputas podem ser resolvidas também. Você pode assumir o papel de consultor ou assessor ou você pode se beneficiar de uma ajuda do mesmo. Boa publicidade podem aparecer no seu caminho. Se o seu trabalho o leva diante ao público, você pode seguramente esperar popularidade.

Trânsito de Júpiter na 8ª Casa

Este é um momento de contentamento espiritual, de chegar a termos com questões de poder e de compartilhamento em sua vida. Você pode ver os benefícios nas áreas de finanças conjuntas, recursos compartilhados, empréstimos, impostos, sexualidade, intimidade, de cura, transformação pessoal, pesquisa, investigação, e questões psicológicas durante este ciclo. Este é um momento de aumento da compreensão psicológica, a intimidade e, talvez, a acumulação de riqueza se você gerenciar seus recursos também.

Você é mais capaz de ajudar amigos e entes queridos que estão lidando com uma crise. Qualquer tipo de estudo em profundidade ou de pesquisa é provável que vá bem. Um estabelecimento de seguro, desconto de imposto ou uma herança pode vir à sua frente e este é um excelente momento para trabalhar em planejamento financeiro e estratégia. Existe a possibilidade de uma nova casa ou um carro novo. Ganhos financeiros podem vir através de uma parceria ou pode haver um aumento na renda do cônjuge. Oportunidades sexuais provavelmente vão ser abundantes ou o seu foco em um parceiro torna-se mais expansivo, quente e íntimo.

Trânsito de Júpiter na 9ª Casa

Com Júpiter transitando sua 9ª Casa, você terá uma atitude mais expansiva e otimista. Você estará menos preocupados com pequenos problemas e inconveniências. Você pode ter a oportunidade de viajar, estudar, expandir seus horizontes e conhecer pessoas que são de diversas origens. Você tende a se tornar mais intelectualmente curioso e assuntos acadêmicos vão ser de interesse. Sua mente estará aberta a aprender. Sucesso nos negócios é provável por meio da expansão ou conexão com os estrangeiros. Atividades publicitárias e promocionais são altamente favorecidas e pode ser uma das principais chaves para o sucesso do negócio no momento. Questões jurídicas podem ser especialmente favoráveis para você agora. Autores irão publicar suas obras, expandir a sua audiência, e receber feedback favorável do seu trabalho. Oportunidades educacionais e viagens para expandir seus horizontes virão na sua direção. Ensinar ou aprender é favorecido e escrever flui facilmente. Este também é um período excelente para relações positivas com os sogros. Sua mente é mais expansiva e tolerante e você estará sob menos estresse do que o habitual. Suas prioridades são mais fáceis de serem vistas, porque você ganha uma nova perspectiva sobre a sua vida e seu significado. Sua criatividade flui e você se beneficia de uma saúde robusta. Fé em seu propósito e em um sentido maior para a sua vida ajuda a aliviar estresse e abrem portas para você.

Trânsito de Júpiter na 10ª Casa

Quando o trânsito de Júpiter está na sua 10ª Casa, você geralmente experimenta um bom período para a sua carreira. Você pode ser reconhecido pelo trabalho que você fez e poderá fazer avanços. Este é um tempo de obter status, particularmente na vida profissional, mas também pode indicar união em alguns casos. Júpiter transitando em sua 10ª Casa é um lugar muito feliz para este Planeta expansivo. Maior reconhecimento público e sucesso profissional caracteriza esta posição. Isso pode ser um tempo de produtividade rentável, progressão na carreira e sucesso nos negócios. Relacionado com o trabalho de viagens ou o alcance de um público mais amplo ciclo. Seu status mundano pode mudar para melhor. Há chances de uma promoção, novas oportunidades de emprego, um diploma ou outra forma de expansão.

Figuras de autoridade e pessoas influentes tendem a olhar ao seu favor e parecem estar "ao seu lado". Um evento pode ocorrer que expande a sua carreira ou interesses profissionais e você vai ter mais prazer nessas atividades. Você vai experimentar mais liberdade em sua carreira. Com integridade e honestidade você vai chegar em todos os lugares agora. Quanto mais você estiver disposto a colocar-se no centro das atenções, mais positivas as recompensas. Este pode ser um momento de realização dos objetivos da sua carreira.

Trânsito de Júpiter na 11ª Casa

Este trânsito traz benefícios e uma nova energia para atividades de networking, metas de longo prazo, clubes e organizações. Você pode confiar em seus amigos para a sua ajuda e apoio e seu círculo de amigos pode aumentar durante este trânsito frutífero. Seus objetivos de longo prazo e os desejos tendem a ser amplos e talvez seja incomum ou à frente dos tempos. Você pode apreciar sonhos com idéias para o futuro. Alcançar seus objetivos tende a vir com mais facilidade agora.

Os outros tendem a valorizar o seu conselho e muitas vezes recorrer a você para obter ajuda. Você pode se tornar mais ativo com os amigos ou em sua comunidade. Você pode ter a oportunidade de participar ou dirigir clubes ou grupos. Atividades em grupo e associações podem ser caminhos para cumprir seus próprios objetivos. Você pode levar alegria especial em partilhar uma causa comum ou ideais com os outros. Você estará especialmente esperançoso e mais inclinado a acreditar que se você quiser, você vai conseguir! O seu fluxo de caixa tende a aumentar. Mais tolerância aos outros é favorecido agora e você está mais inclinado a ter interesse em assuntos alternativos. Ir além do seu círculo pessoal certamente pode abrir as portas para você e trazer alegria em sua vida durante este ciclo.

Trânsito de Júpiter na 12ª Casa

Júpiter transita sua 12ª Casa, beneficiando as atividades que ocorrem "por trás das cenas" ou de outra forma particular. Este é um ciclo em que você se torna mais compassivo, empático e sensível. Dizem que Júpiter na 12ª Casa oferece uma proteção espiritual. É um ciclo em que você pode se livrar de tendências autodestrutivas, profundos medos e tendências profundamente enraizadas no sentido de sentimentos de culpa, agindo assim como um anjo da guarda. Você é mais capaz de entrar em contato com o seu subconsciente. Caridade, dando de uma forma anônima, contribuindo para os esforços altruístas, o voluntariado, e ajudar aos outros sem esperar recompensa será mais gratificante durante este ciclo. Trabalho que envolve servir aos outros podem começar agora e vão lhe trazer muita alegria. Seu mundo dos sonhos pode ser rico, mais leve, útil e mais intuitivo. Meditação e retiros podem ser particularmente benéficos para você agora, para regenerar e revigorar. Você pode buscar estudos metafísicos, interpretação de sonhos ou de pesquisas durante este ciclo. Algumas pessoas entram em um romance escondido durante este ciclo. Em geral, a ajuda parece estar lá quando você precisa dela. Você estará construindo sua fé agora. Este é um momento de renovação espiritual.

Júpiter é o Planeta da "boa sorte". Ele é Lei Anti-Murphy: se alguma coisa pode dar certo, então vai dar certo. O que a maioria dos livros não dizem é que Júpiter tem seu lado negativo. Claro que você pode se sentir bem quando Júpiter transita sua 12ª Casa, porém você pode se tornar excessivamente confiante, preguiçoso, desleixado, negligente nos detalhes. Por que não? Depois de tudo, você se sente tão certo de que tudo vai dar certo e que os bons tempos nunca vão acabar. O problema é que quando Júpiter sai desta Casa, seu "encanto" também irá com ele. E você pode estar alguns quilos mais pesado também. A influência de Júpiter é expandir as coisas e isso pode incluir a sua cintura.

No lado positivo, os trânsitos de Júpiter são geralmente um bom momento para se fazer um esforço extra. Com trânsitos de Saturno, você é "obrigado". Com trânsitos de Júpiter, você precisa e não vai querer. Você pode se tornar tão confortável que não vai nem querer fazer esforço nenhum. Mas se você não fizer tal esforço, você pode perder algumas oportunidades muito boas. Outra maneira de lidar com um trânsito de Júpiter é agendar algum projeto importante. Não, isso não é uma garantia de sucesso, mas aumenta as probabilidades em seu favor.

Saturno fica em cada Casa por cerca de 2 ½ anos.

Trânsito de Saturno na 1ª Casa

Saturno na 1ª Casa começa com uma conjunção do Saturno ao Ascendente, um trânsito de significado pessoal. Está é a 2ª parte do Sade-Sati. A 1ª Casa é uma Casa de fogo, uma Casa que rege a nossa identidade pessoal. Nós preocupamo-nos com a forma de como nos deparamos com os outros em um nível pessoal com Saturno aqui. Nosso corpo físico torna-se um foco. Dependendo da sua idade, pode ser um momento em que nós sentimos nossa idade ou é um momento em que vemos nossos corpos mais claramente. Este é um excelente momento para o início de regimes de saúde, dietas, simplesmente porque é um momento em que nós olhamos no espelho e nos vemos claramente o que não queremos ver. Nossa visão sobre a vida muda para um tom mais sério, responsável. Nos estágios iniciais deste trânsito, você pode se sentir frustrado com você mesmo, ficar para baixo e com falta de autoconfiança. Você pode chegar aos outros em uma tentativa de validar a si mesmo, à procura de maneiras de aumentar a sua confiança. Quando essas tentativas falharem, você pode sentir temporariamente para baixo e desanimado. Tenha certeza de que Saturno vai voltar a trabalhar estes sentimentos, com a sua ajuda, claro, até chegar a um ponto (enquanto Saturno se move através desta Casa) onde você terá um forte senso de autoconhecimento. Este trânsito atua para transformar a sua autoconfiança, de tal forma que você questiona a fonte de sua confiança e descobre uma base mais sólida para puxar para cima a sua força interior. Saturno aqui age arrancando o superficial. Ilusões sobre o Eu, o corpo e habilidades pessoais não serão mais toleradas. O resultado final é uma identidade recém-descoberta e uma compreensão realista do Eu. Em termos de carreira e projetos, sinais exteriores de progresso pode não ser tão próximos, mas o trabalho que você faz durante este trânsito vai estabelecer uma base para o sucesso e progresso futuro. Por exemplo, alguns anos atrás, um cliente começou um passatempo/projeto durante um trânsito de Saturno em sua 1ª Casa, algo que levou muito de seu tempo e energia e que não resultou em nada em termos de ganho financeiro imediato, até bem mais tarde. Na verdade, esse "hobby" se transformou em sua carreira nos anos a seguir.

Trânsito de Saturno na 2ª Casa

Enquanto um certo nível de introspecção marcou o trânsito de Saturno pela 1ª Casa, o movimento de Saturno pela 2ª Casa assinala uma nova etapa de fazer um balanço da nossa eficácia, autoestima e finanças. Esta fase da vida é muitas vezes marcada pelo trabalho duro. Esta é a 3ª e última fase do Sade-Sati. É um momento prático na vida. O sucesso financeiro não vai ser notável, no entanto, é geralmente estável ou às vezes pode trazer muitas perdas financeiras. Este trânsito tem sido tradicionalmente associado com a perda financeira, mas, na verdade, é mais sobre nossas percepções. Estaremos aptos a avaliar o quão eficaz que temos sido em um nível financeiro até hoje e encontraremos uma insatisfação com nosso progresso. Na verdade, os ganhos podem ser lentos, mas reversões súbitas não são comuns neste trânsito.

O objetivo deste trânsito é para você fazer a conexão entre seus próprios sentimentos de autoestima com o que você produz no mundo real. Tal como acontece com todos os trânsitos de Saturno, no início, poderíamos chegar e olhar para a validação do mundo exterior com os outros e encontrar algo que falta e concertar o que estiver "quebrado" em nós. A sensação inicial de se sentir sem suporte pode ser desanimador, mas enquanto o trânsito se move para frente, você aprende a olhar dentro de si mesmo com uma clareza e realismo recém-descoberto e, idealmente, elabora uma força considerável por dentro. Você trabalha na sua eficácia no mundo e vê exatamente o que é que te impede de alcançar os resultados desejados. O desafio aqui é capturar a autoconfiança recém-encontrada e definida que você adquiriu com o trânsito pela 1ª Casa e agora deve aplicá-la no mundo real.

Trânsito de Saturno na 3ª Casa

Este trânsito marca o período de como você lida com as pessoas ao seu redor e como você ganha e divulgar informações, a sua habilidade de se comunicar vem à a inspeção de Saturno. Um novo tipo de pressão é produzido em que não é sobre sua personalidade ou seus recursos como se foi na 1ª e 2ª Casas. Em vez disso, os centros de pressão estarão mais em torno da extração mental. Você pode sentir pressão para produzir idéias e para fazê-las funcionar. Uma certa melancolia na sua perspectiva pode ser característica desta fase, uma vez que pode ser um momento de preocupação. Pode parecer que seus conhecidos e às vezes seus irmãos estão bloqueando seu crescimento, de alguma maneira e estas relações podem ser distendidas como um resultado.

Embora você tenha um desejo de fazer contatos, você está agora mais preocupado com a aprendizagem e você pode achar as conversas pequenas como um desperdício de tempo. Você pode sentir uma pressão incomum para estruturar seu tempo e esforço e para cortar a comunicação que parece desnecessária. Você pode às vezes se sentir um pouco sobrecarregado por coisas tais como recados, a burocracia, e outras "interrupções" do dia-a-dia. Quando Saturno se aproximar da sua 4ª Casa pode haver alguma vaga sensação de urgência e preocupação, como se você sentisse algumas coisas em sua vida "fechando". Até o final do trânsito, no entanto, você terá idealmente ganhado uma maior profundidade de entendimento, tendo focado em informação e comunicação que você realmente pode usar para se sentir mais eficaz no mundo.

Trânsito de Saturno na 4ª Casa

Este marca um momento de considerável "re-trabalho" interior. Em termos de sinais exteriores de realização, este trânsito pode ser o mais normal de todos os trânsitos de Saturno. No entanto, perto do fim deste trânsito e certamente mais tarde, você vai reconhecer esta fase como crítica em que você fez alguns avanços e desenvolvimentos pessoais e psicológicos de mudança de vida. Durante esta fase, você está trabalhando na solidificação da sua identidade, explorando suas raízes (de onde você veio), de modo que quando Saturno começa seu trânsito através da 5ª Casa, você estará pronto para diferenciar-se dos outros e embarcar em um trabalho importante no seu Ego. Por enquanto, no entanto, você terá de enfrentar questões que envolvem os seus apegos ao passado. Às vezes, isso se manifesta como uma reorganização de sua casa literalmente falando. Mudança de casa não está associada a este trânsito como seria se, por exemplo, Urano fosse o Planeta em trânsito. Se os mudanças são feitas, você pode encontrar alguma resistência em si mesmo.

Este não é um momento em que você vai se sentir particularmente corajoso no mundo exterior. No entanto, a reorganização em sua casa, e mais importante, em sua alma, encarna a verdadeira natureza deste trânsito. Muitos vão passar por uma grande "limpeza" por dentro. Limitações que vieram da família, condicionamentos precoces, serão trazidos à tona. No início, pode haver alguma frustração com a sua vida até à o momento presente e como você tem limitado as suas oportunidades por causa do condicionamento precoce. A sensação de estar sozinho e sem suporte na vida pode dominar os estágios iniciais desse trânsito. Às vezes, os atrasos e lentidão são experientes nas áreas de saúde, a mobilidade e a carreira. Quando Saturno se aproximar da sua 5ª Casa, um sentimento de algum tipo de domínio irá deixá-lo mais capaz.

Trânsito de Saturno na 5ª Casa

Com Saturno em movimento através da Casa do poder criativo, você pode se sentir limitado inicialmente por uma falta de "faísca" interna ou "coragem". Como você se entretém, como você se diverte e questões que envolvem a forma como você gerencia seu Ego agora estão chegando à uma "inspeção". Até o final do trânsito, o ideal é que você vai ter um forte senso de propósito e um ego re-trabalhado. O que você faz de original? Como você lida com o orgulho? Quais são os seus talentos criativos? Você trabalhou duro o suficiente para se sentir bem sobre "jogar duro"? Estas são questões que terás de enfrentar ao longo deste trânsito. No momento em que Saturno entra na 6ª Casa, você deve ter um sólido senso de que o faz diferente dos outros e uma crença em seus próprios talentos criativos. Muitas pessoas passam por um período de reavaliação de seus talentos, como eles tem sido, talvez, desperdiçados até esse momento e como eles podem se expressar de uma maneira mais prática e útil.

A 5ª Casa também está associada com amor e atenção recebida dos outros. Problemas que você irá enfrentar durante este período incluem o quanto "merecedor" você é da especial atenção por parte dos outros. Inicialmente, você pode não se sentir amado e talvez um pouco negligenciado ou ignorado. Conforme você for aprendendo as lições deste trânsito, você deve aprender a amar a si mesmo e ter orgulho em si mesmo. Olhando para fora de si mesmo para os "golpes do Ego" (quer seja através do romance ou "aplausos" dos outros) pode revelar-se infrutíferos. Você vai aprender com o curso deste trânsito a depender de si mesmo e ter orgulho em si mesmo para o que você realmente é e não só como os outros o vêem.

Trânsito de Saturno na 6ª Casa

Saturno transforma seu olhar crítico sobre os assuntos da 6ª Casa e é provável que você sentirá um certo nível de pressão nas áreas do trabalho, funções diárias, hábitos e saúde. No início deste trânsito, você pode encontrar-se mais responsável do que nunca quando se trata do seu trabalho. Você pode, inicialmente, se sentir atolado por aquilo que parece ser uma pressão indevida em suas rotinas. A palavra chave aqui é "parece", simplesmente porque a natureza de Saturno é tal que a pressão que traz nunca está realmente indevida. Na verdade, Saturno sabe melhor do que nós e que é na realidade muito "devida". Por quê? Porque as coisas que podemos ter previamente negligenciado ou ignorado agora veio para a inspeção. Como podemos fazer melhor uso do nosso tempo? Como podemos gerenciar nossa vida do dia-a-dia e nossos corpos, melhor? Pressões de

Saturno aqui nos torna conscientes de todas as "ilusões" que temos que cercam nossas rotinas diárias e nosso trabalho e uma limpeza está agora sendo necessária.

Este é um excelente momento para iniciar novos esquemas para melhorar a nossa saúde e bem-estar, tais como o exercício físico regular, mais estruturado e uso produtivo do nosso tempo e assim por diante. Na verdade, podemos ser confrontados com eventos de vida que nos forçam a fazê-lo ou pelo menos nos fornece a motivação para obter os nossos atos em uma melhor perspectiva. Tradicionalmente, este trânsito foi associado a problemas de saúde. Geralmente, se manifesta em preocupações com a saúde, eles são os que são gerenciáveis. Eles sinalizam a necessidade de mudança na dieta, rotinas e hábitos. Até o final do trânsito, você provavelmente vai ter aprendido a ser mais produtivo, mais saudável e consideravelmente mais focado.

Trânsito de Saturno na 7ª Casa

Relações significativas com os outros são o foco quando Saturno transita a 7ª Casa. Saturno nos motiva a fazer uma "faxina" nas áreas da vida que ele toca e os relacionamentos um-a-um que temos terão de ser considerados e compreendidos durante este trânsito. Inicialmente, como é geralmente o caso com trânsitos de Saturno, nós podemos nos sentir frustrados, mas nada é permanente. Este é um momento em que precisamos definir, compreender e cristalizar nossos relacionamentos significativos com os outros. Se você já tem um cônjuge ou parceiro, este é um momento em que todas as questões em torno do compromisso, da flexibilidade e da capacidade de dar o seu coração para o seu parceiro virá à tona. Frustração inicial pode assumir uma forma de sentimento criticado e "examinado" nesta área da vida. Até o final deste trânsito, no entanto, você já vai aprender muito sobre o comprometimento e o compromisso. As pessoas solteiras vão sentir as pressões iniciais de Saturno em trânsito na 7ª Casa também. Um sentimento de solidão é possível em qualquer situação (mesmo se você tiver uma parceria significativa ou não), mas ao invés de uma questão do casamento, a pessoa solteira vai pensar sobre o compromisso em geral. Se envolvido em uma relação de amor casual, quando

⛎♉♊♋♌♍♎♏♐♑♒♓

Saturno transita a 7ª, surge uma pressão sobre a necessidade de avaliar os próprios compromissos. Muitas vezes, este trânsito corresponde a um desejo (ou pressão) para fazer um compromisso ou um reatar um comprometimento antigo. Parcerias saudáveis podem ser o resultado deste trânsito, sejam eles novos ou parcerias existentes, que serão reforçadas. Saturno sempre traz com ele uma medida justa da realidade e objetividade, de modo seja qual for as relações que a pessoa tem ou quer serão definidas e redefinidas. Relacionamentos são vistos agora como sérias. Os parceiros já não são simplesmente divertidos, mas são os espelhos do nosso Ego. Responsabilidades para os parceiros, a necessidade de compromisso e as realidades das necessidades dos outros, tornam-se claras. Somos forçados a começar a ver os outros como indivíduos e para melhorar a maneira pela qual nos relacionamos com os outros.

Dependendo da idade e circunstâncias da vida da pessoa, "parcerias significativas" pode significar parcerias com entes queridos, parcerias de negócios e até mesmo amizades profundas. Por exemplo, quando Saturno transitou a 7ª Casa de uma cliente minha, ela era adolescente e ela começou a ver as suas amizades casuais como superficiais e insatisfatórias e eventualmente, desenvolveu uma profunda amizade com uma garota que está durando até agora, depois de 30 anos. Essencialmente, a quantidade (no departamento do relacionamento) foi substituído pela qualidade e este processo envolveu tempo, a procura da alma, frustração e o eventual cumprimento.

Trânsito de Saturno na 8ª Casa

Como você lida com o poder? Sua natureza dos desejos? Relacionamentos íntimos? Que tipo de obsessões e apegos que você tem? Quais são as suas compulsões que estão profundamente enraizadas? Quando Saturno transita pela nossa 8ª Casa, sentimos uma pressão para responder à essas perguntas. Muitas vezes, no início do trânsito, que são muito sensíveis ao que parece pressões do mundo exterior que nos forçam a examinar alguns dos nossos mais profundos desejos e apegos. Estes incluem as nossas relações sexuais, as nossas finanças (especialmente com relação a dívidas e finanças compartilhadas) e nossa necessidade de controle. Às vezes, Saturno em trânsito na 8ª traz disfunções sexuais, que podemos nos deparar com estes em nós mesmos ou em nossos parceiros. Podemos enfrentar dificuldades em satisfazer o nosso libido e/ou problemas com a intimidade. Estas pressões são "projetadas" para nos tornar mais conscientes da nossa natureza do desejo e exatamente o que é que nós queremos. Insatisfação e frustrações para conseguir o que queremos, especialmente com referência às relações com os outros e com nossos recursos, muitas vezes caracterizam a primeira parte deste trânsito. Como estamos usando o poder? Durante este trânsito, podemos achar que os métodos anteriores de controlar o nosso ambiente e as pessoas em nossas vidas, simplesmente não são mais eficazes. Podemos até não estar ciente de apenas como temos vindo a empregar o poder e controle até o momento. Outro domínio sobre o qual a 8ª Casa reina é a nossa mortalidade. Com Saturno aqui, nós nos tornamos muito mais conscientes da nossa mortalidade. Assim como os trânsitos de Saturno sobre o Sol ou Ascendente nos torna mais conscientes da nossa idade, Saturno em trânsito na 8ª Casa, muitas vezes traz consigo a percepção de que não vivemos para sempre. Claro, sabemos isso como um fato no fundo de nossas mentes, mas Saturno nos relembra disso.

Antes que este trânsito chegue, geralmente é bom começar a organizar as finanças. Se não fizermos isso, Saturno será mais provável a encontrar maneiras de nos forçar a fazer exatamente isso. Em um nível psicológico, enfrentamos alguns de nossos temores de que são de natureza compulsiva, esses medos que nos levam a acreditar que precisamos de certas coisas para sobreviver. Tome um pequeno exemplo de uma superstição. Talvez nós realizamos algum tipo de pequeno ritual onde sentimos que vai ajudar a nos proteger ou nos dar boa sorte. Se nós fazemos isso com bastante frequência, torna-se um vício. Estamos com medo de que, se não fizermos este pequeno ritual? Será que atrairemos a má sorte? Se nos livrarmos dessa superstição, nos sentimos fortes. Algo tão simples como uma superstição ou ritual de boa sorte pode nos prejudicar. Por quê? Porque nós estamos dando o nosso poder sobre nós mesmos para esse comportamento compulsivo! Estamos negando que temos poder sobre nossas próprias vidas. O mesmo é verdade para qualquer forma de comportamento compulsivo e dependência. Nós tentamos controlar nossas vidas através destes comportamentos, mas o que estamos realmente fazendo é deixar os vícios nos controlar. Já no fim deste trânsito, teremos eliminado alguns hábitos e apegos profundamente arraigados que foram nos mantendo até o momento de nos sentirmos emocionalmente livres. Nós emergimos mais fortes e saudáveis. Quando cedemos aos comportamentos compulsivos, desistimos do autocontrole e a culpa prejudica nossas vidas. Nós não somos nós mesmos. Ao tentar controlar os outros, nós damos o nosso próprio poder para os outros. Até o final deste trânsito, vamos sentir emocionalmente mais saudáveis. Teremos eliminado alguns de nossos vícios e masterizado nossas superstições. Nós vamos nos sentir mais poderosos, porque temos desistido de tentar controlar coisas que não podem ou não devem ser controladas e no final nós ganhamos um sentimento de autodomínio.

Trânsito de Saturno na 9ª Casa

Este período em nossas vidas é geralmente dedicado ao auto aperfeiçoamento. Estamos desenvolvendo nossos ideais e nossos compromissos quando Saturno faz o seu caminho através da nossa 9ª Casa. Ideais e objetivos espirituais que foram concebidos e acreditados por muitos anos, de repente podem parecer superficiais ou não mais útil para nós. Se estudamos, devemos prestar atenção e questionar exatamente o que estamos trabalhando. Será que esta linha de estudo coincide com nosso verdadeiro Eu? Alguns de nós começamos novos estudos enquanto nós inconscientemente nos preparamos para o próximo trânsito de Saturno que é na 10ª Casa. Mas a maioria de nós ficamos de cara a cara com nossas atitudes "derrotistas" durante este período de tempo. A 9ª Casa é uma Casa de fogo, e ela tem muito a ver com a nossa visão, nosso senso de aventura e a nossa confiança. Também está associada com a nossa fé, esperança e visão. Embora o nosso apego a coisas como o ensino superior e viagens podem ter significância durante esse trânsito de Saturno nesta Casa, a maioria de nós, será mais afetada sobre a tomada de um olhar mais atento e reavaliar a nossa atitude e confiança. No início deste trânsito, podemos sentir um pouco sombrios. A fé cega ou o otimismo são levados à uma inspeção. Será que o meu sistemas de crença é "real"? O que nós representamos? Que tipo de futuro que estamos a trabalhar e por quê? O espírito que nos move e nos motiva a se mover além da rotina diária chega à inspeção. Até o final deste trânsito, teremos retrabalhado o nosso espírito e vamos estar de cara a cara com o que é que nos oferece a esperança e otimismo, bem como o que alimenta a nossa unidade.

A entrada inicial de Saturno em nossa 9ª Casa pode levar-nos a questionar tudo isso, mas até o final deste trânsito, se trabalharmos duro para o auto-aperfeiçoamento, vamos ter substituído o nosso espírito com um novo regenerado. Nós estaremos um passo mais perto de saber para onde vamos e vamos ter uma fé mais reconstruída em nós mesmos. Um sentimento instável que nos leva a gaguejar e evitar riscos serão substituídos por uma atitude mais madura para a aventura e enfrentar o desconhecido. Nós deixamos para trás nossas atitudes derrotistas que foram mantendo-nos todo esse tempo e nós reconhecemos exatamente da onde viemos e como exageramos as nossas expectativas e nós encontraremos novas formas de alimentar a nossa fé, esperança e visão.

Trânsito de Saturno na 10ª Casa

Saturno atinge o topo do nosso mapa quando começa o seu trânsito através da 10ª Casa. Ironicamente, há uma liberdade em reconhecer algumas das nossas limitações que o trânsito de Saturno através da 10ª Casa nos ensina exatamente o que isso significa. No momento em que Saturno deixar esta Casa, teremos aprendido onde estamos no mundo e como nós limitamos nossas conquistas. Esta auto-avaliação, em seguida, nos oferece a liberdade para avaliar onde queremos ir. Cerca de 14 anos antes de este trânsito, aprendemos lições Saturninas pela 4ª Casa onde construímos uma base segura dentro de nós mesmos. Agora é a hora de construir uma base segura em nossas vidas profissionais e/ou mais públicas. Nossa posição na sociedade vem agora sob a inspeção de Saturno. Estamos no centro das atenções e o que é exatamente o que viemos construindo, agora vem para a inspeção. Quaisquer projetos iniciados 12 à 14 anos atrás serão agora examinados. Alguns de nós nos encontramos obtenção do reconhecimento e de "recompensas" da carreira no momento. Se este trânsito ocorrer no início da idade adulta, é um momento em que enfrentaremos os nossos deveres como uma pessoa de carreira. Embora a 10ª Casa é a Casa da ambição, ela não se concentra na onde estamos indo. A concentração é mais na onde nós estamos. A pergunta, "Onde estamos indo?", é reservada para a próxima Casa, a 11ª, embora em algum nível, estamos nos preparando para essa fase também. Antes de saber exatamente onde estamos indo, precisamos saber onde estamos. O trânsito de Saturno na 10ª é uma realização do momento em que estamos a trabalhar arduamente, assumindo a nossa parte equitativa dos deveres e responsabilidades e queremos colher alguns dos frutos de nosso trabalho duro ou enfrentar as consequências das más escolhas. Nós nos tornamos conscientes do que temos e o que não conseguimos até hoje e nós inconscientemente nos preparamos para reavaliar nossas vidas em termos de nossos objetivos pessoais durante o trânsito na próxima Casa. O que conseguimos até hoje? Nós agora olhamos com um olhar realista sobre o que nós construímos e o que temos conquistado até agora. Nós teremos que encarar os fatos, e somente os fatos. No início deste trânsito, a nossa sensibilidade é aumentada sobre aonde estamos e sobre a nossa reputação que pode ser desconfortável para alguns. Podemos nos sentir expostos, a um controle público ou sob o fogo em nossas carreiras. Nós também podemos nos sentir sobrecarregados pelas nossas responsabilidades. Este desconforto vem apenas como resultado de uma corrida da realidade para os assuntos da 10ª Casa e se o desconforto é grande, é apenas devido ao fato de que pode existir um apego à falsas imagens de nós mesmos. Assim como uma crise de meia-idade é vivida de forma diferente por pessoas diferentes, o trânsito de Saturno na 10ª Casa tem um significado diferente para pessoas diferentes, dependendo muito de quão verdadeiros nós temos sido com nós mesmos. No entanto, enquanto Saturno se move pela 10ª Casa, nós começaremos a sentir mais seguros. Nós reconheceremos o que é exatamente o que nós realizamos.

Trânsito de Saturno na 11ª Casa

Nós passamos pelo menos 2½ anos nos concentrando grande parte da nossa energia em nosso lugar na sociedade, as nossas responsabilidades e nossa posição enquanto Saturno transita nossa 10ª Casa. Devemos estar em um ponto onde nós sabemos, de forma realista, o que estamos fazendo. Quando Saturno transita a 11ª Casa, eventos ou realizações nos levam a nos perguntar onde é que estamos indo. Nossos objetivos pessoais estão sob controle de Saturno enquanto ele faz o seu caminho através de nossa 11ª Casa. Como se encaixar com os outros, nossas afiliações com as pessoas e grupos e todos os nossos colegas se tornam assuntos sérios perante nossos olhares. Podemos sentir que o nosso "círculo" pessoal ou nossas redes são superficiais ou insatisfatórias no início do trânsito. Podemos sentir alienados quando começamos a vê-los por aquilo que valem ou que eles não mais valem a pena. Podemos sentir algum desdém para o funcionamento superficial das amizades casuais, começamos a se sentir desconfortável e autoconsciente, fazendo e dizendo as coisas certas e assim por diante. Alternativamente, podemos encontrar alguém com quem estabelecemos uma amizade séria neste momento ou nós podemos nos tornar um membro de um grupo ou afiliação onde dedicamos grande parte do nosso tempo. Eliminando o que parece agora ser supérfluas associações sociais de nossas vidas é muito provável que neste momento nos tornamos mais sérios sobre o que queremos, em um nível pessoal, a partir de nossas vidas. Tomamos um duro olhar para o papel que desempenhamos na vida dos outros e consideramos exatamente o que é que nos satisfaz e contribui para nossa felicidade, além do casamento, romance, carreira, religião e assim por diante.

Enquanto Saturno se move mais à frente pela Casa e pelo tempo que é longo, devemos encontrar maneiras de trazer definição e articulação com os nossos desejos mais íntimos e esperanças para o nosso caminho pessoal.

♈♉♊♋♌♍ ♎♏♐♑♒♓

Trânsito de Saturno na 12ª Casa

Contemplação do significado da nossa existência, nossas realizações e nossos "fracassos" é o foco principal quando Saturno transita a nossa 12ª. Este trânsito marca o fim de um ciclo, que pode certamente trazer com ele uma boa dose de confusão e descontentamento, especialmente no início do período. Aqui começa um novo período do Sade-Sati. Saturno vira um olhar crítico a tudo o que se encontra abaixo da superfície e somos forçados a fazer algumas séria "faxina" da nossa psique. Durante este trânsito, enfrentamos nossos próprios demônios, medos, que ainda assombra e que nos prejudicam. Nós todos temos esqueletos em nosso "armário" da mente. O que nem sempre percebemos é que eles podem prejudicar gravemente a nossa felicidade e o bem-estar. Saturno varre através do nosso "armário" (a 12ª) e exige o emprego de um árduo olhar para o que está escondido lá dentro. E este processo é muito desconfortável. Para a maioria de nós, ele pode ser. Mas se livrarmos de anexos desatualizados e examinarmos e descartarmos os medos irracionais, não só é necessária para o nosso crescimento e desenvolvimento é, em última análise, um grande alívio. A 12ª Casa em alguns aspectos, é uma lixeira para as coisas que nos resta "desfazer". Saturno aqui nos quer resolver através do lixo e manter somente aquelas coisas que nós realmente precisamos para o desenvolvimento futuro. Este processo pode ser bastante longo e pode sentir-se muito lento, mas se feito corretamente, pode ser muito gratificante. Temos de lidar com terminações em vez de novos começos durante este trânsito, como nós derramamos anexos desatualizados e inconscientemente nos preparamos para o trânsito pela 1ª Casa, quando iremos trabalhar diligentemente na nossa individualidade e identidade pessoal com Saturno. Estaremos bem mais introspectivos neste momento em nossas vidas. Nós podemos nos isolar dos outros de alguma forma, um processo que tende a vir naturalmente. As questões de saúde, geralmente de natureza psicossomática, podem vir à tona. Podemos ser atraídos para formas alternativas de vida e aos campos de auto-estudo, como a psicanálise.

Rahu e Ketu levam aproximadamente 1 ½ ano em cada Casa.

Trânsito de Rahu na 1ª Casa e Ketu na 7ª Casa

A 1ª Casa representam a identidade e o corpo. Rahu vai lhe dar interesse nos assuntos materialistas. Você pode sentir um impulso na sua autoconfiança em lidar com um grande número de situações que serão um desafio. Ele também pode trazer alguns problemas a respeito de sua própria identidade e suas relações diretas com outros. Você pode se concentrar muito mais em si mesmo e rejeitar os sentimentos do seu parceiro ou cônjuge. A área de vulnerabilidade é o seu corpo, a identidade e relacionamento, por isso esteja atento procurando não ser muito ambicioso ou egoísta. Este trânsito pode trazer desconforto físico e nos relacionamentos. Procure proteger a sua personalidade, ir atrás do que você quer e cuidar do seu próprio interesse; polindo sua autoimagem e sentindo-se confiante com essa imagem, mas não exagere.

Relacionamentos serão testados e tudo que está reprimido, certamente, vai subir à tona. Se o seu relacionamento com seu cônjuge não estiver em boas condições, este trânsito pode causar uma ruptura, mas os relacionamentos mais sólidos vai passar por um período de testes que irá fortalecer o vínculo através do crescimento em conjunto. Quando Ketu transita pela 7ª Casa, ele afeta a capacidade cognitiva da pessoa. A pessoa pode enfrentar problemas se ficar longe de seu lugar. Seu respeito e honra na sociedade pode ser fragilizado. Cuidado com relacionamentos fora do casamento.

Trânsito de Rahu na 2ª Casa e Ketu na 8ª Casa

Rahu se concentra nas suas finanças e Ketu sobre os mistérios da vida. Ketu está na Casa da morte e da transformação onde você poderá estar fazendo grandes mudanças neste momento. Como estas Casas estão ligadas à vida familiar, pode haver mudanças nessa área. Ketu na 8ª pode conectar a alguma negatividade do passado onde você vai precisar ser mais cuidadoso sobre indivíduos que não são o que parecem.

Este pode ser um momento de ganhos de dinheiro e perdas na família. Você vai estar a olhar para a sua situação. Seja qual for a sua situação financeira pode haver extremos com ganhos ou perdas. Pode haver uma mudança dramática. Se você tem se esforçado, você pode ter uma oportunidade inesperada. Você pode ganhar dinheiro de forma inesperada. Considere o seguinte: crie algo de valor duradouro que você pode deixar como um legado para as gerações futuras admirarem. Saiba como fazer o seu próprio dinheiro. Tente manter seus negócios financeiros em boa saúde. Aproveite ao máximo seus talentos herdados. Desenvolva um conjunto firme de valores que você pode se orgulhar.

Trânsito de Rahu na 3ª Casa e Ketu na 9ª Casa

Rahu transita sobre a área da própria vontade enquanto Ketu transita pela Casa de espiritualidade. Pode haver questões kármicas reais com os pais e irmãos e você vai precisar resolver estes problemas até o final deste trânsito.

Rahu e Ketu na 3ª e 9ª Casa promove viagens. Você pode obter novas oportunidades e visitar novos lugares e que irá satisfazer a sua mente curiosa. Adquirindo mais conexões irá promover o seu negócio no futuro.

Há uma mudança definitiva em sua atitude e seu envolvimento com novas pessoas. A fome de conhecimento superior mantém você interessado na sua abordagem com as pessoas, que irão mudar o rumo de sua vida. Negócios poderão vir através de comunicação em massa, como a Internet, televisão, rádio e mídia. Permita-se um espaço para muitas novas experiências de aprendizagem. Participe de tudo que se relacione com a comunicação de suas idéias. Recolha e partilhe informação como um processo contínuo de aprendizagem. Torne-se uma parte integrante da sua comunidade imediata e do bairro em que vive. Desfrute de alguns novos cenários passeando de carro, ônibus, trem, bicicleta ou o que quer que lhe agrade. Fique em contato e honre os relacionamentos que você tem com os parentes, como tios, tias, irmãos, primos, etc.

O trânsito de Ketu pode fazer você enfrentar vários obstáculos no trabalho. Este trânsito pode não ser auspicioso para a saúde dos pais. Você poderá ter a oportunidade de visitar lugares de peregrinação. Este trânsito é bom para o estudo superior.

Trânsito de Rahu 4ª Casa e Ketu na 10ª Casa

Ketu na 10ª Casa cria uma situação em que você não quer trabalhar. Ketu na 10ª pode mudar a sua carreira, talvez voluntariamente trabalhando em uma área mais espiritual. Você pode optar por trabalhar em um ambiente mais adequado para você ideologicamente, desistir de algumas das condições financeiras, mas com o resultado final de um melhor tipo de carreira. Você pode ter uma oportunidade de trabalho ou perda que pode levá-lo para um local diferente.

Com Rahu na 4ª, você pode investir dinheiro em imóveis e comprar ou vender uma casa. Você vai sentir pressão para mudar o seu lugar na vida, onde vive e trabalha. Seja paciente e não faça mudanças dramáticas durante este período, porque não vão durar.

O eixo Rahu/Ketu está fazendo você mais consciente de sua casa, suas emoções, inclusive de sua mãe e terminando um ciclo de vida kármica em seu trabalho e carreira. Concentre-se em suas necessidades internas, mas cuidado porque você pode perder o seu emprego. Assuma a responsabilidade das necessidades da família. Esta pode ser a família que você cria através de casamento ou pode ser seus próprios pais. Descubra os benefícios do lugar o qual você chamar de lar. Sua vida privada e sua segurança pessoal devem, idealmente, tornar pontos focais durante este período. Este é um tempo na vida para a realização, simplesmente porque você valoriza a sua própria opinião sobre si mesmo, além da aprovação dos outros.

Trânsito de Rahu na 5ª Casa e Ketu na 11ª Casa

A 5ª casa representa os filhos, romances e negócios especulativos. Com este trânsito, os filhos são uma fonte de problemas e preocupação. Você deve tentar evitar a obsessão sobre seus filhos porque Rahu pode aumentar seus medos desnecessários sobre eles.

Certifique-se de que você está ciente de seu paradeiro e associações. Ketu na 11ª pode lhe trazer amigos e conhecidos incomuns que vão orientar você em diferentes direções. Não deixe que estes lhe convençam a fazer coisas que você não acha certo de fazer, porque a idéia pode parecer maravilhosa, mas lembre-se que a idéia somente "parece" boa. Você mesmo poderá ter idéias extraordinárias vêm em lampejos de inspiração. Sua vida pode ser transformada por estas novas idéias. Procure entrar em contato com seus próprios impulsos criativos e honrar os desejos do seu coração. Reconheça a importância de reconhecer a sua própria vontade. Você pode trabalhar bem com as crianças em alguma capacidade. Você pode aprender muito observando o seus filhos e daí encontrar uma maneira de refletir em sua própria vida. Dê plena expressão à sua capacidade de amar. Use algum tempo para a socialização, o namoro e festas. Trabalhe em se sentir confortável sendo o centro das atenções.

Explore o mercado de ações e aprenda tudo sobre como fazer alguns investimentos financeiros sábios para si mesmo porque é uma boa pedida com este trânsito.

Trânsito de Rahu na 6ª Casa e Ketu na 12ª Casa

A 6ª Casa representa, saúde, conflitos, inimigos, doenças, ou quase todos os problemas mundanos. Rahu e Ketu na 6ª e 12ª Casa podem causar grande estresse ao seu corpo físico, conflitos no escritório e com colegas. Pode haver atrasos na sua transferência ou promoções. Despesas excessivas também podem ter lugar sobre estas questões mundanas. Um problema de saúde pode assustar e motivá-lo a mudar seus hábitos alimentares, o que irá promover uma melhor saúde no longo prazo. Aqueles com quem você trabalhar podem não ser confiáveis. Se você é um empresário e tem funcionários, este pode ser um período estressante.

Esta é uma oportunidade de mudar seus maus hábitos e mudar sua vida. Você pode ter problemas com parentes do lado maternal. Considere o seguinte: trabalhe para viver e aprender como se relacionar com colegas de trabalho ou empregados. Se você não tem que trabalhar, então talvez ofereça-se para ajudar aos outros e ao mesmo tempo aprender a estabelecer alguns limites sobre o seu tempo e energia. Ouça as mensagens do seu corpo e ativamente crie o seu próprio estado de saúde. Procure explorar terapias alternativas de saúde.

Também procure dar de si mesmo, sem uma motivação subjacente de recompensa. Pratique atos aleatórios de bondade, apenas porque você pode. Descubra de que é possível estar sozinho e não se sentir solitário. Isso acontece quando se percebe sua conexão com a Mente Infinita, também descrito como o Criador, a Vontade Universal ou um Poder Superior. Esta é uma vida inteira para aprender o valor de trabalhar nos bastidores em alguma capacidade. Isto significa que o reconhecimento externo não é seu objetivo, desta vez, apesar de que pode acontecer naturalmente. Muitas vezes isso pode assumir a forma de se conectar e trabalhar com grandes instituições públicas dando carinho para aqueles que são isolados pela sociedade.

Independentemente da forma que essas experiências reais tomarem, este posicionamento incentiva o desenvolvimento da humildade, compaixão e consciência espiritual.

Trânsito de Rahu na 7ª Casa e Ketu na 1ª Casa

A 7ª Casa é a Casa da parceria, oportunidades de negócios e do cônjuge. O trânsito de Rahu na 7ª cria uma enorme necessidade de experimentar a satisfação de novos relacionamentos. Você pode olhar para um novo relacionamento, o que pode criar problemas em seu relacionamento existente. Se você estiver sem uma parceria, este é um dos trânsitos através do qual você pode ter certeza de encontrar um novo amor ou fazer um compromisso mais permanente. Esta pessoa pode vir de uma origem estrangeira.

Enquanto isso Ketu na 1ª Casa traz à tona problemas da personalidade, com foco na bagagem das vidas passadas que você trouxe para esta vida. Este é um bom momento para ser honesto com você mesmo e ter uma mudança de psicologia. Você pode estar fisicamente ou emocionalmente vulnerável de modo a tentar não ser muito autocrítico. Por outro lado, é bom aperfeiçoar a arte de se relacionar com outras pessoas, especialmente em uma base do um-a-um. Você vai aprender tudo sobre como encontrar o equilíbrio entre dar e receber através de relacionamentos próximos, como o casamento, melhores amigos ou até mesmo parceiros de negócios. Diplomacia pode se tornar o seu ponto forte. Se você deixar.

Trânsito de Rahu na 8ª Casa e Ketu na 2ª Casa

A 8ª casa representa a transformação na vida através da parte ruim ou triste da vida. Embora possa ser difícil, não há escolha. A 8ª Casa está além do nosso controle. Você pode passar por um período difícil de separação, divórcio, morte de uma parte do seu Ego, etc.

Este é um tempo para estar disciplinado e ter paciência. Rahu pode atrair pessoas que são negativas para você ou levá-lo para áreas onde você não vai estar preparado. Você pode ir na direção errada devido ao estresse. Dependências tóxica, ou vícios são parte deste trânsito, mas numa forma mais extrema, dependendo da força destes Planetas em seu mapa natal.

Ketu na 2ª pode trazer à tona questões financeiras ligadas à herança. Você pode até se descuidar de suas finanças e por isso você precisa ser mais cuidadoso e poder precisar esperar este trânsito passar.

Aprenda a explorar mais o seu vínculo com outra pessoa e experiência a intimidade real. Você pode até encontrar uma pessoa que se sente como uma "alma gêmea." Torne-se aberto a aceitar os recursos ou mesmo o apoio moral que os outros lhe dão. Aprenda a lidar com questões relativas à heranças ou as finanças de seu parceiro. Grandes transições de estilo de vida podem acontecer. Você vai descobrir que as mudanças drásticas além de seu controle muitas vezes trazem rejuvenescimento às situações ultrapassadas e, portanto, um novo sopro de vida. Preste atenção nos seus sonhos; eles muitas vezes contêm percepções psíquicas que podem ser pertinentes aos cenários da vida. Mantenha um diário de sonhos na sua cabeceira para escrever as impressões ao acordar.

Trânsito de Rahu na 9ª Casa e Ketu na 3ª Casa

A 9ª Casa é a Casa das oportunidades, do pai, religião e ensino superior. Rahu se concentra nas relações paternas, filosofias e boa sorte. Neste trânsito você poderá viajar para o exterior devido ao ensino superior e/ou profissão. Novas oportunidades de investimentos e empreendimentos rentáveis estarão lá. Ketu na Casa dos irmãos pode ativar algumas questões kármicas e trazer à tona as diferenças transitadas por vidas anteriores. Podem surgir problemas com os irmãos ou irmãs.

A 3ª Casa também lida com a sua auto-vontade e o lado prático da vida. Você pode de repente tornar-se extremamente idealista e impraticável, mas lembre-se que este é apenas um trânsito. Estas não serão as principais questões de sua vida, de modo a manter tudo em perspectiva. Visitas à alguns lugares religiosos ou um lugar de significado espiritual podem ocorrer. Você poderá experimentar outras culturas. Gostar muito de comidas exóticas. Comprar roupas étnica. Ir para a faculdade. O ensino superior vai colocá-lo em contato com sua mente superior. Se isso não for para você, tente encontrar uma maneira de se educar. Você terá a tendência de pensar pensamentos filosóficos. Refletir sobre as maravilhas do universo. Pergunte a si mesmo como tudo começou. Dê a sua mente um livre curso. Este é um trânsito que é bastante reforçado pelo movimento e crescimento pessoal. Confira seus sistemas de crenças. Tente entrar mais em sintonia com sua conexão individual com o Universo e com tudo que existe. Compartilhe a sua sabedoria com aqueles que podem apreciá-lo.

Trânsito de Rahu na 10ª Casa e Ketu na 4ª Casa

Este é um grande trânsito para o seu sucesso profissional, mas não um tão interessante para a sua felicidade emocional. Rahu goza da 10ª Casa e ele vai mostrar a expressão do seu *Karma* desta vida.

Ketu na 4ª Casa cria um sentimento de insatisfação emocional especialmente se você está mais focado no sucesso material e ignorando sua vida em casa.

♈♉♊♋♌♍ ♎♏♐♑♒♓

Você ganha impulso na sua carreira e ganho de reputação. Aqueles que procuram emprego, ou promoções, vão obter resultados positivos. Ajuda de autoridades superiores irá ajudá-lo a alcançar seus objetivos.

Este é um trânsito onde você pode ser extremamente bem-sucedido na vida profissional, mas mesmo assim, ser infeliz devido ao trânsito de Ketu na 4ª que podem criar conflitos com a mãe e tirar a sua paz interior. Considere o seguinte: prestar atenção à sua carreira. Mantenha seus padrões elevados e sua reputação intacta. Você pode obter algum tipo de reconhecimento público. Você pode desenvolver a capacidade de ser um perito em seu campo escolhido e certas energias universais vão te encorajar ao longo deste período. Questões em torno de figuras de autoridade podem surgir sob a forma de você estar no comando ou então você terá que cooperar com figuras de liderança. Você vai ter que aprender o valor de trabalhar dentro dos limites convencionais que passaram no teste do tempo.

Trânsito de Rahu na 11ª Casa e Ketu na 5ª Casa

Rahu gosta de desafiar ou quebrar limites nas redes sociais. Traz pessoas exóticas e comportamentos de marcados pelo tabu.

Rahu na 11ª pode dar um grande impulso à sua situação financeira. Mas em qualquer esfera tente evitar um sentimento de insatisfação. Você pode estar alcançando grande sucesso financeiro, mas se você sente que não está conseguindo o suficiente, você pode tomar um risco financeiro fora da sua zona de conforto e se dar mal. Você pode se sentir insatisfeito, independentemente da quantidade de dinheiro que você faz.

Ketu na 5ª pode criar problemas com os filhos que precisam ser resolvidos. Você pode se sentir culpado sobre o seu relacionamento com eles, mas não há nenhum uso de segurar essa bagagem de passado, você deve deixá-los ir e dar independência aos seus filhos.

Junte-se aos indivíduos que compartilham os mesmos objetivos comuns. Clubes e organizações oferecem oportunidades benéficas para você. Esta é a área dos esforços humanitários, mais comumente centradas em torno do desejo de criar mudanças sociais radicais e generalizadas.

Você vai precisar do apoio de amigos e conhecidos numerosos. Aprender a cooperar com o esforço em grupo é a chave aqui. O crescimento vem através da dominação da habilidade de misturar sua vontade pessoal com a a da sociedade.

Trânsito de Rahu na 12ª Casa e Ketu na 6ª Casa

A 12ª Casa é a das perdas, isolamento, meditação, espiritualismo, terras estrangeiras, confinamento etc. Ketu na 6ª pode trazer para à tona, inimigos. Você deve lidar agora, com os problemas que eles apresentam ao invés de ignorá-los. Os inimigos irão constantemente incomodar você, mas você vai ter sucesso depois de algumas dificuldades. Despesas excessivas também podem ocorrer. Podem ocorrer problemas de saúde não diagnosticados.

Durante este trânsito, com a duração de cerca de 18 meses, você pode sentir uma compulsão para estar a serviço de outras pessoas. Você pode sofrer de confusão e perda de identidade até que você se rompa a um sentido mais universal do Eu. Este desejo de ser útil pode assumir a forma de atividades que se destinam a ser útil, mas que não vão ser verdadeiramente apreciados pelos beneficiários. Você pode estar tentando trabalhar mais e dar-se ainda mais para servir as necessidades de outras pessoas, o que parece uma maneira natural e mais fácil. Você também pode apresentar um comportamento obsessivo em relação a questões de saúde ou detalhe organizacional. O verdadeiro propósito de tal comportamento é purificar a atividade envolvida e você deve tomar cuidado com que isso se torne um fim em si.

Há uma necessidade de transformação nessas áreas, a fim de aprender a ser de serviço efetivo para os outros. Seu processo envolve nada menos do que a subordinação de sua vontade pessoal para uma perspectiva mais espiritual com base em seus fortes sentimentos de um propósito maior e uma verdadeira união espiritual com o seus semelhantes.

Urano fica em cada Casa durante aproximadamente 7 anos.

Trânsito de Urano na 1ª Casa

"Uau! Isso é incrível! E é tão óbvio! Por que eu não vi isso antes?" Estas são coisas que você vai perguntar quando Urano transitar através de sua 1ª Casa. Urano é o "despertador". Quando Urano entrar no Ascendente pode fazer você, de repente, querer mais liberdade, querer fazer coisas novas que você nunca fez antes. Desde que você não tome quaisquer decisões importantes sobre o impulso do momento, você estará bem. Urano tem uma tendência a tornar-nos apressados e que é o que pode causar problemas. Tome um pouco de tempo extra para planejar.

Se acontecer de você ter 90 anos ou acima, bem que poderá haver alguns limites sobre o que você pode fazer. Mas não se surpreenda se de repente você vai querer pular de paraquedas. Se você é do tipo que não gosta de mudanças, se você quiser manter tudo do jeito que sempre foi, cuidado! A energia de Urano não será negada. Tem que vir de alguma forma. Quando fica engarrafada, seu truque favorito é causar acidentes e outros transtornos repentinos. O melhor conselho para o trânsito de Urano na sua 1ª Casa é: Esse, provavelmente, será o melhor momento para fazer grandes mudanças. Mas planeje-se primeiro e não se apresse.

Trânsito de Urano na 2ª Casa

Esta é a Casa do dinheiro, posses e valores. Urano é, mudança inesperada repentina. Sua renda é mais provável que seja instável durante este período, que dura 7 anos. Se possível antes deste trânsito chegar, abra uma poupança e junte pelo menos de 6 meses à 1 ano de renda que você precisa para sobreviver em caso de perda de emprego ou outros problemas financeiros repentinos que pode acontecer com este trânsito. Faça um seguro em toda a sua propriedade, se puder. Lembre-se, o trânsito de Urano pode provocar acidentes, especialmente se ele faz aspectos estressantes (conjunção, quadratura ou oposição) com outros Planetas no seu mapa natal, enquanto estiver passando por esta Casa. No lado positivo, Urano pode trazer ganhos súbitos, bem como, especialmente se sua renda vem de algo "uraniano", tais como eletrônicos, ou qualquer coisa nova, diferente ou incomum. Este poderia ser um bom momento para mudar de emprego ou até mesmo de profissão. Confira os outros trânsitos em seu horóscopo para confirmação. Claro que, como sempre quando se trata de qualquer coisa relacionada com Urano, não se apresse. Sente-se e tome um tempo para planejar.

Trânsito de Urano na 3ª Casa

As pessoas estão mais propensas a ficarem chocadas com o que você diz durante este trânsito. Você também é mais propenso a se interessar por coisas estranhas e incomuns. Tenha cuidado para não acreditar em algo apenas porque é estranho e incomum. Se você trabalha na investigação científica, os problemas que normalmente tocam você pode parecer muito mais fácil de resolver. Este trânsito não vai "batê-lo" diretamente. Seus vizinhos e irmãos podem começar a agir de maneiras que parecem estranhas para você. Por outro lado, Urano pode lhe bater muito diretamente. Urano pode provocar as pessoas a perder o seu cuidado normal, e 3ª Casa rege viagens curtas, por isso, tenha cuidado quando você estiver no trânsito, por exemplo. A maioria dos problemas encontrados com este trânsito, no entanto, tendem a ser causado pelo que você diz. Este é um excelente trânsito, se você quer aprender algo de novo, especialmente uma habilidade específica e alargar os seus horizontes.

Trânsito de Urano na 4ª Casa

Este trânsito começa quando Urano atravessa a parte inferior do seu horóscopo. Quando ele faz isso, ele fica em frente ao seu Meio-Céu, por isso pode afetar sua carreira também. A maioria dos livros não mencionam isso. Para as poucas semanas que Urano passa exatamente na parte inferior do seu mapa, o seu trabalho está sujeito a uma mudança repentina. Ela pode vir de você. Você pode decidir, na êxtase do momento, de mudar de emprego ou mesmo carreiras. Este é, potencialmente, um momento de grande mudança nas relações com os patrões e os pais. Se você é jovem, talvez você decida sair de casa e enfrentar a vida sozinho. Talvez o seu chefe lhe "ateie" fogo ou seus pais se divorciam. O que acontece exatamente depende de sua situação e os outros trânsitos que ocorrem naquele momento. Para a maior parte deste trânsito, Urano terá apenas afetando a sua casa (suas "raízes", as fundações de sua vida) e de relações com os pais. Se você não vai mudar de residência, esse seria um excelente momento para arrumar a casa, dar-lhe um novo visual. Mas mudanças são mais propensas neste momento. Como sempre com trânsitos de Urano, evite a tendência à apressar as coisas. Sente-se e planeje.

Trânsito de Urano na 5ª Casa

Se você é um pai ou mãe, seus filhos pode parecer um pouco mais rebelde que o normal para você neste momento. Eles podem não ser realmente assim, mas eles vão parecer assim para você. Se você estiver namorando, você estará atraído por pessoas que são estranhas, incomum, independente e talvez até um pouco chocantes. Talvez haja uma grande diferença em suas idades. Ou eles podem ser apenas o tipo de pessoa que você nunca teria sequer considerado a sair com eles antes. Este trânsito pode atrair você para as pessoas que são gênias, excêntricas ou até um pouco loucas. No lado positivo, se você estiver em qualquer carreira que exija criatividade, você vai brilhar. Sob trânsitos de Urano, nós nunca gostamos de fazer as coisas velhas, maneiras da rotina, etc., então você tenderá a ser muito mais inovador agora. A 5ª Casa também governa passatempos, esportes e jogos. Este é um momento perfeito para assumir novas formas de recreação. Este trânsito de Urano vai lhe dar uma chance para abrir-se a novos horizontes.

Trânsito de Urano na 6ª Casa

Esta é a Casa do emprego e serviço. Com Urano em trânsito é muito provável que você sairá do seu emprego atual. Isto é especialmente verdade se o trabalho é de rotina ou você tem que ter supervisão constante. Urano vai aumentar o seu desejo de independência e fazer você procurar coisas interessantes na área do emprego. Se você é do tipo que quer manter as coisas como elas são, Urano aumenta a chance de demissão. Mantenha seu currículo atualizado já antes deste trânsito chegar. Se você é um empreendedor e tem funcionários, as pessoas que trabalham para você parecerão mais rebeldes neste momento (lembre-se, este trânsito pode durar por 7 anos). Mas isto pode ajudá-lo se você tiver que contratar tipos inovadores hi-tech. Sob esta influência, estes novos são mais propensos a ser os empregados que você deseja. A 6ª Casa também rege as questões da saúde. Urano em trânsito aqui aumenta as chances de você adquirir novos métodos de se manter saudável. Não exagere. Os trânsitos de Urano, por vezes, nos fazem querer exagerar. Por outro lado, você pode precisar de fazer algo novo em relação a sua saúde (como alterar sua dieta) e você não vai querer. Urano pode fazer coisas inesperadas, como uma doença súbita, "tocar" um alarme para você acordar.

Trânsito de Urano na 7ª Casa

Não é uma boa idéia se casar durante este trânsito, especialmente se o casamento for daqueles decididos em um instante, amor à primeira vista. Coisas que Urano reúne de repente, ele geralmente rompe com a mesma rapidez. O mesmo vale para parcerias de negócios. Nós frequentemente parecemos atrair pessoas simbolizados pelos Planetas que estão em trânsito em nossa 7ª Casa. No caso de Urano, essas pessoas vão ser independentes e excêntricas e elas tendem a nos sacudir qualquer rotina. Não, isso não é "mágica". Encontramos pessoas como estas o tempo todo, mas não somos atraídos à elas e nem sequer as notamos. Quando Urano chega à nossa 7ª Casa, no entanto, é que de repente nós nos tornamos cientes destas pessoas. Nós nos abrimos e deixamos elas entrar em nossas vidas (para melhor ou para pior). O trânsito é o nosso trânsito, e isso afeta nós, não à elas. Portanto,

♈♉♊♋♌♍ ♎♏♐♑♒♓

como qualquer outro trânsito uraniano, sente-se, pense e depois decida. Planeje!

Trânsito de Urano na 8ª Casa

Quando trânsito Urano está na sua 8ª Casa, o dinheiro que você tem em conjunção com uma outra pessoa (geralmente, cônjuge), tem um impacto sobre você. Você pode não ser mais capaz de depender deles para te ajudar financeiramente, e aí você terá que aprender a estar em seus próprios pés financeiramente. Você pode sofrer uma súbita, inesperada transformação. A 8ª Casa também rege o sexo e você pode ser mais aberto a tentar coisas novas, experimentação e coisas que parecem tabu. Quando se trata de poder e controle, você pode ter períodos em que você não tem nenhum e em seguida, períodos em que você tem muito.

Trânsito de Urano na 9ª Casa

A 9ª Casa rege o ensino superior e as viagens longas, religião e filosofia. Urano em trânsito aqui pode dar a vontade de viajar, um desejo de ir a lugares incomuns. Ele também pode atraí-lo para novas religiões ou filosofias, especialmente se forem incomuns e estranhas. Mas tome cuidado para não acreditar em algo apenas porque soa estranho. Trânsitos de Urano pode fazer isso com você. A 9ª Casa também rege questões legais, incluindo processos judiciais. Alguns astrólogos dizem que este vem sob a 7ª Casa. A 7ª Casa, no entanto, rege inimigos declarados, incluindo as pessoas que podem processá-lo. O processo em si vem sob a 9ª Casa. Se você deve processar alguém, enquanto Urano transita sua 9ª Casa, esteja preparado para colocar mais tempo e energia, porque Urano rege eventos inesperados. No lado positivo, este é um bom momento para estudar qualquer campo hi-tech, especialmente se envolver computadores, eletrônicos ou qualquer coisa que está à frente em questão de tecnologia.

Trânsito de Urano na 10ª Casa

Quando Urano está em trânsito na sua 10ª Casa, você pode experimentar uma mudança na sua carreira. Você pode tornar-se inquieto e decidir mudar de direção. Alterações podem ser imposta em você e você tem que lidar com isso. Você precisa de mais liberdade para fazer o que você quer em sua carreira e pode estar atraído por carreiras que são incomuns ou você vai querer ter uma abordagem inovadora para a sua carreira. A 10ª Casa é a sua "imagem pública", o seu "chefe", e aqueles que têm autoridade sobre você em geral. Urano em trânsito aqui pode dar um súbito desejo de mudar de patrões, empregos e até mesmo carreiras. De repente, a idéia de tomar ordens pode parecer irritante para você. Como sempre com trânsitos de Urano, você pode ter que fazer mudanças, mas não se esqueça de fazer um pouco de planejamento em primeiro lugar. Urano passando por esta Casa também pode fazer você querer mudar sua aparência, seu "look". Boa idéia, mas cuidado com uma tendência de exagerar.

Trânsito de Urano na 11ª Casa

Esta é a Casa de amigos, esperanças, desejos e ganhos. Ela também influencia qualquer grupo ou organização a que você pode pertencer. Urano em trânsito aqui pode ter vários efeitos possíveis. Pode atrair você para novos amigos, pessoas que são muito diferentes daqueles amigos que você já tem. Você é mais provável a ser atraídos por pessoas que estão melhor descritas como estranhas, excêntricas, até mesmo bizarras. As pessoas que você conhece, neste momento, pode ter uma maior influência sobre você, para trazer grandes mudanças em sua vida. Por outro lado, os amigos que você já tem parecem que vão passar por mudanças de comportamento. Grupos a que você pertencem podem de repente parecer ser marcantemente opressivos. Haverá um forte desejo de sair. Urano em trânsito aqui também pode atrair você a algum tipo de novo grupo, especialmente um que luta por alguma causa social. Quando Urano chega nesta Casa, estamos raramente contente em simplesmente acreditar em algo. Temos que pregar e seguir a cruzada.

Trânsito de Urano na 12ª Casa

Quando Urano está em trânsito na sua 12ª Casa, você toma uma abordagem diferente na sua espiritualidade e estará mais aberto à crenças não convencionais. Você pode largar os padrões de hábitos antigos e a bagagem que tem e os segredos podem ser trazidos à tona inesperadamente. Você tem que aprender a largar o seu passado e seus hábitos destrutivos para que você possa ir para a frente para o futuro sem olhar para trás. Você pode mostrar sua compaixão de formas incomuns, tendo uma abordagem não convencional para a caridade e não querendo que ninguém sabe saiba o quanto que você está ajudando-os.

Se acontecer de você estar em terapia durante este trânsito, você estará mais propenso a fazer grande progresso. O material parece pular do seu "subconsciente". Por outro lado, um trânsito como este pode forçá-lo a fazer terapia. Trânsitos de Urano existem para fazer mudanças repentinas. Por outro lado, uma vez que esta é a Casa da "autodestruição", qualquer Planeta em trânsito aqui pode fazer você agir de uma forma autodestrutiva. Urano vai fazer isso fazendo você mergulhar nas coisas sem antes pensar. Quaisquer mudanças repentinas que você quiser fazer, são mais propensas a saírem pela culatra, durante esse trânsito. Não é um bom momento para pular de asa delta. O mesmo vale para os seus "inimigos ocultos". As pessoas que estão trabalhando contra você tenderão a fazer você fazer "acrobacias" estranhas ou incomuns.

Netuno transita por aproximadamente 14 anos em cada Casa.

Trânsito de Netuno na 1ª Casa

Quando Netuno está em trânsito na sua 1ª Casa, você é mais sensível a seus arredores, emocionalmente, espiritualmente, de forma intuitiva e fisicamente. Você é mais imaginativo, idealista e charmoso. Você quer mudar em sua vida e se você sabe o que você quer, você pode descobrir como ele se alinha com o seu propósito na vida. Se você não sabe o que quer, você pode "perambular" e se sentir inseguro. Este é um bom momento para empreendimentos criativos. Você é mais benévolo e coloca as outras pessoas em primeiro lugar.

Trânsito de Netuno na 2ª Casa

Quando Netuno transita a sua 2ª Casa, você pode ter uma dificuldade em ser responsável com suas finanças e pode não prestar atenção para onde tudo vai. De repente você está sem dinheiro e não tem o suficiente para suas necessidades e você está coçando a cabeça, sem saber para onde o dinheiro foi. Você pode ser aproveitado por pessoas que querem tomar o seu dinheiro. Tenha mais cuidado com suas finanças. Isso pode ser um bom momento para ganhar dinheiro através da arte, água ou a metafísica.

Trânsito de Netuno na 3ª Casa

Quando Netuno transita sua 3ª Casa, ele pode trazer dificuldades para você lidar com a vida diária, porque ele quer que você transcenda. Você provavelmente vai se atrasar mais e ter dificuldade em manter uma agenda. Você também pode ter dificuldade em lidar com fatos e tender a levar informação através de suas emoções e intuição. Você pode se sentir mal quando você tenta se expressar verbalmente, mas pode usar as artes como uma maneira de mostrar como você se sente ou o que você pensa. Sua imaginação aumenta e você pode criar beleza em sua expressão.

Trânsito de Netuno na 4ª Casa

Quando trânsito de Netuno está na sua 4ª Casa, você pode sentir um fosso cada vez maior entre você e seus membros da família, especialmente se você sentir que você precisa explorar-se mais e descobrir quem você é. Por outro lado, você pode colocar-se de lado e cuidar de um membro da família, se necessário. Você pode não ver a sua família como ela realmente é. Preste atenção para as questões da água em casa. Você pode viver perto da água durante este trânsito ou em uma área ligada à água de alguma forma.

Trânsito de Netuno na 5ª Casa

Quando trânsito de Netuno está na sua 5ª Casa, você ama o romance e namoro, mas você não pode ver os seus interesses românticos como eles realmente são, vendo-os com um óculos cor-de-rosa. Você pode ter dificuldade de se apaixonar pelas pessoas certas, as pessoas que o merecem e não tiram vantagem de você. Você quer salvar aqueles que você ama e vai sacrificar-se por eles. Você é altamente criativo e vai adquirir novos hobbies que serão criativos e nas artes.

Trânsito de Netuno na 6ª Casa

Quando Netuno transita a sua 6ª Casa, você tem uma dificuldade de aderir à sua rotina normal e pode não ser confiável com o trabalho mundano. Você vai criar um interesse em trabalhos que são mais criativos, nas artes, lidando com os pés, água ou a metafísica ou ajudando aos outros. Você fica mais sensível à medicina e drogas durante este trânsito. Quando você estiver estressado, é provável que você vai se sentir muito pior do que o normal, e esse estresse vai pesar em você fisicamente mais facilmente agora, por isso, procure manter o estresse sob controle.

Trânsito de Netuno na 7ª Casa

Com o Netuno em trânsito na sua 7ª Casa, você pode acabar brigando com seus relacionamentos comprometidos e parceiros. Durante este período, eles podem parecer ser distante ou você quer mais do que eles podem lhe dar de forma realista. Você pode ser atraído por pessoas que você acha que são surpreendentes, mas acabam te machucando. Você deve tentar encontrar uma forma de vínculo com as pessoas em um plano mais elevado, que permite elas serem elas mesmas e vê-las pelo que são e ficar longe daqueles que querem tirar vantagem de você.

Trânsito de Netuno na 8ª Casa

Com o trânsito de Netuno na sua 8ª Casa, você pode dar de si mesmo, suas posses ou suas finanças muito facilmente durante este trânsito. Você não vê o que há de errado em compartilhar, mas você pode estar compartilhando com todas as pessoas erradas e elas não estarão compartilhando nada delas com você. Você anseia por uma conexão íntima profundamente espiritual com alguém e precisa ter certeza de que você não está a se contentar com qualquer um que vem. Você pode enfrentar problemas financeiros por causa de outras pessoas e precisa ter cuidado para quem você da o seu dinheiro.

Trânsito de Netuno na 9ª Casa

Quando Netuno transita pela sua 9ª Casa, você vai querer expandir sua vida de maneiras espirituais. Apenas certifique-se que você não é vítima de alguém que quer tirar proveito disso. Você está interessado na metafísica, empurrando os limites de suas crenças. Você pode ser mais criativo, especialmente com a escrita. Esta é a Casa da "mente superior", do ensino superior, publicações, religião, da "filosofia que você vive e das viagens longas. Quanto ao ensino superior, você pode fazer bem durante este trânsito se você estudar algo criativo, como a arte ou música ou algo abstrato, como a matemática ou a física. Se você está estudando uma habilidade específica, como mecânica ou contabilidade, você pode ter problemas com os detalhes. Mesmo aqui, porém, você pode ser capaz de chegar a respostas sem saber como você conseguiu. Nada místico aqui. Seu cérebro ainda está fazendo o mesmo trabalho que fazia antes. A única diferença é que você não está ciente disso. Na área de religião e "filosofia", haverá uma tendência a ficar atraído por idéias estranhas que você vai acreditar em "fé".

Trânsito de Netuno na 10ª Casa

A 10ª Casa é a Casa da sua carreira e os objetivos de sua vida e Netuno em trânsito aqui favorece qualquer carreira que requer visão e imaginação. Quando Netuno transitou a sua 9ª Casa, você teve a chance de estudar para carreiras que exigem imaginação, tudo, desde música à matemática à física. Quando Netuno chega à 10ª Casa, você pode praticá-los. Ele também favorece qualquer ocupação que exige compaixão. É um bom momento para trabalhar nas áreas de medicina, serviço social ou psicoterapia. Nas carreiras que exigem menos imaginação e habilidades mais práticas, pode haver um período de desorientação, dúvidas e um monte de "sonhar acordado". Veja se você pode fazer alguma coisa para dar essa carreira um pouco mais paixão ou fazer algum trabalho de caridade voluntário ao lado. Use sua imaginação.

Neste trânsito você pode ter um momento difícil de descobrir para onde você está indo na vida, que sentido que sua vida está tomando e quais são seus objetivos finais. Você luta para ver essas coisas claramente e pode vacilar durante algum tempo. Em público, as pessoas podem vê-lo por quem eles querem que você seja. Durante este trânsito, você é mais imaginativo do que prático.

Trânsito de Netuno na 11ª Casa

Com Netuno transitando sua 11ª Casa, você quer muitos amigos, mas têm dificuldade em escolher os que irão tratá-lo bem. Você cede às suas exigências e sacrifica muito de si mesmo para eles. Você é atraído pelas pessoas que são mais espirituais, mas cuidado com o fanatismo. Você poderá perder alguns amigos durante este trânsito. Você precisa descobrir aonde você pertence no mundo e deixar que seus sonhos cheguem à novas altura, mas seja realístico ao mesmo tempo.

Trânsito de Netuno na 12ª Casa

Netuno está em casa aqui, porque esta Casa corresponde ao 12º Signo de Peixes, que rege Netuno. Durante este trânsito, você pode realmente ser capaz de se livrar de muitas das ilusões que você teve ao longo dos anos. Mas não se preocupe. Quando Netuno deixar esta Casa, ele vai para sua 1ª Casa e você terá um novo grupo de ilusões. Uma das chaves para todos os trânsitos de Netuno é apreciar os benefícios da imaginação e visão sem deixar de se perder nesse nevoeiro sonhador. O outro é ser compassivo, sem se tornar um otário.

Com este trânsito, você não vai se importar de estar sozinho e poderá desfrutar de sua própria companhia. Você tem sonhos ativos e pode entrar em contato com seu lado intuitivo. Sua espiritualidade aumenta e você vê as mensagens sutis que o Universo coloca em seu caminho. Tudo está ligado e você começa a entender isso agora. Você também pode começar a acreditar em si mesmo e no que você não pode ver, mas sabe que está lá.

Devido à sua órbita irregular, Plutão pode ficar de 14 à 30 anos em cada Casa.

Trânsito de Plutão na 1ª Casa

Isso começa com Plutão fazendo uma conjunção com o seu Ascendente, mas o efeito pode durar anos. Normalmente, você vai se tornar mais assertivo. Este é o trânsito do "É melhor ninguém mexer comigo!". Ele também pode trazer sentimentos reprimidos e desejos à superfície, as coisas que você não quer enfrentar. Alguns tendem a tornar-se mais dominador com Plutão. Outros tentam suprimir isso. Plutão transitando sua 1ª Casa também pode torná-lo mais consciente das coisas ao seu redor, bem como as motivações das pessoas com quem você entra em contato. Não, tudo não mudou. Você é apenas mais sensível às coisas sob um trânsito de Plutão na sua 1ª Casa.

Com este trânsito, você também pode assumir o controle de sua vida e não ter mais nada haver com mais ninguém. No início deste trânsito, as coisas que você manteve escondidas podem explodir e a raiva pode tomar conta e você pode não dar conta da onde tudo isso está vindo. Você pode ver as pessoas pelo que elas são e entender o que as impulsiona. Este é um bom momento para transformar a si mesmo ou a sua vida de alguma forma, para retomar o controle e para desmascarar o que está abaixo da superfície.

Trânsito de Plutão na 2ª Casa

Quando Plutão entrar na sua 2ª Casa, especialmente durante o início, você pode passar por um período em que você perde tudo o que você pensa que você precisa para a segurança e a segurança na vida, inclusive sua confiança e valor em si mesmo. Uma dessas podem ser coisas que você realmente não precisa ou achava que precisa. Este trânsito vai ensinar você a construir uma maior confiança em si mesmo e força interior. Você pode perder muito durante este trânsito, fisicamente, mentalmente, emocionalmente, mas no final deste trânsito, você vai ter uma segurança de si muito maior do que nunca.

Cuide do seu dinheiro e posses, especialmente se o transito de Plutão faz aspectos de estresse (conjunção, quadratura ou oposição) com qualquer um dos seus Planetas natais enquanto ele está passando por esta Casa. Aspectos estressantes de Plutão tendem a destruir as coisas. Claro que eles podem ser construídos de volta mais tarde, mas primeiro, ele precisa destruir o velho para construir o novo. Cuidado, em particular, para a tentação de ganhar dinheiro por meios menos honestos. A 2ª Casa rege mais do que seus bens. Ela também mostra o que você valoriza e isso inclui o seu senso de autoestima, como dito acima. Este trânsito pode não só afetar seus bens, mas também as coisas que você valoriza.

Trânsito de Plutão na 3ª Casa

Com o trânsito de Plutão na sua 3ª Casa, suas palavras têm mérito e as pessoas tomam seus pensamentos e idéias a sério. Você pode influenciar as pessoas para o seu lado com suas palavras e este é um excelente momento para você, principalmente se você trabalha com palavras de alguma forma (como um escritor, palestrante, cantor, etc.). Você pode transformar o seu relacionamento com seus irmãos, vizinhos e comunidade. Você também pode cavar fundo em sua mente, ganhar controle sobre suas capacidades mentais e usar esse poder mental para a sua vantagem.

Trânsito de Plutão na 4ª Casa

Este trânsito começa com Plutão atravessando a parte inferior do seu horóscopo, o IC. Nisto, Plutão faz oposição ao seu Meio-Céu, sua carreira, portanto, essa área de sua vida pode sofrer alterações, principalmente durante os 2 anos em que Plutão faz a oposição exata ao seu Meio-Céu. Tenha cuidado com as lutas de poder tanto no trabalho como em casa, com chefes, cônjuges ou pais. Plutão tende a enterrar ressentimentos, deixá-los crescer até explodir. Depois que Plutão passar seu *IC*, ele deixará de afetar a carreira, e afetará apenas a sua casa. Verifique se o seu seguro está pago. Plutão pode quebrar as coisas. No entanto, é um grande momento para arrumar a casa, ou mesmo se mudar para uma melhor. Se você comprar uma casa nova durante este trânsito de Plutão, certifique-se que tenha uma boa construção. Trânsitos de Plutão são ótimos para reconstruções. Inspecione tudo! Plutão rege problemas que se escondem sob a superfície, como encanamento ruim ou infestação de cupins.

Trânsito de Plutão na 5ª Casa

Esta é a Casa do romance, criatividade, e dos filhos, bem como as da loteria e especulação. Plutão é o Planeta dos extremos e das obsessões. Se você gosta de jogar, fique atento. Ele pode te levar à febre de jogos, o que normalmente leva a grandes perdas. O mesmo é válido para o mercado de ações. Pondo a Astrologia de lado, é geralmente uma boa idéia para manter a maior parte de sua aposentadoria em algum lugar seguro. Isso é especialmente verdade durante um trânsito como este, especialmente se Plutão está fazendo aspectos de estresse (conjunção, quadratura ou oposição) com algum Planeta natal, ao atravessar esta Casa. Você pode tornar-se obcecado com jogos de azar durante este período, mas o mesmo é verdade para outros assuntos da 5ª Casa, como esportes ou hobbies. A 5ª Casa rege romance. Quaisquer casos de amor neste momento são menos propensos a ser casos temporários. Estes relacionamentos tenderão mais para obsessões. Cuidado com os ciúmes, que é outro problema de Plutão. Por outro lado, os relacionamentos podem ter um efeito terapêutico durante este trânsito. Ou eles podem levá-lo para terapia. Plutão rege extremos. Tenha cuidado com as "lutas de poder" com crianças (sim, isso acontece). E tente não levá-los muito à sério enquanto Plutão está ao redor.

Trânsito de Plutão na 6ª Casa

Quando transita a sua 6ª Casa, você quer melhorar a sua saúde física, e este é um bom momento para transformar a maneira como você trata o seu corpo. Você pode tornar-se atraído por métodos mais alternativos de saúde. Apenas certifique-se que você não se torne muito obcecado e acabar causando mais mal do que bem. Em seu trabalho, você pode ter lutas de poder com colegas de trabalho ou alterar o seu ambiente de trabalho por conta de encontrar outro emprego, indo para outro campo, ou mesmo perdendo o seu emprego.

Esta é a Casa de ambos, do trabalho do dia-a-dia e da saúde. O que a maioria dos livros não dizem é que trânsitos de Planetas lentos através desta Casa podem começar um problema de saúde de longa duração, mas você não nota os resultados até anos mais tarde, geralmente, a pessoa só nota o problema com saúde quando o Planeta está para deixar esta Casa. É sempre uma boa idéia fazer checkups regulares de qualquer maneira. Plutão também é reabilitação e também vai querer corrigir o seu corpo neste momento. Plutão não quer destruir agente. Ele quer reconstruir uma pessoa melhor em nós. Lembre-se que Plutão rege obsessão também. Fique atento para uma tendência a exagerar. Você sabe que a dieta especial para perder peso rápido, basta passar fome por 6 meses. Se você já tem a tendência para o extremo em tudo, tente ser extremamente moderado. Tenha cuidado com a política no trabalho e as tensões com colegas de trabalho e subordinados durante este trânsito. Plutão rege as forças de grande escala fora do nosso controle, tais como quando os superiores da sua empresa decidem reduzir o tamanho de seu departamento. Mesmo se você for autônomo, você terá que tomar cuidado com as mudanças em sua indústria que pode forçá-lo ficar na fila do desemprego.

Trânsito de Plutão na 7ª Casa

Quando Plutão passar através da sua 7ª Casa, você pode experimentar as lutas de poder em qualquer um dos seus relacionamentos e as novas pessoas que se comprometer podem tentar controlá-lo ou vice-versa. Você pode se tornar obcecado para ter um parceiro e o ciúme pode rastejar em seus relacionamentos. Não vá com muita sede ao pote porque você vai parecer um louco e só irá afastar os quem você ama. Ao invés da loucura, opte por ter mais paixão e intimidade em seus relacionamentos.

♉♊♋♌♍♎♏♐♑♒♓

Trânsito de Plutão na 8ª Casa

Quando trânsito de Plutão está na sua 8ª Casa, você pode transformar qualquer coisa que você precisa ou quer durante este trânsito. Esse pode ser um bom momento para lidar com as finanças conjuntas, impostos, dívidas, empréstimos ou heranças e endireitar as questões ou você pode ver os problemas que se apresentam nessas áreas. Não faça nada sem pensar com dinheiro ou você vai pagar o pato e encontrar-se completamente falido.

Trânsito de Plutão na 9ª Casa

Este trânsito pode trazer um fanatismo religioso e você pode tentar fazer com que todos acreditam no que você faz ou diz. É bom para se identificar fortemente com o que você acredita, mas não forçar os outros. Você pode transformar suas crenças e ir em direção a algo mais incomum. Quando você está discutindo coisas com as pessoas, faça-os mais apaixonadamente e com convicção. Se você voltar aos seus estudos, tente estudar assuntos relacionados com Plutão, como a psicologia, ciência de pesquisas ou qualquer coisa a ver com sexo ou morte.

Trânsito de Plutão na 10ª Casa

Quando trânsito de Plutão está na sua 10ª casa, você pode tornar-se obcecado com suas ambições e tentar ter sucesso, não importa o que aconteça. Se você não tomar uma atitude tragicamente ambiciosa, você vai ficar bem. Não evite mudanças na sua carreira, porque vai acontecer quer você queira ou não. Tente assumir o controle e fazer alterações a si mesmo para torná-lo mais fácil de se relacionar. Se você resistir, você vai sofrer. Crie um espaço para crescer e mudar profissionalmente.

Trânsito de Plutão na 11ª Casa

Quando trânsito de Plutão está na sua 11ª Casa, você pode tornar-se obcecado com suas causas e tentar melhorar o mundo de alguma forma. Isso pode levar a grandes esforços de caridade ou jogar tudo pro alto e não realizar qualquer coisa exceto ser chato. Você terá uma tendência de largar os seus sonhos que não parecem viáveis ou você não prestam mais e criar outros e trabalhar para que tais sonhos novos se tornem realidade. Você pode transformar as amizades que tem e vai tomar suas amizades mais a sério.

Trânsito de Plutão na 12ª Casa

Quando trânsito de Plutão está na sua 12ª Casa, você pode entrar em contato com velhos problemas e trabalhar com eles durante este período. É um grande momento para iniciar um tratamento e trabalhar em questões psicológicas. Se você continuar e não resolver esses problemas, problemas maiores vão se apresentar, então não corra. Lidar com esses problemas não é tão assustador como você pensa que é. Você pode transformar-se completamente e eliminar grande quantidade da sua bagagem que não presta mais durante este trânsito, se você não lutar contra isso.

Capítulo 16 – Determinando o Horário dos Eventos através do *Muhurta*

Muhurta significa "um momento". Nós vivemos nossas vidas em momento por momento. Quando nós recebemos boas energias planetárias, este momento é chamado de auspicioso. Quando recebemos energias ruins dos Planetas, isso é chamado de "momento ruim". Na Astrologia, nós confeccionamos um mapa natal baseado no momento em que a pessoa nasce para saber se o indivíduo terá sucesso na vida ou não dependendo do tipo das energias planetárias do momento. Da mesma forma nós podemos fazer mapas para eventos. Este mapa representa se um novo empreendimento ou negócio será bem-sucedido ou não. Este mapa, é preparado para saber o resultado de um empreendimento ou evento é chamado de *Muhurta*. No ocidente *Muhurta* se chama Astrologia Elecional.

Se o Muhurtha mostra boas energias planetárias, então o empreendimento torna-se um sucesso. Por isso, é melhor escolher um momento auspicioso (um bom *Muhurta*) para iniciar qualquer empreendimento de modo que as chances de sucesso aumentarão. Isso se aplica a todos os eventos importantes na vida. Por exemplo, se uma pessoa se casa em um bom *Muhurta*, então sua vida de casado vai ser boa.

Alguns astrólogos são da opinião de que um mendigo pode se tornar um rei iniciando seus trabalhos em bons *Muhurtas*. Isso está errado. Isso só acontece se o mendigo tem a posição planetária para se tornar um rei em seu mapa de nascimento. Seguindo um bom *Muhurta*, o mendigo pode se tornar um rei em menos tempo e com menos esforço. Isto é como *Muhurta* ajuda. Tomemos outro exemplo. Em carta do nascimento de um nativo, há uma indicação de que ele não vai ter filhos. Mas se um bom *Muhurta* está definido para seu casamento e núpcias, então as chances de crianças vai aumentar e ele pode ser abençoado com as crianças. Definindo bons *Muhurtas* para todos os eventos importantes da vida de tal forma que a pessoa vai se tornar muito bem-sucedida em todas as áreas faz-se um bom astrólogo.

Astrólogos indianos fizeram a pesquisa considerável sobre Astrologia Elecional e produziram livros como *Muhurta Chinthamani*, *Muhurta Martanda*, *Muhurtha Darpana*, *Kaalamritha* e *Uttara Kaalamritha*, etc.

A DEFINIÇÃO DE UMA ESTRELA FAVORÁVEL (*TARA BALA*)

Conte a partir do *Nakshatra* onde a Lua está no mapa natal da pessoa até o *Nakshatra* da Lua no momento do *Muhurta* e subtraia pelo número 9. Por exemplo, uma pessoa tem a Lua no mapa natal no *Nakshatra* de *Bharani*. A pessoa vai começar um novo emprego e no dia em que ela começará trabalhar a Lua estará em *Vishakha*. Contando de *Bharani* até *Vishakha* dá 15. 15 – 9 = 6. O número resultante representa:

1 – *Janma* – representa perigo para o corpo.
2 – *Sampath* – indica riqueza e prosperidade.
3 – *Vipath* – perigo, perdas e acidentes.
4 – *Kshema* – prosperidade.
5 – *Pratyak* – obstáculos and inimizade.
6 – *Sadhana* – realização das ambições através do esforço.
7 – *Naidhan* – perigo e morte.
8 – *Mitra* – amigável e bom.
9 – *Param* Mitra – Muito favorável.

No nosso exemplo acima o resultado é o número

6, que significa *Sadhana*: realização das ambições através do esforço.

DEFININDO UM SIGNO FAVORÁVEL (*CHANDRA BALA*)

No *Muhurta*, a Lua não deve ocupar a 6ª, 8ª ou 12ª Casa a partir do Signo de nascimento da pessoa. Por exemplo, o *Nakshatra* da pessoa é *Bharani* que cai no Signo de Áries. A pessoa quer começar um negócio novo no dia quando a estrela é *Vishakha*. Esta parte da estrela cai no Signo de Escorpião. Contando a partir do Signo de nascimento em Áries até o Signo do *Muhurtha* de Escorpião, temos 8. Este é, portanto, um *Muhurtha* inauspicioso e deve ser evitado pela pessoa. Vamos ter que procurar um outro dia. Um que esteja 9 Signos a partir do *Nakshatra* da Lua natal.

ELIMINANDO OS 5 TIPOS DE ENERGIAS RUINS (*PANCHAKA RAHITA*)

Em *Muhurtas* gerais em que a pessoa quer começar um trabalho ou a fazer uma entrevista ou uma viagem curta, usar o *Taara Bala* e *Chandra Bala* é o suficiente. Mas para cerimônias importantes, como casamentos, núpcias, a entrada em uma nova casa, etc., devemos eliminar as más energias do *Muhurtha* que é chamado de *Panchaka Rahita*. Para isso conte o número de dias lunares (*Thithi*), o número do dia da semana (Domingo é 1), o número do *Nakshatra* (Ashwini é 1) e o número do Ascendente (Aries é 1) do *Muhurtha*. Daí somamos todos esses números e dividimos o total por 9. Veja o que o restante representa:

1 - *Mrityu Panchka* - perigo de vida.
2 - *Agni Panchaka* - risco de incêndio.
4 - *Raja Panchaka* - risco através do governo.
6 - *Chora Panchaka* - ameaça de ladrões.
8 - *Roga Panchaka* - doenças.

Assim, os números acima devem ser eliminados. Se o restante for 0, 3, 5 ou 7, então é bom. Por exemplo, se uma pessoa quer começar um novo negócio em um dia e hora quando o dia lunar é 13 (*Triyodashi*), a constelação é

Purva Phalguni, o Signo Ascendente é Libra (7), e dia da semana é segunda-feira (2). Calculando *Panchaka*, temos:

Número de dias lunar: 13
Número da constelação: 11
Número do dia da semana: 2
Número do Ascendente: 7
Total: 33

Agora dividindo este número 33 por 9, obtemos 3.6666..., vamos arredondar para 4 como restante. Este número 4 representa *Raja Panchakam* e portanto, a pessoa terá de enfrentar uma série de problemas por parte do governo, polícia, impostos e jurídico. Obviamente este *Muhurta* não é auspicioso para a pessoa.

OUTROS *YOGAS* IMPORTANTES A SEREM CONSIDERADOS

Horário planetário:

Os 7 Planetas na Astrologia regem um horário todo o dia, um por um. Cada Planeta tem duração de 1 hora na sequência:

❖ Sol,
❖ Vênus,
❖ Mercúrio,
❖ Lua,
❖ Saturno,
❖ Júpiter,
❖ Marte.

Por exemplo, no domingo (dia do Sol), o Sol irá operar a partir do nascer do Sol e em seguida, Vênus, Mercúrio, etc. terá uma hora cada. Na segunda-feira (dia da Lua), a Lua irá operar a partir do nascer do Sol, em seguida, Saturno, Júpiter, etc. Na terça-feira (dia de Marte), Marte irá reger a partir do nascer do Sol e em seguida o Sol, Vênus, Mercúrio, etc. E assim vai. Cada Planeta favorece certas atividades em sua hora. Desta forma, as horas planetárias também ajudam os astrólogos a definir bons *Muhurtas*.

Panchanga Suddhi:

Panchanga representa as 5 partes nomeadamente *Thithi* (o dia lunar), *Vara* (o dia da semana), *Nakshatra* (constelação), *Yoga* (a combinação do Sol e Lua), *Karana* (metade do dia lunar). Estas 5 partes devem ser boas para qualquer *Muhurta* auspicioso. Isso é chamado de *Panchanga Suddhi*.

❖ Em relação aos dias lunares, dia 4, 6, 8, 12 e 14 e dia de lua cheia e dia da lua nova devem ser evitados.

❖ Em relação aos dias da semana, quinta e sexta-feira são bons para todas as obras. É melhor evitar terça-feira e sábado, na maior parte do *Muhurtas*.

❖ No que diz respeito à constelação, *Bharani*, *Krittika* e *Ashlesha* devem ser evitadas para todas as obras.

❖ Constelações auspiciosas para qualquer trabalho são: *Ashwini*, *Rohini*, *Mrigashira*, Pushya (exceto para o casamento), Magha, *Hasta*, *Chitra*, *Swati*, *Anuradha*, *Mula*, *Uttarashadha*, *Dhanishta*, *Shravana*, *Uttara Bhadra* e *Revati*.

Surya Sankramana:

Uma vez por, o Sol muda de Signo e entra em um novo Signo. O período de 6 horas e 24 minutos deve ser evitado antes e depois da entrada do Sol em um novo Signo.

Kartari Dosha:

O Ascendente no mapa do *Muhurta* não deve estar encurralado entre Planetas maléficos.

Shashtashta Riphagatha Chandra Dosha:

No mapa do *Muhurta*, a posição da Lua a partir do Ascendente não deve ser de 6, 8 e 12 Casas.

Udayasta Suddhi:

O Ascendente e a 7ª Casa devem ser forte. Por exemplo, o Ascendente deve ser ocupada pelo Regente do Ascendente ou o Regente do Ascendente deve estar exaltado. Da mesma forma, a 7ª Casa também deve ser forte. É muito bom se o Ascendente estiver ocupado por Júpiter, Vênus e Mercúrio.

Ashtama Lagna Dosha:

O Ascendente no mapa do *Muhurta* não deve ser 8 Casas do Ascendente de ambos, a noiva e o noivo. Por exemplo, a noiva e o noivo tem Ascendentes em Áries e Leão, o Ascendente no Muhurta não deve ser Escorpião ou Peixes.

Grahanotpatha Dosha:

As constelações em que os eclipses aparecem deve ser evitados em *Muhurtas*.

Ashtama Suddhi:

Nenhum Planeta deve estar localizado na 8ª Casa a partir do Ascendente no mapa do *Muhurta*.

Consideração de casas adequadas:
Para todos os *Muhurtas*, o Ascendente e seu Regente devem ser bons. Para definir um bom *Muhurta* para a construção de uma casa ou para a cerimónia de entrada na nova casa, devemos ver que a 4ª Casa e seu Regente devem estar bem. Não deve haver nenhum maléficos na 4ª Casa e seu Regente deve estar com benéficos ou em sua própria Casa ou exaltação.

Da mesma forma, para dar um bom *Muhurta* para um casamento, a 7ª Casa e seu Regente devem estar bem.

Para definir um bom *Muhurta* para começar um novo negócio, a 7ª e 11ª Casas e os Planetas correspondentes deve estar bem colocados.

De acordo com o sábio *Bharadwaja*, não dá para ter um *Muhurta* perfeito atrás do outro por anos. Por isso devemos esperar por tal *Muhurta* e, portanto, é aconselhável arrumar um *Muhurta* com menos *Doshas* (ruim) e mais *Gunas* (bom).

Capítulo 17 - Astrologia e Ayurveda

A medicina Ayurvédica (também chamada de *Ayurveda*) é um dos mais antigos sistemas médicos do mundo. Ela se originou na Índia e tem evoluído durante milhares de anos.

O termo "Ayurveda" combina a palavra Sânscrita *Ayur* (vida) e *Veda* (ciência ou conhecimento). Assim, *Ayurveda* significa "a ciência da vida."

A medicina Ayurvédica visa integrar e equilibrar o corpo, mente e espírito, por isso é vista como uma medicina "holística". Este equilíbrio leva à felicidade e saúde e ajuda a prevenir doenças. A medicina Ayurvédica também trata de problemas específicos de saúde física e mental. Um objetivo principal das práticas de Ayurveda é a purificar o organismo de substâncias que podem causar doenças, contribuindo assim um restabelecimento da harmonia e equilíbrio.

O *Ayurveda*, muito praticado na Índia, e como eu disse, é um dos mais antigos sistemas de medicina no mundo. Os 2 livros antigos, escritos em Sânscrito com mais de 2.000 anos de idade, são considerados os principais textos sobre medicina Ayurvédica. Eles são

Charaka Samhita e *Sushruta Samhita*. Os textos descrevem oito ramos da medicina Ayurvédica:

- Medicina interna
- Cirurgia
- Tratamento das doenças da cabeça e pescoço
- Ginecologia, obstetrícia e pediatria
- Toxicologia
- Psiquiatria
- Geriatria e rejuvenescimento
- Vitalidade sexual.

A medicina Ayurvédica continua a ser praticada na Índia, onde quase 80% da população usa-a exclusivamente ou combinada com a medicina convencional (ocidental). Ela também é praticada em Bangladesh, Sri Lanka, Nepal e Paquistão.

A maioria das grandes cidades na Índia tem uma faculdade e hospital de Ayurveda.

GUNAS

Antes de seguir em frente precisamos familiarizar-se com os 3 *Gunas* e as 4 motivações da vida. Vamos começar com as *Gunas*, que são as qualidades intrínsecas ou tendências do *Prakriti*, a energia universal da matéria primária ou Natureza.

Os três Gunas são *Sattva*, *Rajas* e *Tamas* e eles são frequentemente associados com a criação (*Brahma*), preservação (*Vishnu*) e destruição (*Shiva*), respectivamente. *Brahma*, *Vishnu* e *Shiva* compõem a trindade hindu ou *Trimurti* e com a sua associação com os três *Gunas*, podemos ver como eles representam as três fases ou Naturezas.

- ❖ Sattva se traduz como essência. Quando alguém ou alguma coisa é *Sattvica* ele tem as qualidades da pureza, equilíbrio, harmonia e bondade.
- ❖ *Rajas* se traduz como ar ou vapor. Sendo *Rajásica* tem as qualidades da atividade, movimento e paixão.
- ❖ *Tamas* se traduz como as trevas, a ignorância e a ilusão. Ele também é um termo para a obstrução

do Sol e da Lua durante eclipses. Qualidades *Tamásicas* indicam lentidão, inércia e letargia.

No *Bhagavad Gita*, Sri Krishna explica os *Gunas* à Arjuna em grande detalhe:

"São os três Gunas nascidos do Prakriti - Sattva, Rajas e Tamas - que ligam o Eu imortal com o corpo material. Sattva - pura, luminosa e livre de tristeza - nos liga com apego à felicidade e sabedoria. Rajas é a paixão, decorrentes de desejo egoísta e apego. Estes vinculam o Eu com a ação compulsiva. Tamas, nascido da ignorância, ilude todas as criaturas através da negligência, indolência e sono. Sattva nos liga a felicidade; Rajas nos liga a ação e Tamas, distorcendo nossa razão, nos liga a ilusão ...

Quando Sattva predomina, a luz da sabedoria brilha através de cada portão no corpo. Quando Rajas predomina, uma pessoa corre sobre a prossecução de fins egoístas e gananciosos, impulsionado pela inquietude e desejo. Quando Tamas é dominante uma pessoa vive na escuridão - preguiçoso, confuso e facilmente apaixonado ...

Conhecimento Sáttvico vê o que está sendo indestrutível em todos os seres, a unidade subjacente a multiplicidade de criação. Conhecimento Rajásico vê todas as coisas e criaturas como separados e distintos. Conhecimento Tamásico, é desprovido de qualquer senso de perspectiva, vê uma pequena parte e confunde com o todo."

(*Bhagavad Gita, Capítulo 14*)

Todos nós temos indicações *Sáttvicas*, *Rajásicas* e *Tamásicas* e aspectos em nosso mapa natal, e é o equilíbrio, interações e influências dessas qualidades em diferentes áreas de nossas vidas e personalidades que nos mostram onde em nossas vidas temos que nos concentrar, dar mais atenção ou onde temos o maior potencial de aprendizado e crescimento. Só porque a Lua estava em um *Nakshatra Tamásico* no momento do nascimento, não significa necessariamente que a pessoa está condenada a uma vida de preguiça e melancolia. Há muitos, muitos, muitos outros aspectos e influências em um mapa natal que poderiam neutralizar ou ajudar este posicionamento e suas consequências. É por isso que é importante olhar para o mapa como um todo porque as partes individuais só dão um pequeno fragmento de informações.

O todo é maior do que a soma das suas partes – Aristóteles

Compreender os 3 Gunas de *Prakriti* não só é útil quando se estudamos os nossos mapas e Astrologia, mas também pode ser benéfico quando voltamos nossa atenção para a nossa saúde, cura e os alimentos que comemos. Astrologia Védica tem uma ligação direta com o *Ayurveda*. Para os praticantes de *Ayurveda* que estudam mapa natal de um indivíduo, a Astrologia é uma ferramenta de diagnóstico. Isso ajuda a ter uma visão sobre *Karma* do paciente, bem como as tendências para doenças. A medicina Ayurvédica e Astrologia Védica juntas são ciências e sistemas desenhadas para trazer harmonia e equilíbrio para os nossos corpos, mentes e almas, para que possamos, em seguida, harmonizar-se com a grande Consciência do Universo.

Determinando se os nossos estilos de vida, traços de personalidade e dieta são Sáttvico, Rajásico ou Tamásico fornece uma boa quantidade de informações sobre a nossa saúde e que podem ser necessários remédios de cura. O *Ayurveda* coloca uma forte ênfase na boa higiene, exercício adequado e hábitos alimentares saudáveis. Alimentos como a medicina, que é à base de plantas e ervas medicinais são uma parte integrante do *Ayurveda*.

Idealmente nós vamos querer estar inclinados para um estado Sáttvico de saúde. Quando somos Sáttvicos nós participamos em atividades espirituais e intelectuais e educacionais. Nossas mentes são claras e em paz e nos envolvemos em altruísmo e compaixão numa base regular. Estamos mais em sintonia com a nossa intuição e sentimos a conexão com o Divino ou Universo. Alimentos Sáttvicos são frescos, orgânicos, não cozidos excessivamente e não muito oleosos, picantes ou salgados. A dieta é lacto-vegetariana e também pode ser vegana.

Seria jóia se nós sentíssemos Sáttvicos em todas as áreas de nossas vidas em todos os momentos, porém todos nós temos momentos em que nos sentimos e nos comportamos em *Rajas* e *Tamas*. Inclusive muitos de nós somos inerentemente mais Rajásicos ou Tamásicos e nestes casos pode ser necessária uma maior atenção para a saúde e cura. Indivíduos Rajásicos são muito ativos, agressivos, poderosos, e mundanos. Eles obtém a energia a partir da estimulação, incluindo alimentos estimulantes: de alta qualidade, feitos na hora, degustação rica, mais elevado em proteínas e mais óleos e especiarias.

Indivíduos Tamásicos têm, frequentemente, os estados emocionais escuros e traços de personalidade às vezes incomuns. Eles altamente têm desejos, são indulgentes, mas estagnados ou preguiçosos e sedentários. Eles tendem aos alimentos excessivamente açucarados, picantes e muito cozidos, uma grande quantidade de carnes, alimentos processados e embalados e intoxicantes.

Compreender os Gunas em nossos mapas e como nossas vidas e saúde pode se inclinar mais para um ou para outro pode nos dar uma introspecção sobre a cura e como melhorar e manter a nossa saúde.

ASTROLOGIA AYURVÉDICA

A Astrologia Ayurvédica estuda cientificamente movimentos planetários e seus efeitos sobre constituições e vidas humanas. Astrologia em si é baseada no conceito de que cada Planeta está intrinsecamente relacionado com um tecido do corpo específico e que os vários movimentos planetários e as suas posições em relação ao tempo exercem influências poderosas em nosso corpo, mente e consciência, afetando diretamente a nossa saúde física e mental.

De acordo com a sua localização específica no mapa natal, os Planetas "decidem" vários fatores com referência à nossa vida: nossa natureza e comportamento (*Prakriti* e *Swabhava*), transtornos (Roga/*Vyadhi*), etc. Portanto, olhando para o mapa natal é possível prever várias coisas com referência especial ao Ayurveda.

FORÇAS DA VIDA – *DOSHAS*

As características importantes do *Prakriti* são as 3 forças vitais ou energias chamados de *Doshas*, que controlam as atividades do corpo. As chances de uma pessoa de desenvolver certos tipos de doenças são relacionado com o equilíbrio dos *Doshas*, o estado do corpo físico e fatores mentais ou de estilos de vida.

A medicina Ayurvédica possui as seguintes crenças sobre os 3 *Doshas*:

❖ Cada Dosha é composto por 2 dos 5 elementos básicos: Éter (as regiões superiores do espaço), Ar, Fogo, Água e Terra.

❖ Cada *Dosha* tem uma relação especial com as funções corporais e podem ser perturbados por razões diferentes.

❖ Cada pessoa tem uma combinação única dos 3 *Doshas*, embora um *Dosha* é geralmente proeminente. *Doshas* estão constantemente se formando e reformado através dos alimentos, atividade e processos corporais.

❖ Cada *Dosha* tem suas próprias características físicas e psicológicas.

O desequilíbrio de um *Dosha* irá produzir sintomas que são exclusivos desse *Dosha*. Desequilíbrios podem ser causadas por causa da idade, estilo de vida pouco saudável, ou dieta, muito ou pouco esforço físico e mental, as estações do ano ou proteção inadequada contra os agrotóxicos, produtos químicos ou germes.

Os *Doshas* são conhecidos por seus nomes originais em Sânscrito: *Vata*, *Pitta* e *Kapha*.

O *Dosha Vata* combina os elementos do Éter e Ar. É considerado o mais poderoso dos *Doshas*, pois controla processos do corpo muito básicos, tais como a divisão celular, o coração, a respiração, descarga de resíduos, e da mente. Vata pode ser agravado por, por exemplo, medo, tristeza, ficar até tarde da noite acordado, comer muitas frutas secas ou comer frutas secas antes das refeições. As pessoas com o *Vata* como seu principal *Dosha* são especialmente suscetíveis às condições de pele e neurológicas, artrite reumatoide, doenças cardíacas, ansiedade e insônia.

O *Dosha Pitta* representa os elementos Fogo e Água. Pitta controla hormônios e o sistema digestivo. Uma pessoa com um desequilíbrio de *Pitta* pode experimentar emoções negativas, como raiva e pode ter sintomas físicos, como azia dentro de 2 ou 3 horas depois de comer. *Pitta* é perturbado, por exemplo, por comer alimentos picantes ou azedos, fadiga ou passar muito tempo no sol. As pessoas com uma constituição predominantemente de *Pitta* são susceptíveis a hipertensão, doenças cardíacas, doenças infecciosas e condições digestivas.

O *Dosha Kapha* combina os elementos de Água e Terra. *Kapha* ajuda a manter a força e imunidade e controlar o crescimento. Um desequilíbrio do *Dosha Kapha* pode causar náuseas imediatamente depois de comer. Kapha é agravado por, por exemplo, a ganância, dormir durante o dia, comer muitos alimentos doces, comer após já estar cheio e comer e beber alimentos e bebidas com muito sal (sódio) e água (especialmente na primavera). Aqueles com um *Dosha Kapha* predominante são vulneráveis à diabetes, câncer, obesidade e doenças respiratórias como a asma.

Embora todos nós temos um pouco de todos os 3 Dosha, é o nosso *Dosha* dominante ou 2 *Doshas* dominantes que determinam o nosso tipo individual. Os tipos são: *Vata, Pitta, Kapha, Pitta-Vata, Kapha-Vata, Pitta-Vata, Pitta-Kapha, Kapha-Vata* e *Kapha-Pitta*. Além disso, há também alguns de nós cuja a constituição natural é uma combinação de todos os 3 *Doshas*. Esses são chamados de *Tridoshi* ou Tridoshicos.

Assim como existem *Gunas* na Astrologia Védica, os *Doshas* têm uma influência astrológica também, com os Signos do Zodíaco (*Rashis*) e Planetas (*Grahas*) tendo seu próprio *Dosha* dominante:

> ➤ Signos *Vata*: Touro, Virgem e Capricórnio
> ➤ Planetas *Vata*: Mercúrio, Saturno e Rahu
> ➤ Signos *Pitta*: Áries, Leão e Sagitário
> ➤ Planetas *Pitta*: Sol, Marte, e Ketu
> ➤ Signos *Kapha*: Câncer, Escorpião e Peixes

> Planetas *Kapha*: Lua, Vênus e Júpiter
> Signos *Tridhatu*: Gêmeos, Libra e Aquário
> Planetas *Tridhatu*: Mercúrio

O atual ciclo do Dasha/Bhukti, juntamente com os trânsitos, irá modificar a constituição Ayurvédica de uma pessoa de acordo com a natureza desse ciclo. A Astrologia Védica dá o valor ao *Ayurveda*, determinando os ciclos planetários atuais que o paciente está passando.

Como regra geral, a 6ª Casa é chamada de *Ripu Bhava* ou a Casa das doenças. O Signo Regente da 6ª Casa em um mapa específico dará pistas significativas quanto aos tipos de doença que a pessoa pode ser vulnerável. Você também será capaz de ler a significação da saúde dos Planetas que ocupam a 6ª Casa, e aqueles que têm um aspecto significativo na 6ª. Este 6º Signo/Casa mostrará o Dosha que será o principal culpado na doença. Por exemplo: se Saturno está passando pela 6ª Casa em Capricórnio, a pessoa terá uma tendência para distúrbios de Vata. A 8ª Casa, também contribui para as doenças a longo prazo de uma forma semelhante.

Além de examinar a 6ª e 8ª Casas, um astrólogo Védico e/ou um Vaidya (médico Ayurvédicos) deve olhar para todo o quadro, anotando qualquer informação adicional que vem do Ascendente e qualquer Signo específico que esteja altamente aflito. Mais uma vez, as doenças tendem a surgir nos períodos, Dasha/Bhukti, destes Planetas, bem como sob trânsitos específicos destes Planetas que influenciam a doença. Com um aviso prévio da Astrologia Védica, uma pessoa pode tomar as medidas preventivas de saúde corretas de acordo com o *Ayurveda* para afastar uma doença ou criar um estado onde a doença será de menor impacto e duração.

Capítulo 18 – Astrologia e Quiromancia

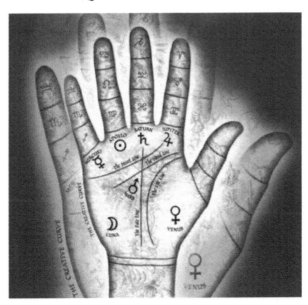

Você provavelmente sabe que a escrita, impressão de voz eletrônica e linguagem corporal revelam muito sobre você. A leitura da palma também pode revelar muito sobre você. Sua forma da mão, cor e linhas também revelam muito sobre o seu perfil psicológico. Quiromantes estudam as duas mãos, da palma e dedos formas, montes, linhas principais e secundárias até cores. A partir destes indicadores físicos, muito pode ser determinado sobre você para uma melhor auto-compreensão.

A leitura da palma é uma maneira muito útil para compreender melhor a si mesmo. Você pode descobrir as melhores habilidades, pontos fortes e fracos que afetam o sucesso na vida. Nós estamos sempre vivendo nas energias provenientes dos Planetas e estrelas. O espaço acima de nós, onde os Planetas e as estrelas habitam é chamado de Zodíaco. Como nós já sabemos, o Zodíaco é dividido em 12 partes e cada parte do Zodíaco é chamado de Signo ou Rashi. Assim, existem 12 signos do no cinturão do Zodíaco.

Uma vez que estamos expostos às energias dos Planetas e das estrelas, as energias provenientes deles são absorvidos em nosso corpo continuamente. Daí as energias provenientes do Zodíaco vão influenciar todo o nosso corpo e, em particular, a energia específica que vem de cada Signo do Zodíaco vai influenciar uma parte específica do nosso corpo. Por exemplo, a nossa cabeça recebe mais energia de Áries, assim que a cabeça é influenciada mais por Áries. Da mesma forma, nosso pescoço é influenciada por Touro, nossas mãos por Gêmeos, peito pelo Câncer, coração por Leão, estômago por Virgem, nádegas e órgãos genitais por Libra, nossos órgãos excretores por Escorpião, coxas por Sagitário, joelhos por Capricórnio, panturrilhas por Aquário e pés por Peixes.

Todas as nossas partes do corpo são cobertas pela pele. Enquanto as energias planetárias entram no nosso corpo através de nossa pele, eles deixam algumas marcações e linhas sobre o nosso corpo ou pele. Por exemplo, as linhas em nossa testa, em nossas mãos e nos nossos pés são todos formados dessa forma. Quando boas energias entram no nosso corpo, sentimos paz e que nos torna saudáveis. Quando as más energias entram no nosso corpo, sentimos perturbados e somos propensos a vários problemas. Compreender as energias, se elas são boas ou más, observando as marcas e linhas sobre o corpo, vai nos permitir prever o futuro de uma pessoa. Isso é chamado de *Anga Vidya* (Ciência dos membros).

A pele é muito sensível nos nossos lábios, em nossas palmas e também nos nossos pés. A energia flui de dentro para fora em superfícies pontiagudas. Como nossas palmas e pés estão ligados aos dedos das mãos e dos pés, que são apontados, não haverá mais o fluxo de energia nessas áreas. Assim, as marcas e linhas nas palmas das mãos e pés dão informações claras sobre as energias que entram ou saem do nosso corpo. Por isso, é possível prever o futuro de uma pessoa ao observar as marcas e linhas das palmas das mãos e pés também. Prevendo seu futuro estudando as marcas e linhas nas palmas é chamado de *Hasta Samudrika* (Quiromancia) e prever o futuro, estudando as marcas e linhas nos pés é chamado de *Pada Samudrika* (Podologia).

Na astrologia, nós vemos as posições planetárias no Zodíaco no momento do nascimento de uma pessoa e analisamos as boas ou más energias de Planetas por suas posições e aspectos. Este desenho é chamado de horóscopo da pessoa. Na Quiromancia, podemos estimar as boas e más energias dos Planetas, olhando para as marcas e linhas das palmas das mãos. Em outras palavras, podemos dizer que nossas palmas contém nosso horóscopo embutido. Com essa idéia, algumas pessoas que são especialistas na astrologia e quiromancia constroem o horóscopo de uma pessoa a partir das linhas da palma da mão. Da mesma forma, outros tentam descrevem as linhas e marcas nas palmas de uma pessoa, olhando para o seu horóscopo. Essas pessoas são chamadas de 'Astro-quiromantes'.

Alguns Astro-quiromantes foram capazes de identificar os signos do Zodíaco e as posições planetárias na palma como mostrado na Figura abaixo.

Um dos livros antigos da Astrologia que foi mantido em segredo durante séculos e, recentemente disponibilizados para os astrólogos é o *Lal Kitab*. Este livro contém vários capítulos onde Quiromancia está ligada à Astrologia. Há citações que ligam marcas e linhas na palma da mão com a posição dos Planetas no horóscopo. Por exemplo, se a linha do Sol é boa e começa no monte de Vênus e termina em no monte do Sol, então o Planeta Sol é encontrado na 1ª Casa no horóscopo. Da mesma forma se a linha do Sol está correndo em direção ao monte de Júpiter, então o Sol estará na 2ª Casa. Desta forma há descrição clara em *Lal Kitab* ligando a Quiromancia e Astrologia. No entanto, esta área aguarda ainda muita investigação.

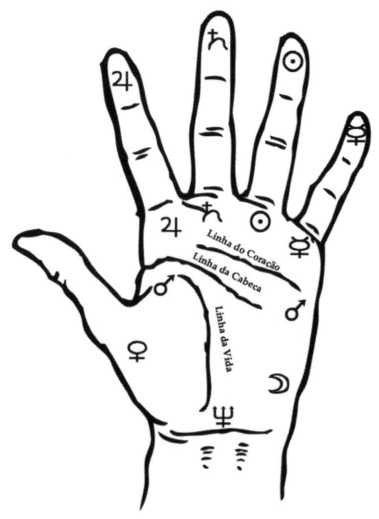

Linha do Coração
Linha da Cabeça
Linha da Vida

Podemos entender alguns pontos gerais sobre os Planetas observando as palmas das mãos. Se um monte for bem desenvolvido e alto com uma linha vertical sobre ele, então quer dizer que o Planeta pode estar em sua exaltação ou própria Casa. Da mesma forma, se um monte estiver deprimido e subdesenvolvido, quer dizer que o Planeta está em sua debilitação.

Quando as marcações favoráveis como tridente, concha, peixe, triÂngulo, quadrado, etc., são encontrados em uma montagem, eles representam que o monte está recebendo bons aspectos de outros Planetas. Quando as marcações desfavoráveis como ilha, grade, corrente,

♈♉♊♋♌♍ ♎♏♐♑♒♓

estrela, pontos ,etc., são encontrados em um monte, então podemos dizer que o monte está recebendo maus aspectos de outros montes. Na maioria dos casos, podemos ver uma linha de ligação entre 2 Planetas quando há uma conjunção de Planetas.

A linha de destino que geralmente começa na parte inferior da palma da mão e sobe para o monte de Saturno geralmente representa o MC ou a 10ª Casa no horóscopo.

Na Astrologia Védica, quando Rahu e Ketu afligem a vida de uma pessoa, podemos encontrar a formação acorrentada na linha da vida, linha da cabeça e linha de coração.

Aqui, eu dei somente uma introdução na Quiromancia para mostrar a ligação da Astrologia e Quiromancia. Infelizmente eu não tenho uma fonte desta ciência em português para dar. Mas acredito que no futuro teremos mais astrólogos trabalhando e quem sabe escrevendo sobre isso. Todas estas informações sobre Quiromancia, eu aprendi com o meu pai.

APÊNDICE

PLANETAS – GRAHAS

Planeta	Glifos	Rege	Sexo	Aspecto	Sanskrit	Significações
Sol	☉	Leão	Masc.	7	*Surya*	Alma, Eu, Poder, Estima, Ambição
Lua	☽	Câncer	Fem.	7	*Chandra*	Emoções, Mente, Saúde, Balanço Mental, Mãe
Mercúrio	☿	Gêmeos e Virgem	Neutro	7	*Buddha*	Intelecto, Relações, Comunicação, Diplomacia
Vênus	♀	Touro e Libra	Fem.	7	*Shukra*	Desejos, Prazeres, Arte, Beleza, Vícios, Sexo
Marte	♂	Áries e Escorpião	Masc.	4 7 8	*Mangal*	Energia, Agilidade, Agressão, Acidentes
Júpiter	♃	Sagitário e Peixes	Masc.	5 7 9	*Guru*	Fortuna, Lei, Deus, Riquezas, Expansão
Saturno	♄	Capricórnio e Aquário	Neutro	3 7 10	*Shani*	Obstáculos, Seriedade, Veracidade, Sofrimentos
Rahu	☊	Áries	Fem.	Nenhum	*Rahu*	Karma, Excentricidades, Distúrbios, Estrangeiro
Ketu	☋	Libra	Neutro	Nenhum	*Ketu*	Morte, Espiritualidade, Desapego, Exílio

♈♉♊♋♌♍ ♎♏♐♑♒♓

ELEMENTOS

Embora todos os Planetas e Signos têm um controle dos Elementos e isso afeta suas funcionalidades, os 5 Elementos principais são regidos pelos seguintes Planetas.

Elemento	Senso	Regente
Éter	Som	Júpiter
Terra	Cheiro	Mercúrio
Fogo	Visão	Marte
Ar	Tato	Saturno
Água	Paladar	Vênus

COMBUSTÃO

Esta tabela mostra as distâncias à partir do Sol onde a combustão começa para cada Planeta. A combustão enfraquece bastante a habilidade do Planeta. Alguns tem graus de combustão diferentes quando estão retrógrados.

Planeta	Direto	Retrógrado
Lua	12°	
Mercúrio	14°	12°
Vênus	10°	15°
Marte	17°	
Júpiter	11°	
Saturno	15°	

SIGNOS ESPECIAIS DOS PLANETAS

Planeta	Exaltação	Mulatrikona	Signo Próprio	Debilitação
Sol	10° Áries	1°-10° Leão	Leão	10° Libra
Lua	3° Touro	4°-30° Touro	Câncer	3° Escorpião
Mercúrio	15° Virgem	16°-20° Virgem	Gêmeos e Virgem	15° Peixes
Vênus	27° Peixes	0°-10° Libra	Touro e Libra	27° Virgem
Marte	28° Capricórnio	0°-18° Áries	Áries e Escorpião	28° Câncer
Júpiter	5° Câncer	0°-13° Sagitário	Sagitário e Peixes	5° Capricórnio
Saturno	20° Libra	0°-20° Aquário	Capricórnio e Aquário	20° Áries

SIGNOS – RASHIS

Signo	Sanskrito	Significado	Glifos	Elemento	Sexo	Mobilidade	Regente
Áries	*Mesha*	Carneiro	♈	Fogo	M	Móvel	Marte
Touro	*Vrishabha*	Touro	♉	Terra	F	Fixo	Vênus
Gêmeos	*Mithuna*	Gêmeos	♊	Ar	M	Mutável	Mercúrio
Câncer	*Karkata*	Caranguejo	♋	Água	F	Móvel	Lua
Leão	*Simha*	Leão	♌	Fogo	M	Fixo	Sol
Virgem	*Kannya*	Menina	♍	Terra	F	Mutável	Mercúrio
Libra	*Thula*	Balança	♎	Ar	M	Móvel	Vênus
Escorpião	*Vrishchika*	Escorpião	♏	Água	F	Fixo	Marte
Sagitário	*Dhanush*	Arco	♐	Fogo	M	Mutável	Júpiter
Capricórnio	*Makara*	Cabra	♑	Terra	F	Móvel	Saturno
Aquário	*Kumbha*	Pote	♒	Ar	M	Fixo	Saturno
Peixes	*Meena*	Peixe	♓	Água	F	Mutável	Júpiter

CASAS – BHAVAS

Casa	Sânscrito	Significado	Karakas	Regência	Tipo	Parte do Corpo
1	Tanu	Corpo	Sol	Corpo, Eu, Cabeça	Trígono e Ângulo	Cabeça, Corpo em geral
2	Dhana	Riquezas	Júpiter	Riquezas, Fala, Família	Maraka	Face, Boca
3	Sahaja	Irmãos	Marte	Coragem, Comunicação	Upachaya	Peito, ouvidos e braços
4	Matru	Mãe	Lua	Mãe, Casa, Propriedades	Ângulo	Coração e Peito
5	Putra	Filhos	Júpiter	Inteligência, Filhos, Criatividade	Trígono Trikona	Barriga e Útero
6	Ripu	Inimigos	Marte e Saturno	Doenças, Inimigos, Serviço, Dívidas	Dushtana	Abdómen
7	Kalatra	Cônjuge	Vênus	Cônjuge, Parcerias, Contratos	Ângulo e Maraka	Colo
8	Ayu	Vida	Saturno	Morte, Sexo, Transformação	Dushtana	Genitália e Ânus
9	Bhagya	Fortuna	Júpiter	Religião, Deus, Guru, Lei, Fé, Fortuna	Trígono Trikona	Quadril e Pernas
10	Dharma	Propósito	Júp/Sol Merc/Sat	Carreira, Prestígio, Status, Sucesso	Ângulo	Costas e Joelhos
11	Labya	Ganhos	Júpiter	Ganhos, Desejos, Amigos	Upachaya	Pernas
12	Vyaya	Perdas	Saturno	Liberação, Doações, Perdas, Templos	Dushtana	Pés

AMIZADE E INIMIZADE NATURAL DOS PLANETAS

Esta tabela mostra as amizades e inimizades natural dos Planetas. Estas são relações permanentes entre eles e são bastante úteis em várias situações na Astrologia Védica. Para Rahu e Ketu, alguns textos contam que Júpiter, Vênus e Saturno são amigos deles.

	Amigos	Inimigos	Neutros
Sol	Lua, Marte, Júpiter	Saturno, Vênus	Mercúrio
Lua	Sol, Mercúrio	-	Todos os outros
Mercúrio	Sol e Vênus	Lua	Marte, Júpiter e Saturno
Vênus	Mercúrio e Saturno	Sol e Lua	Marte e Júpiter
Marte	Sol, Lua, Júpiter	Mercúrio	Vênus e Saturno
Júpiter	Sol, Lua e Marte	Mercúrio	Saturno
Saturno	Mercúrio e Vênus	Sol, Lua e Marte	Júpiter

CÁLCULO PARA AS RELAÇÕES TEMPORÁRIAS

Permanente Naisargika		Temporária Tatkalika		Combinação
Amigo (*Mitra*)	+	Amigo	=	Melhor Amigo (*Adhi Mitra*)
Amigo	+	Inimigo	=	Neutro
Inimigo (*Shatru*)	+	Inimigo	=	Grande Inimigo (*Adhi Shatru*)
Neutro (*Samya*)	+	Amigo	=	Amigo
Neutro	+	Inimigo	=	Inimigo

VARGAS

Div	Nome	Aplicação
1	*Rashi*	Mapa Natal, Geral
2	*Hora*	Prosperidade, Riquezas
3	*Drekkana*	Irmãos
4	*Chaturtamsha*	Sorte e Residência
7	*Saptamsha*	Filhos
9	*Navamsha*	Cônjuge, Dharma
10	*Dashamsha*	Profissão, Sucesso
12	*Dwadashamsha*	Pais
16	*Shodashamsha*	Veículos
20	*Vimshamsha*	Espiritual
24	*Siddhamsha*	Educação, Aprendizado, Mente
27	*Bhamsha*	Forças e Fraquezas
30	*Trimshamsha*	Problemas, Desastres
40	*Khavedamsha*	Eventos Auspiciosos/Inauspiciosos
45	*Akshavedamsha*	Geral
60	*Shastiamsha*	Geral

NAKSHATRA 1

	Nome	De	Em	Até	Em	Sexo
1	Ashwini	0°	♈	13°19"	♈	M
2	Bharani	13°20"	♈	26°39"	♈	F
3	Kritika	26°40	♈	9°59"	♉	F
4	Rohini	10°	♉	23°19"	♉	F
5	Mrigashira	23°20"	♉	6°39"	♊	~
6	Ardra	6°40"	♊	19°59"	♊	F
7	Punarvasu	20°00"	♊	3°19"	♋	M
8	Pushya	3°20"	♋	16°39"	♋	M
9	Ashlesha	16°40"	♋	29°59"	♋	F
10	Magha	0°	♌	13°19"	♌	F
11	Purva Phalguni	13°20"	♌	26°39"	♌	F
12	Uttara Phalguni	26°40	♌	9°59"	♍	F
13	Hasta	10°	♍	23°19"	♍	M
14	Chitra	23°20"	♍	6°39"	♎	F
15	Swati	6°40"	♎	19°59"	♎	F
16	Vishakha	20°00"	♎	3°19"	♏	F
17	Anuradha	3°20"	♏	16°39"	♏	F
18	Jyeshtha	16°40"	♏	29°59"	♏	M
19	Mula	0°	♐	13°19"	♐	~
20	Purva Ashadha	13°20"	♐	26°39"	♐	F
21	Uttara Ashadha	26°40	♐	9°59"	♑	F
22	Shravan	10°	♑	23°19"	♑	M
23	Dhanistha	23°20"	♑	6°39"	♒	F
24	Satabishak	6°40"	♒	19°59"	♒	~
25	Purva Bhadrapada	20°00"	♒	3°19"	♓	M
26	Uttara Bhadrapada	3°20"	♓	16°39"	♓	M
27	Revati	16°40"	♓	29°59"	♓	F

NAKSHATRAS 2

	Nome	Regente	Guna	Gana	Tipo	Símbolo	Parte do Corpo
1	*Ashvini*	☊	*Tama*	*Deva*	*Dharma*	Cabeça de um cavalo	Topo do pé
2	*Bharani*	♀	*Raja*	*Manushya*	*Artha*	Vagina	Sola do pé
3	*Kritika*	☉	*Raja*	*Rakshasa*	*Kama*	Navalha	Cabeça
4	*Rohini*	☽	*Raja*	*Manushya*	*Moksha*	Carruagem	Testa
5	*Mrigashira*	♂	*Tama*	*Deva*	*Moksha*	Cabeça de um veado	Sobrancelhas
6	*Ardra*	☊	*Tama*	*Manushya*	*Kama*	Cabeça	Olhos
7	*Punarvasu*	♃	*Sattva*	*Deva*	*Artha*	Arco	Nariz
8	*Pushya*	♄	*Tama*	*Deva*	*Dharma*	Flor	Face
9	*Ashlesha*	☿	*Sattva*	*Rakshasa*	*Dharma*	Serpente	Orelhas
10	*Magha*	☊	*Tama*	*Rakshasa*	*Artha*	Palaquim	Lábios / Queixo
11	*Purva Phalguni*	♀	*Raja*	*Manushya*	*Kama*	Pernas frontais da cama	Mão Direita
12	*Uttara Phalguni*	☉	*Raja*	*Manushya*	*Moksha*	Pernas dorsais da cama	Mão Esquerda
13	*Hasta*	☽	*Raja*	*Deva*	*Moksha*	Palma	Dedos da mão

Nº	Nakshatra	Símbolo	Tama	Rakshasa	Kama	Pérola	Pescoço
14	Chitra	♂	Tama	Rakshasa	Kama	Pérola	Pescoço
15	Svati	☊	Tama	Deva	Artha	Safira	Peito
16	Vishakha	♃	Sattva	Rakshasa	Dharma	Roda de oleiro	Seios
17	Anuradha	♄	Tama	Deva	Dharma	Guarda Chuva	Estômago
18	Jyeshtha	☿	Sattva	Rakshasa	Artha	Guarda Chuva	Torso direito
19	Mula	☋	Tama	Rakshasa	Kama	Leão agachado	Torso esquerdo
20	Purva Ashadha	♀	Raja	Manushya	Moksha	Frente de um quadrado	Costas
21	Uttara Ashadha	☉	Raja	Manushya	Moksha	Dorso de um quadrado	Quadril
22	Shravan	☽	Raja	Deva	Artha	Flecha	Genitálias
23	Dhanishtha	♂	Tama	Rakshasa	Dharma	Tambor	Ânus
24	Satabishak	☊	Tama	Rakshasa	Dharma	Flor	Perna direita
25	Purva Bhadrapada	♃	Sattva	Manushya	Artha	Pernas frontais da cama	Perna esquerda
26	Uttara Bhadrapada	♄	Tama	Manushya	Kama	Pernas dorsais da cama	Panturrilhas
27	Revati	☿	Sattva	Deva	Moksha	Peixe	Tornozelo

	Nome	Casta	Sílaba do Pada (1/4 do Nakshatra)			
1	Ashwini	Vaishya	Chu	Chai	Cho	La
2	Bharani	Menor	Li	Lu	Lai	Lo
3	Kritika	Brahmin	A	I	U	A
4	Rohini	Shudra	O	Va	Ví	Vo
5	Mrigashira	Servente	Vai	Vô	Ká	Ke
6	Ardra	Matador	Kú	Ghá	Jna	Cha
7	Punarvasu	Vaishya	Kai	Ko	Há	Hí
8	Pushya	Kshatriya	Hú	Hai	Ho	Dá
9	Ashlesha	Inferior	Dí	Dú	Dai	Do
10	Magha	Shudra	Má	Mí	Mú	Mai
11	Purva Phalguni	Brahmin	Mo	Tá	Tí	Tú
12	Uttara Phalguni	Kshatriya	Tai	To	Pá	Pí
13	Hasta	Vaishya	Pu	Shá	Ná	Thá
14	Chitra	Servente	Pai	Po	Rá	Rí
15	Swati	Matador	Ru	Rai	Ra	Tha
16	Vishakha	Inferior	Thí	Thú	Thai	Tho
17	Anuradha	Shudra	Ná	Ní	Nú	Nai
18	Jyeshtha	Servente	No	Yá	Yí	Yú
19	Mula	Matador	Yai	Yo	Bá	Dha
20	Purva Ashadha	Brahmin	Bu	Dhá	Bha	Dha
21	Uttara Ashadha	Kshatriya	Bai	Bo	Já	Jí
22	Shravan	Inferior	Ju	Jai	Jo	Gha
23	Dhanistha	Servente	Gá	Guí	Gú	Gai
24	Satabishak	Matador	Go	Sá	Sí	Sú
25	Purva Bhadrapada	Brahmin	Sai	So	Dá	Dí
26	Uttara Bhadrapada	Kshatriya	Du	Tha	Gya	Da
27	Revati	Shudra	De	Do	Chá	Chí

Brahmin – A casta mais alta – santos, educados, limpos, respeitados.
Kshatriya – Casta guerreira – soldados, oficiais, reis, líderes.
Vaishya – Casta comercial – pessoas de negócios, empreendedores.
Shudra – Casta trabalhadora – aqueles que servem as castas acima.
Servente – Trabalhadores simples, trabalham em qualquer coisa.
Menor – Baixos padrões, qualquer trabalho, sem religião.
Matador – Assassinos, comem carnes, sem escrúpulos.
Inferior – Demoníacos, aqueles que opõe o Sistema Védico.

PLANETAS MALÉFICOS DE ACORDO COM O ASCENDENTE

Ascendente	Planeta Maléfico para este Ascendente	
Áries	Saturno	Rege a 10ª e a 11ª - Regente da 11ª é ruim
	Mercúrio	Rege a 3ª (8ª da 8ª) e a 6ª - Dushtanas
	Vênus	Rege a 2ª e a 7ª - Marakas
Touro	Júpiter	Rege a 8ª - Dushtana e a 11ª - Mal Regente
	Lua	Rege a 3ª (8ª da 8ª) – Mesmo exaltada
Gêmeos	Marte	Rege a 6ª - Dushtana e a 11ª - Mal Regente
	Júpiter	Rege a 7ª e a 10ª - É ruim reger 2 Kendras
	Sol	Rege a 3ª (8ª da 8ª)
Câncer	Vênus	Rege a 4ª - Benéfico reger Kendra é ruim
	Mercúrio	Rege a 3ª (8ª da 8ª) e a 11ª - Mal Regente
Leão	Vênus	Rege a 2ª - Maraka e a 11ª - Mal Regente
	Lua	Rege a 3ª (8ª da 8ª) e a 10ª - Benéfico reger Kendra é ruim
Virgem	Lua	Rege a 11ª - Mal Regente
	Marte	Rege a 3ª (8ª da 8ª) e a 8ª - Dushtanas
	Júpiter	Benéfico regendo 2 Kendras (4ª e 7ª)
Libra	Sol	Rege a 11ª - Mal Regente
	Júpiter	Rege a 3ª (8ª da 8ª) e a 6ª - Dushtanas
	Marte	Rege a 2ª e a 7ª - Marakas
Escorpião	Mercúrio	Rege a 3ª (8ª da 8ª) e a 11ª - Mal Regente
	Vênus	Rege a 7ª (benéficos não são bons em Ângulos) e 12ª - Dushtanas
Sagitário	Vênus	Rege a 6ª - Dushtana e a 11ª - Mal Regente
	Saturno	Rege a 2ª (Maraka) e a 3ª (8ª da 8ª)
Capricórnio	Marte	Rege a 4ª (benéficos não são bons em Ângulos) e a 11ª - Mal Regente
	Júpiter	Rege a 3ª (8ª da 8ª) e a 11ª - Mal Regente
	Lua	Rege a 7ª ª - Benéfico reger Kendra é ruim
Aquário	Júpiter	Rege a 2ª - Maraka e a 11ª - Mal Regente
	Lua	Rege a 6ª - Dushtana
	Marte	Rege a 3ª (8ª da 8ª)
Peixes	Saturno	Rege a 11ª - Mal Regente e a 12ª - Dushtana
	Sol	Rege a 6ª - Dushtana
	Vênus	Rege a 3ª (8ª da 8ª) e a 8ª - Dushtanas
	Mercúrio	Benéfico regendo 2 Kendras (4ª e 7ª)

PANCHANGA

Um *Panchanga* é um almanaque planetário, também chamado de Efêmeris ou Efemérides. *Panchanga* é uma palavra em Sânscrito que significa "Cinco" (*Pancha*) e "ramos" (*Anga*). Ele descreve 5 maneiras que nós podemos quebrar o elemento do tempo na vida diária. Assim, um *Panchanga* dá à pessoa a capacidade de agir corretamente, nos momentos adequados e que se abstenham de ações nos momentos adequados.

Ao consultar um *Panchanga* cada dia, uma pessoa pode ter uma idéia do tipo de influências que possam surgir, tanto para o dia atual como para um determinado dia. Ao referir-se à um mapa natal, pode-se começar a ver padrões emergentes. A pessoa vai começar a notar que certas características emergem nos acontecimentos da vida, como marcado por cada uma das 5 divisões do tempo. Há uma tendência básica para que os eventos se desdobrem em uma certa direção, nas condições indicadas por um determinado fator do tempo no *Panchanga*. Podemos usar as informações do *Panchanga* e nossa experiência para fazer projeções que nos levarão à promover a ação no momento certo ou adiar essa ação para um momento em que as condições vão gerar mais sucesso e realização.

Vara

A 1ª categoria de tempo coberto por um *Panchanga* é a *Vara* ou dia ou da semana. Alguns dias da semana são melhores para certos tipos de atividades que outros. Este é basicamente determinado pelo Planeta que rege esse dia. Por exemplo, o domingo é o "dia do Sol", ou Ravivar, e é benéfico para começar ou terminar eventos que carregam as indicações do Sol, tais atividades relacionadas com os empregadores, o próprio pai, saúde, e assim por diante. Cada dia da semana deve ser avaliado de acordo com a natureza de seu Planeta Regente.

Dia da Semana	Vara	Regente
Domingo	*Ravivar*	Sol
Segunda-feira	*Somvar*	Lua
Terça-feira	*Mangalvar*	Marte
Quarta-feira	*Budhvar*	Mercúrio
Quinta-feira	*Guruvar*	Júpiter
Sexta-feira	*Shukravar*	Vênus
Sábado	*Shanivar*	Saturno

Nakshatra

A 2ª categoria do Panchanga é o *Nakshatra* ou Signo lunar. Há 27 Nakshatras, cada um com seu próprio território de influência. Os 27 *Nakshatras* são agrupados em tipos de *Nakshatra*. Certos *Nakshatras*, por exemplo, são considerados "fixo" e, portanto, são bons para atividades que exigem estabilidade. Mudar para uma nova casa seria melhor feito no dia de um *Nakshatra* fixo. Alguns *Nakshatras* são considerados móveis e, portanto, são bons para começar uma viagem ou comprar um carro novo. Outros *Nakshatras* são considerados cruéis e terríveis e são bons para começar uma "guerra" ou litígio contra um inimigo. Desta forma, as pessoas, muitas vezes, consultam a sério um *Panchanga* a fim de encontrar o melhor momento para o tipo de atividade que eles estão considerando.

Tipos dos Nakshatras

Fixo – *Nakshatra* Fixo também é conhecido como *Dhruva*, *Sthira* ou Constante. Todos os trabalhos que são fixados na natureza são feitas nestes *Nakshatra* por exemplo, que estabelecer uma fundação, cavar um poço, construção de casas, agricultura, serviços.

Móvel – A categoria Móvel dos Nakshatra é também conhecida como *Chara* ou *Chala*. Todas as atividades móveis como veículos e viagens pode ser feitas nestes *Nakshatras*. Para além destas atividades, qualquer outro trabalho que necessita de movimento pode ser feito em nestes *Nakshatras*.

Cruel – Um *Nakshatra* Cruel é também conhecido como *Ugra* ou *Krura Nakshatra*. Todos estes *Nakshatras* são agressivos por natureza e adequados para trabalhos

♈♉♊♋♌♍ ♎♏♐♑♒♓

envolvendo o uso de fogo, investigação sobre medicamentos venenosos, compra ou venda e uso de armas, operações cirúrgicas.

Ordinário – Nakshatras Ordinários também são conhecido como *Mishra*, *Sadharana* ou Mixos. Estes Nakshatra são bons para trabalhos de fogo relacionado, soldadura, fusão, fábricas de gás, fabricações, preparando medicamentos, etc.

Curto – Nakshatra Curtos são também conhecido como *Kshipra*, *Laghu* ou Dinâmicos. Estes *Nakshatra* são adequados para a construção, de uma loja, vendas, sexo, educação, fazendo e usando ornamentos, artes plásticas, a aprendizagem e a exibição de artes, etc.

Todos os atos praticados no âmbito de um *Nakshatra* Móvel também pode ser feito durante um *Nakshatra* Curto. *Pushya Nakshatra* não é considerado bom para a cerimônia de casamento.

Gentil – *Nakshatra* Gentil é também conhecido como *Mridu*, *Maitra* ou Amigável. Atividades como o canto, aprender música, fazer e usar roupas, brincar, aprender habilidades de jogos, fazer amigos, fazer vestir e ornamentos podem ser feitos nestes *Nakshatra*.

Todas as atividades que podem ser feitas durante um *Nakshatra* fixo também pode ser feito durante um *Nakshatra* Gentil.

Feroz – *Nakshatra* Feroz é também conhecido como *Tikshna*, *Daruna* ou Amargo. Estes Nakshatras são bons para começar um ato Tântrico, magia negra, atos agressivos e mortais, dividir outros, treinar e animais domésticos e para *Sadhana* ou *Hatha Yoga*.

Todas as atividades que podem ser feitas durante um *Nakshatra* Cruel também podem ser feitas durante um *Nakshatra* Feroz.

TIPOS DOS NAKSHATRAS

	Nakshatra	Tipo
1	*Ashwini*	Curto
2	*Bharani*	Cruel
3	*Krittika*	Ordinário
4	*Rohini*	Fixo
5	*Mrigashirsha*	Gentil
6	*Ardra*	Feroz
7	*Punarvasu*	Móvel
8	*Pushya*	Curto
9	*Ashlesha*	Feroz
10	*Magha*	Cruel
11	*Purva Phalguni*	Cruel
12	*Uttara Phalguni*	Fixo
13	*Hasta*	Curto
14	*Chitra*	Gentil
15	*Swati*	Móvel
16	*Vishakha*	Ordinário
17	*Anuradha*	Gentil
18	*Jyeshtha*	Feroz
19	*Mula*	Feroz
20	*Purva Ashadha*	Cruel
21	*Uttara Ashadha*	Fixo
22	*Shravana*	Móvel
23	*Dhanishtha*	Móvel
24	*Shatabhishak*	Móvel
25	*Purva Bhadrapada*	Cruel
26	*Uttara Bhadrapada*	Fixo
27	*Revati*	Gentil

Tithi

O 3° elemento da *Panchanga* é o dia lunar conhecido como *Tithi*. Este é talvez o elemento mais importante do *Panchanga* porque é o fundação da construção para o mês lunar. Assim como o Sol nasce todos os dias no Leste e se põe no Oeste, nós chamamos o tempo entre um nascer do Sol e o próximo de um "dia", desta mesma forma a Lua também nasce no Leste e se põe todos os dias no Oeste e o tempo entre uma Lua e a próxima é chamado de "dia lunar." A palavra Sânscrita para este dia lunar é *Tithi*. Há 30 dias lunares em um mês lunar e são numeradas sequencialmente a partir da Lua nova, assim como a Lua cheia. Assim, na fase de minguante da Lua, o primeiro dia lunar é chamado Lua nova (*Amavasya*), o próximo dia lunar é chamado o 1° Tithi, próximo dia lunar é chamado o 2° *Tithi*, o seguinte é chamado o 3° Tithi e assim por diante até o 14° dia lunar. No dia seguinte o 15° dia é chamado de Lua cheia (*Purnima*). A partir deste ponto, a sequência de numeração começa novamente. O dia depois da Lua cheia é o 1° *Tithi*, no dia seguinte é o 2° *Tithi* e assim por diante. A diferença importante é que o 2° conjunto de *Tithis* pertencem à fase minguante da Lua (*Krishna Paksh*) enquanto o 1° conjunto pertence à fase crescente (*Shukla Paksh*). Em seguida, o ciclo repete-se. Desta forma 30 *Tithis* formam um mês lunar. Algumas partes da Índia o mês começa na Lua cheia enquanto que outras partes começa na Lua nova.

Do ponto de vista astrológico as várias *Tithis* são considerados tanto como auspicioso ou inauspicioso para diferentes eventos. Em Tithis gerais o enceramento do lado brilhante do mês lunar (*Shukla Paksha*) são considerados conducentes ao crescimento, aumento e prosperidade e seriam selecionados para tais ocasiões como casamentos, mudança para casa nova ou início de um negócio. A maioria das festas religiosas são realizadas nestes momentos e os nomes dos festivais são ainda nomeado após estes Tithis. A Lua minguante ou o lado escuro (*Krishna Paksha*) é considerado favorável para o culto dos antepassados e festivais hindus gerais não são realizados durante este lado escuro do mês lunar, mas há exceções importantes.

Karana

Ao dividir o dia lunar ou *Tithi* pela metade, nós temos a 4ª divisão temporal dos *Panchangas*, conhecido como o *Karanas*. Esta parte do tempo nos da uma descrição mais exata da natureza das influências favoráveis ou desfavoráveis que ocorrem em torno de nós em um momento específico de um dia. Nós temos 11 tipos de *Karanas*.

KARANAS

	Karana	Tipo	Significado
1	Shakuni	Fixo	Sua divindade Regente é *Garuda* (águia). *Shakuni Karana* cai na noite no dia 14 da Lua escura; é adequado para aplicar ou tomar medicamentos e todos os tipos de operações de guerra.
2	Chatushpada	Fixo	Sua divindade Regente é *Vrishabha* (Touro). Este *Karana* cai sobre *Amavasya* (Lua Nova) é adequado para vencer os inimigos através de métodos tântricos. Dá sucesso em todos os negócios relacionados a animais, particularmente o gado. Cerimônias realizadas neste *Karana* também dá resultados muito bons.
3	Naga	Fixo	Sua divindade Regente é *Naga* (serpente). *Naga Karana* cai em *Amavasya* (Lua Nova) é mais adequado para atos destrutivos e subversivas.
4	Kaustuva	Fixo	Sua divindade Regente é *Kuber* (Senhor da riqueza). Este *Karana* cai sobre Shukla Paksha Pratipada (1° dia da fase da Lua) faz e *Vaisvadeva Yoga*, que é considerado o melhor *Karana* para fazer qualquer trabalho.
5	Bava	Móvel	Sua divindade Regente é o Senhor *Vishnu*. Este *Karana* é adequado para todos os tipos de obras, tanto de longa duração como temporário. O *Karana* também é adequado para deixar um lugar ou uma casa e até mesmo para entrar em um novo lugar ou casa nova.

6	*Balava*	Móvel	Sua divindade Regente é *Brahma*. Este *Karana* é dito ser exclusivamente superior para o casamentos.
7	*Taitila*	Móvel	Sua divindade Regente é *Indra*. É apropriado para *Rajakarya* (assuntos governamentais).
8	*Kaulava*	Móvel	Sua divindade Regente é *Chandra* (Lua). Ele é adequado para *Maitri* (amizade) e para todas as obras de carácter permanente e durável.
9	*Gara*	Móvel	Sua divindade Regente é *Vasudeva*. É adequado para trabalhos de criação de animais, o comércio de gado, comércio de laticínios, de forragens, arar o campo, ou construção de casas, edifícios e outros projetos semelhantes.
10	*Vanija*	Móvel	Sua divindade Regente é *Manibhadra*. É adequado para operações de venda e vendedores podem colher bons lucros enquanto que os compradores podem incorrer em perdas nesta *Karana*.
11	*Vishti*	Móvel	Sua divindade Regente é *Mrityu* ou a morte. Este é um *Karana* muito pouco auspicioso para o desempenho de qualquer trabalho importante. O trabalho que começa neste *Karana* poderá ter pouco sucesso.

Yogas ou Nityayogas

A 5ª e última parte do *Panchanga* são os *Nityayogas*. Neste caso, a palavra *Yoga* significa "união ou relacionamento espacial entre as longitudes do Sol e da Lua". Há 27 *Yogas* e uma interpretação específica é alocado para cada uma deles.

	Yoga	Palavra-chave
1	Vaidhriti	Divisivo
2	Vishkambha	Vitorioso
3	Priti	Contente
4	Ayushman	Bem enraizado
5	Saubhaya	Boa fortuna
6	Shobhana	Lindo
7	Atiganda	Perigo
8	Sukarma	Generoso
9	Driti	Divertimento
10	Soola	Confronto
11	Ganda	Problemático
12	Vriddhi	Discernimento
13	Dhruva	Constante
14	Vyaghata	Feroz
15	Harshana	Felicidade
16	Vajra	Energia
17	Siddhi	Vitória
18	Vyatipata	Adversidade
19	Variyana	Conforto
20	Parigha	Obstrução
21	Shiva	Benevolente
22	Siddha	Realizado
23	Sandhya	Diplomacia
24	Shubha	Auspicioso
25	Shukla	Foco
26	Brahma	Confiável
27	Indra	Liderança

GLOSSÁRIO

Este Glossário foi produzido por Das Goravani, traduzido e adaptado por mim.

Abhijit – Um dos Nakshatras referido nos antigos trabalhos Védicos, retirado depois para fazer os 27 Nakshatras. Ainda usado em Prashna.

Adhama – O menor ou ruim, utilizado em combinação com outros termos, tais como *naradhama* que significa "uma das pessoas mais ruins".

Adhimas – Estes são meses lunares bissextos que ocorrem de vez em quando, a fim de ajustar o calendário lunar. Estes meses bissextos têm nomes como *Purushottam Adhimas*. Eles são encontrados intervindos nos meses lunares regulares sobre calendários indianos, conhecidos como "*Panchanga*".

Adhimitra – "amigo original". Refere-se às relações amigáveis naturais dos Planetas (e não com base em suas posições temporárias em um mapa). Por exemplo, Júpiter e Marte são naturalmente amigos e, portanto, são chamados *Adhimitras*.

Adhi – Primeiro, início ou original. Ele é utilizado em conjunto com muitas outras palavras, tal como "*Adi Purush*", que significa o "Regente original".

Adhi Purush – Senhor original ou Regente original.

Adhipati – Regente original. Na Astrologia, refere-se ao proprietário de um Signo. Exemplo de uso: *Karma-Dharma-Adi-Pati-Yoga*.

Adhi Shatru – Um dos Planetas que é um grande inimigo.

Aflito – Um Planeta que está aspectado por maléficos ou está associado com maléficos.

Aflição – Aspectos adversos entre Planetas ou entre um Planeta e Planetas em uma cúspide (Casa) ficam debilitados ou conjuntos com Planetas maléficos também estão aflitos.

Agni – Fogo. *Agnideva*, o Deus do fogo é um dos semideuses mais primitivos da criação e é referido ao longo das escrituras védicas. Ele é o Regente de certos *Nakshatras* e *Shashtiamsha*.

Akaash – Refere-se ao espaço ou éter; um elemento místico difícil de descrever em termos materiais. Muitas vezes diz-se que a revelação chega até nós através do *Akaash*.

Altitude – Elevação ou distância de um objeto celestial (estrela, Planeta, etc.) acima do horizonte da Terra. Um objeto celestial é medido de acordo com a distância angular dele de 0° à 90° acima da linha do horizonte.

Akshavedamsha – Literalmente significa 45 partes, refere-se aos 45 *Vargas* ou mapa divisional. Estes mapa é usado para ajuste de indicações mais finas gerais e estuda a moral e a ética do sujeito. Melhores resultados podem ser obtidos a partir do tempo exato do evento.

Amatyakaraka – Este é o 2° dos 7 *Karakas* que os Planetas criam dependendo do seu progresso através dos sinais em um gráfico. O *Amatyakaraka* refere-se ao 2° mais importante *Karaka* que significa "o ministro" ou "mente".

Amavasya – Refere-se à Lua Nova - quando a Lua está em conjunção com o Sol e não é visível aos nossos olhos. O fim do *Krishna Paksha* ou a metade escura do ciclo da Lua. O início do *Shukla Paksha* ou a metade brilhante.

Amrita – Bebida revigorante bebida pelos Deuses, que dá a imortalidade.

Amsha – Parte ou divisão ou membro. Semelhante à palavra *Anga*, que tem a mesma definição.

Anartha – Se refere a coisas desnecessárias ou indesejadas. *Artha* significa necessidades e *Anartha* significa coisas que são desnecessárias, como hábitos negativos ou equívocos que cobrem a percepção clara e que, portanto, não são desejadas ou são desnecessárias. Usado nas escrituras védicas espirituais para se referir aos bens desnecessários materialistas da sociedade iludida. Um dos estágios de progresso na vida espiritual é referido como "*Anartha Nivritti*", ou a liberdade de todos os hábitos indesejáveis e aquisições que se interpõem entre a alma e a perfeição.

Anga – Parte do corpo, um ramo ou galho, como em *Vedanga*, um ramo dos *Vedas*.

Angavidya – A ciência ou "conhecimento das partes" do corpo; isto é, saber ler as partes do corpo de uma pessoa. Nos *Vedas*, são definidos os *Rajalakshanas* ou marcações mais auspiciosas da forma humana. O Supremo Senhor *Shri Krishna* tem todas as *Rajalakshanas* em perfeição. Os seres humanos têm em algum grau. Completa ausência destas belas formações de cada parte do corpo torna uma pessoa completamente feia.

Ângulos – Casas 1, 4, 7 e 10 são as casas angulares. Na Astrologia Védica são chamadas de Kendra-*Sthanas*.

Antardasha – Refere-se ao subperíodo de um *Dasha*. É também conhecido como *Bhukti*. O *Mahadasha* é o período principal.

Antya ou Anth – Último.

Anuradha – Um dos 27 Nakshatras, regida por Saturno.

Anupachaya – Todas as Casas exceto a 3ª, 6ª, 10ª e 11ª à partir do Ascendente.

Apa – Água, um dos 5 elementos.

Apachaya – Refere-se às seguintes casas em um mapa: 1ª, 2ª, 4ª, 7ª e 8ª.

Aparadha – ofender o outro. Normalmente usado em combinação com outros termos. Por exemplo, Vaishnava-Aparadha significa a cometer um crime ou pecado contra um devoto de Vishnu, enquanto *Guru*-Aparadha significa ofender o próprio *Guru*. Aparadhas ou delitos são os maiores obstáculos no caminho da perfeição.

Apoklima – Estas são as Casas cadentes: 3ª, 6ª, 9ª e 12ª. Estas são as 4 Casas que são 12ª das Casas de Ângulo, não é tão bom para a felicidade material. Na Astrologia ocidental se chama de Casas Cadentes.

Ar – Gêmeos, Libra and Aquário.

Ardra – O 6º dos 27 *Nakshatras* regido por Rahu.

Argala – Esta é uma obstrução ou um aspecto de aumento sobre um Planeta. Discute-se especialmente em relação aos trânsitos e em outras seções mais obscuras da Astrologia Védica.

Arishta – Isto significa mal ou perigo. Por exemplo, *Balarishta-Yoga* é uma combinação das palavras *Bala* e *Arishta* que significa "perigo para as crianças". *Arishtabhanga-Yoga* significa que os *Arishtas* ou males do mapa são *Bhanga* ou quebrados. É interessante notar que a palavra *Bhanga* parece como "bagunça" o que significa atrapalhar.

Arishtabhanga – Este é um *Yoga* geral que dá proteção a um mapa, porque isso quebra os males. *Arishtabhanga* significa romper os males dentro de um mapa. Este Yoga é formado por ter muitos bons Planetas ou muito bons Regentes nos Ângulos ou Trígonos do mapa.

Artha – necessidades; necessidades de uma pessoa na vida. Refere-se ao processo de fazer negócios ou aquisição de finanças para atender as próprias necessidades. Veja também *Anartha*.

Artha Trikona – Literalmente significa as Casas do Trígono das questões da necessidade econômica ou materiais. Refere-se à 10ª, 2ª e 6ª Casas, porque estas são as Casas que formam Trígonos ou Trikona à partir da 10ª Casa.

Arudha – Como em *Arudhapada*-Lagna. Isto refere-se a aquele Signo que tem a mesma distância do Regente onde o Regente está a partir de sua própria Casa. Por exemplo, se o Regente da 1ª está na 5ª, então a 9ª Casa é o *Arudha* do Regente da 1ª, porque ele é a 5ª à partir de onde o Regente da 1ª que está posto na 5ª.

Ascendente – A parte que nasce ao Leste, no momento do nascimento de uma pessoa ou início de um evento. É também chamado de Lagna.

Ashadha – O 4º mês lunar Hindu (15 de Junho à 15 de Julho).

Ashlesha – Um dos 27 *Nakshatras* regido por Mercúrio.

Ashta – número 8; também "combusto", ou um Planeta dentro de poucos graus do Sol.

Ashtakavarga - significa literalmente as divisões de oito pontos; refere-se ao processo de julgar os pontos fortes dos Planetas e das Casas em relação ao trânsito. Descrito em uma série de clássicos, é um sistema que pode ser usado para julgar os pontos fortes dos Planetas, bem como fazer previsões, especialmente em relação às várias coisas na vida, tais como números de crianças e como benéfico ou maléficos os trânsitos serão sobre o próprio mapa.

Ashtama Rashi – 8º Signo. Shani Ashtami, ou Saturno transitando a 8ª à partir da Lua ou Lagna. Maléfico.

Ashtami – Este é o 8º dia lunar ou 8º *Tithi*.

Ashubha – Refere-se ao que "não é bom" ou inauspicioso. O oposto do *Shub*, que significa auspicioso.

Ashwini – Este é o 1º dos 27 *Nakshatras* e é regido por Ketu. Dentro deste *Nakshatra* está o grau exaltação do Sol. *Ashwini* significa literalmente uma égua. É o nome da esposa do Deus Sol, quando ela tomou a forma de uma égua para executar austeridades na Terra. Naquela época, ela deu à luz aos meninos gêmeos conhecidos como o Ashwini Kumaras: os semideuses responsável por este *Nakshatra*.

Ashlesha – 9º *Nakshatra*.

Aspectos – Todos os Planetas fazem aspectos de 7ª Casa (oposição) poderosamente. Porém Mangal, *Guru* e Shani fazem aspectos especiais: Marte – 4ª e 8ª Casas, Júpiter – 5ª e 9ª Casas e Saturno – 3ª e 10ª Casas.

Asura – Este é o oposto do *Sura*, ou pessoa piedosa. Um *Asura* é uma pessoa ímpia ou demoníaca. Rahu, antes de ser decapitado por Vishnu, era um *Asura* ou demônio.

Atma Karaka – Este é o princípio ou primeiro significador entre os sete Planetas. É o Planeta com os mais alto grau de todos no mapa. Isso significa, literalmente, o significador do Eu. O Planeta *Atma Karaka*, ou o que tem o maior grau em qualquer Signo, representa a pessoa cujo o mapa foi feito.

Avaroha – Isto significa a descida do Planeta. Também se refere ao Planeta que se aproxima do seu ponto de debilitação.

Avasthas – Literalmente significa estados ou situações e refere-se à condição em torno de uma colocação planetária. O *Avastha* de um Planeta se refere ao qual Signo e Casa que se encontra, se esse Planeta é exaltado ou debilitados, etc.

Aya – Renda ou lucro; 11ª Casa.

Ayanabala – Esta é uma das 6 forças que compõem o *Shadbala* ou 6 pontos fortes dos Planetas. Esta força vem da relação do Planeta com seu curso Norte ou Sul, acima e abaixo do equador.

Ayanamsha – a distância do arco do Zodíaco ou medida de 360º que diferencia o Zodíaco real do Zodíaco tropical sazonal ou ocidental. Atualmente o *Ayanamsha* ou diferença entre o início efetivo do Zodíaco e o início da primavera tropical do Zodíaco é cerca de cerca de 24°. O *Ayanamsha* exato não é conhecido, pois há uma série de Ayanamsha postados no mundo por vários astrônomos e astrólogos bem conhecidos.

Ayur Bhava – 8ª Casa.

Ayurveda – Esta é a ciência da medicina Védica que se traduz literalmente como "O conhecimento para aumentar o tempo de vida".

Ayush – Longevidade; comprimento de tempo de vida, como na palavra *Ayurdaya*: a prática astrológica de determinação do tempo de vida. Esta é também a raiz da palavra *Ayurveda*.

Badhakasthana – Isto significa, literalmente, a "Casa de obstrução". Estes são Casas ruins. Para Ascendentes em Áries, Câncer, Libra e Capricórnio, a 11ª Casa é a *Badhakasthana*. Para os Ascendentes em Touro, Leão, Escorpião e Aquário, é a 9ª Casa. Para Gêmeos, Virgem, Sagitário e Peixes, é a 7ª Casa.

Badhakgraha – Este é o Regente da Casa *Badhakasthana* ou obstrução. Estes Regentes podem causar maus resultados em seus subperíodos de acordo com alguns clássicos. Mas esse princípio geral não é usado pelos astrólogos védicos modernos.

Bal – Bebê ou criança.

Bala – Força ou Poder.

Balarishta – Males que afetam as crianças. Refere-se a um grupo de *Yogas* que lidam com a morte de bebês.

Bandhu – Relações familiares.

Benéfico – Refere-se a um Planeta que é benéfico, dado um Ascendente em específico. Em geral, os Planetas mais benéficos são os Regentes das Casas *Trikona*: a 1ª, 5ª e 9ª.

Os Regentes das dos *Kendra*, 1ª, 4ª, 7ª e 10ª também são benéficos, mas podem tornar-se maléficos sob determinados aspectos.

Bhadra – 6º mês lunar (15 de Agosto à 15 de Setembro).

Bhadra Yoga – Um dos *Yogas Panch Mahapurush*, o que significa 5 grandes *Yogas*. *Bhadra Yoga* é o *Yoga Mahapurush* causada por Mercúrio quando Mercúrio está em seu próprio Signo ou Signo de exaltação em qualquer Ângulo (*Kendra*) ou casa Trígono (*Trikona*).

Bhagya – Refere-se ao fortuna ou destino.

Bhamsha – Literalmente significa 27 partes, refere-se a 27 *Varga* ou mapa divisional. Usado para o ajuste fino das decisões gerais.

Bhanga – Cancelamento. Usado em termos de cancelamento de influências negativas, *Neecha Bhanga*.

Bharani – O 2º dos 27 *Nakshatras*, regida por Vênus. Bharani significa manutenção.

Bhava – Literalmente significa "Casa", como nas Casas do horóscopo.

Bhava *Bala* – Literalmente significa os pontos fortes das Casas no mapa. Descrito em uma série de clássicos, é um processo matemático complexo para se chegar a relação de forças entre as Casas em um mapa. O uso geral é que quanto mais forte de uma Casa, mais ela vai ser capaz de dar e obter os melhores resultados. O mais fraco cada Casa é vai ser um indicador de resultados enfraquecidos ou maléficos.

Bhavachakra – Isso se refere ao mapa de Casas em oposição ao *Chakra Rashi* que é o mapa dos Signos. *Bhava Chakra* significa exatamente a mesma coisa que *Chalita Chakra*.

Bhavamadhya – Este meio é o de uma Casa. *Madhya* significa meio, *Bhava* significa Casa.

Bhavasandhi – Refere-se ao fim ou começo de uma Casa ou a junção de duas Casas. Planetas perdem a sua força quando em *Sandhi* ou na junção das Casas.

Bhavat Bhavam – Significa "Casa da Casa" e refere-se ao método de contagem do número de Casas a partir de qualquer Casa que consideramos a 1ª Casa. Por exemplo: a 3ª Casa é a 5ª da 11ª Casa.

Bhinnashtakavarga – Este é o *Ashtakavarga* de cada Planeta especificado individualmente e separadamente num mapa de tipo engrelhado e é usado em uma série de técnicas de previsão descrita em vários livros clássicos Jyotish.

Bhoga – Refere-se ao prazer ou deleite; também gêneros alimentícios e outros itens que ainda não foram oferecidos a uma divindade ou oferecidos ao Senhor. Esotericamente se refere ao que ainda está para ser apreciado pelo Senhor.

Bhratru – Irmão

Bhratru Karaka – O significador do irmão. Um dos significadores planetários definidos no *Parashara Hora Shastra*.

Bhu (Bhurloka) – Este é o nome da Terra. Refere-se, literalmente, ao o nome de *Bhumi*, que é a deusa mãe da Terra. Seu Planeta é parte do que é chamado de Bhurloka. Deve notar-se que a Terra não é a única parte do Bhurloka ou do plano terreno. O que vemos como a bola Terra no espaço é apenas uma parte do plano terrestre ou Bhurloka, que em sua forma real como uma vasta extensão está escondida de nossa visão, controlada pelos semideuses. Em outras palavras, vemos apenas o que estamos destinados a ver. Para o resto da verdade, temos de ver através das escrituras reveladas.

Bhukti – Este é o segundo nível no sistema de Dasha. É o subperíodo após o principal período do atual Dasha.

Bhumi – Nome da Terra.

Bhuta – Elemento. Como nos 5 elementos.

Bindus – Literalmente: ponto. Refere-se ao número de pontos positivos em um sinal particular no sistema Ashtakavarga de julgamento força como descrito em vários dos clássicos. Um Planeta tem de 1 à 8 *Bindus* em seu mapa de *Ashtakavarga*. Quanto mais *Bindus*, melhor.

Brahma – O nome do mais alto do semideus nesta criação. Ele é nascido em uma flor de lótus que brota a partir do umbigo de *Vishnu*. Ele tem 4 cabeças. Durante seu dia, existe a criação, e durante sua noite é absorvido dentro dele. Seu dia tem a duração de 1.000 *Chatur Yugas* ou 1.000 ciclos de 4 períodos: *Satya Yuga, Treta Yuga Dwapara Yuga* e *Kali Yuga*. Como um semideus, ele governa sobre alguns dos *Nakshatras*, bem como alguns dos *Shashtiamsha* utilizado na Astrologia Védica. Ele está em dívida apenas com *Vishnu, Sada Shiva* e *Krishna*. Todos os outros semideuses neste criação estão sob *Brahma*, incluindo as grandes personalidades e semideuses como *Indra, Agni, Surya, Chandra*, etc. As encarnações do Senhor que aparecem na Terra por sua própria doce vontade estão acima *Brahma*. Isso inclui *Shri Krishna, Shri Ramachandra, Shri Narasimha*, e *Sri Chaitanya* para citar alguns.

Brahman – Uma pessoa que pertence à primeira classe ou casta de seres humanos. Uma pessoa que estudar os os Vedas de forma diligente e absorve todas as boas qualidades nele recomendados. Uma pessoa que sabe a ciência do espírito, religião, libertação, Astrologia, literatura, medicina, etc. - um ser humano de primeira classe. Isso não é algo que pode ser herdado por nascimento. Ela deve ser conquistada individualmente e é susceptível à reversão a qualquer momento, cair das qualidades brahmínicas. A palavra também se refere ao espírito em geral - a tudo que permeia o aspecto da Suprema Divindade que permeia cada átomo em todo o tempo e todo o espaço. Um brâmane é um conhecedor do *Brahman* ou do espírito, o que também é verdade absoluta.

Brihaspati – Este é o nome em Sânscrito para a quinta-feira, mas realmente é o nome para o semideus que governa Júpiter. *Brihaspati* é uma grande personalidade referida em muitas das escrituras Puranicas da Índia antiga. Ele é o *Guru* de todos os semideuses. Em outras palavras, ele é o grande sábio que os semideuses sob *Brahma* ouve conselhos diários. Como o governante do Planeta Júpiter, ele é a personalidade por trás de todos os aspectos e funções do Planeta Júpiter. Assim, seu outro nome é *Guru*. Na compreensão das ações e formas de *Brihaspati*, que é uma pessoa real vivendo em Planetas superiores dentro deste universo, que são retransmitidas para nós através do *Puranas* como o *Bhagavat Purana* ou *Shrimad Bhagavatam*. Podemos chegar a compreender a verdadeira funcionalidade e formas de comportamento do Planeta Júpiter.

Brihat – Literalmente significa grande.

Buddha – Este é o nome do Planeta Mercúrio em Sânscrito. *Buddha* é um semideus que é um *Yuvaraj* sob a regência do Sol. *Yuvaraj* significa o príncipe coroado ou sucessor ao trono. É a natureza do de *Buddha* que dá ao Mercúrio a sua funcionalidade e natureza.

Buddhi – Inteligência; que flui de de *Buddha* ou o Planeta Mercúrio, o controlador e significador da nossa capacidade de pensar mais fina ou inteligência que é conhecido como Buddhi.

Cardinal – Aries, Câncer, Libra and Capricórnio são Signos Cardinais.

Casa – 12 parcelas do céu como visto a partir da Terra é chamado de Casa.

Casas – Um horóscopo tem 12 casas que regem cada departamento da vida.

Chaitra – Primeiro mês lunar. (13 de Março à 12 de Abril).

Chakra – Esta palavra tem uma série de significados. Entre eles, um círculo girando, um diagrama formado mais ou menos na forma de um círculo, o centro de energia radiante a partir de um ponto central no interior do corpo e também um ciclo ou procissão de eventos que se repete de forma circular. Esta também é a palavra usada para descrever um mapa como na combinação de duas palavras *Rashi Chakra* que significa mapa ou formação circular dos Signos do Zodíaco. A melhor palavra para definir *Chakra* é círculo.

Chalitchakra – Isso se refere à carta de casas em oposição ao *Rashi Chakra* que é o mapa dos Signos. *Chalitchakra* significa exatamente a mesma coisa que *Bhavachakra*.

Chandala – Este é o nome de um dos graus mais baixos da sociedade humana. Isso significa que pessoas que não têm discrição sequer e se envolvem no que os *Vedas* consideram ser uma das mais abomináveis atividade - de comer pequenos animais, como cães e gatos.

Chandra – Esta é a Lua e também o nome do semideus que governa a Lua, *Chandradeva*. Ele é um dos semideuses primordiais neste ciclo da criação. Isto é o que a Lua é chamada na Índia, bem como pelos astrólogos indianos ou hindus.

Chandra Lagna – Quando a Lua é considerada a 1ª Casa ou Ascendente.

Chandra Mangal Yoga – Refere-se a uma combinação entre a Lua e Marte. Chandra é a Lua e Marte é Mangal. *Chandra Mangal Yoga* incendia a mente. A Lua rege a mente.

Chandra Masa – Mês lunar.

Chandra Varsh – Ano lunar, que dura 360 dias.

Chandrashtama – Isto é, quando a Lua transita a 8º Signo a partir do Ascendente de uma pessoa e não é considerado bom em tudo. Essa palavra é formada principalmente pela combinação de duas palavras do *Chandra* e *Ashta* que significa Lua e 8°, respectivamente.

Chandrodaya – Nascer da Lua..

Chara Dasha – Refere-se ao sistema de *Dasha* proposto pelo sábio *Jaimini*. Este sistema de *Dasha* é o tema de um livro por Sr. K.N. Rao. Este sistema baseia-se nos Signos ao invés dos Planetas.

Chara – Isto significa móvel e é frequentemente usado em combinação com *Rashi* para indicar os Signos móveis: Áries, Câncer, Libra e Capricórnio.

Charana – Fase ou secção. ¼ de um *Nakshatra*; *Pada*.

Chatur – Quatro.

Chaturdashi – Este é o décimo quarto *Tithi* ou dia lunar.

Chaturmas – Literalmente significa os 4 meses de inverno. Durante este período, muitos *Yogis* e devotos praticam austeridades estritas para ajudá-los em seu progresso espiritual.

Chaturtamsha – Literalmente significa 4 partes e refere-se a mapa divisional de 4 partes ou *Varga*. O mapa *Chaturtamsha* preenche mais informação do que a 4ª Casa sobre um lar da família, felicidade e questões relacionadas com a 4ª Casa.

Chaturthi – Esta é uma combinação das duas palavras *Chatur* e *Tithi* e, por conseguinte, refere-se ao 4° dia lunar de ambas, as metades escuras e claras do mês lunar.

Chatuspada – Isto refere-se a um animal de 4 patas, como uma vaca ou um cavalo. Há sinais que são chamados de sinais *Chatuspada*, porque eles são sinais de origem animal, como Áries e Capricórnio, no segundo semestre de Sagitário, Leão e Touro.

Chaya Graha – *Chaya* significa sombra e *Graha* significa Planeta; referindo-se Rahu e Ketu, os nódulos da Lua.

Estes não têm massa física, mas são pontos de sombra no espaço.

Cheshta – Movimento; *Bala Chesta* refere-se a força do movimento.

Chitra – 14º *Nakshatra*.

Combustão – Planetas situados à seguintes distância do Sol tornam-se combustos: Lua dentro de 12º do Sol, Marte à 17º, Mercury à 14º, Júpiter à 11º, Vênus à 10º e Saturno à 15º do Sol. Porém, pela minha experiência, eu considero um Planeta combusto à partir dos 5º do Sol.

Comum, Signos – Tem qualidades em comum em ambos, Signos móveis e fixos: Gêmeos, Virgem, Sagitário e Peixes.

Conjunção – Quando dois Planetas estão juntos na mesma Casa/Signo.

Constelação – Significa estrelas que cobrem 13º 20" do Zodíaco são divididos em 27 partes iguais também chamadas de *Nakshatras* ou mansões lunares.

Cúspide – O ponto exato de onde uma Casa termina ou começa ou no meio da Casa, dependendo de qual a filosofia de Casas que você está seguindo.

Daiva – Karma passado. Impulsos gerados das ações passadas que nos compele agir da mesma maneira.

Daivajna – Astrólogo. Um que tem a visão divina ou visão da realidade além dos nossos sentidos imediatos.

Dakshina – Sul.

Dana – Caridade.

Dara - Esposa.

Darakaraka – O significador para a esposa. Um dos 7 *Jaimini Karakas*.

Daridra Yoga – Refere-se a uma combinação planetária que significa pobreza ou dificuldades na vida.

Dasha – Literalmente significa períodos. Refere-se ao processo matemático de definir os períodos de controle dentro de um tempo de vida planetários. Embora haja um número de sistemas de *Dasha*, o sistema *Vimshottari Dasha* é o mais utilizado e confiável entre todos os astrólogos védicos. O sistema *Vimshottari Dasha* é um cálculo matemático a partir do grau exato da Lua em uma *Nakshatra* específico.

Dasha Chidra – Fim de um *Dasha*, considerado um período desfavorável.

Dashamsha – O nome do mapa de *Varga* criado por 10 divisões. *Das* significa 10 e *Amsha* significa divisões.

Dashmi – O décimo dia lunar ou *Tithi*.

Declinação – Ângulo da distância de um objeto celestial medido do Equador Celestial.

Debilitação – Isso é chamado de *Neecha* em Sânscrito e refere-se ao ponto mais fraco no Zodíaco para um determinado Planeta. Veja também Neecha.

Decanato – Divisão de 1/3 do Signo.

Deidade – Um nome para uma estátua divina. Por exemplo, os *Vaishnavas* adoram a divindade ou forma de Krishna. Uma forma reverente de se referir a uma estátua de um Deus.

Demônio – Aquele que se opõe à espiritualidade e é, ao contrário anexado a um caminho sem religião e lesivo da vida.

Descendente – Este é o oposto do Ascendente. O descendente é o horizonte ocidental ou o local no Zodíaco que está definindo a qualquer momento na 7ª Casa.

Deva – A tradução literal é Deus ou Deuses. Os Devas, ou semideuses, embora mortal, vivemos um tempo muito longo. Eles governam vários aspectos da criação material. Por exemplo, *Agnideva* significa "Deus do fogo".

Devarshi - Um composto das palavras *Deva* e *Rishi*, que significa "sábio dos Deuses '. Por exemplo, este é um título carinhoso e respeitoso dado ao grande sábio *Narada* por suas qualificações especiais.

Devoto – Aquele que é dedicado ao *Guru* e Deus.

Dhana – A tradução literal é riqueza. É também o nome para a 2ª Casa porque a 2ª Casa rege riquezas. Há também uma série de *Yogas* chamado *Dhana Yoga* ou combinações que indicam riqueza.

Dhana Karaka – Júpiter, o indicador ou significador de riquezas.

Dhanishta – Este é um dos 27 Nakshatras e é regido por Marte.

Dhanush – Literalmente significa arco como em arco e flecha. É o nome do 9º Signo do Zodíaco também conhecido como Sagitário, cujo símbolo é uma seta que está sendo disparada de um arco.

Dharma – Refere-se a religião ou atividades reguladas pela religião; a própria fé; o caminho espiritual na vida. Também em o menor sentido, refere-se aos direitos de que é compelido a executar na cultura Védica com base em sua fase da vida e da família em que eles nasceram. Em outras palavras, é tanto uma concepção mundana e espiritual.

Dharma Sthana – Também chamado de *Dharma Bhava*, refere-se a 9ª Casa, que rege a religiosidade.

Dharma Karma Adhipati Yoga – Combinação dos Regentes das 9ª e 10ª Casas.

Dhatu – Metal ou mineral. Por exemplo, às vezes divindades são feitas de *Ashta Dhatu* ou 8 metais primários todos misturados.

Dhuma – *Este é um dos* Planetas *sutis definidos no Parashara Hora Shastra.* É um ponto de sutil em vez de uma massa física; um *Upagraha* ou Planeta invisível que está relacionado a Marte.

Dig ou Dik – Direção; *Dik Bala* significa força direcional adquirida com a colocação direcional de um Planeta em um mapa. Por exemplo, Saturno sempre recebe força direcional na 7ª Casa, Mercúrio e Júpiter na 1ª Casa, Lua e Vênus na 4ª Casa e Sol e Marte na 10ª Casa. Estas são as áreas do mapa ou a direção que estes vários Planetas obtém *Dik Bala* ou força direcional.

Dina – Um dia, medido à partir do nascer do Sol ao por do Sol.

Dispositor – Este é o Regente do Signo em que um Planeta descansa. Por exemplo, se Saturno está em Áries, então Marte é o dispositor de Saturno, uma vez que Marte é o Regente do Signo em que Saturno está colocado. O dispositor e sua localização e disposição dentro do mapa têm uma grande palavra a dizer sobre os Planetas em seus Signos.

Dosha – Aflição. Por exemplo: *Kuja Dosha* é uma aflição para o casamento.

Drekkana – Refere-se ao *Varga* de 3 partes ou mapa divisional.

Drikbala – Força adquirida por causa de aspectos sobre um ponto ou Planeta. *Drik* refere-se ao aspecto e *Bala* faz a força.

Drishti – Aspecto.

Duplo, Signos – Indica flexibilidade, balanço e capacidade de adaptar e integrar (Gêmeos, Virgem, Sagitário e Peixes), também chamados de Signos comuns.

Dur – Difícil. Usado em combinação com outros termos, tais como *Duryoga* que significa dificuldade na vida.

Dushtanas – Casas maléficas 6, 8 e 12.

Dwadashamsha – Literalmente significa 12 partes, ele se refere ao *Varga* de 12 partes ou mapa divisional. Usado para julgar a última vida, nosso condicionamento subjacente antecipado para esta vida.

Dwadashi – O 12º *Tithi* ou dia lunar.

Dwirwadasha – Um tipo de aspecto onde os Planetas estão na 2ª e 12ª Casas um do outro.

Dwitiya – Este é o 2º *Tithi* ou dia lunar.

Eclíptica – Parte aparente do Sol na órbita da Terra, mas realmente é o caminho da Terra em torno do Sol. A medição da eclíptica é feita por longitude ou seja, por meio de Signos e graus.

Ekadashamsha – 11º mapa divisional.

Ekadashi – O 11º *Tithi* ou dia lunar..

Ekadhipatya – Isto refere-se a um Planeta que possui 2 Signos.

Elecional – Encontrar um bom momento para qualquer ação. Veja também *Muhurtha* e Horária.

Efêmeris – Um livro onde você pode encontrar as posições dos Planetas.

Equador – A linha aparente que é desenhada através do centro da Terra, que o divide os hemisférios.

Estacionário – Quando um Planeta está em sua estada, aparentemente, "em pé", sem qualquer movimento entre movimentos retrógrados e diretos. É apenas uma aparência devido ao movimento em relação à Terra e a

posição do Planeta - que, geralmente, aumenta a força do efeito Planetas sobre o mapa.

Exaltação – Posição mais favorável do Signo para um Planeta.

Gada Yoga – Quando todos os Planetas estão em 2 Kendras consecutivos.

Gaja Keshari Yoga – *Gaja* significa "elefante", *Keshari* significa "leão". Este Yoga refere-se a Júpiter e da Lua em Kendras um do outro em Kendra no mapa.

Gadanta – Ponto onde um *Nakshatra* e um Signo do Zodíaco terminam juntos.

Ganita – Cálculos astronômicos. A parte matemática da Astrologia.

Gauri – Isto significa uma garota de cor ou luz dourada. É um nome para *Shrimati Radharani* e outras formas da Deusa divina.

Geocêntrico – Todos os aspectos astrológicos são geocêntrico como eles se relacionam com a Terra.

Ghati – Medida de tempo equivalente a 24 minutos.

Go – Touro ou raio de luz.

Gochara – Trânsitos dos Planetas. Refere-se onde os Planetas estão vagando no momento.

Gokula – Este é um nome de Touro. Literalmente, significa o lugar das vacas. *Go* significa vacas e *Kula* lugar. Refere-se ao pastoreio. É também o nome da aldeia onde *Krishna* cresceu durante seus passatempos terrenos cerca de 5.000 anos atrás.

Gotra – Conjunto de 7 famílias descendentes dos 7 *Rishis* ou sábios originais.

Graha – Planeta.

Graha Yuddha – Guerra planetária. Planetas estão em guerra quando estão conjuntos.

Griha – Casa.

Grihastha – Um chefe de família ou pessoa casada; o proprietário ou controlador de posses mundanas não materialista que mantém o respeito pela divindade. Uma das quatro fases da vida no sistema *Varnashrama Dharma*. Os quatro Ashrams são: *Brahmacharya* ou estudante celibatário; *Grihastha* ou chefe de família casado; *Vanaprashtha* ou semi-aposentado e *Sannyas* ou totalmente renunciado e totalmente aposentado.

Gulika – Este é um Planeta sutil, calculado em relação à Saturno. Ele é considerado o filho de Saturno. É referido no *Parashara Hora Shastra* como um dos *Upagraha* ou Planetas invisíveis.

Guna – Isso significa qualidades ou atributos. Há três *Gunas* principais: *Sattva*, *Raja* e *Tama*. Pureza, paixão e ignorância, respectivamente.

Guru – O nome de Júpiter, bem como o título geral por um professor. *Guru* significa literalmente "pesado" e refere-se a "repleto de conhecimento". Júpiter é o maior Planeta também. As bênçãos do *Guru* real são totalmente necessário para a vida material e espiritual..

Guruvar – Quinta-feira. Dia regido por Júpiter, o Planeta chamado *Guru*.

Gyan – Esta é a pronúncia correta da palavra que é mais frequentemente soletrado assim: *jnana*. *Gyan* se refere ao conhecimento.

Hamsa - literalmente significa cisne. Ele também é usado na Astrologia para descrever o *Yoga* causado por um proeminente ou um forte Júpiter, no mapa, como em exaltação ou no próprio Signo em uma casa de *Kendra* ou *Trikona*. Na sabedoria Védica o cisne é considerada um emblema da graça.

Hara – Refere-se ao lado feminino de Deus, ou *Shrimati Radharani*.

Hari – Literalmente significa "ladrão", mas é realmente utilizado como um nome para *Krishna* ou Deus, como Deus tira ignorância e equívoco.

Hasta – Um dos 27 *Nakshatras* e este é regido pela Lua.

Homa – Um ritual espiritual Védico que envolve a cerimônia de fogo.

Hora – Refere-se a metade de um Signo.

Hora – Este é o meio da palavra Sânscrita *Ahoratri* , que se refere ao dia e noite. Hora, está entre o dia e a noite. Hora também se refere ao *Varga* de duas partes ou mapa divisional.

Hora Lagna – Regência planetária de uma hora de um dia específico.

Horária, Astrologia – Este é um ramo da Astrologia que responde a qualquer questão importante com a ajuda de um mapa confeccionado no momento da consulta.

Hora Shastra – Ciência do tempo.

Inauspicioso – Ruim, maléfico.

Indra – Um dos semideuses originais desta criação.

Interpolação – Calculo do ponto entre dois pontos conhecidos. Um método de cálculo das posições planetárias usando fórmulas para encontrar uma posição entre as posições da meia-noite, que são conhecidos a partir de um efeméride.

Ishtadeva – Uma Divindade escolhida ou Deus de adoração.

Jaimini – O nome de um grande sábio da Índia, que teve um pouco de sua própria escola de Astrologia Védica que ainda é estudada e ensinada hoje como " Astrologia Jaimini ".

Janma – Nascimento. Uma dos quatro grandes misérias da vida material: Janma, Mrityu, Jara e Viyadhi; ou, nascimento, morte, velhice e doença, respectivamente.

Janma Rashi – O Signo em que a Lua é colocada em um mapa de nascimento.

Jataka – O campo da Astrologia que lida com a interpretação de mapa natal.

Jeeva – As coisas vivas (de insetos a humanos); vida, alma individual.

Jyeshta – 18º *Nakshatra*, também o 3º Mês lunar.

Jyotish – a ciência da luz, a ciência da visão, a ciência da Astrologia, tal como definido no *Brihat Parashara Hora Shastra* e outras escrituras autorizadas provenientes dos sábios védicos.

Jyotishi – Astrólogo.

Kala – O fator tempo.

Kala *Bala* – Força Temporária de um Planeta.

Kala Chakra – A roda do tempo.

Kala Purush – Tempo personificado, a personalidade de tempo ou, Deus como o tempo.

Kalatra Bhava – 7ª Casa.

Kali Yuga – A época atual das 4 épocas Védicas universais que dura 432.000 anos.

Kama – Desejos, 7ª Casa.

Kannya – Literalmente significa filha, ele se refere ao 6º Signo do Zodíaco também conhecida como Virgem. *Kannya* tem a conotação de uma menina virgem.

Kapha – Uma mistura de Água e Terra, um dos 3 *Doshas* do *Ayurveda*, tipos de corpo.

Karakas – significadores; algo que está para algo mais. Exemplo: A Lua é o karaka para a mente. Isto significa que a Lua é o principal controlador da mente como por Astrologia Védica.

Karana – Metade de um *Tithi* ou dia lunar.

Karkata – Significa o caranguejo ou círculo, e refere-se ao 4º Signo do Zodíaco, também conhecido como Câncer, ou *Karka*, *Karkataka*, *Kataka*.

Karma – Ação. 10ª Casa.

Kartari – Planeta encurralado dos ambos os lados. Literalmente significa tesoura, corte.

Kartika – 8º mês lunar (16 de Outubro à 14 de Novembro).

Kartikeya – Filho de Shiva, associado com *Ganesh*.

Keeta – Escorpião, inseto.

Kendras – Casas angulares ou Quadrantes, 1ª, 4ª, 7ª e 10ª.

Ketu – Nódulo lunar do Sul.

Khavedamsha – Literalmente significa 40 partes, ele se refere ao *Varga* de 40 partes ou mapa divisional. Relativa à 4ª Casa no mapa *Rashi*, este gráfico é usado também para o ajuste fino de efeitos auspiciosos e desfavoráveis, bons e maus hábitos e particularidades das naturezas emocionais e psicológicas.

Kranti – Declinação celestial.

Krishna – O nome do Senhor Supremo e objeto de inúmeras histórias em todos os grandes *Puranas* e *Vedas*. Também refere-se a escuridão ou obscuridade na cor, como a metade escura do ciclo mensal da Lua quando ela está retornando a partir da posição cheia para a posição nova ou em conjunção com o Sol. Isto também é chamado a fase minguante da lua quando ela está ficando menor ou mais escura ou Krishna.

Krishna Paksha – Lua decrescente, à partir da Lua Cheia à Lua Minguante.

Kritika – 3º *Nakshatra*.

Krura Rashi – Signos cruéis ou agressivos.

Kshatriyas – Casta guerreira.
Kshetra – Campo ou local.

Kuja – Marte.

Kuja Dosha – Aflição causada por Marte. Se presente em um mapa, refere-se especialmente à dificuldade dentro do casamento ou em parceria. As aflições causadas por *Kuja Dosha* tem menos ou nenhuma significância após a idade de aproximadamente 30 anos.

Kumbha – Literalmente significa água-pote ou jarro, referindo-se ao 11º Signo do Zodíaco conhecido no ocidente como Aquário.

Kundali – Horóscopo ou mapa natal.

Kutas – Conjunto de cálculos astrológicos usados para combinação de mapas para casamento.

Kuthumba – Família, 2ª Casa.

Labha – Ganhos ou lucros, 11ª Casa.

Lagna – Ascendente ou 1ª Casa. Literalmente significa "agarrado".

Lagna Adhipati – Regente do Ascendente.

Lahiri – Ayanamsha criado oficialmente pelo governo da Índia.

Lakh – Unidade Hindu de medida para 100.000.

Lunar, Mansão – *Nakshatra*.

Lunação – Período que a Lua tem para completar um ciclo. 1 ciclo de 27 dias, 7 horas e 43 minutos.

Madhya – Meio.

Magha – 10° *Nakshatra* e também 11° mês lunar.

Mahadasha – Período planetário principal no sistema *Vimshottari* do *Parashara*.

Mahapurush Yoga – Um Planeta em um Ângulo ocupando seu próprio Signo ou Signo de exaltação.

Maharshis – grandes sábios da Índia. "*Maha*" significa grande e "*Rishi*" significa aquele que fala vibração do som divino.

Makara – Literalmente significa tubarão ou jacaré, referindo-se ao 10° Signo do Zodíaco conhecido no ocidente como Capricórnio, cabra.

Maléfico – Desfavorável, negativo, destrutivo no efeito.

Manda – Saturno.

Mandi – Filho de Saturno.

Mangal – Marte.

Mangal Dosha – veja *Kuja Dosha*; Manglik.

Mantra – Um sou ou vibração usado em técnicas meditativas.

Manushya – Humano.

Maraka – Planetas "assassinos".

Mrigashirsha – 9º mês lunar.

Masa – Mês Lunar.

Matru – Mãe, 4ª Casa.

Meena – Peixes.

Meridiano – Um grande círculo imaginário na esfera celestial que corta através dos polos, Zenith e nadir. Corresponde à longitude da Terra.

Mesha – Literalmente significa carneiro, refere-se ao 1º Signo do Zodíaco conhecido como Áries. O Regente de *Mesha* é Marte.

Mishra – Mistura.

Mithuna – Refere-se ao 3º Signo do Zodíaco, também conhecido como Gêmeos. *Mithuna* significa abraçar ou assuntos conjugais.

Mitra – Amigo, nas relações planetárias.

Moksha – Iluminação, liberação espiritual.

Móvel – Áries, Câncer, Libra e Capricórnio.

Mrigashira – 5º *Nakshatra*.

Mrityu – Morte.

Muhurta – refere-se a seleção de um momento para um evento, por exemplo, a escolha do momento auspicioso para o casamento ou entrando em uma nova casa. Também conhecida como Astrologia Horária ou Elecional. Este é um dos ramos importantes da Astrologia preditiva e tem a ver principalmente com a eleição de um momento favorável para diferentes atividades humanas.

Mula – 19° *Nakshatra*.

Mulatrikona – Refere-se à 2ª melhor posição que um Planeta pode estar.

Mundana, Astrologia – Um ramo da Astrologia que lida com o estudo e previsão de eventos mundanos.

Nadi – Refere-se aos pontos ou estrelas. Usado para se referir às estrelas como em *Nadi-Shastra*. É também usado na ciência de *Ayurveda* para referir-se aos pontos no corpo.

Naisargika – Permanente ou natural. Como na amizade planetária permanente.

Naisargika *Bala* – Força natural.

Nakshatra – Literalmente refere-se a uma estrela no Zodíaco. Os *Nakshatras* são extremamente importantes em todos os aspectos da Astrologia Védica.

Naradhama – Literalmente significa: o menor das pessoas.

Natividade – O mapa feito para o momento do nascimento.

Nava – Nove, 9ª Casa.

Navami – 9° *Tithi* ou dia lunar.

Navamsha – Literalmente significa 9 divisões. Refere-se ao mapa produzido dividindo cada Signo no mapa principal por 9. Segue uma fórmula matemática específica. O mapa do *Navamsha* é o 2° mais importante mapa ao examinar o horóscopo de uma pessoa usando *Jyotish*.

Neecha – Refere-se à posição caída de um Planeta. Esta é a pior posição em todo o Zodíaco para um determinado Planeta. Neste ponto, também conhecida como a debilitação, o Planeta perde toda a sua força.

Nirayana – Ano astrológico Védico.

Nodos – Rahu e Ketu são os dois nodos da Lua.

Oja – Estranho, esquisito.

Pada – ¼ parte.

Paddhati – É um sistema específico da Astrologia.

Padma - Literalmente significa: flor de lótus. A flor de lótus é associada à pureza e divindade.

Paksha – A metade de um mês lunar.

Panchami – 5º *Tithi* ou dia Lunar.

Panaparas – A 2ª, 5ª, 8ª e 11ª Casas.

Panchanga – Cinco membros. Refere-se à 5 partes do almanaque ou calendário indiano ou astrológico. As 5 partes do *Panchanga* são: o *Tithi*, *Nakshatra*, Signo, o *Yoga* e o *Karan* que estão governando em um determinado momento.

Paap – Pecado. Na Astrologia, maléfico.

Papakartari – O Planeta que está encurralado entre maléficos.

Parashara – O nome de um grande sábio que viveu cerca de 5.000 anos atrás. Ele narrou o clássico sobre a Astrologia Védica. Ele era o pai de *Shri Vyasadeva*, o compilador dos *Vedas*. Parashara, *Vyasa* e seu filho *Shukadeva* foram todos contemporâneos do Senhor *Krishna* e os *Pandavas*. Essas personalidades são os personagens centrais do grande épico que detalham a história da Índia conhecido como o *Mahabharata*.

Parashari – Sistema Astrológico do *Parashara*.

Parivartan – Troca de lugares (Signo/Casas). Por exemplo: Júpiter em Aquário e Saturno em Peixes.

Paryaya – Ciclo. Há 3 conjuntos de 9 *Nakshatras* com o total de 27 *Nakshatras*; cada conjunto é chamado de *Paryaya*.

Phala – Os frutos ou efeitos de alguma coisa.

Phalguna – 12° mês lunar.

Planetas – *Ravi* ou o Sol, *Chandra* ou a Lua, *Marte* ou Kuja, *Buddha* ou Mercúrio, *Guru* ou Júpiter, *Shukra* ou Vênus, *Shani* ou Saturno, *Rahu* ou Cabeça do Dragão e *Ketu* ou Cauda do Dragão.

Prana – 5° nível do sistema de *Dasha*. Também ar da vida ou energia vital.

Prashna – Astrologia Horária.

Pratipada – 1° *Tithi* ou dia lunar.

Precessão – O movimento da Terra como de um peão. O que causa o *Ayanamsha*.

Prithvi – Terra.

Puja – Ritual Védico feito por um sacerdote para o benefício de alguém. Também chamado de *Yagya*.

Punarvasu – 17° *Nakshatra*.

Punnya – Mérito. Efeito cumulativo de boas ações.

Puranas – Conhecimento Védico escrito em forma de estórias para melhor compreensão.

Purnima – 15° *Tithi* ou dia lunar.

Purush – Ser Cósmico. Personificação do Universo.

Purva Bhadrapada – 25° *Nakshatra*.

Purva Phalguni – 11° *Nakshatra*.

Purva Punnya – Créditos das vidas passadas, representado pela 5ª Casa.

Purva Ashadha – 20° *Nakshatra*.

Pushya – 8° *Nakshatra*. Considerado o mais favorável.

Putra – Filho, 5ª Casa, criança.

Quadrante – Veja *Kendra*.

Quadratura – Indica uma relação entre duas Planetas num mapa como uma das três posições, 4ª ou 7ª ou 10ª Casas uns dos outros. Estas são as "quadraturas".

Radha – Nome alternativo para o 16° *Nakshatra*. Nome da Deusa.

Rahu – Nódulo Lunar do Norte.

Rahukalam - Este é o período governado por Rahu a cada dia. Muitos indianos evitam viagens e exposição às pessoas de fora durante esses períodos. Quando o nascer do Sol for às 06:00, Rahukalam vai reger nos seguintes horários: Domingo 16:30 até 18:00 horas; Segunda-feira 7:30 às 9:00; Terça-feira 15:00 até 16:30; Quarta-feira 12:00 até 13:30; Quinta-feira 13:30 até 15:00; Sexta-feira 10:30 às 12:00 horas; Sábado 9:00 às 10:30.

Rakshasa – Demônio, força negativa ou impulso desfavorável da natureza.

Raja – Rei.

Raja Yogas – Combinação planetária favorável.

Rajas – Vigoroso, agressivo ou agitado. Um dos 3 *Gunas* ou qualidades da vida.

Rasa – Gosto, sabor.

Rashi - Literalmente significa Signo, como nos sinais do Zodíaco que vai de Áries até Peixes. Refere-se também ao Signo em que Lua de uma pessoa está situada no mapa. Refere-se também à principal mapa usado na Astrologia Védica conhecida como o mapa *Rashi* ou o *Rashi Kundali*.

Rashi Lagna – O Ascendente contado à partir da 1ª Casa de um mapa.

Ratna – Gemas ou pedras preciosas.

Ravi – Sol.

Ravivar – Domingo.

Retificação - Um método de corrigir a hora do nascimento. Normalmente feito ajustando gradualmente o tempo de nascimento para ver se os *Dashas* e os *Varga* podem ser alinhados com a história do indivíduos.

Rekha – Pontos maléficos no *Ashtakavarga*.

Retrogrado - Às vezes, os Planetas parecem ter movimento para trás. Principalmente em consequência da posição relativa e o movimento da Terra. Isso se chama de movimento retrógrado.

Revati – 27° *Nakshatra*.

Ritu – Estações. A Índia tem 6 estações no ano.

Rohini – 4° *Nakshatra*.

Rupas – Unidade de medida de força (Planeta/Casa) usado nos cálculos de *Shadbala*.

Sade Sati – Literalmente significa 7 ½ anos. Se refere ao trânsito de Saturno através das 12ª, 1ª e 2ª Casas à partir do Lagna (pela minha experiência).

Sadhana – Prática.

Sahaja – Irmãos, 3ª Casa.

Samya – Neutro.

Sambandha – Relação planetária forte onde os Planetas reforçam suas forças.

Samhita – Textos astrológicos.

Samsaptaka – Oposição. Aspectos dos Planetas por 180°.

Sandhi – Ponto de junção entre os Signos ou Casas.

Shani – Saturno.

Sankranti – O ponto onde o Sol muda de um Signo para o outro.

Sannyasa – Uma pessoa renunciada.

Saptami – 7° *Tithi* ou dia lunar.

Saptamsha - Literalmente significa 7 partes, ele se refere ao *Varga* de 7 parte ou mapa divisional.

Sapta Rishis – Os 7 *Rishis* da Antiga Filosofia Védica; também a constelação de Plêiades.

Shadbala - Significa literalmente 6 pontos fortes. Isso é descrito em uma série de clássicos como uma das principais formas de julgar os pontos fortes dos Planetas usando *Jyotish*.

Satabisha – 24° *Nakshatra*.

Shatru – Inimigo.

Shatru Kshetra – Casa do Inimigo.

Shatruvarga – Mapa divisional desfavorável.

Sattva – Pureza. Um dos 3 *Gunas* ou qualidades de vida.

Sáttvico – Espiritual ou puro por natureza.

Sayana – Zodíaco Tropical.

Shadvargas – Os 6 mapas divisionais principais.

Shakuna – Presságio.

Shanivar – Sábado

Shanti – Paz.

Shashtashtaka – Tipo de aspecto: 6ª e 8ª um do outro.

Shashthi – 6° *Tithi* ou dia lunar.

Shastra – Ensinamentos, Livros de ensinamentos Védicos.

Shastiamsha – Literalmente significa 60 partes, ele se refere ao *Varga* de 60 parte ou mapa divisional.

Shiva – Deus Hindu.

Shodashavarga ou Vargas – 16 tipos de mapas divisionais.

Shukla Paksha – Refere-se à metade brilhante do ciclo mensal da Lua quando ela está se movendo em direção à posição ao Sol ou 'cheia' à nossa visão.

Shukravar – Sexta-feira

Siddhamsha – 24° mapa divisional.

Siddhanta – Tratado matemático, frequentemente usado para explicar fórmulas astronômicas e conceitos como o *Surya Siddhanta*.

Siddhis – Poderes especiais ou perfeições dos Yogis. Como milagres de cura.

Significador – O Planeta que rege uma coisa: por exemplo, a Lua rege a mente do indivíduo, e por isso é chamada de "significadora da mente". "Karaka" é a palavra sânscrita para "significador". Há uma extensa lista de Karakas presente no software Goravani Jyotish.

Shloka – um versículo ou uma passagem de uma escritura, um único parágrafo com um significado sucinto.

Shodashamsha - Literalmente significa 16 partes, ele se refere ao *Varga* ou mapa divisional.

Shuka – Literalmente significa papagaio. Refere-se a *Shukadeva Goswami*, um dos grandes sábios Puranicos - o filho do sábio *Vyasa*, compilador dos *Vedas*.

Sideral, Zodíaco – Zodíaco baseado na relação da Terra com as constelações fixas.

Signo – Uma divisão geométrica do espaço construída pela divisão aparente do caminho do Sol em 12 segmentos iguais, cada um localizado e nomeado pela constelação que reside perto delas (mas não à cobrem completamente).

Simha – Leão.

Solstício – Ocorre por volta de 22 de Junho (solstício de inverno ou o dia mais curto no hemisfério do Sul) e 21 de Dezembro (solstício de verão ou o dia mais longo no hemisfério do Sul). É o ponto onde o Sol está mais longe do equador.

Soma – Lua. Também a bebida que dá a imortalidade.

Somvara – Segunda-Feira.

Shravana – 22° *Nakshatra* e também o 5° mês lunar.

Sthana – Posição ou local. Também usado para descrever Casas.

Sthanbala – Força posicional de um Planeta.

Sthira – Signos fixos ou imóveis: Touro, Leão, Escorpião e Aquário.

Sthirabala – Força que vem de 1 ou mais Planetas em um Signo.

Sudarshan - Literalmente significa auspicioso. *Sudarshan* refere-se à ardente arma de fogo do Senhor *Vishnu* e *Krishna*.

Shubh – Auspicioso.

Shudra – A casta dos trabalhadores.

Surya – Sol

Sutra – uma breve declaração sobre um assunto construídos para facilitar a memorização e para acionar simples compreensão de um tema de estudo.

Swakshetra – A própria Casa de um Planeta (A Casa que o Planeta rege).

Swami – Regente, proprietário.

Swati – 15° *Nakshatra*.

Swavarga – Um Planeta que está na sua própria divisão.

Tajika – Um sistema astrológico de predição do próximo ano baseado no grau do Sol no aniversário da pessoa.

Tamas – Um dos 3 *Gunas* ou qualidades de vida. Representa preguiça, inércia, letargia, pouca energia e falta de higiene.

Tanu – Corpo, 1ª Casa.

Tapassya – Austeridade, penitência.

Thula – Libra, balança.

Tithi - Este é um dia lunar. Um *Tithi* é mais curto do que um dia solar. Há 30 *Tithi* em um mês lunar; quinze durante a metade brilhante conhecido como *Shukla Paksha* e quinze durante a metade escura conhecida como *Krishna Paksha*.

Trânsito – Movimento dos Planetas através do Zodíaco. Veja *Gochara*.

Tridoshas - De acordo com a Ayurveda, a saúde é mantida por um certo equilíbrio dos três humores fundamentais ou *Doshas*, ou seja, *Vata*, *Pita* e *Kapha*.

Trikona – Trígonos, a 1ª, 5ª e a 9ª Casas.

Trimshamsha - Literalmente significa 30 partes, se refere ao *Varga* de 30 partes ou mapa divisional.

Tritiya – 3º *Tithi* ou dia Lunar.

Ucha – Exaltação. Literalmente significa superior. Refere-se ao ponto de exaltação de um Planeta ou o melhor ponto para esse Planeta por todo o Zodíaco.

Ucha Bhanga – Cancelamento da exaltação.

Upachaya – A 3ª, 6ª, 10ª e 11ª Casas à partir do Lagna.

Uttara Bhadrapada – 26º *Nakshatra*.

Uttara Phalguni – 12º *Nakshatra*.

Uttara Ashadha – 21ª *Nakshatra*.

Vaishakha – 2º mês lunar (13 de Abril à 14 de Maio).

Vaishnavas – Adoradores de *Vishnu* ou *Krishna*, pois acredita-se que um vem do outro. Vaishnavas adoram o Senhor *Krishna* ou *Vishnu*, porque Ele é supremo. Todos os outros deuses vem Dele. Escrituras, como o *Bhagavad Gita* e o *Bhagavat*, *Vishnu*, *Garuda Puranas* para citar alguns, recomendam Vaishnavismo como o *Sanatan Dharma* supremo da alma, Jeeva.

Vaishyas – Casta comerciante.

Vara – Dia da semana.

Varga – Mapa divisional.

Vargottam – Quando um Planeta está no mesmo Signo em ambos os mapas, Rashi e Navamsha.

Varna – Classe social ou Casta.

Varsh – Ano.

Varshphal – Mapa do retorno solar.

Varshpravesh – Retorno Solar.

Vasant – Primavera.

Vasant Sampat – Equinócio Vernal.

Vastu – Arquitetura.

Vata – Um dos Doshas Ayurvédicos.

Veda – O antigo conhecimento da Índia.

Vedanga – Um ramo dos Vedas.

Vedanta – Filosofia do autoconhecimento.

Védico – Do *Veda*, Veda significa conhecimento.

Vimshopak – Literalmente significa 20 pontos. Refere-se a um processo de julgar os pontos fortes dos Planetas dentro de um mapa por matematicamente somando suas diversas posições ao longo dos mapas de *Varga* de uma pessoa em particular. Esta é mais uma forma de avaliar os pontos fortes dos Planetas.

Vimshottari – Literalmente significa 120. Refere-se ao sistema de *Dasha*, que abrange um período de 120 anos. Este é o principal sistema de *Dasha* utilizado na Astrologia Védica.

Vimshsamsha – Literalmente significa 20 partes, ele se refere ao *Varga* de 20 partes ou mapa divisional.

Vishakha – 16° *Nakshatra*.

Vishnu – O mantenedor do Universo.

Vivaha – Casamento.

Vrishchika – Refere-se ao escorpião e o 8° Signo do Zodíaco conhecido como Escorpião.

Vrishabha – Refere-se ao 2° Signo do Zodíaco, ou Touro que é o símbolo do Signo.

Vyasa – Filho de Parashara. Autor do Mahabharata.

Vyaya – Perdas, gastos, 12ª Casa.

Yagya – Cerimônia de fogo.

Yama – Deus da Morte.

Yantra – Padrões mecanicistas, desenhos e símbolos que representam alguém ou algo. *Yantra* refere-se a ciência mecanicista. *Yantra* tornou-se conhecido como a simbologia para várias realidades divinas através de padrões místicos que são desenhados no chão, em papel, gravado em cobre ou desenhados em telas de computador, etc. Por exemplo, a Estrela de Davi é um componente de muitas yantras (*Krishna Yantra*), como é a suástica. Ambos são símbolos védicos antigos.

Yoga – Literalmente significa união ou combinação.

Piadinhas do Zodíaco

Dentre todas as piadas abaixo, somente algumas são de minha autoria. O resto foram enviadas para mim por e-mail. Divirtam-se!

OS SIGNOS E O FINAL DO EXPEDIENTE........

São 5 horas da tarde.

Os 12 Signos voltando pra casa no final do expediente.

Ao chegarem ao portão de saída, descobrem que estão trancados por fora, e como eles são os últimos a sair, não há ninguém para abrir para eles.

E agora?

Áries: Dando socos e pontapés no portão, berra: "ABRE ESSA PORCARIA!!!!!! QUE DROGA, NINGUÉM TÁ ME OUVINDO NÃO???? (BAM BAM BAM) ABRE SE NÃO EU ARROMBO!!!"

Touro: Chegando mais perto, diz: "Pera aí gente, este cadeado não deve estar mesmo trancado, deixa eu ver... alguém tem um grampo aí? De repente se colocássemos 3 pessoas de um lado e 3 de outro empurrando, conseguiríamos abrir isso.. essas roldanas estão meio frouxas, isso seria fácil...Ai!!! Peraí....quebrei minha unha!!!"

Gêmeos: Solta a matraca: "Galera, isso já aconteceu com um amigo de um amigo de um amigo meu antes, lá em.. em.. como é mesmo o lugar?? Enfim, o lugar era muito maneiro, meus amigos sempre me convidam para ir pra lá, mas eu nunca pude por causa do trabalho e tal, mas enfim, sobre a coincidência, ah... sobre o que eu estava falando mesmo?"

Câncer: Choramingando com as mão na cabeça e os olhos no relógio, "Ah não... hoje não.. (snif), tenho que buscar as crianças na escola, tenho um jantar lá na mamãe... ihh, meu arroz vai ficar todo empapado!! Ah, não, isso sempre acontece comigo... (snif)"

Leão: Levanta os braços e fala em alto e bom som para todos: "Vocês não se preocupem, pois EU vou resolver todo este problema, por um simples motivo. EU conheço o DONO desta fábrica, EU vou reclamar com ele pessoalmente, possivelmente ele vai ME indicar para pedir desculpas oficiais a todos vocês...; ãh, meu cabelo tá bom?"

Virgem: Pensativo, fala: "Calma pessoal, vamos analisar a situação. São 5:17 da tarde, deve haver alguém da limpeza lá dentro.. Se não houver, vamos agir com sensatez e ligar para a polícia.. alguém tem um celular aí? Ou quem sabe podemos tentar o outro portão dos fundos, ou talvez procurar pelas chaves no armário do zelador.. é tudo uma questão de lógica e organização". Pega a vassoura e começa a varrer a área.

Libra: Com um sorriso no rosto, diz para todos "Ih pessoal, relaxem... poderia ser pior, só estamos presos aqui, mais nada... porque nós não nos sentamos aqui em roda e começamos a conversar, posso ir até a cozinha pegar um vinho... de repente admirar o céu, ah, vocês já pararam para ver como o pôr do sol está magnífico?"

Escorpião: Sério, aperta os olhos e fala calmo "Vocês podem escrever o que eu vou dizer... se eu pegar o infeliz que trancou este portão, ele vai se arrepender profundamente do dia em que nasceu..."

Sagitário: Abraçando um aqui e dando tapinhas nas costas de outro ali "AH, que situação mais cômica, hahahahahahaha, isso me lembra uma piada, hahahaha, vocês conhecem aquela do..."

Capricórnio: Em silêncio, olha para o relógio, e depois para o portão, e depois para o relógio, e depois para o portão, e depois para o relógio...

Aquário: Dá uma de McGyver e começa a catar tudo quanto é pedaço de fio, vareta, etc., do chão pra criar uma forma engenhosa de "explodir" o portão.

Peixes: Senta-se em cima do TOURO, e começa a cantar baixinho: "Você é luz...É raio estrela e luar...Manhã de Sol.....

OS SIGNOS E O JANTAR

Os Signos deram um Jantar!!!

O Ariano foi a um supermercado, voltou em cinco minutos e serviu lasanha congelada, batata frita e refrigerantes.

O Taurino tirou a porcelana e a prataria do armário, preparou aquela receita que está na família há anos, abriu aquele vinho que estava esperando uma ocasião especial, e o cafezinho foi preparado em cafeteira italiana. Depois, todo mundo escutou uma boa música ao sabor de um licorzinho delicioso.

O Geminiano pediu tudo pela Internet enquanto perguntava pelo telefone que pratos deveria servir. Foi só ir à porta e desembrulhar os cinco tipos diferentes de pratos que ele encomendou.

O Canceriano foi para cozinha, chamou a avó e preparou tudo com muito amor e serviu em pratos decorados com rosas. Quem não comeu tudo, não ganhou sobremesa.

O Leonino deu um conjunto de louças decorado com rosas de presente para o Canceriano e pediu para ele preparar o jantar dele também.

O Virginiano abriu a geladeira, que estava cheia de sobras. O jantar acabou sendo uns sanduíches e pastas para pôr nas torradas. Ninguém reclamou. O pessoal ficou muito mais à vontade, e estava uma delícia.

O Libriano contratou um buffet. Os pratos estavam tão lindos que ninguém queria tocar na comida.

O Escorpiano fez um jantar à meia-luz, cheio de receitas com mais pimenta que despensa de baiano. Quem teve coragem, provou e acabou passando mal. Quem não teve coragem, perdeu uma comida porreta, porque deu piriri, mas até que estava boa.

O Sagitariano enfeitou a casa inteira, escolheu umas músicas legais e ficou chateado porque ninguém trouxe a comida. O jeito foi todo mundo ir para a churrascaria. Cada um pagou o seu.

O Capricorniano fez um jantar impecável, mas o pessoal ficou chateado, porque toda vez que tem jantar na casa dele é o mesmo prato. O pior é que tem hora para recolher o prato e servir a sobremesa. Quem não acabou a tempo, ficou sem sobremesa.

O Aquariano se esqueceu do jantar. O pessoal chegou, e ele ainda estava de pijama. A sorte é que o Virginiano estava lá e fez sanduíches com as sobras dele. Todo mundo se divertiu.

O Pisciano serviu um cuscuz maluco que o pessoal devia comer com a mão. Ninguém nem sentiu o gosto direito por causa do cheiro de incenso.

OS SIGNOS E A LÂMPADA

Quantos arianos são necessários para trocar uma lâmpada?
Apenas um, mas serão necessárias muitas lâmpadas.

Quantos taurinos são necessários para trocar uma lâmpada?
Nenhum: Taurinos não gostam de mudar nada.

Quantos geminianos são necessários para trocar uma lâmpada?
Dois (é claro). Vai durar o fim-de-semana inteiro, mas quando estiver pronto a lâmpada vai fazer o serviço da casa, falar francês e ficar da cor que você quiser.

Quantos cancerianos são necessários para trocar uma lâmpada?
Somente um. Mas levará três anos para um terapeuta ajudá-lo a passar pelo processo.

Quantos leoninos são necessários para trocar uma lâmpada?
Um leonino não troca lâmpadas, a não ser que ele segure a lâmpada e o mundo gire em torno dele.

Quantos virginianos são necessários para trocar uma lâmpada?
Vamos ver: um para girar a lâmpada, um para anotar quando a lâmpada queimou, e a data em que ela foi comprada, outro para decidir de quem foi a culpa da lâmpada ter sido queimada e perguntar, dez para decidir como remodelar a casa enquanto o resto troca a lâmpada...

Quantos librianos são necessários para trocar uma lâmpada?
Bom, na realidade eu não sei. Acho que depende de quando a lâmpada foi queimada. Talvez só um, se for uma lâmpada comum, mas talvez dois se a pessoa não souber onde encontrar uma lâmpada, ou ...

Quantos escorpianos são necessários para trocar uma lâmpada?
Mas quem quer saber? Por que "você" quer saber? Você é um policial? Qual o teu poder nesta situação?

Quantos sagitarianos são necessários para trocar uma lâmpada?
O sol está brilhando, está cedo, nós temos a vida inteira pela frente, e você está preocupado em trocar uma lâmpada estúpida?

Quantos capricornianos são necessários para trocar uma lâmpada?
Nenhum. Capricornianos não trocam lâmpadas - a não ser que seja um negócio lucrativo.

Quantos aquarianos são necessários para trocar uma lâmpada?
Vão aparecer centenas, todos competindo para ver quem será o único a trazer a luz ao mundo.

Quantos piscianos são necessários para trocar uma lâmpada?
O quê? A luz está apagada?

OS SIGNOS E A REZA

ÁRIES: Querido Deus! Dê-me PACIÊNCIA, e eu a quero AGORA!

TOURO: Deus, por favor, ajude-me a aceitar MUDANÇAS em minha vida, mas NÃO AGORA!

GÊMEOS: Ei, Deus. Ou será Deusa?... Quem é você?.... O que é você?... Onde está você?... Quantos de você existem aí?

CÂNCER: Querido Papaizinho, sei que eu não deveria depender tanto de você, mas você é único com quem eu posso sempre contar, enquanto meu cobertorzinho de estimação está sendo lavado.

LEÃO: Oi, Papi! Eu posso apostar como você está realmente orgulhoso em me ter como seu filho, heim?!

VIRGEM: Querido Deus, por favor, faça do mundo um lugar melhor, e não o destrua como você fez da última vez.

LIBRA: Querido Deus, eu sei que eu deveria tomar minhas decisões sozinho. Mas, por outro lado, o que VOCÊ acha?

ESCORPIÃO: Querido Deus, ajude-me a perdoar meus inimigos, mesmo que os crápulas não mereçam.

SAGITÁRIO: Ó ONIPOTENTE, ONISCIENTE, TODO AMOROSO, TODO PODEROSO, ONIPRESENTE, ETERNO DEUS, SE EU PUDER LHE PEDIR UMA COISA SÓ, PEÇO TRILHARES DE VEZES, AJUDE-ME A PARAR DE EXAGERAR!

CAPRICÓRNIO: Querido Pai, eu estava indo rezar, mas acho que devo descobrir as coisas por mim mesmo. De qualquer forma, Obrigado.

AQUÁRIO: Oi, Deus! Alguns dizem que você é homem. Outros dizem que você é mulher. Eu digo que todos nós somos DEUS. Então, por que rezar? Vamos fazer uma festa!

PEIXES: Pai Celestial, enquanto eu me preparo para consumir este último quinto de scotch para esquecer minha dor e meu sofrimento, que a minha embriaguez possa servir para aumentar sua Honra e Glória.

OS SIGNOS E A FAXINA

ÁRIES: compete para ver quem varre mais rápido e quem tem o pano mais sujo.

TOURO: Passa o rodo pelo mesmo lugar um milhão de vezes, recusando se ajoelhar e passar os panos à mão para tirar aquela mancha "teimosa".

GÊMEOS: Limpa tudo na metade do tempo que os outros.

CÂNCER: usa o dia todo para limpar a sua coleção de fotografias, para depois passar para cozinha.

LEÃO: Usa o tempo todo para limpar todos os ESPELHOS da casa.

VIRGEM: Depois de expulsar todos da casa, o Virginiano começa a limpeza pelos rodapés da casa, passando de cantinho por cantinho.

LIBRA: Será que começo pelo quarto ou pela sala?........ Duas horas depois....... A casa continua parecendo uma feira HIPPIE!!!!"

ESCORPIÃO: Vai para o quarto, afofa os travesseiros, arruma a cama e pergunta quem quer se voluntariar para "prova-la".

SAGITÁRIO: Odeia ficar preso em casa! Ele vai é cuidar do jardim lá fora!

CAPRICÓRNIO: Avalia os pros e contras, os incentivos financeiros, para daí decidir se limpar traz algum benefício ou não. Se for, então vai contratar alguém para limpar.

AQUÁRIO: Organiza suas tranqueira em 3 pilhas: 'caridade', 'reciclagem' e 'compostos'.

PEIXES: Pede fazer as janelas e quando for ver, está viajando nas idéias olhando para fora da janela.

OS SIGNOS DEPOIS DO SEXO

Áries: "Beleza, vamos denovo?!".

Touro: "Eu estou com fome—vamos pedir uma pizza?".

Gêmeos: "Cadê o controle remoto?".

Câncer: "Então, vamos nos casar?".

Leo: "Sou fantástico, não sou? Garanto que fui o melhor que teve até agora!".

Virgo: "Bom, agora eu preciso lavar o lençol.".

Libra: "Eu curti se você curtiu.".

Escorpião: Acendendo um cigarro, diz: "Talvez eu deveria desamarrar você, não?"

Sagitário: "Não precisa me ligar, eu te ligo...".

Capricórnio: "Você tem cartão de visita?".

Aquário: Segurando o Livro do Kama Sutra diz: "Agora tentemos sem roupa!".

Peixes: Mas peraí….. "Qual o seu nome mesmo?".

OS SIGNOS E A MORTE

Áries: "Quem é o manda-chuva aqui??? Quero ele aqui agora! Quero ver Deus agora! Eu morri??? Pô, eu nunca pensei que isso pudesse acontecer comigo! Onde posso obter um palácio de cristal iluminado e com uma luz branca como aquela?? "

TOURO: Deixando o corpo, Touro percebe que ele já não tem um estômago e imediatamente retorna ao corpo (Putz...!), sem ver os túneis, a luz, Deus, etc, tornando-o mais cético do que era.

GÉMEOS: A coisa mais importante para Gêmeos não é a experiência em si, mas como elas podem embelezar ao contar a história (ou escrever sobre isso). Como os geminianos são confortáveis em todos os "mundos", exceto, é lógico, aqueles sem telefones (ou INTERNET), eles geralmente voltam para o corpo muito rapidamente – e a boca tende a funcionar antes do resto do corpo quando volta à vida.

CÂNCER: o Câncer pode viver até os 125 anos de idade, e eles geralmente não têm experiências "além da morte", mas podem chegar muito perto disso cada vez que são forçados a sair de casa".

LEO: "Nãooooo, EU morri???? NÃO, NÃO, NÃO, eu NÃO MORRI!!! Quem são esses caras de branco???? Por que eles estão cantando???? Estão tudo fora do tom!!!! EU posso cantar melhor do que isso! Onde está o diretor do coro? Eu preciso de um microfone imediatamente! A menos que seja revista Rolling Stone Ou "Caras", não estou para ninguém. Nossa, isso vai dar um trabalho!!! Ó minhas Asas!!!!"

VIRGEM: Depois de uma maratona de trabalho de 60 horas direto sem dormir, Virgem desaba e deixa o corpo. Vai através desse túnel e deslumbrado pela limpeza e brilho de luz, obviamente encontrando pedaços que merecem possíveis melhorias. . . mas logo torna-se tão preocupado como todos lá na Terra irão resolver as coisas sem ele e num relâmpago só, ele volta para o corpo...... senta-se, com calma e pronuncia-se vivo, olhando para o relógio.

LIBRA: Este flutua para fora do corpo, em seguida, de volta para o corpo, e, finalmente, de novo, para fora. . . Libra vê um túnel e um vibrante ser de Luz, no outro extremo. "Uau, será que é Jesus? Peraí, talvez seja Kwan Yin. Isso parece algo que ela usaria." Libra acaba não cruzando o túnel, afinal, o que é a morte, sem alguém para compartilhá-la? Libra acaba voltando para o corpo, e acorda com um novo propósito de iniciar um serviço de "cupido" para as almas desencarnadas.

ESCORPIÃO: Como a maioria dos Escorpianos, eles têm nove vidas, eles tendem a encontrar maneiras diferentes para acionar a experiência de morte. Depois de "quase" morto, ele mal chega ao fim do túnel sem encontrar um ser com quem possa ter "sexo astral". Quando perguntam a ele quem eles preferem que esteja lá do outro lado para cumprimenta-lo, 75% diz o nome de um vampiro favorito. Por outro lado, a Medusa é uma grande favorita.

SAGITÁRIO: Sagitário flutua fora do seu corpo e começa a rir do jeito estúpido que bateu as botas. Depois de conseguir ROMPER através túnel de luz, ele simplesmente se recusa a retornar ao corpo, porque veio tentando sair dele todos esses anos (devido aos acidentes desastrosos). E devido ao Sagitário ser muito curioso sobre a chamada "religiosa", ou "espiritual", este golpe de "sorte" leva a algumas lições suuuuuuper legais, até que, o pessoal lá de cima fica de SACO CHEIO com seu EXAGERADO INTUSIASMO, e faz de tudo para fazê-lo retornar à Terra.

CAPRICÓRNIO: Capricórnio Pode demorar um pouco para perceber que ele está morto porque não há salas especiais criadas que parecem com escritórios executivos, para os Capricornianos recém-mortos. De repente aparece uma figura muito bem vestido, como um executivo, um Regente mais velho, e dá a ele um manual intitulado "COMO FAZER LUCRO NO MERCADO ASTRAL", além de uma " análise" ou uma "avaliação" das realizações da vida dele sobre as realizações e erros ao longo da vida. Capricórnio volta ao seu corpo rapidamente, incapaz de tolerar a existência "não-palpável (física)" por muito tempo.

AQUÁRIO: Aquário fica às portas emperoladas do "Reino", vê que o céu não é executado por consenso, e opta por inferno, onde pelo menos há uma anarquia atraente e as regras são feitas para serem quebradas. Ironicamente, as experiências de morte de Aquário tendem a ser extremamente tradicionais, ou seja, Deus é o Criador, São Pedro, rege o coro celestial e assim por diante (outro motivo para se rebelar e optar pelo o inferno). Uma vez no "submundo", ele arranca "o inferno" para fora do Diabo com suas campanhas no megafone sobre e reformas vigorosas e progressivas, e é imediatamente expulso de volta para o corpo.

PEIXES: Peixes entra pelas portas do Céu tocando sua arpa, cantando, e já começa a fazer amizade com todos ao redor, sem dar conta que morreu!

OS SIGNOS VÃO AO MCDONALD'S

Áries - Vai duas vezes, porque ele já se esqueceu de que já havia comprado uma refeição entre as suas duas últimas corridas para casa.

Touro – Ele vai sempre para o mesmo restaurante e depois que chega lá fica contemplando o menu e leva 1 hora para escolher o que quer comer. 1 hora depois decide pedir o de sempre.

Gêmeos - Convida todos os seus amigos para discutir qual o Mac que devem ir e o que vão comer. Uma vez dentro do restaurante, ele pega o iPhone dele e faz o pedido online.

Câncer – Faz o pedido rapidamente para a janela do drive-thru, pede um refrigerante e volta para casa para cozinhar seu hambúrguer.

Leão – Estaciona o carro, dá uma olhadinha rápida no retrovisor (obviamente) entra no restaurante e se apresenta pelo nome para cada um dos funcionários, para que da próxima vez, cumprimentem-no pelo nome.

Virgem – Procura o restaurante que estiver mais limpo, traz seu próprio paninho humedecido, escolhe o lanche mais barato, e tira da sacola própria bebida e chips.

Libra - "Big Mac".....Não!.... Quarteirão....Não! Peraí...... Cheeseburger..... ãããhhhh......". Nunca vai sozinho e sempre pede o que a outra pessoa está pedindo.

Escorpião – Primeiro, vai para casa do seu amor para busca-lo(a). Chega ao Mac mais próximo, estaciona o carro, entra no restaurante, pega todos os saches de condimentos (quanto mais apimentados, melhor), em seguida, corre para o motel mais próximo.

Sagitário - Pára em qualquer em qualquer Mac que tiver opções de lanches estrangeiros, olha para o menu, e pede 1 de cada com todas as batatas fritas que tiver direito, cê sabe......se a fome bater denovo.....já está preparado.

Capricórnio – Dirige-se para o melhor Mac da Av. Paulista ou Faria Lima e pede o lanche mais difícil de se fazer e depois de pronto, verifica se realmente todos os ingredientes estão alinhados de acordo com o comercial que viu hoje pela manhã na CNN.

Aquário – Pede um lanche a mais e dá para o primeiro mendigo que encontra na rua. Mas lá na frente tem mais um, então dá o seu próprio lanche para ele e depois de chegar em casa não entende porque ainda está com fome.

Peixes – Entra no restaurante, fica olhando para o menu mais de uma hora e fica se lembrando das experiências passadas com cada um dos lanches que pediu no passado, em seguida, 1 hora depois, não entende porque está lá..... a fome passou.

ATENÇÃO - Nenhum animal foi "utilizado" por esta produção. Somos Vegan e nossos trabalhos também.

OS SIGNOS E O CHIMARRÃO

ÁRIES - Esse, acha que a cuia é dele! Tu tá recém pondo a chaleira no fogo, e ele já tá ali, perguntando se tá pronto. Esbaforido, sempre se queima, ou fica com a bomba entupida, pões que não tem paciência pra esperar que a erva assente. Dá-lhe um Trancaço, c diz que no Natal ele vai ganhar uma cuia só pra ele. Não te preocupa, que é loco manso.

TOURO - ele primeiro vê se a cuia é linda, no más, e depois, fica ali, acariciando a dita, com cara de libidinoso. Como em geral, é guloso pra caraco, te passa o mate, mas fica te olhando atravessado, e ruminando... como é do seu feitio. Não vale a pena discutir com o bagual, pois além de cabeçudo, quase sempre é o dono da cuia e da bomba...

GÊMEOS - o vivente já entra no rancho falando e contando causo, trovando e matraqueando que é um inferno. Tudo com a cuia na mão. Até que o povaréu começa a ficar nervoso. Conselho: antes que esfrie até a água da térmica, saiam de tininho e vão tomar mate em outro lugar. Ele nem vai notar.

CÂNCER - esse já pega a cuia com ar de desolado, pois que a cuia lhe lembra a mãe. De tão sentimental, às vezes, ate chora, lembrando do primeiro chimarrão (que a gauchada nunca esquece). Quando sente medo do escuro, dorme com a cuia embaixo do travesseiro. E tem pencas de cuias e bombas entupindo as as gavetas... de recordação, ele diz.

LEÃO - loco o convicto, não é que me inventou de mandar gravar um brasão de família na cuia e outro na bomba? Só toma chimarrão, se tiver um povo em volta pra ficar lhe olhando, e aí, aproveita, e desata a trovar e a declamar, esperando que lhe aplaudam. Sempre é bom não contrariar.

VIRGEM - primeiro, ele lava as mãos e todos os apetrechos, depois, confere se a erva é ecológica, e por aí vai. Acha que, o certo mesmo, era cada um ter a sua própria cuia, bomba e mate. Mas, por via das dúvidas, carrega sempre um paninho que, discretamente, vai passando no bocal da bomba. Como é metido a botiqueiro, e conhece todo tipo de erva deste Rio Grande, enquanto mateia, vai dando receitas e curando, de lombriga a esquizofrenia.

LIBRA - flor de fresco, chega a pegar a bomba com o dedinho levantado. Mas compensa, pelo senso de justiça. Só toma o mate depois que todo mundo já se serviu. Pra ele, matear, também pode ser sinónimo de namorar; daí que, se prenda, só faz roda de mate com a indiada marmanja, e, se marmanjo, põe açúcar e mel na cuia, e vai, todo lampero, pro Brique, ver se atrai as mosca, quer dizer, as moça.

ESCORPIÃO - pega a cuia, e matreiro... sai de fininho para algum canto, remoendo traumas, encucações e toda a sorte de loucuras. Sem essa de que vingança é um prato que se come frio, pões que, na água quente do amargo, fica tramando seus planos de vingança (inclusive, e principalmente: Revolução Farroupilha, a revanche!). E, ai daquele que não lhe passar a cuia. Otro que tem fantasias sexuais com a cuia, com a bomba e com a térmica. Só não me pergunte quais.

SAGITÁRIO - em geral estrangeiro, pois sagitariano que é sagitariano, nunca está em seu país de origem; aqui, no Rio Grande, pode ser um carioca, paulista ou baiano que, sem entender nada de tradição, fica mexendo o mate, com a bomba como se o amargo fosse um milk-shake. Conheci um que queria misturar mate com fanta uva.

CAPRICÓRNIO - inventou o tele-chimarrào com pingo-boy e tudo, e o chimarrão de negócios, o qual pratica toda a sexta-feira na sua empresa, que, aliás, exporta cuia, bomba, erva e demais aparatos para a gringolândia. Diz que já tá fazendo até japuca largar o chá e pegar a cuia.

AQUÁRIO - rebelde até a última cuia, acha que esse negócio de chimarrão tá superado. Só não sabe pelo quê. Doido, mas metido a bonzinho, adora um povaréu; daí que, convida todo o vivente que estiver passando, pra sua roda de mate. Acha que se: o chimarrão fosse servido na ONU, o mundo seria otro.

PEIXES - inventou a leitura de cuia e "recebe" entidades durante a mateada. Se desconhece o tipo de ervas que usa... mas, diz que faz roda de chimarrão com os daqui e com os do além. Por isso, um conselho de amiga: se a roda de chimarrão for em outra estância, que volte de táxi.

OS SIGNOS E OS SEUS CARROS

Áries: Algo rápido... e vermelho! Um Corvette talvez.

Touro: Um Volvo ou um Saab.

Gêmeos: Carro? Você quer dizer 2 carros, né? Ah, e aqueles que voam também.

Câncer: Uma van...... pra carregar todo mundo........

Leo: Uma limusine.... Com um chofer, obviamente. E que tenha espelhos.....

Virgo: Um carro econômico e vai passar pelo lava-rápido todos os dias. E os acentos terão que estar plastificados.

Libra: Confuso com a dúvida de qual carro escolher, ele pega carona.

Escorpião: Algum de cor escura. Vidro fume. Ninguém saberá como parece por dentro. E quem for convidado verá velas acessas e acentos de plush....

Sagitário: Que carro? O Sagitariano está no avião neste exato momento!

Capricórnio: Uma mercedes benz.

Aquário: O Aquariano pega ônibus e metrô mesmo. Carros são para os esnobes.

Peixes: Sei lá! Todo dia ele me liga pra perguntar: "Meu, cadê meu carro? Onde foi que eu o estacionei????"

OS SIGNOS E SUAS FILOSOFIAS

ÁRIES: "EU LIDERO, logo, SOU"

TOURO: "EU TENHO, logo, EXISTO"

GÊMEOS: "EU PENSO (DEMAIS!!!), logo EXISTO"

CÂNCER: "EU SINTO, logo, EXISTO"

LEO: "EU SOU, logo, EXISTO"

VIRGEM: "EU ANALISO, logo, EXISTO"

LIBRA: "EU HARMONIZO, logo, EXISTO"

ESCORPIÃO: "EU INVESTIGO, logo, EXISTO"

SAGITÁRIO: "EU PERCEBO, logo, EXISTO"

CAPRICÓRNIO: "EU USO, logo, EXISTO"

AQUÁRIO: "EU CONHEÇO, logo, EXISTO"

PEIXES: "EU ACREDITO, logo, EXISTO"

OS SIGNOS E A INSÔNIA

ÁRIES: considera o fato do sono muito fácil e faz um desafio consigo mesmo para ficar acordado a noite toda.

TOURO: tem insônia porque esqueceu de pegar seus lençóis de seda na lavanderia e fica pensando na maneira mais prática de dormir sem seus lençóis.

GÊMEOS: simplesmente não está cansado.

CÂNCER: tem insônia por causa que está preocupado de como todo mundo está dormindo.

LEO: tem insônia devido à preocupação de se mexer na cama, medo do que o travesseiro pode fazer com a sua juba adorável e tirar os fios de cabelos do lugar.

VIRGEM: fica com medo de se mexer na cama para não criar nenhuma ruguinha nos lençóis.

LIBRA: não consegue decidir o que vestir amanhã.

ESCORPIÃO: está fazendo algo completamente diferente onde é difícil dormir, se é que me entendem o que estou querendo dizer........

SAGITÁRIO: não consegue parar de pensar em todas as outras coisas mais vantajosas que poderia estar fazendo ao invés de dormir.

CAPRICÓRNIO: já tirou uma soneca "refrescante" que já havia sido estrategicamente planejada.

AQUÁRIO: sofre com o vício do FACEBOOK o mantém acordado até altas horas.

PEIXES: Este não tem insônia.......... tem sonhos das vidas passadas.

OS SIGNOS ATRAVESSANDO A RUA

Por que o Ariano atravessou a rua?
Certamente para bater boca com alguém que estava do outro lado.

Por que o Taurino atravessou a rua?
Porque encasquetou com a idéia.

Por que o Geminiano atravessou a rua?
Se nem ele sabe, como é que eu vou saber?

Por que o Canceriano atravessou a rua?
Porque estava se sentindo só e abandonado deste lado de cá.

Por que o Leonino atravessou a rua?
Para chamar a atenção, sair nos jornais, revistas, etc.

Por que o Virginiano atravessou a rua?
Ele ainda não atravessou porque está medindo a largura da rua, a velocidade dos carros; se essa experiência for válida, qual seria a melhor hora de atravessar essa rua, etc.

Por que o Libriano atravessou a rua?
Ele nem precisou atravessar. Alguém acabou oferecendo carona para ele.

Por que o Escorpiano atravessou a rua?
Porque era proibido.

Por que o Sagitariano atravessou a rua?
Porque a idéia pareceu manera e deu vontade.

Por que o Capricorniano atravessou a rua?
Porque foi pechinchar nas lojas do outro lado.

Por que o Aquariano atravessou a rua?
Porque isso faz parte de uma experiência que trará incontáveis avanços tecnológicos no futuro.

Por que o Pisciano atravessou a rua?
Rua?...Que rua? Ih... é ?

OS SIGNOS E A IRRITAÇÃO

Áries
Fale com eles dando uma enorme pausa entre as palavras.
Não deixe que eles falem, ou, se falarem, corte pelo meio.
Diga como quer que façam as coisas e fique controlando.
Não demonstre paixão e aja como se você não gostasse dele(a).
Levante a voz cada vez que se quiser fazer entendido.
Dê uns cascudos na cabeça dele(a) de vez em quando.
Lembre sempre que eles estão querendo aparecer e, no meio de um grupo, dirija-se a ele(a), advertindo: "Você fala eu, eu, eu, o tempo todo..."
Entre sem pedir licença e alugue o tempo deles numa segunda feira de manhã.

Touro
Gaste o dinheiro deles, peça para dar uma dentada no seu sanduíche ou na sua maçã, desperdice seu material, não devolva suas coisas.
Fale com eles bem apressado, pulando direto às conclusões.
Se estiver na casa de um deles, mude a posição dos objetos quando eles não estiverem olhando.
Se for possível, quebre estatuetas, bibelôs ou outros objetos de
decoração da casa deles e depois pergunte: "Isto não tinha mesmo muita importância, não é?"
Encharque-se de perfume tipo "penteadeira de viúva", antes de andar de carro com eles.

Gêmeos
Aborreça-os com lágrimas e longos monólogos sobre sua vida emocional.
Não converse com eles, em absoluto.
Monopolize-os numa festa de forma que eles não possam se movimentar nem conversar com mais ninguém.
Repita sempre: "De onde você tirou essa idéia?"
Peça a eles para fazerem menos movimentos com os braços e mãos em público, e quando iniciarem um assunto, diga: "Isso eu já sei!". Ou então: "Lá vem você de novo!"

Abra a porta do quarto deles e berre: "Vai sair desse telefone ou não vai?"

Câncer
Insulte suas mães (com classe, é claro).
Critique suas casas.
Advirta-os de que eles podem perder o emprego, ou que uma estrada está para ser construída passando exatamente onde está situada sua casa.
Diga que aquela foto de família pendurada na sala é brega e confunda o retrato da "vovozinha querida" com o Mike Tyson.
Critique todos os "ex" dele(a): ex-namorados(as), ex-maridos (esposas), etc.
Jogue fora aqueles discos de Ray Coniff que ele(a) colecionava junto a outras raridades.
Descubra aquele cantinho que ele(a) gosta de ficar e dê uma "geral", mudando tudo de posição.
Pegue objetos da gaveta dele(a) e não os reponha no lugar.

Leão
Tente ensiná-los alguma coisa da qual eles não entendam, e dê uma gozada no final, como se fossem completos ignorantes.
Ignore-os.
Esqueça o nome deles e pergunte: "Qual é mesmo o seu nome?"
Em público, não os apresente às pessoas importantes.
Deboche do seu gosto, da sua elegância, da sua aparência.
Quando estiverem dramatizando um situação, ria quando o caso for triste.
E faça caretas quando contarem uma piada.
Quando ele(a) perguntar após a transa: "Foi bom para você?", responda: "...mais ou menos..."
Não preste atenção em nenhuma de suas histórias e depois diga: "Desculpe, nem ouvi o que você estava falando."
Tire-os de cena, dizendo: "Depois você fala, tá?"

Virgem
Choramingue bastante.

Desarrume sua (dele) casa, atrapalhe sua programação, esqueça de atarrachar a pasta de dente.

Cheire feito um gambá.

Diante do armário do banheiro, indague: "Para que tanto remédio?"

Faça xixi na tampa da privada, ou, de preferência, no chão, em volta do vaso.

Critique o jeito deles se vestirem.

Diga que aquele dentinho torto é "um charme".

Use os vasos de planta deles como cinzeiro, e enterre os palitinhos de fósforo na terra.

Depois de abraçá-los longamente, revele que você está fazendo um tratamento contra piolhos.

Libra

Diga bastante: "Isso é com você, decida logo!"

Leve-os a locais feios.

Aja de forma grosseira em público, tire melecas, arrote, fale palavrões, vire cerveja na mesa, chame o garçom pelo nome, peça pizza de alho e depois tente beijá-lo (a).

Critique seus parceiros.

Recuse-se a debater com eles.

Dê para ele(a) um CD de Tiririca.

Faça piadinhas do tipo: "Com esse vestido, você fica parecendo a garota-propaganda da Ultragaz."

Peça sempre para ele(a) "descer do muro" e se assumir.

Escorpião

Faça perguntas pessoais.

Saiba muito sobre eles e dê isso a entender.

Obtenha mais sucesso do que eles e se vanglorie sobre isso; isto os mata.

Repita sempre: "Isso não é da sua conta!"

Abra e remexa suas gavetas.

Escreva coisas na sua agenda em código e depois deixe que ele(a) encontre "por acaso".

Cochiche com outras pessoas olhando para eles, rindo de vez em quando.

Sagitário

Dê a eles bastante responsabilidade.

Coloque realismo na sua filosofia.

Nunca ria das piadas deles.

Não tope nenhuma aventura ou quebra de rotina e esteja sempre de mau humor.

Quando pintar AQUELA aventura, diga, com ar entediado: "Não estou a fim..."

Não aceite nenhum tipo de disputa ou jogo.

Repita sempre: "Isso são horas?"

Faça todo o possível para impedir aquela viagem de férias dele(a).

Faça insinuações sobre a pouca cultura dos pais dele(a) ou de outros familiares.

Capricórnio

Organize tudo para que se sintam inúteis.

Lembre-os de sua baixa posição social.

Embarace-os em público: faça escândalos, berre com eles, brigue com o caixa por causa deles.

Deixe-os esperando, nunca chegue na hora marcada.

Perca ou esqueça coisas importantes que ele(a) confiar a você: documentos, chaves, carteira.

Repita sempre: "Você não tem responsabilidade!"

Nada chateia tanto um capricorniano como ser chamado de irresponsável.

Insinue que ele(a) está saindo com o (a) chefe(a) para crescer na empresa.

Repita de tempos em tempos: "Você é um chato!"

Aquário

Torne-se pessoal e íntimo.

Ao encontrá-los, dê um longo abraço e fique apertando-o contra o peito, emocionado, lacrimejante.

Insista para que eles liguem várias vezes por dia para posicioná-los de seus movimentos.

Mude-se para a casa dele(a).

Faça-se passar por burro, tapado, e ainda queira ter razão.

Diga a eles o que "têm que fazer " e "quando e como fazer".

Exiba seus valores materiais na cara deles, tipo carro, jóias, dinheiro, posição social.

Pergunte sempre: "O que é que você está pensando?"

Cite seus amigos sempre pelo nome e sobrenome.

Peixes

Diga para agarrarem-se a si mesmos.

Marque encontro com eles em locais brilhantes, barulhentos, superpovoados, como o metrô da Cinelândia, por exemplo.

Deixe-os falando sem parar e no fim diga que não entendeu nada.

Grite, fale aos berros.

Conte os seus "segredos", deixe-os ficar emocionados com sua sinceridade, depois ria e pergunte: "Mas você acreditou nisso?"

Convide-os para olhar as estrelas e fale sobre alíquotas de exportação e importação o tempo todo.

Arranhe o CD de Djavan deles, apague o cigarro no cristal que ele(a) usa para meditar, deixe cair sua máquina fotográfica, sublinhe os livros que pegou emprestados dele(a).

Escolha filmes violentos.

Repita sempre que este negócio de romance, flores e bombons é tudo coisa de boiola.

Pra tirar o atraso de tantos dias sem HOMENAGEAR nossos Signos queridos..... agora GÜENTA!!!!

OS SIGNOS E SUAS ARMAS

É normal que nesta época com tanta violência, procuramos nos proteger de alguma forma. Os Signos também..... Então, eles foram numa loja de armas e................

Áries: Como assim, não tem a do Rambo?

Touro: E o prazo de validade? Tem com cabo de marfim?

Gêmeos: Trava de segurança, tiro em sequência... Isso aqui toca mp4?

Câncer: Essas balas machucam muito?

Leão: Como assim, não fazem modelos personalizados?

Virgem: O resíduo de pólvora é tóxico? Tem pólvora hipoalergênica?

Libra: Como assim, já me mostrou o estoque todo? Não dá para decidir só com esses trinta.

Escorpião: O de sempre, por favor.

Sagitário: Como assim, não tem a do James Bond? E BAZUCA? Tem?

Capricórnio: Eu vou lhe mostrar os documentos – eu só quero examinar o alvará da sua empresa.

Aquário: Vocês não tem aquela do Will Smith no "Men in Black"? Como pode isso?

Peixes: Vocês tem CDs de jazz?

OS SIGNOS E A MENTIRA

Aries:
- Imagina... Eu sou uma pessoa SUPER tranqüila e relaxada, é difícil me tirar do sério...

Touro:
- O que? Esse sapato? Lindo né?! Paguei suuuper barato e é muuuito confortável...

Gêmeos:
- Não... Vem aqui que eu te explico RESUMIDAMENTE o que aconteceu...

Câncer:
- Eu odeio vida caseira. Cê acha....Eu? Tomá conta de casa, dos fio, fazê janta....Eu hein.....saio correndo!

Leão:
- Ah gente, que isso... Para com isso, são seus olhos... Eu fico sem graça com elogios...

Virgem:
- Pode entrar, só não repara na bagunça, eu nem arrumei a casa direito. Nem ligo pra isso....

Libra:
- Eu? Eu nem me arrumei, vim do jeito que tava em casa...

Escorpião:
- Não sou vingativo não, eu esqueço todas as brigas e ofensas na hora!

Sagitário:
- Tô falando sério aconteceu assim mesmo... Sem EXAGERO nenhum!!!

Capricórnio:
- Imagina, eu não ligo de esperar mais 30 minutos até você chegar...

Aquário:
- Eu tenho os gostos mais comuns do universo, gosto do que TODO MUNDO gosta...

Peixes:
- Eu não acredito nessas baboseiras de horóscopo, simpatia, destino...

OS SIGNOS E A LOUCURA

A primeira coisa a entender é que não é só tu que existe, tem mais onze loquinhos. A segunda, é que não tem Signo melhor, nem Signo pior. É um pior que o otro.

ÁRIES - Bicho mais fogueteiro e metido não tem. Ele atropela todo mundo que nem bagual solto em feira de porcelana. Tem mania de ser sempre primeiro. E é: o Primeiro... lôco!

TOURO - Esse quer ser o maior dos latifundiários: dono das estância, dos rebanho, das plantação. Se bobear, invade o Planeta inteiro. Mas tem desculpa: é ele quem dá o churrasco, faz as trova, declama e toca a gaita. Êta índio bagual!

GÊMEOS - Esse vivente só quer prosear, assuntar. É o mascate do Zodíaco, o leva-e-traz. Sabe de tudo e sabe contá causo que é uma beleza. Não esquenta banco e parece que tem bicho carpintero. Lá em Brasília tem um índio velho que não pára, só quer andar de avião prá lá e prá cá com a prenda do lado. Um pedaço de picanha prá quem adivinhá quem é o dito.

CÂNCER - Esse é chorão que é um inferno. Tem uma memória do cão, se lembra tim tim por tim tim quem ganhou cada Califórnia e cada grenal, e sabe de cor tudo o que tu disse prá ele naquele 4 de maio de 1984. Mas é o dono da posada e o que te prepara o putchero nas noites de Minuano. É dos piores.

LEÃO - Foi por causa desse que inventaram o tal de complexo de superioridade. Bicho mais convencido, não há. É o primeiro prêmio em interpretação nos festival, arrasa na chula, é a mais bela prenda e o rei do gado. Exige respeito e não consegue ficar na mesma sala com uma tv ligada, poes que não admite concorrência. Vai sê o chefe da ala dos Napoleão lá no São Pedro.

VIRGEM - Virge! cruzes! esse é roxo por limpeza. Tu acaba de assá o churrasco e ele já tá lavando os espeto. Tem cuia própria pro mate, porque é mais higiênico, e tá sempre de vassoura na mão. Parece normal, mas é dos mais maníacos.

LIBRA - É danado de namorador. Só quer pezinho prá cá e pezinho prá lá. Não faz outra cosa. Também adora se metê em política, mas só fica olhando em cima do muro, enquanto a indiada dá um duro aqui embaixo. Metido a aristocrata, come churrasco com garfo e faca e usa guardanapo. Nem sei se não usa cuecão de florzinha por baixo das bombacha, mas pode ir tirando o cavalinho da chuva, porque é só frescura. Ele não é veado!

ESCORPIÃO - O Loco dos Loco. Prá puxá o facão não faz cerimônia. Mas depois de todo o estardalhaço, fica com uma cara de culpado e arrependido, que irrita até a mãe dele. Não perde a mania de mexer nos trauma... dos otros. O velho Freud, que também não era dos mais normal, tinha o tal de ascendente em escorpião. Esse nem com banda...

SAGITÁRIO - O índio aqui acha que é o verdadeiro centauro dos pampas, citado várias vezes pelos nossos historiadores. Se perdeu do seu bando e não sabe se foi perto de Vacaria ou de Pelotas, de tão loco. Se alguém quiser se comunicar com ele, é: e-mail: coice de mula.barbaridade.ctg.a la fresca.tchê.Bagé..

CAPRICÓRNIO - Esse é o introvertido. Metido a tímido, mas foi ele quem descobriu o complexo de inferioridade. Não quer incomodar, e prá fazê ele entrá no rancho ou se chegá prá roda de chimarrão é um custo. Não se acha nada, sonha com ele no futuro, que é quando ele acha que vai existir. Otro que só internando!!

AQUÁRIO - Ele qué mudá o mundo. Não muda nem as tela dos galinhero e as lâmpada queimada. Adora uma revolução, um protesto ou deixá o povaréu de cabelo em pé. No fundo o que ele quer é aparecê.

PEIXES - Já esse, o que quer é desaparecer. Vive com a cabeça nas nuvens, viajando... Diz que conversa com o Boitatá, já viu o Negrinho do Pastoreio, e recebe o Sepé Tiarajú. Mas o que tem de doido tem de bonzinho. É só não contrariá.

OS SIGNOS COMO TRAVESTIS

A travesti de ARIES é agressiva, briga por postes, enfrenta a polícia, dá na cara do delegado e põe ordem na avenida. E nunca tem cafetão!

A travesti de TOURO é muito feminina, só toma hormônio, tem voz delicada e gosta de trabalhar com agenciadores, pois tem medo de avenidas.

A trava de GÊMEOS, adora fazer inferno com as novatas, conta tudo que faz com os clientes e entrega para polícia as travas que roubam.

A travesti de CÂNCER é tonta. Ajuda a família com todo o dinheiro que ganhou na Itália, sustenta cafetão e se apaixona por clientes.

A trava de LEÃO, logo vira cafetina. Poderosa, compra carros importados, namora go go boys e sempre é...ATIVA!!! Geralmente é loira ...

A travesti de VIRGEM, fica pouco na avenida. Geralmente vira enfermeira , casa-se com um bofe de bairro trabalhador e se sente "de família".

A trava de LIBRA geralmente é maquiadora ou peruqueira , tem corpo magro (imita modelos) e só sai com boys BELÍSSIMOS... Se fatura, escolhe…

A trava de ESCORPIÃO, faz a linha Tieta: É Expulsa de casa, vai para a Europa, fica muito rica e fina e depois... Humilha toda a família…

A trava de SAGITÁRIO, fatura ás vezes, mas gosta mais de fazer shows de caricata em boates... alegre e doida, conhece todas e ferve muito.

A trava de CAPRICÓRNIO... são bipolares... faturam, vão para Itália e depois..viram evangélicas...e depois...faturam de novo! Moralistas!

A travesti de AQUÁRIO é sindicalista. Briga pelos direitos das monas, batalha por um silicone melhor e exige respeito nas avenidas.

A travesti de PEIXES, apesar de feminina e ganhar bem, apanha de outras travestis, apanha dos bofes, apanha do delegado...sofredora...mas dá ainda e muito!
Tadim dele.....dela, quis dizer......Não tenho nada contra travesti. Minhas "piadas zodiacais" são uma forma de entretenimento sem fins de atacar qualquer carater. Tenhos amigos que são travesties e gays, como intelectuais e religiosos, como aqueles do beco também. Portanto não me venha com ataques pra cima de mim.

OS SIGNOS E OS ADESIVOS DE SEUS CARROS

ÁRIES:
Passa por cima, ô babaca!
Hoje eu não tô bom! Runner Musculação e AeróbicaMulheres são líderes naturais. Você está seguindo uma.Perigo. Chefe zangado à bordoEu atropelo duendesMe siga!Meu outro carro é mais potenteNão tenho tudo que amo... Mas vou conseguir já jáConsulte sempre um gerenteE Deus fez tudo em "apenas" seis diasE Deus gastou seis dias inteiros para fazer só isso?

TOURO:
Motel Faraós
Restaurante Bom-de-Garfo
Não tenho tudo que amo...mas é uma questão de tempo e paciência...
MEU outro carro também é MEU
Não me siga! Vou seguir este caminho até o fim!
Consulte sempre um guia gastronômico
Pedi, e vos será dado

GÊMEOS:
[Adesivos de emissoras de rádio]
[Adesivos de Faculdades e/ou Universidades]
[Adesivos que identifiquem a profissão, time de futebol, escola de samba,
agremiação classista, banda de rock, clube, etc... etc...etc... do dono do veículo]
Estudo na PUC
Círculo do Livro
Não me siga, posso mudar de destino a qualquer momento.
Meu outro carro é um carro de som
Não tenho tudo que amo. Vamos falar sobre isto?
Consulte sempre um locutor de rodeios
No princípio era o verbo, e o verbo se fez ...

CÂNCER:
Bebê a bordo

Mãe atrasada para pegar o filho na escola e fazer o supermercado a bordo
Eu amo minha família ou Sou um(a) siciliano
Fotomatic - Revelações em 1 hora
[bandeirinhas no porta-malas que identifiquem a nacionalidade dos antepassados]
Associação dos Pais de... (qualquer coisa)
Você já beijou seu filho hoje?
Meu outro carro é uma perua
Sou uma fiscal do Sarney (adesivo antigo, amarelado)
Não tenho tudo que amo, mas amo tudo que tenho
Consulte sempre o seu passado
Consulte sempre a sua mãe
Não me siga, preciso pegar os garotos
Sou feliz por ser católico
Crê no Senhor Jesus e toda sua família será salva
Honrai Pai e Mãe

LEÃO:
Piloto de Jato
Este carro não é o máximo???
A inveja é uma merda!
Monarquia Parlamentarista já
Meu outro carro é um Mercedes Conversível [...se já não estiver em um...]
Consulte sempre a mim
Me siga. Sei o que é melhor para você
Tudo que tenho me ama
EU sou o caminho, a verdade e a vida
VIRGEM:
Sociedade Protetora dos Animais
Associação das Secretárias Executivas
Lava-Jato Guarani
Não descuide! Consulte sempre um... (escolha uma profissão principalmente da área médica)
Sou filatelista
Não tenho tudo que examino, mas examino tudo que tenho
Meu outro carro também é limpo
Não me siga. Preciso passar no médico
Consulte sempre um nutricionista
No princípio era o caos, e Deus o ordenou, e criou mares, montanhas, etc...

☉☽♀♀♂♃♄♅♇♆♀♇   693

LIBRA:
Estou dirigindo bem?
Gosto de todos os times de futebol
Paz e Amor ou Fraternidade sim, violência não
[um adesivo daquela banda desconhecida que tem um/uma vocalista tão cabeça, tão legal, com tanto potencial que o/a libriano/a conheceu pessoalmente na última vernissage / festa /exposição de arte / evento / acontecimento.]
Consulte sempre um promoter
Não me siga. Ou melhor, siga. Ah, sei lá. Cê que sabe.
Meu outro carro é mais produzido
Não tenho tudo que amo, mas vou ficar conhecendo no sábado à noite
Espaço Unibanco de Cinema
Free Jazz Festival
Eu creio em Deus. Mas respeito muito a sua religião, que também é sensacional!
Todos os caminhos levam a Deus

ESCORPIÃO:
Topas...?
Se chegar perto, o problema é seu!
Eu sei o que vocês fizeram no verão passado
Este carro é rastreado por satélite
Em caso de arrombamento este carro explodirá em 5 segundos
Olho Vivo® - Equipamentos Pessoais de Segurança e Espionagem
[Emblemas místicos / esotéricos totalmente incompreensíveis para não iniciados]
Não me siga. Vai ser pior para você, estou avisando!
Você já beijou sua/seu amante hoje?
Meu outro carro é um... Ei. Pra que você quer saber?
Consulte sempre um detetive particular
Não possuo tudo que amo, mas amo tudo que possuo. E cuido de perto.
[Carro sem adesivo nenhum, por não querer ser invadido em sua vida e referências em público. Afinal, por quê você quer saber?]
Deus é fiel. E VOCÊ????
Buscai, e achareis. Depois não diga que não te avisei!

♈♉♊♋♌♍ ♎♏♐♑♒♓

E Ele morreu, mas ressuscitou no terceiro dia!

....

Eu ainda sei o que vocês fizeram no verão passado!!!!

SAGITÁRIO:
Visite...(qualquer lugar do mundo)
Viagens Costa
Estive em Las Vegas
Esporte não é droga. Pratique!
Meu carro anda mais que o seu. Quer apostar...?
Destrua as ondas, não as praias
Se não estiver fazendo nada, siga-me!
Não me siga. Sou completamente livre.
Consulte sempre um agente de viagens
Não tenho tudo que amo, mas também nada que me ama me tem
Meu outro carro é um Jeep 4x4
Largai tudo, ide pelo mundo, e pregai o evangelho...

CAPRICÓRNIO:
Rondas Ostensivas Tobias Aguiar
Sindicato Patronal das Empresas de .... (qualquer área de atividade)
Consulte sempre um agente funerário
Não me siga. Estou ocupado.
Tenho tudo que amo, e trabalho muito para ter mais ainda
Meu outro carro é uma frota de táxi
Deus ajuda a quem trabalha / a quem cedo madruga
Não se pode servir ao Dinheiro e a este tal de Deus

AQUÁRIO:
Não me siga, gosto de andar sozinho
Siga-me... mas mantenha distância
Route 66
Woodstock forever!
Fugi de Berkeley
Sem Lenço, Sem documento
Não me siga. Eu sou livre.
Quando você estiver preparado, uma força maior te levará à..... [preencher com a ordem ou corrente new-age esotérica futurista preferida]

Cuidado. Mantenha distância. Faróis-protótipo projetados para longa distância impossibilitam enxergar o que está bem à frente

X-Files

Não tenho tudo que amo, mas tô pouco me lixando para posses

Consulte sempre um *Guru* new-age

Estive... no Egito / em Alto Paraíso / em São Tomé das Letras

Meu outro carro é bem diferente de tudo

Não se pode servir a Deus e ao dinheiro

PEIXES:

Cinemark ®

BlockBuster Video

Meu outro carro é um Unidas/LocaLiza Rent a Car (da cia de seguros, após a 10ª batidinha acidental.

Em caso de arrebatamento, este carro ficará desgovernado

Mesmo sem arrebatamento, há riscos deste carro se desgovernar. Melhor manter distância.

Deus o abençoe!

Se eu estiver perdido, por favor ligue para... (telefone de algum parente)

Por que não lava você???

Você já beijou seu marido/esposa/namorado (a) hoje?

Consulte sempre uma bruxinha

Eu acredito em... (gnomos/anjos/fadas/Papai Noel e assemelhados)

Não me siga. Também não me lembro para onde estava indo...

REFERÊNCIAS BIBLIOGRÁFICAS

Hand, Robert. *Planets in the Signs and Houses*. Salt Lake City, UT: Passage, 1992. Print.

Goravani, Das. *Karakas*. Portland, OR: Goravani Foundation, 2014. Print.

Sasportas, Howard. *The Twelve Houses: Exploring the Houses of the Horoscope*. London: Flare Publications in Conjunction with the London School of Astrology, 2007. Print.

Alexander, Skye. *Planets in Signs*. West Chester, PA, USA: Whitford, 1988. Print.

Hand, Robert. *Planets in Transit: Life Cycles for Living*. Gloucester, MA: Para Research, 1976. Print.

Raman, B.V. *300 Important Yogas*. 9th ed. Delhi, India: Motilal Banarsidas, 1947. Print.

Jain, V. P. *Textbook for Shadbala (Grahas) and Bhava Bala*. New Delhi: Bhartiya Prachya Evam Sanatan Vigyan Sansthan, 1996. Print.

Raman, B.V. *A Manual of Hindu Astrology: (correct Casting of Horoscopes)*. New Delhi: UBS's Distributors, 1992. Print.

Raman, B.V. *Ashtakavarga System of Prediction*. New Delhi: UBSPD, 1996. Print.

Raman, B.V. *Varshaphal or The Hindu Progressed Horoscope*. New Delhi: UBSPD, 1997. Print.

Sharma, Dinesh. *The Divisional Charts: Exploring the Secrets of Chart Interpretation*. New Delhi: Jaimini PC Vision, 1996. Print.

Sastri, P. S. *Secrets of Ashtakavarga*. New Delhi: Ranjan Publications, 1996. Print.

Charak, K. S. *A Textbook of Varshaphala: Vedic Technique of the Tajika or Annual Horoscopy*. New Delhi: Systems Vision, 1996. Print.

Charak, K. S. *Yogas in Astrology*. New Delhi: Systems Vision, 1995. Print.

Choudhry, V. K. *How to Study Divisional Charts*. 2nd ed. New Delhi: Sagar Publications, 1992. Print.

Joshi, K. K. *Muhurta Traditional & Modern*. New Delhi: Sagar Publications, 1996. Print.

Chugh, Sumeet. *Varshphal or Annual Horoscope*. New Delhi: Sagar Publications, 1995. Print.

Patel, P. A. *Beginners' Course in Hindu Astrology*. Wembley, U.K.: Prakash Patel, n.d. Print.

Aditya, Vinay. *Dots of Destiny Applications of Ashtakvarga*. New Delhi: Systems Vision, 1996. Print.

Raman, Bangalore Venkata. *Muhurtha: (electional Astrology)*. New Delhi: UBSPD, 1999. Print.

Frawley, David. *Ayurvedic Astrology: Self-healing through the Stars*. Twin Lakes, Wisconsin: Lotus, 2005. Print.

Hodgson, Joan. *The Stars and the Chakras: The Astrology of Spiritual Unfoldment*. Liss: White Eagle Trust, 1990. Print.

Saint-Germain, Jon. *Karmic Palmistry: Explore past Lives, Soul Mates & Karma*. St. Paul, MN: Llewellyn Publications, 2003. Print.

51306757R00387

Made in the USA
Middletown, DE
02 July 2019